INTERKONNEKTIVITÄT

oder was zu bedenken ist

Inhalt

1. Begrifflichkeit

2. Von der Logik der Interkonnektivität

3. Sicherheit in der internationalen Politik

4. Interkonnektivität der Geographie

5. Und die zivile Prävention?

6. Woraus besteht die Zivilgesellschaft?

7. Interkonnektivität von Sprache und Denken

8. Prägung der Kulturen

9. Interkulturelle Philosophie

10. Interkonnektivität im Sport

11. Interkonnektivität in der internationalen Politik

12. Diktatur und Autoritarismus in der Interkonnektivität

13. Interkonnektivität der Krieg

14. Demokratie im Kreisverkehr liberaler und illiberaler Kräfte

15. Unheilvolle Parteienpolitik

16. Psychologie der internationalen Beziehungen

17. Content und Kommunikation

18. Next-Generations Ausrichtung

19. Interkonnektivität von Denken und Glauben

20. Interkonnektivität von „Gut" und „Böse"

21. Charisma und Macht

22. Die Bedeutung von Assessments

23. Schlüsselkonzepte der Evaluierung

24. Interkonnektivität von Rationalität und ihre Umsetzung

25. Von der Interkonnektivität der Sachfragen

26. Wirkungen der Interkonnektivität der Ökonomie

27. Sauberes Wachstum und Nachhaltigkeit

28. Interkonnektivität der Zukunftsträume und ihre Notwendigkeit

29. Interkonnektivität der Verdummung einer Gesellschaft

30. Irrungen der Neutralität

31. Fehler in der außenpolitischen Entscheidungsfindun

32. Einschätzung der Medienlandschaft

33. Europäische Politik im globalen Kontext

34. Interkonnektivität des Managements von Politik

35. Interkonnektivität von Demokratie

36. Interkonnektivität des Positiven und Negativen

37. Interkonnektivität von Spannung und Entspannung

38. Gefahren für die interkonnektive Außenpolitik

39. Schlussfolgerungen aus der Interkonnektivität

1. BEGRIFFLICHKEIT

Da Definitionen notwendigerweise selektiv sind, indem sie bestimmte Aspekte hervorheben und andere ausblenden, sollen auch hier die Grenzen des Verstehens erkannt werden. Da wir uns mit einer zu engen Definition nicht zufrieden geben wollen, werden wir die Komplexität der Phänomene anerkennen und verschiedene Perspektiven in Betracht ziehen. In der Thematik der Interkonnektivität geht es um die Interpretation von Phänomenen der Vernetzung. Interkonnektivität ist mehr als nur die Fähigkeit, Daten zwischen Systemen auszutauschen. Sie ist ein grundlegendes Prinzip, das die Gesellschaft prägt und bis in die Philosophie und Spiritualität hineinreicht. In einer Welt, in der alles miteinander verbunden ist, trägt die Art und Weise, wie wir diese Verbindungen nutzen, nicht nur zur Effizienzsteigerung bei, sondern hat auch weitreichende Auswirkungen auf unsere Kenntnisse, unsere Ethik und letztlich auf unser Verständnis von Existenz. In diesem Sinne ist die Interkonnektivität nicht nur ein technisches Phänomen, sondern ein Spiegelbild der grundlegenden Struktur unserer Realität. Ihr Ziel ist es, Synergien zu schaffen, individuelle und gesellschaftliche Ressourcen besser zu nutzen und eine umfassendere Integration von Informationen und Dienstleistungen zu erreichen. Dies wird zum wichtigen Faktor für Innovation und die Bewältigung komplexer Herausforderungen.

In den Social Media sieht Interkonnektivität aus, als ob eine digitale

Cocktailparty veranstaltet wird, bei der jeder mit jedem über verschiedene Plattformen in Kontakt ist. Auf dieser Party sammeln sich die Gruppen, um verschiedene Eindrücke zu teilen und in den Diskussionen schnell hin- und her zu springen. Die Interaktion erfolgt spontan, indem man auf Beiträge so oder so reagiert, sie kommentiert oder weiterleitet. Innerhalb weniger Minuten verbreitet sich das Getratsche über die diversen Plattformen. Gleichzeitig wird an den unterschiedlichsten Konversationen partizipiert, ohne dabei besonders in die Tiefe zu gehen. Man vernetzt sich einfach, die Interaktionen sind kurzlebig und basieren auf schnellen Likes oder kurzen Kommentaren. Der virale Charakter von Inhalten ist einer der markantesten Aspekte dieser künstlichen Konversationen. In kürzester Zeit wird ein einzelner Tweet von einer kleinen Gruppe auf ein globales Publikum ausgedehnt. Die plattformübergreifende Interkonnektivität verstärkt den Effekt, dass es scheint, als sei jeder mit jedem in Kontakt. Genau wie auf einer lauten Party, wo man sich oft missversteht oder übertönt wird, gehen auch in sozialen Medien die klaren Botschaften verloren. Während dies einerseits Möglichkeiten für Austausch und Kreativität schafft, birgt es auch Risiken. Dazu gehören Missverständnisse, Überforderung durch die Informationsflut und die Bildung von sogenannten Echokammern.

Wenn die Technik es ermöglicht, Haushaltsgeräte miteinander zu vernetzen, müsste dies auf die soziologischen Wissensgebiete auch zutreffen. Dort geht es nämlich nicht allen um unterhaltsames Gaming, sondern um seriöses Wissens-Management. Da Vernetzung und der Austausch in den digitalen Medien oft auch in die Irre lenken, werden zunehmend Portale mit wissenschaftlicher Bewertung gebraucht, die möglichst frei von Fehlern, vor allem frei von Korruption sein sollten. Im gesellschaftlichen Umfeld liefert die Lektüre von Eigenbewertungen, so unterhaltsam sie auch scheinen mag, zu wenig Objektivität. Die Sachfragen werden einfach verzerrt.

In einer zunehmend digitalisierten Welt wird die Fähigkeit zur Vernetzung immer auffälliger. Unternehmen und Institutionen, die in der Lage sind, effizient mit Partnern aus unterschiedlichen Wissensgebieten zu kommunizieren und Daten auszutauschen, steigern ihre Produktivität und Innovationskraft. Dies ist besonders in interdisziplinären Projekten entscheidend, bei denen das Zusammenführen von Experten aus unterschiedlichen Bereichen zu neuen Erkenntnissen und Durchbrüchen führt. Ein Beispiel dafür ist die Zusammenarbeit zwischen medizinischen Forschern, Softwareentwicklern und Datenwissenschaftlern. Durch den Austausch von Informationen in Echtzeit werden neue Therapien und Medikamente schneller entwickelt. Auch in der industriellen Produktion ermöglicht die Vernetzung von Maschinen und Anlagen über das sogenannte „Internet der Dinge" höhere Effizienz und Flexibilität. Auf der Planungsebene In interdisziplinären Projekten ist die Verflechtung entscheidend, wenn Experten aus unterschiedlichen Bereichen zusammengeführt und neue Erkenntnisse eruiert werden.

Doch Interkonnektivität beschränkt sich nicht nur auf praktische Anwendungen. In der Erkenntnisforschung, die sich mit den Grundlagen des Wissens und der Wahrheit beschäftigt, eröffnet sie völlig neue Perspektiven.

Durch die Vernetzung unterschiedlicher Wissenssysteme werden komplexe Probleme aus verschiedenen Blickwinkeln betrachtet, um so tiefere Einblicke in die Natur der Realität zu gewinnen. Diese Vernetzung reicht bis in die Philosophie hinein, wo Fragen nach der Vernunft, dem Bewusstsein und der Existenz gestellt werden. Philosophen wie Martin Heidegger und Emmanuel Levinas haben betont, wie unsere Existenz in der Welt durch Beziehungen und Verbindungen geprägt ist. Interkonnektivität wird somit als metaphysisches Prinzip verstanden, das die Struktur der Realität selbst widerspiegelt. In vielen spirituellen Traditionen wird die Idee der Verbundenheit aller Dinge als zentrales Prinzip angesehen. Die Interkonnektivität ist in diesem Kontext nicht nur ein wissenschaftlicher Begriff, sondern ein Ausdruck für die tiefere Einheit des Seins. Selbst in den östlichen Philosophien wie dem Buddhismus oder dem Hinduismus wird die Welt als ein Netzwerk von Beziehungen betrachtet, in dem alles miteinander verwoben ist. Diese Vorstellung findet in westlichen Traditionen beispielsweise in der Mystik ihren Ausdruck, wo die Einheit mit dem Göttlichen durch das Wahrnehmen der Verbundenheit aller Schöpfung erreicht wird.

Auch in ethischer Hinsicht stellen sich aus der Interkonnektivität wichtige Fragen. Wenn alle Dinge miteinander verbunden sind, was lässt sich daraus für unsere Verantwortung gegenüber anderen schließen? Wie beeinflusst die globale Vernetzung unsere Entscheidungen in Bezug auf Umwelt, Krieg und Frieden? Diese Fragen sind von existenzieller Bedeutung und zeigen, dass Interkonnektivität weit über technische Aspekte hinausgeht. Die Beachtung der Interkonnektivität erfordert ein Umdenken in vielen Bereichen. Es gilt, die Chancen der verstärkten Vernetzung zu nutzen und gleichzeitig mögliche Risiken zu berücksichtigen.

Durch interdisziplinäre Ansätze und die Verknüpfung verschiedener Wissensgebiete werden innovative Lösungen in jeder Art von Management für komplexe Herausforderungen entwickelt. Durch die Entstehung hybrider Lernformate wird mittels Verknüpfung von Präsenz- und Online-Elementen der Zugang zu Bildungsangeboten über institutionelle und geografische Grenzen hinweg erweitert. Menschen, die früher durch physische oder organisatorische Barrieren vom Bildungsangebot ausgeschlossen waren, können nun an Programmen weltweit teilnehmen. Dies fördert die Inklusion vieler Menschen und ermöglicht eine breitere Partizipation an Bildungsprozessen. Mit Hilfe der neuen Technologien entstehen interaktive und kollaborative Lernumgebungen, die das interaktive Lernen fördern. Lernende können in Echtzeit mit anderen interagieren, gemeinsam an Projekten arbeiten und von einer breiteren Palette an Perspektiven profitieren.

Diese Möglichkeiten unterstützen auch das Konzept des lebenslangen Lernens, indem ein kontinuierlicher Zugang zu Lernressourcen geboten wird. Aber wer nutzt diese grandiosen Möglichkeiten wirklich? Wahrscheinlich der Typ, der sowieso schon drei Studienabschlüsse hat und seinen 17. Online-Kurs auf Coursera belegt, um endlich auch noch Mandarin zu lernen. Oder der motivierte Kollege, der mitten in der Zoom-Sitzung heimlich auf einer Lernplattform surft, weil Multitasking angeblich so effizient ist. Und der Rest? Nun, die scrollen in der Mittagspause lieber durch TikTok und klicken auf Clickbait-Artikel mit Titeln wie „Diese fünf Tricks lassen dich intelligenter wirken, ohne zu lernen".

Immerhin gibt es genug Möglichkeiten, sich über die berufliche Tätigkeit hinaus weiterzubilden, neue Fähigkeiten zu erlernen und sich an verändernde Arbeitsmarktanforderungen anzupassen. Wenn die Vernetzung im Bildungsbereich neue Formen des Lernens und der Kompetenzentwicklung bietet und zu einem ganz anderen Verständnis von ganzheitlicher Problemlösung führt, bringt das auch Unwägbarkeiten mit sich, die sorgfältig abgewogen werden müssen. Die Zukunft wird zeigen, wie gut es gelingt, die Balance zwischen Vernetzung und Kontrolle zu halten, um die Vorteile der Interkonnektivität optimal zu nutzen.

Allerdings gibt es auch die Neigung, Perspektiven, die fremd sind, zu ignorieren oder gar zu unterdrücken, was den Verlust wertvoller Einsichten und Ideen mit sich bringt. Eine Art Negativspirale beeinflusst die misslungenen Aktionsmuster der Vernetzung. Ein chronisches negatives Dazwischenschalten kann den gemeinsamen Erfolg untergraben und die Kraft rauben, neue Projekte anzugehen oder Veränderungen vorzunehmen. Daher ist es wichtig, die Gesamtsituationen zu erfassen und bewusst verfehlten Tendenzen entgegenzuwirken. Eine Verschlechterung der Gegenseitigkeit ist zu vermeiden, wenn die vielfältigen Perspektiven innovative Lösungen bringen sollen.

Effektive Interkonnektivität beruht auf klaren, respektvollen und offenen Kommunikationskanälen. Sobald destruktive Argumentationsmuster dazwischen treten, werden diese Kanäle blockiert. Dies führt zu Missverständnissen, falschen Annahmen und einer generellen Verschlechterung der Kommunikationsqualität. In einem Umfeld, in dem destruktives Argumentieren die Norm ist, neigen Menschen dazu, sich zurückzuziehen und sich in kleinere, gleichgesinnte Gruppen zu fragmentieren. Dies führt zu einer Isolation der Ideen und verringert die Interkonnektivität der unterschiedlichen Gruppen, was wiederum die gesellschaftliche Kohäsion insgesamt schwächt.

Die globale Vernetzung ermöglicht es nämlich leider auch, destruktive

Ideologien, Fake News und Hassreden schnell zu verbreiten und zu skalieren. Die digitale Vernetzung schafft neue Berührungen für Cyberkriminalität, die das destruktive Potenzial in der Gesellschaft ausweitet. Interkonnektivität, die durch moderne Kommunikationsmittel und Technologien gefördert wird, hat einen Einfluss auf die Art und Weise, wie Gesellschaften mit den diversen Tendenzen, auch den destruktiven umgehen. Die Anonymität, die viele Online-Plattformen bieten, begünstigen das negative Verhalten wie Mobbing, Hate-speech oder extremistische Äußerungen. Das toxische Klima in den Online-Communities färbt meist auf das gesellschaftliche Zusammenleben ab. Das Resultat ist eine polarisierte Gesellschaft, in der die Dialogfähigkeit schwindet und extreme Bewegungen, sei es politisch oder ideologisch, an Zulauf gewinnen. Ziviler Ungehorsam, der früher eine Form des friedlichen Protests war, kann unter dem Einfluss von Desinformation und Radikalisierung leicht in Gewalt umschlagen. Denn wenn die Realität verzerrt und durch Lügen ersetzt wird, erscheint jede konstruierte Schein- Wahrheit als gerechtfertigt, selbst wenn sie Gesetze bricht oder Menschenleben bedroht.

Jedenfalls werden die Informationen, ob positiv oder negativ, in Echtzeit verbreitet. Dies bedeutet, dass sowohl konstruktive als auch destruktive Botschaften schnell an ein breites Publikum gelangen. Vernetzte Gesellschaften sollten in der Lage sein, sich kollektiv zur Wehr zu setzen und auf negative Ereignisse oder Bedrohungen schnell zu reagieren. Eine

Kalibrierung der Vernunft ist notwendig, damit verschiedene Systeme, Disziplinen oder Akteure in ihren Aktivitäten harmonieren. Im interkonnektiven Kontext wird verlangt, dass die beteiligten Teile auf gemeinsame Ziele hinarbeiten und sich über die Schnittstellen und Kommunikationswege abstimmen. Selbst in der wissenschaftlichen Forschung müssen verschiedene Experten wie Biologen, Ökonomen oder Ingenieure ihre Ansätze abstimmen, um zu einem Nutzen bringenden Ergebnis zu gelangen. Ohne eine klare Abstimmung arbeiten Systeme und ihre Teams äußerst ineffizient. Fehlfunktionen sind die Folge. Erst der Zusammenhang klärt auf, wie die verschiedenen Teile eines Systems oder mehrere Disziplinen auf sinnvolle Weise miteinander verbunden sind. Interkonnektivität entsteht dann, wenn die einzelnen Elemente zueinander in Beziehung stehen und ihre Funktionen und Ziele sich gegenseitig ergänzen.

In technischen Systemen bezieht sich dies auf die logischen Verbindungen zwischen verschiedenen Modulen und Komponenten. Jede Komponente eines Netzwerks muss in einem klaren Zusammenhang mit den anderen stehen, damit die Daten oder Informationen korrekt ausgetauscht werden können. Im Technologiebereich lässt sich das sehr nüchtern darstellen, während in sozialen Systemen die Verknüpfungen sich komplexer gestalten. Läuft die Interkonnektivität ins Leere, weil die Verknüpfungen unklar oder ineffektiv sind, bringt sie auch keinen brauchbaren Nutzen.

In einem Unternehmen, auch in der Politik, muss eine klare Hierarchie und Struktur existieren, um sicherzustellen, damit sich Entscheidungen zentral koordinieren und implementieren lassen. Die Zuordnung bezieht sich auf die klare Bestimmung und Verteilung von Aufgaben, Funktionen oder Ressourcen innerhalb des Systems. Jeder Teil eines vernetzten Systems muss wissen, welche Rolle er spielt und welche Ressourcen oder Informationen ihm zugewiesen sind. Diese Grundlagen sind die Voraussetzung, dass eine effektive und stabile Interkonnektivität in komplexen Systemen, Organisationen oder interdisziplinären Projekten zustande kommt. Erst durch die enge Verzahnung der Konzepte wird die Komplexität, die durch zunehmende Vernetzung entsteht, sichtbar und produktiv.

Wenn diese Verbindungen fehlen oder geschwächt werden, verliert das System seine Integrität und fällt auseinander. Ohne Informationsfluss können die einzelnen Elemente nicht interagieren. Die meisten Systemeigenschaften entstehen durch das Zusammenspiel der einzelnen Komponenten. Fehlt die Interkonnektivität, tauchen emergente Phänomene gar nicht erst auf. In sozialen Netzwerken bedingt der Verlust von Verbindungen die Isolation von Individuen oder ganzer Gruppen. In der Wirtschaft spielt sich das bei Lieferketten so ab, dass eine Unterbrechung an einer Stelle oder sonst in Kommunikationskanälen Störungen im gesamten System nach sich ziehen. In Ökosystemen kann der Verlust von Schlüsselarten, die viele

Verbindungen zu anderen Arten haben, zu Effekten führen, die das gesamte System destabilisieren. Systeme mit hoher Interkonnektivität der Verantwortung sind allerdings auch resilienter gegenüber Störungen. Sie können Ausfälle einzelner Komponenten besser kompensieren, indem alternative Verbindungen genutzt werden. Dies erklärt, warum robuste Systeme überzeugend redundante Verbindungen aufweisen.

Das bedeutet, dass vielfache Verflechtungen eine höhere Effizienz mit sich bringen, aber gleichzeitig auch die Gefahr von Systemausfällen und Abhängigkeiten in sich tragen. Jedenfalls hat ein technisches Problem oder ein Angriff auf eine kritische Infrastruktur weitreichende Auswirkungen auf die gesamte Struktur. Noch kritischer wird es in sozialen Systemen, die aus spezifischen Kulturen, Werten, Überzeugungen und Verhaltensweisen bestehen. Da sie dynamisch sind, verändern sie sich im Laufe der Zeit und sind durch interne Faktoren wie Konflikte oder externe Entwicklungen und technologische Veränderungen beeinflussbar. Um sich dagegen abzusichern, lassen sich die Risiken objektiv managen, indem Notfallpläne entwickelt werden. Diese Vorkehrungen sorgen dafür, dass bei einem Ausfall eines Elementes das Gesamt-System trotzdem weiterhin aufrechterhalten werden kann.

Zur fragilen Schönheit der Interkonnektivität: es ist wirklich ein Wunderwerk, wie all diese kleinen Puzzlestücke, sei es in sozialen

14

Netzwerken oder in komplexen Systemen, zusammenkommen, um ein beeindruckendes Bild zu ergeben. Aber wehe, wenn ein Puzzlestück fehlt oder sich einfach weigert, an seinen Platz zu gehen! Plötzlich haben wir nicht nur ein unvollständiges Bild, sondern auch eine existenzielle Krise im System. Wenn die Verbindungen schwinden, wird das Netzwerk schnell zu einem Ort, an dem sich jeder in seiner eigenen Blase von Einsamkeit wähnt. Wo sind die kreativen Ideen, die dynamischen Diskussionen und die unerwarteten Kooperationen? Sie sind alle auf der Strecke geblieben, verloren in der digitalen Wüste der Isolation.

Besonders Gesundheitssysteme und die Logistik haben sich vorgenommen, auf Widerstandsfähigkeit zu setzen. Dies wird durch dezentralisierte Systeme und Back-up-Lösungen erreicht, die bei einem Ausfall eines Systems schnell einspringen. Die Interkonnektivität bietet immense Vorteile, doch sie erfordert sorgfältige und ausgewogene Strategien, um die damit verbundenen Sicherheitsrisiken zu managen. Cybersicherheit, Krisenmanagement, der Schutz kritischer Infrastrukturen sowie pro-aktive Gesundheitssysteme sind entscheidende Faktoren, um sicherzustellen, dass Interkonnektivität in der Gesellschaft nicht zur Schwachstelle wird. Es erfordert eine kontinuierliche Wachsamkeit und Anpassung, um mit der rasanten technologischen Entwicklung und den damit einhergehenden Herausforderungen Schritt zu halten.

Bündnisse, Rüstungskontrollabkommen, militärische Friedensmissionen und vor allem Frühwarnsysteme gehören zu den Sicherheitsmodulen der Vernetzung in der Militärpolitik. Die Vernetzung über nationale Grenzen hinweg ermöglicht es leider auch Cyberkriminellen, Angriffe auf internationaler Ebene zu starten. Solche Bedrohungen sind oft schwer zu verfolgen und noch schwieriger zu bekämpfen, da ihre Akteure in verschiedenen Ländern auftauchen. Externe Bedrohungen für die innere Sicherheit eines Landes gehen zunehmend von gezielten Desinformationskampagnen aus, die über soziale Medien oder andere digitale Kanäle verbreitet werden. Um auf diese Bedrohung zu reagieren, sind Maßnahmen wie Medienkompetenz, eine Regulierung der Plattformen und eine intensive internationale Zusammenarbeit erforderlich. Staaten, Organisationen und Einzelpersonen stehen vor der Aufgabe, die Vorteile der globalen Vernetzung zu nutzen und gleichzeitig ein hohes Maß an Sicherheit zu gewährleisten. Sie müssen sich ständig anpassen und oft sogar mit ganz unterschiedlichen Sektoren zusammenarbeiten.

Die Gefahr der Desinformation geht in der Regel von verschiedenen Faktoren aus, die absichtlich oder unabsichtlich die Verbreitung falscher oder irreführender Informationen fördern. Wenn politische Führer bewusst Desinformationen einsetzen, wollen sie entweder die öffentliche Meinung beeinflussen, politische Gegner diskreditieren oder Machtpositionen festigen. Sie betrachten die Verbreitung von

Desinformationen als eine Form der politischen Kriegsführung oder Manipulation. Dafür gibt es zahlreiche Beispiele bei Wahlen oder in Krisenzeiten. Auf diese Weise werden Narrative verbreitet, um die öffentliche Meinung in die Irre zu führen. Unternehmen nutzen Desinformationen, um ihren Ruf zu verbessern und den ihrer Konkurrenten zu schwächen. Wenn sie jedoch übertrieben oder ungeschickt verwendet werden, kann es zu Reputationsschäden und rechtlichen Konsequenzen führen, wenn die Fehlinformation aufgedeckt wird.

Besonders die Medien und soziale Netzwerke sind anfällig für die Verbreitung von Desinformation, sei es aus Sensationsgier, um mehr Klicks und Aufmerksamkeit zu generieren oder aufgrund mangelnder redaktioneller Kontrolle. Soziale Medien-Plattformen werden zu einem "Wildwest" für Desinformation, da die Inhalte schnell viral gehen, bevor sie auf ihren Wahrheitsgehalt überprüft wurden. Diese Plattformen gehen das Risiko der Verbreitung von Desinformation ein, sobald sie Algorithmen priorisieren, die auf Engagement abzielen, statt auf die Verlässlichkeit der Inhalte. Desinformation ist fast schon eine Kunstform geworden. Man könnte meinen, wir leben in einer Ära, in der der Kampf um die Wahrheit verloren ist. Ironisch könnte man sich fragen, warum Redaktionen lange recherchierte Fakten verbreiten sollten, wenn eine Schlagzeile viel mehr Klicks bringt. Der Algorithmus liebt es, und die Leser? Nun, die klicken aus Neugier, teilen es aus Versehen und plötzlich verbreitet sich die Desinformation schneller als ein Sommerloch-Thema. Ideologische Überzeugungen, die viral verbreitet werden, helfen zu verfälschten unbewussten Sichtweisen. So werden Verschwörungstheorien geteilt, auch wenn sie objektiv falsch sind, weil sie eben in das Weltbild dieser Menschen passen. „Hacktivisten" oder Cyberkriminelle nutzen die Desinformation gezielt, um Chaos zu stiften, Vertrauen zu zerstören oder bestimmte Akteure zu diskreditieren. Ihr Ziel ist es, Unsicherheit zu schaffen oder wirtschaftliche und politische Strukturen zu destabilisieren. Die allgemeine Bevölkerung geht unwissentlich das Experiment der Verbreitung von Desinformation ein, wenn sie unzuverlässige Quellen oder Fehlinformationen teilt, ohne diese gründlich zu überprüfen. Dies geschieht besonders in Zeiten von Krisen oder politischer Instabilität, da gerade dann Emotionen und Unsicherheiten hoch sind und Menschen schnell auf Informationen reagieren, die ihren Ängsten oder Vorurteilen entsprechen.

Redaktionelle Kontrolle? Das klingt für Journalisten nach etwas aus dem 20. Jahrhundert. Heute geht es darum, der Erste zu sein, egal ob die Information stimmt oder nicht. Fehler können ja nachträglich korrigiert werden, wenn überhaupt. Und währenddessen surfen wir durch eine Welt voller Halbwahrheiten, Verschwörungstheorien und Clickbait-Kultur, in der jeder mit genug Likes zum Experten wird. Am Ende bleibt die Frage: Haben die sozialen Netzwerke die Kontrolle über die Desinformation verloren, oder war sie vielleicht nie wirklich gewollt.

2. VON DER LOGIK DER INTERKONNEKTIVITÄT

Die Logik der Interkonnektivität kennzeichnet die gegenseitige Abhängigkeit von Systemen, Konzepten oder Elementen in komplexen Strukturen. Die Beziehungen zwischen den einzelnen Komponenten gewinnen zunehmend an Bedeutung. Ihre Prinzipien stützen sich zunehmend auf Interaktion und Rückkopplung. Handlungen oder Veränderungen eines Teils des Systems haben oft unvorhersehbare Auswirkungen auf andere Teile. In einem biologischen Ökosystem kann z. B. das Aussterben einer Art dramatische Folgen für das gesamte Ökosystem haben. Anstatt isolierte Elemente zu analysieren, will das System als Ganzes betrachtet werden, doch das Ganze ist mehr als die Summe seiner Teile.

Nichtlineare Verbindungen entstehen überall im Netz, so dass kleine Veränderungen große Auswirkungen haben, während große Eingriffe nur geringe Folgen haben können. Interkonnektivität findet auf verschiedenen Ebenen und in verschiedenen Maßstäben statt, d. h. sie kann sowohl innerhalb einer Einheit als auch gleichzeitig global beobachtet werden - und das mit unterschiedlichen Auswirkungen. Die kollektive Intelligenz solcher Systeme ergibt sich aus den Verbindungen und Interaktionen der einzelnen Komponenten.

Netzwerke können sowohl robust als auch verwundbar sein. Einerseits sorgen Verbindungen für Stabilität, indem sie das System ausbalancieren. Andererseits kann die Interkonnektivität auch dazu führen, dass sich Fehler, Störungen oder Angriffe schneller und weiter verbreiten. Die Beeinflussung wird unübersehbar, die Auswirkungen werden deutlich. Ein Netz aus Millionen von Servern, Computern und anderen Geräten, die Informationen in Sekundenbruchteilen über den ganzen Globus verteilen, bestimmt Märkte, Lieferketten und politische Entscheidungen.

Jede Spezies in einem Ökosystem hängt in irgendeiner Weise von anderen Spezies und der Umwelt ab. Alle Teile stehen in einem ständigen Austausch, eine gesunde Isolierung ist kaum mehr möglich. So entwickelt sich eine weitreichende Interdependenz zwischen verschiedenen sozialen Handlungsfeldern, die die wirtschaftlichen Umbrüche und politischen Entscheidungen beeinflussen. Der soziale Wandel führt zur Entstehung neuer Positionen, Lebenslagen und Lebensstile Diese Entwicklung trägt zur zunehmenden Komplexität moderner Gesellschaften bei.

Es ist möglich, dass sich logische Überlegungen oder Bedingungen, die zu einem bestimmten Zeitpunkt gültig erscheinen, sich in einem anderen Umfeld ändern. In vielen Bereichen, sei es in Wissenschaft, Technologie, Wirtschaft oder schlechthin in der Gesellschaft können neue

Informationen und Perspektiven dazu führen, dass eine zuvor gültige Logik plötzlich nicht mehr zutrifft. Ein Beispiel sind wirtschaftliche Situationen. Ein Unternehmen, das sich in einem boomenden Markt befindet, könnte durch wirtschaftliche Krisen, technologische Disruption oder soziale Veränderungen eine plötzliche Umkehr der Bedingungen erfahren.

In der Wissenschaft kommt es ja auch vor, dass neue Entdeckungen bestehende Theorien in Frage stellen oder zusätzliche Nuancen hinzufügen. Gefragt sind Flexibilität und die Bereitschaft, bestehende Annahmen in Frage zu stellen, sobald neues Wissen verfügbar wird. Dennoch könnte diese Logik der Interkonnektivität unter bestimmten Umständen auch gestört werden, was darauf hindeutet, dass das Zusammenspiel zwischen Koordination, Kontext, Organisation und Mission jederzeit instabil werden und negative Folgen haben könnte. In komplexen vernetzten Systemen haben kleine Störungen oder Fehler weitreichende Folgen, die das gesamte Gefüge aus dem Gleichgewicht bringen. Dies ist systembedingt; Ein Ausfall aufgrund von Systeminstabilität kann nicht ausgeschlossen werden.

Wenn das Kippen der Logik der Interkonnektivität systemimmanent wird, bedeutet es, dass diese potenzielle Instabilität ein inhärenter Bestandteil des vernetzten Systems ist. In jedem stark vernetzten System ist die Möglichkeit von Störungen oder Fehlfunktionen eingebaut, da die enge Verzahnung der verschiedenen Elemente unweigerlich zu Abhängigkeiten und möglichen Schwachstellen führt. Wenn ökologische oder ökonomische Lagen kippen können, sind auch sicherheitspolitische Positionen ununterbrochen bedroht. Wie lässt sich das sicherheitspolitische Sicherheitsgefühl mit den entsprechenden Maßnahmen verbinden? Wenn sich die Aktionen eines Elements in vernetzten Systemen direkt oder indirekt auf andere Elemente auswirken, sind solche gegenseitigen Abhängigkeiten nicht nur eine Stärke, sondern auch eine Schwäche, da sie die Störungen vervielfältigen können. Das besagt, dass in einem System mit hoher Interkonnektivität immer das Potenzial für eine Kettenreaktion enthalten ist, in der ein kleines Problem sich systembedingt ausweitet und zu einem umfassenderen Versagen entwickelt.

Werden Systeme zu komplex oder zu eng miteinander verknüpft, wird es auch schwierig, jedes einzelne Element effizient zu steuern. Kleine Störungen in einem Teil des Systems können sich aufgrund der engen Verknüpfungen schnell auf andere Bereiche ausweiten. Redundanz heißt, dass in einem System Sicherungen oder Backups enthalten sein müssen, die die Ausfälle rechtzeitig auffangen können. Wenn jedoch alles vollständig vernetzt und optimiert ist, fehlt oft die nötige Flexibilität, um mit unerwarteten Effekten umzugehen. Ohne ausreichende Redundanz kann das gesamte System kollabieren, sobald ein einzelnes Element ausfällt. Beispielsweise können in einem

22

hochautomatisierten Produktionssystem Störungen an einem einzigen Knotenpunkt dazu führen, dass die gesamte Produktion stillsteht. Ebenso wird ein ganzes gesellschaftliches Netzwerk destabilisiert, wenn die Abstimmung zwischen den verschiedenen Akteuren oder Systemen nicht mehr effektiv funktioniert, Dieser Zustand wird durch schlechte Kommunikation, unklare Entscheidungsstrukturen oder fehlende Koordination verstärkt. In Unternehmen führt dies zu ineffizienten Prozessen oder zu einer Fragmentierung der Organisation, während auf politischer Ebene Missmanagement zu Fehlentscheidungen führen, die letztlich ein gemeinschaftliches Gesamtversagen verursachen.

Es ist, als hätte die IT ein grandioses Orchester zusammengestellt, in dem jeder Musiker perfekt aufeinander abgestimmt ist, bis der erste Geiger beschließt, sein Stück im 5/4-Takt zu spielen, während der Rest der Truppe im klassischen 4/4-Takt bleibt. Plötzlich haben wir nicht mehr die Symphonie der Effizienz, sondern ein schräges Konzert, das selbst die geduldigsten Zuhörer an den Rand des Wahnsinns treibt. In der Realität ist es oft so, dass wir einen Fallschirm haben, der so eng mit dem Rest der Ausrüstung verknüpft ist, dass wir ihn nicht einmal erreichen können, wenn wir in den freien Fall geraten. Das Problem ist, dass wir so sehr auf die Optimierung und die Perfektion fixiert sind, dass wir vergessen, dass das Leben und damit auch die Systeme, die wir erschaffen, unberechenbar sind.

Sobald die Interkonnektivität die Abhängigkeit zwischen den Systemen verstärkt, werden die Risiken akkumuliert, ohne dass dies sofort erkennbar ist. Ein aktuelles Beispiel sind die Engpässe bei Halbleitern, die zahlreiche Industrien weltweit betreffen und sich durch die Abhängigkeit von wenigen Lieferanten verschärfen. In falsch vernetzten politischen Systemen könnte auch die Form so starr werden, dass sie nicht flexibel genug ist, um auf plötzliche Änderungen oder Krisen zu reagieren. Dies würde heißen, dass ein System in einer sich verändernden Umgebung nicht mehr funktioniert, weil es nicht schnell genug angepasst werden kann. Dies gilt sowohl für technische als auch soziale Systeme. Ein Unternehmen, das zu stark auf eine bestimmte Technologie oder einen Markt setzt, könnte in Schwierigkeiten geraten, wenn sich der Markt oder die Technologie verändert, wie es zuletzt die europäische Autoindustrie leidvoll erleiden musste.

In stark vernetzten Systemen entstehen also die berühmten Feedback-Schleifen, bei denen sich die Probleme gegenseitig aufputschen. In der Wirtschaft passiert dieser sich selbst verstärkende Prozess, wenn negative Erwartungen zu einem Einbruch führen, der wiederum zu weiteren negativen Erwartungen führt. In der Technik gereichen fehlerhafte Rückkopplungen in vernetzten IT-Systemen zu einem vollständigen Absturz. In solchen Fällen kippt das Gleichgewicht und das System versagt, weil es nicht mehr in der Lage ist, sich selbst zu regulieren. Obwohl wir die Funktionsweise gut verstehen, wird es schwierig, die Folgen ihres Zusammenspiels im Detail vorauszusehen. Diese Komplexitätsfallen sind nicht vermeidbar, sondern ein direktes Ergebnis der Interkonnektivität selbst. Da die Interkonnektivität zahlreiche Rückkopplungen erzeugt, kann es passieren, dass das System in kritischen Momenten die Kontrolle verliert, ein Vorgang, der aus der Natur der Vernetzung und der Rückkopplungsmechanismen selbst resultiert. Eben weil vernetzte Systeme dazu neigen, durch Optimierung immer effizienter zu werden, begünstigen sie mit der Interdependenz auch eine mögliche Verwundbarkeit. In technologischen Netzwerken, wie dem Internet, zeigt sich diese Systemimmanenz oft sehr deutlich. Das Internet ist hochgradig vernetzt und effizient, doch diese Interkonnektivität macht es auch anfällig für Cyberangriffe, die durch einen einzigen Schwachpunkt ganze Bereiche des Systems lahmlegen können. Ein Angriff auf einen zentralen wichtigen Knotenpunkt kann Auswirkungen auf große Teile des Netzwerks haben. Wenn eine Software durch Cyberattacks ausgeschaltet ist, werden die interaktive Planung und sämtliche Unterstützung lahmgelegt.

Interaktive Planungsprozesse beruhen auf der kontinuierlichen Erfassung und Verarbeitung von Daten in Echtzeit. Ein Cyberangriff blockiert den Zugang zu diesen Daten oder beeinträchtigt deren Integrität. Viele Unternehmen verlassen sich auf automatisierte Systeme, um Entscheidungen basierend auf Daten zu treffen wie zum Beispiel im Bereich der Produktionssteuerung oder Ressourcenallokation. Fällt jedoch die Software aus, werden diese Prozesse gestoppt, was erhebliche Effizienzverluste zur Folge haben wird. In vielen Fällen zielen Cyberattacken auf das Stehlen, Verändern oder Zerstören von Daten ab. Wenn wichtige Planungsdaten korrumpiert oder gelöscht werden, kann die Planung nicht mehr auf verlässlichen Informationen basieren, was zu Fehlentscheidungen und Projektverzögerungen führt.

Ein weiteres Beispiel für eine beschädigte Interkonnektivität ist die Handhabe globaler Lieferketten. Sobald diese in ihrer Vernetzung gefährdet sind, fließen die weltweiten Warenströme nicht mehr. Die Covid-19-Pandemie zeigte, wie schnell diese Systeme kippen können, wenn ein Glied in der Kette versagt. Die Störung an einem Ort, etwa in Produktionsstätten in China, hatte massive globale Auswirkungen, ein klarer Fall, in dem die Interkonnektivität selbst die Schwachstelle war. Sogar die Finanzsysteme sind durch ihre Vernetzung systemimmanent anfällig. Die Finanzkrise von 2008 demonstrierte, wie das Versagen einer relativ kleinen Komponente, nämlich des Hypothekenmarktes in den USA, das gesamte globale Finanzsystem in einen Abgrund stürzte. Die starke Verknüpfung der Finanzinstitute und Märkte bedeutete, dass sich Risiken schnell global verbreiteten.

Hat daher Interkonnektivität etwas mit Volatilität zu tun? In stark vernetzten Finanzsystemen kann Interkonnektivität die Volatilität beschleunigen. Banken, Investmentfonds und andere Finanzinstitutionen sind durch Kredite, Investitionen und Derivate miteinander verbunden. Wenn ein Teil des Systems zum Beispiel durch eine Finanzkrise unter Stress gerät, können die Probleme sich durch diese Verbindungen ausbreiten, was zu noch größeren Schwankungen führt.

In technologischen Netzwerken wie dem Internet oder Stromnetzen kann eine hohe Interkonnektivität das Risiko von großflächigen Ausfällen erhöhen. Wenn ein Knoten ausfällt, kann dies aufgrund der Vernetzung zu weiteren Ausfällen führen und Volatilität in der Leistung oder in der Verfügbarkeit des Gesamtsystems bewirken. Cyberangriffe auf stark vernetzte IT-Infrastrukturen können weltweite Verwerfungen auslösen, was in den betroffenen Systemen Unsicherheit zur Folge hat.

Die klare Zuordnung von Ressourcen, Verantwortlichkeiten und Aufgaben ist ein wesentlicher Faktor für eine funktionierende Interkonnektivität. Wenn jedoch die Übersicht und Kontrolle über diese Zuordnungen verloren geht, kann dies zu Chaos führen. Beispielsweise führt ein Mangel an klaren Verantwortlichkeiten innerhalb eines Unternehmens zu ineffizientem Arbeiten und Fehlentscheidungen. In der Politik ist es fatal, wenn sich verschiedene Elemente gegenseitig behindern, anstatt zusammenzuarbeiten, wie es in den konkreten Kapiteln noch beschrieben wird. Wenn hingegen notwendige Informationen gezielt erfasst sind und sachgerecht verarbeitet werden, lässt sich die Entscheidungsfindung und die Effizienz eines Systems hochgradig verbessern.

Ebenso wird es in einer interdisziplinären Forschung, bei der Experten aus verschiedenen Fachbereichen zusammenarbeiten, ermöglicht, komplexe Probleme zu lösen, die eine einzelne Disziplin alleine nicht bewältigen könnte. Ein Beispiel dafür ist die Klimaforschung, die Kenntnisse aus den Bereichen Meteorologie, Ozeanographie, Ökologie, Wirtschaft und Soziologie vereint, um die Auswirkungen des Klimawandels zu verstehen und Maßnahmen zu seiner Bekämpfung zu entwickeln. Ein weiteres Beispiel gibt die Biotechnologie, die eine Schnittstelle zwischen Biologie, Chemie, Informatik und Ingenieurwissenschaften anbietet. Durch die Verknüpfung verschiedener Disziplinen werden auch die Fortschritte in Medizin, Biologie oder Umwelttechnologie erzielt, die ohne interdisziplinäre Ansätze nicht möglich wären. Neben den wissenschaftlichen und wirtschaftlichen Aspekten spielt Interkonnektivität eine wichtige Rolle auch in sozialen und kulturellen Kontexten. Die Globalisierung hat dazu geführt, dass Kulturen und Gesellschaften enger miteinander verflochten sind als je zuvor. Dies zeigt sich in der Art und Weise, wie Ideen, Werte und Normen über Länder- und Kulturgrenzen hinweg verbreitet werden.

Obwohl die Kippgefahr systemimmanent ist, gibt es genug Ansätze, um die negativen Effekte zu mildern. Durch die Einführung von Pufferzonen können Systeme widerstandsfähiger gegen Störungen gemacht werden.

Zwar kann dies die Effizienz mindern, aber es erhöht die Stabilität, indem alternative Wege und Sicherungsmechanismen bereit gestellt werden. Systeme, die anpassungsfähig und flexibel sind, können besser mit unvorhersehbaren Störungen umgehen. Durch eine dynamische Organisation und Entscheidungsstrukturen können Krisen früh erkannt und schnell behoben werden. Um die unsichtbare Risikoakkumulation zu verhindern, müssen Unternehmen und Organisationen proaktive Risikomanagement-Strategien entwickeln, die mögliche Schwachstellen identifizieren und kontinuierlich überwachen.

Völlig unbeachtet erhält neben der Zentralisierung die Dezentralisierung ihre Rolle. Dezentralisierte Systeme sind weniger anfällig für das Kippen, da sie nicht so sehr von zentralen Knotenpunkten abhängen. In dezentralen Netzwerken können einzelne Knotenpunkte ausfallen, ohne dass das gesamte System zusammenbricht. Die Tatsache, dass die Risiken in vernetzten Systemen systemimmanent sind, zeigt, dass es absolute Sicherheit oder Stabilität in hochkomplexen, vernetzten Systemen nicht geben kann. Die vernetzten Systeme sind wie eine Gruppe von übereifrigen Jongleuren, die sich gegenseitig Bälle zuwerfen. Solange alles glatt läuft, ist es eine beeindruckende Show. Aber lassen sie einen Ball fallen und plötzlich regnet es Jonglierbälle von allen Seiten! Die Dynamik dieser Systeme ist tatsächlich ihre Superkraft und ihre Achillesferse zugleich. Sie passen sich blitzschnell an, lernen dazu und optimieren sich selbst - fantastisch! Aber dieselbe Anpassungsfähigkeit macht sie auch so unberechenbar wie einen Teenager mit Stimmungsschwankungen. Die Dynamik dieser Systeme ist gleichzeitig ihre Stärke und ihre Schwäche. Um das Potenzial der Interkonnektivität zu nutzen, müssen Systeme so gestaltet werden, dass sie in der Lage sind, auf Unvorhersehbarkeiten zu reagieren, während sie gleichzeitig flexibel, widerstandsfähig und anpassungsfähig bleiben.

Die Interkonnektivität bietet also enorme Chancen, birgt jedoch auch Risiken, wenn sie nicht sorgfältig geplant und überwacht wird. Die Vernetzung von Systemen, Menschen und Prozessen erfordert ein hohes Maß an Balance zwischen Effizienz und Flexibilität, Sicherheit und Anpassungsfähigkeit. Wenn diese Balance gestört wird, kippt die Interkonnektivität und bringt mehr Schaden als Nutzen. Ein effektives Risikomanagement, das Redundanzen einbaut, flexible Strukturen schafft und klare Verantwortlichkeiten definiert, ist unerlässlich, um die Vorteile der Interkonnektivität zu maximieren und gleichzeitig die Risiken zu minimieren. In hochkomplexen, vernetzten Systemen muss daher immer auch darauf geachtet werden, dass Pufferzonen existieren, um Störungen aufzufangen. Systeme brauchen die Flexibilität und Widerstandsfähigkeit, um auf unvorhergesehene Krisen reagieren zu können.

3. SICHERHEIT IN DER INTERNATIONALEN POLITIK
HERAUSFORDERUNGEN NACH INNEN UND AUSSEN

Die zunehmende Interkonnektivität von Systemen, Disziplinen und Technologien hat die Welt grundlegend verändert und wird auch in Zukunft ein wichtiger Treiber für Innovation und Fortschritt sein. Es liegt an der modernen Gesellschaft, die Chancen dieser Entwicklung zu nutzen und gleichzeitig die damit verbundenen Herausforderungen verantwortungsvoll zu bewältigen. Während sich enorme Chancen für Innovation, Effizienzsteigerung und globale Zusammenarbeit anbieten, treten gleichzeitig erhebliche Sicherheitsherausforderungen auf - sowohl intern, innerhalb einzelner Organisationen und Staaten, als auch extern, im internationalen Kontext. Der Zusammenhang zwischen Interkonnektivität und Sicherheit wird immer wichtiger, da die Risiken für Cyberangriffe, Systemstörungen und geopolitische Instabilitäten zunehmen.

Was alles so passiert ist, bedingt gleichermaßen, dass es so nicht weiter gehen kann wie bisher. Dabei ist zur Kenntnis zu nehmen, dass es wichtige und Nutzen bringende Durst-Perioden zu überstehen gibt. Die Schwierigkeiten, mit denen Gesellschaften heutzutage konfrontiert sind betonen eingehend die Notwendigkeit eines Wandels. Diese Durst-Perioden können als Zeiten des Mangels oder der Notwendigkeit interpretiert werden, die oft als Chance für Transformation und Fortschritt genutzt werden. Historisch gesehen haben viele gesellschaftliche und politische Veränderungen in Zeiten großer Herausforderungen stattgefunden. In solchen Zeiten haben Menschen oft sensationelle Lösungen zur Bewältigung des Geschehens gefunden. Ein wichtiger Aspekt dabei ist die Bildung und Aufklärung, die es den Menschen ermöglichen, informierte Entscheidungen zu treffen und aktiv an gesellschaftlichen Veränderungen mitzuwirken. Letztendlich dienen derartige Durst-Stecken als Ausgangspunkt für eine tiefere Reflexion und zu grundlegenden Veränderungen in den Werten und Prioritäten der Gesellschaft.

Thema sind dramatische Entwicklungen aufgrund von Entscheidungen, die gravierende Folgen haben. Sogenannte Friedensformeln wie sie in Russland, China oder in Europa bei AfD und BSW Pate stehen, bestätigen sich als Diktatur-Treiber, um die Weltordnung unsanft zu kippen. An den Wurzeln dieser Prozesse stehen immer konkrete Personen, wie etwa Putin, Xi Jinping oder im Westen auch Sarah Wagenknecht oder Victor Orban Ihre Mitstreiter tragen immer noch die Chance in sich, entweder den fatalen ideologischen Virus langfristig zu verwässern und zu schwächen oder die drohenden Katastrophen zu beschleunigen. Die Frage wird sein, wie man derartige Stör-Motoren des Weltfriedens, die erheblich negative Auswirkungen auf den gesellschaftlichen Erhalt haben, ausbremst.

Beschäftigt man sich mit Interkonnektivität und in sie hineinsteientspringen interessante Konstellationen. Da bekommt Politik plötzlich den Anstrich von rationalem Management, oder der Flow von Musik beeinflusst die Kognition oder umgekehrt überträgt sich das Ökonomische auf Inhalte der Kunstform. Die Querverweise erleichtern den Prozess der Kreativität in einem bislang noch unbekannten Unterfangen. Es findet sich die Interkonnektivität dessen, was optimal zu tun ist. Das Denken in Interkonnektivitäten ist letztlich eine Einladung, starre Kategorien zu überwinden und das Zusammenspiel zwischen Mensch, Kultur, Technologie und Natur auf einer höheren Ebene zu verstehen.

Diese Interkonnektivität der Aufgaben ermutigt, über konventionelle Kategorien hinauszudenken. Sie lädt dazu ein, die komplexen Verflechtungen des menschlichen Lebens und das Zusammenspiel von Kultur, Technologie und Natur als integrale Bestandteile eines größeren Ganzen zu betrachten. Ein solches ganzheitliches Verständnis kann dabei helfen, Herausforderungen nachhaltiger und kreativer zu bewältigen, und ist entscheidend für die Entwicklung zukunftsfähiger Lösungen in einer zunehmend vernetzten Welt. Ein Konzept der Interkonnektivität eröffnet faszinierende Perspektiven, insbesondere wenn man sich mit den Wechselwirkungen zwischen verschiedenen Disziplinen und Bereichen des Lebens auseinandersetzt. Indem wir die Grenzen zwischen

Politik, Wirtschaft, Kunst, Musik und Technologie hinterfragen, können wir neue Ansätze für Problemlösungen entwickeln und Innovationen fördern.

Politik als rationales Management kann durch die Einbindung kultureller und künstlerischer Elemente bereichert werden. Musik beispielsweise bietet eine universelle Sprache, die Emotionen direkt anspricht und damit über kulturelle und sprachliche Barrieren hinweg verbindet. In politischen Kontexten könnte dies genutzt werden, um den Dialog zwischen unterschiedlichen Gruppen zu fördern. Künstlerische Ausdrucksformen, wie Theater, Malerei oder Literatur, haben oft gesellschaftliche Probleme und Ungerechtigkeiten thematisiert und somit politische Veränderungen angestoßen. Sie ermöglichen eine Perspektive auf die Welt, die Fakten allein nicht leisten können. Politische Satiren in Literatur und Film regen zu Diskussionen an und sensibilisieren Menschen für komplexe Themen.

Wenn man den Militärschutz und auch den Zivilschutz einstellt, darf sich niemand wundern, dass die Sicherheit zusammenbricht. Ohne Militärschutz, der vor äußeren Angriffen oder Kriegen schützt und ohne Zivilschutz, der im Falle von Katastrophen oder sogar gesellschaftlichen Krisen den Menschen hilft, könnte ein Land schnell anfällig für Instabilität und Bedrohungen werden. Wenn diese Schutzmechanismen aufgegeben werden, fehlen wichtige Strukturen, die in Krisenzeiten

Leben retten und die Gesellschaft schützen. Ohne ausreichenden inneren und äußeren Schutz sind Länder verwundbar gegenüber äußeren Bedrohungen, wie Invasionen oder terroristischen Anschlägen. In solchen Gefahrenmomenten sind gut entwickelte Notfallpläne, Kommunikationsstrategien und soziale Unterstützungssysteme unerlässlich, um die Auswirkungen der Angriffe abzumildern und die Resilienz der Gesellschaft zu stärken. Ein proaktiver Ansatz, der sowohl militärische als auch zivile Sicherheitsstrategien kombiniert, ist daher notwendig. Die Modernisierung von Militärtechnologie und Cyber-Sicherheit spielt eine entscheidende Rolle in der aktuellen Sicherheitsdebatte. Staaten investieren zunehmend in digitale Sicherheitsinfrastruktur, was sowohl neue Möglichkeiten als auch Herausforderungen im Bereich der Verteidigung mit sich bringt.

Frühwarnsysteme spielen eine entscheidende Rolle in der militärischen Interkonnektivität, indem sie eine frühzeitige Erkennung potenzieller Bedrohungen versprechen. Der Einsatz moderner Technologien wie Satelliten, Radar, Sensoren und künstlicher Intelligenz ermöglicht die frühzeitige Erkennung feindlicher Raketenstarts, Luft- oder Seeangriffe sowie Cyberaattacken. Dies hat mehrere wichtige Vorteile. Den politischen und militärischen Entscheidungsträgern wird mehr Zeit verschafft, um auf eine potenzielle Bedrohung zu reagieren. Interkonnektivität ermöglicht die Zusammenführung und den Austausch von Daten aus verschiedenen Quellen wie Satelliten, Radarsystemen,

Sensoren und anderen Überwachungstechnologien. Durch die Aggregation dieser Daten in Allianzen erhalten Entscheidungsträger ein umfassenderes Bild der jeweiligen aktuellen Bedrohungslage. Dies sichert eine schnelleres und koordiniertes Reagieren auf Angriffe und verhindert Verzögerungen in der Entscheidungsfindung. Schnelle Datenübertragung und präzise Koordination sind entscheidend, um Bedrohungen abzuschwächen, bevor sie Schaden anrichten können. Interkonnektivität fördert die Zusammenarbeit zwischen Militärs, Geheimdiensten, zivilen Behörden und internationalen Partnern. Ein gemeinsames Frühwarnsystem, das verschiedene Akteure vernetzt, verbessert die Effizienz und Koordination im Krisenfall.

Die Vernetzung von Systemen erleichtert die schnellere Analyse der gesammelten Informationen. Mit Hilfe von Künstlicher Intelligenz können Bedrohungen in Echtzeit erkannt und bewertet werden, was die Reaktionszeiten erheblich verkürzt. Dies gibt den militärischen Entscheidungsträgern die notwendige Zeit, um geeignete Abwehrmaßnahmen einzuleiten, wie das Abfangen von Raketen oder die Mobilisierung von Truppen. Diese Systeme sind idealerweise über Ländergrenzen hinweg miteinander vernetzt, um ein globales Bild der Bedrohungslage zu schaffen. Ohne dass es medial groß registriert worden ist, hat diese Vorgangsweise zu Beginn des Überfalls Russlands auf die Ukraine die Situation gravierend beeinflusst und einen beträchtlichen Freiraum geschaffen, zu retten, was noch zu retten war.

Bündnispartner müssen in Fragen der Cybersicherheit ganz eng zusammenarbeiten, wenn sie sich gegenseitig über Bedrohungen und Angriffe informieren wollen. Internationale Abkommen und gemeinsame Verteidigungsstrategien können verhindern, dass Schwächen einseitig ausgenutzt werden. Im Falle eines Raketenangriffs können selbst wenige Minuten zusätzlicher Vorwarnzeit entscheidend sein, um Gegenmaßnahmen einzuleiten oder die eigenen Streitkräfte in Alarmbereitschaft zu versetzen. Die Reaktionszeiten werden drastisch verkürzt. Mit einer kontinuierlichen Überwachung des Luftraums und anderer potenzieller Angriffsvektoren reduzieren Frühwarnsysteme die Gefahr von Überraschungsangriffen. Insbesondere im Kontext der nuklearen Abschreckung ist es sinnvoll, ständig am Laufenden zu bleiben. Die Hauptfunktion besteht darin, potenzielle Bedrohungen rechtzeitig zu entdecken und dadurch Reaktionszeit zu gewinnen. Indem Bedrohungen rechtzeitig erkannt werden, ist die Glaubwürdigkeit der nuklearen Abschreckung eher gesichert und sie reduziert das Risiko eines zu erleidenden Erstschlags. Werden zuverlässige Informationen bereitgestellt, helfen solche interkonnektiven Systeme auch, Fehleinschätzungen und voreilige Reflexe zu vermeiden.

Die militärische Interkonnektivität spielt somit eine bedeutende Rolle, aus der Verknüpfung verschiedener Systeme, Bedrohungen auf unterschiedlichen Ebenen zu begegnen. Moderne Frühwarnsysteme sind Teil eines der Netzwerkzentrierten Militärstrategien, bei denen

Informationen aus verschiedenen Quellen, Luft, Raum, Boden miteinander kombiniert werden. Dies verbessert nicht nur die Effizienz der militärischen Ergebnisse, sondern unterstützt auch strategische Entscheidungen auf politischer Ebene. Drohnen oder autonome Verteidigungssysteme, werden die Kriegsführung radikal verändern. Sie bieten strategische Vorteile, bergen aber Risiken wie Kontrollverlust und unerwartete Eskalationen. Neben physischen Waffen rückt die digitale Kriegsführung in den Fokus. KI wird eingesetzt, um Cyberangriffe zu erkennen und abzuwehren, aber auch, um Angriffe zu planen. Der Austausch von Informationen und die Zusammenarbeit bei der Erkennung von Bedrohungen schafft ein sichereres globales Umfeld. Zudem werden Fehlalarme oder Missverständnisse, die zu unbeabsichtigten Konflikten führen könnten durch präzise und transparente Kommunikationswege minimiert.

Länder sind heute intensiver denn je miteinander verbunden, sei es durch den Handel, internationale Finanzsysteme, technologische Infrastrukturen oder das Internet. Diese Vernetzung macht sie aber auch anfällig für grenzüberschreitende Bedrohungen, wie Cyberangriffe oder den Einfluss durch Desinformationskampagnen, die die politische Stabilität gefährden. Es gibt sie also definitiv, die Interkonnektivität zwischen innerer und äußerer Sicherheit. Die ergebnisorientierten Komponenten unterscheiden sich lediglich in den angewandten Instrumentarien. Die Richtungsorientierung läuft parallel, ansonsten würden alle Kräfte übereinander stolpern. Die strikte Trennung zwischen innerer und äußerer Sicherheit ist daher überholt. Neue Bedrohungen sind oft hybrid und lassen sich von vornherein nicht eindeutig zuordnen. Auf dem Radar der umfassenden Erkundung werden die gezielten Eingriffe von außen in innere Angelegenheiten, international agierende terroristische Vereinigungen als auch die Folgen transnationaler Gefahren wie Klimawandel, Pandemien oder militärische Androhungen geprüft.

Die aktive Beteiligung der lokalen Gemeinschaften an Sicherheitsfragen ist unverzichtbar, da viele Herausforderungen auf der Mikroebene entstehen und gelöst werden können. Von der Prävention von Kriminalität bis hin zur Förderung des sozialen Zusammenhalts – Gemeinden sind oft die ersten Akteure, die auf Sicherheitsrisiken reagieren. Die Debatte um Sicherheit erstreckt sich über alle Ebenen, von der strategischen Führung auf nationaler oder internationaler Ebene bis hin zu lokalen Gemeinschaften. Jede dieser Ebenen spielt eine wesentliche Rolle, und es ist entscheidend, dass alle Akteure in die Sicherheitsfragen einbezogen werden, um eine ganzheitliche und wirksame Strategie zu entwickeln. Auf strategischer Ebene liegt der Fokus auf der Festlegung von Grundsatzstrategien, Gesetzen und internationalen Partnerschaften. Themen wie Cybersicherheit, Terrorismusbekämpfung, Klimaschutz als Sicherheitsfaktor und nationale Verteidigung gehören zu den Kernaufgaben dieser Ebene. Hier werden

Leitlinien geschaffen, die die Basis für operative Maßnahmen bilden. Dennoch reicht eine rein „von oben" gesteuerte Sicherheitspolitik nicht aus, da sie die spezifischen Bedürfnisse und Realitäten der Bevölkerung nicht immer angemessen berücksichtigt.

Die moderne Sicherheitsstrategie muss alle Bereiche integrieren. Die innere Absicherung sieht sie als Teil der freiheitlichen Sicherheit. Äußere und innere sowie zivile und militärische Sicherheitsaspekte müssen eng verknüpft werden. Die proaktive internationale Zusammenarbeit ist nötig, da viele externe Herausforderungen für die innere Sicherheit eine unvermeidbare internationale Dimension haben. Die institutionellen Rahmenbedingungen müssen dabei schrittweise an diese neue Realität angepasst werden, um aus den gemeinsam erstellten Bedrohungsanalysen aufeinander abgestimmte Handlungskonzepte zu konstruieren. Die Bedrohung durch Cyberkriege, bei denen staatliche Akteure wie Russland und China oder singuläre Cyberterroristen versuchen, kritische Infrastrukturen eines anderen Landes anzugreifen, wie Stromnetze, Wasserversorgungssysteme oder das Finanzsystem, muss die betroffenen Entitäten durch internationale Kooperationen zusammenführen, um das Sicherheitsniveau zu erhöhen. Durch die Bündelung von Ressourcen und Know-how werden die einzelnen Units technologische Innovationen vorantreiben und bessere Schutzmechanismen entwickeln. Letztlich ist die internationale Zusammenarbeit der Schlüssel, um die Auswirkungen von Attacken jedweder Art zu minimieren.

Das Sicherheitsdenken ist glücklicherweise ein tief verwurzelter menschlicher Instinkt, der sich nicht einfach abschalten lässt. Besonders in Zeiten globaler Unsicherheit und komplexer internationaler Beziehungen bleibt der Wunsch nach Sicherheit allgegenwärtig. Wenn jedoch die globalen Prinzipien einer freien Welt wie Gerechtigkeit, Zusammenarbeit und Freiheit als Grundlage dienen und sie gleichzeitig in der Realität in Widersprüche verstrickt sind, entstehen unweigerlich Spannungen. Diese Widersprüche können dazu führen, dass die angestrebten Ergebnisse der internationalen Politik sich auflösen und die Weltordnung ins Chaos zu stürzen droht. Einerseits wird die Sicherheit auf nationaler Ebene, also im Inneren eines Landes, als unverzichtbar angesehen und rigoros verteidigt. Andererseits bleibt der Sicherheitsaspekt auf globaler Ebene häufig ungenügend berücksichtigt oder vernachlässigt. In einem solchen Szenario werden die Maßnahmen zur Sicherung der internen Interessen zunehmend brüchig. Die daraus resultierende Instabilität könnte gefährliche Konsequenzen haben. Wenn der Sicherheitsaspekt auf der inneren Seite plausibel gefordert, aber gleichzeitig nach außen hin nicht ernst genommen wird, brechen die Dämme.

Zwei entgegengesetzte Entwicklungen sind denkbar: auf der einen Seite könnte es zu chaotischen Zuständen kommen, wenn das globale

Sicherheitsgefüge durchbrochen wird und jeder größere Staat versucht, sich auf eigene Faust zu schützen, was zu einer Fragmentierung der internationalen Ordnung führt. Auf der anderen Seite könnte eine zunehmende Verhärtung in Richtung diktatorischer Strukturen stattfinden, wenn autoritäre Regime mit eiserner Hand alles daran setzen, die innere Sicherheit auf Kosten der Freiheit zu bewahren. Daher ist es entscheidend, eine Balance zu finden, in der sowohl die staatliche Sicherheit gewahrt bleibt als auch die globalen Prinzipien einer freien, offenen und kooperativen Welt ernst genommen und miteinander in Einklang gebracht werden. Nur so lassen sich langfristig Stabilität und Frieden absichern. Eine unkontrollierte Fragmentierung der internationalen Ordnung birgt erhebliche Risiken. Das Aufweichen etablierter Sicherheitsstrukturen mündet unweigerlich zunächst in regionale Konflikte und dann in eine globale Instabilität. Die Fragmentierung wirkt sich jedenfalls auf strategische Sektoren wie Technologie, Innovationen sowie den Wissensaustausch drastisch aus. Gleichzeitig bergen autoritäre Ansätze ernsthafte Gefahren für die innere Sicherheit.

Für den Welthandel ist die Aufspaltung in geopolitische Blöcke nicht die ideale Lösung, in ausweglosen Situationen manchmal jedoch notwendig. Der Ausbau resilienter und diversifizierter Lieferketten, besonders in kritischen Bereichen wie Halbleiter, Energie und Medizin erhöht die wirtschaftliche als auch die sicherheitspolitische Stabilität. Dabei darf der

Fokus auf administrative Sicherheitsinteressen die menschlichen Sicherheitsbedürfnisse nicht vernachlässigen. Neben der physischen und ökonomischen Sicherheit der Bevölkerung müssen Aspekte wie soziale Gerechtigkeit, Zugang zu Bildung und Gesundheitsversorgung sowie der Schutz persönlicher Freiheiten auch noch berücksichtigt werden. Werden diese Bedürfnisse außer Acht gelassen, kommt es unweigerlich zu gesellschaftlichen Spannungen, die letztlich die innere Stabilität mehrerer Entitäten untergraben. Investitionen in Schlüsseltechnologien und sichere Lieferketten heben allerorts die Sicherheit, ohne die globalen Innovationsnetzwerke zu kappen. Solche Maßnahmen ermöglichen es Ländern, ihre Abhängigkeit von potenziell unsicheren oder geopolitisch fragilen Partnern zu verringern und gleichzeitig den Zugang zu essenziellen Gütern und Technologien zu gewährleisten.

Die leidvollen Erfahrungen des Ukraine-Krieges haben weitreichende Auswirkungen auf die internationale Sicherheitsarchitektur. Darin ist die viel zitierte Zeitenwende definiert. Sie stellt die bestehende globale Ordnung vor eine extrem harte Prüfung und führt zu einer Neuausrichtung geopolitischer Allianzen. Die Spannungen zwischen Russland und dem Westen haben zu einer Verschärfung der Blockbildung geführt. Wenn internationale Akteure sich darauf konzentrieren, bestehende Diktaturen zu "domestizieren", also sie durch Kooperation und Zugeständnisse zu befrieden oder kontrollierbar zu machen, anstatt sie zur Rechenschaft zu ziehen oder ihre Macht einzuschränken, kann dies langfristig zu größeren Problemen führen.

Je mehr auf Domestizierung bestehender Diktaturen, statt auf deren Bekämpfung gesetzt wird, umso mehr vergrößert sich die Gefahr einer weiteren Eskalation und Ausbreitung der Konflikte über die diversen Regionen hinaus. Die Idee dahinter ist, dass anstatt Konflikte zu lösen die Gefahren angeheizt werden. Diktaturen zu beruhigen bedeutet, deren aggressive Politik oder repressiven Vorgangsweisen zu billigen. Diese Eskalation destabilisiert neue Regionen und weitet die Gefährdung der globalen Sicherheit weiter aus. Der Krieg in der Ukraine hat das europäische Sicherheitsgefüge tiefgreifend verändert. Die NATO wurde immerhin durch den kriegerischen Überfall und die Drohgebärden Russlands gegenüber Osteuropa in ihrer Einheit eher gestärkt. Länder wie Finnland und Schweden, die zuvor neutral waren, haben sich der NATO angeschlossen. Dies zeigt, dass sich Europas Verteidigungspolitik durch den Ukraine-Konflikt erheblich zugespitzt hat. Durch Sanktionen und Gegensanktionen hat sich Europa gezwungen gesehen, alternative Energiequellen zu erschließen, was die globalen Energiemärkte destabilisiert und die Preise in die Höhe treibt. Länder wie Deutschland mussten ihre Abhängigkeit von russischen Energieträgern drastisch reduzieren, was zu einer beschleunigten Energiewende und verstärkten Anstrengungen zur Diversifizierung der Energieversorgung führte. Millionen von Ukrainern sind aufgrund des Krieges geflüchtet, viele davon nach Europa. Dies hat kurzfristig eine humanitäre Krise verursacht und langfristig neue Herausforderungen für Integration, Sozialdienste und Arbeitsmärkte geschaffen. Gleichzeitig hat der Krieg wirtschaftliche Störungen ausgelöst, von steigenden Lebenshaltungskosten bis hin zu Lieferkettenproblemen.

Andere vermeintlich unbetroffene Länder haben eine neutrale oder eher wirtschaftlich orientierte Position bewahrt, was zeigt, dass die geopolitische Landschaft äußerst vielschichtig ist und nicht jeder Akteur auf die gleichen Bedrohungen mit den gleichen Prioritäten reagiert. Dennoch spüren auch Staaten außerhalb des westlichen Bündnisses die wirtschaftlichen und politischen Auswirkungen des Konflikts. Die Störungen der globalen Wirtschaft, die steigenden Energiepreise sowie das zunehmende Wettrüsten haben eine neue Ära eingeleitet, die viele Nationen zwingt, ihre Sicherheits- und Wirtschaftsstrategien grundlegend zu überdenken und zu reformulieren. Auf das Entsenden nordkoreanischer Söldner in die Krisenregion reagieren naturgemäß die demokratischen Entitäten im Pazifikraum. Die globalen Allianzen formieren sich neu. Auch wenn China sich vorerst offiziell neutral deklariert, unterhält es industrielle Beziehungen zu Moskau und unterstützt damit direkt und indirekt das dortige Regime. Das verstärkte Band zwischen diesen beiden Großmächten erhöht die Spannungen in Asien insbesondere in Bezug auf Taiwan, wo die Bedrohung durch eine chinesische Invasion stetig wächst.

Infolge des Ukraine-Krieges fühlen sich die USA in ihrer militärischen Präsenz gespalten. Die Beziehungen zu Australien, Japan und anderen pazifischen Staaten wurden intensiviert, um ein Gegengewicht zu China zu bilden. Das AUKUS-Bündnis von Australien, Großbritannien und den USA, sowie die Quad-Allianz zwischen USA, Indien, Japan und Australien haben an strategischer Bedeutung dazu gewonnen und bezeugt, dass das Konzept der BRICS-Staaten nicht unbedingt fest dasteht. Da der Krieg die globalen Lieferketten, insbesondere in Bezug auf Getreideexporte beeinträchtigt, erleben viele südpazifische Staaten, die auf Lebensmittelimporte angewiesen sind, steigende Preise und Versorgungslücken. Länder wie Indonesien und die Philippinen, die große Mengen an Weizen aus der Ukraine beziehen, sind stark betroffen.

Die Interkonnektivität kriegerischer Auseinandersetzungen bestätigt, dass regionale Konflikte und Krisen nicht isoliert bleiben können, sondern sehr schnell weltweite Auswirkungen haben, die sich über Kontinente und Themenfelder hinweg erstrecken. Die Dynamiken, die auf europäischem Boden, etwa in der Ukraine beginnen, beeinflussen tatsächlich weit entfernte geopolitische Schauplätze. Die Verlagerung von Spannungen in andere Regionen, wie auf das Südchinesische Meer, verdeutlicht die Dimension der globalen Sicherheitsrisiken. Territoriale Streitigkeiten und Machtdemonstrationen im indopazifischen Raum erhöhen immer mehr das Konfliktpotenzial. Die Rivalität zwischen den USA und China heizt die Gefahr einer Eskalation durch Missverständnisse oder Fehlkalkulationen der Ukraine-Folgen an. Es bedarf eines ganzheitlichen Ansatzes, der militärische, wirtschaftliche und diplomatische Instrumente zusammenstellt.

Die internationalen Kooperationsmechanismen müssen gestärkt werden auch in der Intention, um Krisen einzudämmen und Eskalation zu verhindern. Resilienz und Anpassungsfähigkeit gewinnen an Bedeutung, da sie auf unvorhergesehene Entwicklungen zu reagieren haben. Die zunehmende Interkonnektivität globaler Bedrohungen zwingt zu einem ständigen Neukalibrieren der Sicherheitspolitik. Statt isolierter Betrachtungen einzelner Krisenherde ist ein systemisches Verständnis der Überlagerungen von verschiedenen Risiken und Regionen notwendig. Nur so können effektive Strategien zur Wahrung von Frieden und Stabilität in einer zunehmend komplexen Welt entwickelt werden.

Die verschiedenen Arten der Erpressbarkeit auf internationaler Ebene werden zum zentralen Thema der modernen Geopolitik. Sie beschreiben die Situation, in der Staaten oder Staatengemeinschaften durch Drohungen oder Gewaltanwendung gezwungen werden, ihre politischen, wirtschaftlichen und militärischen Entscheidungen zu ändern, um schwerwiegende Konsequenzen zu vermeiden. Auch Staaten, die über Rohstoffe, Nahrungsmittel und Infrastruktur in Schlüsselindustrien verfügen, sehen sich zunehmend wirtschaftlichem und politischem Druck ausgesetzt. In diesem Spannungsfeld wird die Freiheit zu einem kostbaren Gut, das erhebliche Investitionen und oft Opferbereitschaft fordert. Verantwortung und Vorsicht, um solche Verwundbarkeiten zu reduzieren, sind essenziell. Die Bereitschaft, im Notfall für diese Freiheit einzutreten und Bündnisse zu verbessern, unterstreicht die komplexe Balance zwischen Souveränität und globaler Interdependenz. Geopolitische Erpressbarkeit kann durch Eigenverantwortung und strategische Weitsicht gemindert werden, erfordert jedoch auch den Mut, auf Drohungen nicht einzulenken, selbst wenn der Preis hoch sein kann. Freiheit ist nicht kostenlos, sie fordert ihren Preis, sei es in Form von Verantwortung, Opferbereitschaft oder sogar der Anforderung, für sie zu kämpfen. Unentwegt weist sie auf die Bedeutung historischer Lehren hin. Fehler der Vergangenheit dürfen nicht wiederholt werden, um den Erhalt der Freiheit und des Friedens zu gewährleisten.

Die Betonung von Konsistenz verdeutlicht, dass Freiheit und Frieden nicht einfach durch Worte oder Verhandlungen allein erreicht werden. Stärke, ob physische, moralische oder institutionelle, wird als notwendige Grundlage für ein sicheres Leben angesehen. Diplomatische Verhandlungen sind mehr als ein Austausch von Argumenten. Sie sind ein strategisches Ringen um Einfluss, Macht und die Verwirklichung von Interessen. Sie können Kooperationen hervorbringen oder Konflikte verschärfen, Konsens ermöglichen oder Abhängigkeiten zementieren. Doch eines steht fest: Verhandlungen, die nicht auf einer Grundlage von Stärke geführt werden, drohen, nicht nur ineffektiv, sondern langfristig schädlich zu sein. Potenz ist das Fundament, auf dem erfolgreiche Verhandlungen aufbauen. Ohne sie wird jede Initiative zum bloßen Bittgang.

Es klingt nach der Forderung, dass nur eine gefestigte Position es ermöglicht, in Gesprächen und Verhandlungen erfolgreich für Freiheit und Frieden einzutreten. Als letztes Mittel dient die militärische Zuverlässigkeit zur Unterfütterung des Dialogs und des Friedens. Dies spiegelt das realpolitische Verständnis internationaler Beziehungen wider. Dieser Ansatz betont, dass diplomatische Verhandlungen und friedliche Lösungen zwar stets bevorzugt werden sollten, jedoch ohne das Fundament militärischer Glaubwürdigkeit an Wirkkraft verlieren. Diplomatie ist ein komplexer Prozess, der sowohl strategisches Denken als auch Empathie erfordert. Es geht darum, zu versuchen, ein Gleichgewicht zwischen den Interessen aller Beteiligten zu finden. Nur das wird sehr schwer sein, wenn keine Potenz dahinter steckt.

Diplomatie ist nicht nur ein Spiel des Verhandelns, sondern auch ein Machtinstrument. Ohne eine gewisse Potenz, sei es wirtschaftliche, militärische, kulturelle oder moralische Stärke, ist es schwierig, auf diesem Feld erfolgreich zu agieren. Diese Potenz ist notwendig, um Verhandlungspositionen glaubwürdig zu untermauern und Einfluss auszuüben. Selbst wenn die Diplomatie auf friedliche Lösungen abzielt, ist die Möglichkeit eines militärischen Eingreifens ein reeller starker

Hebel. Ohne Macht ist sie ineffektiv, da sie keine glaubwürdige Verhandlungsbasis bietet. Strategisches Denken hilft dabei, die Potenz auf eine Weise einzusetzen, die das Positive nicht sabotiert.

Wenn die Potenz einer Seite zu dominant ist, kann Diplomatie zu einem Instrument der Unterdrückung werden, anstatt eine Balance der Interessen zu schaffen. Dies schafft Widerstand, da die unterlegene Seite sich gezwungen sieht, auf andere Mittel zurückzugreifen, um ihre Position zu verteidigen. Ist denn da allein bloß Feigheit am Drücker, oder drängt nicht eine grenzenlose Dummheit die Teile des unzivilisierten Extremismus in Europa nach vorne? Gerade dann, wenn das Ausrotten eines Volkes proklamiert wird, wenn gemordet wird, zivile Versorgungen vernichtet, Kindergärten, Schulen, Krankenhäuser und Wohnhäuser in der Ukraine bombardiert werden?

Die Passivität, sei es aus Angst, Unwissenheit oder anderen Gründen, kann nicht nur zu einer Missachtung von Verbrechen gegen die Menschlichkeit führen, sondern auch zu einer direkten Komplizenschaft mit den Tätern. Das Ignorieren solcher Aggressionen kann einen gefährlichen Kreislauf der Gewalt und der Ungerechtigkeit aufrechterhalten. Ein entschlossener Widerstand gegen diese Tendenzen ist notwendig, um nicht nur aktuelle Konflikte anzugehen, sondern auch um zukünftige Eskalationen zu verhindern. Die Verantwortung liegt bei den Entscheidungsträgern, in den Institutionen und auch in der

Zivilgesellschaft klar Stellung zu beziehen und die oft schrecklichen Konsequenzen von Untätigkeit zu erkennen. Es ist eine der größten moralischen und politischen Herausforderungen Europas in der Jetztzeit. Die Gleichgültigkeit oder das Verkennen diabolischer Gewalt, sei es durch Feigheit, Ignoranz oder eine Mischung aus beiden, öffnet die Tür in ein mögliches Armageddon. Der Glaube, dass man durch Schweigen, Nachgiebigkeit oder Kollaboration und Sabotage im Europäischen Parlament größere Konflikte lösen kann, verniedlicht die Bedrohung.

Es gibt kaum etwas Schlimmeres für die Infrastruktur eines Landes, als wenn sie so weit zerstört wird, dass grundlegende Lebensgrundlagen entzogen werden: kein Strom, keine Wärme, keine Verbindung zur Welt durch digitale Kommunikation - nur Dunkelheit und Isolation. Diese Zerstörung trifft nicht nur Gebäude oder Technik, sie zerschlägt die Hoffnung und das Leben der Menschen vor Ort. Die Reaktion der globalen Staatengemeinschaft darauf blieb im konkreten Fall des Ukraine Krieges ernüchternd. Viele Staatschefs agierten mit erschreckender Zurückhaltung, beinahe blind gegenüber der Dramatik und Unmenschlichkeit solcher Angriffe.

Statt klare Kante gegen solche Gräueltaten zu zeigen, fließen weiterhin wirtschaftliche oder politische Unterstützungen, direkt oder indirekt, in die Hände von Diktaturen wie Putins Regime. Entweder aus Angst vor wirtschaftlichen Konsequenzen, geopolitischer Instabilität oder schlicht aus Opportunismus bleibt der entschiedene Widerstand aus. Diese Haltung ist nicht nur moralisch fragwürdig, sondern schürt langfristig den Eindruck, dass die internationale Gemeinschaft Gewalt toleriert, solange sie nur weit genug von den eigenen Grenzen entfernt bleibt. Solange die Welt nicht geschlossen für die Prinzipien von Menschenwürde und Freiheit einsteht, bleiben solche Taten nicht die Ausnahme, sondern werden zur stillschweigend akzeptierten Realität. Die Frage ist, wie lange wir uns diese Blindheit leisten können, ohne selbst daran zu zerbrechen.

Die Passivität in der deutschen Politik unter der Kanzlerschaft von Olaf Scholz wirft ernsthafte Fragen auf, besonders in Zeiten globaler Krisen und internationaler Aggressionen. Wenn ein Land wie Deutschland, das traditionell eine führende Rolle in der Förderung von Menschenrechten und Demokratie spielt, sich zurückhält oder aus rein pragmatischen Gründen zögert, klare Positionen zu beziehen, kann dies fatale Folgen haben. Ob diese Passivität aus Angst vor geopolitischen Konsequenzen, wirtschaftlichen Interessen oder schlichtweg aus politischer Unentschlossenheit resultiert, bleibt oft unklar. Fakt ist jedoch, dass das Schweigen oder das Zögern, sich gegen schwerwiegende Menschenrechtsverletzungen oder Kriegsverbrechen zu stellen, nicht nur eine moralische Verfehlung darstellt, sondern auch eine Form der indirekten Komplizenschaft. Anlässlich der Rätselhaftigkeit in der Vorgehensweise des deutschen Kanzlers könnte auch eine parteipolitische Befindlichkeit verborgen sein, die in der sozialistischen

Historie eventuell aufzuklären wäre. Ein Grund mehr, traditionelle Parteien mit ihren Ideologien aus dem Gesichtsfeld eines modernen Politik-Managements auslaufen zu lassen. Diese Thematik wird noch eingehend unter der Überschrift „Unheilvolle Parteienpolitik" (Kapitel 15) erörtert. Wenn Aggressionen wie die des russischen Regimes gegen die Ukraine so nachlässig behandelt werden, senden diese Nationen eine Botschaft der Schwäche aus und ermutigen die potentiellen Täter, weitere Gewalt anzuwenden.

Das Ignorieren solcher Verbrechen führt zu einem gefährlichen Kreislauf, der das Vertrauen in internationale Ordnung und Gerechtigkeit untergräbt. Es lässt die Opfer im Stich und schwächt die Prinzipien, die eine stabile und gerechte Weltordnung ermöglichen. Deutschland, als ein starkes und einflussreiches Mitglied der Europäischen Union, hat die Verantwortung, nicht nur diplomatisch, sondern auch moralisch, klar Stellung zu beziehen. Die Vermeidung dieser Verantwortung durch Passivität könnte langfristig die Werte von Freiheit, Menschenrechten und Frieden gefährden und das internationale Engagement der deutschen Politik nachhaltig schädigen.

Europa selbst steht an einem Scheideweg. Die Werte von Freiheit und Menschenwürde werden auf die Probe gestellt. Halbherzige Sanktionen oder schwache Statements reichen nicht aus, wenn die Menschlichkeit auf dem Spiel steht. Europa muss seine moralische und militärische

Potenz bündeln, um solchen Verbrechen entgegenzutreten. Es liegt an Europa und der Weltgemeinschaft, in solchen Momenten eine klare Grenze zu ziehen und die Prinzipien der Zivilisation gegen barbarische Angriffe zu verteidigen. Schweigen oder Zaudern ist in solchen Situationen keine Option.Europa muss seine Ressourcen, sowohl diplomatisch als auch militärisch, koordinieren und mobilisieren, um einem tatsächlichen Versagen in der Achtung menschlicher Würde entgegenzuwirken.

Militärische Durchsetzungskraft wird in diesem Kontext als abschreckendes Element gewertet, das den Raum für Dialog und Diplomatie schafft und erhält. Länder, die militärisch gut aufgestellt sind, haben eine größere Verhandlungsposition und können effektiveren Druck ausüben, um Konflikte diplomatisch zu lösen. Aus der historischen Betrachtung hat dies oft dazu geführt, dass friedliche Verhandlungen erst dann wirklich effektiv umgesetzt wurden, wenn die militärische Machtbalance geklärt war. Der Dialog zwischen den USA und der Sowjetunion im Kalten Krieg, wie etwa die Abrüstungsverhandlungen, hätte ohne das Gleichgewicht der militärischen Kräfte möglicherweise gar nicht stattgefunden. Erst als die NATO in den 1980er Jahren mit der Aufstellung von Mittelstreckenraketen als Antwort auf die sowjetischen SS-20 zur Abschreckung reagierte, war der erste Schritt zu einer Rüstungskontrolle und schließlich zur Beendigung des Kalten Krieges getan. Wer weiß, ob ohne den NATO-Doppel-Beschluss im Jahr 1979 nicht ein dritter Weltkrieg ein atomares Inferno ausgelöst hätte. Wenn der positive Effekt einer Entscheidung nicht offensichtlich ist, wird er oft übersehen oder nicht gewürdigt. "Was man nicht sieht, wird schnell vergessen."

Im aktuellen Kontext des Ukraine-Krieges wird die Rolle von militärischer Qualität als unterstützender Faktor für Verhandlungen diskutiert, wobei sowohl die Ukraine als auch Russland ihre militärischen Fähigkeiten als Hebel einsetzen. Die militärische Kraft dient zur Abschreckung, um potenzielle Aggressoren von gewaltsamen Aktionen abzuhalten. Eine glaubhafte militärische Verteidigungsfähigkeit signalisiert immer, dass ein Angriff erhebliche Kosten nach sich ziehen würde. Je größer das Militär-Budget, umso größer ist die diplomatische Verhandlungskraft und ihre Glaubwürdigkeit. Dies hilft, einen gewaltsamen Konflikt im Keim zu ersticken oder genügend Raum für friedliche Verhandlungen zu öffnen. Wenn ein Staat oder eine Allianz nicht in der Lage oder willens ist, sich zu verteidigen, bietet dies einen Anreiz für autoritäre Regime, ihre Macht auszudehnen. Ohne eine glaubhafte Abschreckung entsteht ein Machtvakuum, das von skrupellosen Akteuren ausgefüllt wird, die keine Rücksicht auf internationale Normen oder Menschenrechte nehmen. Ein prominentes Beispiel ist der Zweite Weltkrieg, bei dem die anfängliche Appeasement-Politik gegenüber Nazi-Deutschland nicht zur Vermeidung des Konflikts geführt hat, sondern vielmehr den Diktator Hitler ermutigte, seine aggressiven Expansionspläne weiter zu verfolgen.

Diese historische Lektion zeigt, wie der Verzicht auf militärisches Gewicht gegenüber tyrannischen Regimen zu einem unvermeidlichen und oft brutaleren Konflikt führt.

Tyrannen nutzen immer die Schwäche der anderen aus und eine Welt ohne Abschreckung würde ihnen den Raum geben, ihre Macht ungehindert auszuweiten. Das Ergebnis wäre ein Schlachtfeld, nicht nur im physischen, sondern auch im moralischen und politischen Sinn, wo die Rechte und Freiheiten der Menschen systematisch misshandelt werden. Interessanterweise verfolgen extremistische Ideologien dasselbe Konzept. In einem solchen Umfeld sind Grundwerte wie Freiheit, Gerechtigkeit und Frieden gefährdet. Diktatoren und autoritäre Führer, die nicht durch Abschreckung oder internationale Sanktionen eingeschränkt werden, nutzen rücksichtslos innen- und außenpolitische Repression und Gewalt aus, um ihre Herrschaft zu sichern.

Obwohl Gewaltverzicht ein edles Ziel ist, kann der völlige Verzicht auf Verteidigungsfähigkeit in einer Welt, die nicht frei von Machtstreben und Tyrannei ist, gefährliche Konsequenzen haben. Ein konsequenter Pazifismus kann in einer solchen Welt schnell zu einer Situation führen, in der das Machtungleichgewicht ausgenutzt wird und der Friede einem Zwangsfrieden weicht, diktiert von den Stärkeren. Eine starke Verteidigungsfähigkeit ist daher immer notwendig, um diese Kräfte im Zaum zu halten und eine klare Botschaft zu senden, dass Aggression nicht ohne Konsequenzen bleibt.

Durch die Entwicklung spezifischer Strategien in verschiedenen Sektoren werden Synergien geschaffen, die durch gemeinsame Ziele und Innovationen gestärkt werden. Erfolgreiche Strategien und positive Aspekte aus einem Sektor dienen als Best Practices und können international als Leitlinien übernommen werden. Dies fördert die Effizienz und trägt zur kontinuierlichen Verbesserung bei, da bewährte Ansätze schnell verbreitet und adaptiert werden. Strategien, die Sektor-übergreifend entwickelt und global projiziert werden, fördern langfristig nachhaltige Entwicklungen.

Wirtschaftskraft ist ein entscheidender Faktor, insbesondere in internationalen Verhandlungen. Staaten mit einer stabilen ökonomischen Basis haben den Spielraum, Druck auszuüben oder Anreize zu schaffen. Ein Land mit florierender Wirtschaft kann Handelshemmnisse als Verhandlungsmittel nutzen und Unternehmen mit finanziellen Reserven können bessere Konditionen aushandeln. Selbstbewusstsein, Geduld und taktisches Geschick sind in Verhandlungen oft entscheidender als physische oder wirtschaftliche Ressourcen. Ein Akteur, der in der Lage ist, Zeitdruck zu widerstehen oder taktische Rückzüge glaubwürdig zu inszenieren, stärkt seine Position.

Die Gefahr durch Parteien, die als bezahlte Agenten Russlands agieren, ist real und ernst zu nehmen. Europa muss mit einem ganzheitlichen Ansatz reagieren, der sowohl rechtliche, politische als auch gesellschaftliche Maßnahmen umfasst. Dabei ist es entscheidend, die Demokratie und Rechtsstaatlichkeit resistent zu halten, ohne die Grundprinzipien der Freiheit und Meinungsvielfalt zu gefährden. Nur so kann die demokratische Resilienz Europas langfristig gewahrt werden.

Die Abhängigkeit von Energiequellen gehört zu den großen Erpressungsthemen unserer Zeit. Die ökonomische Erpressbarkeit findet sich auch in der Abhängigkeit von strategischen Rohstoffen wie seltenen Erden, die für moderne Technologien unverzichtbar sind. Militärisch erfolgt Erpressung durch Drohung mit Gewaltanwendung. Sie kann wiederum primär nur militärisch abgewehrt werden. Dies geschieht in Form von nuklearer Abschreckung oder durch den Einsatz konventioneller militärischer Macht. Ein Beispiel ist Nordkorea, das regelmäßig mit Raketentests droht, um internationale Zugeständnisse zu erhalten. Auch Russland setzt auf die Androhung des Einsatzes von Atomwaffen, um NATO-Staaten von einem direkten Eingreifen in den Ukraine-Konflikt abzuhalten. Die Erpressbarkeit auf internationaler Ebene wird durch Machtverschiebungen verstärkt, die strategische Abhängigkeiten erzeugen.

Chinas Aufstieg zur globalen Wirtschaftsmacht hat viele Staaten, insbesondere in Afrika, Asien und Lateinamerika in eine ökonomische Abhängigkeit von chinesischen Investitionen und Krediten gebracht. Diese Staaten sind potenziell erpressbar, wenn China politische oder wirtschaftliche Bedingungen an seine Unterstützung knüpft. Im Rahmen der "Belt and Road"-Initiative ist zu beobachten, wie Entwicklungsländer, die an der Initiative partizipieren, erhebliche Kredite von China aufnehmen, um Infrastrukturprojekte zu finanzieren. Da viele dieser Länder schwache Wirtschaften haben, besteht das Risiko, dass sie ihre Schulden nicht zurückzahlen können. Kritiker sprechen von einer „Schuldenfallen-Diplomatie", bei der China strategische Vermögenswerte wie Häfen, Straßen, Eisenbahnen oder Industrie-Komplexe übernimmt.

Besonders die Intransparenz der Abkommen und die Frage, inwieweit lokale Arbeitskräfte von chinesischen Projekten profitieren, stehen in der Kritik. Auch Umwelt- und Menschenrechtsbedenken wurden laut, da einige Projekte mit negativen sozialen und ökologischen Folgen verbunden sind. Wenn durch chinesische Geschäfte automatisch Fesseln angelegt werden, mögen das so manche afrikanischen Länder auch nicht besonders gerne. Die erpressbaren Staaten ergeben sich entweder der unausweichlichen Situation oder versuchen sich durch Interkonnektivität und Diversifizierung abzusichern. Viele afrikanische Regierungen sind auf Kredite angewiesen, um ihre Entwicklungsziele zu erreichen, aber die Bedingungen und die langfristigen Folgen dieser Kredite könnten ihre wirtschaftliche Handlungsfreiheit stark einschränken. Es besteht die Gefahr, dass ein übermäßiger Schuldenrückstand die Länder dazu zwingt, politische Entscheidungen im Sinne Chinas zu treffen.

Sollte Russland die Ukraine auf irgendeine Weise "einkassieren", hätte das tiefgreifende Konsequenzen für die europäische und globale Sicherheit. Ein solches Szenario, bei dem Russland die Ukraine militärisch oder durch andere Methoden vollständig kontrolliert, würde eine unüberblickbare Eskalation in geopolitischen Spannungen nach sich ziehen und die Balance zwischen Freiheit und Sicherheit in Europa auf eine harte Probe stellen. Der Verlust der Ukraine an Russland könnte die gesamte Sicherheitsarchitektur Europas erschüttern. Die EU müsste auch mit einer erhöhten Flüchtlingswelle aus der Ukraine und anderen von Konflikten betroffenen Gebieten rechnen, was die internen Spannungen in Bezug auf Migration und Ressourcenverteilung vermehren würde.

Ein Belagerungszustand durch russische Hegemonie über Europa wäre ein tiefgreifender geopolitischer und ideologischer Wandel. Die Freiheit Europas, die auf offenen Grenzen, freier Meinungsäußerung, wirtschaftlicher Offenheit und politischen Rechten beruht, stünde unter erheblichem Druck. In einem solchen Szenario wäre Europa nicht nur von einer militärischen Bedrohung umringt, sondern auch von politischen und wirtschaftlichen Hebeln beeinflusst, die Russland einsetzen würde, um seine Hegemonie auszubauen. Die Folge wäre ein neuer Kalter Krieg, in dem die Freiheit Europas massiv eingeschränkt wäre. Auch wenn Diktaturen im globalen Geschehen herum zu tricksen suchen, bleiben sie einer menschenrechtlichen Verantwortung unterworfen und damit unwiderruflich politisch kriminell, was in politscher oder historischer Langzeitwirkung juristische Konsequenzen zeigen muss. Die Mechanismen der Wiederaufarbeitung sind entscheidend, um Verantwortliche für Menschenrechtsverletzungen zur Rechenschaft zu ziehen und um die Hoffnung auf Gerechtigkeit für die Opfer zu wahren.

4. INTERKONNEKTIVITÄT DER GEOGRAPHIE

Eine andere Art der Interkonnektivität bezieht sich auf Netzwerke, die Menschen, Güter und Ressourcen zwischen verschiedenen geographischen Räumen bewegen. Durch die Entwicklung moderner Verkehrssysteme sind Regionen, die zuvor isoliert waren, heute global miteinander vernetzt. Die Interkonnektivität der Geographie beschreibt die enge Vernetzung und Abhängigkeit verschiedener geographischer Räume und Akteure durch physische, soziale, wirtschaftliche und technologische Verbindungen. Sie bezieht sich auf die Art und Weise, wie Orte und Regionen auf der Welt durch Verkehrsnetze, Handelsbeziehungen, Kommunikationstechnologien, Migration und Umwelteinflüsse miteinander verbunden sind. Dies umfasst Verkehrs- und Infrastrukturnetze wie Straßen, Eisenbahnen, Schifffahrtsrouten und Flugverbindungen, die verschiedene Regionen miteinander verbinden und den Transport von Gütern und Menschen ermöglichen. Ein Beispiel hierfür ist der globale Handel, der auf einem komplexen Netzwerk von See- und Lufttransporten basiert. Containerhäfen wie in Shanghai, Rotterdam oder Singapur sind Knotenpunkte in einem weltweiten Netz von Schifffahrtsrouten, die den globalen Austausch von Gütern ermöglichen. Eine Störung in diesen Netzwerken, sei es durch Naturkatastrophen, politische Konflikte oder logistische Engpässe, hat weitreichende Auswirkungen auf die Versorgungsketten und die

Weltwirtschaft.

Schauplätze sind miteinander verknüpft, insbesondere im Hinblick auf soziale und politische Zusammenhänge. Städte, Länder und Gemeinschaften stehen in einem Netz von Beziehungen, die durch Handel, Migration, Kriege oder Diplomatie beeinflusst werden. Diese Schauplätze beeinflussen sich gegenseitig durch die Interaktion ihrer Bewohner und politischen Systeme. Genauso sind globalisierte Wirtschaften stark miteinander verflochten, sodass Veränderungen in einer Region weltweite Auswirkungen haben. Globale Produktionsketten und Märkte machen es notwendig, dass Länder durch Handel, Investitionen und Finanzströme miteinander verbunden sind. Beispielsweise kann eine Störung in der Produktion von Halbleitern in Asien Auswirkungen auf die Automobilindustrie in Europa haben. Migration, Tourismus und das Internet schaffen Verbindungen zwischen Menschen aus verschiedenen Regionen, die den Austausch von Kulturen, Ideen und Informationen fördern. Die digitale Vernetzung durch das Internet ist ein besonders starker Faktor der Interkonnektivität, da sie den sofortigen Austausch von Informationen weltweit ermöglicht.

Während Kohäsion auf den Zusammenhalt innerhalb und zwischen Gesellschaften und Regionen abzielt, beziehen sich Reformen auf politische, wirtschaftliche und soziale Veränderungen, die diesen Zusammenhalt stärken oder schwächen können. Diese beiden Prozesse sind eng miteinander verknüpft und prägen maßgeblich die Entwicklung von sogenannten "Regions-Clustern", geographischen Gebieten, die ähnliche Entwicklungs- und Integrationsprozesse durchlaufen. Regions-Cluster bezeichnen Gruppen von Ländern oder Regionen, die ähnliche Entwicklungsprozesse, Herausforderungen und Potenziale teilen. Diese Cluster sind durch geographische Nähe, historische Verbindungen oder ähnliche wirtschaftliche und politische Strukturen geprägt. Die Interkonnektivität von Kohäsion und Reformen zeigt sich besonders deutlich in solchen Regionen, da sich erfolgreiche Reformen häufig von einer Region auf benachbarte Gebiete ausdehnen oder Cluster interregional zusammenarbeiten, um kohäsive Strukturen zu schaffen.

Regionale Kohäsion bezieht sich auf den Grad des sozialen, wirtschaftlichen und politischen Zusammenhalts innerhalb einer Region. Großregionen überschreiten nationale Grenzen und umfassen mehrere Länder oder Regionen, die geografisch, kulturell oder wirtschaftlich verbunden sind. Diese Verbindungen basieren oft auf gemeinsamen wirtschaftlichen Interessen, kultureller Nähe oder geografischer Lage. Großregionen haben das Ziel, die Zusammenarbeit in Wirtschaft, Infrastruktur, Kultur oder Sicherheit zu vertiefen. Sie fördern die regionale Entwicklung, Innovation und den Austausch von Best Practices zwischen den Mitgliedsstaaten oder Regionen. Sie tragen zur politischen Stabilität und wirtschaftlichen Integration bei, indem sie gemeinsame Ziele wie nachhaltige Entwicklung, Umweltpolitik, Sicherheit oder soziale

Kohäsion fördern. Sie überwinden nationale Grenzen und schaffen Netzwerke, die den Austausch und die Kooperation über diese Grenzen hinaus erleichtern.

Eine hohe Kohäsion bedeutet, dass es geringe soziale Ungleichheiten gibt, eine starke wirtschaftliche Verflechtung existiert und politische Institutionen effektiv arbeiten. Dies ist häufig das Ergebnis langfristiger Reformen, die auf die Förderung von Gleichheit, Infrastruktur und politischen Institutionen abzielen. Regionen, die eine hohe Kohäsion aufweisen, tendieren dazu, stabiler und widerstandsfähiger gegenüber externen Schocks zu sein. Ein Beispiel für erfolgreiche Reformen, die zur Kohäsion beigetragen haben, ist die Transformation der mittel- und osteuropäischen Staaten nach dem Fall des Eisernen Vorhangs. Durch tiefgreifende wirtschaftliche und politische Reformen konnten diese Länder in den EU-Binnenmarkt integriert werden und damit ihre wirtschaftliche Entwicklung beschleunigen.

Die Idee, zuerst große Einheiten wie Regionen und Kontinente zu festigen, um dann internationale Verbindungen aufzubauen, folgt dem strategischen Ansatz eine stabile Grundlage zu schaffen, um gleichzeitig oder in Folge globale Netzwerke zu entwickeln. Durch die Stärkung der internen Strukturen wird eine gemeinsame Identität und Entschlossenheit aufgebaut. Regionen, die in sich gefestigt sind, können effektiver Ressourcen teilen, gemeinsame wirtschaftliche und politische

Ziele verfolgen und Konflikte minimieren. Das gilt für Europa genauso wie für Afrika, Südamerika, dem Nahen, Mittleren oder Fernen Osten. In der Gesamtheit der interkonnektiven Strukturen sind so viele wie möglich zu nutzen. Regionen, die in sich gefestigt sind, können die Ressourcen effektiver teilen, indem sie gemeinsame wirtschaftliche und politische Ziele verfolgen und Konflikte minimieren.

5. UND DIE ZIVILE PRÄVENTION ?

Im globalen Kontext ist die zivile Prävention mit entscheidend für eine nachhaltige Friedenssicherung und Konfliktbewältigung. Die Idee dahinter ist, präventiv tätig zu werden und die Ursachen frühzeitig zu erkennen und zu entschärfen. Instabile als auch autoritäre Regierungen erhöhen das Risiko von Konflikten. Demokratische Prinzipien fußend auf Rechtsstaatlichkeit und Transparenz sind dazu da, korruptionsanfällige und diktatorische Systeme zu vermeiden. Praktisch betrachtet baut die zivile Prävention auf Maßnahmen für Infrastrukturlösungen, Bildungsinitiativen oder Gesundheitsprogrammen.

Menschenrechtsverletzungen sind Vorboten von größeren Konflikten. Zivile Prävention beinhaltet den Schutz und die Förderung von Menschenrechten, um Spannungen in Gesellschaften abzubauen. Es lässt sich schließen, dass zivile Prävention einen langfristigen Ansatz braucht, der Geduld, Koordination und globale Zusammenarbeit verlangt. Sie zielt darauf ab, die tiefer liegenden Ursachen von Konflikten anzugehen. Die ökologischen Krisen haben direkte Auswirkungen auf die menschliche Gesellschaft. Umweltverschmutzung und der Verlust von Ökosystemleistungen beeinträchtigen die menschliche Gesundheit. Die Folgen der Umweltkrisen treffen ärmere Bevölkerungsgruppen oft härter. Die zunehmende Urbanisierung verstärkt viele dieser Probleme.

Der Verlust der biologischen Vielfalt ist eine der größten Bedrohungen für unseren Planeten. Das Artensterben schreitet heute 10 bis 100 Mal schneller voran als in den letzten 10 Millionen Jahren. Der Verlust der Artenvielfalt hat gravierende Folgen für die Ökosysteme und deren Funktionen. Die Ursachen liegen in den Veränderungen der Land- und Meeresnutzung, insbesondere durch Ausweitung der Landwirtschaft und Abholzung von Wäldern, in der direkten Ausbeutung von Ökosystemen, zum Beispiel durch Überfischung, im Klimawandel, in der Umweltverschmutzung. Um diesen vielfältigen Herausforderungen zu begegnen, sind umfassende Maßnahmen nötig. Nur durch ein ganzheitliches Vorgehen, das ökologische und soziale Aspekte gleichermaßen berücksichtigt, können diese miteinander verflochtenen Krisen bewältigt werden.

Die Interkonnektivität des Gesundheitswesens beschreibt das dynamische Zusammenspiel verschiedener Akteure, Institutionen und Prozesse, die zur Förderung und Aufrechterhaltung der öffentlichen Gesundheit beitragen. Es umfasst weit mehr als nur die direkte Patientenversorgung und reicht von politischen, wirtschaftlichen, sozialen bis hin zu technologischen und organisatorischen Ebenen. Ein ganzheitliches Verständnis dieser Vernetzung ist entscheidend, um die zunehmenden Herausforderungen im Gesundheitssektor zu bewältigen. Politische Entscheidungen, wie die Allokation von Ressourcen, der Zugang zur Gesundheitsversorgung und die Regulierung von

Medikamenten, beeinflussen direkt die Versorgungssituation und das Wohl der Bevölkerung. Die regulatorischen Rahmenbedingungen, die durch nationale Gesundheitsbehörden und internationale Organisationen gesetzt werden, schaffen die Grundlage für die standardisierte Versorgung. Vorschriften zu medizinischen Verfahren, Arzneimittelzulassungen und Qualitätskontrollen sind wesentliche Elemente dieses Systems.

Effiziente Finanzierungen, sei es durch öffentliche Mittel, Versicherungen oder private Investitionen, sind entscheidend, um eine stabile und dauerhafte Versorgung zu gewährleisten. Die Interkonnektivität zeigt sich hier in der Notwendigkeit, Ressourcen optimal zu verteilen, Kosten zu kontrollieren und gleichzeitig einen gerechten Zugang für alle Bevölkerungsschichten zu gewährleisten. Fortschritte in der Medizintechnologie, wie Künstliche Intelligenz, Robotik und Datenanalyse, revolutionieren die Art und Weise, wie Diagnosen gestellt und Behandlungen durchgeführt werden. Diese Technologien erfordern eine enge Zusammenarbeit zwischen medizinischen und technischen Fachleuten sowie die Anpassung an die regulatorische Vorgaben. Soziale Determinanten wie Einkommen, Bildung und Wohnsituation beeinflussen den Zugang zur Gesundheitsversorgung. Die Interkonnektivität im Gesundheitswesen ist hier entscheidend, um benachteiligte Gruppen zu erreichen und den Zugang zu Gesundheitsdiensten zu verbessern. Durch ein umfassendes Verständnis der Verbindungen zwischen den verschiedenen Ebenen des Gesundheitswesens, von der direkten Patientenversorgung über politische und ökonomische Aspekte bis hin zur globalen Gesundheit, können die großen Herausforderungen bewältigt werden.

Durch die Digitalisierung und den Austausch von Gesundheitsdaten über Ländergrenzen hinweg können Ärzte und Forscher auf umfassendere Datenquellen zugreifen. Dies ermöglicht bessere Diagnosen, optimierte Behandlungspläne und frühzeitiges Erkennen globaler Gesundheitsrisiken, wie Pandemien. Durch die Vernetzung von Forschungseinrichtungen können medizinische Innovationen schneller entwickelt und implementiert werden. Der Austausch von Daten und Erkenntnissen aus verschiedenen Regionen verbessert die globale medizinische Forschung, wie beispielsweise die Entwicklung von Impfstoffen. Die Interkonnektivität im globalen Gesundheitswesen bietet also riesige Chancen, erfordert aber einen sorgfältigen Ansatz, um sowohl technologische als auch ethische Herausforderungen anzugehen und das Vertrauen in diese Systeme zu sichern.

Selbst in der zivilen Krisenvorsorge sollten sowohl im Gesundheits- als auch im Logistiksektor regelmäßig Notfallübungen durchgeführt werden, um sicherzustellen, dass alle Beteiligten im Falle eines Angriffs schnell und effektiv reagieren können. Solche Übungen sollten die Zusammenarbeit mit staatlichen Institutionen und privaten

Unternehmen umfassen. Die internationale Wirtschaft ist durch eng verknüpfte globale Lieferketten geprägt. Dies kann jedoch auch zur Schwäche werden, wenn geopolitische Spannungen, Handelskriege oder Naturkatastrophen die Lieferketten stören. Unternehmen und Regierungen sind daher gefordert, ihre Abhängigkeit von globalen Lieferketten zu diversifizieren und durch den Aufbau von Resilienz und flexiblen Systemen auf plötzliche Krisen zu reagieren. Generell erfordert ein stabiles Logistiknetzwerk eine Diversifizierung, um die Risiken zu minimieren. Sollte ein Teil der Logistik ausfallen, muss es alternative Routen und Liefermethoden geben.

Die technische und organisatorische Vernetzung von zivilen Infrastrukturen wie Telekommunikation, Verkehrssystemen und Energienetzen bestimmt auf einer separaten Ebene das Funktionieren moderner Gesellschaften. Diese Vernetzung, als „Smart Infrastructure" bezeichnet, sorgt für Effizienz, Nachhaltigkeit und Sicherheit in vielen Bereichen des täglichen Lebens. Durch den Ausbau von Netzwerken und innovativen Technologien wie 5G wird eine schnelle und zuverlässige Kommunikation ermöglicht. Dies verbessert nicht nur den Zugang zu Informationen, sondern auch die Interaktion zwischen Bürgern und Behörden sowie die Nutzung digitaler Dienstleistungen.

Die Vernetzung von Energienetzen, insbesondere durch die Integration erneuerbarer Energiequellen, trägt zur Schaffung resilienter

Energiesysteme bei. Intelligente Stromnetze, sogenannte Smart Grids, ermöglichen die effektive Verteilung von Energie, verhindern Überlastungen und fördern den Einsatz von Energiespeichern. In Notfällen ist die Vernetzung dieser Infrastrukturen entscheidend für effektives Krisenmanagement und die schnelle Reaktion der Behörden. Durch den Austausch von Echtzeitdaten können Notfallmaßnahmen effizienter organisiert und Ressourcen optimal eingesetzt werden. Die Vernetzung fördert auch die Einbindung der Öffentlichkeit in Entscheidungsprozesse. Plattformen und Apps ermöglichen Rückmeldungen zu öffentlichen Dienstleistungen, wodurch die Qualität dieser verbessert wird. Die Interkonnektivität im Geschäftsleben fördert E-Commerce-Plattformen, Online-Marktplätze und digitale Zahlungsdienste, die den Handel revolutionieren und den Zugang zu Produkten und Dienstleistungen für Verbraucher weltweit erleichtern. Während Interkonnektivität viele Vorteile mit sich bringt, gibt es auch Herausforderungen, wie Datenschutz, Sicherheit und die digitale Kluft. Der Zugang zu Technologie und Internet ist nicht gleichmäßig verteilt, was die sozialen Ungleichheiten verstärkt.

Eine vollständige Alternative zu „Cyber" gibt es nicht, aber es gibt zahlreiche Technologien und Ansätze, die entweder Cyberangriffe verhindern oder deren Auswirkungen abmildern können. Von Quantenverschlüsselung und Blockchain bis hin zu hybriden und analogen Ansätzen bieten diese Technologien eine Kombination aus

Prävention, Widerstandsfähigkeit und dezentraler Sicherheit. Eine Kombination dieser Ansätze ist oft der effektivste Weg, um Sicherheit in einer zunehmend vernetzten und bedrohten digitalen Welt zu gewährleisten. In bestimmten Bereichen können physische Sicherheitssysteme, wie Zugangskontrollsysteme, biometrische Erkennung, gesicherte Hardware kombiniert mit digitalen Systemen verwendet werden, um zusätzliche Sicherheit zu gewährleisten. Menschliche Überwachungs- und Entscheidungsprozesse, die parallel zu digitalen Prozessen laufen, können Risiken minimieren, indem sie automatisierte Systeme ergänzen.

Die Quantenverschlüsselung ist eine Methode der Verschlüsselung, die die Prinzipien der Quantenmechanik nutzt, um Daten besonders sicher zu übertragen. Sie basiert auf der Quantenphysik und bietet potenziell eine unknackbare Sicherheit, weil jede Abhörversuche oder Manipulationen die verschlüsselten Informationen sofort verändern und somit erkennbar machen. Blockchain bietet eine Methode, Daten dezentral zu speichern und zu validieren, was das Risiko von Cyberangriffen auf zentralisierte Datenbanken erheblich verringert. Sie wird häufig in Bereichen wie Finanztechnologie, Lieferketten und sogar für digitale Identitäten genutzt. Blockchain kann die Integrität von Transaktionen und Daten sicherstellen, indem jede Transaktion öffentlich und unveränderlich aufgezeichnet wird, was Cyberangriffe wie Datenmanipulation erschwert. In manchen Fällen könnte der Einsatz von nicht-digitalen, analogen Alternativen wie papierbasierten Dokumentationen oder physischen Backups eine zusätzliche Schutzschicht bieten, besonders in extrem sicherheitskritischen Umgebungen. Anstatt auf zentrale Server zuzugreifen, werden beim Edge Computing Daten und Berechnungen lokal auf Geräten verarbeitet, die sich nahe der Datenquelle befinden. Dies reduziert die Datenmenge, die über das Netzwerk übertragen werden muss, und verringert somit potenzielle Schwachstellen für Cyberangriffe. Daten können in Echtzeit verarbeitet werden, ohne dass sie an zentrale Cloud-Server gesendet werden, was die Risiken eines Angriffs auf einen zentralen Datenknotenpunkt reduziert. Künstliche Intelligenz und maschinelles Lernen können genutzt werden, um Cyberangriffe frühzeitig herauszufinden, indem sie ungewöhnliche Aktivitäten in Echtzeit identifizieren und automatisch Schutzmaßnahmen ergreifen. KI-gesteuerte Systeme können sich an neue Bedrohungen anpassen, indem sie kontinuierlich aus Angriffsmustern lernen und sich weiterentwickeln. Anstatt sich ausschließlich auf Prävention zu konzentrieren, geht es bei Cyber-Resilienz darum, die Fähigkeit eines Systems zu heben und sich nach einem Angriff schnell zu erholen.

6. WORAUS BESTEHT DIE ZIVILGESELLSCHAFT?

Die Zivilgesellschaft hat ihre Rolle in der Förderung von Demokratie, gesellschaftlicher Teilhabe und sozialer Gerechtigkeit zu spielen, indem sie Menschen zusammenbringt, um gemeinsam an Lösungen zu arbeiten und sich für ihre Interessen einzusetzen. Globalisierung, Migration und der demografische Wandel führen zu neuen sozialen Strukturen und Herausforderungen. Die Notwendigkeit einer umfassenden sozial-ökologischen Transformation steht im Zentrum vieler aktueller Diskussionen. Diese Transformation zielt darauf ab, die Gesellschaft grundlegend umzugestalten, um sie nachhaltiger und gerechter zu machen. Ein weiterer Kernaspekt ist die Umstellung der Energiesysteme von fossilen Brennstoffen auf erneuerbare Energien. Dies erfordert massive Investitionen und technologische Innovationen. Es wächst die Erkenntnis, dass wirtschaftliches Wachstum mit ökologischer Nachhaltigkeit in Einklang gebracht werden muss. Konzepte wie die "Green Economy" gewinnen an Bedeutung und bieten Ansätze, um ökonomisches Wachstum mit ökologischen Belangen zu vereinen. Die "New Economy", wie sie in modernen Unternehmen gepflegt wird, fokussiert sich auf die Förderung von umweltfreundlichen Technologien und nachhaltigen Praktiken, die nicht nur ökologische Vorteile bieten, sondern auch wirtschaftliche Chancen eröffnen. Auch die Förderung von Kreislaufwirtschaftsmodellen trägt dazu bei, Ressourcen effizienter zu nutzen, Abfälle zu minimieren und die Umweltbelastung zu reduzieren.

Darüber hinaus fließt in die Konzepte der Green Economy auch die

soziale Dimension mit ein, indem sie versucht, ein ausgewogenes

Verhältnis zwischen wirtschaftlichen, sozialen und ökologischen Zielen zu

schaffen. So sollen durch nachhaltige Arbeitsplätze und faire Löhne in

umweltfreundlichen Sektoren neue Einkommensmöglichkeiten für

Menschen geschaffen werden. Die Umsetzung dieser Ansätze erfordert

jedoch ein Umdenken in der Politik, der Wirtschaft und der Gesellschaft.

Anreize für nachhaltige Investitionen, die Integration von

Umweltkriterien in die Unternehmensführung sowie die Sensibilisierung

der Öffentlichkeit für nachhaltigen Konsum sind wichtige Schritte, um

eine Transformation hin zu einer Green Economy zu ermöglichen. Diese

Entwicklungen zeigen, dass es möglich ist, Wirtschaftswachstum und

ökologische Nachhaltigkeit miteinander zu verbinden. Dies ist nicht nur

wichtig für den Schutz unserer Umwelt, sondern auch für die langfristige

Stabilität und Resilienz von Wirtschaftsstrukturen. Wenn Transformation

im großen Stil verschlafen wird, liegen die Ursachen schon lange vor den

sichtbaren Resultaten.

Die digitale Revolution und der technologische Fortschritt haben nahezu

alle Lebensbereiche erfasst. Technologien wie Künstliche Intelligenz, Big

Data, das „Internet der Dinge" und die Automatisierung prägen sowohl

die Wirtschaft als auch das Privatleben. Sie bieten enorme Chancen,

stellen die Gesellschaft jedoch auch vor ethische, sicherheitspolitische und arbeitsmarktrelevante Herausforderungen. Die Digitalisierung verändert auch den Arbeitsmarkt nachhaltig. Einerseits fallen durch Automatisierung viele Routinetätigkeiten weg. Andererseits entstehen neue Berufsbilder, insbesondere im IT- und Datenbereich. Die Nachfrage nach digitalen Kompetenzen steigt branchenübergreifend. Für Arbeitnehmer bedeutet dies die Notwendigkeit lebenslangen Lernens und ständiger Weiterbildung. Flexiblere Arbeitsmodelle wie Home Office gewinnen an Bedeutung. Die Politik steht vor der Aufgabe, Rahmenbedingungen zu schaffen, die sowohl Innovation fördern als auch soziale Sicherheit gewährleisten. Über den wirtschaftlichen Bereich hinaus hat die Digitalisierung weitreichende gesellschaftliche Auswirkungen. Datenschutz und informationelle Selbstbestimmung werden zu zentralen Themen. Die Cybersicherheit gewinnt in puncto zunehmender digitaler Vernetzung an Bedeutung. Soziale Medien verändern die Art, wie wir kommunizieren und Informationen aufnehmen. Dies birgt Chancen für mehr Partizipation, aber auch Risiken wie die Verbreitung von Falschinformationen. Die ethischen Implikationen des Einsatzes von KI, etwa bei autonomen Fahrzeugen oder in der Medizin, erfordern gesellschaftliche Debatten und klare Regelungen.

Die Fragmentierung der öffentlichen Meinung erschwert es, einen Konsens zu wichtigen Themen zu finden. Durch Social Media und Algorithmus gesteuerte Plattformen entstehen sogenannte

Echokammern, in denen Menschen nur Informationen erhalten, die ihre eigenen Überzeugungen bestätigen. Dies verstärkt gesellschaftliche Spannungen, da eine gemeinsame Faktenbasis verloren geht. Parallel dazu haben populistische Bewegungen an Zulauf gewonnen, die häufig diese Unsicherheiten und Spaltungen nutzen, um ihre eigenen politischen Agenden voranzutreiben. Der Aufstieg von autoritären Regimen in einigen Ländern sowie der globale Rückgang demokratischer Werte stellen die internationale Ordnung vor neue Herausforderungen.

Wie verhalten sich Volksmassen, die von Falsch-Informationen überflutet und durch nicht geprüfte Nachrichten überfordert sind, noch dazu beeinflusst von Influencern, die selbst unter der Droge der Fake-News und des Unwissens stehen, getrieben von Verschwörungstheorien und infiziert vom negativen Part der Social Media. Das Problem explodiert, indem politische Masse trotz ihrer Trägheit unerklärlich schnell die Meinung um 180 Grad dreht. Selbst in ruhigeren Gefilden kann irgendetwas im gedanklichen Gefüge nicht stimmen, wenn etwa bei Befragungen 45% aussagen, sie hätten Angst vor einer heranbrausenden Situation und ein Jahr später, es gleich 90 % sind. Hat denn ursprünglich die Klarsicht oder der Überblick über die Gesamtsicht gefehlt? Diese Schwärme basieren häufig auf unterschiedlichen Weltbildern, die durch gezielte Desinformationen weiter auseinanderdriften. Die Kluft zwischen den Gruppen vertieft sich, weil jeder auf „seine" Quellen vertraut und skeptisch gegenüber anderen

Perspektiven wird. Verschwörungen bieten vielen Menschen eine scheinbare Sicherheit, weil sie eine klar abgegrenzte Erzählung geboten bekommen, die die Komplexität der Realität reduziert. In Gruppen von Gleichgesinnten finden diese Erzählungen Bestätigung, was das Phänomen weiter verstärkt. Warum sich mit komplexen Zusammenhängen beschäftigen, wenn es so viel einfacher ist, blind hinter den lautesten Schreihälsen herzulaufen? Willkommen im Zeitalter der postfaktischen Blitz-Meinungsänderung, wo die Wahrheit flexibel und die Unwissenheit berauschend ist. Es ist ja auch viel zu umständlich, Quellen zu prüfen oder die Glaubwürdigkeit einer Nachricht zu hinterfragen. Wozu auch? Der Algorithmus weiß schließlich besser als wir, was wir denken sollen – oder nicht?

In den sozialen Medien herrschen also Exzessivität und Irrationalität, was auf verschiedene Faktoren zurückzuführen ist, darunter die Anonymität, die schnelle Verbreitung von Informationen und die Tendenz, durch provokante Aussagen Aufmerksamkeit zu gewinnen. Diese Phänomene sind Teil des digitalen Lebens geworden, und aktuell scheint es unvermeidlich, damit vorläufig leben zu müssen. Eine kritische Soziale Medien bieten eine Plattform, auf der Meinungen und Emotionen ungefiltert geteilt werden können. Das führt zu einer hohen Dynamik und Intensität der Kommunikation, in der sich Extreme und Provokationen leicht vervielfachen. Da oft ein unmittelbarer Refle auf Inhalte möglich ist, fehlt häufig die Überprüfung, die in anderen, langsamer getakteten Kommunikationsformen eher gegeben ist. Daraus ergibt sich ein Trend zu Exzessivität, etwa durch überzogene Darstellungen, aggressive Meinungsäußerungen oder eine Flut an Informationen, die nicht immer fundiert sind.

Anonymität und Algorithmen steigern diese exzessiven und irrationalen Tendenzen. Anonyme Profile fördern Enthemmung und Polarisierung, da die Nutzer weniger Hemmungen haben, extremere oder irrationalere Ansichten zu äußern, ohne fürchten zu müssen, zur Verantwortung gezogen zu werden. Gleichzeitig bevorzugen Algorithmen Inhalte, die starke emotionale Echos hervorrufen – sie werden häufiger geteilt und kommentiert und erreichen so ein breites Publikum. Damit entsteht ein Kreislauf, in dem Extremsichtweisen bevorzugt werden, was die Irrationalität und die Exzessivität in sozialen Medien noch weiter fördert.

Wie damit umgehen? Da soziale Medien einen festen Bestandteil des modernen Lebens darstellen, scheint es kurzfristig kaum möglich, der Exzessivität und Irrationalität gänzlich zu entgehen. Ein wichtiger Ansatz wäre jedoch, Medienkompetenz und kritisches Denken bei Nutzern zu fördern. Dies könnte helfen, Inhalte besser einzuordnen, zwischen fundierten und polemischen Aussagen zu unterscheiden und selbstbewusster mit Informationen umzugehen. Gleichzeitig liegt es auch bei den Plattformen selbst, durch klarere Regeln und effektivere

Moderation die Verbreitung von Hassrede, Desinformation und exzessiven Darstellungen einzudämmen.

Wenn Falschinformationen ungehindert zirkulieren, können Einzelpersonen und Gruppen immer radikaler werden. Dies zeigt sich etwa in der Zunahme extremistischer Bewegungen, die zu Gewalt oder zivilem Ungehorsam aufrufen. Algorithmen auf Plattformen sind darauf ausgelegt, Inhalte mit hohem Engagement zu fördern, oft ohne Rücksicht auf deren Wahrheitsgehalt. Diese Mechanismen begünstigen die Verbreitung von sensationellen Falschinformationen, da diese mehr Klicks und Kommentare generieren. Ganze Scharen von verblendeten Charakteren fallen darauf herein. Radikale Bewegungen sind dabei oft das direkte Ergebnis dieser verzerrten Wahrnehmungen. Sie nutzen die Unsicherheit, die Falschinformationen säen, um Ängste zu schüren und sich als die einzigen Wissenden darzustellen. Und so wird aus Misstrauen gegenüber dem System schnell offener Aufruf zu Widerstand oder gar Gewalt, immer mit der vermeintlichen Legitimation, dass man die Wahrheit verteidige.

Letztlich ist die Gestaltung einer resilienten Gesellschaft eine gemeinsame Aufgabe, die das Engagement aller erfordert. Eine solche Gesellschaft kann nur dann erfolgreich sein, wenn alle Mitglieder aktiv an Prozessen der Inklusion und Zusammenarbeit beteiligt sind. Es braucht den Dialog, die Akzeptanz und das Verständnis zwischen verschiedenen sozialen, kulturellen und ethnischen Gruppen, um Spannungen abzubauen. Resilienz bedeutet in diesem Zusammenhang nicht nur, auf Krisen reagieren zu können, sondern auch die Fähigkeit, als Gemeinschaft gestärkt aus den Dilemmata hervorzugehen. Dies erfordert solidarische Strukturen, die sowohl in Krisenzeiten als auch im Alltag tragfähig sind und den Willen, Lösungen zu finden, die das Wohl der gesamten Gesellschaft im Blick haben. Die Verantwortung liegt dabei nicht nur bei Regierungen oder Institutionen, sondern auch bei jedem Einzelnen. Durch Empathie, Toleranz und die aktive Förderung von sozialem Zusammenhalt kann jeder dazu beitragen, dass Vielfalt als Bereicherung und nicht als Konfliktquelle wahrgenommen wird. Durch ein gemeinschaftliches Engagement können langfristig stabile Strukturen geschaffen werden, die sowohl sozialen Frieden als auch nachhaltige Entwicklung fördern.

Gewalt, sei es physisch oder verbal, schadet der Gesellschaft, indem sie Konflikte eskalieren lässt, anstatt sie durch Dialog zu lösen. In einer zivilisierten Gesellschaft sollten Meinungsverschiedenheiten friedlich und respektvoll geklärt werden. Fake News sind eine subtile Form der "Informationsgewalt", die Verwirrung stiftet, Vertrauen untergräbt und Spaltungen innerhalb der Gesellschaft vertieft. Besonders in Zeiten sozialer Medien verbreiten sich Falschinformationen rasend schnell und tragen dazu bei, Misstrauen gegenüber wissenschaftlichen Erkenntnissen der Politik und den Medien zu säen. Wenn die Bürger entdecken, dass sie in Krisen verwickelt sein könnten, ist die schlechteste Option eindeutig die, sich von Extremismen einnehmen zu lassen. Wege zu anderen Alternativen und Iniativen müsste eigentlich das System hergeben. Wenn nicht, ist es selbst schuld, dass es in die Gefahr verfällt, zusammenzubrechen.

Das zentrale Argument lautet also: Gewalt und Fake News destabilisieren das Fundament einer funktionierenden Zivilgesellschaft und demokratischen Kultur. Nur durch Transparenz, Fakten und friedlichen Diskurs kann eine offene Gesellschaft gedeihen. In den letzten Jahrzehnten ist das Phänomen einer wachsenden Kultur der Respektlosigkeit in vielen gesellschaftlichen Kontexten immer präsenter geworden. Dieses Konzept beschreibt ein soziales Klima, in dem Höflichkeit, Wertschätzung und Anstand zwischen Menschen zunehmend abnehmen. Die allgegenwärtige Nutzung sozialer Medien und digitaler Kommunikationsmittel hat die Art und Weise, wie Menschen miteinander interagieren, grundlegend verändert. Anonymität und Distanz, die durch digitale Plattformen geschaffen werden, führen oft zu aggressiverem Verhalten. Nutzer fühlen sich sicherer, unhöfliche oder beleidigende Kommentare zu äußern, da schützende physische Präsenz fehlt. Gesellschaften tendieren dazu, Phänomene wie „Authentizität" über traditionelle Höflichkeitsformen zu stellen. Diese Verschiebung kann zu einem Umdenken in zwischenmenschlichen Beziehungen führen, bei dem ehrliche, oft verletzende Ausdrucksformen als „Ehrlichkeit" verstanden werden. In politisch polarisierten Zeiten neigen Menschen dazu, sich in extremen Lagern zu positionieren. Dies führt zu einer Abnahme des gegenseitigen Respekts, da die eigene Ansicht oft übermäßig verteidigt und die des Gegenübers abgewertet wird. Die öffentliche Debatte wird aggressiver und respektloser, was sich auch auf den persönlichen Umgang auswirkt. Ein Umfeld, das von Respektlosigkeit geprägt ist, führt zu einer Entfremdung der Menschen voneinander. Vertrauen und Empathie werden erodiert, was zu einer Zunahme von Missverständnissen und Spannungen führt. Menschen ziehen sich in ihre eigenen sozialen Kreise zurück und vermeiden den Austausch mit anderen, was den gesellschaftlichen Zusammenhalt gefährdet. Die ständige Konfrontation mit respektlosem Verhalten hat erhebliche Auswirkungen auf die psychische Gesundheit der Betroffenen. Mobbing, Stigmatisierung und Herabwürdigung ziehen Angstzuständen, Depressionen und ein verringertes Selbstwertgefühl nach sich. In exzessiven Fällen mindert dies sogar erheblich die Lebensqualität und führt zur Isolation.

Welche Verantwortung trägt die Gesellschaft in der Interkonnektivität? Was wird dabei unterschätzt? Die Mentalitäten der Gesellschaft ist eine Einstellungssache als auch eine Frage von gesunder Haltung und degenerativer Entwicklung. Bleibt Gesellschaft nur Zuschauer oder willigt sie als Akteur ein? Pionierarbeit ist immer mehr gefragt, Prävention ist absolut Pionierarbeit. Die Verantwortung liegt nicht nur in der Akzeptanz und Nutzung der technologischen und sozialen Vernetzungen, sondern auch in der kritischen Auseinandersetzung mit den Konsequenzen, die daraus entstehen.

Durch die Digitalität hat Interkonnektivität die Grenzen des physischen Raums aufgelöst, wodurch eine neue globale Gemeinschaft entstanden ist. Hier ist es wichtig, ethische Grundsätze für den digitalen Raum zu etablieren, wie etwa den respektvollen Umgang, Datenschutz und das Vermeiden von Diskriminierung. Wenn sich die Verbreitung von Ideen, Informationen und Innovationen beschleunigt, trägt die Gesellschaft eine kollektive Verantwortung dafür, wie sie technologische Fortschritte nutzt. Der ständige Zugang zu Informationen, der Druck, sich digital darzustellen und die allgegenwärtige Vernetzung können zu Überforderung und Stress führen. Die Balance zwischen Nutzen und den Risiken der digitalen Welt muss besser verstanden und gefördert werden. Es besteht die Gefahr, dass menschliche Werte wie Empathie und gegenseitiges Verständnis verwässern. Wenn zwischenmenschliche Beziehungen vermehrt digital gelebt werden, kann die echte, tiefe menschliche Interaktion verloren gehen. Die Gesellschaft muss hier präventiv handeln, um das Bewusstsein für die Bedeutung zwischenmenschlicher Bindungen zu schärfen. Die Frage, ob die Gesellschaft Zuschauer bleibt oder als Akteur eingreift, ist entscheidend. Wenn die Gesellschaft passiv bleibt, überlässt sie die Gestaltung dieser vernetzten Zukunft vor allem großen Konzernen und mächtigen

Institutionen. Um jedoch wirklich die positiven Potenziale der Interkonnektivität auszuschöpfen, muss die Gesellschaft als Akteur auftreten, der aktiv Innovationen unterstützt, technologische Entwicklungen hinterfragt und ethische Richtlinien definiert.

Pionierarbeit ist in der heutigen Zeit gefragter denn je, insbesondere in der Prävention. Dabei geht es nicht nur um die Vorwegnahme technischer Herausforderungen, sondern um die Gestaltung von Lösungen für soziale, ökologische und ethische Probleme, die mit der Interkonnektivität verbunden sind. Dies kann durch Bildungsinitiativen, eine vermehrte Integration ethischer Überlegungen in die Technologieentwicklung und durch proaktive Maßnahmen zur Verhinderung digitaler Ungerechtigkeit und Diskriminierung geschehen. Insgesamt muss die Gesellschaft sowohl als Akteur auftreten als auch durch Prävention eine nachhaltige, ethische und gesunde Haltung gegenüber der Interkonnektivität entwickeln.

Die Interkonnektivität individueller Probleme wie Bezahlbarkeit von Familienausgaben, Nahrung, Gesundheit verdeutlicht, wie eng persönliche, soziale und globale Herausforderungen miteinander verflochten sind. Diese Verflechtung schafft ein komplexes Netzwerk von Abhängigkeiten, in dem die Lösung eines Problems oft auf verschiedenen Ebenen angegangen werden muss. Die Bezahlbarkeit von grundlegenden Lebensnotwendigkeiten hängt zunehmend von globalen Märkten ab. Preisvolatilität bei Lebensmitteln, verursacht durch klimatische

Bedingungen, internationale Handelsbeziehungen oder politische Instabilität zeigt, wie lokale Probleme durch globale Dynamiken verstärkt werden. Ein Land mag politische oder wirtschaftliche Stabilität anstreben, aber die Preisbildung bei wesentlichen Gütern wird durch internationale Marktplätze und Abkommen bestimmt.

Die Entwicklung robuster, flexibler Systeme im Gesundheitswesen, im Sozialbereich und im wirtschaftlichen Sektor ist entscheidend, um die Herausforderungen besser bewältigen zu können. Gleichzeitig sollten demokratische Institutionen und der gesellschaftliche Zusammenhalt gestärkt werden, um ein Gefühl der Sicherheit und Stabilität zu gewährleisten. Die Chancen, die sich aus einer vielfältigen Gesellschaft ergeben, sind erheblich. Vielfalt kann als Motor für Innovation und Kreativität fungieren. Unterschiedliche Perspektiven tragen zur Problemlösung und zur Entwicklung neuer Ideen und Konzepte bei. Bildungsinitiativen spielen eine Schlüsselrolle bei der Vermittlung interkultureller Kompetenzen und dem Verständnis füreinander.

Bildungssysteme stehen davor, auf globale Entwicklungen wie den technologischen Fortschritt oder den Klimawandel, angemessen zu reagieren, um künftigen Generationen die nötigen Fähigkeiten zu vermitteln. Der Zugang zu Bildung und die Qualität des Bildungsangebots sind zunehmend von globalen Trends in der Digitalisierung, dem Wissenstransfer und den internationalen Beziehungen abhängig. Die globale Migration, Klimaveränderungen und internationale Konflikte beeinflussen Wohnraumknappheit und die Urbanisierung. Die Wohnpolitik eines Landes muss sich mit globalen Fluchtbewegungen, Investitionen internationaler Akteure in den Wohnungsbau und dem Einfluss globaler Märkte auf Immobilienpreise auseinandersetzen. Die enge Verflechtung individueller und globaler Herausforderungen zeigt, dass es keine isolierten Lösungen gibt. Die Verantwortung der Gesellschaft besteht darin, aktiv an globalen Lösungen mitzuarbeiten, indem sie durch Innovation und politische Teilhabe eine Brücke zwischen den individuellen Problemen und der internationalen Friedensordnung schlägt.

Überproportionalität von Fake-News, politische Angriffs-Rhetorik und Korruption sind die ersten Abzeichen für eine unsaubere Politik. Mit Menschenrechtsverletzungen und offensichtlichen Gräueltaten sind die Stufen der moralischen Nicht-Akzeptanz definitiv erreicht. Aus diesen Fängen kommt ein korrumpiertes Volk nicht mehr so schnell heraus. Wenn es sich in dieser Breite verführen lässt, ist es selber daran schuld, wenn es in die Falle stürzt. Soll man da noch Mitleid haben? Eher Applaus für diese unfassbare Choreografie des kollektiven Versagens! Schließlich ist es ein Meisterwerk, wie man sich von Anfang an hat täuschen lassen, und am Ende wundert man sich, warum alles in Trümmern liegt.

Die Frage, ob man mit dem Thema so hart umgehen kann oder ob es schlicht die Realität ist, berührt einen spannenden Punkt, nämlich die Gratwanderung zwischen Empathie und nüchterner Analyse. Einerseits ist es unsensibel, solche gesellschaftlichen Entwicklungen sarkastisch zu kommentieren, da dahinter immer reales Leid und menschliche Schicksale stehen. Andererseits spricht der ironische Ton die bittere Realität an, dass viele Warnzeichen ignoriert werden, bis es tatsächlich zu spät ist.

Man könnte sagen, dass der Zynismus in solchen Kommentaren eher ein Spiegel ist, der die gesellschaftliche Verantwortungslosigkeit bloßlegt. Es ist eine Art, das absurde Ausmaß der Verstrickung zu betonen. Wenn eine Gesellschaft über längere Zeit Missstände duldet, dann ist die Ironie vielleicht der letzte scharfe Spiegel, um das Ausmaß der Ignoranz zu zeigen. Die Realität ist, dass in vielen Fällen die Menschen sehr wohl wissen, was schief läuft. Aber sie sind entweder machtlos oder in ihrer Bequemlichkeit verstrickt. Ist das eine Rechtfertigung, kein Mitleid zu haben? Vielleicht nicht, aber es legt die Frage nahe, wie viel Verantwortung die Gesellschaft trägt, wenn sie Warnungen einfach in den Wind schlägt. Der ironische Ton könnte also mehr als Ausdruck von Frustration über dieses wiederholte Versagen verstanden werden.

Warum hatten im Laufe der Geschichte die degenerativen Kräfte immer so die Oberhand? Ein Grund ist, dass sie häufig erfolgreich auf

Angstmacherei und Propaganda zurückgreifen, um die Menschen zu manipulieren. Wenn Menschen sicth bedroht oder unsicher fühlen, sind sie eher bereit, Freiheit und Grundrechte aufzugeben und fragwürdigen Führern zu folgen, die ihnen vermeintliche Sicherheit versprechen. Dies geschah etwa in der Zeit des Aufstiegs totalitärer Regime im 20. Jahrhundert und scheint sich im 21. Jahrhundert zu wiederholen. Ein weiterer Faktor ist die Tendenz der Menschen, politische Entwicklungen aus Bequemlichkeit oder Resignation zu ignorieren. Solange das eigene Leben nicht unmittelbar betroffen ist, neigen viele dazu, Missstände zu tolerieren. Dadurch können sich degenerative Kräfte unbemerkt und ungestört ausbreiten, bis sie schließlich nicht mehr gestoppt werden können.

Gesellschaften bewahren ihre Geschichte, um Lehren aus der Vergangenheit zu ziehen. Kriege, Revolutionen und kulturelle Fortschritte beeinflussen politische Entscheidungen und soziale Strukturen. So trägt das Wissen um vergangene Konflikte oft zur Förderung des Friedens bei. Auf persönlicher Ebene formen die menschlichen Erfahrungen und Erinnerungen die Identität. Sie beeinflussen Entscheidungen, Wahrnehmung von Chancen und Risiken sowie Ziele für die Zukunft. Zukunftsentwürfe, ob optimistisch oder pessimistisch, haben oft die Kraft, gesellschaftliche Bewegungen auszulösen. Entscheidungen, die heute getroffen werden, haben sowohl retrospektive als auch prospektive Auswirkungen. Die Art und Weise, wie

Gesellschaft die Vergangenheit interpretiert, beeinflusst wie sie die Gegenwart erlebt. Selektives Erinnern oder Vergessen kann individuelle und kollektive Handlungen steuern.

Ansätze, wie die Zeit als Kontinuum betrachtet wird, zeigen, dass Vergangenheit und Zukunft keine getrennten Entitäten sind, sondern durch das menschliche Bewusstsein verbunden werden. In der Relativitätstheorie der Physik wird die Zeit nicht linear, sondern als Teil eines vierdimensionalen Raum-Zeit-Kontinuums betrachtet. Dies legt nahe, dass Vergangenheit und Zukunft möglicherweise simultan existieren könnten. Welche Verantwortung trägt die Gesellschaft gegenüber der Vergangenheit, um ihre Lektionen zu ehren und gegenüber der Zukunft, um sie lebenswert zu machen?

7. INTERKONNEKTIVITÄT VON SPRACHE UND DENKEN

Im Gegensatz zu anderen irdischen Lebewesen hat der Mensch die Fähigkeit zur Sprache und zum rationalen Denken, was ihn in die Lage versetzt, moralische und politische Gemeinschaften zu bilden. Durch die Entwicklung von Sprache haben Menschen komplexe soziale Strukturen und Gemeinschaften gebildet, die auf moralischen und politischen Prinzipien basieren. Die Interkonnektivität von Sprache und Denken ist ein faszinierendes Thema, das nicht nur Linguisten, Psychologen und Neurowissenschaftler seit Jahrhunderten beschäftigt. Denn Sprache dient nicht allein der Kommunikation, sondern auch als Werkzeug im Denkprozess. Sprachen sind mehr als ein Verständigungsmittel, sie sind auch Träger kultureller Konzepte und Werte. Wilhelm von Humboldt argumentierte bereits, dass Sprache auch die Weltansicht einer Sprachgemeinschaft prägt. Diese Idee besagt, dass Begrifflichkeit und Formenreservoir einer Sprache das Denken ihrer Sprecher beeinflussen und umgekehrt.

Neurowissenschaftliche Forschungen haben gezeigt, dass beim Sprechen und Verstehen von Sprache komplexe neuronale Netzwerke aktiv sind, in denen bestimmte Gehirnareale für die Sprachproduktion und das Verständnis zuständig sind. Dieselben Areale werden auch bei kognitiven Aufgaben aktiviert. Diese Erkenntnisse unterstützen die Ansicht, dass eine harmonische Wechselbeziehung zwischen sprachlichen und kognitiven Prozessen besteht. Somit erweitert die Sprache unser Denken und die Art, wie wir die Welt wahrnehmen und trägt so zur Diversität der Erfahrungen bei.

Diese Strukturen ermöglichen es, gemeinsame Ziele zu verfolgen, Konflikte zu lösen und das Zusammenleben zu organisieren. Sprache beeinflusst, wie wir die Welt sehen und interpretieren. Durch die Wahl von Wörtern und den Aufbau von Sätzen können bestimmte Aspekte der Realität hervorgehoben oder vernachlässigt werden. Zum Beispiel kann die Art und Weise, wie über ein Ereignis berichtet wird, das öffentliche Empfinden und das kollektive Gedächtnis prägen.

Sprache trägt Traditionen, Werte und Normen einer Gemeinschaft. Die Art, wie wir sprechen, kann die kulturelle Identität widerspiegeln und anreichern. Die Sprache, die wir verwenden, formt unsere Gedanken und unser Verständnis der Welt. Wer die Sprache beherrscht, kann Einfluss auf die Gesellschaft und deren Strukturen ausüben. Politische Rhetorik, Propaganda und Diskurse sind Beispiele dafür, wie Sprache zur Gestaltung von Meinungen und zur Mobilisierung von Menschen eingesetzt wird. Gefährlich ist die Propaganda, die unerkannt daherkommt.

Sprache ist somit nicht nur ein Werkzeug zur Kommunikation, sondern auch ein grundlegendes Element, das unsere Realität konstruiert und unsere Interaktionen mit der Welt und miteinander prägt. Fremdsprachen fördern prinzipiell den interkulturellen Dialog und das Verständnis zwischen verschiedenen Kulturen. Sie ermöglichen es Menschen, miteinander zu kommunizieren, Missverständnisse zu vermeiden und Empathie für andere Perspektiven zu entwickeln. Dies ist besonders wichtig in einer globalisierten Welt, in der interkulturelle Begegnungen alltäglich sind. Der Umgang mit Fremdsprache fördert aber insbesondere kognitive Fähigkeiten wieProblemlösungsfähigkeiten, kritisches Denken und Kreativität. Dies ist in der internationalen Politik von großem Vorteil, da hier oft schnelles Umdenken und die Fähigkeit, Probleme aus verschiedenen Perspektiven zu betrachten, gefordert sind. Mehrsprachige Politiker können besser zwischen verschiedenen Denkansätzen wechseln und kreative Lösungsansätze entwickeln.

Sprache ist ein zentrales Werkzeug in der Entscheidungsfindung, da sie es ermöglicht, Gedanken, Informationen und Argumente auszudrücken, zu analysieren und zu bewerten. Mit ihrer Hife vergleichen wir unterschiedliche Perspektiven miteinander, wägen Vor- und Nachteile ab und strukturieren die komplexen Sachverhalte. Globalisierung und internationale Zusammenarbeit beruhen auf der Fähigkeit, über kulturelle und sprachliche Grenzen hinweg zu kommunizieren. Wenn Menschen verschiedene Sprachen sprechen, öffnen sich neue Möglichkeiten für den Austausch von Wissen, Ideen und Innovation. Fremdsprachen öffnen Türen zu neuen Denkweisen und ermöglichen es, über die eigenen kulturellen und sprachlichen Grenzen hinauszugehen. Dadurch wird Interkonnektivität auf einer tieferen, kognitiven Ebene angetrieben. Mehrsprachige Individuen zeigen eine besondere kognitive Flexibilität. Das Phänomen des Code-Switching, also der Wechsel zwischen Sprachen, ermöglicht es mehrsprachigen Personen, sich nahtlos in verschiedenen kulturellen Kontexten zu bewegen. Dies hat Auswirkungen auf unternehmerisches Denken und die interkulturelle Kommunikation.

Die Interfaces der Interkonnektivität machen es notwendig, bei ihrer Entwicklung und Implementierung sorgfältig vorzugehen. Es geht darum, Techniken einzusetzen, die nicht nur effizient, sondern auch ethisch, inklusiv und förderlich für das menschliche Wohlergehen sind. Die Gestaltung dieser Schnittstellen wird weiterhin die Schlüsselaufgabe sein, um das volle Potenzial unserer vernetzten Welt zu erschließen und gleichzeitig ihre Herausforderungen zu bewältigen. Um das volle Potenzial zu nutzen, müssen ethische Überlegungen und Inklusion in den Vordergrund gestellt werden. Sprachenerkenntnis wird soziologisch, Sprachenbeherrschung psychologisch bemessen. Nicht nur die bloße Verständigung erweckt das Verständnis, sondern die Beherrschung von Wissenszusammenhängen.

Sprachen sind durch Kommunikationsformen und Interaktion vernetzt. Diese erfolgt sowohl auf individueller als auch auf gesellschaftlicher

Ebene. Sprache ist eng mit Identität und Gruppenzugehörigkeit verknüpft. Sie ermöglicht es, sich innerhalb einer heterogenen Gruppe zu verständigen und gleichzeitig die Fähigkeit zu entwickeln, sich neuen Gruppen anzuschließen. Diese duale Funktion der Sprache fördert sowohl die Bindung innerhalb von Kulturen als auch den interkulturellen Austausch. Moderne Technologien haben diesen Prozess enorm beschleunigt. Das Internet, soziale Medien und globale Kommunikationsplattformen haben es möglich gemacht, in Echtzeit mit Partnern auf der ganzen Welt zu interagieren. Sprachen, die früher geografisch und kulturell isoliert waren, sind heute Teil einer globalen Sprachlandschaft.

Wenn Menschen mit unterschiedlichem sprachlichem Hintergrund interagieren, entsteht ein Austausch von Perspektiven und Wissen, der zu neuen Ideen und Lösungsansätzen führt. Dieser sprachübergreifende Dialog fördert die Entwicklung innovativer Konzepte, die von vielfältigen kulturellen Erfahrungen geprägt sind. Erfahrungen werden über Sprache strukturiert. Die Interkonnektivität der Sprache ist somit in ihrer Fähigkeit begründet, kulturelle, kognitive und konzeptuelle Brücken zu schlagen. Sie ermöglicht nicht nur die Kommunikation zwischen Individuen und Gruppen, sondern formt auch unser Denken, unsere Identität und unser Verständnis der Welt. Durch diese vielfältigen Verbindungen trägt Sprache wesentlich zur globalen Vernetzung und zum interkulturellen Austausch bei. In der modernen Welt entstehen kulturelle Hybridisierungen, bei denen Traditionen, Kunstformen und Denkweisen miteinander verschmelzen. Musikgenres wie Hip-Hop oder Jazz, die in einer bestimmten sprachlichen und kulturellen Umgebung entstanden sind, haben sich weltweit verbreitet und dabei neue Formen angenommen, die durch den Kontakt mit anderen Kulturen und Sprachen geprägt wurden.

Die Interkonnektivität der Sprache hat tiefgreifende soziale und politische Auswirkungen. In einer globalisierten Welt, in der Menschen aus verschiedenen Kulturen und mit unterschiedlichen Sprachen miteinander interagieren, werden sprachliche Barrieren abgebaut. Dies fördert den internationalen Handel, die wissenschaftliche Zusammenarbeit und den kulturellen Austausch. Gleichzeitig entstehen jedoch auch Spannungen, insbesondere in Ländern, in denen Minderheitensprachen unterdrückt oder marginalisiert werden.

Die digitale Welt hat zur Entstehung neuer sprachlicher Phänomene geführt. So entstehen im Internet eigenständige Sprachformen, wie Internet-Slang oder Emojis, die weltweit verstanden und verwendet werden, unabhängig von der Muttersprache. Diese neuen Formen der Kommunikation tragen zur globalen sprachlichen Vernetzung bei und schaffen neue, wenn auch sehr oberflächliche Formen, des Ausdrucks. Für die Stärkung der sprachlichen Interkonnektivität in einer globalisierten Welt sind Translations-Kompetenzen ein entscheidender

Faktor. Sie ermöglichen es Menschen, über sprachliche und kulturelle Grenzen hinweg zu kommunizieren und fördern den internationalen Austausch in Wirtschaft, Diplomatie, Wissenschaft und Kultur.

Während technologische Entwicklungen wie maschinelle Übersetzungssysteme eine wertvolle Unterstützung bieten, bleiben menschliche Dolmetscher unverzichtbar, um die feinen Nuancen der Sprache zu bewahren und die Qualität der Kommunikation sicherzustellen. Die Ausweitung von Translations-Kompetenzen, sowohl durch Bildung als auch durch technologische Unterstützung, wird in den kommenden Jahren entscheidend sein, um die sprachliche Interkonnektivität weiter auszureizen und eine engere globale Verständigung zu ermöglichen. In einer Welt, in der Kommunikation und Verständigung immer wichtiger werden, liegt in diesen Kompetenzen der Schlüssel zur Überbrückung von Sprach- und Kulturgrenzen.

Translations-Kompetenzen umfassen weit mehr als nur das Beherrschen einer weiteren Sprache. Sie verlangen tiefgehende kulturelle Sensibilität, ein Verständnis für die Feinheiten und Nuancen der eingesetzten Sprachen sowie die Fähigkeit, Inhalte nicht nur wörtlich, sondern sinngemäß und kontextualisiert zu übertragen. Diese Fähigkeiten ermöglichen es Individuen als auch ganzen Gremien, die sprachlichen und kulturellen Barrieren zu überwinden, die häufig die Kommunikation zwischen unterschiedlichen Sprachgemeinschaften erschweren.

In der globalisierten Wirtschaft sind Unternehmen auf die Übersetzung von Verträgen, Dokumenten oder Marketingmaterialien angewiesen, um neue Märkte zu erschließen und erfolgreiche Geschäftsbeziehungen zu pflegen. Hierbei ist die präzise und kulturell angepasste Translation entscheidend, um Missverständnisse zu vermeiden. In der internationalen Politik spielen Dolmetscher eine Schlüsselrolle. Sie vermitteln nicht nur zwischen den Sprachen, sondern auch zwischen den Kulturen und tragen dazu bei, dass diplomatische Verhandlungen und internationale Kooperationen reibungslos ablaufen. Translations-Kompetenzen sind ebenso in der Wissenschaft von großer Bedeutung. Wissenschaftler können dank übersetzter Fachliteratur in einen globalen Austausch treten, was den Fortschritt in verschiedenen Forschungsbereichen beschleunigt.

Die technologische Entwicklung hat die Translations-Kompetenzen in den letzten Jahrzehnten revolutioniert. Künstliche Intelligenz und maschinelle Übersetzungssysteme ermöglichen es, Sprachbarrieren schnell zu überwinden. Diese Tools können in Echtzeit Übersetzungen liefern und machen die Verständigung zwischen Sprechern verschiedener Sprachen einfacher und effizienter. Durch die Digitalisierung und die zunehmende Verfügbarkeit von Übersetzungswerkzeugen haben immer mehr Menschen die Möglichkeit, ihre Sprachkenntnisse zu erweitern und sich auf internationaler Ebene zu vernetzen. Bildungsprogramme, die den Schwerpunkt auf Translations-Kompetenzen legen, tragen dazu bei, dass künftige Generationen diese Fähigkeiten von klein auf erlernen und somit die sprachliche Interkonnektivität weiter anreichern.

Trotz des technologischen Fortschritts bleiben menschliche Übersetzer und Dolmetscher unerlässlich. Maschinelle Übersetzungen sind zwar nützliche Hilfsmittel, stoßen jedoch an ihre Grenzen, wenn es um komplexe und kulturell sensible Inhalte geht. Gerade bei rechtlichen oder literarischen Texten ist ein tiefes Verständnis von Kontext und kulturellen Nuancen erforderlich, was Maschinen nicht in vollem Umfang leisten können. Maschinelle Übersetzungen sind dann ungenau, wenn sie mit komplexen oder kreativen Texten konfrontiert werden. Vertiefte Translations-Kompetenzen begünstigen nicht nur die sprachliche Interkonnektivität, sondern fördern auch den kulturellen Austausch. Literatur, Film und Musik aus unterschiedlichen Kulturen werden durch Übersetzungen zugänglich gemacht und ermöglichen so einen breiteren, internationalen Dialog. Ein eindrucksvolles Beispiel ist die Verbreitung von Werken großer Schriftsteller wie Gabriel García Márquez, Haruki Murakami oder Tolstoi, deren Texte durch Übersetzungen weltweit rezipiert wurden. Diese kulturelle Interkonnektivität trägt zur Verständigung und Wertschätzung verschiedener kultureller Identitäten bei. Übersetzungen schaffen Brücken zwischen den Kulturen und fördern Toleranz, Empathie und das

Bewusstsein für die Vielfalt menschlicher Ausdrucksformen.

Die kommunikative Interkonnektivität von Sprache dehnt sich auf die Verbindung von Translatorik, Evaluierung, Mediation und Beratung in der internationalen Politik und auf Kongressen aus. Sprachliche und kulturelle Unterschiede können gerade auf Kongressen sowohl eine Brücke als auch eine Barriere sein. Deswegen muss im Verhandlungs- und Konferenzgeschäft sichergestellt sein, dass die Kommunikation zwischen Delegierten, politischen Akteuren und verschiedenen Interessengruppen reibungslos, präzise und kulturell sensibel verläuft. Die Translatorik bildet das Rückgrat der Kommunikation auf internationalen Kongressen. Sie sorgt dafür, dass Sprecher aus verschiedenen Ländern und Kulturen miteinander kommunizieren können, indem sie sowohl schriftliche als auch mündliche Inhalte zwischen verschiedenen Sprachen überträgt. Dabei geht es nicht nur um die exakte sprachliche Übertragung, sondern auch um das Vermitteln von Nuancen, Kontexten und kulturellen Bedeutungen. Es wird nicht das Wort allein übertragen, dazu gehörte vor allem auch der Geist des Textes, sein Sinn, die Dramatik und die Einfühlung.

Es erstaunt immer wieder, wie in den alten Sprachen das philosophische Denken trainiert wird. Latein und Altgriechisch bieten einen tiefen Einblick in vergangene Gedankenwelten und philosophische Traditionen. Sie schulen analytische Fähigkeiten, fördern kritisches Denken und ermöglichen im eingebetteten historischen Kontext ein Verständnis der Grundlagen westlicher und östlicher Philosophie. Dies macht alte Sprachen zu einem wertvollen Werkzeug, um philosophisches Denken zu trainieren und zu vertiefen. Sprache ist nicht nur ein Mittel der Kommunikation, sondern auch ein Instrument des Denkens. In den alten Sprachen sind Philosophie und Sprache untrennbar miteinander verbunden. Um die Denker der Antike Ideen wirklich zu verstehen, reicht es nicht aus, moderne Übersetzungen zu lesen. Das Verständnis der ursprünglichen Sprache ermöglicht es, tiefere Bedeutungen und subtile Nuancen zu erfassen, die in Übersetzungen oft verloren gehen. Diese Denker prägten die Grundlagen des westlichen philosophischen und wissenschaftlichen Denkens, und ihre Werke wurden in der Originalsprache verfasst. Latein, die Sprache des römischen Reiches, blieb über Jahrhunderte hinweg die lingua franca der Gelehrten in Europa. Philosophie, Theologie, Naturwissenschaften und Rechtslehre wurden in Latein verfasst. Das Studium lateinischer Texte stärkt die Fähigkeit, logische Argumentationsmuster bewusst anzunehmen und präzise zu denken. Johann Wolfgang v. Goethe sagte von den alten Sprachen, dass sie „die Muster der Redekünste und alles Würdige sind, was die Welt jemals besessen hat." Die Bedeutung des Studiums alter Sprachen lässt sich mit der sorgfältigen Vorbereitung vergleichen, die britische Marinesoldaten durchlaufen, wenn sie zunächst auf Segelmastern trainieren. Dieser Vergleich veranschaulicht den Wert von Disziplin, Geduld und methodischem Vorgehen. Genau wie das Training auf den Segelmastern ein Fundament für komplexere Aufgaben auf See bildet, schafft das Studium alter Sprachen die Grundlage für ein tieferes Verständnis der Kultur, Geschichte und Philosophie.

Wenn Sprache nicht vorhanden ist, bleibt Philosophie verborgen, denn Sprache ist das primäre Werkzeug, durch das Gedanken formuliert, reflektiert und kommuniziert werden können. Ohne die Fähigkeit, abstrakte Ideen in Worte zu fassen, wäre es schwierig, philosophische Konzepte zu erfassen, zu entwickeln oder zu teilen. Sprache ermöglicht es, über die Welt nachzudenken, Fragen zu stellen und Antworten zu suchen. Sie ist das Medium, durch das Philosophie zugänglich und greifbar wird.

Philosophie, die sich als Disziplin sich mit grundlegenden Fragen des Seins, des Wissens, der Ethik und des Bewusstseins befasst, hat es oft mit komplexen und abstrakten Inhalten zu tun, was die Notwendigkeit einer präzisen Ausdrucksweise unterstreicht. Ohne Sprache wären die Konzepte und Überlegungen, die Philosophen seit Jahrhunderten bewegen, schwer vermittelbar. Begriffe wie "Gerechtigkeit", "Wahrheit" oder "Existenz" existieren nur, weil wir durch Sprache in der Lage sind, ihnen Bedeutung zu verleihen und sie zu definieren. Sprache ermöglicht es, das Unsichtbare sichtbar zu machen und das Unaussprechliche auszudrücken. Philosophie, in ihrer Essenz, ist eine sprachliche Tätigkeit, durch die wir über die Realität reflektieren. Sie ist sowohl die Kunst des

Fragens als auch des Verstehens. Ohne Sprache könnten wir zwar intuitiv bestimmte Dinge erleben oder empfinden, aber nicht bewusst und strukturiert darüber nachdenken oder diese Erkenntnisse mit anderen teilen. Einige Philosophen, wie Ludwig Wittgenstein, argumentierten, dass die Grenzen unserer Sprache die Grenzen unserer Welt sind. Das bedeutet, dass das, was wir nicht in Sprache ausdrücken können, außerhalb unserer bewussten Denkfähigkeit liegt. Philosophie bleibt somit verborgen, solange keine Sprache vorhanden ist, weil wir ohne sie keinen Zugang zu strukturierten Gedanken oder tieferem Verständnis haben. Ohne Sprache würden wir zwar immer noch Wahrnehmungen und Erfahrungen haben, aber diese könnten nicht in abstrakte Konzepte transformiert werden. Philosophie braucht die Mittel der Reflexion und Analyse, um Fragen zu entwickeln und über grundlegende Aspekte des Lebens nachzudenken. Diese Mittel werden durch die Sprache bereitgestellt.

In der Philosophie spielt die Begriffsbildung eine zentrale Rolle. Philosophen schaffen und verfeinern Begriffe, um die Welt zu verstehen und Theorien zu formulieren. Begriffe wie "Sein" bei Heidegger, "Cogito" „Ich denke" bei Descartes oder "Übermensch" bei Nietzsche sind zentrale Bausteine philosophischer Systeme. Ohne Sprache könnten solche Begriffe nicht existieren. Sie sind das Ergebnis eines langen Prozesses der sprachlichen und gedanklichen Arbeit. Ohne Sprache könnten diese Konzepte nicht entstehen und folglich bliebe die

Philosophie verborgen, da die grundlegenden Werkzeuge zur Beschreibung der Wirklichkeit fehlen würden. Sprache schafft die Möglichkeit, präzise über Unterschiede und Gemeinsamkeiten, Ursachen und Wirkungen sowie Möglichkeiten und Notwendigkeiten zu sprechen.

Obwohl die Sprache die Grundlage der Philosophie ist, stellen sich einige Philosophien die Frage, ob es eine Form des Denkens oder Verstehens gibt, die über die Sprache hinausgeht. Mystische Traditionen oder kontemplative Philosophien zeigen auf, dass es Formen der Erkenntnis gibt, die durch Sprache nicht vollständig erfasst werden können. Dennoch bleibt der Ausdruck der Ideen, selbst in diesen Traditionen, in der Regel sprachlich verankert. Denn auch das Unaussprechliche wird meist durch Sprache zumindest angedeutet oder beschrieben. Philosophie ohne Sprache bleibt somit in einem diffusen, unartikulierten Zustand. Sobald die Sprache ins Spiel kommt, wird Philosophie lebendig, sie wird sichtbar, diskutierbar und entwickelbar.

Altphilologen sprechen davon, dass sich die alten Sprachen in ihrer Flexibilität und Ausdruckskraft stark von den modernen Sprachen unterscheiden, indem sie die Lernenden dazu zwingen, die Feinheiten philosophischer Begriffe zu durchdringen. Das Studium alter Sprachen schult das Verständnis der jeweiligen philosophischen Tradition, sowie die Fähigkeit, Philosophie interkulturell zu denken. Viele philosophische Texte wurden im Laufe der Jahrhunderte mehrfach übersetzt und interpretiert, was dazu führte, dass philosophische Konzepte sich veränderten oder unterschiedlich interpretiert wurden. Zum Beispiel hat die Übersetzung griechischer Texte ins Arabische im Mittelalter die islamische Philosophie stark beeinflusst, was wiederum die europäische Scholastik prägte. Diese ständige Wechselwirkung zwischen Sprachen und Kulturen zeigt, dass philosophisches Denken nicht statisch ist, sondern in der Auseinandersetzung mit anderen Ideen wächst und sich weiterentwickelt. Alte Sprachen haben oft komplexere grammatikalische Strukturen als moderne Sprachen, was das Gehirn dazu zwingt, flexibel zu denken und Verbindungen zwischen verschiedenen Konzepten herzustellen. Diese intellektuelle Herausforderung schult das abstrakte Denken, verbessert die Fähigkeit zur Problemlösung und fördert die geistige Agilität. Außerdem erfordert das Lesen und Interpretieren von alten Texten Geduld, Präzision und kritisches Denken. Das Gehirn wird geschult, Bedeutungen auf einer tieferen, symbolischen oder metaphorischen Ebene zu verstehen. Diese Art des Lesens und Denkens ist für die Philosophie von grundlegender Bedeutung, da philosophische Konzepte oft in metaphorischer oder abstrakter Form ausgedrückt werden.

Als Kontrast dazu spiegeln die modernen Sprachen die aktuellen Realitäten wider und bieten Zugang zu einem dynamischen, interkulturellen Austausch. Da sie in einer globalisierten Welt in ständigem Austausch stehen, bieten sie Lernenden die Möglichkeit, die

Vielfalt heutiger Kulturen und Denktraditionen direkt zu erleben. Moderne Diskurse sind nicht mehr auf eine bestimmte geografische oder kulturelle Region beschränkt. Sie werden durch den internationalen Austausch und den Zugang zu verschiedenen Sprachräumen bereichert. Philosophen und Intellektuelle aus unterschiedlichen Kulturkreisen, die in diesen Sprachen schreiben und diskutieren, bieten Perspektiven, die sich oft von den in der westlichen Tradition verankerten Denkweisen unterscheiden.

Im Gegensatz zu den alten Sprachen, deren Übersetzungsprozesse oft über Jahrhunderte hinweg stattfanden, finden Übersetzungen in modernen Sprachen in Echtzeit statt. Philosophen, Schriftsteller und Intellektuelle in verschiedenen Ländern veröffentlichen fast gleichzeitig auf globaler Ebene, was zu einer raschen Verbreitung ihrer Ideen führt. Das Studium moderner Sprachen ermöglicht es, sich über diese Entwicklungen sofort zu informieren und aktuelle Diskussionen direkt mit zu verfolgen. Ein weiterer Aspekt des Studiums moderner Sprachen ist die Förderung von kreativem und innovativem Denken. Sprachen entwickeln sich ständig weiter und sie sind offen für neue Ausdrücke, Wortschöpfungen und Bedeutungen. Anders als die statischen Formen alter Sprachen, die auf klassische literarische und philosophische Texte fokussiert sind, reflektieren moderne Sprachen die aktuellen Entwicklungen und gesellschaftliche Veränderungen.

Durch den Kontakt mit zeitgenössischen Diskursen, die in modernen Sprachen geführt werden, entwickeln Polyglotte eine größere Sensibilität für soziale, politische und kulturelle Themen der Gegenwart. Themen wie Globalisierung, Klimawandel, soziale Gerechtigkeit, Identität und Technologie werden in den unterschiedlichsten Sprachräumen diskutiert. Dies erweitert das Denken und bietet neue philosophische Ansätze, die auf die Herausforderungen unserer Zeit reagieren. Moderne Sprachen sind in ihrem Wesen pragmatisch und anwendungsorientiert. Sie fördern noch einmal mehr die Fähigkeit, flexibel und kreativ auf Veränderungen zu reagieren. Die durch moderne Sprachen entwickelte Mehrsprachigkeit und interkulturelle Kompetenz befähigt, in einer zunehmend vernetzten Welt erfolgreich zu agieren. Sie ermöglicht es, auf gesellschaftliche Herausforderungen innovativ und kreativ zu reagieren.

Es kommt dabei nicht nur auf die gegenseitige Verständigung in der transnationale Kommunikation an. Politiker, aber auch Manager entwickeln durch Mehrspachen-Kompetenz ausgefeilte Fähigkeiten des Zuhörens und Beobachtens, des Einschätzens von Situationen und der objektivierten Entscheidungsfindung. Diese Vielseitigkeit der Perspektiven bringt eine tiefere Einschätzung von Problemen, Chancen und Risiken mit sich. Durch die Beherrschung mehrerer Sprachen erlangen Führungspersönlichkeiten die Fähigkeit, transnationale Beziehungen auf einer tieferen Ebene zu verstehen und zu steuern. Sie werden in die Lage versetzt, Verhandlungen effektiver zu führen und fundierte Entscheidungen zu treffen, die sowohl kurz- als auch langfristige Erfolge sicherstellen. Mehrsprachigkeit ist somit nicht nur ein Werkzeug der Kommunikation, sondern ein wesentlicher Bestandteil einer modernen, globalen Führungskultur.

Auf internationalen politischen Plattformen und Kongressen, bei denen mehrere Sprachen verwendet werden, sind hochqualifizierte Translatoren unentbehrlich. Ihre Aufgabe geht weit über die bloße Übersetzung hinaus; sie müssen auch politische Nuancen, diplomatische Rhetorik und kulturelle Konnotationen genau erfassen, um Missverständnisse zu vermeiden. In diesem Umfeld ist die Interkonnektivität zwischen Translatorik und Mediation besonders wichtig, da Dolmetscher/Innen in Zukunft zugleich mit der Evaluierung und dem Consulting auch eine vermittelnde Rolle einnehmen. Mediatoren agieren als Vermittler, um schwierige Situation zu moderieren. Allen in den Prozessen der Entscheidungsfindung Involvierten geht es nicht nur um ausgesprochene Statements, sondern auch um das Verständnis der dahinterliegenden Absichten und kulturellen Implikationen. Die Fähigkeit der Translatorik und des Evaluierens, den Verhandlungen effektive Kompetenz zu geben und einen reibungslosen Dialog zu gewährleisten. Ein herausragendes Element der Evaluierung ist die Überprüfung, wie gut sich Kongresse abspielen, um den gemeinsamen Zielen eines Vorwärtskommens zu entsprechen. Beratung in der internationalen Politik und auf

Gipfelkonferenz konzentriert sich auf die Entwicklung und Umsetzung von Kommunikationsstrategien, die die kulturellen, politischen und sprachlichen Besonderheiten der beteiligten Akteure berücksichtigen. Delegierte und Politiker sind auf die Herausforderungen der interkulturellen Kommunikation vorzubereiten, um potenzielle Missverständnisse oder Konflikte zu vermeiden. Professionelle Berater analysieren die Kommunikationsprozesse und schlagen Verbesserungen vor, die die Zusammenarbeit auf internationaler Ebene erleichtern. Die richtige Kombination von Translatorik, Mediation, Evaluierung und Beratung kann die politische Zusammenarbeit verbessern und das tiefere gegenseitigen Verständnis zwischen den verhandelnden Parteien optimieren.

Ein weiteres Thema ist die Rolle von künstlicher Intelligenz und zukünftiger Sprachtechnologien. Übersetzungssoftware, Sprachassistenten und automatische Texterstellung könnten den Eindruck erwecken, dass das menschliche Bedürfnis, Sprache zu erlernen und zu verwenden, zurückgeht. Menschen würden sich in Zukunft auf diese Technologien verlassen, was ihre eigene Sprachkompetenz schwächen könnte. Doch gleichzeitig bietet Technologie viele Möglichkeiten, Sprachkenntnisse zu vertiefen und den Zugang zu Bildung zu erweitern. Zudem unterstützt die Technik den Zugang zu Informationen und Wissen in bislang ungekannter Weise. Die Herausforderung besteht darin, die Balance zwischen technologischem

Fortschritt und der Erhaltung der grundlegenden Sprachkompetenzen zu finden. Bildungssysteme und Gesellschaften müssen darauf achten, dass die neuen Formen der Kommunikation nicht zulasten der Fähigkeit gehen, Sprache als Werkzeug des kritischen Denkens und der kreativen Ausdruckskraft zu nutzen.

Die Veränderungen in der Sprachebene, von formal zu informell, von lang zu kurz, könnten den Eindruck erwecken, dass die Sprache in ihrer Komplexität abnimmt. Allerdings bedeutet dies nicht das Verschwinden von Sprache, sondern eher eine Anpassung an neue Kommunikationsumgebungen. Die menschliche Fähigkeit, Ideen auszudrücken und zu kommunizieren, bleibt bestehen, auch wenn sich die Formen wandeln. Die Art, wie wir Sprache verwenden, verändert sich, aber es gibt tatsächlich Bedenken hinsichtlich des Verlusts traditioneller Sprachkompetenzen, insbesondere im Bereich des Schreibens und Lesens. Viele Studien zeigen, dass die Konzentrationsfähigkeit für längere Texte abnimmt, und die Lesekompetenz, insbesondere bei jungen Menschen, könnte sich verschlechtern. Der verstärkte Konsum von kurzen Texten und audiovisuellen Inhalten kann dazu führen, dass komplexes Lesen und Schreiben weniger geübt wird. Dies könnte auf lange Sicht negative Auswirkungen auf die Sprachbeherrschung haben.

Der Begriff des Analphabetismus beschreibt klassischerweise das

Unvermögen, Lesen und Schreiben zu erlernen. In vielen Teilen der Welt wird Analphabetismus weiterhin als soziales und bildungspolitisches Problem gesehen und die Bemühungen zur Förderung der Alphabetisierung dauern an. In den hochentwickelten Ländern, wo das Lesen und Schreiben zum Standard gehört, könnte man von einer neuen Form des funktionalen Analphabetismus sprechen. Dabei geht es um Menschen, die zwar grundlegend lesen und schreiben können, aber Schwierigkeiten haben, komplexere Texte zu verstehen oder selbst anspruchsvolle Texte zu verfassen. Diese Form des Analphabetismus ist nicht selten und wird durch die rapide Digitalisierung und den veränderten Medienkonsum noch verstärkt.

Der Kampf mit der Sprache führt oft zu einer Vereinfachung von komplexen Gedanken und Argumenten. In diesem Prozess entstehen Schlagworte, Etiketten und Schubladen, die aus Projektionen und Vorurteilen heraus gebildet werden. Diese sprachlichen Verkürzungen dienen häufig nicht der Klärung von Sachverhalten, sondern als Mittel der Macht und Manipulation. Sie werden zu rhetorischen Waffen, die darauf abzielen, Meinungen zu steuern, Gegner zu diskreditieren oder Diskussionen zu dominieren, ohne eine tiefere Auseinandersetzung mit den eigentlichen Inhalten zu fördern. Schlagworte als prägnante, emotional aufgeladene Begriffe, werden oft dazu verwendet, komplexe Themen auf einfache Aussagen zu reduzieren. Diese Begriffe haben den Vorteil, dass sie schnell verstanden werden, aber den Nachteil, dass sie

Differenzierung und Nuancen ausblenden. Sobald ein Schlagwort in einer Debatte verwendet wird, prägt es das Bild des Diskurses und verhindert häufig eine tiefere Analyse.

Etiketten und Schubladen der Argumentation erfüllen eine ähnliche Funktion. Sie ordnen Personen oder Ideen bestimmten Gruppen oder Kategorien zu und ermöglichen es, diese schneller zu bewerten oder abzulehnen. Dies führt jedoch oft zu Vorurteilen und vereinfacht eine Debatte, indem sie die Vielfalt individueller Ansichten oder die Komplexität eines Themas ausblendet. Einmal in eine „Schublade" gesteckt, ist es schwer, aus dieser starren Kategorie wieder herauszukommen, da der Diskurs auf einer oberflächlichen Ebene gefangen bleibt.

Projektionen und Unterstellungen sind ein weiterer Aspekt des sprachlichen Kampfes. Projektionen entstehen, wenn Menschen ihre eigenen Ängste, Vorurteile oder Überzeugungen auf andere projizieren und dabei ihre eigene Sichtweise unreflektiert auf ihren Gesprächspartner übertragen. Dies verzerrt den Dialog, da es nicht mehr um den tatsächlichen Austausch von Ideen geht, sondern darum, den anderen mit einer vorgefertigten Meinung zu überziehen. Unterstellungen gehen noch einen Schritt weiter. Sie setzen voraus, dass dem Gegenüber bestimmte Motive, Absichten oder Überzeugungen zugeschrieben werden, ohne dass diese tatsächlich offen dargelegt wurden. Unterstellungen sind ein mächtiges rhetorisches Mittel, da sie oft die Verteidigungsposition des Gegenübers erzwingen, anstatt eine konstruktive Diskussion zu fördern. Diese Mechanismen zeigen, wie Sprache nicht nur zur Kommunikation, sondern auch zur Manipulation verwendet werden kann. Sie schafft eine Scheinrealität, in der die eigentlichen Inhalte in den Hintergrund treten und die Macht über den Diskurs im Vordergrund steht.

Rhetorik ist zwar traditionell die Kunst des Überzeugens, doch wenn Sprache zur Waffe wird, geht es oft weniger um Überzeugung als um Machtausübung. In politischen und öffentlichen Debatten wird Sprache gezielt genutzt wird, um Gegner herabzusetzen oder um Sachverhalte zu verdrehen. Schlagworte und Etiketten tragen dazu bei, bestimmte Narrative zu dominieren und zu polarisieren, während differenzierte Ansichten unterdrückt werden. Durch den Einsatz von rhetorischen Waffen wird die Sprache zum Mittel der Herrschaft. Anstatt Dialog und Verständnis zu fördern, wird die Sprache in solchen Fällen dafür genutzt, den Diskurs zu kontrollieren, um eigene Interessen durchzusetzen oder Gegner zu diskreditieren. Unterstellungen und Projektionen sind dabei besonders wirkungsvoll, da sie emotional aufgeladen sind und das Gesprächsklima vergiften können. Diese sprachlichen Mittel führen oft zu einer Verarmung der Debatte. Anstelle von Austausch und Verständnis tritt eine Frontenbildung, in der Positionen verhärtet und die Chancen auf gegenseitiges Verstehen minimiert werden. Komplexe

Themen werden auf einfache Formeln reduziert, was die Tiefe und den Reichtum der Diskussion zerstört. Der Kampf mit der Sprache wird zu einem Machtkampf, bei dem es weniger um Wahrheit und Erkenntnis, sondern um den Sieg im Diskurs geht.

Auch variiert die Qualität der Ausdrucksweise von neuzeitigen TV-Kommentatoren und Moderatoren, was vor allem zwei Gründe hat: unzureichende Ausbildung und mangelnde Erfahrung. Dies schlägt sich in einer weniger professionellen Ausdrucksweise nieder. Eine gründliche sprachliche Vorbereitungszeit ist essentiell für eine gelungene Moderation für die Öffentlichkeit. Die Vernachlässigung der phonetischen Ausdrucksweise, die sich allzu oft verheerend in piepsenden Stimmlagen am Bildschirm auswirkt, drängt politische oder wissenschaftliche Moderation ins Lächerliche. Dann kommt es noch auf die intensive inhaltliche Beschäftigung mit der zu kommentierenden Thematik an. Fehlt diese, kommt es zu oberflächlichen oder unstrukturierten Outputs. Das Kriterium liegt darin, dass manche TV-Sender sich mit der technischen Ausstattung begnügen und auf Ausbildung und Assessment der Moderatoren wenig Wert legen. Fehlen diese Voraussetzungen, ist keine ansprechende und informative Präsentation gewährleistet.

Interessanterweise paart sich im deutschen Sprachraum die fehlende Qualität des sprachlichen Ausdrucks und der Verballhornung von

Inhalten mit dem falsch applizierten Genderismus, der zu einem Verlust von Natürlichkeit und Sprachfluss führt. Er trifft gerade im internationalen Sprachaustausch des Dolmetschens auf Unverständnis und erzeugt bei Sprach-Ästheten und Sprach-Logik-Experten Kopfschütteln. Wenn die Ausdrucksfähigkeit beschädigt ist, trifft dies nicht nur die Praxis von Politik und Wirtschaft, in nicht minderem Maße auch Kunst und Kultur. Eine derartige Art der Sprachanschauung, die sich in Logik- und Mentalverwirrung ergießt, macht das Leben der öffentlichen Kommunikation nicht leichter.

Sprachlicher Genderismus hat mit Gleichstellung der Geschlechter nichts zu tun und ist aufgrund seiner Widersprüchlichkeit von Sprache, Bewusstsein und Bedeutung für das gegenseitige Verständnis eher kontraproduktiv. Nur weil der Sprecher oder die Sprecherin zu faul ist, in einer korrekten Gender-Gerechtigkeit die jeweilige Geschlechtsform zu wiederholen, wird es nicht besser aus „Menschen" „Menschinnen" zu machen. Lassen Sie uns alles gendern, bis wir vor lauter sprachlicher Gleichstellung gar nicht mehr wissen, wer oder was wir eigentlich sind. Statt Vater und Mutter stellt sich dann bald "Elternteil 1" und "Elternteil 2" ein, eine mathematische Annäherung an das, was früher mal Familienstrukturen waren. Vielleicht führen wir dann auch noch „Kind 1" und „Kind 2" ein, um Geschwisterstreitigkeiten zu vermeiden. Wer will auch schon durch Namen-Einteilung in „Oma" und „Opa" auf die Nerven gehen. Schließlich ist es wirklich unfair, Menschen aufgrund ihrer familiären Rolle auf solche binären Begriffe festzulegen. „Ompa" klingt doch viel neutraler, fast schon wissenschaftlich? Am besten schaffen wir gleich die Geschlechter im Sprachgebrauch ab, in der Tierwelt gibt es dann auch keine „Hähne" mehr, vielleicht „Hähninnen", vielleicht einfach „Eierlegende Einheiten". Statt die Realität zu leben, basteln wir uns einfach eine Welt aus neutralen Begriffen. Wenn niemand mehr weiß, wer wer ist, haben wir am Ende das ultimative Ziel erreicht: absolute Gleichheit im völligen Durcheinander. Sprache wird dann endlich nicht mehr dazu benutzt, Dinge präzise zu benennen oder zwischen unterschiedlichen Lebensrealitäten zu differenzieren. Stattdessen haben wir ein wunderbar austauschbares Sammelsurium an Begriffen, die so allgemein sind, dass sie jede Bedeutung verlieren. Und wer könnte daran etwas auszusetzen haben?

Es hat etwas von der kommunistischen Einheitsvision: eine gleichgeschaltete Welt, in der alle Unterschiede nivelliert werden, sodass niemand mehr durch individuelle oder kulturelle Besonderheiten auffallen könnte. Wer braucht schon persönliche Identität, wenn wir stattdessen glattgebügelte, unverfängliche Bezeichnungen haben, die niemanden stören? In einer solchen Welt ist die Sprache dann tatsächlich nichts weiter als ein Werkzeug der Gleichmacherei. Das Individuum tritt in den Hintergrund, und wir alle dürfen uns als identische Zahnräder in der großen Maschine der Neutralität sehen.

Das klingt wie der kommunistische Traum von totaler Konformität, allerdings nicht einer, der besonders attraktiv wäre. In der Realität des Kommunismus hat er immer nur in Gewalt und Chaos geendet. Was bleibt von der menschlichen Vielfalt, wenn wir beginnen, Sprache so zu neutralisieren, dass nichts und niemand mehr heraussticht? Was bleibt von unseren Geschichten, Erfahrungen und Lebenswelten, wenn sie alle in einer einheitlichen Masse verschwinden? Wenn wir den Weg zu sprachlicher Gleichheit so weit treiben, dass wir alles differenzierende Potential verlieren, stehen wir am Ende womöglich vor einer trostlosen, uniformen Gesellschaft, in der alles gleich klingt, gleich aussieht und gleich gedacht wird. Fast schon ein dystopisches Szenario! Die Intelligenz der Sprache bestimmt die Intelligenz des Denkens und wird vom Menschen geformt.

8. PRÄGUNG DER KULTUREN

Die Tentakel der Interkonnektivität weiten sich selbst auf die instrumentalisierten Gebiete der Naturwissenschaften, der Astronomie und Kosmologie, der Archäologie oder der Medizin aus. Sie machen aus der Verbindung der Spezialisten ihrer Spezialgebiete Generalisten der Gesamtschau. Die Interkonnektivität verlangt eine vielfache Herangehensweise an ihr Wesen: Wahrnehmen, Empfinden, Wissen und Glauben sind die Etappen. Während der Austausch von Ideen und Kulturen zu mehr Verständnis und Zusammenarbeit führen kann, ist es wichtig, den ethischen Umgang mit Informationen und die Notwendigkeit interkultureller Kompetenzen zu berücksichtigen. Um in einer globalisierten Welt erfolgreich zu sein, ist es entscheidend, Empathie und Respekt für kulturelle Unterschiede zu entwickeln.

Wie werden nun die einzelnen Segmente in ihrer Singularität bewertet, um letztendlich ihre Gewichtung im Gesamtbild zu erfahren? Wie soll denn eine vernünftige Abwägung funktionieren, wenn nicht fachgerecht evaluiert wird? Wie sollen denn akzeptable Bewertungen entstehen auf der Grundlage ständigen kollektiven Jammerns? Gesellschaftliche Blasen entstehen aufgrund mangelnder Transparenz. Abhilfe schaffen Evaluierungen als Abbilder der Realität und von Situationen. Dies ist keine Erfindung irgendwelcher Politikwissenschaftler, sondern die pure

Tatsache faktischer Begründungen.

Vom Menschen verursachte Fehlentwicklungen gehen auf verirrte Meinungen zurück. Es braucht die Verlinkung der individuellen Fähigkeiten und Fertigkeiten. Interkonnektivität funktioniert dann am besten, wenn sie imstande ist, das intellektuelle Niveau der Gesellschaft anzuheben. Dazu muss der Blick hinter die Kulissen genutzt werden, um stimmige Schlussfolgerungen auch schmieden zu können. Interkonnektivität folgt nicht dem Prinzip, Thematiken und Motive wie Briefmarken oder Schmetterlinge in einer Sammlung nebeneinander aufzuspießen. In einer Sammlung werden Dinge kategorisiert und konserviert, oft ohne Bezug zueinander, außer dass sie in einem bestimmten Bereich gesammelt wurden. Interkonnektivität hingegen betont das Prinzip von Beziehungen, Austausch und wechselseitigen Abhängigkeiten zwischen den Elementen, die miteinander agieren. Es geht um das Verständnis, dass alles in einem Netzwerk aus Verbindungen und Wechselwirkungen steht, und nicht isoliert betrachtet werden kann.

„Die Herrschaft der Unmenschlichkeit geht Hand in Hand mit der Verballhornung der menschlichen Freiheit" spricht eine tiefgehende Problematik an, die in vielen Gesellschaften und Systemen zu beobachten ist. Sie deutet darauf hin, dass in Zeiten oder unter Regierungen, die durch Unmenschlichkeit geprägt sind, sei es durch

Unterdrückung, Diskriminierung oder Gewalt, die wahre menschliche Freiheit verfälscht oder völlig ignoriert wird. Die Herausforderung besteht darin, Freiheit nicht als absolute Unabhängigkeit zu verstehen, sondern als eine dynamische Fähigkeit, in und durch Beziehungen zu anderen Menschen, Gemeinschaften und der Welt zu handeln und sich zu entfalten. In einer Welt, die ökologisch und sozial miteinander verflochten ist, kann die Freiheit des Einzelnen nicht auf Kosten des Wohlstands der Gemeinschaft oder der Umwelt gelebt werden. Freiheit ohne Verantwortung führt zu Entfremdung und Zerstörung der Beziehungen, die das Leben unterstützen. Freiheit entsteht nicht allein durch Rebellion, sondern durch die bewusste Entscheidung für das, was von zentraler Bedeutung ist. Sie wurzelt in der Klarheit über Werte, Überzeugungen und Ziele, die uns als Individuen und Gemeinschaften leiten. Es ist das Festhalten an dem, was uns tief im Inneren ausmacht, das die wahre Freiheit entfaltet – eine Freiheit, die nicht in bloßer Ablehnung, sondern in der Hingabe an das Wesentliche verankert ist.

Unmenschlichkeit kann sich in vielen Formen äußern, etwa in politischer Tyrannei, sozialer Ungerechtigkeit oder wirtschaftlicher Ausbeutung. Wenn solche Zustände vorherrschen, werden das Verständnis und die Ausübung von Freiheit häufig verzerrt. Menschen beginnen, sich in ihren Grundrechten und ihrer Selbstbestimmung eingeschränkt zu fühlen. Die Verballhornung der menschlichen Freiheit bedeutet in diesem Kontext, dass die ursprünglichen Ideale von Freiheit und Gleichheit pervertiert oder ins Gegenteil verkehrt werden. Diese Thematik ist in der politischen Philosophie, in der Sozialkritik sowie in der Literatur häufig behandelt worden. Sie regt zur Reflexion über den Zustand der Gesellschaft, die Bedeutung von Menschenrechten und die Gefahren eines autoritären oder unmenschlichen Regimes an. Um dem entgegenzuwirken, ist es wichtig, für eine Kultur der Menschlichkeit einzutreten, die die Würde jedes Einzelnen respektiert und fördert.

Die Interkonnektivität der Kommunikation drückt aus, dass eine Situation nun in den Bereich der wechselseitigen Verbindungen zwischen verschiedenen Argumenten, Ansichten und Rückmeldungen eingetreten ist. Damit sind wir auf dem Gelände der Argumente, Anschauungen und Feedbacks gelandet. Man könnte sagen, dass verschiedene Perspektiven und Rückmeldungen auf komplexe Weise miteinander verwoben sind, sodass sie sich gegenseitig beeinflussen und eine Art Netz aus Meinungen und Standpunkten bilden. Hierdurch wird verdeutlicht, dass die Diskussion und der Austausch nicht isoliert, sondern stark vernetzt und voneinander abhängig sind. Dieser Zustand beschreibt die Art und Weise, wie unterschiedliche Meinungen, Rückmeldungen und Begründungen aufeinander einwirken, sich gegenseitig beeinflussen und ein komplexes System der Kommunikation und Meinungsbildung formen. Übertragen auf Argumente, Anschauungen und Feedbacks bedeutet dies, dass jede Aussage, Meinung oder Rückmeldung nicht isoliert betrachtet wird. Vielmehr beeinflussen sich diese Elemente gegenseitig und tragen gemeinsam zur Entwicklung einer Diskussion oder eines Entscheidungsprozesses bei.

Es gibt genügend Triebfedern zu einem vertieften Bewusstsein für Identität, Ethnizität, Religion ebenso wie es Verhinderer gibt, die Vielfalt und Integration blockieren. Sie beeinflussen nicht nur das individuelle Selbstverständnis, sondern auch das gesellschaftliche Miteinander. Während es zahlreiche Faktoren gibt, die das Bewusstsein für diese Aspekteausfüllen, gibt es auch vielfältige Hindernisse, die Vielfalt und Integration blockieren. Die zunehmende Mobilität von Menschen über Grenzen hinweg hat zu einem verbesserten Bewusstsein für ethnische, kulturelle und religiöse Unterschiede geführt. Migrationserfahrungen und das Leben in transkulturellen Kontexten bringen die Auseinandersetzung mit der eigenen Herkunft und Identität in den Vordergrund. Dabei geht es oft um die Frage, wie man seine Wurzeln bewahren und gleichzeitig in eine neue Gesellschaft integrieren kann. Debatten über Diskriminierung und Privilegien tragen dazu bei, dass Themen der Identität und Ethnizität vermehrt im gesellschaftlichen Diskurs verhandelt werden. Rassismus und Diskriminierung aufgrund von ethnischer oder religiöser Zugehörigkeit sind nach wie vor große Hindernisse für die Integration und Akzeptanz von Vielfalt. Struktureller Rassismus - etwa im Bildungssystem, auf dem Arbeitsmarkt oder im Wohnungswesen - sorgt dafür, dass bestimmte Gruppen systematisch benachteiligt werden. Dies verstärkt soziale Ungleichheiten und erschwert es diesen Gruppen, sich in die Gesellschaft zu integrieren. Menschen mit Migrationshintergrund sind oft in niedrigeren sozialen Schichten überrepräsentiert und haben schlechteren Zugang zu Bildung und Arbeitsmarkt. Dies führt zu einer sozialen Aufsplitterung, die Inklusion behindert und ethnische Spannungen vorantreiben kann. Ein geschärftes Bewusstsein für die eigene Identität kann einerseits zu einem Engagement für Vielfalt und Inklusion führen, andererseits aber auch zu einer Abgrenzung und Exklusion anderer Gruppen. Politische und gesellschaftliche Maßnahmen, die Integration fördern sollen, müssen daher auf diese komplexen Wechselwirkungen Rücksicht nehmen.

Durch globale Bewegungen, soziale Medien und den Austausch von Informationen hat ein zunehmendes Bewusstsein für die Vielfalt von Identitäten und Kulturen stattgefunden. Menschen haben begonnen, sich aktiver mit ihrer eigenen Identität und der von anderen auseinanderzusetzen. Dies kann eine kräftigere Wertschätzung von Diversität und Empathie fördern. Auf der anderen Seite münden diese Themen oft auch in Spannungen, insbesondere wenn unterschiedliche Identitäten aufeinandertreffen. In vielen Gesellschaften gibt es Diskussionen über Integrationspolitik und die Herausforderungen, die sich aus unterschiedlichen Lebensweisen und Weltanschauungen ergeben. Solche Spannungen können zu Konflikten in der gesamten Gesellschaft führen, insbesondere wenn Vorurteile oder Diskriminierung unüberlegt angeheizt werden. Eine sensationalisierte Berichterstattung über ethnische oder religiöse Konflikte tut ihr Übriges und wird das Misstrauen und die Feindseligkeit nur schüren, während positive Darstellungen von Vielfalt und Integration zu einem besseren Verständnis und Zusammenhalt beitragen.

Auf der Grundlage der bereitgestellten Informationen scheint es positive und negative Trends zu geben, wenn es um das Bewusstsein und die Spannungen rund um Vielfalt und Integration geht. Es gibt eine zunehmende Sensibilisierung und Wertschätzung für die vielen Identitäten und Kulturen, teilweise aufgrund von Globalisierung und sozialen Medien. Dies erzeugt mehr Empathie und Wertschätzung der Vielfalt. Die Chance liegt in einem gestärkten globalen Bewusstsein, indem Menschen begreifen, dass viele Probleme globale Auswirkungen haben. Die weltweite Berichterstattung über die Brände im Amazonas-Regenwald hat beispielsweise dazu geführt, dass Menschen auf der ganzen Welt den Zusammenhang zwischen der Abholzung und dem Klimawandel erfassen und Druck auf Regierungen und Unternehmen ausüben, um den Schutz des Regenwaldes zu verbessern. Durch intellektuelle Interkonnektivität werden Informationen über globale Probleme, wie Umweltzerstörung, soziale Ungerechtigkeit oder politische Unterdrückung, schneller und breiter verbreitet. Dies facht ein globales Bewusstsein an und zeigt gleichzeitig dessen Gefahren auf. Denn trotz der vielen Vorteile bringt die digitale Vernetzung auch

Unberechenbarkeiten mit sich. Dazu gehören die Gefahr der Informationsüberflutung, die Verbreitung von Fehlinformationen und die mögliche Oberflächlichkeit in der Darstellung komplexer globaler Themen. Exemplarisch gab es während der Black-Lives-Matter-Proteste in den USA eine Flut von Falschinformationen in sozialen Netzwerken, die die Bewegung diffamierten oder spaltende Narrative verbreiteten.

In einem vernetzten System, in dem Informationen schnell und ungefiltert geteilt werden, wird es für Einzelpersonen schwierig, zwischen echten Fakten und manipulativen Inhalten zu unterscheiden. Autoritäre Regime nutzen die Interkonnektivität vielfach, um das eigene politische System zu überwachen, zu kontrollieren oder zu unterdrücken. Während die globale Vernetzung es ermöglicht, Informationen über Menschenrechtsverletzungen zu verbreiten, greifen manche Regierungen auf digitale Überwachungswerkzeuge, um Aktivisten zu verfolgen. Zudem blockieren oder zensieren sie Plattformen, die für die Mobilisierung von Protesten genutzt werden.

Individuen, die in einem vernetzten globalen Umfeld leben, entwickeln in bestimmten Umständen hybride Identitäten. Dies bedeutet, dass sie Elemente verschiedener Kulturen in ihre Lebensweise, Werte und Weltanschauungen integrieren, was zu einer vielfältigeren und flexibleren Identität führt, was aber ebenfalls Gefahren beinhaltet. Menschen, die sich zwischen mehreren Kulturen hin- und hergerissen fühlen, können Schwierigkeiten haben, eine klare Vorstellung davon zu entwickeln, wer sie sind und wo sie hingehören. Die Fähigkeit, mehrere Kulturen gleichzeitig zu integrieren, führt manchmal zu einem übermäßigen Relativismus, bei dem keine klaren moralischen oder kulturellen Werte mehr als verbindlich angesehen werden. Dies endet in einem Verlust von Orientierung und Stabilität in der eigenen Lebensweise. Dies verursacht psychologische Belastungen, indem Orientierung und Stabilität verloren gehen. Mittels interkultureller Bildung lernt man die Unterschiede zwischen den Kulturen besser verstehen. Damit wird die Fähigkeit angefacht, Missverständnisse zu vermeiden und Brücken zwischen den verschiedenen Kulturen zu bauen.

In einer Debatte beispielsweise steht ein Argument nicht allein, sondern ist stets in Relation zu anderen Meinungen und Standpunkten zu sehen. Ein Gegenargument stellt die ursprüngliche Aussage in Frage, modifiziert oder unterstützt sie. Feedback eröffnet dabei entweder neue Perspektiven und stärkt oder schwächt die bereits vorhandenen Positionen. Argumente sind die Bausteine jeder rationalen Diskussion. Sie dienen dazu, Standpunkte zu vertreten, Entscheidungen zu begründen oder Sachverhalte zu erklären. Doch im Kontext der Interkonnektivität funktionieren Argumente selten isoliert. Vielmehr bauen sie aufeinander auf, widersprechen oder ergänzen sich. Ein Argument, das in einem Diskurs geäußert wird, setzt eine Kettenreaktion in Gang. Es provoziert Gegenargumente, wird durch Beispiele gestützt oder durch logische Einwände geschwächt. Ein gutes Beispiel hierfür ist die politische Debatte. Hier prallen unterschiedliche Weltanschauungen und Ideologien aufeinander und die Argumente sind so stark miteinander verflochten, dass es manchmal schwer fällt, klar zu trennen, wo ein Gedanke endet und der nächste beginnt. Dieser interaktive Charakter von Argumenten führt dazu, dass die Diskussion in einem permanenten Fluss bleibt. Meinungen entwickeln sich weiter, Positionen verschieben sich und neue Informationen kommen hinzu, was die Komplexität des Diskurses stetig erhöht.

Anschauungen, also persönliche Überzeugungen und Sichtweisen, in der Interkonnektivität, spielen eine nicht zu unterschätzende Rolle. Jeder Mensch bringt seine eigene Perspektive in eine Diskussion ein, die auf persönlichen Erfahrungen, kulturellen Hintergründen und individuellen Werten basiert. Diese Vielfalt an Standpunkten bereichert den Diskurs, kann jedoch auch zu Missverständnissen führen. So beeinflussen Anschauungen einander m Netz der Interkonnektivität. Eine Person, die mit einer neuen Perspektive konfrontiert wird, kann ihre eigene Sichtweise überdenken oder anpassen. Dieser Austausch von Anschauungen ist essenziell für die Weiterentwicklung von Ideen und Konzepten. Gleichzeitig zeigen sich hier aber auch die Grenzen der Verständigung. Nicht alle Anschauungen sind miteinander vereinbar, und in manchen Fällen führt die Interkonnektivität zu einem Patt, in dem keine Einigung möglich scheint.

Obwohl die institutionalisierte Religion zurückgeht, bleiben viele christliche Werte im Kern der europäischen Kultur erhalten, auch wenn sie oft nicht mehr ausdrücklich als religiös wahrgenommen werden. Die Prinzipien, die sich in den Menschenrechten wieder gefunden haben, prägen den rechtlichen und sozialen Diskurs. Es fehlt aber immer mehr der backbone der christlichen Ethik. Dadurch verlieren spezifische Werte ohne ihre Wurzeln an Verbindlichkeit. Symbole und Rituale der Christianisierung, wie Weihnachten oder Ostern, haben in vielen Teilen Europas ihren religiösen Charakter verloren und sind zu kulturellen, teils kommerzialisierten Ereignissen geworden. Während traditionelle religiöse Praktiken abnehmen, suchen viele Menschen nach neuen Formen von Sinnstiftung und Spiritualität in den indischen Vorbildern der Vielgötterei, des Spiritismus oder der Esoterik.

Wohin strebt die Dekulturisation Europas? Ohne klare Grundlagen verlieren moralische Prinzipien an Verbindlichkeit. Was früher durch religiöse Lehren als universell galt, wird heute oft subjektiv interpretiert. Gesellschaften, die auf pluralistische Werte ohne klare Wurzeln setzen, riskieren eine Spaltung in konkurrierende moralische Systeme. Neue kulturelle Einflüsse müssen nicht als Bedrohung, sondern als Chance gesehen werden, um alte Werte neu zu interpretieren. Ob Europa diesen Wandel als Chance oder Bedrohung begreift, hängt von seiner Fähigkeit ab, einen offenen Dialog über seine kulturellen Wurzeln und zukünftigen

Visionen zu führen.

Der Erhalt der christlich geprägten Werte wird letztlich davon abhängen, wie stark diese in die moderne Identität Europas integriert und bewusst gelebt werden. Der Erhalt der geprägten Werte ist möglich, wenn sie bewusst als Kernbestandteile einer modernen europäischen Identität wahrgenommen und aktiv gelebt werden, nicht aus Zwang, sondern aus Intellekt und Überzeugung. Gleichzeitig bietet dieser Prozess die Chance, alte Strukturen neu zu denken und eine pluralistische, aber dennoch verbundene Gesellschaft zu schaffen. Entscheidend wird sein, ob Europa seine kulturellen und ethischen Wurzeln in einen zeitgemäßen Rahmen integrieren kann, als Basis für eine Zukunft, die auf gemeinsamen Prinzipien ruht.

Feedback spielt in jeder Diskussion eine entscheidende Rolle. Es dient als Rückmeldung auf geäußerte Argumente oder Anschauungen und bietet eine wertvolle Möglichkeit, den Diskurs in eine bestimmte Richtung zu lenken. Im Kontext der Interkonnektivität hat Feedback eine doppelte Funktion. Es dient sowohl als Bestätigung oder Widerlegung eines Standpunkts als auch als Auslöser für neue Argumente und Anschauungen. Dadurch wird das Netz der Argumente und Anschauungen ständig erweitert. Ein Beispiel hierfür ist die akademische Forschung. Hier wird Feedback in Form von Peer-Reviews oder Diskussionen unter Fachkollegen gegeben, die die Qualität der Forschung verbessern, aber auch neue Fragen aufwerfen können. In einem solchen Kontext ist das Feedback nicht das Ende eines Prozesses, sondern der Beginn einer neuen Phase des Denkens und Diskutierens.

Die Interkonnektivität von Argumenten, Anschauungen und Feedbacks bietet enorme Chancen. Sie ermöglicht es, komplexe Probleme aus verschiedenen Blickwinkeln zu betrachten und so zu fundierten Lösungen zu gelangen. Durch den ständigen Austausch von Meinungen und Rückmeldungen entstehen innovative Ideen und Fortschritte. Doch wird es in einem solchen vernetzten System schwierig sein, den Überblick zu behalten und zu klaren, eindeutigen Entscheidungen zu kommen. Je mehr Argumente und Standpunkte miteinander verflochten sind, desto unübersichtlicher und komplizierter wird der Diskurs. Dies führt zu einer Überforderung, bei der es schwerfällt, zwischen wichtigen und unwichtigen Informationen zu unterscheiden. Ein weiteres Problem ist die Bildung von Echokammern, in denen nur bestimmte Argumente und Anschauungen verstärkt, während abweichende Meinungen unterdrückt werden. Dies führt zu einer Verzerrung des Diskurses, bei der die Interkonnektivität nur scheinbar gegeben ist, da sie in Wahrheit auf selektiver Wahrnehmung beruht. In der Digitalität sind Diskussionen schneller vollzogen. Argumente werden sofort kommentiert, widerlegt oder bestätigt. Feedback kommt unmittelbar, und die Vielfalt der Anschauungen ist überwältigend. Doch gerade hier zeigt sich die Gefahr der Fragmentierung. Algorithmen steuern, welche Argumente und

Anschauungen sichtbar sind und erzeugen so eine einseitige Interkonnektivität, bei der bestimmte Stimmen bevorzugt werden.

Die Menschheit ist heute mit einer nie da gewesenen Menge an Informationen konfrontiert. Das beeinflusst das Verständnis dahingehend, dass es schwieriger wird, relevante Informationen von irrelevanten zu trennen. Die Fähigkeit, Informationen kritisch zu bewerten und zu filtern, wird immer wichtiger. Algorithmen und gleichzeitige Personalisierungen in sozialen Medien schärfen die Sichtweisen, indem sie Inhalte bereitstellen, die den bestehenden Überzeugungen entsprechen. Dies führt zu einer verzerrten Registrierung der Realität und zu polarisierteren Meinungen. Durch Echtzeit-Kommunikation und globale Vernetzung wird das Gefühl für geografische Distanz reduziert. Ereignisse und Trends werden global wahrgenommen und beeinflussen lokale Kontexte direkt. Menschen entwickeln durch Social Media, Avatare und Online-Communities verschiedene Identitäten. Die Erfassung der eigenen Person und der sozialen Rollen wird fluider und kontextabhängiger. Der Einsatz von KI verändert das Verständnis von Arbeit, Effizienz und sozialen Interaktionen. Maschinen werden als Partner, aber auch als Bedrohung in der gesellschaftlichen Entwicklung wahrgenommen. Online-Communities und digitale Netzwerke bieten völlig andere Möglichkeiten für soziale Beziehungen und gemeinschaftliche Identitätsbildung. Die traditionellen physischen und sozialen Strukturen verlieren an

Bedeutung, während virtuelle Beziehungen an Bedeutung gewinnen. Ob dies nun als gut oder schlecht befunden wird, hängt von individuellen Erfahrungen, Werten und dem Kontext ab. Ein bewusstes und ausgewogenes Herangehen an digitale Technologien könnte die Vorteile maximieren und die Nachteile minimieren. Intensive Diskussionen über diese Themen werden notwendig sein, um ein gesundes Gleichgewicht zwischen digitaler und analoger Interaktion zu finden.

Auch die Grenzen zwischen dem öffentlichen und privaten Raum verschwimmen. Durch die ständige Vernetzung wird mehr privates Verhalten öffentlich, was die Privatsphäre und persönliche Integrität verändert. Die ununterbrochene Interkonnektivität und die Notwendigkeit, auf dem Laufenden zu bleiben, führen oft zu mentaler Überlastung und Stress. Die schnelle Abfolge von Informationen und Reizen, die über vernetzte Geräte vermittelt werden, verkürzt die Aufmerksamkeitsspanne und verändert, wie Menschen Informationen aufnehmen und verarbeiten. Die kognitive Überlastung erschwert es einmal mehr, wichtige von unwichtigen Informationen zu unterscheiden und komplexe Zusammenhänge zu begreifen. Eine solche "Decision Fatigue" bereitet ungeübten Menschen Schwierigkeiten, Entscheidungen zu treffen oder sich auf bestimmte Themen zu konzentrieren. Anstatt sich Informationen zu merken, verlassen sich Menschen zunehmend auf digitale Geräte, um Wissen zu speichern und abzurufen. Dies beschleunigt die Abnahme des aktiven Erinnerungsvermögens. Durch die

Tendenz, Informationen schnell zu überfliegen, anstatt sie gründlich zu lesen, werden das Verständnis und die langfristige Speicherung von Wissen beeinträchtigt. Informationen werden weniger tief verarbeitet und daher auch schneller vergessen. Der direkte Gesprächsaustausch wird vernachlässigt. Das reduziert das Momentum der Kreativität.

Gleichzeitig erfordert Interkonnektivität ein hohes Maß an Reflexion und Achtsamkeit, um nicht in die Falle der Überkomplexität oder der einseitigen Meinungsbildung zu geraten. Um die Chancen der Interkonnektivität voll zu nutzen, ist es wichtig, sich ihrer bewusst zu sein und aktiv an einem offenen und vielseitigen Austausch teilzunehmen. Nur so können die Vorteile der Vernetzung von Argumenten, Anschauungen und Feedbacks wirklich ausgeschöpft werden. Interkonnektivität fördert den interkulturellen Austausch und trägt dazu bei, dass Menschen aus verschiedenen Hintergründen besser miteinander kommunizieren und kooperieren können. Gleichzeitig stellt sie auch Herausforderungen dar, etwa wenn es darum geht, kulturelle Identitäten zu bewahren und gleichzeitig offen für neue Einflüsse zu sein. Der Austausch von Musik, Kunst, Literatur und Traditionen über Grenzen hinweg bereichert kulturelle Erfahrungen und eröffnet neue Perspektiven. Diese Vielfalt an Einflüssen kann zur kreativen Entwicklung und zur Schaffung neuer kultureller Formen führen, die das Beste aus verschiedenen Kulturen vereinen. Es bleibt eine Herausforderung der Gegenseitigkeit, denn es gibt auch die Gefahr der kulturellen

Homogenisierung. Durch den Einfluss globaler Medienkonzerne, Konsummarken und kultureller Trends könnte es zu einer Vereinheitlichung von Lebensstilen und Werten kommen, was die Vielfalt der Kulturen bedroht.

Bereits im 19. Jahrhundert führte der rasante technologische Fortschritt im Bereich der Kommunikation und des Transports zu einer zunehmenden internationalen Vernetzung. Doch erst im 20. Jahrhundert, insbesondere nach dem Zweiten Weltkrieg, nahmen globale Abhängigkeiten deutlich zu. Mit dem Aufstieg des Neoliberalismus in den 1980er Jahren und der Liberalisierung des Welthandels intensivierte sich die globale Interdependenz weiter. Freihandelsabkommen, technologische Innovationen und die Deregulierung der Finanzmärkte schufen ein globales System, in dem politische und wirtschaftliche Ereignisse in einem Teil der Welt tiefgreifende Auswirkungen auf andere Regionen haben.

Im Zentrum dieser Diskussion steht die wechselseitige Abhängigkeit der Volkswirtschaften. Internationale Handelsströme, Investitionen und Produktionsketten sind derart miteinander verflochten, dass die Wirtschaft eines Landes stark von anderen Ländern abhängig ist. Ein Beispiel ist die weltweite Lieferkette in der Automobilindustrie, bei der Bauteile aus verschiedenen Teilen der Welt kommen, um letztlich ein fertiges Produkt zu schaffen. Politische oder wirtschaftliche Instabilität in einem Teil der Welt kann schnell zu Störungen der gesamten globalen Wirtschaft führen. Verantwortliche Regierungen stehen in ständiger Wechselwirkung, sei es durch Allianzen, internationale Verträge oder multilaterale Organisationen. Entscheidungen einer politischen Entität haben tiefgreifende Auswirkungen auf andere. Kein Land kann für sich allein Umweltprobleme lösen, da diese globaler Natur sind. Die Interdependenz im ökologischen Bereich zwingt Regierungen zur Zusammenarbeit, da das Wohl eines Landes vom globalen Umgang mit natürlichen Ressourcen abhängt. Die gegenseitige Abhängigkeit von Staaten kann auch zu einer Verringerung von Konflikten führen. Theorien wie die des "demokratischen Friedens" argumentieren, dass Länder, die wirtschaftlich und politisch miteinander verflochten sind, weniger geneigt sind, Kriege zu führen, da Konflikte kostspieliger wären.

Die moderne europäische als auch die Welt-Gesellschaft und ihre Kulturen sind mit der Verwobenheit von Krisen und der Normalisierung von moralisch fragwürdigen oder schockierenden Phänomenen konfrontiert. In mehreren Ländern werden verfassungsrechtliche Grundprinzipien wie Gewaltenteilung oder faire Wahlprozesse zunehmend in Frage gestellt, ohne dass dies zu angemessenen Konsequenzen führt. Äußerungen wie die von Viktor Orbán, eine "illiberale Demokratie" anzustreben, werden teilweise hingenommen. Diese Formulierung lädt zu einer tieferen Auseinandersetzung mit den Verbindungen zwischen kulturellen, politischen und moralischen

Verwerfungen ein, sowie mit der Gefahr, wie schnell gesellschaftliche Missstände glorifiziert oder verharmlost werden können. Der anhaltende Krisenmodus der letzten Jahre hat zu einer gewissen Abstumpfung geführt. Errungenschaften wie Frieden und Wohlstand geraten in den Hintergrund.

Der Begriff der „kulturellen Schreckensdimensionen" bezieht sich auf den Einfluss von Ideologien, Medien und sozialen Bewegungen, die den moralischen Kompass einer Gesellschaft verändern und möglicherweise destruktive Tendenzen verherrlichen oder verharmlosen. In der modernen Kultur gibt es Tendenzen, schockierende oder gewalttätige Phänomene zu verherrlichen, sei es durch Filme, Serien oder populäre Erzählungen. Mit der ständigen Konfrontation durch die Medien, insbesondere in sozialen Netzwerken, verlieren Menschen manchmal die Fähigkeit, zwischen normal und extrem, zwischen akzeptabel und infam zu unterscheiden. Dies führt zur Normalisierung von Hassreden, Gewaltverherrlichung oder extremen politischen Positionen. Die Verherrlichung des Infamen kann als die Tendenz verstanden werden, das moralisch Verwerfliche in ein positives oder erstrebenswertes Licht zu rücken. Autoritäre oder extremistische Ideologien, die auf Ausgrenzung, Hass oder Gewalt basieren, entwickeln in Krisenzeiten eine besonders große Anziehungskraft. In solchen Fällen wird das „Infame" als gerechtfertigt oder sogar als notwendig dargestellt. Die zunehmende Verherrlichung des Infamen kann auch in Verbindung mit einem moralischen Relativismus stehen, der die Vorstellung propagiert, dass es keine festen moralischen Prinzipien gibt und dass alles relativ oder subjektiv sei. Dies erlaubt es, sogar die schlimmsten Verbrechen oder unmoralische Handlungen in ein anderes Licht zu stellen, das sie legitimiert.

In Anbetracht der Schieflagen der Interkonnektivität und der Gefahr der Verherrlichung des Infamen besteht die Aufgabe darin, wachsam zu bleiben und Verantwortung gegenüber den kulturellen und moralischen Normen zu übernehmen. Eine Gesellschaft muss in der Lage sein, sich selbst kritisch zu hinterfragen, besonders wenn kulturelle Produkte oder politische Bewegungen extremistische oder unmoralische Werte zu normalisieren beginnen. Eine bewusste Auseinandersetzung mit den eigenen kulturellen Strömungen ist notwendig, um destruktive Tendenzen zu erkennen und ihnen gegenzusteuern.

9. INTERKULTURELLE PHILOSOPHIE

Wie gelangen die Zivilisationen in den Lauf der historischen und politischen Reflexionen, die sich im Religiösen auf die Schau ders Seins schliessen? Religiöse Vorstellungen vom Sein inspirieren politische Ideale, wie Gerechtigkeit, Gleichheit oder Frieden. Es handelt sich um die Wechselwirkung zwischen der spirituellen Dimension menschlicher Existenz und der konkreten Gestaltung der Welt, in der Zivilisationen entstehen, handeln und vergehen. Sie entwickeln ihre Reflexion über das Sein, indem sie die Beziehung zwischen Mensch, Welt und Transzendenz hinterfragen. In der griechischen Philosophie führte dies zu den Konzepten von logos, der Vernunft und polis, dem Gemeinwesen. Zivilisationen sind immer geprägt von einem Spannungsverhältnis zwischen der zeitlichen Dimension und der Schau des Seins. Religion dient dabei als Medium, das die zeitlichen Ereignisse in einen transzendenten Rahmen einbettet. Dies zeigt sich in der Suche nach Sinn, Ordnung und Gerechtigkeit, die Zivilisationen in ihrem politischen und historischen Handeln antreibt.

Die Philosophie bietet im menschlichen Leben Werkzeuge zum Nachdenken über die eigenen Überzeugungen, Werte und die Welt im Allgemeinen. Ohne diese Reflexion könnte man sich leicht in Dogmen oder unreflektierte Meinungen verlieren, die die Freiheit des Denkens einschränken. Die Auseinandersetzung mit philosophischen Fragen und die Entwicklung eines kritischen Denkens sind notwendig, um ein wirklich freies Leben zu führen. Philosophie ermutigt uns, unsere Existenz zu hinterfragen, uns mit ethischen Dilemmata auseinanderzusetzen und eine individuelle, fundierte Meinung zu entwickeln. In diesem Sinne ist ein Leben ohne Philosophie tatsächlich ein Leben, das weniger Freiraum für persönliche Entfaltung und kritische Reflexion bietet.

Dazwischen greift die Interkonnektivität mit weiten Armen auf die Befassung mit den psychischen Zuständen und Erwartungen der Psychologie oder den Beziehungen in der Gesellschaft, der Soziologie, um sich nicht zuletzt mit Geschichte und dem Werden des Weltgeschehens zu beschäftigen. Die Verbindung der politologischen Aspekte mit den historischen ist klar ersichtlich, sie drängt aber nach der Praxisorientierung und Handhabung im Management der Politik. Die Fundamente jeglichen Wissens in vielen Bereichen liegen immer noch im Philosophischen. Noch besser wäre es, in allen Bereichen auf Vorsorge zu setzen. Es hat folgenschwere Nachwirkungen auf die politische Performance, wenn Leadership-Kräfte der Vernunft für längere Zeit verloren gehen.

Die Weltbilder der Philosophie bilden in vielen Bereichen nach wie vor das Fundament jeglichen Wissens, da sie die grundlegenden Fragen zu

Existenz, Ethik, Erkenntnis und dem Sinn menschlichen Handelns stellt. Besonders in der heutigen komplexen Welt bleibt die Reflexion über die Grundlagen des Wissens, der Moral und des Handelns entscheidend für den Erfolg in verschiedenen Disziplinen. Von der Wissenschaft bis zur Politik basieren viele moderne Theorien und Systeme auf philosophischen Überlegungen, die schon seit Jahrhunderten entwickelt wurden. Ein bedeutender Ansatz, der in allen Bereichen des Lebens, insbesondere in der Politik, Anwendung finden sollte, ist die Vorsorge. In der Philosophie ist die Vorsorge mit ethischen Überlegungen verknüpft, die sich auf Verantwortung, Weitsicht und den Schutz vor künftigen Gefahren konzentrieren. Durch strategische Vorsorge, die auf langfristige Planung und das Berücksichtigen potenzieller Risiken abzielt, können negative Folgen in sozialen, ökologischen und politischen Bereichen abgewendet werden. Wenn Vernunft und weitsichtiges Handeln über längere Zeit in der politischen Führung verloren gehen, hat dies schwerwiegende Konsequenzen. Vernunft ist ein zentraler Aspekt, der es politischen Entscheidungsträgern ermöglicht, rationale und verantwortungsvolle Entscheidungen zu treffen, die sowohl im Interesse der Gegenwart als auch der Zukunft stehen. Die Abwesenheit dieser rationalen Kräfte gleitet in Fehlentscheidungen, mangelnde Krisenprävention und unkoordinierten Handlungsweisen bei komplexen Problemen. Vernunft ist eng mit den Grundwerten der Demokratie wie Transparenz, Gerechtigkeit und Verantwortung verknüpft. Wenn diese verloren gehen, droht die Erosion der demokratischen Institutionen und

Prinzipien. Der Verzicht auf vorsorgliche Maßnahmen, sei es in der Umweltpolitik, in der Wirtschaft oder im Sozialen, hat meist irreversible Folgen, die sich über Generationen auswirken. Die Vernunft spielt eine zentrale Rolle in der menschlichen Erkenntnis und den daraus abgeleiteten Handlungen. Diese Einsichten der Rationalität werden oft als die Grundlage von Philosophie, Ethik und Politik verstanden.

Interessanterweise finden viele dieser Erkenntnisse und Überlegungen ihren Kulminationspunkt in der Theologie, insbesondere in der Eschatologie, der Lehre von den letzten Dingen. Sie baut sich ein Netzwerk mit den spezifischen materiellen Philosophien, wie etwa der Unternehmens-Philosophie oder der Sport-Philosophie. Will man denn Sklave der materiellen Philosophie und ihrer Verfechter bleiben? Die Bedeutung von Philosophie und Vorsorge in der Politik und in anderen Bereichen des Wissens sollte nicht unterschätzt werden. Politische Führungskräfte, die Vernunft und Weitsicht vernachlässigen, gefährden die Zukunft ihrer Gesellschaften. Deshalb ist es essenziell, dass philosophische Reflexion und strategische Vorsorge in den Mittelpunkt der jeweiligen Entscheidungsfindung gestellt werden, um sowohl gegenwärtige als auch zukünftige Herausforderungen verantwortungsvoll anzugehen.

Philosophie ist nicht nur eine intellektuelle Übung, sondern eine notwendige Praxis, um wahre Freiheit zu erlangen. Ohne Philosophie, so scheint sie uns zu sagen, gerät man in eine Art geistige Knechtschaft, da man die grundlegenden Fragen des Lebens, der Ethik, der Wahrheit und der Existenz nicht reflektiert. Philosophie erlaubt uns, kritisch über die Welt nachzudenken, Selbstbestimmung zu erlangen und uns von Dogmen oder unreflektierten Annahmen zu befreien. Ohne sie wären wir möglicherweise gefangen in der Routine, den Meinungen anderer oder den Konventionen der Gesellschaft. Ohne philosophisches Nachdenken läuft man Gefahr, unreflektiert in gesellschaftlichen Konventionen und Denkmustern gefangen zu bleiben. Die Philosophie ermöglicht es, einen Schritt zurückzutreten und kritisch über das eigene Leben, die Gesellschaft und grundlegende Fragen nachzudenken. Philosophisches Denken kann helfen, den Sinn des Lebens für sich selbst zu ergründen, anstatt vorgegebene Antworten zu übernehmen. Es erlaubt, die eigenen Werte und Ziele zu hinterfragen und bewusst zu wählen, wofür man leben möchte. Gleichzeitig kann zu viel Grübeln über existenzielle Fragen auch lähmend wirken. Es ist wichtig, eine Balance zu finden zwischen philosophischer Reflexion und aktivem Leben. Letztlich geht es darum, durch philosophisches Nachdenken zu einem authentischeren und selbstbestimmteren Leben zu finden. Die Philosophie kann Orientierung geben, ohne fertige Antworten zu liefern. Sie ermöglicht es, die eigene Freiheit bewusster wahrzunehmen und zu gestalten. Ein Leben ganz ohne Philosophie birgt die Gefahr, unreflektiert äußeren Zwängen zu folgen. Philosophisches Denken kann den Blick weiten und neue Perspektiven eröffnen. Es unterstützt dabei, ein freieres und sinnerfüllteres Leben nach den eigenen Vorstellungen zu führen.

Die zwei Konzepte von Linearität und Kreiskausalität verkörpern unterschiedliche Herangehensweisen an die Erkenntnisfindung, wobei Linearität eine klare, fortschreitende Abfolge impliziert, während Kreiskausalität auf zyklische, sich wiederholende oder vernetzte Ursache-Wirkungs-Zusammenhänge verweist. Wenn man diese beiden Konzepte auf den Weg zur Wahrheit anwendet, ergeben sich interessante Implikationen. Im linearen Modell der Erkenntnis geht man davon aus, dass es einen klaren Anfangspunkt gibt, von dem aus die Suche nach der Wahrheit beginnt. Dies ist eine traditionelle Perspektive, die besonders in wissenschaftlichen, rationalen und logischen Systemen zum Tragen kommt. Man bewegt sich Schritt für Schritt, Ursache für Ursache, näher an das Ziel. Diese Annäherung sieht die Wahrheit als einen festen, objektiven Punkt am Ende eines kontinuierlichen Prozesses. Jede neue Erkenntnis baut auf der vorhergehenden auf. Im Gegensatz dazu beschreibt die Kreiskausalität eine Realität, in der Ursachen und Wirkungen nicht geradlinig verlaufen, sondern miteinander verflochten sind und sich gegenseitig beeinflussen.

Eine Synthese von Linearität und Kreiskausalität könnte zu einer tieferen Einsicht führen, wie wir uns der Wahrheit nähern. Mit dieser Dialektik nähern wir uns der Wahrheit durch wiederholte Schleifen von Widersprüchen und deren Auflösung, was den Prozess sowohl linear als auch kreisförmig erscheinen lässt. Der Durchbruch zur Wahrheit ist daher nicht das Ziel einer geraden Linie oder eines unendlichen Kreislaufs, sondern das Ergebnis eines dialogischen Prozesses, bei dem beide Denkweisen ineinandergreifen. Die Frage nach der Gegensätzlichkeit oder Interkonnektivität des Binären und ob es darüber hinaus geht, berührt tiefgehende philosophische, logische und strukturelle Themen. Sie fordert dazu auf, über binäre Systeme hinauszudenken und zu erforschen, ob es eine inhärente Gegensätzlichkeit oder vielmehr eine Form der wechselseitigen Verflechtung gibt. Dies lässt sich in verschiedenen Kontexten, von der Logik und Mathematik bis hin zu Gesellschaftstheorien und Ontologie, untersuchen.

Die Wahrheit und die Realität, ob Vergangenheit, Gegenwart oder Zukunft, sind unvermeidlich. Anstatt zu versuchen, sie zu verdrängen oder zu verleugnen, ist es klüger, sich ihr bewusst zu stellen. Nur durch die Anerkennung dessen, was war, was ist und was sein könnte, können wir wirklich Veränderungen bewirken und uns auf eine konstruktive Weise weiterentwickeln. Verleugnung führt nur zu Verstrickungen, während Akzeptanz und Bewusstsein der Schlüssel zu einem echten Durchbruch sind. Gesellschaften, die sich weigern, ihre Vergangenheit ehrlich zu konfrontieren, bleiben oft in Zyklen von Konflikten oder Ungerechtigkeiten gefangen. Das Gleiche gilt auf individueller Ebene - ungelöste persönliche oder emotionale Konflikte kehren immer wieder zurück, wenn sie nicht verarbeitet werden. Die Realität der Gegenwart ist erst recht unausweichlich, selbst wenn man versucht, sie zu verdrängen oder zu verdecken. Es ist ein weit verbreitetes menschliches Bedürfnis, vor unangenehmen Wahrheiten zu fliehen - ob es sich um persönliche Krisen, politische Missstände oder ökologische Probleme handelt. Sogar das, was sein könnte, ist oft schwer zu ignorieren. Die Zukunft bringt Möglichkeiten und Herausforderungen mit sich, die durch die Vergangenheit und Gegenwart beeinflusst werden. Eine bewusste oder unbewusste Verleugnung möglicher Konsequenzen zukünftiger Entwicklungen führt dazu, dass die potenziellen Risiken größer werden. Eine zu starke Fixierung auf die Gegenwart oder die Vergangenheit kann uns blind machen für die notwendige Vorbereitung auf das, was kommt.

Die prophetische Sprache der biblischen Genesis schafft Raum, indem sie ausdrückt, dass nicht das Licht zu Beginn steht, sondern erst aufgrund des Wortes Licht entsteht. Die Interkonnektivität von Raum, Zeit und dem „Darüber Hinaus" wird im Christentum in der Person des Jesus Christus verdeutlicht. Daher gibt es hier die Unterscheidung des Chronos als der linearen Zeit und dem Kairos, dem besonderen Augenblick, einer besonderen Ausdrucksweise für die Interkonnektivität von Raum, Zeit und dem „Darüber Hinaus".

Interessant ist die Beobachtung, dass die Kultur in Europa in vielerlei Hinsicht durch die Vermaterialisierung fortschreitet, während in anderen

Teilen der Welt, insbesondere in einigen afrikanischen und südamerikanischen Ländern, die kulturelle Erfahrung oft stärker mit spirituellen und gemeinschaftlichen Elementen verbunden ist. Wenn afrikanische und südamerikanische Länder nun vermehrt Missionare nach Europa entsenden, wäre dies eine Befruchtung mit umgekehrten Vorzeichen. In den letzten Jahrzehnten ist eine Zunahme der Verbreitung des Christentums in Afrika, Asien und Lateinamerika zu verzeichnen, während die Zahl der Kirchenmitglieder in Europa stark rückläufig ist. Die Entsendung von Theologen aus dem Globalen Süden nach Europa kann zu einer Art Temperaturumkehr führen, da sie eine andere Perspektive auf den Glauben und die Kirche mitbringen, die sich von der traditionellen europäischen Sichtweise unterscheidet. Dies bedeutet nicht, dass der christliche Glaube im Westen weniger wichtig oder wertvoll ist. Vielmehr zeigt es, wie sich der Glaube in verschiedenen Kulturen und Kontexten manifestiert und wie er unterschiedliche Bedeutungen und Ausprägungen haben kann.

Menschen verlieren das Vertrauen in universelle Werte, wenn sie sehen, dass diese systematisch untergraben werden. Der ständige Druck kann zu Burnout und einer Sinnkrise führen. In einer Welt, in der materielle Interessen dominieren, werden Menschenrechte oft ignoriert, wenn sie wirtschaftlichen oder geopolitischen Zielen im Wege stehen. Medien und Kunst können dazu beitragen, Werte wieder in einen immateriellen, sinnhaften Kontext zu stellen. Eine Reflexion darüber, was wahre

Erfüllung ausmacht, kann dazu beitragen, den Fokus vom Materiellen auf immaterielle Werte wie Beziehungen und persönliche Integrität zu verlagern. Ethische Werte dürfen nicht als Ware gehandelt werden, sie sind der Grundpfeiler der Menschlichkeit und einer gemeinsamen Zukunft der Menschheit. Das Schlaraffenland der mühelosen Zielerreichung gibt es nicht, weder in der Forschung und Wissenschaft, noch in Politik und Wirtschaft und schon gar nicht in der Philosophie, in der Geschichte und in der Religion. Ab wann haben wir Leben entdeckt?

Im klassischen Sinne ist das Binäre in seiner Natur dualistisch und gegensätzlich. Es beruht auf der Idee von zwei sich ausschließenden Polen: Ja/Nein, Eins/Null, Licht/Dunkelheit, Wahrheit/Falschheit, usw. Diese binäre Logik basiert auf dem „Entweder-oder"-Prinzip, bei dem ein Zustand den anderen negiert. In der aristotelischen Logik, auf der auch moderne formale Logik basiert, ist ein Satz entweder wahr oder falsch. Es gibt keine Zwischenstufen. Computer arbeiten nach binären Prinzipien, bei denen alles auf Einsen und Nullen reduziert wird. Diese fundamentale Zweiteilung ermöglicht komplexe Prozesse. Doch viele Ansätze deuten darauf hin, dass wir über das Binäre hinausgehen müssen, um eine tiefere und umfassendere Sicht auf die Realität zu entwickeln. Während binäre Gegensätzlichkeiten in vielen Bereichen nützlich sind, gibt es zunehmend Theorien und Modelle, die die Interkonnektivität von scheinbaren Gegensätzen oder sogar ihre Auflösung in größere, fließendere Strukturen betonen. In der Natur und in sozialen Systemen gibt es oft keine klaren binären Trennungen. Viele Systeme operieren mit vielen Zwischenstufen oder in Netzwerken, die mehrdimensionale Beziehungen aufweisen. Insofern ist die Welt nicht strikt binär, sondern befindet sich in einem dynamischen Zusammenspiel von Gegensätzen und Interaktionen und geht manchmal über diese hinaus. Vom 0 oder 1 kann es zu vielen zusätzlichen „01" kommen, eigentlich bis ins Unendliche.

Zukunft wird ohne Ethik nicht auskommen. Davor darf sich kein Vorwärts-Trend in den europäischen Strategien trennen. Die Angst, den Anschluss zu verlieren darf nicht davon getrieben werden. Es zahlt sich aus als First-Mover step by step voranzugehen. Ethik ist unverzichtbar besonders in der Gestaltung zukunftsorientierter europäischer Strategien. Wenn Europa weiterhin als Vorreiter agieren möchte, darf die Sorge, den globalen Anschluss zu verlieren, nicht die moralischen Prinzipien verdrängen, die solche Strategien leiten sollten. Gerade in einer vernetzten Welt, in der Kulturen und Werte unweigerlich aufeinandertreffen, braucht es eine ethische Grundlage, die allen Beteiligten gerecht wird und die globale Zusammenarbeit fördert.

Die Interkonnektivität von Kompetenz und Urteilskraft spielt in diesem Zusammenhang eine zentrale Rolle. Kompetenz beschreibt hier das Wissen und die Fähigkeit, mit herausfordernden Situationen umzugehen, während Urteilskraft die Fähigkeit ist, realistische und ausgewogene

Einschätzungen zu treffen. Beide zusammen bilden die Grundlage dafür, konstruktive Handlungsstrategien zu entwickeln und negative Denkmuster zu hinterfragen. Wenn man in der Lage ist, ihre Kompetenz realistisch einzuschätzen, kann die Urteilskraft gezielt genutzt weden, um irrationalen Ängsten entgegenzuwirken. Wer also weiß, dass er über bestimmte Fähigkeiten und Erfahrungen verfügt, ist in der Lage, schwierige Situationen in einem positiveren oder zumindest sachlicheren Licht zu sehen. Das Wissen um die eigenen Kompetenzen kann die Neigung zum Katastrophendenken erheblich reduzieren, weil es eine objektivere Bewertung der Situation ermöglicht.

Das Edle und das Primitive sind keine Gegensätze, sondern komplementäre Pole. Jede Zivilisation schöpft aus beiden Aspekten, indem sie die ursprünglichen Kräfte, das Primitive, mit höherem Streben, das Edle verbindet. Diese Begriffe stehen in einer dialektischen Beziehung, bei der das Primitive die Basis liefert, aus der sich das Edle erhebt, während das Edle die rohen Energien des Primitiven ordnet und formt. Fortschritte in Wissenschaft, Technologie und Ethik streben nach edlen Idealen wie Nachhaltigkeit und Gerechtigkeit. Zugleich zeigt sich das Primitive in Konflikten, Konsumrausch und der Ausbeutung natürlicher Ressourcen.

Ein Aufstand, der sich als Kampf gegen das degenerative Element des Establishments versteht und von der destruktiven Absicht der Massen getragen wird, ist ein Ausdruck radikaler gesellschaftlicher Gegensätze. Dieses Phänomen lässt sich in seiner Komplexität durch soziologische, politische und entspringt häufig irrationalen Impulsen. Diese Tendenzen fördern extremistisches Denken und schaffen somit ein gefährliches Umfeld, in dem Nationalismus in seiner bekannt destruktiven Form aufblüht. Der Aufstand gegen die Rationalität, der in destruktivem Chaos endet, könnte als Warnung verstanden werden, dass irrationales Handeln und das Abgleiten in Extremismen nicht nur die Gesellschaft destabilisieren, sondern auch das Potenzial für Fortschritt und Entwicklung mindern. In einer Zeit, in der Herausforderungen wie Klimawandel, Migration und technologische Disruptionen grenzüberschreitend sind, ist es wichtiger denn je, nationale Grenzen zu überwinden und einen Raum für inklusive, universelle Konzepte zu schaffen.

Der Weg dorthin erfordert jedoch Mut und die Bereitschaft, bestehende Strukturen zu hinterfragen und neu zu denken. Anstatt sich auf Abgrenzung und Konkurrenz zu konzentrieren, könnte die Entwicklung gemeinsamer Werte und Ziele eine nachhaltigere und friedlichere Zukunft ermöglichen. Wie bereits angedeutet, entstehen Aufstände oft aus dem Zerfall der Legitimität bestehender Strukturen, die nicht mehr in der Lage sind, den Bedürfnissen der Gesellschaft gerecht zu werden. Die destruktive Absicht der Massen spiegelt das Primitive wider, das aus der Frustration über Ungerechtigkeit und Machtmissbrauch resultiert.

Fortschritt kann nur gelingen, wenn Zivilisationen gemeinsam universelle Werte wie Gerechtigkeit, Nachhaltigkeit und Frieden entwickeln und umsetzen. Dieser Weg erfordert die Bereitschaft, traditionelle Strukturen zu hinterfragen und durch neue Modelle zu ersetzen, die sowohl auf Kooperation als auch auf Wettbewerb beruhen.

10. INTERKONNEKTIVITÄT IM SPORT

In der heutigen globalisierten Welt ist der Sport zu einem der stärksten Bindeglieder zwischen Menschen, Kulturen und Nationen geworden. Die Interkonnektivität im Sport beschreibt die Vielzahl an Wechselwirkungen und Vernetzungen, die den Sport über die rein körperliche Betätigung hinaus zu einem kulturellen, sozialen und wirtschaftlichen Phänomen machen. Diese Interkonnektivität zeigt sich auf unterschiedlichsten Ebenen: von der gesellschaftlichen Bedeutung des Sports über den Einfluss auf die Politik und Wirtschaft bis hin zu technologischen Innovationen, die die Art und Weise, wie wir Sport erleben, nachhaltig verändern. Der Sport ist längst nicht mehr nur ein Wettkampf zwischen Athleten, sondern ein globales Phänomen, das die Gesellschaft als Ganzes beeinflusst und formt. Durch die Interkonnektivität des Sports wird deutlich, wie er nicht nur einzelne Menschen, sondern ganze Gesellschaften vereinen und inspirieren kann.

Sport hat die Menschheit durch die Jahrhunderte hinweg auf unzählige Weisen beeinflusst und bleibt eine zentrale Triebkraft für soziale, kulturelle und wirtschaftliche Entwicklung. Von der Gesundheitsförderung über die Stärkung internationaler Beziehungen bis hin zur moralischen und ethischen Prägung der Gesellschaft trägt der Sport zur Entfaltung menschlichen Potenzials und zur Schaffung einer kooperativen, inklusiven und nachhaltigen Zukunft bei. Indem er Menschen weltweit verbindet und inspiriert, spielt der Sport weiterhin eine unersetzliche praktische Rolle in der Entwicklung der Menschheit.

Sport umfasst wesentliche Faktoren für die menschliche Gesundheit und trägt zur Prävention zahlreicher Krankheiten bei. Die Förderung von Bewegung und die Betonung eines aktiven Lebensstils durch den Sport haben das allgemeine Gesundheitsbewusstsein geschärft und dazu geführt, dass Menschen weltweit gesünder und bewusster leben. Diese Präventivwirkung des Sports hilft, das Gesundheitssystem zu entlasten, und trägt langfristig zur Verbesserung der Lebensqualität bei.

Technologie verändert den Sport fundamental und fördert globale Verbindungen. Die Digitalisierung ermöglicht es, dass Fans auf der ganzen Welt live an Spielen und Events teilhaben können, als wären sie vor Ort. Technologien wie Virtual Reality und Augmented Reality erweitern das Zuschauererlebnis und lassen Sportereignisse über soziale Medien oder Streaming-Plattformen zu globalen Events werden. Gleichzeitig profitieren Athleten und Teams von sportwissenschaftlichen Fortschritten und datenbasierten Trainingsmethoden, die international verbreitet und gemeinsam entwickelt werden. Interkonnektivität im Sport betrifft die sozialen und gesundheitlichen Bereiche. Sportprojekte und -programme fördern weltweit gesundheitliche Aufklärung und soziale Integration, besonders in benachteiligten Gemeinschaften. Die

Sportwirtschaft schafft Millionen von Arbeitsplätzen weltweit, und Sportereignisse kurbeln regionale und nationale Wirtschaften erheblich an. Außerdem treiben sportliche Bedürfnisse Innovationen an, etwa in der Technologieentwicklung für Sportausrüstung, die Medizintechnik oder die Medienübertragung, was auch andere Branchen inspiriert und voranbringt.

Der Sport hat einen tiefgreifenden Einfluss auf die menschliche Entwicklung, da er nicht nur körperliche, sondern auch geistige, emotionale und soziale Aspekte des Lebens prägt. Der Sport bietet eine Plattform, auf der Werte wie Fairness, Disziplin, Respekt und Verantwortungsbewusstsein vermittelt werden. Im sportlichen Umfeld lernen Menschen, Regeln zu respektieren, mit Niederlagen umzugehen und Erfolge angemessen zu feiern. Diese moralischen Werte sind nicht nur im Sport wichtig, sondern beeinflussen das gesamte Verhalten und den ethischen Umgang miteinander. Sport ist ein hervorragendes Mittel, um Menschen unterschiedlicher Herkunft und sozialer Hintergründe zusammenzubringen. In vielen Projekten wird der Sport gezielt genutzt, um benachteiligten oder marginalisierten Gruppen eine Möglichkeit zur Teilhabe zu bieten. Inklusionsprojekte im Sport fördern die Integration von Menschen mit Behinderungen und schaffen Bewusstsein für Diversität, was zur Schaffung einer inklusiveren Gesellschaft beiträgt.

Die Betonung eines aktiven Lebensstils durch den Sport hat das allgemeine Gesundheitsbewusstsein geschärft und dazu geführt, dass Menschen weltweit gesünder und bewusster leben. Diese Präventivwirkung des Sports hilft, das Gesundheitssystem zu entlasten, und trägt langfristig zur Verbesserung der Lebensqualität bei. Die Interkonnektivität der sportmotorischen Eigenschaften, Schnelligkeit, Kraft und Ausdauer, beschreibt die enge Wechselwirkung dieser grundlegenden Komponenten der körperlichen Leistungsfähigkeit. Obwohl jede dieser Eigenschaften eigenständig betrachtet und trainiert werden kann, sind sie in der Praxis stark miteinander verknüpft. Ihre spezifischen Vorteile und die richtige Akzentuierung im Training hängen von der Sportart, den individuellen Voraussetzungen und den Zielsetzungen ab.

Schnelligkeit ist die Fähigkeit, Bewegungen in kürzester Zeit auszuführen. Sie umfasst Reaktionsschnelligkeit, Aktionsschnelligkeit und Bewegungsschnelligkeit. Sie ermöglicht eine blitzschnelle Reaktion auf Reize und die schnelle Durchführung von Aktionen. Das Schnelligkeitstraining fördert die neuronale Effizienz und verbessert die motorische Steuerung. Kraft ist die Fähigkeit, Widerstände zu überwinden oder ihnen entgegenzuwirken. Sie wird unterteilt in Maximalkraft, Schnellkraft und Kraftausdauer. Eine gut ausgebildete Muskulatur schützt Gelenke und Bänder vor Verletzungen. Die Kraft bildet die Grundlage für Schnelligkeit explosiver Bewegungen in der Schnelligkeit und stabilisiert die Muskulatur für die Ausdauerleistung.

Ausdauer ist die Fähigkeit, physische und mentale Leistung über einen längeren Zeitraum aufrechtzuerhalten. Eine gut trainierte Ausdauer beschleunigt die Erholung zwischen intensiven Belastungen. Ein grundlegendes Ausdauerlevel fördert die Durchblutung und unterstützt die Gesamtleistungsfähigkeit.ein ausgewogenes Training, das alle drei Eigenschaften integriert, führt zu einer optimierten Gesamtleistung und reduziert das Risiko von muskulären Dysbalancen oder Verletzungen.

Noch interessanter ist der Zusammenhang von Sport und mentaler Entwicklung. Er verweist darauf, wie körperliche Aktivität und sportliche Betätigung nicht nur den Körper kräftigen, sondern auch die kognitive, emotionale und soziale Entwicklung fördern. Sportliche Aktivitäten, besonders solche, die strategisches Denken erfordern, helfen dabei, sowohl die Konzentrationsfähigkeit als auch die Kapazität zur Entscheidungsfindung zu trainieren. Im individuellen Programm verbessert regelmäßiger Sport die kognitive Leistungsfähigkeit. Ein Grund mehr in beruflichen Assesments, diese Komponenten zu beachten. Wissenschaftliche Studien zeigen seit langem schon, dass Bewegung die Freisetzung von Neurotransmittern wie Dopamin, Serotonin und Endorphinen fördert, die zu einer besseren Stimmung und Gehirnfunktion beitragen. Insbesondere aerobe Aktivitäten scheinen die Neuroplastizität, also die Fähigkeit des Gehirns, neue Verbindungen zu schaffen, zu verbessern. Untersuchungen legen nahe, dass regelmäßige Bewegung das Wachstum des Hippocampus, einer speziellen Region des

Gehirns, die für das Gedächtnis verantwortlich ist, unterstützt. Kinder wie Erwachsene, die regelmäßig Sport treiben, zeigen durchwegs bessere Gedächtnisleistungen.

Besondere Aufmerksamkeit verdient die Beobachtung, dass Sport als Ventil zum Abbau von Stress und Angst dient. Erfolgs- und Lernprozesse im Sport, wie das Erreichen von Zielen oder das Überwinden von Hindernissen, tragen zur Stärkung des Selbstwertgefühls bei. Athleten lernen, durch kontinuierliche Anstrengung ihre Fähigkeiten zu verbessern und erleben intensiv das Gefühl der Selbstwirksamkeit. Sport hilft auch dabei, Emotionen wie Frustration, Wut oder Enttäuschung auf konstruktive Weise zu verarbeiten. Durch Wettkämpfe und Zusammenarbeit lernen Menschen, mit Siegen und Niederlagen umzugehen, was zur emotionalen Reife beiträgt. Sport stärkt die Fähigkeit, realistische Ziele zu setzen und kontinuierlich daran zu arbeiten, diese zu erreichen. Dies entwickelt eine mentale Widerstandsfähigkeit, die in allen Lebensbereichen von Vorteil ist.

Die sportlichen Grundelemente wie Schnelligkeit, Kreativität und Urteilsvermögen sind eng miteinander verknüpft und werden durch regelmäßiges Training und den Wettkampf im Sport kontinuierlich gefördert. Sportler müssen oft unter hohem Druck und in sich ständig verändernden Situationen schnelle, kreative und fundierte Entscheidungen treffen, Fähigkeiten, die in nahezu allen

Lebensbereichen von Nutzen sind. Die Fähigkeit, schnell zu denken, kreativ zu handeln und gute Urteile zu fällen, kann den Unterschied zwischen Erfolg und Misserfolg ausmachen. Sportliche Grundelemente sind also nicht nur ein Trainingsmechanismus für den Körper, sondern auch für den Geist, was ihre Bedeutung in der Entwicklung von Führungskräften und Entscheidungsträgern weiter unterstreicht.

Der Sport hat weltweit einen positiven Einfluss auf Bildung und Persönlichkeitsentwicklung. Kinder und Jugendliche lernen durch den Sport Disziplin, Teamgeist und Zielstrebigkeit, Eigenschaften, die auch für den schulischen und beruflichen Erfolg entscheidend sind. Viele Bildungseinrichtungen integrieren Sport bewusst in ihren Lehrplan, um eine ganzheitliche Erziehung zu fördern und Kindern positive Werte zu vermitteln. Die Interkonnektivität im Sport ist ein faszinierendes Phänomen, das weitreichende Auswirkungen auf unsere Lebensauffassung und Lebenshaltung hat. Sport verbindet Menschen über kulturelle und geografische Grenzen hinweg und fördert ein gemeinsames Verständnis und Respekt. Die positiven Effekte von sportlicher Betätigung auf Gesundheit, soziale Fähigkeiten und Zielverwirklichung tragen dazu bei, dass Menschen ein erfüllteres und aktiveres Leben führen. In einer Welt, die zunehmend vernetzt ist, wird der Sport weiterhin eine zentrale Rolle dabei spielen, wie wir uns selbst und unsere Beziehungen zu anderen wahrnehmen. Die positiven Effekte sind so vielfältig wie die Ausreden, nicht zum Training zu gehen.

Gesundheit? Check! Soziale Fähigkeiten? Doppel-Check! Zielverwirklichung? Dreifach-Check mit Salto rückwärts! Wer hätte gedacht, dass das Jonglieren mit einem Ball gleichzeitig auch ein Jonglieren mit interkulturellen Beziehungen sein kann? In unserer vernetzten Welt ist Sport wie das Betriebssystem für die menschliche Interaktion, es läuft im Hintergrund, verbindet alle möglichen Komponenten und lässt uns manchmal frustriert zurück, wenn etwas nicht funktioniert.

Die Interkonnektivität bezieht sich auch auf das komplexe Netzwerk von Verbindungen und Wechselwirkungen, das Sport auf mehreren Ebenen durchzieht. Sie umfasst die Beziehungen zwischen Athleten, Teams, Sportorganisationen, Fans, der Technologie und der globalen Gesellschaft. Sie zeigt, wie verschiedene Faktoren und Akteure innerhalb des Sportsystems miteinander verbunden sind und sich gegenseitig beeinflussen. Wearable-Technologien, Datenanalyse und KI-gesteuerte Systeme sind zu wichtigen Elementen geworden, die Athleten, Trainern und Organisationen dabei helfen, Leistungen zu analysieren und zu optimieren. Diese Technologien verbinden verschiedenste Datenquellen und ermöglichen eine tiefere Einsicht in die subjektive körperliche Verfassung und Leistung des Individuums.

Große Sportereignisse setzen verstärkt auf Umweltinitiativen, wie etwa emissionsarme Stadien, Recycling und Ressourcenschonung. Diese

Entwicklung beeinflusst das Umweltbewusstsein der Menschen und zeigt, dass Sportveranstaltungen Plattformen sein können, um globale Themen wie den Klimawandel zu adressieren und nachhaltige Praktiken zu fördern. Sportveranstaltungen formen das Gemeinschaftsgefühl und fördern den sozialen Zusammenhalt. Schon in frühen Gesellschaften hatten sportliche Wettkämpfe eine rituelle und gemeinschaftsbildende Funktion, die bis heute in Großereignissen wie den Olympischen Spielen oder Fußball-Weltmeisterschaften fortlebt. Durch den Sport entstehen nicht nur Gemeinschaften und Identifikationsräume, sondern auch Werte wie Zusammenhalt, Loyalität und Fairness, die bis heute wesentliche gesellschaftliche Pfeiler darstellen. Dank globaler Mediennetzwerke und Streaming-Dienste können Menschen auf der ganzen Welt Sportevents live verfolgen, egal wo sie stattfinden. Dies hat nicht nur die Reichweite des Sports enorm erweitert, sondern auch die wirtschaftlichen Möglichkeiten durch Sponsoring, Werbung und Merchandise erhöht. Sportereignisse sind eng mit der Wirtschaft verbunden, und die Vernetzung zwischen Sportorganisationen, Sponsoren, Medienunternehmen und der Werbeindustrie ist stark. Große Sportevents bringen Milliardenumsätze durch Sponsoringverträge, Medienrechte und Merchandising. In vielerlei Hinsicht überschneiden sich diese Bereiche, beeinflussen sich gegenseitig und dienen sowohl als Bühne für symbolische Handlungen als auch als Mittel zur Durchsetzung politischer Ziele.

Regierungen nutzen den Sport, um das nationale Image zu fördern und international Einfluss zu gewinnen. Großereignisse werden als Gelegenheit gesehen, das eigene Land im besten Licht zu präsentieren. Solche Veranstaltungen sind nicht nur ein Schaufenster für die sportliche Elite, sondern auch eine Möglichkeit, wirtschaftliche Investitionen anzuziehen und das Land in den Mittelpunkt der internationalen Aufmerksamkeit zu rücken. So ist es auch nicht verwunderlich, dass sie politische Kontroversen und Korruptionsvorwürfe mit sich ziehen. Einige Länder verbinden ihre sportlichen Erfolge bewusst mit militärischen oder politischen Symbolen. In Ländern wie Nordkorea oder Russland wird der Sport genutzt, um Macht und Disziplin des Staates zu demonstrieren. Sport reflektiert die Herausforderungen und Spannungen innerhalb einer Gesellschaft. Gleichzeitig bietet er eine Plattform, um Veränderungen herbeizuführen. Sport wäre eigentlich dazu geeignet, gesellschaftliche Normen und Werte zu hinterfragen und zu verändern. Sport hat das Potenzial, weit über das Spielfeld hinaus zu wirken und als Katalysator für sozialen Wandel zu fungieren. In Krisenzeiten bietet der Sport der Gesellschaft sogar einen wichtigen emotionalen Ausgleich. In Momenten der Trauer oder nach tragischen Ereignissen haben Sportveranstaltungen eine psychisch heilende Wirkung, da sie als kollektive Trauerverarbeitung dienen.

Der Sport hat in der Menschheitsgeschichte eine enorme wirtschaftliche Bedeutung gewonnen und gilt heute als eine der größten globalen

Industrien. Die Sportwirtschaft schafft Millionen von Arbeitsplätzen weltweit, und Sportereignisse können regionale und nationale Wirtschaften erheblich ankurbeln. Außerdem treiben sportliche Bedürfnisse Innovationen an, etwa in der Technologieentwicklung für Sportausrüstung, die Medizintechnik oder die Medienübertragung, was auch andere Branchen inspiriert und voranbringt.

Die Interkonnektivität im Sport spiegelt also in vielerlei Hinsicht die Komplexität und Vielfalt unserer Gesellschaft wider. Er bietet einen Raum, in dem Menschen unterschiedlichster Herkunft und Fähigkeiten zusammenkommen, voneinander lernen und gemeinsam wachsen können. Sport ist somit weit mehr als nur Freizeitbeschäftigung oder Wettkampf. Er ist ein Laboratorium für soziale Interaktion, ein Antrieb zur persönlichen Entwicklung und ein Modell für gelungene Integration. In einer zunehmend fragmentierten Welt bietet der Sport einen Gegenentwurf, einen Ort der Verbindung, des gegenseitigen Verständnisses und des gemeinsamen Strebens nach Exzellenz. Die Interkonnektivität zwischen Exzellenz im Sport, im Beruf und im Leben zeigt, dass die Prinzipien und Werte, die in einem Bereich kultiviert werden, auf andere Bereiche übertragbar sind. Indem wir Disziplin, Zielsetzung, Teamarbeit, Resilienz, mentale Energie, Gesundheit und ethisches Verhalten in allen Aspekten unseres Lebens fördern, können wir nicht nur in unserem sportlichen und beruflichen Leben, sondern auch in unserem persönlichen Leben Exzellenz erreichen. Diese umfassende Herangehensweise trägt dazu bei, ein erfülltes und erfolgreiches Leben zu führen.

11. INTERKONNEKTIVITÄT IN DER INTERNATIONALEN POLITIK

Interkonnektivität in der internationalen Politik bezieht sich auf die zunehmend vernetzten und abhängigen Beziehungen zwischen Regierungen und anderen Akteuren auf der globalen Bühne. Diese Verbindungen können politischer, wirtschaftlicher, sozialer oder kultureller Natur sein. So wie die Weltwirtschaft durch freien Handel, Investitionen und Technologie zunehmend miteinander verknüpft ist, gibt es die gegenseitige Abhängigkeit in den internationalen Beziehungen, in denen Entscheidungen eines Landes Auswirkungen auf viele andere Länder haben. Zusätzlich bieten supranationale Institutionen wie die Vereinten Nationen, die Weltbank oder die Weltgesundheitsorganisation sowie Gipfeltreffen im x-large Maßstab Foren für den Dialog und die Lösung globaler Probleme. Denn die globalen Herausforderungen wie Klimawandel, Terrorismus, Pandemien oder Migration erfordern kollektive Antworten. Die Interkonnektivität zeigt sich hier in den Notwendigkeiten gemeinsamer Strategien und politischen Konsens.

Die Betonung einer angereicherten Interkonnektivität in der Weltpolitik ist hinsichtlich der komplexen Herausforderungen an die internationale Gemeinschaft eine zentrale Diskussion. Diese reicht von wirtschaftlicher Zusammenarbeit über Sicherheitspolitik bis hin zu Fragen des Klimawandels und der technologischen Innovation. Die Idee, dass die

Gewichte gleichmäßig verteilt sein sollten, weist auf ein Ungleichgewicht in der globalen Machtverteilung hin, das immer noch, wenn auch auf ganz andere Weise, vorhanden ist. In der aktuellen Weltordnung dominieren einige wenige Länder, wie die USA, China oder auch die EU, sowohl wirtschaftlich als auch politisch das Geschehen. Dadurch sind die Interessen kleinerer oder weniger einflussreicher Länder unterrepräsentiert oder sogar ignoriert. Statt einseitiger Entscheidungen einzelner Großmächte sollte sich die internationale Politik weniger auf Kompromisse als auf Konsens und Kooperation ausrichten. Europa hat in diesem Puzzle seine Rolle zu spielen, so wie es mit dem Konzept der Großregionalität ein Modell des Brückenbauens anzubieten hat. Seine Kompetenz hat es in den letzten Jahren durch den Einsatz für eine regelbasierte internationale Ordnung und gemeinsame Lösungsfindung zur Genüge bewiesen.

Staaten des globalen Südens oder aufstrebende Schwellenländer warten darauf, stärker in die Gestaltung der internationalen Politik eingebunden zu werden, um am Gleichgewicht der Interessen zu partizipieren. Handelsabkommen, Entwicklungszusammenarbeit und globale Wirtschaftspolitik müssen sicherstellen, dass alle Länder die Chance haben, gleichberechtigt am Welthandel teilzuhaben. Eine gerechte Verteilung von Ressourcen und Chancen ist wegweisend, um die soziale und wirtschaftliche Stabilität weltweit abzusichern. Auch die Verantwortungen sind gleichermaßen zu verteilen. Wohlhabendere

Nationen, die historisch gesehen größere ökologische Fußabdrücke hinterlassen haben, tragen eine größere Verantwortung für den Übergang zu einer nachhaltigen Weltwirtschaft. Die großen Player sollten auf eine gerechte Verteilung der Macht, der Ressourcen und der Verantwortung achten.

Die Länder sind nicht nur in ihren politischen und wirtschaftlichen Beziehungen verbunden, sondern auch in der Cyber-Sicherheit und dem Umgang mit digitalen Bedrohungen. Der Einfluss von Kultur, Werten und Ideologien zeigt sich in der Art und Weise, wie Regierungen ihre Positionen in der Welt wahrnehmen und darstellen. Soft Power wie Bildung, Kunst und Medien treiben darüber hinaus die globalen Interessen an und sind an der Gestaltung internationaler Beziehungen mit einbezogen. Die zahlreichen politischen, sozialen und wirtschaftlichen Fragen erfordern multilaterale Ansätze. Verträge und Vereinbarungen zeigen, wie Staaten zusammenarbeiten. Geopolitische Spannungen und Rivalitäten haben sowohl regionale als auch globale Auswirkungen und beeinflussen die internationalen Beziehungen.

Die Interkonnektivität zwischen Regierungen, internationalen Organisationen und anderen globalen Akteuren ist ein zentrales Merkmal der internationalen Politik. Die komplexen und dynamischen Verflechtungen, die durch die Globalisierung, technologische Innovationen und internationale Zusammenarbeit entstehen, haben tiefgreifende Auswirkungen auf die Stabilität und den Wohlstand weltweit. Ein effektives Management dieser Interkonnektivität ist daher entscheidend, um globale Herausforderungen zu bewältigen und einen nachhaltigen Fortschritt sicherzustellen. Diese Vernetzung beeinflusst, wie Regierungen und andere Akteure miteinander interagieren, Informationen austauschen und auf globale Ereignisse reagieren. Die Auswirkungen sind weitreichend, von der globalen Wirtschaft bis zur internationalen Sicherheit und dem kulturellen Austausch. Der Klimawandel ist ein Paradebeispiel für eine globale Herausforderung, die nur durch internationale Zusammenarbeit effektiv bekämpft werden kann. Die Auswirkungen des Klimawandels sind grenzüberschreitend und erfordern koordinierte Maßnahmen zur Reduzierung von Treibhausgasemissionen, Anpassung an neue Umweltbedingungen und Förderung nachhaltiger Entwicklung. Das Pariser Abkommen ist ein Beispiel für einen multilateralen Ansatz, der auf die Stärkung der Interkonnektivität zwischen Staaten abzielt. Internationale Impfstoffverteilung, Informationsaustausch und gemeinsame Forschungsanstrengungen sind entscheidend für die Bekämpfung von Gesundheitskrisen. Die Pandemie hat gezeigt, wie wichtig es ist, Informations- und Ressourcennetzwerke effizient zu managen, um globale Gesundheitsrisiken zu minimieren.

Transnationale Bedrohungen wie Terrorismus, Cyberangriffe und organisierte Kriminalität erfordern noch mehr ein koordiniertes internationales Echo. Terroristische Gruppen werden unterstützt, um Chaos, Unsicherheit und Misstrauen in demokratischen Gesellschaften zu schüren. Indem solche Gruppen die Sicherheitsressourcen binden, sollen Staaten destabilisiert und politische Entscheidungen beeinflusst werden. Angriffe und Unruhen zielen auf die Destabilisierung von Vertrauen in Regierungen und Institutionen ab. Offene Grenzen erleichtern die Bewegungsfreiheit von Einzelpersonen, können aber auch für feindliche Akteure ausgenutzt werden. Polarisierung und soziale Spannungen innerhalb Europas bieten einen Nährboden für Manipulation. Neben direkten Angriffen auf Infrastruktur und Gesellschaft kann auch die Manipulation politischer Prozesse durch Desinformation langfristige Instabilität fördern. Finanzflüsse, die terroristische Gruppen unterstützen, sind zu überwachen. Dies erfordert globale Kooperation. Spätere Reaktionen auf Sicherheitskrisen sind oft deutlich teurer, da sie unter Zeitdruck und in einem instabilen Umfeld erfolgen.

Sicherheitsallianzen sind Vorzeigebeispiele für Strategien zur Bewältigung solcher Bedrohungen durch effektives Management der internationalen Interkonnektivität. Foren für Dialog, Verhandlung und Koordination können zur Lösung globaler Probleme beitragen und eine Plattform für die Zusammenarbeit bieten. Ein effektives Management erfordert robuste Systeme der globalen Governance, die sicherstellen, dass die Interessen aller Beteiligten berücksichtigt werden und

Entscheidungen transparent und gerecht getroffen werden. Dazu gehören internationale Abkommen, Konventionen und Normen, die die Regeln für die Interaktion zwischen Staaten und anderen Akteuren festlegen. Die fortlaufende Entwicklung und Integration neuer Technologien muss durch Sicherheitsmaßnahmen und Richtlinien begleitet werden, um die Integrität der internationalen Netzwerke zu gewährleisten. Initiativen und internationale Abkommen zum Schutz von Informationsinfrastrukturen sind entscheidend, um die Risiken zu minimieren. Die globale wirtschaftliche Interkonnektivität erfordert gerechte Handelsbeziehungen und die Förderung von inklusivem Wachstum. Handelsabkommen, Investitionsschutz und wirtschaftliche Zusammenarbeit sollten so gestaltet werden, dass sie den Interessen aller Beteiligten gerecht werden und keine einseitigen Vorteile verschaffen.

Im Managementkontext bezieht sich Interkonnektivität auf die zunehmende Vernetzung und Interdependenz von Geschäftsprozessen. Sie werden gestützt von Organisationseinheiten, Stakeholdern und Märkten. Führungskräfte müssen heute in der Lage sein, komplexe Systeme zu verstehen und zu steuern. Dazu gehört ganzheitliches, systemisches Denken. In den internationalen Beziehungen macht sich Interkonnektivität bemerkbar durch globale wirtschaftliche Verflechtungen, grenzüberschreitende Herausforderungen, zum Beispiel Klimawandel, multilaterale Institutionen und Regime, transnationale

Akteure und Netzwerke. In beiden Bereichen erfordert die zunehmende Interkonnektivität neue Kompetenzen im Umgang mit Komplexität, Vernetzung und systemischem Denken. Führungskräfte und politische Entscheidungsträger müssen lernen, in vernetzten Systemen zu agieren und Gegenseitigkeiten zu berücksichtigen.

Außenpolitik ist eng mit internationalen Wirtschafts- und Handelsbeziehungen verbunden. Durch Freihandelsabkommen, Investitionspartnerschaften und globale Lieferketten sind Staaten und Unternehmen zunehmend voneinander abhängig. Außenpolitische Akteure müssen daher eng zusammenarbeiten, um Handelsstreitigkeiten zu vermeiden, wirtschaftliche Stabilität zu gewährleisten und globale Märkte zu regulieren. Dank der Vernetzung können außenpolitische Akteure schneller auf internationale Krisen reagieren und gemeinsam Maßnahmen ergreifen.

Interkonnektivität kann aber auch bestehende Ungleichheiten verschärfen, da mächtige Staaten oder Unternehmen überproportionalen Einfluss auf internationale Entscheidungen ausüben können. Ein effektives Management muss sicherstellen, dass alle Stimmen gehört werden und keine Akteure benachteiligt werden. Die enge Verflechtung zwischen Ländern kann zu Verwundbarkeiten führen, insbesondere wenn globale Krisen oder wirtschaftliche Turbulenzen auftreten. Resilienzstrategien und Mechanismen zur Risikominderung sind notwendig, um die Auswirkungen solcher Krisen abzufedern. Die geopolitische Landschaft ist dynamisch und kann sich schnell ändern. Ein effektives Management erfordert Anpassungsfähigkeit und Flexibilität, um auf neue Herausforderungen und Chancen reagieren zu können. Ein effektives Management der Interkonnektivität in der internationalen Politik ist entscheidend für die Förderung globaler Stabilität und Wohlstand. Durch eine starke globale Governance, technologische Innovation und kulturellen Austausch können Regierungen und andere Akteure gemeinsam an der Lösung globaler Herausforderungen arbeiten. Die kontinuierliche Weiterentwicklung dieser Ansätze und die Berücksichtigung der vielfältigen Interessen und Bedürfnisse sind entscheidend, um eine gerechte Zukunft für alle zu gewährleisten.

Es gibt verschiedene neuralgische Punkte der Interkonnektivität in den internationalen Beziehungen, die als besonders sensibel und konfliktanfällig gelten. Diese neuralgischen Punkte betreffen politische, wirtschaftliche, militärische, kulturelle oder technologische Spannungen. Da sind einmal geographische Konfliktzonen wie der Nahe Osten, Osteuropa, das Südchinesische Meer oder die koreanische Halbinsel, die das Potenzial haben, relativ rasch internationale Kriege auszulösen. Das Ringen um Einfluss zwischen Großmächten führt zu Spannungen, insbesondere in Schwellenländern und strategisch wichtigen Regionen. Weiters lösen wirtschaftliche Verflechtung und Abhängigkeiten von Rohstoffen Spannungen aus, die Handelskriege verursachen könnten.

Die Entwicklung neuer Waffentechnologien, und die Zunahme von Cyberangriffen erzeugen Misstrauen erzeugen und ziehen in Richtung eines neuen Wettrüstens. Der Zugang zu natürlichen Ressourcen wird durch den Klimawandel verschärft, was die Spannungen verstärkt. Die militärischen Bestrebungen bis in den Weltraum, aber auch Spekulationen um den Arktisraum sind keine sehr beruhigenden Indikatoren für die internationale Politik. Große Migrationsströme, ausgelöst durch Krieg, Armut oder Umweltkatastrophen, stehen im Mittelpunkt der Beunruhigung. Auch der Umgang mit Gesundheitsfragen kann bestehende Spannungen potenzieren oder neue Konflikte schaffen.

Einerseits wird die Verwundbarkeit unserer Welt zunehmend offensichtlich, sei es durch globale Krisen oder geopolitische Instabilitäten. Andererseits lässt sich parallel dazu eine verstärkte Suche nach resilienten Systemen feststellen. Diese Systeme sollen in der Lage sein, äußeren Schocks standzuhalten und sich schnell an veränderte Bedingungen anzupassen. Der Drang, solche widerstandsfähigen Strukturen zu schaffen, spiegelt den Wunsch wider, die Unsicherheiten und Risiken der modernen Welt besser zu bewältigen. Ein verstärkter Enthusiasmus für Resilienz wird gefordert, um all den externen Schocks standzuhalten und sich an veränderte Bedingungen anzupassen. Es geht dabei nicht nur um Widerstandsfähigkeit, sondern auch um Anpassungsvermögen und Regenerationskraft. Unternehmen streben nach Widerstandsfähigkeit gegenüber Marktturbulenzen und Krisen, Ökosysteme sollen ihre Funktionsfähigkeit trotz Störungen bewahren, technische Systeme müssen robust gegen Ausfälle und Angriffe sein und die Gesellschaft soll Krisen gemeinsam bewältigen können.

Die Interkonnektivität der Folgen zwischen außenpolitischem Tun und Nichtstun zeigt sich besonders deutlich in der Art und Weise, wie globale Systeme vernetzt sind und wie sich das Handeln oder Nichthandeln eines Landes auf die gesamte internationale Gemeinschaft auswirkt. Wenn ein Staat aktiv in Konfliktverhütung und Friedenssicherung eingreift, trägt er dazu bei, Spannungen zu reduzieren und Stabilität zu fördern. Beispiele wären diplomatische Interventionen, Sanktionen gegen aggressive Regierungen oder militärische Unterstützung für bedrohte Staaten. Unterlässt ein Staat solche Interventionen, können die Konflikte eskalieren, die dann durch Unterdrückung, Waffenschmuggel und transnationalen Terrorismus eine Kettenreaktion in anderen Regionen auslösen. Solche Instabilitäten wirken sich auch auf Verbündete und die globale Sicherheit aus.

Staaten, die aktiv in internationale Wirtschaftsbeziehungen investieren, tragen zum Wachstum bei und fördern über Handelsverträge und Allianzen ökonomische Vorteile für alle Beteiligten. Auch der Umweltbereich ist entscheidend, da sich diese globalen Herausforderungen wie Klimawandel nur durch internationale

Zusammenarbeit und Klimaschutzabkommen bekämpfen lassen. Ein Rückzug aus wirtschaftlichen oder ökologischen Kooperationen wie etwa durch die Verweigerung von Klimaschutzzielen, kann negative wirtschaftliche und ökologische Dominoeffekte auslösen. Instabilität in den Lieferketten wird ausgelöst, die Umweltsituation verschlechtert sich und die damit verbundenen globalen Krisen verursachen unregulierte Migrationen vielleicht sogar Hungersnöte.

Wenn Politik, Wirtschaft und Wissenschaft die Zusammenarbeit in der Klimapolitik vernachlässigen und sich nicht an die festgelegten Ziele und Maßnahmen halten, hat dies weitreichende und tiefgreifende Konsequenzen. Ohne entschlossene Maßnahmen steigen die globalen Temperaturen weiter an, was katastrophale Klimafolgen nach sich zieht. Dies umfasst häufigere und intensivere Wetterextreme wie Hitzewellen, Dürren, Überschwemmungen und Stürme. Der Verlust von Artenvielfalt, das Abschmelzen von Gletschern und das Ansteigen des Meeresspiegels beschleunigen sich ebenfalls. Die Zerstörung von Lebensräumen und Ökosystemen nimmt zu und bedroht die Lebensgrundlage von Millionen von Menschen und Tieren. Die Kosten der Untätigkeit oder unzureichender Klimaschutzmaßnahmen sind erheblich. Naturkatastrophen führen zu direkten wirtschaftlichen Verlusten durch zerstörte Infrastruktur, Ernteausfälle und Produktionsstillstände. Langfristig könnten ganze Wirtschaftssektoren wie Landwirtschaft, Tourismus und Fischerei stark beeinträchtigt werden, was Arbeitsplätze und lokale Wirtschaftssysteme destabilisiert. Studien zeigen, dass die Kosten des Nicht-Handelns weitaus höher sind als die Investitionen in Klimaschutzmaßnahmen.

Die Folgen der Klimakrise treffen Menschen in ärmeren Regionen und vulnerable Bevölkerungsgruppen besonders hart. Dürren, Überschwemmungen und Nahrungsmittelknappheit führen in vielen Teilen der Welt zu Armut, Hunger und einer erhöhten Migrationsbereitschaft. Dies generiert soziale Spannungen, politischen Instabilitäten und klimabedingter Flüchtlingsströme. Die Ungleichheit zwischen Industrieländern, die historisch die meisten Emissionen verursacht haben, und Entwicklungsländern, die viel mehr unter den Folgen leiden, wird verschärft. Die Klimakrise ist ein globales Problem, das gemeinsame Anstrengungen erfordert, und Länder, die Klimaziele ignorieren, könnten von der internationalen Gemeinschaft isoliert werden. Dies könnte Handelsbeziehungen, Investitionen und diplomatische Beziehungen belasten und somit auch wirtschaftliche Nachteile für die betroffenen Länder bedeuten.

Eine besonders bedrohliche Folge der Untätigkeit ist die Möglichkeit, dass das Klimasystem bestimmte Kipppunkte erreicht, die irreversibel sind. Dazu zählen das Auftauen des Permafrosts, das Abschmelzen der Polareisdecken oder das Absterben des Amazonas-Regenwalds. Diese Ereignisse könnten eine Kettenreaktion in Gang setzen, die das Klima in eine unkontrollierbare Erwärmungsspirale führt. Solche Kipppunkte haben weitreichende und oft irreversible Konsequenzen für das globale Klima und die menschliche Lebensweise.

Außenpolitische Maßnahmen wachen über die Menschenrechte und verbessern in vielen Ländern die Lebensbedingungen. Durch internationale Kooperationen und Technologietransfer steigern die einzelnen Entitäten Staaten ihre Innovationskraft. Das Fehlen humanitärer Hilfe verschärft nur die Krisen und vermehrt die Gefahren des gesellschaftlichen Desasters. Durch das Ausbleiben diplomatischer Initiativen oder das Ignorieren globaler Herausforderungen riskiert ein Staat eine Isolation und die Verringerung seines internationalen Einflusses. Nicht nur in der Psychologie, auch in der internationalen Politik sind Sicherheit und Gefahrenfreiheit zwei unterschiedliche Konzepte, die die Herangehensweise von Staaten und internationalen Akteuren an Bedrohungen und Risiken prägen. Die Unterschiede zwischen diesen Konzepten spiegeln sich in der Art wider, wie Länder auf Bedrohungen reagieren, ihre Außenpolitik gestalten und internationale Beziehungen pflegen. Dies geschieht durch geschickt ausgedachte Strategien in der Verteidigungspolitik, Diplomatie und in Allianzen. Aus Sicht des politischen Realismus ist Sicherheit ein zentraler Aspekt des internationalen Systems.

Staaten streben danach, ihre Macht zu maximieren und ihre

Sicherheitsinteressen durchzusetzen. Es zeigt sich, dass Sicherheit ein realistisches, pragmatisches Ziel ist, das durch das Management von Risiken, die Bildung von Allianzen und Abschreckung erreicht werden kann. Staaten und internationale Organisationen streben danach, Sicherheit zu maximieren, indem sie Bedrohungen minimieren, aber sie akzeptieren, dass Gefahren nicht vollständig beseitigt werden können. Gefahrenfreiheit hingegen ist ein idealistisches Konzept, das in der realen Welt schwer zu erreichen ist. In einem globalen System mit konkurrierenden Interessen und ständigen Risiken, sei es durch Konflikte, Umweltkatastrophen oder andere Bedrohungen, bleibt die absolute Gefahrenfreiheit ein schwer erreichbares Ziel. Sie geht davon aus, dass es keinerlei Risiken gibt, sei es militärisch, wirtschaftlich, ökologisch oder diplomatisch. Da jedoch Staaten unterschiedliche Interessen verfolgen, die miteinander konkurrieren, ist ein Zustand völliger Gefahrenfreiheit in der realen Welt unwahrscheinlich. Staaten und Organisationen arbeiten daher darauf hin, das Risiko von Gefahren zu kontrollieren und zu minimieren, anstatt sie vollständig zu eliminieren.

Durch die breite Vielfalt an Ressourcen, Akteuren und Strategien sind qualitativ gut organisierte Systeme besser in der Lage, auf unerwartete Störungen zu reagieren. Sollte ein Teil des Systems ausfallen, können andere Komponenten einspringen und die Funktionen aufrechterhalten. Das Konzept der Biodiversität in der Natur oder der Diversifizierung von

Lieferketten in der Wirtschaft sind Beispiele dafür. Systeme, die über zusätzliche Kapazitäten verfügen, können in Krisenzeiten auf diese Reserven zurückgreifen. Dies verhindert, dass das System überlastet wird, wenn unvorhergesehene Belastungen auftreten, und sorgt dafür, dass es stabil bleibt.

Die Fortschritte in der Kommunikationstechnologie wie Internet, soziale Medien und moderne Kommunikationsmittel ermöglichen es Ländern, in Echtzeit zu kommunizieren und Informationen auszutauschen. Diese Technologien verändern die Art und Weise, wie Diplomatie betrieben wird und wie Staaten ihre Botschaften an die internationale Gemeinschaft vermitteln. Dies birgt sowohl Chancen als auch Herausforderungen, da Fehlinformationen und Fake News die öffentliche Meinung und diplomatische Beziehungen beeinflussen können. Die Fähigkeit eines Landes, seine Interessen durch kulturelle oder ideologische Anziehung und nicht durch Zwang oder Militärmacht durchzusetzen, ist ein weiterer Aspekt der interkonnektiven Kommunikation. Die zunehmende Interkonnektivität verändert somit die Dynamiken der Kommunikation in den internationalen Beziehungen grundlegend. Sie eröffnet neue Möglichkeiten des Austauschs, erfordert aber auch angepasste Strategien und Kompetenzen von allen beteiligten Akteuren.

Staaten können durch soziale Medien direkt mit der Öffentlichkeit in anderen Ländern kommunizieren, was die traditionelle Diplomatie ergänzt und sogar teilweise ersetzt. Regierungen können ihre Positionen und Policies schnell erklären und so die öffentliche Meinung sowohl im eigenen Land als auch international beeinflussen. Dies könnte ein besseres Verständnis für unterschiedliche Perspektiven schaffen und Spannungen abbauen. Spezifische Angebote von Dienstleistern der Beratung und des Rating sollen Transparenz schaffen und helfen, Desinformationen aufzudecken. Daneben verwenden soziale Netzwerke Algorithmen, um ehrliche Inhalte von falschen Informationen zu unterscheiden und Nutzer vor potenziell irreführenden Inhalten zu warnen. Diese analysieren Posts auf Grundlage von Schlüsselwörtern, Quellen und Mustern, um potenziell falsche Informationen zu identifizieren. Einige Länder haben bereits Gesetze erlassen, die gegen die Verbreitung von Fake News vorgehen, insbesondere wenn sie schädlich oder gefährlich sind. Die Bewertung von qualitätsjournalistischen Projekten und das Fördern von investigativem Journalismus sind wertvolle Methoden, der Verbreitung von Falschinformationen entgegenzuwirken. Die kontinuierliche Weiterentwicklung dieser Strategien ist entscheidend, um die Informationsqualität zu sichern.

Eine wichtige Voraussetzung für den Erfolg ist die schnelle Reaktion, weil sie den größten Effekt bei der Eindämmung von Desinformation hat. Technologische Lösungen, enge Zusammenarbeit zwischen verschiedenen Akteuren und die kontinuierliche Überwachung von Online-Plattformen sind dabei entscheidende Werkzeuge, um die Verbreitung von Fehlinformationen zu stoppen, bevor sie weitreichenden Schaden anrichten können. Fake News verbreiten sich besonders in sozialen Medien extrem schnell, da sie oft Emotionen hervorrufen und daher häufiger geteilt werden. Wenn es zu lange dauert, bis eine Korrektur erfolgt, kann die Desinformation bereits Millionen von Menschen erreicht haben. Psychologische Studien haben gezeigt, dass Menschen dazu neigen, die erste Information, die sie erhalten, als korrekt wahrzunehmen. Selbst wenn diese Information später als falsch entlarvt wird, bleiben oft Reste des ursprünglichen Empfindens erhalten, bekannt als der "Illusory Truth Effect". Schnelle Korrekturen können helfen, diesen Effekt zu minimieren, indem sie falsche Informationen rasch durch überprüfte Fakten ersetzen. Diese Systeme können Inhalte entweder markieren, zur Überprüfung weiterleiten oder in extremen Fällen sofort löschen. Einige Plattformen haben sogar begonnen, verifizierte Nachrichtenquellen in ihren Algorithmen zu priorisieren, um sicherzustellen, dass Faktenchecks und seriöse Informationen schneller und prominenter angezeigt werden als potenziell falsche Informationen.

Kontrolle ist ein weiteres zentrales Element in der internationalen Politik. Staaten streben danach, Einfluss und Kontrolle über Ressourcen, territoriale Integrität und geopolitische Positionen zu erlangen.

Narrative, die Kontrolle thematisieren, können dazu beitragen, das Handeln eines Staates zu rechtfertigen, insbesondere in Krisensituationen. Ein Beispiel hierfür ist die Rhetorik, die während Konflikten verwendet wird, um militärische Interventionen oder wirtschaftliche Sanktionen zu legitimieren. Staaten präsentieren solche Maßnahmen oft als notwendig, um nationale Sicherheit zu gewährleisten oder internationale Stabilität zu fördern. Die Narrative des Gelingens haben direkte Auswirkungen auf die internationale Zusammenarbeit und die Beziehungen zwischen Staaten. Wenn ein Land in der Lage ist, seine Leistungen und Kontrollen zu kommunizieren, kann es seine Position in multilateralen Verhandlungen ausbauen und Unterstützung von anderen Staaten gewinnen. Solche Narrative beeinflussen auch die Wahrnehmung von Bedrohungen und Risiken und können zu einer Polarisierung zwischen Staaten führen, die unterschiedliche Narrative verfolgen.

Die Fähigkeit, schnell und koordiniert auf internationale Entwicklungen zu reagieren und gleichzeitig langfristige strategische Ziele zu verfolgen, wird entscheidend für die Gestaltungskraft in der vernetzten Weltpolitik sein. Intellektuelle Interkonnektivität bezieht sich auf die Art und Weise, wie Wissen, Ideen und Informationen über verschiedene Kulturen, Nationen und Gemeinschaften hinweg ausgetauscht werden. In einer globalisierten Welt hat diese Interkonnektivität sowohl auf gesellschaftlicher als auch auf individueller Ebene weitreichende

Konsequenzen. Der weltweite Austausch von Wissen und wissenschaftlichen Erkenntnissen beschleunigt die Innovation und den Fortschritt in Wissenschaft und Technik. Forscher und Wissenschaftler können durch internationale Zusammenarbeit Lösungen für globale Probleme schneller entwickeln.

Strategische Vorgänge, die im Management sämtlicher Organisationsformen der Politik und Wirtschaft notwendig sind, beruhen auf präzisen Techniken, die in einer spezifischen Ausbildung auf verschiedenen Ebenen erworben werden. Dazu gehört die ganze Palette an Methoden, um komplexe Daten zu analysieren und fundierte Entscheidungen zu treffen. Zum anderen wird auf „soft skills" Wert gelegt, jenen Fähigkeiten, die man von allen unbemerkt in der Ausbildung oder in bestimmten Berufsfeldern mitbekommt. Die Rede ist von den Fähigkeiten, Optionen richtig zu erkennen, ihre Ressourcen effizient zu nutzen und über die Kunst der Kommunikation andere zu motivieren und zu führen.

Die zunehmende Vernetzung in der internationalen Politik erfordert also neue Denkansätze und Handlungsstrategien. Die Akteure müssen lernen, in den komplexen globalen Netzwerken zu agieren und Lösungen für grenzüberschreitende Herausforderungen zu finden. Gleichzeitig bleiben Spannungen zwischen globaler Kooperation und nationalen Interessen bestehen, wie die aktuellen Trends zu Protektionismus und

Renationalisierung zeigen. Die Interkonnektivität stellt klassische Theorien der internationalen Beziehungen vor noch nie da gewesenen Herausforderungen. Die klassische Sichtweise der internationalen Beziehungen, die sich auf Nationalstaaten, Machtpolitik und Anarchie konzentriert, wird durch die Interkonnektivität und Globalisierung zunehmend in Frage gestellt. Neuere Ansätze wie der Konstruktivismus, der Transnationalismus und das Konzept der Global Governance bieten ein dynamischeres Verständnis der internationalen Beziehungen. Sie betonen die Rolle von Normen, Identitäten und transnationalen Netzwerken in einer Welt, die durch gegenseitige Abhängigkeiten und gemeinsame Herausforderungen geprägt ist. Diese Ansätze sind besser in der Lage, die Realitäten einer vernetzten Welt zu erklären, in der der Nationalstaat zwar weiterhin seine Bedeutung hat, aber zunehmend in Koexistenz mit anderen globalen Akteuren agiert Er bleibt zwar nach wie vor ein mitbestimmender Akteur, ist aber zunehmend in ein komplexes Netzwerk von Beziehungen eingebunden. Neben Staaten spielen auch transnationale Elitennetzwerke, internationale Organisationen und zivilgesellschaftliche Akteure eine wichtige Rolle. Diese Netzwerke ermöglichen es, Interessen und Werte auf globaler Ebene zu vertreten, auch wenn sie nicht alle Perspektiven abdecken können.

Da nun die internationale Politik zunehmend von Netzwerkstrukturen geprägt ist, geht ihr Handlungsspielraum über die traditionellen zwischenstaatlichen Beziehungen hinaus. Dies erfordert von allen

Akteuren ein erweitertes Verständnis der globalen Zusammenhänge und die Berücksichtigung der Auswirkungen ihrer Entscheidungen. Die Herausforderung besteht darin, effektive und legitime Formen der Global Governance zu entwickeln, die den Anforderungen einer vernetzten Welt gerecht werden. Dazu gehören Clubs wie die G20, transnationale Netzwerke sowie freiwillige Initiativen und Partnerschaften. Global Governance beleuchtet die Notwendigkeit einer koordinierenden Struktur, um globale Probleme wie Klimawandel, Migration oder Pandemien in den Griff zu bekommen. Der Ansatz signalisiert, dass die Herausforderungen, vor denen die Welt steht, eine Zusammenarbeit über nationale Grenzen hinweg erfordern. Hier spielen multilaterale Institutionen und Vereinbarungen eine entscheidende Rolle, um ein geregeltes Miteinander zu ermöglichen.

Obwohl de facto anachronistisch, mischt der Nationalstaat mancherorts weiterhin in den Strukturen der globalen Ordnung mit. Er rüttelt nach wie vor störend am Völkerrecht und an den Regelwerken internationaler Organisationen wie die der Vereinten Nationen. Doch in vielen Bereichen ist der Nationalstaat nicht mehr alleiniger Akteur und steht vor Themen, die er allein nicht bewältigen kann. Immer mehr neue Konstruktionen multilateraler Abkommen schränken die nationale Übermacht ein. Trotz allem sehen wir eine Art Renaissance der Unterentwicklung in vielen Teilen der Welt, oft als reaktionäre Antwort auf Globalisierung und Migration. Diese Entwicklungen können als eine Art giftsprühender

Wiederbelebung des Nationalismus interpretiert werden. Beispiele sind die "America First"-Politik unter der Regierung von Donald Trump in den USA, die Brexit-Bewegung im Vereinigten Königreich oder der Aufstieg rechtspopulistischer Parteien in Europa. Diese Bewegungen betonen die Hervorhebung nationaler Interessen, fordern die Rückgewinnung nationaler Souveränität und wenden sich gegen supranationale Antworten. Sie sehen den Nationalismus als Bollwerk gegen die als bedrohlich wahrgenommene Globalisierung.

Indem die multilaterale Zusammenarbeit geschwächt wird, wirkt der Nationalismus nicht nur für die internationale Ordnung destabilisierend, sondern auch für die eigenen Strukturen. Dies führt zu Spannungen zwischen den einzelnen Nationalstaaten und gefährdet die Kooperation in wichtigen Bereichen wie dem Klimaschutz, der Sicherheit oder der Wirtschaft. Aus einer einzigen Sichtweise kann der Nationalstaat seine Legitimität aufrecht erhalten, nämlich dann, wenn er sich in ein vernetztes System integriert, in dem Macht und Entscheidungsfindung geteilt werden. Während die exklusive Kontrolle über Souveränität und Grenzen in der globalisierten Welt an Bedeutung verlieren, kann der Nationalstaat einige Aspekte seiner exekutiven Gewalt weiter verwalten. In reaktionären Formen wird er jedoch nur "giftsprühend" auftreten, etwa durch den Aufstieg von extremistischem Nationalismus, Protektionismus und Isolationismus, was die internationale Zusammenarbeit untergräbt.

Der Groß-Regionalismus fördert das Zusammenspiel zwischen den verschiedenen Regionen, manchmal sogar über zwischenzeitliche Feindschaften hinweg. Möglichkeiten zur Identitätsbildung und kulturellem Austausch stehen im Angebot. Eine gemeinsame, wenn auch kontroverse Geschichte kann die Zusammenarbeit über nationale Grenzen hinaus intensivieren. Bei Herausforderungen wie Migration, Klimawandel und Terrorismus bilden regionale Kooperationen den besten Weg, um diese Probleme auf kollektive Weise anzugehen. Militärische Allianzen wie die NATO zeigen, wie Interkonnektivität zwischen außenpolitischen Akteuren kollektive Sicherheitsstrategien unterstützt. Länder arbeiten zusammen, teilen militärische Ressourcen, Geheimdienstinformationen und koordinieren strategische Entscheidungen, um Bedrohungen zu begegnen und gemeinsame Verteidigungsstrategien zu entwickeln.

In der Sicherheitspolitik Europas käme eine Niederlage im Kampf um die Freiheit die Zivilgesellschaft teuer zu stehen. Daran lässt sich ermessen, wie politisch unlogisch es ist, der Ukraine in ihrem Konflikt keine Raketen zur Unterstützung zu liefern. Die gezielte Gewalt gegen die Zivilbevölkerung schweisst zwangsläufig die freie Welt zu zentralen und existenziellen Aufgaben zusammen. Es geht nicht länger nur darum, ein Land am Rande Europas zu schützen; es geht um die Bewahrung der

Prinzipien und der Stabilität, die die Grundlage für das internationale System bilden. Dieser Konflikt hat globale Dimensionen und stellt Europas Sicherheit und das westliche Wertefundament direkt infrage. Die geopolitische Strategie Russlands deutet darauf hin, dass das Land seine Einflusssphäre weiter auszudehnen versucht. Das Nicht-Eingreifen könnte dazu führen, dass Russland seine militärische Dominanz über weitere Teile Osteuropas ausweitet und möglicherweise direkt in EU- und NATO-Staaten Einfluss zu nehmen versucht.

Die territoriale Integrität und Unabhängigkeit der Ukraine ist entscheidend für die Sicherheit Europas. Ein geopolitisches Vakuum in der Ukraine oder gar ein russischer Erfolg, der das Land unter seine Kontrolle brächte, würde die europäische Sicherheitsarchitektur merklich beschädigen. Die Osteuropäischen Staaten und insbesondere die baltischen Staaten würden sich noch bedrohter fühlen, was zu einem Wiederaufleben des Kalten Krieges führen könnte. Die Unterstützung der Ukraine signalisiert Nachbarstaaten, dass die europäische Gemeinschaft bereit ist, grenzverletzenden Aggressionen entgegenzutreten, was in der derzeitigen Lage ein starkes sicherheitspolitisches Signal ist. Durch ihr entschlossenes und umfassendes Handeln positioniert sich die EU als verlässlicher Partner und Verteidiger der regelbasierten internationalen Ordnung. Dies stärkt nicht nur die Sicherheit in Europa, sondern sendet auch ein globales Signal für die Verteidigung von Freiheit und Demokratie.

Eine unterlassene Unterstützung könnte sich langfristig als ein weitaus teureres Versäumnis erweisen, sowohl in sicherheitspolitischer als auch in wirtschaftlicher Hinsicht. Die Unterstützung ist also ein integraler Bestandteil der europäischen Verteidigungsstrategie und entspricht den ureigenen Interessen Europas. Sie verhindert eine Eskalation, die noch schwerwiegendere Konsequenzen für Europa haben könnte, wenn Russland auf welche Art auch immer in das europäische Territorium vorrückt. Die Stabilität Europas und die Glaubwürdigkeit seiner internationalen Position hängen davon ab, dass das Völkerrecht durchgesetzt wird. Ein Versagen würde signalisieren, dass es keine festen Grenzen oder Prinzipien gibt, was die Stabilität des internationalen Systems nachhaltig beschädigen würde.

Es ist gerade das, was die klassischen Links-Orientierten innerhalb Europas mit ihren Umsturz-Visionen der Weltordnung wollen. Teile der politischen Linken in Europa, insbesondere jene mit antikapitalistischen und systemkritischen Visionen, lehnen eine klare Unterstützung der Ukraine ab. Einige dieser Kräfte sehen Russland als Gegenpol zu westlichen Einflüssen und betrachten die NATO als hegemoniale Macht, die ihrer Vorstellung einer multipolaren Weltordnung entgegensteht. Manche dieser Parteien oder Bewegungen sind deshalb bereit, Russland zumindest indirekt zu unterstützen oder den Konflikt als rein innereuropäische Angelegenheit abzutun, obwohl dies letztlich den russischen Expansionszielen in die Hände spielt.

Auf der anderen Seite des Spektrums gibt es in rechtsextremen Kreisen Sympathien für Präsident Putin als Repräsentant eines starken und konservativen Staatsmodells, das autoritäre und nationalistische Werte vertritt. Diese Ideologie findet sich insbesondere in Ländern wie Ungarn, wo die Regierung unter Viktor Orbán einen eher russlandfreundlichen Kurs fährt, oder in der Slowakei, wo populistische Bewegungen ebenfalls Moskaus Einfluss befürworten. Rechtsextreme Gruppen unterstützen oft Putins Regierung, da sie Russland als Bollwerk gegen Einwanderung, Liberalismus und die EU sehen. Dies führt dazu, dass solche Parteien eine Politik verfolgen, die sich gegen Sanktionen und die militärische Unterstützung der Ukraine richtet, was die Sicherheitslage Europas schwächt und die Einheit der europäischen Verteidigungsstrategie unterminiert.

Die Sympathien rechtsextremer Kreise in Europa für Wladimir Putin als Symbol einer starken Diktatur, der autoritäre und nationalistische Werte verkörpert, erinnern an historische Allianzen und ideologische Annäherungen der 1930er Jahre zwischen autoritären Führern wie Hitler, Stalin und Mussolini. Diese damaligen Allianzen waren geprägt von einem gemeinsamen Bestreben, ihre jeweilige Macht und Ideologie zu festigen, während sie gleichzeitig gegen die liberale, demokratische Ordnung des Westens opponierten. Es gibt heute gewisse Parallelen zu dieser Dynamik, wenn extreme politische Kräfte in Europa und weltweit einen autoritären Nationalismus unterstützen, der auf vermeintlicher Stärke beruht. Sowohl Hitler, Mussolini als auch Stalin lehnten die liberalen, pluralistischen Prinzipien der Demokratie ab und sahen sie als schwach und ineffektiv. Ein vergleichbares Gedankengut findet sich heute in einigen rechtsextremen europäischen Strömungen, die die liberalen Werte der EU ablehnen und stattdessen autoritäre Modelle wie das russische befürworten. Der Nationalismus der 1930er Jahre basierte auf der Betonung nationaler Überlegenheit und dem Streben nach einer dominanten Position in der Weltordnung. Ähnlich dazu propagieren heutige rechtsextreme Bewegungen eine Form von Nationalismus, der die nationale Souveränität betont und sich gegen die Einheit der EU richtet. In Europa führt dies zu einer paradoxen Allianz zwischen linken und rechten Extremisten, die die Schwäche des Westens beschwören und sich teils mit Russlands Außenpolitik solidarisieren, auch wenn diese Bewegungen diametral entgegengesetzte ideologische Fundamente haben.

Durch ihre Distanzierung von der kollektiven europäischen Verteidigungsstrategie gefährden sowohl links- als auch rechtsextreme Gruppen die Stabilität und Integrität des Kontinents und öffnen die Tür für externe Mächte, die die Schwäche und Uneinigkeit Europas ausnutzen könnten. Der Kreml nutzt gezielt soziale Medien, Netzwerke und Medienkanäle, um die Unterstützung für seine Politik zu fördern und die Spaltungen innerhalb Europas zu vertiefen

Die brutale Gewalt gegen die Zivilbevölkerung und die gezielte Zerstörung lebenswichtiger Infrastruktur zielen darauf ab, die Ukraine physisch und moralisch zu brechen. Die europäische und internationale Gemeinschaft muss daher nicht nur die Ukraine militärisch unterstützen, sondern auch humanitäre Hilfe leisten, um die humanitären Konsequenzen abzumildern und die Lebensgrundlage der Zivilbevölkerung zu schützen. Die Unterstützung der Ukraine ist somit nicht nur eine moralische Verpflichtung, sondern eine strategische Notwendigkeit für Europa und die freie Welt. In diesem Sinne ist der Einsatz für die Ukraine ein Einsatz für die Zukunft Europas und der regelbasierten internationalen Ordnung.

Die Interkonnektivität der Widersprüche in Europas politischem Umgang mit der Ukraine-Krise verdeutlicht, wie stark die Handlungsweisen verschiedener politischer Strömungen ineinandergreifen und sich teils diametral widersprechende Ziele verfolgen und damit die Sicherheits- und Wertearchitektur Europas beeinflussen. Diese widersprüchlichen Positionen zwischen pro-russischen und pro-europäischen Kräften, sowie zwischen linken und rechten Extrembewegungen, schaffen ein komplexes Spannungsfeld, das die Einheit Europas bedroht und zugleich die Notwendigkeit gemeinsamer Werte und Strategien unterstreicht. Diese ideologische Interkonnektivität der Widersprüche führt zu paradoxen Allianzen: Nationale Bewegungen, die sich gegen Einmischung wehren, verbünden sich mit Russland, das selbst als Bedrohung für die europäische Unabhängigkeit gesehen wird.

Die Unfähigkeit, diese Widersprüche konstruktiv zu lösen, würde zu einer Schwächung der europäischen Position führen und die europäische Einheit gefährden, die dringend benötigt wird, um die Sicherheit, Demokratie und Werte des Kontinents zu schützen. Diese gegenseitige Durchdringung der Widersprüche fordert Europa heraus, sich auf eine gemeinsame Verteidigungsstrategie und einen klaren Wertekanon zu besinnen und dabei auch die Spannungsfelder im Inneren zu adressieren.

Wenn dies nicht gelingt, könnte einmal der unangenehme Zustand entstehen, dass Europas Länder viel mehr Raketen an ihren unmittelbaren Grenzen sehen werden. Das hindert anachronistische Polit-Player nicht daran, diesen bedrohlichen Zustand sogar herbeizusehnen. Eine unlogische und politisch gefährliche Zurückhaltung, könnte langfristig Europas Sicherheit bedrohen. Aus der Kenntnis, dass es keine vollständig geschlossenen Systeme zur Luftverteidigung gibt, sollte man sich möglichst schnell auf die Belieferung der Ukraine mit Abwehr-Raketen konzentrieren. Die Interkonnektivität von Problemlösungs-Faktoren zur Sicherheit und Freiheit regt an, nicht zu lange zu warten, bis die Lücken der Verteidigung geschlossen sind. Rasche Zwischenlösungen können langfristigen Schaden verhindern. Die Lieferung von Waffen und Raketensystemen wird als notwendige Maßnahme angesehen, um die militärischen Fähigkeiten der Ukraine zu unterstützen und sich gegen die Aggression des Kremls zu verteidigen. Dies soll dazu beitragen, die Souveränität eines Staates und seine territoriale Integrität zu wahren. Die Entscheidung westlicher Länder, insbesondere der NATO-Staaten, Waffen zu liefern, ist von intensiven politischen Debatten begleitet, wobei über das richtige Maß an Unterstützung wieder einmal gestritten wird.

Was einmal gar nicht notwendig oder undenkbar war, kann plötzlich eminent wichtig sein. Doch während die einen aufwachen, wenden sich die an Sicherheitsfragen Desinteressierten ab, drehen sich um und schlafen in ihren Illusionen weiter. Die diskutierten Waffenlieferungen ist nicht nur eine militärische Maßnahme, sondern hat auch tiefere politische und gesellschaftliche Implikationen. Eine effektive Verteidigung wird als notwendig erachtet, um die Freiheit in Europa zu bewahren. Die Diskussion um Waffen- und Raketenlieferungen an die Ukraine ist ein Ausdruck der komplexen sicherheitspolitischen Herausforderungen in Europa. Sie spiegelt die Notwendigkeit wider, auf aktuelle Bedrohungen pro-aktiv zu reagieren, während gleichzeitig die langfristigen Konsequenzen für die europäische Sicherheit im Auge behalten werden müssen. Der Fokus liegt darauf, wie man die Ukraine unterstützen kann, ohne die Stabilität in der Region weiter zu gefährden.

Oder ist es nur logisch, wenn wir uns überhaupt nicht mit Sicherheitsrisiken befassen, einfach die Augen zu schließen und uns in eine gemütliche Ecke zu drücken. Schließlich haben wir ja alle schon gehört, dass Ignoranz ein hervorragender Schutzschild ist. Warum sich die Mühe machen, sich auf Bedrohungen vorzubereiten, wenn wir auch einfach auf die Hoffnung setzen können? Vielleicht kommt ja Präsident Putin vorbei und bringt Kekse statt Raketen.

Wenn sich die internationale Gemeinschaft und einzelne Staaten nicht ausreichend mit den aktuellen geopolitischen Bedrohungen auseinandersetzen, können die Konsequenzen gravierend sein. Die Dynamiken der globalen Machtverhältnisse, wirtschaftlichen Abhängigkeiten und technologischen Fortschritte lassen keine Passivität zu, da Bedrohungen zunehmend komplexer und vernetzter werden. Die Folgen eines mangelnden Engagements oder einer unzureichenden Antwort auf diese Bedrohungen wären vielfältig.

Ohne die Auseinandersetzung mit Konfliktlösung und Prävention würden sich regionale Konflikte schnell ausweiten und zu größeren militärischen Auseinandersetzungen zwischen Staaten führen. Wenn keine Mechanismen zur Bearbeitung vorhanden sind, ist man den Großmachtkonflikten wehrlos ausgesetzt. Eine solche Eskalation führen weiter zu globalen Sicherheitskrisen, mit weitreichenden humanitären, wirtschaftlichen und politischen Folgen. Ohne gezielte Maßnahmen zur

Abrüstung und zur Schaffung von Vertrauensmechanismen ist ein neues Wettrüsten zwischen Großmächten, insbesondere in den Bereichen Nuklearwaffen, Cyberwaffen und anderen modernen militärischen Technologien nicht mehr abwendbar. Dies würde nicht nur die internationale Sicherheit gefährden, sondern auch immense wirtschaftliche Ressourcen verschlingen, die in anderen wichtigen Bereichen wie Gesundheit, Bildung und Umwelt benötigt werden.

Wenn Regierungen keine wirksamen Maßnahmen zur Verbesserung der Cybersicherheit und zur Verteidigung ergreifen, sind kritische Infrastrukturen, von Energie- und Wasserversorgung bis hin zu Finanzsystemen, über die Maßen gefährdet. Hackergruppen und staatliche Kriminelle könnten Cyberangriffe nutzen, um Staaten zu destabilisieren, Wirtschaftssysteme lahmzulegen oder politische Unruhen schüren. Diese Bedrohung wird mit der Digitalisierung der Weltwirtschaft immer gravierender. Ein Nichthandeln im Kampf gegen den Klimawandel würde die Umweltkatastrophen weiter verschärfen. Häufigere und intensivere Naturkatastrophen wie Dürren, Überschwemmungen, Stürme und der Anstieg des Meeresspiegels würden Millionen von Menschen zur Flucht zwingen und globale Migrationskrisen auslösen. Ressourcenknappheit, insbesondere in Bezug auf Wasser und Nahrungsmittel, verschärfen die Konflikte in der globalen Gesellschaft. Ohne konsequente Maßnahmen gegen den weltweiten Terrorismus und gegen extremistische Netzwerke würden

Kräfte überhand nehmen.

Besonders in instabilen oder gescheiterten Systemen finden destruktive Mächte Freiräume, um ihre Aktivitäten auszuweiten. Ohne aktive internationale Kooperation zur Bewältigung globaler Bedrohungen würden internationale Institutionen wie die Welthandelsorganisation oder die NATO hoffnungslos zerlegt. Der Rückzug von Assoziationen aus multilateralen Prozessen und Institutionen würde die Fähigkeit der internationalen Gemeinschaft untergraben, effektiv auf Bedrohungen zu reagieren. Dies mündet unweigerlich in einem "Jeder-für-sich"-Ansatz, bei dem nationale Interessen über internationale Zusammenarbeit gestellt werden. Die Auswirkungen von ungelösten globalen Krisen, ob durch Klimawandel, wirtschaftliche Instabilität oder politische Spannungen ausgelöst, würden ins Unermessliche reichen.

12. DIKTATUR UND AUTORITARISMUS IN DER INTERKONNEKTIVITÄT

Das Thema beleuchtet den komplexen Zusammenhang zwischen autoritären Regierungsformen und der zunehmenden Vernetzung in der globalisierten Welt. Hier sind einige Aspekte und Überlegungen zu diesem Thema. Sobald die kollektiven Traumata in der Politik auftreten, ist es bereits sehr spät für einen Neuanfang. Aber es wird immer darauf wert gelegt, was die Mehrheitsgesellschaft will, die oft gar nicht gewusst hat, dass es sie etwas angeht. Also wird man um gesellschaftspolitisches Nachforschen nicht herumkommen.

Diktatoren und Tyrannen pflegen lange Zeit versteckte Rollen, bevor sie unter der Decke eine ganz andere Persönlichkeit entwickeln. Dann wird zunächst im kleinen Theater noch zu Tode gewürgt, ohne dass es die anderen bemerken, bis der Punkt erreicht ist, an dem Gewalt nicht mehr rückgängig gemacht werden kann. Sehr bald zeichnen sich dann ihre Regime durch eine zentrale Kontrolle, die Einschränkung von politischen Freiheiten, die Unterdrückung von Opposition und eine geringe Gewaltenteilung aus. Wahlfälschung, Zensur und Menschenrechtsverletzungen sind häufige Merkmale. Wie beginnt der ganze Kreislauf der Irrtümer? Oder warum können Psychopathen - oder gerade sie - oftmals uneingeschränkte politische Macht erlangen?

In der politischen Arena als ein Feld, in dem Macht, Einfluss und Manipulation durcheinander wirbeln, fühlen sich politische Unholde mit ihrer Manipulationsfähigkeit oder dem Mangel an Empathie besonders wohl. Sie verstehen es, ihre Mitmenschen zu ihren Gunsten zu beeinflussen, ohne dass diese sich dessen bewusst werden. Insbesondere wenn es darum geht, Unterstützung zu mobilisieren oder politische Gegner auszuschalten, nutzen sie ihre Verbissenheit, um Ziele im besten Interesse der eigenen Machtausübung anzupeilen. So werden sie anfangs mangels tieferer Reflexion als starke und entschlossene Führer wahrgenommen.

Der Widerspruch entsteht zwischen den moralischen Ansprüchen wie Gerechtigkeit, Freiheit, Menschenwürde und den ethischen Vorgaben, die autoritäre Führer entweder in ihrer Rechtfertigung von Macht oder durch ihre politischen Philosophien ignorieren oder verzerren. Sie stützen sich auf das Prinzip des Utilitarismus - der Zweck heiligt die Mittel, um autoritäre Maßnahmen zu rechtfertigen. Dies stellt einen Albtraum dar, da der ethische Diskurs des Utilitarismus missbraucht wird. Eine bekannte Vorgangsweise ist der systematische Versuch solcher Regime, den moralischen Diskurs zu unterdrücken oder zu manipulieren. Die freie Meinungsäußerung, das philosophische Nachdenken über ethische Fragen und die Kritik an den Handlungen der Regierung werden stark eingeschränkt oder sogar kriminalisiert.

In einer Welt, die von skrupellosen Machtspielen, hinterlistigen Schachzügen und autoritären Führungspersönlichkeiten geprägt ist, scheint Europas Vorgehen oft wie das eines unvorbereiteten Schülers in einer rauen Schulhofschlägerei. Während Länder wie Russland oder China mit harter Hand und gezielten Provokationen ihre Interessen durchsetzen, stehen europäische Regierungschefs nicht selten unsicher auf dem politischen Parkett. Die Frage, wie Europa - und insbesondere Deutschland - in diesem Umfeld bestehen soll, drängt sich immer drängender auf. Denn gegen die raffinierten Strategien und forschen Auftritte autoritärer Machthaber wirken europäische Spitzenpolitiker wie diplomatische Schöngeister, denen die Mittel für das geopolitische Überleben fehlen.

Autoritäre Führer agieren nach einem klaren Prinzip: Macht sichern, Gegner einschüchtern, und sich dabei möglichst wenig um moralische Standards oder internationale Konventionen kümmern. Sie verstehen es, Unsicherheiten auszunutzen und ihre Gegenspieler in langwierige, fruchtlose Verhandlungen zu verwickeln, während sie ihre Ziele ohne Rücksicht auf Verluste verfolgen. Europäische Regierungschefs hingegen scheinen oft gefangen in ihrem Glauben, dass Diplomatie allein ausreicht, um in dieser rauen Welt zu bestehen. Dabei unterschätzen sie regelmäßig die Entschlossenheit und Gerissenheit ihrer Gegenüber.

Ein Blick auf den Umgang mit Russland liefert ein erschreckend deutliches Beispiel. Wladimir Putin, der in seinem Auftreten mal listig, mal unverhohlen forsch agiert, hat wiederholt gezeigt, dass er keine Rücksicht auf westliche Befindlichkeiten nimmt. Ob bei der Annexion der Krim oder beim Angriff auf die Ukraine, die Reaktionen Europas wirkten oft zu spät, zu zögerlich und zu stark von der Hoffnung geprägt, dass Dialog und Sanktionen allein Putin zur Umkehr bewegen könnten. Diese Hoffnung hat sich wiederholt als trügerisch erwiesen, doch ein Umdenken in der Strategie war bislang kaum erkennbar.

Auch China spielt ein ähnliches Spiel, allerdings subtiler. Mit wirtschaftlicher Abhängigkeit als Hebel agiert das Land wie ein mafioser Geschäftsmann, der seine Partner so lange manipuliert, bis sie keine andere Wahl haben, als nach seinen Regeln zu spielen. Europas Handelsbeziehungen zu China sind ein Paradebeispiel dafür, wie autoritäre Staaten ihre wirtschaftliche Macht nutzen, um politische Zugeständnisse zu erzwingen. Doch auch hier bleibt Europa gefangen in einem widersprüchlichen Narrativ: Auf der einen Seite fordert man Menschenrechte und demokratische Prinzipien ein, auf der anderen Seite bleibt man zögerlich, klare Konsequenzen zu ziehen, wenn diese Prinzipien verletzt werden.

Die Angriffspunkte in der Interkonnektivität von Ethik und Moral bei autoritativen Führern wie Putin, Xi Jinping, Kim Jong-un, Baschar al-Assad oder bei Möchtegern-Diktatoren wie Orban, Erdogan, Trump und auch bei den bekannten historischen Gestalten Hitler, Stalin, Lenin, Franko, Mussolini, Chruschtschow oder Fidel Castro basieren auf der Instrumentalisierung moralischer Prinzipien für politische Macht, der Neudefinition von Moral durch Ideologie, der Unterdrückung des ethischen Diskurses und einem moralischen Relativismus, der die Grundlage für Menschenrechte und Gerechtigkeit auflöst. Diese Punkte zeigen, wie tiefgreifend der Konflikt zwischen ethischen Reflexionen und politischen Realitäten sein kann. Diese Führungspersonen versuchen, ihre Macht und ihren Einfluss auf der internationalen Bühne auszuweiten. Ein wesentlicher Aspekt ihrer Beziehungen ist das Streben nach geopolitischem Einfluss. Dabei nutzen sie oft die Schwächen des bestehenden internationalen Systems aus und stellen etablierte Normen in Frage. Diesen Zeichen der moralischen und politischen Unkultiviertheit folgend, stellt man sich die Frage, wie reagiert die freie Welt darauf und wie wird sie reagieren. Letztlich wird entscheidend sein, ob sie es schafft, trotz vielfältiger Herausforderungen koordiniert zu handeln und eine gemeinsame Strategie umzusetzen.

Autoritäre Regime nutzen im Allgemeinen die Schwächen freier Gesellschaften aus und betrachten dies mit einer gewissen Verachtung. Sie sehen in der Offenheit, den demokratischen Prinzipien und der Meinungsfreiheit der freien Welt die Schwachstellen, die sich strategisch ausbeuten lassen. Die oft langsame Entscheidungsfindung in Demokratien wird als Zeichen von Ineffizienz und Schwäche dargestellt.

Politische Konflikte in freien Gesellschaften werden gezielt genutzt, um die Stabilität und Überlegenheit ihrer eigenen Systeme zu demonstrieren, mit dem Argument, dass sie effizienter handeln können. Die Offenheit der freien Welt wird gezielt für Propaganda- und Desinformationskampagnen verwendet, um Misstrauen in den demokratischen Institutionen zu säen und soziale Spaltungen zu erzeugen. Dabei wird das demokratische Recht auf Meinungsvielfalt instrumentalisiert, um Vertrauen zu untergraben und einen negativen Eindruck der demokratischen Werte zu fördern. Diktaturen zielen auf die wirtschaftlichen Interessen freier Gesellschaften ab und setzen auf die Annahme, dass diese ihre Werte möglicherweise für wirtschaftliche Vorteile opfern könnten. Diese Instrumentalisierung wird von autoritären Regimen häufig zynisch kommentiert, da sie die westliche Prioritätensetzung in Frage stellt.

Wissenschaftliches Wissen ist in der Regel das Ergebnis von jahrelanger Forschung und kollektiver Expertise, die auf Fakten basiert und darauf abzielt, die Realität objektiv zu verstehen. Doch wenn politische Akteure, insbesondere autoritäre oder stark ideologisch geprägte Persönlichkeiten, wissenschaftliche Erkenntnisse ignorieren, wird die Gesellschaft in vielen Bereichen gebremst, wenn nicht sogar gefährdet. Ein häufiges Merkmal von autoritativen Polit-Typen ist, dass sie oft übermäßiges Vertrauen in ihre eigene Weltsicht und Überzeugungen zeigen und jede Art von Information ablehnen, die nicht mit ihren Zielen oder Weltanschauungen übereinstimmt. Die Wissenschaft, mit ihrem Anspruch auf Objektivität und Neutralität, steht solchen Persönlichkeiten bisweilen im Weg, weil wissenschaftliche Erkenntnisse ihre Kontrolle oder Machtbasis infrage stellen könnten. Wissenschaftliche Erkenntnisse werden dabei nicht nur ignoriert, sondern häufig aktiv untergraben oder diskreditiert, um bestimmte Agenden durchzusetzen oder ein Image der eigenen Unfehlbarkeit zu wahren.

Diese Haltung hat weitreichende Konsequenzen. Wenn wissenschaftliche Erkenntnisse missachtet oder gar unterdrückt werden, können auf diese Weise leicht Entscheidungen getroffen werden, die der Gesellschaft nachhaltig schaden. Ein Beispiel ist die Klimapolitik: Trotz der überwältigenden wissenschaftlichen Evidenz für die Folgen des Klimawandels zögern oder verweigern manche politische Führungen notwendige Maßnahmen und gefährden so die Zukunft ganzer Generationen. Darüber hinaus untergraben autokratische Politiker das Vertrauen in Wissenschaftler und Experten, indem sie sie als elitär oder abgehoben darstellen, während sie selbst vermeintlich den Volkswillen vertreten. Diese Rhetorik führt nicht nur dazu, dass die wissenschaftliche Gemeinschaft diskreditiert wird, sondern auch zu einer Verbreitung von Misstrauen gegenüber wissenschaftlichen Institutionen. Dies hat den Effekt, dass Teile der Gesellschaft dazu tendieren, sich von objektivem Wissen abzuwenden und stattdessen an Fehlinformationen oder populistische Narrative zu glauben.

Langfristig gesehen ist die Ignoranz gegenüber der Wissenschaft ein gefährliches Spiel, das die Grundlage für Fortschritt, Innovation und gesellschaftliche Problemlösung zerstört. Denn die Wissenschaft ermöglicht es uns, komplexe Zusammenhänge zu verstehen, Risiken realistisch zu bewerten und tragfähige Lösungen für die drängenden Herausforderungen unserer Zeit zu entwickeln. Wenn autokratische oder wirtschaftlich orientierte politische Akteure hingegen wissenschaftliche Erkenntnisse aufgreifen, dann geschieht dies meist selektiv und nur dann, wenn es ihrem eigenen Vorteil dient. Wissenschaftliche Prinzipien und ethische Standards, die auf Allgemeinwohl, Nachhaltigkeit und globaler Verantwortung beruhen, werden in solchen Fällen ignoriert oder manipuliert, um ökonomische oder machtpolitische Interessen zu fördern. Dabei wird oft übersehen, dass die Wissenschaft an sich universell ist. Ihre Erkenntnisse und Methoden haben keine nationalen Grenzen, und ebenso sollten auch die ethischen Prinzipien, die im Umgang mit wissenschaftlichen Entdeckungen erforderlich sind, keinen Raum für Egoismus und Nationalismus bieten.

Autokratische Akteure neigen also dazu, wissenschaftliche Erkenntnisse nur dort zu akzeptieren, wo sie in ihre wirtschaftlichen oder politischen Strategien passen. Beispielhaft ist das in Bereichen wie der Biotechnologie, Überwachungstechnologien oder Energiewirtschaft zu beobachten. Diese Technologien werden oft in einer Weise eingesetzt, die den eigenen Einfluss stärkt und wirtschaftliche Vorteile bringt, während die potenziellen Risiken und die Verantwortung gegenüber der Gesellschaft und der Umwelt geringgeschätzt oder ignoriert werden. Hierbei wird oft auch die Gefahr übersehen, dass wissenschaftliche Entwicklungen unkontrolliert in wirtschaftliche Machthierarchien integriert werden und soziale oder ökologische Schäden nach sich ziehen. Was autokratische Akteure dabei verkennen, ist die Tatsache, dass die Wissenschaft auf Kooperation, Offenheit und dem Austausch von Wissen basiert, Prinzipien, die notwendigerweise grenzüberschreitend wirken, um globalen Herausforderungen zu begegnen. Solche nationalistischen und egoistischen Ansätze widersprechen nicht nur den Grundsätzen der Wissenschaft, sondern auch der ethischen Verpflichtung, wissenschaftliche Erkenntnisse zum Wohl der gesamten Menschheit einzusetzen. Gerade in einer globalisierten Welt ist die Ethik wissenschaftlicher Anwendung von zentraler Bedeutung, denn die Auswirkungen technischer Fortschritte und wissenschaftlicher Entwicklungen betreffen immer mehr Menschen, Nationen und Ökosysteme. Diktatorische Regime ignorieren gerne ethische Prinzipien, um uneingeschränkt über wirtschaftliche und wissenschaftliche Entwicklungen zu bestimmen. Sie weisen moralische und ethische Einmischungen zurück Doch Wissenschaft und Menschenrechte kennen keine nationalen Grenzen.

Die Entscheidungsmacht des chinesischen Diktators ist enorm und viele

Politiken und Strategien sind vorwiegend von seinen persönlichen Überzeugungen und Zielen geprägt. Die Struktur der KPCh und der staatlichen Institutionen beruht auf einem Hierarchieprinzip, bei dem die Loyalität und Unterstützung gegenüber Xi und seinen Entscheidungen entscheidend sind. In dieser konzentrierten Machtsituation gibt es wenig Spielraum für abweichende Meinungen innerhalb der Parteiführung oder des staatlichen Apparats. Xi Jinpings Führungsstil und die Betonung auf eine starke, zentralisierte Kontrolle sind charakteristisch für die gegenwärtige politische Landschaft in China.

Unter Xi hat die Unterdrückung von Dissens und Opposition zugenommen. Dies zeigt sich besonders deutlich in der Verfolgung der Uiguren in Xinjiang, der Niederschlagung der Proteste in Hongkong und der verstärkten digitalen Überwachung der Bevölkerung. Die Verschärfung der Kontrolle über religiöse Aktivitäten betrifft nicht nur Christen, sondern auch andere religiöse Gruppen. Die Regierung verfolgt eine Politik der "Sinisierung" der Religion, die darauf abzielt, religiöse Praktiken stärker unter staatliche Kontrolle zu bringen und mit der offiziellen Ideologie in Einklang zu bringen. Dazu gehören Registrierungsanforderungen für Kirchen und Tempel, die Genehmigung von religiösen Aktivitäten und die Überwachung von Gottesdiensten. Unregistrierte oder nicht genehmigte Versammlungen werden als illegal angesehen und können zu Verhaftungen und Schließungen führen. Die Regierung setzt moderne Technologien zur Überwachung religiöser

Aktivitäten ein, einschließlich der Nutzung von Überwachungskameras und Datenanalyse, um das Verhalten von Gläubigen zu überwachen. Diese Maßnahmen zielen darauf ab, potenzielle Bedrohungen für die staatliche Autorität zu identifizieren und zu unterdrücken. Die Sinisierung hat zu einer verstärkten Verfolgung von religiösen Minderheiten geführt, darunter Uiguren, tibetische Buddhisten, Falun Gong-Anhänger und christliche Gemeinschaften. Berichte über Menschenrechtsverletzungen, einschließlich Inhaftierungen, Zwangsarbeit und Umerziehung sind weit verbreitet.

Die Interkonnektivität zwischen autoritären oder diktatorischen Führern à la Donald Trump, Wladimir Putin, Xi Jinping, Wiktor Orbán und Recep Tayyip Erdoğan zeigt, wie diese trotz ihrer unterschiedlichen geographischen, historischen und kulturellen Kontexte oft gemeinsame Interessen teilen und sich einander unterstützen. Diese Beziehungen basieren nicht immer auf einer klassischen Allianz, sondern oft auf pragmatischen Kalkülen, die vor allem auf Machtspekulationen, geopolitischen Interessen und dem Streben nach Machterhalt beruhen. Hier sind einige zentrale Aspekte dieser Verbindungen.

Sowohl Trump als auch Putin haben eine tief verwurzelte Skepsis gegenüber globalen und liberalen Institutionen wie der NATO oder der EU und stehen für eine Politik, die die nationale Souveränität betont. Trump hat häufig NATO-Mitgliedstaaten kritisiert, während Putin eine langfristige Strategie verfolgt, die NATO zu schwächen. Es gibt zahlreiche Hinweise darauf, dass Russland während der US-Präsidentschaftswahlen 2016 versucht hat, durch Desinformation und Cyberangriffe die Wahl zu beeinflussen, um Trump zu unterstützen, da seine Politik oft Putins Interessen entsprach. Trump hat mehrfach seine Bewunderung für Putins Führungsstil ausgedrückt und ihn als stark und geschickt bezeichnet. Dies steht im Gegensatz zur typischen Ablehnung Putins durch westliche Führer. Jenen Putin zu bewundern, dessen Credo, die Ukraine existiere gar nicht und man müsse sie unbedingt zu einem Teil Russlands machen, deutet auf eine monströse Ansicht von Machtbewusstsein hin. Ein politischer Führer, der nach eigener Ansage Macht mit Einfluss von Angst gleichsetzt und sagt, er tue was er wolle, könnte zu einem gesellschaftlichen Desaster im Land der USA werden.

Die Beziehung zwischen Putin und Xi Jinping fußt auf einer strategischer Partnerschaft und einem gemeinsamen Widerstand gegen den Westen, insbesondere gegen die USA. Beide Führer teilen eine starke Opposition gegen den westlichen Einfluss in globalen Angelegenheiten. Russland und China haben ihre wirtschaftlichen Beziehungen in den letzten Jahren erheblich ausgebaut, insbesondere im Energie- und Technologiesektor. China ist ein wichtiger Abnehmer russischer Rohstoffe, insbesondere Öl und Gas. Die zunehmende militärische Kooperation wird von Analysten als eine strategische Allianz betrachtet, aus der Resonanz auf die geopolitischen Spannungen mit dem Westen entsteht. Beide Länder haben in den letzten Jahren gemeinsame Militärübungen durchgeführt, sowie ihre Rüstungsprogramme abgestimmt. Diese militärische Annäherung schafft eine neue Dynamik in der globalen Sicherheitsarchitektur und verstärkt weiter die geopolitischen Spannungen. Die Auswirkungen dieser Kooperation sind weitreichend, nicht nur für die Beziehungen zwischen den beiden Ländern und dem Westen, sondern auch für regionale Sicherheitsfragen, für die Energieversorgung und für den globalen Handel. Die internationale Gemeinschaft wird weiterhin aufmerksam beobachten, wie sich diese Allianz entwickeln wird und welche Strategien die westlichen Nationen daraufhin verfolgen werden.

Putin und Orbán verbindet eine pragmatische Zusammenarbeit, die vor allem durch geopolitische Interessen motiviert ist. Beide Politiker verfolgen einen autoritären Ansatz in der Innenpolitik und stellen sich gegen liberale demokratische Prinzipien wie Pressefreiheit und unabhängige Justiz. Orbán hat sich selbst als „illiberalen Demokraten" bezeichnet und richtet sich gegen die liberalen Werte der EU. Orbán ist bekannt für seine EU-kritische Haltung, und diese verbindet ihn mit Putin, der die EU als geopolitischen Rivalen sieht und versucht, ihre Einheit zu schwächen.

Die Beziehungen zwischen Erdoğan und Xi Jinping basieren auf gemeinsamen Interessen, vor allem in den Bereichen Wirtschaft und

Sicherheit, jedoch auch auf Spannungen, vor allem im Hinblick auf die uigurische Minderheit in China. China ist ein wichtiger Handelspartner für die Türkei, insbesondere im Rahmen der „Belt and Road"-Initiative, die eine strategische Rolle in der türkischen Infrastrukturentwicklung spielt. Beide Führer setzen auf autoritäre Regierungsformen und haben Maßnahmen ergriffen, um politische Opposition zu unterdrücken und ihre Macht zu konsolidieren. Dies schafft eine ideologische Basis für ihre Zusammenarbeit. Die Türkei hat ursprünglich die Rechte der Uiguren, einer turksprachigen muslimischen Minderheit in China, unterstützt. Doch aus wirtschaftlichen und diplomatischen Erwägungen hat Erdoğan in den letzten Jahren seine Kritik an Chinas Umgang mit den Uiguren deutlich zurückgefahren. Dies zeigt, wie pragmatisch diese Beziehungen sind. Durch diese Kooperationen erhalten autoritäre Regime eine scheinbare internationale Legitimierung. Sie nutzen diese Beziehungen als Beispiele, um zu zeigen, dass alternative politische Systeme der Gewalt, abseits liberaler Demokratien, funktionieren und Erfolg haben. Sie teilen die anti-westliche Rhetorik und stellen sich gegen eine freiheitliche Weltordnung. Die Methoden der Medienkontrolle, Propaganda und Desinformation ähneln einander in der Grundauffassung. Die Technologien und Techniken werden nicht nur zur Aufrechterhaltung der internen Macht genutzt, sondern auch zur Destabilisierung von Demokratie.

Insbesondere in Krisenzeiten, in denen die Bevölkerung nach entschlossenen Führungspersönlichkeiten sucht, üben Psychopathen eine besondere Anziehungskraft aus. Als Meister der Manipulation verstehen sie es, ihre Mitmenschen zu beeinflussen, ohne dass diese sich dessen bewusst sind. In der Politik kann diese Fähigkeit vorteilhaft sein, insbesondere wenn es darum geht, Unterstützung zu mobilisieren oder politische Gegner auszuschalten. Historisch betrachtet gibt es zahlreiche Beispiele von autoritären Führern, die in Zeiten politischer und wirtschaftlicher Unsicherheit an die Macht gekommen sind. Sie konnten die Ängste und Sorgen der Bevölkerung ausnutzen, um Unterstützung zu gewinnen und ihre Macht zu festigen.

Warum fallen aber Wähler selbst in westlichen Zonen auf diese versteckten Manipulationen so oft herein? Zum ersten haben viele Menschen Schwierigkeiten, echte von gespielten Emotionen zu unterscheiden. In Krisenzeiten suchen Wähler sie nach starken, entschlossenen Führungsfiguren. Ihre manipulativen Taktiken sind für Laien schwer zu durchschauen. Letztlich neigen viele Wähler dazu, die Realität nicht objektiv sondern durch Filter ihrer Emotionen wahrzunehmen. Diese Verzerrungen werden von manipulativen Politikern ausgeschlachtet. Der erste Eindruck und erste Informationen sind imstande, die Wahrnehmung zu beeinflussen. Manipulative Politiker setzen auf starke emotionale Schlagzeilen, um die öffentliche Meinung zu prägen, da sie wissen, dass emotionale Botschaften überzeugender sind als rationale Argumente. Durch das Schüren von Angst schaffen sie ein Gefühl der Verunsicherung, was oft die Nachfrage nach „starken"

Führungskräften verstärkt. Die Masse stellt sich leicht mit sich identifizierenden Gruppen gleich. Despoten nutzen diese Gruppenidentitäten aus, um eine "Wir gegen die"-Mentalität zu fördern. Dies führt zu einer Polarisierung, bei der Wähler generell bereit sind, Fehler ihrer eigenen Gruppe zu übersehen und Fehlinformationen zu akzeptieren, solange sie die eigene Gruppe begünstigen. Sie nutzen dabei traditionelle Medien genauso wie soziale Netzwerke, um gezielt Falschinformationen oder Zweifel zu säen, Gegner zu diskreditieren oder eigene Potenzen zu überbetonen. Diese Taktik zielt darauf ab, die Wähler in einer Informationsblase zu halten, in der sie nur die gewünschte eigene Perspektive wahrnehmen.

In den sozialen Netzwerken neigen die User dann dazu, sich mit Gleichgesinnten zu vernetzen und Informationen zu teilen, die ihre Suggestionen widerspiegeln. Dies verstärkt kognitive Verzerrungen und führt dazu, dass falsche oder manipulative Informationen oft ungeprüft weiterverbreitet werden. Manipulative Politiker spielen sich mit dieser Dynamik, damit sie ihre Botschaften gezielt an empfängliche Gruppen richten können. In Zeiten, in denen das Vertrauen in Medien, Wissenschaft und etablierte politische Institutionen schwindet, haben sie ein leichteres Spiel. Sie können Zweifel säen, Verschwörungstheorien verbreiten und sich selbst als „Alternative" zu einem vermeintlich inkompetenten System darstellen. Diese Mechanismen zu verstehen, ist der erste Schritt, um sich gegen manipulative Taktiken zu wappnen und bewusster und kritischer politische Entscheidungen zu treffen.

Autoritäre Regime wollen kurzfristig politische Stabilität vorgaukeln, geraten aber oft in Krisen, wenn sie sich nicht an die veränderten sozialen und wirtschaftlichen Bedingungen anpassen sollen. Dann greifen sie auf die modernen Technologien zur Überwachung der Bürger, zur Zensur von Informationen und zur Kontrolle von sozialen Medien. Diese Technologien werden auch zur Manipulation von Wahlen und zur Verbreitung von Propaganda eingesetzt. Interkonnektivität ist ein Produkt der Globalisierung, in der Länder, Kulturen und Märkte durch Technologie und Handel enger miteinander verbunden sind. Dies führt zu einer Zunahme des Wissensaustauschs und der Zusammenarbeit über nationale Grenzen hinweg. Soziale Medien, das Internet und mobile Kommunikation ermöglichen es Individuen, Informationen schnell zu verbreiten und sich zu organisieren, was zu einer politischen Mobilisierung und dem Austausch von Ideen führen kann. So gesehen kann die Interkonnektivität die usurpierte Macht autoritärer Regierungen unterbinden, da Bürger Zugang zu einer Vielzahl von Informationen und Perspektiven bekommen. Dies kann Widerstände fördern, wie beispielsweise während des Arabischen Frühlings oder der Proteste in Hongkong. Autoritäre Regierungen versuchen, die Interkonnektivität einzuschränken, indem sie den Zugang zum Internet kontrollieren, soziale Medien zensieren oder über ein staatliches Kontrollsystem die Kommunikation überwachen. Zivilgesellschaftliche

Organisationen und Menschenrechtsaktivisten mobilisieren die Interkonnektivität, um Druck auf autoritäre Regierungen auszuüben. Während Interkonnektivität als ein Werkzeug für Freiheit und Demokratie angesehen wird, sind auch autoritäre Regierungen bestrebt, sich ihrer zu bedienen, allerdings nur um die Kontrolle zu festigen. Dazu werden etwa die Technologien der Gesichtserkennung zur Überwachung eingesetzt, während gleichzeitig Desinformation und Propaganda verbreitet wird.

Der Begriff der Sklavenmentalität bei autoritären Regimen sowie rechts- oder linksextremistische Programmatiken beschreibt eine Haltung von Unterwerfung, Konformität und bedingungsloser Loyalität zu ideologischen Dogmen. Eine solche Mentalität entsteht, wenn individuelle Freiheiten unterdrückt und kollektivistisches Denken verherrlicht werden. Autoritarismus will die Unabhängigkeit des Individuums nicht und behindert, wo es nur geht, kritische Reflexion des Einzelnen. Diese Machtsysteme stützen sich auf Mechanismen, die den Willen der Bürger brechen und sie dazu bringen, die Anweisungen der Führung unkritisch zu akzeptieren. Der Druck, sich dem Willen der Herrschenden zu beugen, wird durch Angst vor Repression, Verhaftung oder Schikane verstärkt. Derartige Regime nutzen Medien und andere Institutionen gezielt, um eine einseitige Weltsicht zu propagieren, die ihre eigenen Herrschaftsstrukturen rechtfertigt. Der Eindruck der Realität wird sukzessiv verzerrt, um die Abhängigkeit von der Führung sicherzustellen. Dies trägt zur Entstehung einer Sklavenmentalität bei, die persönliche Freiheiten und Rechte gering geschätzt .

Extremistische Ideologien, ob von rechts oder links, basieren auf diesen Strukturen und auf der Betonung von Dogmen. Widerspruch wird nicht geduldet. Menschen werden ermutigt, blind zu folgen, ohne kritisch zu hinterfragen. Dies verringert die Eigenverantwortung und fördert die Abhängigkeit von Führungspersonen. Rechtsextremistische Bewegungen neigen dazu, eine hierarchische Gesellschaftsordnung zu unterstützen, in der bestimmte Gruppen über andere gestellt werden. Sie verlangen von ihren Anhängern blinde Loyalität gegenüber einer starken Führungspersönlichkeit oder dem Druck der Nation. Die Feindbilder vertreten ein "Wir gegen die"-Denken, das die kritische Reflexion behindert. Gewalt wird dann zum legitimen Mittel zur Erhaltung der Macht, was die Unterordnung unter die Ideologie noch mehr verstärkt.

Auf der anderen Seite wird im Linksextremismus eine radikale Umgestaltung der Gesellschaft gefordert, die die Abschaffung von Klassenunterschieden hinausposaunt und kapitalistischen Strukturen den Garaus machen möchte. Diese Ideologien nehmen gleichfalls autoritäre Züge an, denn sie lassen keinen Widerspruch zu und drängen auf eine strikte Zwangsordnung des Kollektivs. Alle werden genötigt, sich für das Gemeinwohl zu opfern, was die persönliche Autonomie notgedrungen einschränkt. Der Klassenkampf wird als zentrales Element angesehen, bei dem die herrschende Klasse als Feind betrachtet wird. Die Befolgung der kollektiven Ziele wird als wichtiger erachtet als die individuelle Meinungsfreiheit. Linksextreme Bewegungen dazu, dogmatische Strukturen zu errichten, in denen individuelle Abweichungen oder Kritik an der Ideologie bestraft werden. In beiden Fällen der rechts- und linksextremistischen Ideologien werden fast die gleichen Mechanismen genutzt, um eine Art Sklavenmentalität zu fördern.

Extremistische Gruppierungen benötigen einen gemeinsamen Feind, um interne Geschlossenheit zu erzeugen und das "wir-gegen-die"-Narrativ einzubauen. Diese Feindbilder dienen dazu, Schuld für gesellschaftliche Probleme auf bestimmte Gruppen zu projizieren. Dadurch werden komplexe gesellschaftliche und politische Fragen in simplen Gegensätzen dargestellt. Die Angst vor interner Überwachung und sozialer Ausgrenzung drängt die Anhänger dazu, sich den autoritären Regeln zu beugen. In solchen geschlossenen Systemen werden keine Alternativen zur aufoktroyierten Ideologie zugelassen. Fehlt die Vielfalt in der Meinungsbildung, verfestigt dies noch mehr die Sklavenmentalität. Die Interkonnektivität des Negativen beschreibt die Dynamik der extremistischen Ideologien, Verschwörungstheorien und Terrorismus-Konzepte miteinander. Die verschiedenen Formen des Extremismus und Radikalismus unterwerfen sich gemeinsamen Mustern, die die Gefahren für die Gesellschaft vervielfältigen. Insbesondere in der jüngsten deutschen Politikgeschichte zeigt sich, wie diese Phänomene miteinander verknüpft sind und eine gesamtgesellschaftliche Bedrohung darstellen. Obwohl Rechts- und Linksextremismus unterschiedliche ideologische Ziele verfolgen, gibt es in ihrem Verhalten bemerkenswerte Parallelen. Beide Extreme lehnen die demokratische Grundordnung ab. Auch wenn manche sich noch hinter den Pulten der Parlamente verstecken, treten andere unverhohlen mit Gewalt-Parolen auf. Beide Gruppen liebäugeln mit der Radikalität von Verschwörungstheorien und Terrorismus. Beispielhaft hierfür ist die zunehmende Antisystem-Rhetorik, die das bestehende System als repressiv und korrumpiert anprangert. In der Kommunikation auf Social Media bedienen sich rechts- wie linksextreme Gruppierungen verschwörungstheoretischer Narrative, die auf ein gemeinsames Feindbild, den Staat und dessen Maßnahmen gerichtet sind. Sie schaffen ein Schwarz-Weiß-Weltbild, das die eigene Ideologie bestätigt und den politischen Gegner dämonisiert. Eine besonders bedrohliche Folge der Untätigkeit ist die Möglichkeit, dass das Klimasystem bestimmte Kipppunkte erreicht, die irreversibel sind. Dazu zählen das Auftauen des Permafrosts, das Abschmelzen der Polareisdecken oder das Absterben des Amazonas-Regenwalds. Diese Ereignisse könnten eine Kettenreaktion in Gang setzen, die das Klima in eine unkontrollierbare Erwärmungsspirale führt. Solche Kipppunkte haben weitreichende und oft irreversible Konsequenzen für das globale Klima und die menschliche Lebensweise.

Warum lässt sich die Gesellschaft von den Diktatoren so auf der Nase herumtanzen? Ist daran womöglichdie Masse, das Volk selbst daran schuld? Das war im alten Rom schon so. Von der Interkonnektivität der Geschichte. Manchmal ist es einfacher für Menschen, sich mit der bestehenden Ordnung abzufinden, als aktiv für Veränderungen zu kämpfen. Dies kann zu einer Art von kollektiver Passivität führen, in der das Volk nicht in der Lage oder nicht bereit ist, sich gegen ein autoritäres Regime zu erheben.

Die kollektive Passivität ist ein entscheidender Faktor, warum autoritäre Regime an der Macht bleiben. Es gibt genug Gründe, warum Menschen in solchen Situationen passiv bleiben. Menschen gewöhnen sich an die bestehenden Verhältnisse, auch wenn diese ungerecht oder repressiv sind. Veränderungen erfordern oft Unsicherheit und Risiko, was viele Menschen dazu bringt, den Status quo zu akzeptieren, selbst wenn sie unzufrieden sind. In den Fällen, wo die Menschen in der Minderheit sind, gibt es keine klaren oder glaubwürdigen Alternativen zu einem autoritären Regime. Wenn sie das Gefühl haben, dass der Wechsel der Führung oder des Systems nicht zu einer Verbesserung führen würde, sind sie weniger geneigt, sich zu engagieren. Nach Jahren oder Jahrzehnten der Unterdrückung sind sie desillusioniert und haben das Gefühl, dass Veränderungen unmöglich sind. Diese Einstellung bewirkt, dass sie die Hoffnung auf eine bessere Zukunft aufgeben und sich zurückziehen.

In repressiven Gesellschaften kann die Angst vor Vergeltung dazu führen, dass Menschen ihre Meinungen und Überzeugungen nicht offen äußern. In repressiven Gesellschaften kann die Angst vor Vergeltung dazu führen, dass Menschen ihre Meinungen und Überzeugungen nicht offen äußern. Um diese Passivität zu überwinden, ist es wichtig, Gemeinschaften zu stützen, den Austausch von Informationen zu fördern und das Bewusstsein für die eigenen Rechte und Möglichkeiten zu schärfen. Bildung, soziale Bewegungen und internationale Unterstützung können ebenfalls entscheidende Rollen spielen, um Menschen zu ermutigen, sich für Veränderungen einzusetzen und aktiv zu werden. Die Masse neigt dazu, sich den Normen und Verhaltensweisen der Ton angebenden Gruppen anzupassen. In autoritären Regimen kann dies bedeuten, dass Menschen aus Angst vor sozialer Isolation oder Repression ihre eigenen Überzeugungen zurückstellen und sich der Mehrheit anschließen, selbst wenn sie innerlich anderer Meinung sind. Es ist die Kapitulation der Minderheit der Rationalität vor der Mehrheit der Gewalt.

Autoritäre Regime nutzen emotionale Appelle, um ihre Macht zu festigen. Durch das Schüren von Angst, Nationalismus oder Feindbildern bringen sie die Massen dazu, in einem Zustand emotionaler Erregung zu verharren, was rationales Denken und kritische Reflexion behindert. Wenn bestimmte Gruppen oder Individuen „dehumanisiert" werden, was es einfacher macht, sie zu unterdrücken oder zu verfolgen, verringert diese Entmenschlichung die Empathie der Allgemeinheit und drängt dazu, dass Menschen passiv bleiben, während Unrecht geschieht. Es muss irgendwann einmal reagiert werden und das kann nur funktionieren, wenn man robust in die Offensive geht. Erschreckend ist, dass die Dringlichkeit des Handelns nicht erkannt wird. Ohne inspirierende Vorbilder wird man weiterhin in der Passivität verharren. Ignoranz ist nicht nur Glückseligkeit, sondern auch ein hervorragendes Mittel, um unangenehme Gedanken zu vermeiden. Schließlich ist es viel einfacher, sich über das Wetter zu unterhalten! Der „Wir"-Effekt ist ein mächtiges Werkzeug. Wenn die Mehrheit für die Diktatur ist, muss sie schließlich recht haben? Logik ist überbewertet! Ein Prost auf die Kapitulation der Rationalität!

Kein Parallelen, aber Analogien aus der Geschichte: in der Weimarer Republik gab es eine Zunahme populistischer Bewegungen, die oft einfache Lösungen für komplexe Probleme versprachen. Donald Trumps Rhetorik und seine Fähigkeit, mit einfachen, eingängigen Botschaften zu mobilisieren, zeigen Ähnlichkeiten. Beide Phänomene nutzen Emotionen, um Unterstützung zu gewinnen und das Vertrauen in etablierte Institutionen zu untergraben. Einem W. Putin ist das längst schon gelungen. Institutionen und Normen, die die Demokratie schützten, erlebten einen langsamen, aber stetigen Verfall. Dies geschah durch die Missachtung von Regeln und die zunehmende Akzeptanz autoritärer Taktiken. Kritiker argumentieren, dass ähnliche Tendenzen in den USA zu beobachten sind, insbesondere in Bezug auf die Respektierung des Rechtsstaats und die Unabhängigkeit der Justiz. In der Weimarer Republik wurden bestimmte Gruppen, wie Juden und Kommunisten, als Sündenböcke für die Probleme der Gesellschaft dargestellt. Putin hat die ukrainische Zivilbevölkerung auf die Abschussliste gestellt. Trump hat ebenfalls häufig Minderheiten und politische Gegner angegriffen und sie für verschiedene gesellschaftliche Probleme verantwortlich gemacht. Dies kann zu einer Spaltung der Gesellschaft und einer Zunahme von Intoleranz führen. Die Weimarer Republik sah eine Vielzahl von Medien, die oft polarisiert waren und zur Verbreitung von Propaganda beitrugen. In der heutigen Zeit sind soziale Medien und die Verbreitung von Fehlinformationen ein ähnliches Problem. Trumps Nutzung von sozialen Medien zur direkten Kommunikation mit seinen Anhängern hat die Art und Weise verändert, wie Informationen verbreitet und konsumiert werden.

Sowohl in der Weimarer Republik als auch in der heutigen Zeit gibt es wirtschaftliche Unsicherheiten, die als Nährboden für populistische Bewegungen dienen. Wirtschaftskrisen können die Menschen anfälliger für extremistische Ansichten machen und das Vertrauen in die Demokratie untergraben. Solche Vergleiche bieten lediglich wertvolle Einblicke in die Dynamiken von Macht und Autoritarismus. Sie erinnern daran, wie wichtig es ist, demokratische Werte zu verteidigen und wachsam gegenüber den Anzeichen von Repression und der Erosion von

Institutionen zu sein.

Anlässlich der Landtagswahlen in ostdeutschen Bundesländern 2024 tauchen die Reminiszenzen an die Wahlergebnisse in der Geburtsstunde des deutschen Nationalsozialismus bei den Wahlen des verhängnisvollen Jahres 1932 auf. Auch am anderen Rand des extremistischen Bogens gibt es geänderte Bilder, wo eine links orientierte Politikerin, die aus der zentralen kommunistischen SED-Partei der ehemaligen DDR kommend nach dem verhängnisvollen Vorbild der Figur einer Rosa Luxemburg aus den Anfängen des vorigen Jahrhunderts eine neue Partei gegründet hat. Mit einer sehr eigenwilligen Vorgangsweise zu einer revolutionären Zentralgewalt bei Ablehnung der demokratischen Grundsätze in einem modernen Europa mischt sie nun in der Politik bedrohlich mit. Steht das weltverachtende Menschenbild eines Lenin wiederum in der Mitte der deutschen Gesellschaftspolitik? Die konkretisierte Absicht, die Verteidigungskapazitäten der freien Welt zu unterminieren und durch die Hintertür die finanzielle Stabilität Europas zu schwächen, vielleicht sogar zum Vorteil des Kreml, darf nicht übersehen werden. Bloß in Sonntagsreden angekündigte Brandmauern werden nicht ausreichen, die Gefahren für die Gesellschaft einzudämmen. Linksextremisten haben in den letzten Jahren verstärkte Aufmerksamkeit erhalten, insbesondere in Verbindung mit Desinformation, subversiven Aktivitäten und der Verbreitung von radikalen Ideen in Medienkanälen, darunter in Talkshows oder sozialen Netzwerken. Dabei ist es wichtig, den Einfluss solcher Akteure auf die Stabilität westlicher Demokratien kritisch zu verfolgen, da sie nicht selten ähnliche Mechanismen wie die der radikalen Rechte nutzen, um ihre Ziele zu verfolgen.

Wer einen Klassenkampf anheizt, sich sogar der Kollaboration mit diktatorischen Regimen oder der Unterminierung der westlichen Ordnung schuldig macht, gehört zweifellos auf das Podest der Rechenschaftspflicht. Denn solche Vergehen bedrohen nicht nur die Stabilität und den gesellschaftlichen Zusammenhalt, sondern gefährden auch das Vertrauen in demokratische Prozesse und Institutionen. Das bewusste Anheizen eines Klassenkampfs ist eine besonders perfide Form der Spaltung, weil sie auf den tiefsten sozialen und wirtschaftlichen Ängsten der Bevölkerung aufbaut. Die Polarisierung zwischen "oben" und "unten", "arm" und "reich" wird nicht zufällig, sondern gezielt geschürt, um politische oder ideologische Ziele zu verfolgen. Statt Lösungen für Ungleichheit zu finden, wird der Konflikt verstärkt, um Unzufriedenheit zu kanalisieren, oft zum eigenen Vorteil. Die Gesellschaft wird zerrissen und die Gefahr wächst, dass aus dem Klassenkampf nicht nur soziale, sondern auch politische Instabilität erwächst. Die systematische Unterminierung der westlichen Ordnung durch Desinformation, aber auch durch Aufrufe in Talk-Shows, sind direkte Angriffe auf die Souveränität und Stabilität westlicher Werte und zielen darauf ab, Vertrauen in Institutionen und demokratische Prozesse zu untergraben. Die Medien könnten entscheidend mitspielen, um subversive Praktiken offenzulegen und die Verantwortlichen ins Rampenlicht zu rücken.

Wenn sich Polarisierungen in Gesellschaft und Politik festschrauben, führt dies zu einer Verhärtung der Fronten, die den konstruktiven Dialog erschwert und den sozialen Zusammenhalt gefährdet. Polarisierung verfestigt sich oft, wenn unterschiedliche Ideologien sich in abgeschotteten Diskursräumen bewegen und die Gegenseite zunehmend als Feindbild wahrnehmen. Die Auswirkungen dieses Phänomens auf Gesellschaften, Demokratien und internationale Beziehungen sind weitreichend problematisch. Ein festgefahrenes Lagerdenken fördert Intoleranz und vermindert die Fähigkeit, andere Perspektiven wertzuschätzen. In einer Demokratie, die auf dem Austausch von Ideen und dem Erreichen von Kompromissen basiert, ist dies besonders gefährlich. Wenn die Fronten verhärtet sind, neigen einige Individuen und Gruppen zur Radikalisierung. Dadurch werden Handlungen wahrscheinlicher, was wiederum die Sicherheit und Stabilität in der Gesellschaft gefährdet. Polarisierte Gesellschaften misstrauen oft den traditionellen Medien und staatlichen Institutionen, da diese entweder als voreingenommen oder Teil der Gegenseite angesehen werden. Dies führt zu einer Verbreitung von Fehlinformationen und fördert die Fragmentierung der Wahrnehmung von Wahrheit und Realität.

Es ist bekannt, dass populistische Bewegungen, sowohl von links als auch von rechts auf öffentlichen Bühnen sitzen, um ihre Botschaften zu verbreiten und Anhänger zu mobilisieren. Dort besteht die Gefahr, dass vereinfachende Botschaften in den öffentlichen Diskurs Einzug halten. Die Kritik an westlichen Werten wie der internationalen Wirtschaftsordnung oder der Europäischen Union Ist ein zentraler Bestandteil bestimmter politischer Programme. Während Kritik an bestehenden Systemen durchaus legitim und notwendig ist, besteht die Gefahr, dass verdächtige Kräfte sich in eine Richtung bewegen, die die Legitimität allgemein anerkannter Werte und Strukturen grundlegend infrage stellen.

Entscheidungsfindung ist ethisch nicht zu rechtfertigen, wenn die Kipp-Punkte verschlafen oder achtlos beiseite geschoben werden. Dies gilt besonders wegen der Aspirationen tückischer Player wie etwa eines Viktor Orban in Ungarn, eines inzwischen abgewählten Jarosław Kaczyński in Polen, eines R.T. Erdogan in der Türkei oder eines wieder gewählten Donald Trump in den USA. Dabei bringt es nicht sehr viel, sich nur an den Personen festzumachen. Vielmehr ist den Ideologien Aufmerksamkeit zu schenken, die unterschwellig verbreitet werden. Sie gehören angeprangert und zwar nicht nur abstrakt in theoretischen Diskussionen. Diese Ideologien, die sich häufig auf Nationalismus, autoritäre Werte oder auf die Stärkung des „Wir gegen die Anderen"-Gefühls stützen, stellen eine ernsthafte Bedrohung für demokratische

Gesellschaften dar. Es geht darum, die Mechanismen und Narrative offen zu legen, die hinter der schleichenden Erosion von demokratischen Werten stehen. Solche Ideologien offen zu kritisieren und zu entlarven, ist besonders wichtig, weil sie oft sehr subtil wirken. Sie werden nicht als direkter Angriff auf die Demokratie verkauft, sondern nutzen geschickt die Ängste und Bedürfnisse der Bevölkerung. Durch eine gezielte Entlarvung wird verhindert, dass solche Denkweisen zunehmend in der Mitte der Gesellschaft verankert werden.

Zu Recht wird immer wieder über die Schrecken des Nationalsozialismus und des Faschismus gesprochen, doch stehen die katastrophalen Folgen des Kommunismus und anderer Formen des linken Totalitarismus nicht viel nach. Das Leiden, das im Namen dieser Ideologien über Millionen Menschen gebracht wurde, ist ebenfalls erschütternd und zeigt, dass Extremismus jeglicher Art gefährlich ist. Er hat totalitäre Regime hervorgebracht, die mit brutaler Gewalt gegen Andersdenkende, Oppositionelle und Minderheiten vorgingen. Der gemeinsame Nenner beider Ideologien ist der Anspruch auf eine absolute Wahrheit, die es im weltlichen Bereich gar nicht geben kann. Dennoch bekämpft der Extremismus jede Abweichung als Bedrohung und bekämpft sie auf brutale Weise. Ein tragischer Aspekt im linken Gedankengut ist die Verzerrung und Umkehrung der Ideen von sozialer Gerechtigkeit und Solidarität in ihr Gegenteil. Statt die Menschen zu befreien, wurden sie in repressive Systeme gezwungen, die keine individuelle Freiheit und keine

Meinungsvielfalt zuließen. Ironischerweise gibt es in beiden Mechanismen des linken und rechten Totalitarismus erschreckende Gemeinsamkeiten. Sie setzen auf kollektive Feindbilder und auf den Personenkult von autoritären Führern als unfehlbare Retter der Nation oder der Revolution.

In einer Welt, in der das Ignorieren von Geschichte zur Tradition geworden ist, könnte man fast schon vermuten, dass wir auf der Suche nach dem nächsten großen Skandal sind, nur um uns selbst zu überraschen, dass wir bei der Suche nach den „schlimmsten Verbrechern" die Ignoranz selbst übersehen haben. Vielleicht sollten wir einfach damit anfangen, Fakten herauszufinden, anstatt die vergangenen Leiden im großen Geschichtsbuch des Lebens in eine Ecke zu schieben. Ironisch genug, könnte das genau das sein, was die Zivilgesellschaft braucht, um eine nachhaltige Veränderung herbeizuführen.

Extremistische politische Akteure stehen in der Regel für autoritäre Tendenzen, populistische Rhetorik und ein Infragestellen liberaler demokratischer Werte. Ein langfristig wirkungsvoller Ansatz gegen den Aufstieg extremistischer Politiker ist die Förderung von politischer Bildung. Populistische Akteure, ob sie nun Erdoğan, Orbán, Le Pen oder Wagenknecht heißen, sprechen oft gezielt jene Wähler an, die sich von der politischen Elite vernachlässigt fühlen oder in Unsicherheit leben. Sie instrumentalisieren soziale und wirtschaftliche Ängste und bieten einfache, oft nationalistische Lösungen für komplexe Probleme. Insbesondere, wenn es um die europäische Einigung und der Verteidigung freiheitlicher Werte geht, braucht es subtile Abwehrmethoden. Durch eingehende politische Aufklärung kann die Öffentlichkeit dazu befähigt werden, die Rhetorik der Extremismen zu durchschauen und kritischer zu hinterfragen. Bildungsprogramme, die das Verständnis für Demokratie, Menschenrechte und Pluralismus fördern, können das Erstarken gefährlicher Bewegungen schwächen. Programme intensiver Diskussion und Kommunikation, die das Verständnis für eine europäische Demokratie, Menschenrechte und Pluralismus fördern, können das Erstarken extremistischer Bewegungen schwächen. Um extremistischen Politikern entgegenzuwirken, ist es entscheidend, dass demokratische Bewegungen geeint auftreten. Oftmals nutzen extremistische Politiker die Schwäche oder Spaltung des demokratischen Lagers aus. Demokratische Kräfte sollten daher gemeinsam daran arbeiten, überzeugende Alternativen zu Positionen der gesellschaftlichen Spaltung zu formulieren und diese geeint zu vertreten. Eine klare und kohärente Strategie zur Verteidigung der Demokratie ist unerlässlich.

Wenn eine nationale Identität übermäßig vorangetrieben wird, die die Vielfalt als Bedrohung ansieht, leitet dies automatisch über in Diskriminierung und Verfolgung. Damit wird jedes soziale Gefüge destabilsiert. Autoritäre Regierungen stellen sich meistens als Opfer externer Angriffe dar, was die Bevölkerung dazu bringt, das Regime zu „beschützen". So entsteht die Massenhysterie für ein eigentlich unterdrückendes System. In der internationalen Politik sind die Konzepte von Befürwortung und Ablehnung besonders relevant, da sie die Dynamik zwischen Staaten, internationalen Organisationen und anderen Akteuren prägen. So wird die Befürwortung von humanitären Interventionen manchmal sogar zur Eskalation von Spannungen verwendet. wenn Staaten ablehnen, dass solche Maßnahmen ohne ihre Zustimmung oder gegen ihre Interessen durchgeführt werden. Dies zeigt, wie unterschiedliche Auffassungen über Menschenrechte und Souveränität zu Konflikten in der internationalen Politik führen können. Befürwortung und Ablehnung in der internationalen Politik sind eng miteinander verknüpft und beeinflussen erheblich die Beziehungen zwischen Staaten sowie die Gestaltung internationaler Normen und Institutionen. Das Verständnis dieser Dynamiken ist entscheidend für die Analyse und das Management internationaler Konflikte und Kooperationen.

Als im Februar 2022 in der Ukraine zunächst einmal stundenlang die zivile Bevölkerung ununterbrochen unter Beschuss genommen wurde, ahnte man noch nichts von einem bevorstehenden Massaker in Butscha. Aber sehr bald darauf im Frühjahr war es so weit. Die Bilder von Zivilpersonen, die auf offener Straße lagen, gefesselt, mit Schusswunden im Rücken, verschwanden nicht mehr aus dem kollektiven Gedächtnis der freien Welt. Diese schrecklichen Ereignisse fordern auf, über die Verantwortung der internationalen Gemeinschaft nachzudenken und dafür zu kämpfen, dass solche Verbrechen nicht ungestraft bleiben. Denn es blieb nicht bei diesem einen Verbrechen der Unmenschlichkeit. Es folgten durch die russischen Eroberer sukzessiv Vergewaltigungen, Kinder-Deportationen, Folter - wie sonst sind Handlungen zu bezeichnen, wenn zunächst Hände und Beine und abschließend noch die Köpfe abgeschlagen werden oder wenn Ehefrauen zusehen müssen wie ihre Männer bei lebendigem Leib vergraben wurden. Die Gräueltaten sind unvorstellbar und verdeutlichen die tiefgreifenden humanitären Krisen, die in Konflikten wie dem in der Ukraine entstehen können. Diese schrecklichen Ereignisse stellen nicht nur die moralische Integrität der internationalen Gemeinschaft in Frage, sondern fordern auch ein dringendes Handeln und eine tiefgreifende Reflexion über die Verantwortung der Staaten und internationalen Organisationen. *)

Die Tatsache, dass ein Land, das für diese schweren Menschenrechtsverletzungen verantwortlich ist, wie im Fall von Russland im Ukraine-Konflikt, Mitglied des UN-Sicherheitsrates, über ein Vetorecht verfügt, wirft ernsthafte moralische und rechtliche Fragen auf. Dies untergräbt die Glaubwürdigkeit der Vereinten Nationen insgesamt

*) „POLITIK @globale Welt . Intl"; ISBN 9783758307942

231

und führt zu einem Verlust des Vertrauens in internationale Institutionen. Multilaterale Koalitionen, die bereit sind, gemeinsam zu handeln, auch wenn der Sicherheitsrat nicht einig ist. müssten die Aufgabe übernehmen, auf der Grundlage gemeinsamer Werte und Interessen zu agieren, um humanitäre Interventionen oder Friedensmissionen durchzuführen.

Der Schutz der Menschenrechte und die Wahrung der Würde aller Menschen sollten im Zentrum jeglicher internationaler Bemühungen stehen. Die Interkonnektivität von Gerechtigkeit in diesem Kontext ist von entscheidender Bedeutung, da sie verschiedene Dimensionen umfasst, die zusammenwirken müssen, um eine nachhaltige Lösung zu sichern. Es ist notwendig, dass die internationale Gemeinschaft eine umfassende Strategie verfolgt, die sowohl präventive als auch reaktive Maßnahmen umfasst, um die komplexen Ursachen solcher Konflikte anzugehen und die Rechte der Opfer zu schützen. Um eine wirksame Blackbox der Aufsicht zu schaffen, sind Reformen erforderlich, die die Unabhängigkeit und Macht internationaler Überwachungs- und Kontrollinstanzen ausbauen. Denkbar wären hier supranationale Instanzen mit klaren Durchsetzungsbefugnissen, die nationale Interessen überwinden und globale Verantwortung fördern könnten. Diese müssten jedoch demokratisch legitimiert sein, um international akzeptiert zu werden und nicht als Bedrohung der nationalen Souveränität zu wirken, ein Balanceakt, der in der internationalen Politik bislang ungelöst bleibt.

Dies verdeutlicht, dass Gerechtigkeit ein vielschichtiges Konzept ist, das in verschiedenen Bereichen ineinander greift. Um effektive und nachhaltige Lösungen zu entwickeln, ist es wichtig, diese Verbindungen zu erkennen und eine integrative Herangehensweise voran zu treiben. Der Angriffskrieg des besagten Diktators ist ja nicht der einzige Vorwurf von Genozid, den er schon an anderen Völkern praktiziert hatte. Die Taten von Diktatoren, die gegen ethnische Gruppen gerichtet sind, sind Teil eines größeren Musters von Gewalt und Unterdrückung. Diese historischen Kontinuitäten müssen erkannt und untersucht werden, um zu verstehen, wie solche Verhaltensweisen institutionalisiert werden und welche Ideologien sie antreiben. Der Genozid und die systematische Vernichtung von ganzen Bevölkerungsgruppen sind dringende Warnzeichen, um ähnliche Vergehen in der Gegenwart zu verhindern.

Die Kunst der Diktatur, ein Meisterwerk der Unterdrückung, garniert mit einer Prise Völkermord und einem Hauch von Größenwahn? Aber keine Sorge, liebe Weltgemeinschaft! Die „bewährten Mechanismen" zur Verhinderung solcher Gräueltaten funktionieren ja bekanntlich tadellos. Man muss nur ganz fest die Augen zudrücken und "Lalala, ich kann dich nicht sehen!" singen. Schon wollen sie die Probleme wie von Zauberhand vergessen haben. Wie sonst hätte die berühmte UN-Weltorganisation die schrecklichen Gräuel an Frauen und Babies mit brutal abgeschlagenen Gliedmaßen und Köpfen, die dann beim Überfall in Israel noch zur Ergötzung ins Internet gestellt wurden, gutieren können.

In den offiziellen Nachwehen der Stellungnahmen wurden dann noch Täter- und Opferrolle heftig verdreht. Welch erhabene Ironie des Schicksals - da stehen wir nun vor der Crème de la Crème der internationalen Diplomatie, die Vereinten Nationen, jenes zweideutig leuchtende Beispiel an Überheblichkeit und Inkompetenz. Wie meisterhaft sie es verstehen, die Augen vor dem Grauen zu verschließen, das Recht auf Selbstverteidigung zu ignorieren und stattdessen ein fröhliches Liedchen von Frieden und Harmonie anzustimmen! Wer braucht schon Tatsachen, wenn man Fantasie hat, die Facts zu verdrehen? Warum sich mit der unbequemen Realität abmühen, wenn man die Welt so wunderbar durch die rosarote Brille der Fakes betrachten kann? Schließlich ist es doch viel angenehmer, Täter und Opfer munter durcheinander zu würfeln wie in einem kosmischen Bingo-Spiel. Heute bist du der Bösewicht, morgen der Held - wie aufregend!

Doch die Verantwortung darf nicht aufhören, sich zu deklarieren. Nicht nur wer anordnet, auch wer im vermeintlich ruhigen Europa schweigt, duldet und unterstützt, ja aktiv mit den bösen Gewalten offen kollaboriert, gehört angeprangert. Wenn wir den Kriegsverbrechen auf der Spur sind, müssten in der logischen Schlussfolgerung auch diese Figuren zur Verantwortung gezogen werden. Interessanterweise sind es gerade jene, die laut aufschreien, als die NATO vermeintlich unberechtigt im Balkankrieg intervenierte, als die Zivilbevölkerung massakriert wurde. Oder sind die schwangeren Frauen, denen der Fötus herausgeschnitten wurde und deren Wunden mit Stacheldraht zugenäht wurden keine Opfer von abnormer Gewalt? Diese Debatten sind nicht nur akademischer Natur, sondern haben direkte Auswirkungen auf das heutige Handeln der internationalen Gemeinschaft. Es ist entscheidend, aus der Vergangenheit zu lernen und die moralischen Imperative des Schutzes von Zivilisten in den Vordergrund zu stellen.

Demokratische Systeme stehen vor der Herausforderung, einerseits pluralistisch und inklusiv zu sein, andererseits aber auch wachsam gegenüber antidemokratischen Kräften zu bleiben. Es besteht die Gefahr, dass extremistische Akteure demokratische Freiheiten ausnutzen, um diese zu untergraben. Kollaborateure mit dem derzeitigen russischen Regime versuchen offensichtlich, Einfluss auf politische Mitbewerber auszuüben, sei es durch Lobbyarbeit, finanzielle Unterstützung oder andere Mittel. Damit wollen sie die politischen Entscheidungen und die Rhetorik in eine Richtung lenken, die den Interessen der Aggressoren dient.

Es ist die typische Art, einen gesellschaftlichen Umsturz einzuläuten. In einer Welt, in der politische Akteure durch Ignoranz oder passive Zustimmung Kriege und deren Gräueltaten ermöglichen, ist es wichtig, ein Bewusstsein für die Komplexität der Verantwortung zu entwickeln. Jede Form von Komplizenschaft, sei sie aktiv oder passiv, sollte kritisch hinterfragt und benannt werden, um letztlich Gerechtigkeit und

Verantwortung in einem breiteren Sinne zu fördern. „Sich verteidigen, schlägt das Zurückschlagen nicht aus", weder rational-militärisch, noch ethisch. Dessen scheinen sich gewisse Polit-Pfuscher selbst an höchster verantwortlichen Stelle in Europa nicht bewusst zu sein. Umso dringender erscheint die Notwendigkeit, das Instrumentarium des Assessments in Anspruch zu nehmen. Man könnte fast meinen, dass einige politische Akrobaten, die sich als die lenkenden Hände Europas sehen, von der Art von Wirklichkeit, die im Rest der Welt funktioniert, noch nie etwas gehört haben. Oder schlimmer noch, sie glauben, sie hätten das gesamte Handbuch der Verteidigung neu geschrieben, allerdings auf den glatten Seiten eines sich selbst löschenden Notizbuchs.

Die Frage, warum eine klare Verteidigungsstrategie in einer der wichtigsten europäischen Hauptstädten wie ein tabuisierter Begriff behandelt wird, lässt sich nur mit einem etwas feuchten Blick auf die jüngsten politischen Diskussionen beantworten. Während die Welt im Geiste der Globalisierung, aber auch in den Geistesblitzen eines geopolitischen Umbruchs längst in Bewegung geraten ist, haben sich die politischen Marionetten, die in manchen europäischen Staatsregierungen die Fäden in der Hand haben, anscheinend in einem permanenten Zustand der Realitätsverweigerung verwoben. Die Einwände, die manchmal gegen eine gesteigerte militärische oder politische Antwort vorgebracht werden, sind dabei das Sahnehäubchen auf den Kuchen der Absurditäten. Wer sich entschließt, aktiv zu verteidigen, wird häufig als barbarisch gebrandmarkt, als hätte das 'Nichts tun' eine moralische Überlegenheit. Wenn man in einem offenen Konflikt den Rücken zukehrt, schafft man mehr Platz für das Gegenteil dessen, was man zu bewahren sucht. Das europäische Prinzip des Wartens auf den nächsten diplomatischen Durchbruch hat nur allzu oft den bitteren Geschmack des Versagens. Es ist wie das ständige Warten auf den Zug, der nie kommt, während der Bahnhof bereits in Flammen steht.

13. INTERKONNEKTIVITÄT DER KRIEGE

Kriege sind keine isolierten Ereignisse. Sie wirken sich auf verschiedene Ebenen aus - lokal, regional und global - und sind in politische, wirtschaftliche, soziale und technologische Netzwerke eingebettet. Die Interkonnektivität der Kriege macht deutlich, dass sie nicht isoliert betrachtet werden können. Vielmehr erfordern sie ein umfassendes Verständnis der globalen Dynamiken und der vielfältigen Zusammenhängen zwischen verschiedenen Akteuren und Regionen.

Dies unterstreicht die Notwendigkeit multilateraler Ansätze und flexibler Diplomatie. Interkonnektivität erstreckt sich auch auf die Art und Weise, wie internationale Akteure auf Konflikte reagieren, sei es durch militärische Interventionen, humanitäre Hilfe oder wirtschaftliche Sanktionen. Die Art, wie geopolitische Beziehungen die Dynamik eines Konfliktes beeinflussen, spürt man an der Bildung von Allianzen. Auseinandersetzungen in einer Region haben oft direkte Auswirkungen auf geographisch fernliegende Gebiete. Der anhaltende Konflikt zwischen Israel und der Hamas im Nahen Osten sowie die damit verbundene Krise im Roten Meer illustrieren diese Verflechtung deutlich. Die Auswirkungen reichen weit über die unmittelbar betroffenen Gebiete hinaus und beeinflussen den globalen Handel und die internationale Sicherheit. Der Hegemonialkonflikt am Persischen Golf zwischen Iran, Irak und Saudi-Arabien zeigt, wie regionale Mächte um

Einfluss ringen, während globale Akteure wie die USA im Schatten mit involviert sind. Diese Dynamik hat zu Kriegen geführt, darunter zum iranisch-irakische Krieg, zum zweite Golfkrieg und zum Irak-Krieg 2003. Die Unterstützung verschiedener Gruppen durch diese Mächte bedingt, dass sich Konflikte verlängern oder intensivieren und auf einmal in der unmittelbaren Nachbarschaft oder auch ganz woanders zündeln.

Dabei darf auch nicht unter den Tisch fallen, dass kriegerische Attacken humanitäre Krisen mit sich ziehen, die wiederum internationale Effekte hervorrufen. Die katastrophale humanitäre Situation im Gazastreifen und die damit verbundenen Herausforderungen des Wiederaufbaus verdeutlichen, wie komplex die Folgen von Konflikten sind und wie sie die internationale Gemeinschaft zum Handeln zwingen.

Kriege erzeugen Flüchtlingsströme, die nicht nur die unmittelbare Region betreffen, sondern auch in entfernten Ländern soziale und politische Turbulenzen hervorrufen. Die Flüchtlingskrise, die durch den syrischen Bürgerkrieg ausgelöst wurde, hatte erhebliche Auswirkungen auf die europäische Politik. Die strategische Nutzung von Flüchtlingsströmen als politisches Werkzeug insbesondere durch den Kreml, um Einfluss auf die europäische und westliche Politik auszuüben bezeugt beispielsweise die strategische Vorgangsweise des Kreml, wie er gegen den Westen und die Freie Welt vorgehen will. Diese Form der hybriden Kriegsführung, bei der nicht-militärische Mittel zur Destabilisierung und Beeinflussung von Regionen und Kontinenten eingesetzt werden, zeigt die

Interkonnektivität von lokalen Konflikten und globalen politischen Dynamiken auf.

Zudem erhöhen die Modernisierung von Kernwaffenarsenalen und die Verbreitung fortschrittlicher Waffentechnologien die globalen Spannungen. Der Technologietransfer zwischen Ländern wie Russland und Nordkorea zeigt, wie militärische Kooperationen bestehende Konflikte beeinflussen und neue Sicherheitsrisiken schaffen. Die Bildung eines "neuen Eisernen Vorhangs" entlang der Ostflanke der NATO symbolisiert die sich vertiefende ideologische und strategische Kluft zwischen verschiedenen Machtblöcken. Diese Spaltung erstreckt sich von der Arktis bis zum östlichen Mittelmeer und beeinflusst die geopolitische Dynamik in einer großen Region. Die Interkonnektivität der Kriege zeigt sich somit in der Verflechtung regionaler Konflikte mit globalen Machtdynamiken, der Ausbreitung von Konflikten über Grenzen hinweg und den komplexen Kombinationen verschiedener Akteure und Regionen. Diese Verflechtungen machen es zunehmend schwierig, Konflikte isoliert zu betrachten oder zu lösen, und erfordern ein umfassendes Verständnis der globalen geopolitischen Landschaft. Die sich verändernde geopolitische Ordnung, insbesondere der Aufstieg Chinas, führt zu heftigen Spannungen. Chinas "One Belt, One Road"-Initiative beispielsweise verändert die wirtschaftlichen und politischen Dynamiken in Asien und darüber hinaus. Diese Verschiebungen haben Auswirkungen auf bestehende Allianzen und schaffen wiederum neue

Konfliktherde, wobei im Hintergrund auf einen neuerlichen Überfall auf ein Nachbarland gelauert wird.

Der Klimawandel verschärft bestehende Konflikte um knappe Ressourcen wie Wasser und fruchtbares Land. Dürren, Überschwemmungen und andere extreme Wetterereignisse destabilisieren Regionen und schaffen Bedingungen, die Konflikte begünstigen. Diese Zusammenhänge verdeutlichen, wie eng ökologische Faktoren mit sozialen und politischen Entwicklungen verknüpft sind. Kriege haben zweifellos weitreichende wirtschaftliche Konsequenzen, die über die unmittelbare Kriegsregion hinausgehen. Durch die Globalisierung sind nationale Volkswirtschaften eng miteinander verknüpft, sodass ein Konflikt Auswirkungen auf globale Lieferketten und Märkte hat. Die Verbreitung von Informationen und Desinformationen über soziale Medien und Nachrichtenkanäle beeinflusst, wie Kriege wahrgenommen und verstanden werden. Vorsicht und Alertness sind gefragt, denn Propaganda, Fake News und gezielte Informationskampagnen beeinflussen die öffentliche Meinung. So hatte der Informationskrieg um den Russland-Ukraine-Konflikt erhebliche Auswirkungen auf die Haltung westlicher Bevölkerungen. Die Gesellschaft muss in ihrer Meinungsbildung gestärkt werden, um besser auf die Auswirkungen von Konflikten reagieren zu können.

Dazu kommen Maßnahmen zur wirtschaftlichen Einordnung, zur

Stärkung der Zivilgesellschaft einer freien Welt und zur Anpassung an Umweltveränderungen. Neue Technologien wie Künstliche Intelligenz verändern die Kriegsführung. KI-Systeme werden zur Identifizierung von Zielen und für andere militärische Zwecke eingesetzt. Dies wirft neue völkerrechtliche Fragen auf, insbesondere hinsichtlich der Einhaltung humanitärer Prinzipien. Die Beschleunigung und potenzielle Entmenschlichung von Konflikten durch KI wird kritisch diskutiert. Die Interkonnektivität des Krieges zeigt sich somit in seinen vielfältigen Auswirkungen auf Gesellschaft und Wirtschaft sowie auf die Art, wie er erforscht, analysiert und geführt wird. Ein ganzheitliches Verständnis dieser Zusammenhänge ist entscheidend für Konfliktprävention und Friedensförderung.

Um Kriege und bewaffnete Konflikte zu antizipieren und in ihrer Entstehung besser zu verstehen, ist eine ununterbrochene systematische Erfassung und Auswertung von Daten notwendig. Verschiedene Forschungseinrichtungen sammeln sie, um Rückschlüsse auf Ursachen, Intensität und Dauer von Konflikten sowie globale Trends zu finden. Die Ergebnisse dienen der Früherkennung einer Eskalation und der Überprüfung von Präventionsmaßnahmen. Die angesprochenen Themen werfen viele Fragen auf, die in den Bereichen Politik, Wirtschaft, Gesellschaft, Technologie und Umwelt angesiedelt sind. Basierend auf den Suchergebnissen gibt es trotz der aktuellen Krisen Gründe für vorsichtigen Optimismus und positive Entwicklungen mit positiven

Aussichten auf die Zukunft.

Die Einladung zur Gewalt von zweifelhaften Regimen kann nicht damit beantwortet werden, dass sich ganze Völker unterjochen lassen. Der Verlust von Menschenrechten und Freiheit bleibt im ethischen Sinn inakzeptabel. Die jüngsten historischen Entwicklungen beweisen, wie von einigen politischen Akteuren versucht wird, Gesellschaften zu destabilisieren, Völker zu unterjochen und deren Widerstandskraft zu brechen. Menschenrechte und individuelle Freiheit sind die Grundpfeiler einer gerechten Gesellschaft. Sie garantieren die Würde jedes Einzelnen, schützen vor Willkür und staatlicher Repression und ermöglichen ein Leben in Selbstbestimmung und Würde. Diese Rechte sind universell und unveräußerlich, unabhängig von Herkunft, Religion oder politischen Überzeugungen. Sie umfassen nicht nur das Recht auf Leben, Freiheit und Sicherheit, sondern auch die Meinungs-, Presse- und Versammlungsfreiheit sowie das Recht auf faire Gerichtsverfahren.

Freiheit, insbesondere die Meinungsfreiheit, ist unerlässlich für den intellektuellen, kulturellen und politischen Fortschritt einer Gesellschaft. Sie ermöglicht den Austausch von Ideen, die kritische Auseinandersetzung mit bestehenden Verhältnissen und die Schaffung innovativer Lösungen für gesellschaftliche Herausforderungen. Ohne Freiheit erstickt eine Gesellschaft im Dogmatismus und in der Stagnation. Die Kapitulation des Rechts auf Meinungsfreiheit ist eine besorgniserregende Vorstellung, die auf den schleichenden oder offenen Verlust eines der grundlegenden Menschenrechte hinweist. Das Recht auf Meinungsfreiheit ist essenziell für den sozialen Fortschritt. Eine Einschränkung dieses Rechts kann daher weitreichende Konsequenzen für die Gesellschaft haben. Doch wie kommt es zu einer solchen „Kapitulation"?

Ein häufiger Grund für die Einschränkung der Meinungsfreiheit ist die Machtsicherung durch autoritäre Regierungen. Zensuren, Kontrollen der Medien und gezielte Verfolgung von Dissidenten sind drauf und dran, die Meinungsvielfalt zu ersticken. In zahlreichen Ländern wird dieses Recht systematisch untergraben, sei es durch direkte Gewalt, Drohungen oder subtile Formen der Einschüchterung. Neben staatlicher Zensur führt auch gesellschaftliche Selbstzensur zu einem schleichenden Verlust der Meinungsfreiheit. Menschen üben oft Zurückhaltung bei der Äußerung ihrer Meinung aus Angst vor sozialer Ächtung, Rufschädigung oder beruflichen Konsequenzen. In digitalen Räumen mobilisieren Shitstorms, Cancel Culture und Mobbing diese Tendenz. Dies führt zu einer Atmosphäre, in der regelmäßig kontroverse, aber notwendige Diskussionen unterdrückt werden.

Während Meinungsfreiheit ein grundlegendes Menschenrecht ist, gibt es auch legitime Grenzen. Dazu gehören Hassreden, Aufrufe zur Gewalt oder die Verbreitung von extremistischen Ideologien, die die Rechte anderer verletzen. Eine offene Gesellschaft erfordert, dass Meinungsfreiheit nicht als Freibrief zur Verbreitung von Hass oder Desinformation genutzt wird. Die Aufgabe besteht darin, ein Gleichgewicht zwischen der Verteidigung der freien Meinungsäußerung und dem Schutz vor schädlicher Propaganda und Extremismus zu finden.

Menschenrechte sind nicht verhandelbar. Sie sind universell und gelten für alle Menschen gleichermaßen, unabhängig von politischen oder kulturellen Umständen. Jeder Versuch, Menschenrechte zu relativieren oder sie bestimmten Gruppen abzusprechen, ist eine Verletzung der menschlichen Würde und ein Angriff auf das Fundament des internationalen Rechts und der menschlichen Moral. Die Akzeptanz von Menschenrechtsverletzungen durch autoritäre Regime ist nicht nur eine Gefahr für die betroffenen Bevölkerungen, sondern auch für die globale Stabilität und das internationale Rechtssystem. Sie schafft gefährliche Präzedenzfälle, die autoritären Regierungen weltweit als Rechtfertigung für ihre eigenen Unterdrückungsmaßnahmen dienen. Dies führt zu einer schrittweisen Aushöhlung der Universalität der Menschenrechte und birgt das Risiko, dass autoritäre Praktiken weltweit ungestraft bleiben. Um dieser Bedrohung entgegenzuwirken, ist in extremen Fällen die Anwendung des „ius ad bellum", also das Recht auf Krieg zur Verteidigung eines legitimen Ziels, gerechtfertigt.

Eskalationen folgen meist einer sich selbst verstärkenden Dynamik. Ein eskalierender Konflikt steckt andere Akteure an, bezieht sie in das Netz ein provoziert zu weiteren Konflikten. Parallel verlaufende Eskalationen treiben sich gegenseitig an und werden beschleunigt. Anfangs begrenzte Konflikte dehnen sich nicht selten auf andere Themen oder Gebiete aus, was zu einer Ausweitung der Streitpunkte führt. Wenn beispielsweise ein Streit um Ressourcen beginnt, kann dieser leicht zu politischen oder kulturellen Konflikten ausarten. Durch diese Ausweitung werden immer mehr Akteure und Themen in den Konflikt hineingezogen, was die Interkonnektivität von Eskalation verstärkt.

Mit der Zeit tendieren Konfliktparteien dazu, ihre Mittel zu maximieren, sei es durch zunehmende Gewalt, härtere Sanktionen oder aggressivere Rhetorik. Diese Eskalation der Mittel hat eine direkte Auswirkung auf andere Zonen, da sie Nachahmungseffekte erzeugen oder Verbündete dazu veranlassen, sich an der Eskalation zu beteiligen. Dadurch befeuern sich Konflikte gegenseitig und schaffen ein immer größer werdendes Netz von kontaminierten Spannungen. Dies macht es umso dringender, frühzeitig in Eskalationsprozesse einzugreifen und die Interkonnektivität von Krisen zu verstehen, um eine Eskalation auf globaler Ebene zu verhindern. Ein ernsthaft ausgebrochener Krieg geht gewöhnlich nicht in einem Jahr zu Ende. Kriege der Neuzeit

involvieren meistens multiple Akteure und haben vielschichtige geopolitische Dimensionen. Dazu kommt die Resistenz der Konfliktparteien, besonders wenn ihre Systeme externe Unterstützung erhalten.

Im Fall der Ukraine zeigt sich deutlich, wie die direkte Auseinandersetzung, die mit dem brutalen Überfall Russlands auf das Nachbarland ausgelöst wurde, sich zu einem langwierigen Krieg entwickelt hat. Der Krieg hat sich in einen Abnutzungskonflikt entwickelt, bei dem beide Seiten trotz erheblicher Verluste weiterhin auf ihre Ziele bestehen. Russland sieht die Gebiete, die es kontrolliert, als essenziell für seine geopolitischen Interessen, während die Ukraine darauf pocht, dass die Einhaltung internationaler Gesetze und die Wiederherstellung ihrer Grenzen unverzichtbar für den Frieden sind. Dieser Konflikt - ursprünglich hatte sich der Kreml verbeten, ihn als Krieg zu bezeichnen - hat globale Auswirkungen und involviert rund um den Globus Länder, sei es durch Waffenlieferungen, Sanktionen oder diplomatische Bemühungen.

Der Krieg in der Ukraine hat weitere Auswirkungen auf entfernte Regionen wie den Südpazifik, insbesondere in Bezug auf den geopolitischen Wettbewerb zwischen den USA und China. In dieser Region hat er zu einer Verschärfung der bestehenden Spannungen geführt und das strategische Umfeld verändert. Während westliche Länder durch ihre Unterstützung für die Ukraine politisch, militärisch und wirtschaftlich stark eingebunden sind, nutzt China diese Ablenkung, um seinen Einfluss im Südpazifik und im Südchinesischen Meer auszubauen.

Gleichzeitig sieht China den Krieg in der Ukraine möglicherweise auch als Lernfeld für seine Ambitionen gegenüber Taiwan. Beobachter sehen Parallelen zwischen Russlands Vorgehen in der Ukraine und Chinas potenziellen Plänen, Taiwan militärisch zu erobern. Der Ukraine-Krieg liefert China wertvolle Erkenntnisse darüber, wie westliche Länder auf Invasionen oder Angriffe reagieren, wie effektiv Sanktionen sein können und welche Rolle internationale Unterstützung und Waffenlieferungen spielen könnten. Ein wichtiger Aspekt dabei ist auch die Frage, ob die USA in der Lage wären, gleichzeitig in der Ukraine und im Falle eines Konflikts um Taiwan militärisch aktiv zu werden. Dieser Aspekt könnte China ermutigen, in den nächsten Jahren aggressiver gegenüber Taiwan zu handeln, wenn es den Westen als abgelenkt und überfordert betrachtet. Die westliche Allianz steht daher vor einem Balanceakt, einerseits den Ukraine-Krieg zu unterstützen und gleichzeitig sicherzustellen, dass genügend militärische und diplomatische Kapazitäten für den Schutz strategisch wichtiger Regionen wie dem Südpazifik oder Taiwan verfügbar bleiben.

Der Nachahmungseffekt des Negativen ist eine schwerwiegende Folge der Interkonnektivität von Gewalt und stellt ein bedeutendes Risiko in globalen Konflikten dar. Er beschreibt die Tendenz, dass Gewalt in einem bestimmten Kontext oder durch eine bestimmte Gruppe als Beispiel oder Inspiration für andere Akteure dient, ähnliche aggressive oder zerstörerische Handlungen zu begehen. Alle Gewaltakte, die in einem

Teil der Welt stattfinden, werden in anderen Teilen der Welt gesehen, analysiert und von Regierungen als mögliche Handlungsmodelle wahrgenommen. Das bedeutet, dass der Einsatz von Gewalt in einem Konflikt andere Akteure in verschiedenen Regionen dazu motiviert, ähnliche Taktiken anzuwenden.

Ähnlich sind die Vorgangsweisen terroristischer Organisationen, die Gewaltstrategien voneinander übernehmen. Etwaige Anschläge, wie sie vom „Islamischen Staat" oder Al-Qaida verübt wurden, haben Nachahmungseffekte in anderen Regionen ausgelöst, da diese Taktiken in verschiedenen Kontexten für Aufsehen und mediale Aufmerksamkeit sorgen. Die Interkonnektivität von Gewalt passt sich der Normalisierung und Legitimation gewalttätiger Mittel an. Wenn in Konflikten wiederholt militärische oder gewalttätige Lösungen gesucht werden, statt diplomatische und friedliche Ansätze zu bevorzugen, wird Gewalt als ein akzeptierter und normaler Teil internationaler Beziehungen oder innerstaatlicher Konflikte angesehen. Dies schafft und wiederholt gefährliche Präzedenzfälle, die von anderen Konfliktparteien als Rechtfertigung für den möglichen Einsatz von Gewalt genutzt werden. Die Interkonnektivität von Gewalt verstärkt in diesem Fall den Nachahmungseffekt, indem sie gewaltsame Lösungen als etwas Verbreitetes und Legitimes darstellt, was die kriegerischen Kontroversen schneller eskalieren lässt.

Al-Qaida in Afrika, Kommunismus in China und Absolutismus in Russland haben alle auf ihre eigene Art das Ziel, den Westen und seine Werte und Interessen zu bekämpfen. Die islamistischen Gruppen verfolgen eine Ideologie des radikalen Islamismus, die auf der Errichtung eines globalen islamischen Staates basiert. Diese Ideologie sieht den Westen als einen Feind an, der den Islam unterdrückt und das muslimische Volk ausbeutet. Die Angriffe von Al-Qaida und anderen islamistischen Gruppen zielen darauf ab, den Westen zu destabilisieren und ihre eigene Agenda durchzusetzen.

In China hat die kommunistische Partei ihre Kontrolle über die Wirtschaft zwar gelockert und ausländische Investitionen zugelassen, um das Wachstum und die Modernisierung des Landes zu fördern. Gleichzeitig wurden jedoch die politischen Kontrollen beibehalten und politische Oppositionen und Meinungsäußerung unterdrückt. Der moderne Kommunismus in China ist daher von einem widersprüchlichen Mix aus Wirtschaftsliberalismus und politischer Unterdrückung geprägt.

Russland ist eine absolutistisch zentralisierte Macht. Die Rolle des Parlaments und der unabhängigen Medien wurde ausgehebelt, die politischen Freiheiten sind de facto gar nicht vorhanden. Das hat zur Folge, dass die Menschenrechte stark eingeschränkt sind. Oppositionelle Politiker und Aktivisten werden entweder verhaftet, eingeschüchtert oder umgebracht. Es gibt eine starke Verflechtung zwischen Wirtschaft und Politik und eine hohe Konzentration von Reichtum und Macht bei einer kleinen Elite. Die Idee des Kreuzzugs gegen den westlichen Universalismus und die damit verbundenen Prinzipien und Argumente werden jedoch nur von einer spezifischen politischen Strömung in Russland vertreten und sind keineswegs repräsentativ für die gesamte russische Gesellschaft.

In allen drei Fällen besteht das Ziel darin, die eigene Ideologie und den eigenen Einflussbereich zu stärken, indem der Westen destabilisiert und seine Interessen bekämpft werden. Ob Multipolarität ein Zwischenstadium oder einen dauerhafter Zustand repräsentiert, ist umstritten und hängt von verschiedenen Faktoren ab. Einige argumentieren, dass Multipolarität ein Zwischenstadium zwischen einer Phase der Bipolarität und einer Phase der globalen Zusammenarbeit und Integration ist. Andere wiederum glauben, dass die Herrschaft der autoritären Länder ein dauerhafter Zustand sein kann, der aufgrund der wachsenden politischen, wirtschaftlichen und militärischen Macht von aufstrebenden Staaten wie China, Indien und Brasilien sowie der Rückkehr von Russland als globaler Machtstruktur entstanden ist. Eine multipolare Ordnung kann auch die Entstehung von Konflikten und Kriegen verhindern, indem sie dazu beiträgt, dass keine Macht eine zu große Dominanz erlangt und dadurch andere Länder bedroht.

Ein Konflikt, in dem eine Partei den Wunsch nach Frieden oder Ruhe äußert, jedoch gleichzeitig ihr Recht auf Selbstverteidigung betont, während die andere Partei explizit auf Krieg besteht, stellt einen extrem schwierigen und komplexen Fall dar. Er lässt sich nur schwer durch einfache diplomatische Verhandlungen lösen, da die Positionen scheinbar unverrückbar unvereinbar sind. Dennoch muss auf Lösungen hingearbeitet werden. Mediatoren könnten den Kriegsparteien verdeutlichen, dass der Krieg langfristig sowohl wirtschaftlich als auch moralisch zerstörerisch ist und damit alternative Mittel der Interessenswahrung aufzeigen. Die Verteidigungspartei müsste derweil davon überzeugt werden, dass Sicherheit auch durch diplomatische oder vertragliche Lösungen erreicht werden kann. Eine Partei, die explizit Krieg will, muss die langfristigen Konsequenzen eines solchen Handelns realistisch einschätzen. Dies lässt sich durch Beispiele gezielter wirtschaftlicher Sanktionen verdeutlichen. Oftmals werden Kriege aus einer Fehleinschätzung heraus begonnen, ohne das volle Ausmaß der Konsequenzen zu verstehen. Internationale Isolation geht sehr oft mit der Beschädigung von Infrastrukturen und sogar mit dem drohenden Verlust an Menschenleben einher.

Im vorliegenden Fall ist die Situation durch den psychologischen Tatbestand der Psychopathie eines Diktators und den Beistand weiterer autoritativer Regime geblockt. Wenn ein Konflikt durch den psychologischen Tatbestand der Psychopathie blockiert ist, erscheint die Lösung besonders schwierig. Psychopathie ist gekennzeichnet durch eine emotionale Kälte, fehlende Empathie, egozentrische Verhaltensweisen, eine geringe Impulskontrolle und die Bereitschaft, moralische und ethische Grenzen zu überschreiten, um persönliche Ziele zu erreichen. Diese Merkmale erschweren den Verhandlungsprozess erheblich, da solche Führer wenig Interesse an Friedenslösungen haben.

Eine effektive Strategie könnte sein, die öffentliche Meinung gegen die Diktatoren zu wenden, indem Gegenpropaganda, psychologische und wirtschaftliche Kriegsführung eingesetzt werden, um deren Glaubwürdigkeit und Macht in den Augen der eigenen Bevölkerungen zu untergraben. Informationskampagnen, die die Verbrechen, das Leid oder die Unzulänglichkeiten aufzeigen, könnten dabei helfen, die Legitimität des Regimes zu schwächen. Wenn ein Diktator damit konfrontiert wird, dass seine Macht bröckelt oder seine Aktionen öffentlich delegitimiert werden, könnte er gezwungen sein, seine Position zu überdenken, um sein eigenes Überleben zu sichern. Dazu wäre es allerdings sinnvoll und notwendig, dass massive Maßnahmen der Stärke das Vorfeld aufbereiten, um den notwendigen Raum und die Voraussetzungen für solche Informationskampagnen zu schaffen. In solchen Situation ist es notwendig, dass die Strategien sowohl militärische als auch psychologische Dimensionen berücksichtigen. Militärische Maßnahmen sind unabdingbar, um die unmittelbare Bedrohung durch brutal aggressive Regime zu kontern, während Informationskampagnen langfristig darauf abzielen, das Vertrauen der Bevölkerung in das eigene

Regime zu untergraben und Unterstützung für alternative Führungsstrukturen zu mobilisieren.

Um die negative Interkonnektivität der Aggressoren zu durchbrechen, ist es wichtig, Netzwerke positiver Unterstützung und Zusammenarbeit aufzubauen. Die internationale Kontrollfunktion in Kriegssituationen ist von entscheidender Bedeutung, um Frieden und Sicherheit zu gewährleisten. Eine internationale Kontrollfunktion ist dazu da, Zivilisten zu schützen und den Angriffen Effektivität entgegen zu halten. Internationale Aufsichten sollten sicherstellen können, dass Kriegsverbrechen wie Völkermord, ethnische Säuberungen und andere schwere Menschenrechtsverletzungen verfolgt und bestraft werden. Nach einem Konflikt ist der Wiederaufbau von Vertrauen und Stabilität entscheidend. Internationale Kontrollen sollten dazu beitragen, dass Friedensverhandlungen erfolgreich verlaufen und ein anhaltender Frieden erreicht wird.

14. DEMOKRATIE IM KREISVERKEHR

LIBERALER UND ILLIBERALER KRÄFTE

Der Begriff „Demokratieverwahrlosung" bezieht sich auf einen Zustand, in dem demokratische Prozesse und Institutionen zwar formell noch bestehen, jedoch in ihrer Substanz und Wirksamkeit erodieren. Ironischerweise kann diese Verwahrlosung auch durch zu viel oder eine verzerrte Form der Demokratisierung gefördert werden. Dies wirft die Frage auf, ob es möglich ist, dass ein Übermaß an Demokratisierung oder eine falsch verstandene Demokratisierung letztlich die Demokratie schwächen kann. Ein weiterer Aspekt ist die Gefahr des Populismus, der oft mit einer oberflächlichen oder vereinfachten Form der Demokratisierung einhergeht. Populistische Bewegungen reduzieren komplexe politische Sachverhalte auf einfache Slogans oder schwarz-weiße Weltbilder und appellieren häufig direkt an das „Volk" als homogene Einheit.

Die Demokratie ist offensichtlich dort angekommen, wo die Ruhe und Weite wieder ihren Anspruch einfordert. Demokratieverwahrlosung ist auch ein Phänomen, vor der man sich vor lauter Demokratisierung in Acht nehmen muss. Umwelt- und Gesundheitsbelastung erfolgt auch durch Lärmverschmutzung, Luftverschmutzung, Bodenzupflasterung oder durch kollektive Verdummung bis hin zu Gewaltmechanismen seitens der Diktaturen und der Massenbewegungen. Wenn die Vergewaltigung des geistigen Potenzials des Menschen zur Verherrlichung des Massensubstrats des Primitiven durch Massenaufläufe oder auf anderer Szene durch Verlärmung breit macht. In modernen Demokratien gibt es zunehmend neben den klassischen Wahlen immer mehr Möglichkeiten der direkten Bürgerbeteiligung in der Nutzung seriös professioneller Online-Plattformen. Obwohl dies die demokratische Mitbestimmung fördert, kann eine zu häufige oder übermäßige Einbindung der Bürger zu einer Überlastung führen. Bürger könnten das Gefühl entwickeln, ständig abstimmen oder sich zu komplexen Themen äußern zu müssen, zu denen sie oft keine ausreichenden Informationen oder das nötige Fachwissen haben. Demokratie wird zwar theoretisch durch mehr Informationszugang gestärkt, ist jedoch praktisch anfälliger für Manipulation, Polarisierung und Radikalisierung wird.

Moderne Demokratie in der Interkonnektivität lässt sich als eine Betrachtung der zunehmend vernetzten und globalisierten Welt verstehen. In dieser Welt sind politische Prozesse, wirtschaftliche Entwicklungen, soziale Bewegungen und kulturelle Einflüsse über Ländergrenzen hinweg eng miteinander verknüpft. Dies hat tiefgreifende Auswirkungen auf die Funktionsweise der Demokratie und wirft wichtige Fragen auf. Durch die zunehmende Vernetzung der Welt, sei es durch das Internet, den globalen Handel oder internationale politische

Institutionen sind nationale Demokratien immer mehr von externen Faktoren beeinflusst. Entscheidungen, die auf globaler Ebene getroffen werden, haben direkte Auswirkungen auf lokale Demokratien. Beispiele dafür sind internationale Handelsabkommen, Klimaschutzmaßnahmen oder die Rolle von supranationalen Organisationen.

Worin besteht die Rolle der europäischen Zivilgesellschaft? Die Mehrheit der Bürger Europas fühlt sich in einem fortschrittlichen Umfeld verankert, das auf demokratischen Werten, Bildung und sozialer Sicherheit basiert. Es gibt ein hohes Vertrauen in Wissenschaft, Technologie und Innovation. Viele sind sich der ökologischen Herausforderungen bewusst und sehen den Umgang mit dem Klimawandel als wichtigen Bestandteil des gesellschaftlichen Fortschritts. Das Vertrauen in staatliche Institutionen, Rechtsstaatlichkeit und Menschenrechte wird besonders betont. Doch wenn Fortschritt und Sicherheit durch politische Instabilität oder globale Herausforderungen infrage gestellt werden, wird dieses Gefühl erschüttert. Die Europäer klammern sich an ihren Fortschritt wie an eine Tasse Espresso – er gibt Energie und lässt sie zumindest so tun, als hätten sie alles unter Kontrolle. In Wahrheit fühlen sich viele eher wie ein Croissant, das auf dem Weg ins Büro zwischen Smartphone, E-Scooter und Videokonferenzen zerbröselt. Ein Blick auf die Nachrichten reicht, um zu sehen, dass Sicherheit ein relativer Begriff ist. Man kann nur hoffen, dass die Politiker weiterhin die Luftballons der Krisenpolitik so jonglieren, dass keiner zu Boden fällt, oder noch schlimmer, platzt. Die Scherben aufzufegen, das überlassen sie nämlich gerne dem Rest der Gesellschaft. Für die großen Themen unserer Zeit braucht es Raum, damit fundierte Entscheidungen getroffen werden können. Es hilft nichts sich von der Hektik des Alltags oder den Schlagzeilen treiben zu lassen, als wären alle Probleme nur Blätter im Wind. Da muss verantwortungsvolle Politik schon ein bisschen mehr Platz schaffen, quasi wie beim Umräumen im Wohnzimmer, wenn man endlich den neuen, riesigen Bücherregal-Fortschritt aufbauen will.

Dort, wo politische Ethik eine zunehmend zentrale Rolle spielt, befindet sich Europa in einer Position, in der es nicht nur seine eigenen Werte und Interessen vertreten, sondern auch die seiner Verbündeten schützen muss. Dies wird als sowohl eine Chance als auch als ein Auftrag beschrieben. Es zählt die Relevanz, klar definierte Ziele zu haben und diese konsequent zu verfolgen, anstatt zu zaudern oder sich in einer falschen Sicherheit zu wiegen. Die Geschichte hat mehrfach gezeigt, dass das Ausbleiben klarer und zielgerichteter Handlungen meist zu negativen Ergebnissen führt. Das bedeutet, dass die Risiken und Herausforderungen, mit denen Europa konfrontiert ist, nicht isoliert betrachtet werden können. Die globalen Bedrohungen und Gefahren sind zunehmend miteinander vernetzt, was ein tieferes Verständnis und eine kohärente, ganzheitliche Strategie erfordert. Die Interkonnektivität des Designs im globalen Geschehen legt nahe, dass trotz zunehmender Vernetzung und gegenseitiger Abhängigkeit die verschiedenen Elemente eines globalen Systems nicht einfach identische Kopien voneinander sind. Vielmehr gibt es eine Vielfalt an Akteuren, Perspektiven und Strategien, die in einem dynamischen und komplexen Zusammenspiel stehen. Bezogen auf internationale Beziehungen bedeutet dies, dass zwar gemeinsame Werte und Prinzipien angestrebt werden sollen, aber die Umsetzung und die Ausdrucksformen dieser Werte je nach lokalen Gegebenheiten, Kulturen und politischen Traditionen variieren. Die Vorstellung von bloßen Photokopien wäre daher unzureichend, um die komplexen und differenzierten Beziehungen zwischen den globalen Akteuren zu erklären.

Wie können Demokratien sicherstellen, dass die Interessen der Bürger in einem globalisierten Kontext gewahrt bleiben, in dem Entscheidungen oft von internationalen Akteuren getroffen werden? Eine dringende Voraussetzung ist die verstärkte Beteiligung der Bürger an globalen Entscheidungsprozessen auf internationalen Foren, die auf demokratischen Prinzipien beruhen. Die sozialen Medien haben die Art und Weise verändert, wie Menschen Informationen erhalten, sich organisieren und an politischen Prozessen teilnehmen. Bürger können sich über Grenzen hinweg vernetzen und in Echtzeit an politischen Debatten und Bewegungen teilnehmen. Politik hat nun einmal einen wesentlichen Einfluss auf unser Leben. Sie bestimmt, wie Gesellschaften organisiert sind, welche Gesetze gelten und welche Rechte die Menschen haben. Ohne politische Strukturen wären viele soziale und wirtschaftliche Aspekte chaotisch oder ineffektiv. Politik bestimmt das gemeinschaftliche Leben in vielen Bereichen, von Bildung über Gesundheit bis hin zu sozialen Dienstleistungen. Ein gewisses Maß an Engagement und Teilhabe an politischen Prozessen ist notwendig, damit die Öffentlichkeit gehört wird und aktiv an der Gestaltung der Gesellschaft teilnehmen kann.

Demokratische Institutionen müssen Mechanismen schaffen, um den Einfluss externer Akteure zu kontrollieren und gleichzeitig die Vorteile der internationalen Zusammenarbeit zu nutzen. Das erfordert mehr Transparenz und Rechenschaftspflicht in der Außen- und Sicherheitspolitik. Eine Möglichkeit wäre, internationale Organisationen durch direkt gewählte Vertreter der Mitgliedstaaten zu demokratisieren oder ihre Entscheidungsprozesse immer häufiger an die nationale öffentliche Meinung zu binden. Die Demokratie befindet sich heute auf einem schmalen Grat zwischen Glorifizierung und Bashing. Wie wird die Gesellschaft wohl reagieren? Die Interkonnektivität zu Fragen der Existenz und des Sinns sind unvermeidbar. Die Vernunft wird sich dem nicht entkoppeln können. Die Belange des emotionalen Hoffens werden von rationalem Glauben begleitet.

Transparenz in internationalen Angelegenheiten ist entscheidend für das Vertrauen zwischen den Akteuren und die Legitimität der getroffenen Entscheidungen. In einer Welt, in der Informationen zunehmend zugänglich und überprüfbar sind, wird die Transparenz von Regierungen, internationalen Organisationen und Unternehmen zu einem entscheidenden Faktor für die öffentliche Akzeptanz globaler Maßnahmen. Die Interkonnektivität von Rollenverteilung und Transparenz spiegelt sich in der Art und Weise wider, wie globale Akteure ihre Verantwortungen wahrnehmen und dabei zur Schaffung eines transparenten und rechenschaftspflichtigen globalen Systems beitragen.

Die Frage, wie man „die Massen mitnimmt" und gleichzeitig einen konstruktiven öffentlichen Diskurs ermöglicht, ist zentral für die Stabilität und Weiterentwicklung der Demokratie. Sie stellt das Problem dar, wie man den Spannungsbogen zwischen der emotionalen Dynamik der Massen und der Notwendigkeit rationaler, fundierter Entscheidungen aufrecht erhält. In demokratischen Systemen besteht die Herausforderung darin, die Menschen nicht nur emotional zu mobilisieren, sondern sie auch in rationale Entscheidungsprozesse einzubinden. Der Hinweis auf die Anziehungskraft von Massenbewegungen und die Gefahr des „Kollaps" spricht genau diese Balance an. Um den öffentlichen Diskurs auf konstruktive Lösungsalternativen zu fokussieren, muss eine Gesellschaft politische Bildung und Medienkompetenz anheben. Es ist wichtig, dass Bürger nicht nur emotional angesprochen werden, sondern auch über das Wissen und die Fähigkeiten verfügen, komplexe politische und gesellschaftliche

Fragen zu verstehen und zu diskutieren.

Die Interkonnektivität zwischen demoskopischen Erkenntnissen wie Meinungsumfragen und faktischen Sachlagen zeigt, wie entscheidend die Qualität und Glaubwürdigkeit von Information, Kommunikation, Bildung in einer Demokratie sind. Tatsächlich gibt es oft Diskrepanzen zwischen dem, was Umfragen als öffentliche Meinung zeigen, und den tatsächlichen Gegebenheiten. Diese Unterschiede können auf verschiedene Faktoren zurückzuführen sein und beeinflussen, wie bestimmte Themen akzeptiert oder abgelehnt werden. Manchmal setzen Medien Schwerpunkte, die die faktischen Prioritäten nicht richtig widerspiegeln. Sensationelle oder emotional aufgeladene Inhalte finden mehr Resonanz, während nüchterne Fakten oft in den Hintergrund treten. Fakten haben oft eine geringere Wirkung als emotionale Appelle. Demoskopische Ergebnisse können daher von emotional aufgeladenen Narrativen beeinflusst sein.

Akzeptanz entsteht nicht allein durch die Vermittlung von Fakten, sondern durch Vertrauen in die Quellen dieser Fakten, kulturelle Werte und die persönliche Betroffenheit der Menschen. Darüber hinaus neigen Menschen dazu, Informationen zu suchen, die ihre bestehenden Überzeugungen bestätigen, selbst wenn sie faktisch falsch sind. Während die Wissenschaft einen wirtschaftlichen Nutzen von Migration belegen kann, bleibt die Akzeptanz in der Bevölkerung oft gering, wenn die Angst vor sozialer Unsicherheit überwiegt. Ein anderes Beispiel ist die Energiewende: Trotz wissenschaftlicher Konsens über ihre Notwendigkeit gibt es Widerstand, wenn Menschen höhere Kosten oder Nachteile spüren.

Wenn Akteure in der internationalen Politik lediglich mit oberflächlichen oder manipulierten Argumenten agieren, etwa durch Propaganda, einseitige Narrative oder unvollständige Daten, dann führen ihre Entscheidungen oft zu trügerischen Ergebnissen - den "Schein-Resultaten". Diese Resultate können kurzfristige Erfolge suggerieren, die langfristig jedoch nicht tragfähig sind oder gar destruktive Folgen haben. So werden Unities, die ihre Umweltpolitik auf kosmetische Maßnahmen und scheinbare Erfolge, etwa Greenwashing stützen, riskieren, die eigentlichen ökologischen Herausforderungen zu verschärfen. Die Resultate mögen auf dem Papier gut aussehen, lösen jedoch keine nachhaltigen Probleme. In Kriegsverhandlungen, bei denen symbolische Kompromisse statt echter Konfliktbewältigung gesucht werden, entstehen instabile Vereinbarungen. Diese mögen als Erfolg präsentiert werden, brechen aber schnell zusammen, weil die zugrunde liegenden Probleme ungelöst bleiben. Regierungen, die sich mit Schein-Argumenten als Friedensstifter oder Menschenrechtswächter inszenieren, obwohl ihre eigentlichen Handlungen Gegenteiliges belegen, bringen ihren internationalen Status in Verruf. Ein Beispiel ist die Diskrepanz zwischen außenpolitischer Rhetorik und tatsächlichen wirtschaftlichen oder militärischen Interessen.

15. UNHEILVOLLE PARTEIEN-POLITIK

Toxische Politik beschreibt eine Vorgangsweise, die verwendet wird, um politische Strategien und Verhaltensweisen zu verwenden, die bewusst auf Feindseligkeit, Spaltung und Irrationalität setzen. Diese Art von Politik zielt darauf ab, den gesellschaftlichen Diskurs zu polarisieren, Gegner zu delegitimieren und rationale Debatten durch emotionale Manipulation zu ersetzen. Sie basiert oft auf dem Schüren von Ängsten, der Schaffung von „Wir gegen Sie"-Narrativen und der Verbreitung von Misstrauen gegenüber Institutionen und Medien. Ideologien zimmerten immer schon Realitäten, in denen komplexe Probleme von leicht erkennbaren Feindbildern und klaren Lösungen begleitet werden. Politik und Ideologisierung verstärken sich gegenseitig, indem sie Emotionen mobilisieren, Polarisierung fördern und das Vertrauen in etablierte Institutionen untergraben.

Feindseligkeit wird in der Partei-Politik oft gezielt als Mittel eingesetzt, um politische Gegner zu schwächen und die eigene Basis zu mobilisieren. Dies kann in Form von Hetzreden, persönlichen Angriffen oder der Dämonisierung bestimmter Gruppen oder Personen geschehen. Feindseligkeit wird genutzt, um Emotionen wie Wut und Hass zu schüren und so die politische Atmosphäre zu vergiften. Populistische Politiker nutzen eine solche polarisierende Rhetorik, um ihre Anhänger zu mobilisieren, indem sie behaupten, dass „die Elite" oder „Ausländer" die Ursache aller Probleme seien. Dies führt zu einer gefährlichen Spaltung der Gesellschaft. Parteien neigen dazu, politische Meinungen zu polarisieren, indem sie ihre Positionen zuspitzen, um die Wählerschaft anzusprechen. Das spaltet die Gesellschaft, da die politischen Debatten zunehmend binär werden und Konsens schwerer zu erreichen ist. Dieses Phänomen ist in den USA ebenso wie in europäischen Ländern deutlich zu beobachten.

Toxische Politik gedeiht entlang von ethnischen, religiösen, sozialen oder ideologischen Linien. Anstatt Gemeinsamkeiten zu betonen, fördert diese Art von Politik die Unterschiede und vertieft die Kluft zwischen verschiedenen gesellschaftlichen Gruppen. In unqualifizierten Runden wird das Thema Migration genutzt, um gesellschaftliche Spannungen zu verschärfen. Auf diese Weise spalten Agitateure die Gesellschaft, indem sie Migration als Bedrohung für Kultur, Wirtschaft oder Sicherheit darstellen und so Ängste schüren. Diese Methodik setzt häufig auf Irrationalität und Faktenverdrehung, um Menschen zu manipulieren. Anstatt sachliche Debatten zu fördern, wird die Wahrheit absichtlich verzerrt oder ignoriert. Fakten werden relativiert, und emotionale Erzählungen dominieren den politischen Diskurs. Als Beispiel verbreiten Klimawandelleugner falsche Informationen, um wissenschaftliche Erkenntnisse zu untergraben und politische Maßnahmen gegen den Klimawandel zu verhindern. Diese Strategie setzt auf Desinformation und schürt Zweifel an etablierten wissenschaftlichen Fakten.

In der Thematik der Migration wird kaum vermittelt, dass es in der Menschheitsgeschichte fast durchwegs nur Migrationen gab. Sie ist ein konstantes Phänomen der Geschichte. Von der Ausbreitung des Homo sapiens über die Kontinente bis hin zu den Völkerwanderungen der Antike und den Arbeitsmigrationsbewegungen der Neuzeit - Migration war stets präsent. Und es sollte mehr verdeutlicht werden, dass sich nach wirtschaftlichen Abstiegen durch Migration immer ein deutlicher Aufschwung entwickelte, ob in der Antike, im alten Rom, im Mittelalter oder in der Neuzeit. Denn gerade aus Defiziten erfolgten Innovationen, Wachstum und Gewinn. Das Gleiche wird möglicherweise im 21. Jahrhundert so vor sich gehen. Es wäre umso wichtiger, die Migration mit erfolgreichen Strategien zu begleiten. Über planmäßiges Segmentieren, Abwägen und Gewichten kann ein neuer Fortschritt initiiert werden. Völkischer Inzest durch Nationalismus ist tunlichst zu vermeiden, er führt zur politischen Idiotie. Er zielt darauf ab, dass eine Gesellschaft, die sich nur auf sich selbst fokussiert und den Austausch mit anderen Kulturen oder Nationen vermeidet, intellektuell und politisch verarmt. Diese metaphorische Inzucht verhindert neue Impulse und führt zu einer Verkümmerung der politischen Kultur, was als politische Idiotie beschrieben wird. Nationalismus, der oft mit dem Wunsch nach Reinheit und Abgrenzung von anderen Völkern einhergeht ist immer kontraproduktiv. Statt die Gesellschaft zu bereichern, führt er zu einem Rückzug auf engstirnige, meist längst überholte Vorstellungen, die den Fortschritt hemmen und die Fähigkeit zum globalen Dialog einschränken.

Destruktive Politik spielt gezielt mit den Ängsten und Sorgen der Menschen, um politische Zustimmung zu gewinnen. Dadurch werden rationale Diskussionen erschwert und komplexe Probleme vereinfacht dargestellt. Dann wird ein Narrativ verwendet, in dem die eigene Gruppe als Opfer dargestellt wird, während Gegner als mächtige Feinde skizziert werden. Autoritäre Führer stellen sich oft als die letzten Verteidiger ihrer Nation gegen äußere und innere Feinde dar, um Unterstützung zu gewinnen und ihre Macht zu festigen. Die Folge davon ist, dass das Vertrauen in demokratische Prozesse abnimmt, was zu politischer Apathie oder Radikalisierung führt. Wenn politische Gegner nicht mehr als legitime Akteure wahrgenommen, sondern als Feinde dargestellt werden, steigt das Risiko für politische Gewalt. Extremistische Gruppen, die von der toxischen Rhetorik profitieren, gewinnen an Einfluss und schüren die Eskalation von Gewalt. Länder, die durch toxische Politik gespalten sind, laufen Gefahr, in autoritäre Systeme abzudriften, da der gesellschaftliche Druck, demokratische Normen zu schützen, abnimmt. Polarisierte Gesellschaften neigen dazu, instabil zu sein, was Investitionen und Innovation hemmt und langfristige wirtschaftliche Schäden verursacht. Daher ist es entscheidend, auf Fakten und fundierte Informationen zu setzen. Unabhängige Medien, Wissenschaftler und politische Institutionen müssen gemeinsam daran arbeiten, Desinformation aufzudecken und die Bevölkerung besser zu informieren. Politische Bildung kann dazu beitragen, dass Bürger kritisch und reflektiert mit politischen Informationen umgehen.

Parteien haben ausgedient. Als anachronistisches Modell aus der Geschichte stehen sie für politischen Nepotismus und Eifersucht. Immer mehr sind die Menschen frustriert, wenn sie das Gefühl haben, dass Parteien nicht in der Lage sind, die drängenden Probleme der Gesellschaft effektiv zu lösen. Die traditionellen Parteien nutzen ihre Macht bekanntermaßen für interne Konflikte, Lobbyismus und Interessenskonflikte, die dem Gemeinwohl nicht dienlich sind. Siepassen ihre Rhetorik den aktuellen politischen Gegebenheiten an, was den Eindruck vermittelt, dass sie sich dem politischen Opportunismus hingeben, statt auf festen Prinzipien zu stehen. Das erzeugt das Gefühl. Dass das Gesagte nicht ernst genommen wird. Es sei nur ein Mittel zum Zweck und werde nach der Wahl oder in anderen Kontexten schnell revidiert. Aus dieser Sicht könnten alternative politische Modelle, wie etwa Interessensinitiativen, Bewegungen oder diskursdemokratische Ansätze als zeitgemäße Lösungen erscheinen. Diese Alternativen wären potenziell flexibler und besser in der Lage sein, auf die Bedürfnisse der Bevölkerung einzugehen, ohne durch die Strukturen etablierter Vorgaben eingeschränkt zu sein.

Der Kontrast zwischen ordo-politischem Beamten-Denken und Problemlösungs-Management-Denken spiegelt einen grundlegenden Konflikt in modernen politischen Systemen wider. Dieser Konflikt manifestiert sich in der Spannung zwischen dem Streben nach Stabilität und der Notwendigkeit flexibler Anpassung. Eine zentrale Aufgabe intermediärer Instanzen besteht darin, Übersetzungsleistungen zwischen Lebenswelt und System zu liefern. Sie helfen dabei, die unterschiedlichen Handlungsrationalitäten, Kommunikationsmodi und Sinnzusammenhänge der verschiedenen Akteure verständlich zu machen. Als Resonanzverstärker aktivieren Intermediäre Institutionen und hinterfragen eingefahrene Strukturen. Sie fungieren als modernisierungs-politische Mediatoren, indem sie Dysfunktionen aufzeigen und Modernisierungsprozesse anstoßen. Sie finden sich in NGO's, Medien und Beratungs-Evaluierungs-und Rating-Agenturen.Sie werden zu unverzichtbaren Bindegliedern in komplexen Gesellschaften, indem sie die soziale Kohärenz stärken. Ihr Einfluss erfordert ein hohes Maß an Transparenz und Verantwortlichkeit, um die Rolle zum Wohle der Gesellschaft optimal ausfüllen zu können. Intermediäre Akteure nehmen eine Position zwischen Systemassimilation und Konfliktorientierung ein. Sie praktizieren eine konfliktuelle Kooperation, die kritisches Vertrauen und aggressive Konzilianz beinhaltet.

Die Form der klassischen Partei-Organisation wird von vielen als zu träge und unflexibel wahrgenommen. In Zeiten dynamischer politischer und gesellschaftlicher Veränderungen erwecken sie den Eindruck, den Anschluss an die Lebensrealitäten zu verlieren. Während Parteien mit klar definierten Statuten nach wie vor behäbig durch die öffentliche Szenerie schweben eine Rolle spielen, zeigt sich, dass die Öffentlichkeit in wachsendem Maße Philosophien von politischen Bewegungen oder lose organisierte Cluster bevorzugen. Dieser Trend spiegelt den Wunsch nach Flexibilität, Diversität und einer unmittelbaren Mitgestaltungsmöglichkeit wider, Aspekte, die traditionelle Parteistrukturen oft nicht mehr bieten können. Politische Cluster fördern Kooperation über traditionelle ideologische oder organisatorische Grenzen hinweg.

Ein Nachteil könnte sein, dass sie auf Konsens angewiesen sind, der schwer zu erreichen ist. Daran muss ein politisches Management der Zukunft arbeiten. Die Herausforderung besteht darin, einen organistorischen Mix zu formen, um die Demokratie widerstandsfähiger und inklusiver zu gestalten. Eine solche Symbiose würde zumindest vorübergehend den Anforderungen einer zunehmend fragmentierten und dynamischen Gesellschaft, aber gleichzeitig auf Einigkeit ausgerichteten Gesellschaft gerecht werden. Ein parteiloses System wäre weniger anfällig für ideologische Grabenkämpfe. Gruppierungen könnten pragmatisch auf die besten Lösungen für spezifische Probleme fokussieren, anstatt parteipolitische Interessen in den Vordergrund zu stellen. Die Idee, "Verantwortungsgruppierungen" als Alternative zu

Parteien zu betrachten, zielt auf eine Reform der Demokratie ab, die möglicherweise mehr Flexibilität und Kooperation bei der Regierungsarbeit erlaubt. Dieser Ansatz könnte mehrere Vorteile gegenüber dem bestehenden parteipolitischen System bieten.

Es geht darum, Verantwortung nach Kompetenzen und Interessen zu gruppieren, anstatt den Fokus auf ideologische Abgrenzungen zu legen, wie es bei politischen Parteien der Fall ist. Während Parteien in einem Wettbewerb um Macht stehen, könnten Verantwortungsgruppierungen auf Kooperation und gemeinsames Arbeiten an Problemlösungen abzielen. Ein anderes Format der modernen Demokratie könnten zentrale Regierungen mit aufgeteilten Kompetenzen bilden Diese Form könnte Spezialisierung fördern, da jede Teilregierung oder Abteilung sich auf spezifische Themen konzentriert. Das könnte zu tiefgehenderen, kompetenteren und schnelleren Entscheidungen führen. Das Personal in den neuen Formaten der Demokratie muss inklusiver aller Anpassungsmechanismen gut und nicht nur normaler Durchschnitt sein. An diesem Punkt muss das professionelle Assessment von Fähigkeiten und Fertigkeiten einsetzen. Natürlich sind auch große Unternehmen von Miss-Management nicht gefeit, wie es die Auto-Industrie vorgespielt hat. Es hat möglichrweise ein ungeahnter Sättigungsgrad dazu geführt, dass auf das Management-Potenzial weniger geachtet wurde. In der Politik wurden bislang soundso die Beliebtheits-Parameter über Know-how und Persönlichkeits-Charisma gestellt. Kein Wunder, welche Figuren dann in die höchsten Ämter aufgestiegen sind.

Eine Reform hin zu einem faktenbasierten, kompetenzorientierten Auswahlprozess wäre in beiden Bereichen dringend notwendig. Ohne diese Umstellung drohen demokratische Strukturen an Glaubwürdigkeit zu verlieren und Unternehmen den Anschluss an Zukunftstrends. Es geht darum, langfristige. Denkweise und nachhaltiges Handeln zu fördern – anstatt kurzfristige Beliebtheit oder reinen Profitstreben in den Vordergrund zu stellen.

Die Emotion ist in den Rahmen des rationalen Managements der Politik einzurichten. Es ist eine anspruchsvolle, aber notwendige Aufgabe, um politische Prozesse menschlicher, zugleich aber auch effektiver zu gestalten. Emotionen sind ein wesentlicher Bestandteil der menschlichen Erfahrung und beeinflussen nicht nur die Wahrnehmung von Politik, sondern auch die Entscheidungsfindung und die gesellschaftliche Dynamik. Sie müssen daher nicht verdrängt, sondern sinnvoll integriert werden. Emotionen sind eine mächtige Ressource in der Politik, die nicht unterdrückt, sondern bewusst kanalisiert werden müssen. Der Rahmen des rationalen Managements sollte sicherstellen, dass Emotionen nicht manipulativ oder destruktiv wirken, sondern konstruktiv und im Einklang mit faktenbasierten Argumenten stehen. Es ist also ein Gleichgewicht zu finden und die Emotion als treibende Kraft und Rationalität als richtungsweisendes Instrument zu bejahen. Politik wird so viel einfacher, wenn Gefühle in die Rationalitäts-Schublade passen. Irritierend ist nur, dass die Emotionen der Massen manchmal nicht wissen, dass sie gesteuert werden sollen. Der Wunsch, dass der innere Widerstand der Kräfte der Vernunft sich gegenüber Spekulation und emotional aufgeladener Manipulation durchsetzen möge, ist von großer Dringlichkeit, sowohl in der Politik als auch in der gesellschaftlichen Debatte. Vernunft und Sachlichkeit, einst die Grundpfeiler öffentlicher Diskurse, stehen zunehmend unter Druck. Es gilt, diese Prinzipien wieder in den Vordergrund zu rücken, ohne dabei die emotionale Dimension menschlicher Interaktion völlig auszublenden. Die Vernunft mag zeitweise übertönt werden, aber ihre Stärke liegt in ihrer Nachhaltigkeitund darin, dass sie dafür einsteht, den Boden unter den Füßen nicht zu verlieren, wenn die Wogen hochschlagen.

Wie sieht direkte Demokratie in der Moderne aus? Statt irgendwelcher Bürgerräte oder Volks-Tribunale nach Mustern der Vergangenheit, bei denen emotionale und oft ideologisch getriebene Massenbewegungen die Diskussionen dominieren, verlangt eine moderne Demokratie die Partizipation über rationale Mechanismen wie evidenzbasierten Metriken und Ratings, die dann diskursiv besprochen werden. Sie würde den Fokus auf objektive, nachprüfbare Daten legen und eine diskursive Auseinandersetzung auf einer sachlichen Grundlage fördern. Dies würde die Qualität der politischen Wahlgänge verbessern und das Vertrauen in die demokratischen Prozeduren festigen. Über klar durchdiskutierte Indikatoren kann die Öffentlichkeit besser nachvollziehen, welche

politischen Maßnahmen erfolgreich sind und welche nicht. Die digitale
Vernetzung hat die Interkonnektivität massiv beschleunigt.
Expertenmeinungen und Forschungsergebnisse sind leichter zugänglich
und können direkt von Fachleuten oder Institutionen über soziale
Medien oder auch in öffentlichen Round-Tables verbreitet werden.

In einem derart angelegten Kommunikationsprozess, bei dem die
Interkonnektivität von Expertenmeinungen und veröffentlichter
Meinung im Vordergrund steht, wird die interessierte Bevölkerung
besser informiert und kann vorbereitet in politische Wahlgänge gehen.
Dies würde eine fundamentale Veränderung der politischen Kultur
bedeuten, bei der rationales, datenbasiertes Wissen vermehrt in den
Mittelpunkt rückt. Wenn die Bevölkerung das Gefühl verstärkt, dass sie
durch genaue und leicht zugängliche Informationen zu den Themen, die
sie betreffen, tatsächlich eine informierte Wahl treffen kann, könnte dies
die Wahlbeteiligung erhöhen. Viele Wählerinnen und Wähler, die sich
durch den Mangel an verlässlichen Informationen oder durch komplexe
Themen überfordert fühlen, werden durch einen solchen Prozess
motiviert.

Wer sind die scheuen Wählerinnen und Wähler? Womöglich haben sie
eiunen größeren Einfluss als die ewig störrisch Unbelehrbaren, ssobald
sie richtig informiert werden. Da sie intelligent genug sind, lassen sie sich
auch mit Wissen ausbilden. Möglicherweise distanzieren sie sich von

politischen Diskussionen und Kampagnen, oft aus Frustration, Desinteresse oder einer Unzufriedenheit mit den angebotenen Optionen. Sie sind weniger ideologisch festgelegt und stehen politischen Themen oft neutral oder unentschlossen gegenüber. Anhand ihrer Skepsis könnten sie auf die Frage, wie gut ihre Interessen von den politischen Akteuren vertreten werden, vielleicht besser reagieren. Sollten sie jedoch durch gezielte, fundierte Information erreicht und mobilisiert werden, würden sie eine entscheidende Rolle in der Wahlentscheidung spielen. Da sie potenziell offener für Argumente und sachliche Information sind, lassen sie sich oft besser durch Wissen überzeugen als Wähler, die bereits festgefahrene oder extremistische Ansichten vertreten.

Durch die Verbreitung von wissensbasierten Erkenntnissen und die starke Einbindung von Expertenmeinungen in den öffentlichen Diskurs werden komplexe politische Themen aus einer objektiven Perspektive diskutiert. Dies schafft eine Atmosphäre, in der radikale, emotional aufgeladene Aussagen weniger Anklang finden, weil sie nicht mit den überprüfbaren Fakten übereinstimmen. Da radikale Parteien die Ängste, Unsicherheiten und wirtschaftlichen oder sozialen Spannungen nutzen, um Wähler zu mobilisieren, werden über eine transparente Information derartige Sorgen schnell relativiert werden. In einem politischen Umfeld, das auf rationaler Information und Fakten basiert, müssen alle politischen Parteien, auch radikalisierte, ihre Positionen rechtfertigen.

Sie können nicht mehr einfach mit pauschalen Behauptungen oder falschen Versprechungen in den Wahlkampf gehen, ohne dass sie dafür zur Rechenschaft gezogen werden. Medien und Öffentlichkeit könnten sie in einem solchen System effektiver zur Verantwortung ziehen, indem sie fundierte Nachweise und Fakten verlangen. Radikale Parteien profitieren oft von Filterblasen in sozialen Netzwerken, die es ihnen ermöglichen, ihre extremen Botschaften gezielt an spezifische Zielgruppen zu richten. Wenn der gesamte demokratische Prozess vermehrt auf realistische Diskussionsrunden gestützt wird, können diese Filterblasen aufgebrochen werden.

Populisten und radikale Parteien arbeiten oft mit dem Konzept von Sündenböcken, also bestimmten Gruppen oder Faktoren, die für alle gesellschaftlichen Probleme verantwortlich gemacht werden wie „die Eliten" oder die Globalisierung. Wenn politische Diskurse jedoch auf rationale Argumentation und wissenschaftliche Erkenntnisse gestützt sind, können solche Sündenbock-Narrative schneller entkräftet werden. Das Publikum würde besser verstehen, dass gesellschaftliche Probleme komplexer sind und nicht durch das Anprangern einzelner Gruppen gelöst werden können.

In diesem Zusammenhang scheint eine Professionalisierung der Rating-Agenturen und auch der Think-Tanks wichtiger zu sein, als Hochrechnungen und Beliebtheitsskalen. Diese spiegeln oft nur den kurzfristigen Eindruck der Öffentlichkeit wider und sind stark von emotionalen oder medialen Einflüssen geprägt. Sie sagen wenig über die tatsächliche Effektivität politischer Maßnahmen aus und sind anfällig für kurzfristige Trends und Stimmungen. Professionelle Think-Tanks und Rating-Agenturen würden auf evidenzbasierte Analysen und wissenschaftliche Methoden setzen, um die Wirksamkeit von politischen Programmen zu bewerten. Dadurch wird die Öffentlichkeit in die Lage versetzt, bessere Vergleiche anzustellen und fundiertere Wahl-Entscheidungen treffen, anstatt sich auf Medienkampagnen oder populäre Stimmungen zu verlassen.

Die Idee, dass der freie Markt und unabhängige Agenturen eine wirkungsvollere Alternative zur Bewertung von Innovationsfähigkeit und Investitionsklima darstellen, hat einige überzeugende Argumente. Freie Politik-Agenturen am freien Markt sind weniger anfällig für politische Einflüsse und Lobbyismus, was objektivere und unvoreingenommene Bewertungen in Aussicht stellt. Marktbasierte Organisationen reagieren schneller auf Veränderungen in Wirtschaft und Politik und erfassen effektiver die aktuellen Trends. Wenn mehrere Agenturen konkurrieren, erbringt dies eine höhere Qualität der Berichterstattung und Analyse. Agenturen sind in der Sache darauf angewiesen, innovative und präzise Methoden zu entwickeln, um sich von der Konkurrenz abzuheben.

Was bedeutet Evidenz-basierte Politik? Der Ansatz, politische

Entscheidungen auf wissenschaftliche Erkenntnisse zu stützen, schafft rationale und nachprüfbare Grundlagen für politische Maßnahmen. Dies ist besonders in Bereichen wie Klimapolitik, Gesundheit oder Bildung wichtig, wo komplexe Zusammenhänge und Langzeitwirkungen eine fundierte Analyse erfordern. Eine wesentliche Aufgabe der aus den Ergebnissen professioneller Zukunftskonferenzen resultierenden Empfehlungen ist es, deren Erkenntnisse für die Öffentlichkeit und die politischen Entscheidungsträger zugänglich und verständlich zu machen. Zukunftskonferenzen, die in der Regel von Experten aus verschiedenen Bereichen organisiert werden, bieten eine strukturierte Plattform zur Diskussion über langfristige Entwicklungen, Chancen und Herausforderungen in Politik, Wirtschaft und Wissenschaft. Die Bedeutung solcher Konferenzen liegt nicht nur in der Analyse der aktuellen und zukünftigen Herausforderungen, sondern insbesondere in der gemeinsamen Entwicklung innovativer Lösungen und Strategien. Ihre Ergebnisse liefern wertvolle Einsichten und Orientierungen, die in die politische Entscheidungsfindung einfließen und so eine Brücke zwischen Wissenschaft, Expertenwissen und konkreten politischen Maßnahmen schlagen. Durch eine gezielte Veröffentlichung in Berichten, wissenschaftlichen Artikeln oder öffentlichen Debatten wird sichergestellt, dass die erarbeiteten Vorschläge transparent und nachvollziehbar sind und dass sie als Basis für evidenzbasierte politische Entscheidungen dienen können.

Da gesellschaftliche Probleme multidimensional sind und interdisziplinäre Ansätze verlangen, bekommt Politik die Chance, Synergien zwischen den verschiedenen Disziplinen zu bearbeiten und darüber ordnungspolitisch zu entscheiden, wenn unterschiedliche Paradigmen aufeinandertreffen. Online-Plattformen und e-Demokratie-Initiativen ermöglichen es einer breiten Öffentlichkeit, sich an politischen Debatten zu beteiligen. Die Herausforderung besteht darin, sicherzustellen, dass diese Beteiligung qualitativ hochwertig und repräsentativ ist.

Um Akzeptanz und gleichsam das Verständnis evidenzbasierter Politik zu fördern, ist eine klare und verständliche Wissenskommunikation wertvoll. Niedrigschwellige Zugänge und informeller Austausch fördern das Verständnis für wissenschaftliche Themen und die direkte Kommunikation zwischen Wissenschaft und Gesellschaft. Komplexe Sachverhalte müssen so aufbereitet sein, dass sie für Laien nachvollziehbar sind, ohne die wissenschaftliche Präzision zu verlieren. Die betroffenen Institutionen müssen transparent und offen agieren, um Vertrauen in ihre Aussagen und Empfehlungen zu schaffen. Dabei ist es wichtig, auch Unsicherheiten und den Prozess der Erkenntnisgewinnung deutlich zu machen.

Diese Ansätze könnten flexibler und anpassungsfähiger sein, um auf die dynamischen Herausforderungen unserer Zeit zu reagieren.

Projektbasierte Organisationen ermöglichen es, sich auf spezifische Herausforderungen zu konzentrieren und kreative Lösungen zu entwickeln, anstatt sich in ideologischen Debatten zu verlieren. Politisch Interessierte könnten sich für Projekte engagieren, die ihren Interessen und Werten entsprechen, was zu einer glaubwürdigeren Gemeinschaft und Zusammenarbeit führen könnte. Projektbewegungen sind prädestiniert, Experten aus verschiedenen Bereichen zusammenbringen, um umfassendere und innovativere Lösungen zu finden. Im Gegensatz zu starren Parteistrukturen reagieren Projektbewegungen schnell auf gesellschaftliche Veränderungen und Bedürfnisse. Durch die Fokussierung auf spezifische Themen sind nachhaltige Lösungen leichter zu erzielen. Eine Umorientierung zu einer dynamischeren, inklusiveren und effektiveren Herangehensweise an gesellschaftliche Probleme kann der Gesellschaft und ihrer Politik nur nützen. Es wäre spannend zu sehen, wie sich solche Bewegungen entwickeln und welche konkreten Projekte daraus entstehen. *)

*) „EVALUIEREN in Wirtschaft-Politik-Institutionen-Medien",
ISBN 9783756228805

16. PSYCHOLOGIE DER INTERNATIONALEN BEZIEHUNGEN

Die internationale Politik ist geprägt von einem ständigen Wechselspiel zwischen Widerstand und Ausgleich, da verschiedene Staaten, Akteure und Interessen miteinander konkurrieren oder kooperieren. Diese beiden Dynamiken, Widerstand gegen bestehende Ordnungen, Normen oder Machtverhältnisse einerseits und der Versuch, ein Gleichgewicht oder Konsens zu schaffen, andererseits, prägen das geopolitische Geschehen auf vielschichtige Weise. Die Begrifflichkeit von Frustration und Aufgabe in der Politik bezieht sich auf die wechselseitige Beziehung zwischen dem Gefühl von Frustration und der Entscheidung, eine Aufgabe oder ein Ziel aufzugeben. Diese beiden Phänomene können in einer Art Rückkopplungsschleife miteinander verknüpft sein, insbesondere in herausfordernden Situationen. In den internationalen Beziehungen gibt es die Interkonnektivität zwischen Frustration und Aufgabe, die besonders im Zusammenhang mit Verhandlungen und Konfliktlösungen sichtbar wird. Diese Dynamik tritt auf, wenn Regierungen und ihre Akteure über längere Zeit versuchen, politische Ziele zu erreichen, dabei aber auf Hindernisse und Blockaden stoßen.

In internationalen Verhandlungen können sich Frustrationen entwickeln, wenn es wiederholt zu wenig Fortschritt oder gar zu Stillstand kommt. Beispiele hierfür sind lang andauernde Friedensverhandlungen oder

Handelsabkommen, bei denen die Interessen der beteiligten Parteien divergieren. Wenn Lösungen nicht erreicht werden, wächst das Gefühl der Frustration. Anhaltende Frustration geht in die Richtung, dass ein Akteur die Verhandlungen abbricht, weil es den Prozess als zu belastend oder aussichtslos betrachtet. Dies ist dann meist der Anlass zu einem Abbruch der diplomatischen Beziehungen oder zur Eskalation von Konflikten. Die Verhandlungen im Nahost-Konflikt sind ein klassisches Beispiel, wo jahrzehntelange Frustration über die mangelnden Fortschritte häufig zu einem Abbruch von Gesprächen oder dem Verlassen des Verhandlungstisches geführt hat. In militärischen Konflikten kann Frustration auf beiden Seiten entstehen, wenn Ziele nicht erreicht werden oder der Konflikt sich unerwartet in die Länge zieht. Dies kann bei Besatzungen, Guerillakriegen oder asymmetrischen Konflikten der Fall sein, wo die Widerstandsfähigkeit der gegnerischen Seite frustrierend auf die militärische Macht reagiert. Internationale Zusammenarbeit zur Bekämpfung der Klimafolgen ist oft von Frustration geprägt, da viele Länder nicht die erforderlichen Maßnahmen einführen, um die globalen Klimaziele zu erreichen. Diese Frustration kann sowohl auf Seiten der Länder entstehen, die ehrgeizige Maßnahmen fordern, als auch bei denjenigen, die die wirtschaftlichen Kosten solcher Maßnahmen als zu hoch ansehen.

Internationale Vereinbarungen wie das Pariser Klimaabkommen und nationale Klimagesetze schaffen Leitlinien, die verbindlich sind und so

Planungssicherheit schaffen. Indem Regierungen Förderprogramme für nachhaltige Technologien und erneuerbare Energien auflegen, Anreize für emissionsarme Lösungen schaffen und strikte Regularien einführen, schaffen sie den Rahmen für die Klimatransformation. Klimamodelle, Forschung zu erneuerbaren Energien und die Entwicklung innovativer Technologien geben eine wissenschaftlich fundierte Orientierung, auf der Entscheidungen aufbauen können. Um die Klimaziele zu erreichen, muss die Wissenschaft eng mit der Politik vernetzt sein und regelmäßig Beratung zu wissenschaftlichen Erkenntnissen geben. Projekte wie öffentlich-private Partnerschaften oder Kooperationen zwischen Forschungsinstituten und Industrieunternehmen bieten Raum für Experimente und Innovationen. Ohne entschlossene Maßnahmen steigen die globalen Temperaturen weiter an, was katastrophale Klimafolgen nach sich zieht. Dies umfasst häufigere und intensivere Wetterextreme wie Hitzewellen, Dürren, Überschwemmungen und Stürme. Der Verlust von Artenvielfalt, das Abschmelzen von Gletschern und das Ansteigen des Meeresspiegels beschleunigen sich ebenfalls. Die Zerstörung von Lebensräumen und Ökosystemen nimmt zu und bedroht die Lebensgrundlage von Millionen von Menschen und Tieren.

Die Kosten der Untätigkeit oder unzureichender Klimaschutzmaßnahmen sind erheblich. Naturkatastrophen führen durch zerstörte Infrastruktur, Ernteausfälle und Produktionsstillstände direkt in wirtschaftliche Verluste. Langfristig werden ganze Wirtschaftssektoren wie

Landwirtschaft, Tourismus und Fischerei so stark beeinträchtigt, dass Arbeitsplätze und lokale Wirtschaftssysteme destabilisiert werden. Dürren, Überschwemmungen und Nahrungsmittelknappheit ziehen Armut, Hunger und eine erhöhte Migrationsbereitschaft nach sich. Dies reflektiert sich weiter in sozialen Spannungen, politischen Instabilitäten und einem Anstieg klimabedingter Flüchtlingsströme. Die Klimakrise ist ein globales Problem, das gemeinsame Anstrengungen erfordert, und Länder, die Klimaziele ignorieren, sollten von der internationalen Gemeinschaft isoliert werden. Dies würde sich auf die Handelsbeziehungen, Investitionen und diplomatische Beziehungen auswirken und somit auch wirtschaftliche Nachteile für die betroffenen Länder bedeuten.

Die Nachfrage nach klimafreundlichen Produkten und Dienstleistungen wächst weltweit, und Unternehmen, die frühzeitig auf Nachhaltigkeit setzen, haben langfristig Wettbewerbsvorteile. Eine besonders bedrohliche Folge der Untätigkeit ist die Möglichkeit, dass das Klimasystem bestimmte Kipppunkte erreicht, die irreversibel sind. Dazu zählen das Auftauen des Permafrosts, das Abschmelzen der Polareisdecken oder das Absterben des Amazonas-Regenwalds. Diese Ereignisse könnten eine Kettenfolge in Gang setzen, die das Klima in eine unkontrollierbare Erwärmungsspirale führt. Solche Kipppunkte haben weitreichende und oft irreversible Konsequenzen für das globale Klima und die menschliche Lebensweise.

Wann werden die Anomalien der Regierungen oder Herrscher erkannt? Bestimmte Mechanismen, Institutionen und Akteure legen ihr Augenmerk auf bestehende Normen, abhängig von den politischen, sozialen und rechtlichen Rahmenbedingungen. In Gesellschaften mit freier Presse heben die unabhängigen Medien die Aufgabe, Fehlverhalten oder Machtmissbrauch zu enthüllen. Journalisten untersuchen Korruption, Machtmissbrauch oder unrechtmäßiges Verhalten von Regierungen und machen dies öffentlich. Dies geschieht in time, wenn auffällige Entscheidungen getroffen oder Korruptionsvorwürfe bekannt werden. In politischen Systemen mit einer funktionierenden Opposition überwacht diese ebenfalls das Geschehen. Oppositionsparteien oder -politiker können auf Anomalien hinweisen, indem sie unangemessene Handlungen der Regierung öffentlich anprangern, parlamentarische Untersuchungen anstoßen oder rechtliche Schritte einleiten. Eine unabhängige Justiz ist ein weiterer Schlüsselmechanismus zur Erkennung und Überprüfung von Anomalien. Gerichte können Entscheidungen von Regierungen oder Herrschern auf ihre Verfassungsmäßigkeit überprüfen.

Auf internationaler Ebene sind Organisationen wie die UNO, die OSZE oder „Transparency International" dazu berufen, Anomalien festzustellen und darüber zu berichten. Es geht dabei um Hinweise auf schwerwiegende Missstände wie Wahlfälschungen, Menschenrechtsverletzungen oder Verstößen gegen internationale

Vereinbarungen. Auch die Bürgerinnen und Bürger können sich einbringen, indem sie an Protesten, Demonstrationen oder anderen Formen des zivilen Widerstands teilnehmen. Bisweilen reagieren Regierungen auf den Druck von unten, insbesondere wenn große Teile der Bevölkerung die Missstände hinausschreien und dagegen mobilisieren. Anomalien in autoritären Regimen oder in Fällen schwerwiegender Menschenrechtsverletzungen werden auch durch die internationale Aufmerksamkeit bearbeitet, etwa durch Sanktionen oder diplomatischen Druck von anderen Staaten oder internationalen Organisationen. In manchen Fällen werden Anomalien erst im Nachhinein erkannt, wenn Historiker oder Kommissionen eine umfassende Analyse vergangener Regierungen oder Herrscher durchführen. Dies geschieht oft nach einem Regierungswechsel oder dem Ende eines autoritären Regimes, wenn die Möglichkeit besteht, systematisch auf vergangene Fehler und Missstände zu blicken.

Die Politische Psychologie wird einbezogen, um internationale Beziehungen und außenpolitische Entscheidungsprozesse zu verstehen. Sie liefert wertvolle Erkenntnisse über die kognitiven, emotionalen und sozialen Faktoren, die das Verhalten von Staaten und politischen Akteuren beeinflussen. Die kulturellen, sozialen und psychologischen Faktoren, die das Verhalten von Individuen und Gruppen prägen, sind entscheidend für das Verständnis von Konflikten, Diplomatie und Zusammenarbeit auf globaler Ebene. Die Integration psychologischer

Perspektiven in die Analyse internationaler Beziehungen erweitert den Erklärungsrahmen politischer Theorien. Sie ermöglicht ein tieferes Verständnis für die Komplexität außenpolitischer Entscheidungsprozesse und zwischenstaatlicher Interaktionen.

Objektivität und Technokratisierung kommt ohne Emotionalität und Berücksichtigung der Gefühle nicht aus. Emotionen sind deshalb nicht nur als Störfaktoren einzustufen, sie spielen eine fundamentale Rolle bei menschlichen Entscheidungen. Sie helfen sogar, komplexe Situationen schnell einzuschätzen und darauf zu reagieren. Emotionale Intelligenz in der Politik ist genauso eruierbar und messbar. Es braucht die Balance zwischen Rationalität und Emotion. Während rein technokratische Ansätze oft die menschliche Dimension vernachlässigen, ist es wichtig, eine ausgewogene Herangehensweise zu finden.

Für die Praxis der Diplomatie und internationalen Zusammenarbeit liefert die Politische Psychologie wichtige Erkenntnisse. Sie hilft, Verhandlungsstrategien zu optimieren und effektivere Formen der Kooperation zu entwickeln. Die Berücksichtigung psychologischer, vor allem aber auch empirischer Faktoren in der Analyse internationaler Beziehungen bietet somit wertvolle Perspektiven für die politische Praxis. Sie ergänzt strukturelle und institutionelle Erklärungsansätze um die wichtige Dimension des menschlichen Verhaltens und Erlebens. Ein fundiertes Verständnis dieser psychologischen Mechanismen ist für die

Politologie unerlässlich, um die Komplexität der internationalen Handlungsweisen zu erfassen und effektive Strategien zur Konfliktlösung und Zusammenarbeit zu entwickeln.

Überschwänglich pflegen Möchte-Gern-Politologen in den Sphären der ideologischen Betrachtungen herum zu irren, ohne sich je einem Assessment einer persönlichen Leistung im medialen oder analytischen Bereich unterzogen zu haben. Besonders bei Philosophen und Soziologen findet sich die Artikulation der Überheblichkeit, die Legitimation allein in einem Hochschulabschluss zu sehen. Man findet sie zu Hauf in der Szenerie der Moderatoren, Kommentatoren, Philosophen und sonstigen Narratoren der öffentlichen Medien. Diese Beschreibung trifft wohl einen Nerv einer Gruppe, die sich mit Begeisterung in ideologischen Überlegungen verlieren. Sie agieren mit großen Worten und Überzeugung, sind aber oft frei von fundierter Praxiserfahrung und substanziellem Wissen. Der Eindruck entsteht, dass sie sich an der Inszenierung des eigenen Standpunkts erfreuen, ohne sich den Mühen einer vertieften Auseinandersetzung zu stellen. Das Phänomen kann auch als Symptom einer Zeit verstanden werden, in der der Zugang zu Plattformen einfacher geworden ist, Meinungen schnell verbreitet werden können und Fachkenntnisse oft nicht von Laienwissen unterschieden werden. Auch in den klassischen Medien bringen sie sich fließig in den „Wettkampf um das größte Geschwätz" ein.

In schillernden Debattenrunden treffen die Schlagworte wie magische Mantras auf die Anerkennung derer, die das Geschwätz zu Recht gar nicht verstehen. Besonders die Philosophen der letzten Jahrzehnte sind Meister darin, aus einem simplen Satz wie „Ich mag Kaffee" eine Abhandlung über die Ontologie des Koffeins zu machen – und das alles mit einem übertriebenen Ernst, der selbst den ernsthaftesten Barista zum Lachen bringen würde. Als Moderatoren werden sie zu den Stars ihrer Shows erhoben. Mit ihrer geheimnisvoll unklaren Rhetorik führen sie durch die Untiefen der politischen Debatte, als wären sie Kapitäne auf einem Schiff, das direkt ins Nirgendwo segelt. Und während sie in ihren ideologischen Wolkenkuckucksheimen schwelgen, bleibt der Rest von uns Zusehern auf dem Boden der Tatsachen, mit einer Tasse Kaffee in der Hand und einem Schmunzeln auf den Lippen. Schließlich, wenn das Leben uns schon mit solchen Kommentatoren beschenkt, können wir wenigstens darüber lachen!

Immerhin liegt auf dem Seziertisch eine Wissensdisziplin, die die Interkonnektivität von Psychologie, Politologie und politischem Management-Wissen beleben könnte. Stattdessen nisten sich esoterisch-revolutionäre Ideologie-Transmitter in die Diskussionen ein. Macht es das, was den Dilettanten es leicht macht, sich mit gekünstelten Stellungnahmen in der Öffentlichkeit zu profilieren? Sie stehlen den wirklichen Koryphäen den Glanz. Doch diese sollten sich nicht entmutigen lassen, denn sie werden wirklich gebraucht. Echte Experten bringen nicht nur Wissen, sondern auch kritisches Denken und eine tiefere Einsicht in die Mechanismen der Politik mit. Sie sind in der Lage, komplexe Zusammenhänge zu erkennen und differenzierte Argumente zu formulieren, die auf empirischen Daten und theoretischen Grundlagen basieren. In einer Zeit, in der Desinformation und oberflächliche Meinungen oft dominieren, sind die Stimmen von profilierten Systemforschern und anderen Fachleuten wichtiger denn je. Sie können helfen, die Öffentlichkeit aufzuklären und fundierte Diskussionen zu fördern.

Krisen haben erfreulicherweise den paradoxen Charakter, dass sie nicht nur Gefahren abbilden, sondern auch Chancen bieten, um tiefgreifende Veränderungen und Verbesserungen anzustoßen. Die Aussage „Krisen sind auch zu ihrer Lösung da" deutet darauf hin, dass jede Krise eine Gelegenheit zur Reflexion, zum Lernen und zur Neuausrichtung bietet Aber um dies zu erreichen, müssen bestimmte Schritte unternommen werden, insbesondere das Stellen der richtigen Fragen und das Finden der vernünftigsten Antworten. Eine Krise zwingt dazu, sich auch mit den eigenen Schwächen und Fehlentwicklungen auseinanderzusetzen. Ob wirtschaftliche, politische oder ökologische Krisen, sie legen Missstände offen, die lange ignoriert wurden. Sie bieten die Gelegenheit, festgefahrene Denkweisen zu ändern und neue Perspektiven zu entwickeln. Die legitimen Fragen lauten: „Wo wurden Fehler gemacht?" und „Welche Veränderungen sind notwendig, um eine Wiederholung zu verhindern?" Immer wenn bestehende Strukturen nicht mehr funktionieren, entsteht Raum für neue, kreative Lösungsansätze.

Politisch vernünftige Konzepte erfordern eine Kombination aus Pragmatismus, Moral und Weitsicht. Sie sollten nicht nur auf die kurzfristige Bewältigung des Problems abzielen, sondern darauf, einmal gemachte Fehler nicht zu wiederholen. Zur sinnvollen Beantwortung müssen Entscheidungen auf soliden Daten und fundierten Analysen beruhen. Emotionales oder ideologisch geprägtes Handeln bringt selten langfristig brauchbare Lösungen. Nur durch eine gemeinsame Anstrengung können Lösungen gefunden werden, die von allen akzeptiert und mitgetragen werden. Die Lösungen dürfen nicht nur auf das Hier und Jetzt abzielen, sondern müssen auch zukünftige Generationen und deren Bedürfnisse im Blick behalten.

Eine gesunde Interkonnektivität fordert zur Diversität in den Netzwerken heraus. Statt zu sehr auf einen Akteur, ein Land oder eine Region angewiesen zu sein, sollten vielfältige Relationen gepflegt werden, um die Risiken zu streuen. Dies gilt sowohl für Handelsbeziehungen als auch für sicherheitspolitische Bündnisse. Der Zugang zu Ressourcen, sei es Wissen, Technologie oder natürliche Ressourcen, sollten in einem vernetzten System gleichmäßig verteilt sein. Nur so können alle Akteure ihre Rolle sinnvoll ausfüllen und von der Interkonnektivität profitieren. Interkonnektivität baut auf eine gut abgestimmte multilaterale

Entscheidungsfindung der internationalen Payer, von der alle Beteiligten profitieren können.

In den internationalen Beziehungen sind diese Prozesse substanziell. Da Konzepte der Gruppenpolarisierung und der sozialpsychologische Einfluss von Führungspersönlichkeiten fallen hierbei ins Gewicht. Da diplomatische Verhandlungen von psychologischen Strategien beeinflusst sind, wird besonders auf Vertrauen, Empathie und Verständnis gesetzt, um den nötigen Erfolg von Verhandlungen zu erzielen. Das Konzept des "Win-Win"-Ansatzes fördert die internationale Kooperation. Die politologische Herangehensweise beginnt damit, die komplexen Dynamiken innerhalb internationaler Gesellschaften zu analysieren. Die holistische Betrachtungsweise berücksichtigt die verschiedenen Dimensionen, wie politische, wirtschaftliche, soziale, psychologische und philosophische Faktoren. Diese interdisziplinäre Perspektive ermöglicht es, das Verhalten von Akteuren und die Entstehung von politischen Entscheidungen in einem breiteren gesellschaftlichen Kontext zu verstehen.

Beiseite zu treten oder einen Schritt zurückzutreten, um eine Situation ohne direkte Beteiligung zu beobachten, kann wertvolle Erkenntnisse und eine klarere Perspektive liefern. Durch die Beobachtung aus der Ferne wird das Gesamtbild interessanterweise klarer, emotionale Vorurteile werden reduziert. In Konfliktsituationen hilft das

Zurücktreten, die Spannung abzubauen und einen konstruktiveren Dialog zu starten. Mit einer klareren Sicht werden innovative Lösungen leichter entwickelt, an die zu Beginn der Situation gar nicht gedacht wurde. Durch Beobachten werden die Gegen-Parts gestärkt, indem sie Raum zum Reflektieren erhalten.

Die psychologischen Eigenschaften und persönlichen Erfahrungen von Staatsführern beeinflussen nicht unwesentlich die außenpolitischen Entscheidungen. Wie Regierungen oder Akteure ihre Gegner und Verbündeten wahrnehmen, beeinflusst die Entstehung und Lösung internationaler Konflikte. Psychologische Faktoren wie kognitive Verzerrungen, Gruppendenken und Emotionen spielen mit, wie politische Entscheidungen getroffen werden. Auch politische Entscheidungsträger nutzen nicht selten kognitive Abkürzungen, um komplexe Probleme zu vereinfachen. Dies deutet auf Fehlentscheidungen hin, insbesondere in Krisensituationen. Es ist nun einmal so, dass Entscheidungsträger sich gerne auf Informationen einlassen, die ihre vorgefassten Meinungen bestätigen oder am leichtesten zugänglich sind.

Ein übermäßiges Vertrauen in das eigene Wissen neigt zu riskanten außenpolitischen Entscheidungen. Regierungen reagieren auf Bedrohungen nicht immer rational. In Krisen treffen sie aufgrund der Gefühlslagen überstürzte Entschlüsse. Sie nutzen psychologische

Taktiken, um die Meinung der Bevölkerung zu beeinflussen. In autoritären Regimen wird Propaganda dazu verwendet, Feindbilder zu schaffen oder nationale Identität zu forcieren. In Demokratien kann die öffentliche Meinung durch Medien und politisches Framing manipuliert werden, was die außenpolitischen Entscheidungen beeinflusst.

Psychologische Faktoren wie Stress und Zeitdruck nehmen In Krisen entweder zu oder lähmen sogar die Aktivitäten. Führungspersönlichkeiten neigen in solchen Situationen zu vereinfachten und fehlerhaften Denkprozessen. Indem man die psychologischen Mechanismen, die hinter politischen Entscheidungen stehen, objektiv erkennt, lassen sich internationale Konflikte besser analysieren und besser behandeln. Der Einsatz von Geld zur Beeinflussung von Entscheidungen oder zur Förderung bestimmter Interessen, selbst wenn es für ethische Zwecke geschieht, kann das Vertrauen in den eigentlichen Zweck oder die Integrität des Prozesses untergraben.

Dies ist besonders in den USA deutlich sichtbar, vor allem in Wahlkämpfen und im Einfluss der Wirtschaft auf die Politik. Oft ist nicht klar ist, ob die Spenden aus einem echten Wunsch nach sozialer Verbesserung stammen oder ob sie verdeckte Absichten verfolgen, wie den Ausbau politischer Macht oder Einfluss. Der Begriff "Ethik-Washing" oder "Greenwashing" wird häufig verwendet, um solche Praktiken zu beschreiben, bei denen Unternehmen ethische Anliegen vorgeben, aber primär Profit oder Machtzuwächse im Auge haben. Das Grundproblem hierbei ist, dass ethische Anliegen durch den manipulativen Einsatz von Geld nicht mehr als rein und aufrichtig wahrgenommen werden. Es stellt sich die Frage, ob wahre ethische Fortschritte erzielt werden können, wenn die Mittel zur Erreichung dieser Ziele auf ungleichem und oft intransparentem finanziellen Einfluss beruhen. Wenn Menschen glauben, dass Geld die moralischen Entscheidungen steuert, verlieren sie möglicherweise das Vertrauen in die Integrität der ethischen Sache selbst.

Der Kampf der Gier in der internationalen Politik ist ein bedeutendes Thema, das die Welt seit Jahrhunderten prägt. Gier, verstanden als maßlose Begierde nach Macht, Ressourcen oder wirtschaftlicher Vorherrschaft, hat viele Konflikte und politische Entscheidungen motiviert. Sie beeinflusst internationale Beziehungen und führte oft zu Ausbeutung, Ungerechtigkeit und Verzweiflung, sowohl auf staatlicher als auch auf menschlicher Ebene. Gier zeigt sich häufig in geopolitischen Konflikten, bei denen Staaten Macht oder Einfluss in bestimmten Regionen anstreben. Diese Gier nach Macht und Ressourcen, sei es in Form von Territorien, Bodenschätzen, wirtschaftlicher Dominanz oder militärischer Überlegenheit hat in der Geschichte unzählige Kriege verursacht. Eines der klassischsten Beispiele ist der Kolonialismus, bei dem europäische Mächte in Afrika, Asien und Amerika Länder besetzten und ausbeuteten, um ihre eigenen Interessen und den Reichtum ihrer

Nationen zu maximieren. Für die betroffenen Völker bedeutete dies oft Verzweiflung und Verlassenheit, da sie ihrer Freiheit beraubt, ausgebeutet und kulturell zerstört wurden.

Auch heute zeigt sich die Gier in globalen Machtkämpfen. Der Wettlauf um Ressourcen wie Öl, Gas und seltene Erden führt zu politischen Spannungen und Umweltzerstörung. In Ländern mit reichen Bodenschätzen, wie etwa in Teilen Afrikas oder dem Nahen Osten, hat die Gier nach Ressourcen häufig zu internen Konflikten und Bürgerkriegen geführt. Großmächte mischen sich in die inneren Angelegenheiten dieser Länder ein, um ihre eigenen wirtschaftlichen Interessen zu schützen, was häufig die Verzweiflung der lokalen Bevölkerung verstärkt, die in einem Kreislauf der Gewalt gefangen ist. Darüber hinaus führt die Gier nach wirtschaftlicher Dominanz auf internationaler Ebene zu ungleichen Handelsbeziehungen und wirtschaftlicher Ausbeutung. Industrieländer drängen oft ärmere Nationen in unfaire Handelsabkommen oder Schuldenfallen, die deren Entwicklung behindern und die Kluft zwischen Arm und Reich vergrößern. Solche Praktiken führen zu wirtschaftlicher Stagnation und sozialer Verzweiflung in den betroffenen Ländern, während die Gier der wohlhabenderen Nationen weiter wächst. Im menschlichen Maßstab führt der globale Kampf der Gier meist zu einem Gefühl der Verlassenheit und Hoffnungslosigkeit, nicht nur bei den Bevölkerungen in den konfliktgeplagten Regionen. Auswirkungen der Macht- und

Ressourcenpolitik treffen genauso die mitmischenden Partizipanten.

Die Philosophie der Asymptoten ist ein faszinierendes Konzept, das sich aus der Mathematik ableiten lässt, aber auch in der Philosophie tiefere metaphorische und konzeptionelle Bedeutung erlangen kann. In der Mathematik bezeichnet eine Asymptote eine Linie, der sich eine Kurve unendlich nähert, ohne sie je zu berühren. Diese Idee kann auf philosophische Fragestellungen angewendet werden, insbesondere in Bezug auf Unendlichkeit, Erkenntnis, Perfektion und das Streben nach Zielen, die unerreichbar scheinen. Die Asymptote kann als Metapher für das menschliche Streben nach Zielen, Idealen oder Wahrheiten verstanden werden, die prinzipiell unerreichbar sind. In der Ethik könnte dies beispielsweise das Streben nach moralischer Perfektion sein. Menschen versuchen, ideale ethische Prinzipien zu verkörpern, wissen aber, dass sie niemals vollkommen moralisch handeln können. Dennoch treibt das Ziel des Ideals das menschliche Verhalten an.

In der Erkenntnis-Philosophie lässt sich dies auf die Suche nach absolutem Wissen oder der Wahrheit übertragen. So wie die Kurve sich der Asymptote nähert, ohne sie jemals zu erreichen, könnte auch der menschliche Verstand immer mehr Wissen und Verständnis anhäufen, ohne jemals vollständige, absolute Erkenntnis zu erlangen. Asymptoten symbolisieren das Paradoxon von Unendlichkeit und Begrenzung zugleich. Die Kurve nähert sich der Linie, aber es gibt immer eine Distanz, die sie nicht überwinden kann, egal wie nah sie kommt. Dies könnte in der Ontologie oder Existenzphilosophie als ein Symbol für die menschliche Existenz interpretiert werden: Menschen sind begrenzte Wesen, leben aber in einer Welt, die von unendlichen Möglichkeiten und unerreichbaren Zielen durchdrungen ist.

In der Zeit-Philosophie steht die Asymptote für die Idee, dass die Gegenwart immer schon in der Vergangenheit liegt, während die Zukunft immer näher rückt, aber nie vollständig eintritt. Zeit bewegt sich kontinuierlich, aber es gibt keine greifbare Endlichkeit, die das Ende der Zeit oder das absolute Jetzt repräsentieren könnte. Bei Platon ist die Asymptote ein symbolisches Bild für das Verhältnis zwischen der unvollkommenen, sinnlich erfahrbaren Welt und den vollkommenen, unerreichbaren Ideen oder Formen. Die physischen Dinge in der Welt streben danach, den reinen Ideen so nahe wie möglich zu kommen, erreichen sie aber niemals vollständig.

Der Mensch kann versuchen, sich einem Ideal oder einer perfekten Form zu nähern, aber die tatsächliche Erreichung dieses Ideals ist prinzipiell unmöglich. Das Streben selbst hat jedoch Wert, denn es bedingt Fortschritt, Entwicklung und Selbstreflexion. In existenziellen und postmodernen philosophischen Traditionen wird die Asymptote als Symbol für die Spannung zwischen dem, was wir anstreben, und dem, was wir tatsächlich erreichen, gesehen. Es gibt eine ewige Spannung zwischen Wunsch und Realität, zwischen dem, was sein könnte, und dem, was ist. In der existenziellen Philosophie, etwa bei Sartre oder Kierkegaard, ist der Mensch dazu verdammt, nach Bedeutung zu suchen, obwohl er weiß, dass er sie niemals in einer endgültigen oder absoluten Form finden kann. Nur die Schlussfolgerungen befinden sich auf dem Abstellgleis des Nihilismus. Denn diese Spannung ist nicht nur eine Quelle der Verzweiflung, sondern auch des Lebenssinns. Das Bewusstsein, dass das absolute Ziel unerreichbar ist, gibt dem Leben eine gewisse Freiheit und Offenheit. Menschen können weiterhin nach Bedeutung und Erfüllung streben, ohne das Gefühl zu haben, dass es eine festgelegte, vorherbestimmte Endstation gibt.

Eine asymptotische Annäherung kann auch dialektisch interpretiert werden: die Bewegung hin zu einem Ziel ist gleichzeitig eine Bewegung des Erkennens, dass das Ziel in seiner reinen Form unerreichbar ist. Diese Dialektik lässt sich auf viele philosophische Diskurse anwenden, sei es im Hinblick auf das Verhältnis zwischen Subjekt und Objekt, Mensch und Natur oder Selbst und Welt. Die Asymptote repräsentiert eine dynamische Beziehung, in der das Annähern an eine Grenze gleichzeitig bedeutet, die Existenz und die Unüberwindbarkeit dieser Grenze zu akzeptieren. Dies kann in der Beziehung zwischen Wissen und Nichtwissen oder zwischen Freiheit und Determinismus zum Ausdruck kommen.

Die Metapher der Asymptoten kann auch in den Realszenarien der internationalen Politik angewendet werden, um das komplexe Zusammenspiel von Macht, Idealen, Realpolitik und geopolitischen Interessen zu beschreiben. Staaten, besonders Großmächte, streben danach, ihre Macht auszuweiten, um Einfluss auf die globale Ordnung zu nehmen. Die Idee der Asymptote verdeutlicht jedoch, dass vollständige Hegemonie als eine Kontrolle über das internationale System ein unerreichbares Ziel bleibt. Selbst Supermächte wie die USA, China oder Russland könnten sich immer nur einer vollständigen globalen Dominanz annähern, aber nie den absoluten Punkt erreichen, an dem sie alles und jeden kontrollieren.

Das Streben nach Hegemonie ist also asymptotisch. Die Großmächte nähern sich diesem Ziel, stoßen jedoch immer auf Grenzen in Form von regionalen Mächten, internationalen Institutionen oder globalen Krisen, die sie in ihrer Macht begrenzen. Der Kalte Krieg ist ein typisches Beispiel dafür, wie die USA und die Sowjetunion versuchten, globale Vorherrschaft zu erlangen, ohne sie jemals wirklich zu erreichen. Ihr Machtstreben traf auf eine asymptotische Grenze, die durch das Kräftegleichgewicht und die wechselseitige nukleare Abschreckung definiert war. Ein weiteres Beispiel ist das Streben nach globalem Frieden und Stabilität. Internationale Organisationen wie die Vereinten Nationen setzen sich das Ziel, dauerhaften Frieden und stabile Beziehungen zwischen den Staaten zu fördern. Doch trotz der

Bemühungen scheint vollständiger, weltweiter Frieden ein unerreichbares Ideal zu bleiben. Wohl könnte sich die internationale Gemeinschaft diesem Ziel nähern, aber immer wieder führen Konflikte, Interessensunterschiede oder geopolitische Spannungen zu Rückschlägen. Es gibt Fortschritte im Bereich der Konfliktvermeidung und Diplomatie, aber auch neue Herausforderungen, wie der Klimawandel, regionale Kriege oder die Konkurrenz um Ressourcen, verhindern als nächstes eine vollständige Verwirklichung dieses Ideals.

Die internationale Politik ist ja im Grunde bestrebt, universelle Menschenrechte durchzusetzen und globale Gerechtigkeit zu fördern. Institutionen wie der Internationale Strafgerichtshof oder NGOs wie Amnesty International arbeiten daran, die Einhaltung der Menschenrechte weltweit zu sichern. Doch auch hier zeigt sich die asymptotische Natur: die Verwirklichung eines globalen Systems, in dem alle Menschen gleichberechtigt und gerecht behandelt werden, bleibt bis dato ein theoretisches Ideal, dem sich die Welt nur annähern kann, ohne es jemals vollständig zu erreichen. Dies wird durch die Tatsache verdeutlicht, dass Menschenrechtsverletzungen trotz internationaler Vereinbarungen und Gesetze weiterhin ständig auftreten. Autokratische Regime, wirtschaftliche Ungleichheit, geopolitische Interessen oder schwache supranationale Institutionen erschweren die vollständige Durchsetzung von Menschenrechten. Die internationale Politik bewegt sich in Richtung dieses Ideals, erreicht es aber voraussichtlich nie.

Die globale Diplomatie wird als ein fortwährender Prozess der Annäherung zwischen verschiedenen Nationen verstanden. Der diplomatische Dialog insbesondere zwischen verfeindeten oder konkurrierenden Mächten ist der kontinuierliche Versuch, Einigung zu finden. Doch wie bei einer Asymptote erreicht dieser Prozess selten einen endgültigen Punkt der völligen Übereinstimmung oder Harmonie. Stattdessen nähern sich Staaten einander an, bleiben aber in gewisser Weise immer auf Distanz. Dies zeigt sich deutlich in den Verhandlungen über Abrüstungsverträge, Handelsabkommen oder Klimaschutzmaßnahmen. Staaten bewegen sich oft in Richtung einer Einigung, aber die volle Realisierung gemeinsamer Ziele, etwa die vollständige nukleare Abrüstung oder die völlige Eindämmung des Klimawandels, bleibt in der Realität fast unerreichbar.

Das Phänomen der Globalisierung, bei dem sich Staaten wirtschaftlich, kulturell und politisch immer mehr vernetzen, kann ebenfalls in einem asymptotischen Verhältnis betrachtet werden. In der Theorie könnte Globalisierung zu einer gleichberechtigten Weltwirtschaft führen, in der alle Länder von offenen Märkten und ungehindertem Handel profitieren. Doch in der Realität bleibt dieses Ideal unerreichbar, da nationale Interessen, wirtschaftliche Ungleichheiten und geopolitische Spannungen die Globalisierung begrenzen. Das Streben nach wirtschaftlicher Integration und globalem Wohlstand bleibt also asymptotisch. Die Weltwirtschaft bewegt sich in diese Richtung, aber eine vollkommen gerechte und harmonische globale Wirtschaftsordnung bleibt außerhalb der Reichweite. Dieser asymptotische Charakter zeigt, dass politische Prozesse, wie in der Mathematik, ein ständiges Annähern an Ideale sind, die aus strukturellen, historischen und menschlichen Gründen nie vollständig realisiert werden. Dies führt zu einer dauerhaften Spannung zwischen dem, was politisch möglich ist, und dem, was tatsächlich erreichbar ist.

Wie ist dieses Dilemma zu beheben? Ein vielversprechender Weg bestünde darin, einen pragmatischen Idealismus zu verfolgen. Dieser Ansatz erkennt die Bedeutung idealistischer Ziele an, berücksichtigt aber gleichzeitig die praktischen Realitäten der internationalen Politik. Anstatt eine sofortige Verwirklichung idealistischer Ziele anzustreben, sollte der Fokus auf einer graduellen Annäherung liegen. Kleine, aber stetige Fortschritte können langfristig zu bedeutenden Veränderungen führen. Die Entwicklung flexibler Strategien ermöglicht es, auf veränderte Umstände und unvorhergesehene Hindernisse zu reagieren, ohne die übergeordneten Ziele aus den Augen zu verlieren. Die Entwicklung eines globalen Bewusstseins würde die Spannung zwischen nationalen Interessen und internationalen Idealen verringern. In einem internationalen Verständnis und mit interkultureller Kompetenz ließe sich die theoretische Basis für eine kooperativere Weltordnung schaffen.

Ein wichtiger Schritt besteht darin, realistische Erwartungen an die

Möglichkeiten und Grenzen internationaler Politik, zu entwickeln. Das bedeutet immerhin, die Komplexität und damit die Interkonnektivität von vornherein zu akzeptieren. Das Verständnis für die Vielschichtigkeit der globalen Herausforderungen hilft, simplifizierende Lösungsansätze zu vermeiden. Die langfristige Perspektive, das heißt die internationale Akzeptanz, dass bedeutende Veränderungen Zeit benötigen, kann die Frustration reduzieren und die Motivation für kontinuierliche Bemühungen aufrechterhalten. Durch die Kombination dieser Ansätze kann das Dilemma zwischen idealistischen Zielen und realpolitischen Zwängen konstruktiv angegangen werden.

Tatsachen alleine sind selten vollständig objektiv in ihrer Wirkung auf internationale Beziehungen. Sie erhalten oft erst durch Werturteile Bedeutung und Priorität. Werturteile beeinflussen also die Interpretation und Gewichtung von Tatsachen, was zu unterschiedlichen Sichtweisen und Handlungsstrategien führen kann. Die gängigen Normen fließen in die Bewertung von Tatsachen ein. Ein Regimewechsel in einem Staat wird unterschiedlich beurteilt, je nachdem, ob er im Einklang mit demokratischen Grundsätzen steht oder als Bedrohung für die Freiheit angesehen wird. Werturteile und Tatsachenurteile stehen oft in Zielkonflikten, wenn internationale Interessen und ethische Prinzipien nicht übereinstimmen. Ein wirtschaftlich motivierter Handel mit einem autoritären Staat ist eine Tatsache, kann aber im Konflikt mit dem Werturteil stehen, dass Demokratie und Menschenrechte geschützt werden sollten. Wert- und Tatsachenurteile beeinflussen Verhandlungen und Kommunikation in der Diplomatie. Oft geht es nicht nur darum, Fakten auszutauschen, sondern auch darum, Werturteile zu erklären, um die eigene Position verständlich zu machen. In multilateralen Verhandlungen, etwa in der Klimapolitik, bringt jedes Land seine Tatsachenurteile wie nationale Interessen und technische Möglichkeiten und Werturteile wie die moralische Verantwortung für den Klimawandel ein, was eine Balance zwischen diesen Perspektiven und Zielen notwendig macht.

Die Interkonnektivität von Abstraktheit in der Theorie und Praktikabilität in der Umsetzung ist ein zentrales Thema in Wissenschaft, Politik, Wirtschaft und anderen Anwendungsbereichen. Es beschreibt das Spannungsfeld, aber auch die notwendige Verbindung zwischen konzeptionellen, oft abstrakten Ideen und deren Realisierbarkeit im praktischen Kontext. Die Abstraktheit in der Theorie bezieht sich auf allgemeine Prinzipien, Modelle und Ideen, die unabhängig von konkreten Anwendungsfällen formuliert werden. Die praktischen Ansätze richten sich an aktuellen Herausforderungen und Bedürfnissen aus. Sie liefern Ergebnisse, die direkt messbar und nutzbar sind. Praktische Umsetzungen werden flexibel an den spezifischen Kontext angepasst. Jedoch sind Lösungen ohne eine fundierte theoretische Grundlage bestenfalls kurzfristig, langfristig jedenfalls ineffizient.

Abstraktheit und Praktikabilität stehen nicht in Opposition, sondern ergänzen sich. Ihre Verbindung ist essenziell für Fortschritt. Abstrakte Modelle bieten eine Grundlage für das Verständnis von Zusammenhängen und die Formulierung von Strategien. Theorien liefern neue Ansätze, die in der Praxis getestet werden können. In der Praxis wird validiert, es wird getestet, ob Theorien Bestand haben. Die Praxis zeigt, wie universelle Modelle auf lokale Gegebenheiten angepasst werden. Die Interkonnektivität von Abstraktheit in der Theorie und Praktikabilität in der Umsetzung ist ein dynamischer Prozess, der einen ständigen Austausch erfordert. Die Theorie dient als Vision und Praxis überträgt diese Vision in die Realität. Erfolgreiche Modelle entstehen, wenn beide Dimensionen gleichwertig berücksichtigt werden und voneinander lernen.

"Zu guten Theorien kommt man durch Probieren und durch Ausschaltung der schlechten Theorien. Es gibt keinen Weg, den man voraussehen kann, der zu guten Theorien führt. So wie man zu guten Formen kommt durch Phantasie und durch Vernichtung der schlechten Formen " Sir Karl Popper, einer der einflussreichsten Philosophen des 20. Jahrhunderts, bringt mit diesem Zitat seine Philosophie des Kritischen Rationalismus auf den Punkt. Seine Antwort bietet eine erkenntnistheoretische Grundlage für den Umgang mit der Interkonnektivität von Theorie und Praxis, indem er betont, wie Theorien entwickelt, getestet und verfeinert werden sollten: Wissenschaftliche

Theorien wie die Relativitätstheorie von Einstein entstanden nicht durch lineares Denken, sondern durch imaginative Vorstellungen, die zunächst abstrakt und spekulativ waren. Praktische Innovationen, wie das Design von Technologien, basieren oft auf der Vorstellungskraft, bevor sie getestet werden. In der Wissenschaft zeigt sich dies im iterativen Prozess von Hypothese, Experiment und Revision. Schlechte Hypothesen werden verworfen, während sich belastbare Theorien behaupten.

Theorien müssen offen für Kritik und Anpassungen sein, um praktische Anwendbarkeit zu erreichen. Theorien und praktische Anwendungen durchlaufen Zyklen von Entwicklung, Test und Anpassung. Dieser Ansatz vermeidet die Stagnation und ermöglicht kontinuierlichen Fortschritt. Die initiale Phase der Theoriebildung erfordert kreatives Denken. Die Praxis spielt jedoch eine entscheidende Rolle, indem sie Theorien auf ihre Tauglichkeit prüft. Poppers Philosophie erinnert daran, dass Irrtümer keine Rückschläge sind, sondern integrale Schritte auf dem Weg zur Wahrheit und zur praktischen Umsetzung von Ideen.

Der Dialog zwischen verschiedenen Ländern und Kulturen ist entscheidend. Das Aufbauen von Vertrauen und das Fördern von Kooperation können dazu beitragen, Spannungen abzubauen und gemeinsame Werte zu finden. Internationale Foren und Organisationen spielen dabei eine wichtige Rolle. Das Augenmerk auf Bildung über die Komplexität internationaler Beziehungen und die Herausforderungen bei der Verwirklichung idealistischer Ziele schärfen das Bewusstsein, um ein besseres Verständnis zu erreichen. Wenn Ideale wie Frieden und Gerechtigkeit als Prozesse statt als Endzustände betrachtet werden, könnte das ständige Annähern selbst als Erfolg bewertet werden. Ein flexiblerer Ansatz, der an die veränderlichen geopolitischen Realitäten angepasst ist, könnte die Akzeptanz fördern, dass es um Fortschritte und nicht um Perfektion geht.

Inhalt und Stil sind in den internationalen Beziehungen eng miteinander verwoben. Ein überzeugender Inhalt kann durch einen schlecht gewählten Stil verwässert werden, während umgekehrt ein geschickter diplomatischer Stil dazu beitragen kann, die Akzeptanz von politisch heiklen Inhalten zu erleichtern. Hier spielen kulturelle Unterschiede, historische Erfahrungen und Erwartungen der beteiligten Akteure eine wichtige Rolle. Beispielsweise erwarten einige Staaten eine formale und respektvolle diplomatische Kommunikation, während andere auf informellere und pragmatischere Verhandlungen setzen. Ein diplomatischer Stil, der zu aggressiv oder überheblich ist, kann sogar einen sinnvollen Inhalt unterminieren, indem er das Vertrauen zwischen den Verhandlungspartnern beschädigt. Ein Beispiel dafür ist die Rhetorik von Großmächten, die in geopolitischen Konflikten oft harten Worten Taten folgen lassen, was zu Eskalationen führen kann.

Die zunehmende Medialisierung der internationalen Politik verstärkt die

Bedeutung des Stils noch weiter. In der modernen Medienlandschaft wird jede diplomatische Interaktion, Pressekonferenz oder internationale Rede fast unmittelbar global verbreitet und analysiert. Politiker und Staatsoberhäupter sind sich dessen bewusst und passen ihren Stil oft bewusst an, um bestimmte Narrative zu fördern oder zu vermeiden. Inhalt und Stil stehen in einer symbiotischen Beziehung. Ein effektiver politischer Akteur muss nicht nur substanzielle Positionen und Lösungen entwickeln, sondern auch den richtigen Stil wählen, um diese zu kommunizieren und durchzusetzen. Die internationale Politik ist somit nicht nur ein Wettstreit um Interessen und Macht, sondern auch eine Bühne, auf der der Stil oft ebenso entscheidend für den Erfolg ist wie der Inhalt.

Dazu haben sich verschiedene Denkschulen entwickelt, die nicht nur inhaltliche Schwerpunkte setzen, sondern auch einen charakteristischen Stil prägen. Der Idealismus beispielsweise, der auf Fortschritts- und Vernunftglauben basiert, tendiert zu einem optimistischen und kooperativen Sprachgebrauch. Im Gegensatz dazu neigt der Realismus zu einer nüchternen, machtorientierten Rhetorik Die Art und Weise, wie Staaten ihre Macht projizieren, ist untrennbar mit dem Inhalt ihrer Politik verbunden. Das Konzept der "Soft Power" beispielsweise betont die Bedeutung von Kultur, politischen Werten und Außenpolitik als Mittel der Einflussnahme. Hier verschmelzen Inhalt und Stil zu einem ganzheitlichen Ansatz der internationalen Beziehungen. Auch in der akademischen Auseinandersetzung mit internationaler Politik zeigt sich die enge Verbindung von Inhalt und Stil. Metatheoretische Debatten in den internationalen Beziehungen reflektieren nicht nur unterschiedliche inhaltliche Positionen, sondern auch verschiedene Herangehensweisen an die Analyse globaler Phänomene.

Ähnlich wie in der Mathematik, wo sich asymptotische Kurven dem Ziel nähern, ohne es zu erreichen, könnte die internationale Politik von einem pragmatischen Ansatz profitieren, der ständige Anpassungen und Korrekturen in den Mittelpunkt stellt. Hierbei wird nicht das perfekte Endziel angestrebt, sondern eine fortwährende Verbesserung. Dieses iterative Vorgehen erlaubt es, auf Veränderungen der globalen Dynamik zu reagieren und schrittweise Fortschritte zu erzielen. Vielleicht liegt die Lösung nicht darin, das Dilemma zu beheben, sondern es zu akzeptieren. Die Erkenntnis, dass politische Ideale immer asymptotisch bleiben werden, könnte einen neuen Realismus in der Politik fördern. Diese Akzeptanz würde zu einem rationaleren und weniger emotionalen Umgang mit politischen Rückschlägen führen und den Druck verringern, perfekte Lösungen zu finden.

Der Gedanke, dass Frieden mit einem rücksichtslosen Aggressor nur mit dem Bewusstsein von Stärke oder sogar durch Drohungen erreicht werden kann, ist in der politischen und historischen Psychologie gut verankert. Diese Sichtweise basiert auf der Erfahrung, dass Aggressoren von der Wirkung der Schwäche anderer profitieren und daher eher bereit sind, auf Gewalt oder Druck zu reagieren, als auf Verhandlungen oder Zugeständnisse. Oftmals wurde versucht, Aggressionen durch Nachgeben oder Zugeständnisse zu mildern, was jedoch zu einer Eskalation des Konflikts führte, anstatt ihn zu entschärfen. Die Strategie der Dominanz, einschließlich militärischer Stärke oder wirtschaftlichem Druck, kann berechtigte Impressionen von Bedrohungen und das Risiko von Aggressionen abmildern. Aggressives Verhalten, das nicht bestraft oder herausgefordert wird, neigt dazu, sich auszuweiten. Dies basiert auf Prinzipien der positiven Verstärkung: Wenn ein Aggressor keine negativen Konsequenzen für sein Verhalten erlebt, wird dieses Verhalten als erfolgreich angesehen und wahrscheinlich wiederholt.

Die Drohung als diplomatisches oder militärisches Mittel ist oft unerlässlich, um Aggressoren abzuschrecken. Sie signalisiert, dass eine Eskalation ernste Konsequenzen haben wird. Es handelt sich dabei um ein klassisches Spiel der Glaubwürdigkeit. Eine Drohung ist nur dann wirksam, wenn sie glaubwürdig ist, also die Gegenseite davon überzeugt ist, dass sie im Fall einer Grenzüberschreitung auch umgesetzt wird. In Konfliktsituationen, ob in der internationalen Politik oder im persönlichen Bereich, können Drohungen dazu beitragen, ein Gleichgewicht herzustellen. Wenn die Gegenseite weiß, dass bestimmte Handlungen mit harten Gegenmaßnahmen beantwortet werden, wird sie kaum zur Aggressivität greifen.

Ein herausragendes Beispiel ist die Politik der Abschreckung während des Kalten Krieges. Die Bedrohung durch den Einsatz von Atomwaffen auf beiden Seiten, der USA und der Sowjetunion sorgte dafür, dass es zu keiner direkten militärischen Konfrontation kam, weil der potenzielle Schaden zu groß war. Hier wurde die Drohung zu einem wenn auch beängstigendem Mittel, um den Frieden zu wahren. Angst war immer schon, und zwar nachweislich, ein schlechter Ratgeber in der internationalen Politik. Viel effektiver ist es, auf feste Diplomatie und Verhandlungen zu setzen, anstatt Entscheidungen aus Angst heraus zu treffen. Erst ein offener Dialog kann Missverständnisse klären und Vertrauen zwischen den Kontrahenten aufbauen. „Feste Diplomatie" verweist dabei auf die Standhaftigkeit und die klare Prinzipienorientierung, während „angstfrei" bedeutet, dass Verhandlungen und Beziehungen ohne die Manipulation von Angst oder Druck verlaufen sollen.

Die NATO-Strategie gegenüber Russland seit dem Ende des Kalten Krieges basiert auf einer Balance aus Diplomatie und der Drohung durch militärische Verteidigungsbereitschaft. Während Dialog und Verhandlungen eine Rolle spielen, bleibt die Möglichkeit einer militärischen Antwort immer präsent, um Diktatoren von weiteren aggressiven Handlungen abzuhalten. Ein Friedensschluss, der nicht auf einer Balance der Kräfte oder auf einer glaubwürdigen Drohung beruht, ist illusorisch. Dann fühlt sich die eine Seite ermutigt, die Schwächen der anderen auszunutzen. Der Realismus in der internationalen Politik behauptet jedoch, dass moralische Erwägungen nicht über die Notwendigkeit der Selbsterhaltung gestellt werden dürfen. In einem System, in dem Aggressoren keine anderen Mittel als die der Stärke respektieren, könnte eine pazifistische Haltung langfristig zu mehr Leid führen.

17. CONTENT UND KOMMUNIKATION

Politische Kommunikation zielt darauf ab, Aufmerksamkeit und Zustimmung zu generieren. Dafür werden rhetorische Mittel, Schlagwörter und andere Techniken strategischer Kommunikation eingesetzt. Die Botschaften müssen dabei an die jeweilige Zielgruppe und den Kommunikationskanal angepasst werden. Soziale Medien haben die politischen Kommunikationsstrukturen massiv verändert. Sie bieten neue Interaktionsmöglichkeiten zwischen politischen Akteuren und Bürgern, stellen aber auch erhöhte Anforderungen an die Kommunikationskompetenz. Der Zuwachs an Kommunikation durch digitale Medien bedeutet zugleich erhöhte Anforderungen an die Verantwortung der Nutzer - sowohl auf Seiten der Bürger als auch der politischen Akteure. Insgesamt zeigt sich, dass die effektive Steuerung von Inhalten und Kommunikation eine Kernaufgabe moderner Politik ist. Nur wer beide Aspekte beherrscht, kann langfristig Öffentlichkeitsbindung erreichen und den politischen Diskurs mitgestalten.

Strategische Kommunikationstechniken werden verwendet, um Einfluss zu nehmen, diplomatische Ziele zu erreichen und die öffentliche Meinung zu gestalten. Öffentliche Diplomatie zielt darauf ab, die öffentliche Meinung im Ausland zu beeinflussen, indem die direkte Kommunikation mit ausländischen Institutionen gesucht wird. Dies geschieht durch Nutzung internationaler Medienkanäle oder eigener Plattformen, wie „Russia Today" oder „Al Jazeera", um die eigene Sichtweise zu verbreiten. Die narrative Diplomatie zielt darauf ab, eine kohärente und überzeugende Geschichte oder Erzählung zu etablieren, die die Interessen und Werte einer Regierung oder eines Landes fördert. Diese Techniken umfassen die Schaffung einer klaren, emotional ansprechenden Erzählung, die Werte und Ziele einer Politik darstellt. Politische Entscheidungen und Ereignisse werden in einem bestimmten Licht dargestellt, um ein gewünschtes Verständnis zu erzeugen wie zum Beispiel die Darstellung von Konflikten als Verteidigung von Demokratie gegen Autoritarismus.

Die Interkonnektivität des Gedankenaustausches in der internationalen Kommunikation bezieht sich auf die wechselseitige Verbindung und das Zusammenspiel von Ideen, Informationen und Perspektiven zwischen verschiedenen Kulturen, Ländern und Gemeinschaften weltweit. Der Gedankenaustausch führt zu einem intensiveren kulturellen Verständnis in der globalen Zusammenarbeit. Interkonnektivität schafft Räume, in denen verschiedene Perspektiven auf Themen wie Politik, Wirtschaft, Wissenschaft und Gesellschaft geteilt werden können. Diese Kommunikation führt zu einem besseren Verständnis globaler Herausforderungen und zur Entwicklung gemeinsamer Lösungen.

Soft-Power bezeichnet die Fähigkeit einer Politik, durch Anziehungskraft und Überzeugung, anstatt durch Zwang oder Geld Einfluss auszuüben. Die Verbreitung von Kultur beeinflusst die Haltung gegenüber der Öffentlichkeit. Investitionen in Bildungseinrichtungen und akademische Kooperationen verbessern das Image eines Landes und schaffen langfristige Verbindungen. Finanzielle und humanitäre Hilfe stärkt das Vertrauen und die Beziehungen zu anderen Ländern. Obwohl oft negativ konnotiert, ist Propaganda nach wie vor eine zentrale Technik in der internationalen Politik. Hierbei geht es darum, gezielt Informationen zu verbreiten, um die Meinung der Bevölkerung im In- und Ausland zu beeinflussen. Moderne Formen der negativen Propaganda umfassen die gezielte Verbreitung falscher oder irreführender Informationen, um Unsicherheit zu schaffen oder die Legitimität gegnerischer Positionen zu untergraben. Digitale Technologien, einschließlich Social Media und gezielter Online-Kampagnen werden eingesetzt, um Meinungen im globalen Raum zu manipulieren. Allianzen werden geschmiedet, um gemeinsame Positionen zu kräftigen. Hierbei werden sämtliche Formen von Verhandlungen und Konsensbildung durchgespielt.

Neben den offiziellen diplomatischen Kanälen gibt es auch inoffizielle Kanäle der Diplomatie, bei denen nichtstaatliche Akteure wie Wissenschaftler, Künstler oder Meinungsbildner eingebunden werden. Diese Techniken können Spannungen abbauen und Vertrauen aufbauen. Der Einfluss von Opinion Leadern liegt in ihrer Fähigkeit, Informationen zu interpretieren und an eine breitere Zielgruppe weiterzugeben. Sie genießen das Vertrauen bestimmter Bevölkerungsgruppen. Sie werden als glaubwürdige und authentische Quellen wahrgenommen, da sie oft über eine besondere Autorität und Erfahrung verfügen. Diese Vertrauensbasis macht sie zu wirkungsvollen Vermittlern politischer Ideen und Positionen. Meinungsbildner fungieren als Multiplikatoren, da ihre Meinungen und Aussagen von einer breiten Anhängerschaft wahrgenommen und weiterverbreitet werden. Akademiker und Experten bringen politische Themen in spezialisierte Kreise ein und helfen, eine fundierte Diskussion zu fördern, die dann in breitere Debatten einfließen kann.

In Krisenzeiten ist eine kohärente und schnelle Kommunikation entscheidend, um die Krise zu kontrollieren. In der Krise ist das Timing der Veröffentlichung von Informationen entscheidend, um Gerüchten und Panik vorzubeugen. Politiker müssen abwägen können, wie viel sie offenlegen, um einerseits Vertrauen zu schaffen und andererseits ihre Position zu schützen. Persönliche Treffen zwischen führenden Politikern können diplomatische Durchbrüche fördern. Charismatische Führer können durch ihre Persönlichkeit und ihren direkten Kommunikationsstil internationale Beziehungen stark beeinflussen.

Es sind nicht nur die zögerlichen Reaktionen, die als ungeschickt wahrgenommen werden, sondern auch die Form der Kommunikation. Die wiederholte Verwendung von Rhetorik, die mehr auf Konsens als auf klarer Haltung basiert, hat in den letzten Jahren zu einer zunehmenden Beliebigkeit in der deutschen Außenpolitik geführt. Dies zeigte sich nicht nur in den Diskussionen über die Nord Stream 2-Pipeline oder die militärische Unterstützung der Ukraine, sondern auch in der zunehmend inkonsistenten Haltung gegenüber europäischen und internationalen Partnern. Deutschlands Außenpolitik war zu oft von der Vorstellung geprägt, als neutraler Vermittler zwischen den politischen Fronten aufzutreten, statt als handlungsfähiger Akteur mit klaren Interessen.

Die Allüren der deutschen Regierungschefs auf der internationalen Bühne haben oft den Eindruck erweckt, als wolle man sich hinter der Fassade eines gemäßigten, fast schon unschuldigen Akteurs verstecken. Dies führte nicht nur zur von Passivität, sondern auch zu Verunsicherung unter den europäischen Partnern und internationalen Akteuren. Die politische Reaktion auf internationale Herausforderungen wie die Energiekrise, die Flüchtlingsproblematik oder die geopolitischen Spannungen mit China zeigte immer wieder eine Tendenz zur "Krisenbewältigung" statt zur proaktiven Steuerung der Ereignisse. Dabei schien die deutsche Führung oft mehr mit der Wahrung des eigenen politischen Ansehens beschäftigt zu sein, als mit der aktiven Lösung der Probleme.

Ein anderes Thema ist die Verbreitung von Narrativen in den Social Media. Sozialen Medien haben die Art und Weise revolutioniert, wie

319

Geschichten, Meinungen und Informationen verbreitet und konsumiert werden. Narrative, die über diese Kanäle verbreitet werden, haben tiefgreifende Auswirkungen auf Gesellschaft, Politik und Kultur. Die enorme Geschwindigkeit und Reichweite, mit der Narrative in sozialen Medien verbreitet werden, ist beispiellos. Sie ermöglichen es Nutzern, Inhalte in Echtzeit zu teilen, was dazu führt, dass Geschichten und Informationen in kürzester Zeit Millionen von Menschen erreichen. Dieser schnelle Informationsfluss hat sowohl Vorteile als auch Risiken.

Auf der einen Seite ermöglichen sie eine schnellere und breitere Verbreitung von wichtigen Botschaften, die den sozialen Wandel unterstützen. Auf der anderen Seite befeuern sie auch Desinformation, Manipulation und extremistische Tendenzen, die das Vertrauen in Institutionen und den gesellschaftlichen Zusammenhalt untergraben. Da die User dazu neigen, sich aus Narrativen die Elemente herauszugreifen, die sie als relevant oder bedeutend für ihre eigene Situation und ihr Weltbild betrachten, nehmen sie zunächst nicht alle Aspekte eines Narrativs auf, sondern die für sie passenden und emotional ansprechenden Teile.

Narrative werden zumeist als vereinfachte Vision propagiert, während sie die politischen Realitäten ausblenden und so das Weltbild manipulieren. In polarisierten Situationen werden sie zu einem mächtigen Mittel der Beeinflussung und dies birgt verschiedene

Gefahren. Regierungen, Parteien oder Interessengruppen könnten Schlagworte verwenden, um Unterstützung für Maßnahmen zu gewinnen, die möglicherweise nicht wirklich dem Wohl der Allgemeinheit dienen. Wenn beispielsweise der Begriff der wirtschaftlichen Freiheit als Vorwand für Deregulierungen benutzt wird, kommt dies letztlich den Reichen zugute, während die soziale Ungleichheit zunimmt. Populistische Politiker nutzen universell geschätzte Werte gern aus, um unrealistische Versprechen zu überbetonen, um Ängste zu schüren. Die Folge ist eine Polarisierung der Zielgruppen mittels einfacher Problemlösungsangebote, die mehr emotionale als rationale Akzeptanz erfahren.

Influencer, nicht zu verwechseln mit Meinungs-Multiplikatoren, haben in den sozialen Medien eine große Anhängerschaft. In gesellschaftspolitischen Sachfragen verfügen sie meist über wenig Bildungs-fundiertes Sachwissen, dafür über ein frappierendes Kommunikationsqualitäten und mischen im Geschäft der Beeinflussung ordentlich mit. Ihre Meinungen und Geschichten haben großen Einfluss auf ihre Follower und sie beeinflussen mit ihren Präsentationen Trends, Meinungen und Diskurse. Gleichzeitig können sie durch ihre Reichweite auch Desinformation, fragwürdige Produkte oder extreme politische Ansichten verbreiten, ohne dass dies einer strengen Kontrolle unterliegt. Über immer wieder neu eingerichtete populäre Plattformen werden irreführende Inhalte und Fake News viral schnell viral verbreitet und täuschen damit die veröffentlichte Meinung. Durch Algorithmen werden Nutzer in „Echokammern" oder „Filterblasen" gefangen, in deren Eingeschlossenheit hauptsächlich Inhalte angezeigt werden, die bestehende Überzeugungen bestätigen, was die Polarisierung und Radikalisierung nur noch verstärkt. Abweichende Meinungen werden isoliert und extremistische Narrative haben ein Leichtes, sich ungehindert weiter zu verbreiten. Die subjektive Ausrichtung der Wahrnehmung bestimmt, welche Elemente zu Situationsbestandteilen werden. Begriffe, die dem Subjekt zur Verfügung stehen, beeinflussen die Interpretation von Narrativen. Aktualisierte Rollen in den diversen Situationen prägen die Erfassung von Konstellationen. Sie bieten richtige oder verfälschte Angebote an die Rezipienten und verfügen so über die Narration. Es sind die intendierten Lesarten, die die Wahrnehmung steuern. Sie fungieren als Navigationspunkte für komplexe Sachverhalte im kollektiven Wissen. Die Verarbeitung der Information ist auf die Erkennung des Narrativs gerichtet. Die Verantwortung bei den Rezipienten und Usern ist groß und ohne Wissensunterstützung nicht bewältigbar.

Bedingt durch die Herausforderungen wird der Ruf nach professionellen Evaluierungen und Assessments immer dringlicher. Ihre Aufgabe in den sozialen Medien wird es sein, Narrative zu analysieren. Ihnen ist es möglich, versteckt intendierte Wirkungen aufzudecken und die Sachverhalte evidenzbasiert einzuordnen. Es ist die perfekte

Serviceleistung an die Welt der sozialen Medien, denn sie hilft, Fakten von Fiktion zu trennen. Mit den einschlägigen empirischen Methoden und neuerdings mit Hilfe des Einsatzes von Algorithmen, KI und Fact-Checking-Tools identifizieren sie schnell falsche Narrative oder irreführende Behauptungen. Dies ist entscheidend, um die Verbreitung von Desinformation zu stoppen, bevor sie sich viral verbreitet. Solche Evaluierungen schaffen Transparenz, mit der politische Akteure oder Unternehmen zur Rechenschaft gezogen werden können, wenn sie versuchen, die öffentliche Meinung auf manipulative Weise zu beeinflussen. Ebenso lassen sich extremistische Tendenzen schnell aufdecken.

18. NEXT-GENERATIONS AUSRICHTUNG

Die Konzeptualisierung von „Next Generation" im Zusammenhang strategischer Planung umfasst die Berücksichtigung neuer Technologien, des sich verändernden Umfeldes sowie der Bedürfnisse und der Erwartungen zukünftiger Generationen. Es sind dies alles Vorbedingungen, die als Prädispositionen für effektive strategische Pläne dienen. Auch sie müssen in mehreren Dimensionen betrachtet werden. Technologien wie künstliche Intelligenz, Quantencomputing, Blockchain und grüne Energie sind Game-Changer, die die Art und Weise, wie Staaten wirtschaften, kommunizieren und Konflikte führen, radikal verändern werden. Diese Technologien sind stark miteinander verknüpft. Beispielsweise hängt die Zukunft der grünen Energien von Fortschritten in der Speichertechnologie und der Digitalisierung ab. Wer in diesen Bereichen führend ist, kann geopolitische Machtstrukturen verschieben, da technologische Überlegenheit neue Arten von Abhängigkeiten schafft und traditionelle Machtzentren in Frage stellt.

Der Klimawandel ist vielleicht der umfassendste Game-Changer der Next Generation, da er globale Sicherheit, Migration, Wirtschaft und Gesundheit betrifft. Die Interkonnektivität von Ressourcenknappheit, Umweltkatastrophen und geopolitischen Spannungen ist offensichtlich. Ein Land, das von Wasserknappheit betroffen ist, kann zu einem Hotspot für regionale Konflikte oder massive Migration werden, was wiederum die globale politische Instabilität verstärkt. Zudem forciert der Klimawandel Innovationen im Bereich der grünen Technologien, die wiederum in direkter Konkurrenz zu fossilen Energiequellen stehen, was tiefgreifende wirtschaftliche und politische Verschiebungen auslöst.

Ob in Form neuer Technologien, geopolitischer Allianzen, wirtschaftlicher Verschiebungen oder sozialer Bewegungen wirken Game-Changer in einem komplexen Netzwerk von Einflüssen und Wechselwirkungen. Neue Technologien verändern nicht nur die Arbeitsmärkte, sondern beeinflussen auch militärische Strategien, den internationalen Handel und die diplomatischen Beziehungen. Wer bei der Entwicklung von KI an der Spitze steht, erhält einen strategischen Vorteil in mehreren Bereichen gleichzeitig, wirtschaftlich, militärisch und in der globalen Einflussnahme. Dies verschärft den technologischen Wettlauf zwischen den Großmächten, wie etwa den USA und China, und führt zu neuen geopolitischen Spannungen. Veränderungen im politischen Diskurs wirken als Game-Changer, da sie den Verlauf und die Dynamik politischer Prozesse maßgeblich beeinflussen. Veränderungen betreffen sowohl den Inhalt der Diskussionen als auch die Art und Weise, wie politische Akteure und Bürger miteinander kommunizieren. Wenn sich der Diskurs von technokratischer oder elitärer Sprache hin zu populistischer oder emotional aufgeladener Rhetorik verschiebt, kann dies zu einem Wandel der politischen Landschaft führen. Ein solcher

Sprachwandel erreicht andere Zielgruppen und kann traditionelle Machtstrukturen destabilisieren oder festigen. Ein veränderter Diskurs kann bestehende Machtverhältnisse in Frage stellen. Wenn neue Narrative oder Ideologien dominant werden, verändern sie politische Institutionen und Strukturen. Dies gilt sowohl für nationale als auch für internationale politische Szenarien.

Soziale Netzwerke werden so zum Katalysator für politische Umbrüche, indem sie global vernetzte Akteure mobilisieren und die öffentliche Meinung in Echtzeit beeinflussen. Außerdem kann die politische Agenda eines Landes sich in Sekundenschnelle ändern, wenn ein unvorhersehbares Ereignis, wie eine Dürre oder ein Hurrikan, ganze Regionen destabilisiert.

Künstliche Intelligenz und Automatisierung werden an den verschiedenen Prozessen beteiligt sein und die Effizienz steigern. Politik muss bereit sein, sich in einer zunehmend digitalen Welt anzupassen, was vor allem auch die Investment-Politik betrifft. Zukünftige Generationen werden vermutlich ihre strategischen Pläne auf Nachhaltigkeitsziele ausrichten, um den ökologischen Fußabdruck zu minimieren und auf den Klimawandel zu reagieren. Nur über effiziente Ressourcennutzungsstrategien wird man in Wirtschaft und Politik langfristig wettbewerbsfähig bleiben.

Die Globalisierung erfordert eine Anpassung der Strategien, um in verschiedenen kulturellen und wirtschaftlichen Kontexten erfolgreich zu sein. Das Verständnis des globalen Wettbewerbs und dessen Strategien wird entscheidend sein, um im internationalen Geschehen bestehen zu können. Mit disruptiven Technologien wie Künstlicher Intelligenz, 5G oder Quantencomputing verändern sich die Spielregeln in vielen Branchen. Unternehmen aber auch die Politik müssen diese Technologien nicht nur verstehen, sondern auch in ihre strategischen Pläne integrieren, um mitreden zu können. Diese Technologien schaffen völlig neue Möglichkeiten, erhöhen aber auch die Komplexität und verlangen nach flexiblen, innovativen Strategien. Trends müssen antizipiert werden, um die nächste Generation von Talenten, ob nun die sogenannte „Generation Z" oder Millennials, an den Fortschritt zu binden. Aspekte wie Work-Life-Balance, nachhaltiges Wirtschaften und digitale Kompetenz werden andere Werte und Erwartungen hervorbringen. Konzepte, die bereits über starke technologische, ökonomische und kulturelle Vorbedingungen verfügen, werden schneller und effektiver in die Implementierung neuer Strategien einsteigen.

Die globale Reichweite digitaler Plattformen macht es schwierig, sie effektiv zu regulieren. Fragen zur Datensicherheit, Privatsphäre und Kontrolle über digitale Infrastrukturen sind besonders relevant. Regierungen müssen Wege finden, um die digitale Souveränität zu wahren, ohne Innovationen zu behindern. Es braucht klare Regeln, die den Umgang mit digitalen Plattformen und Daten definieren, um

Missbrauch und Manipulation zu verhindern. Ethikkommissionen und gesetzliche Rahmenwerke müssen sicherstellen, dass digitale Innovationen im Einklang mit gesellschaftlichen Werten stehen.

Digitale Kompetenz ist eine Grundlage, um an der vernetzten Gesellschaft teilzuhaben. Die Förderung von Medienkompetenz und kritischem Denken hilft, Fake News herauszufiltern und die digitale Welt verantwortungsvoll zu nutzen. Die Interkonnektivität bietet das Potenzial, neue Formen des gesellschaftlichen Zusammenhalts zu schaffen, die auf globalen Netzwerken basieren. Denkbar sind Modelle, in denen digitale Gemeinschaften über kulturelle und nationale Grenzen hinweg gemeinsame Interessen verfolgen und sich an globalen Herausforderungen wie Klimawandel oder sozialer Gerechtigkeit beteiligen.

Was hält die Gesellschaft zusammen? Wichtige „Sinngeneratoren" kollektiver und individueller Identität wie Familie und Gemeinschaft scheinen an Bindekraft zu verlieren. Gemeinsame Werte, wie Gerechtigkeit, Freiheit und Solidarität, schaffen ein Gefühl der Zugehörigkeit. In einer zunehmend vernetzten Welt können diese Werte durch digitale Plattformen verbreitet und diskutiert werden, was den Diskurs über gesellschaftliche Normen globalisiert. Institutionen wie Schulen, Medien und politische Organisationen spielen eine Schlüsselrolle bei der Vermittlung gemeinsamer Ziele und dem Aufbau von Vertrauen. Ihre Funktion verändert sich ständig, da traditionelle Strukturen durch neue, oft dezentrale Formen ergänzt oder infrage gestellt werden. Die Vernetzung kann auch zu Fragmentierung und sozialer Isolation führen, wenn sich Menschen in Filterblasen oder isolierten Communities bewegen. Dies kann bestehende soziale und politische Spannungen verschärfen.

Anstatt als Bedrohung wahrgenommen zu werden, kann kulturelle Vielfalt als Quelle von Kreativität und Innovation dienen. Städte und Länder, die Diversität bewusst fördern und integrieren, schaffen oft lebendige und dynamische Gesellschaften, die eine pluralistische Identität entwickeln. Trotz der zunehmenden Säkularisierung in vielen Teilen der Welt bieten Religionen weiterhin sinnstiftende Narrative, Rituale und Gemeinschaftsformen, die Menschen Orientierung und Halt geben. In pluralistischen Gesellschaften kann Religion eine Quelle für ethische Reflexion und soziales Engagement sein. Multireligiöse Dialoge und interreligiöse Kooperationen tragen dazu bei, das Verständnis zwischen verschiedenen Gruppen zu fördern und gemeinschaftliche Werte auszuformen.

Um der historischen Wahrheit Rechnung zu tragen, nicht erst die Charta der Vereinten Nationen oder der Allgemeinen Erklärung der Menschenrechte hat als Antwort auf die Schrecken von Krieg und Genozid des Zweiten Weltkriegs die Würde des Menschen für unverzichtbar erklärt. Diese Idee hat ihren Ursprung im Christentum und wurde schon in der frühen christlichen Theologie und Philosophie formuliert. Diese Vorstellung, dass jeder Mensch eine unantastbare Würde besitzt, ist zentral für das erneuerte Menschenbild und hat maßgeblich zur Entwicklung moderner Konzepte der Menschenrechte beigetragen. Historische Grundlagen gehen zurück auf das Buch Genesis der ersten Bibel, wo es heißt, dass der Mensch „nach dem Bild Gottes" geschaffen wurde. Diese Vorstellung impliziert, dass jeder Mensch eine unveräußerliche Würde besitzt, die ihm unabhängig von äußeren Merkmalen oder Fähigkeiten innewohnt. Dennoch lag damals das Schwergewicht der Interkonnektivität zwischen dem sogenannten „auserwählten Volk" und der Übernatur in der Vorstellung der Allmacht des Göttlichen. In der zweiten Bibel, dem sogenannten Neuen Testament kommt nach christlichem Verständnis das „Wort, das Fleisch geworden ist" in die Welt und betont die Würde und den Wert jedes einzelnen Menschen, indem der Stellenwert des Anderen, auch des Ausgegrenzten und Schwachen betont wird.

Die Menschheit verfügt damit über ein reiches ethisches und soziales Erbe, das es in aktuelle Debatten einbringen kann. Werte wie die Würde jedes Menschen bilden weiterhin eine Grundlage für soziales Engagement. Sozial- und geisteswissenschaftliche Forschung liefert wertvolle Erkenntnisse über gesellschaftliche Dynamiken, kulturelle Vielfalt und menschliches Verhalten. Diese Einsichten sind entscheidend, um die Komplexität neuer Gesellschaften zu verstehen und konstruktiv mit Herausforderungen umzugehen. Diese Entwicklungen signalisieren immer wieder neue Wege des Engagements und der Kommunikation. In einer Welt, die zunehmend nach Orientierung und moralischer Führung sucht, ist das Christentum eine wichtige Stimme, die zu einem ethisch verantwortungsvollen Umgang mit Mensch und Natur aufruft. Die Interkonnektivität mit ethischen Fragestellungen und die Rolle der Zukunft sind nicht abzuschreiben. Diese Interkonnektivität manifestiert sich in verschiedenen Bereichen, von der Förderung sozialer Gerechtigkeit über die Gestaltung globaler Verantwortung bis hin zur moralischen Orientierung in einer zunehmend komplexen Welt.

Trotz vielfacher Verzerrungen in ihrem Lauf, trifft die Geschichte immer wieder auf die Wesensmerkmale ihres Inhalts. Sie kennt bestimmte Grundprinzipien, die immer wieder auftreten, sei es in Form von Machtkonflikten, dem Streben nach Freiheit, sozialen Bewegungen oder dem Streben nach Gerechtigkeit. Diese Merkmale wirken wie ein roter Faden, der sich durch die verschiedenen Epochen und Gesellschaften zieht. Der Gedanke erinnert an die dialektische Auffassung der Geschichte, bei der sich historische Prozesse durch einen Wechsel von These, Antithese und Synthese weiterentwickeln. Durch die Auseinandersetzung mit Widerständen und Widersprüchen entsteht eine neue Form, die auf den ursprünglichen Wesensmerkmalen aufbaut, aber zugleich neue Elemente integriert. Gesellschaften und Kulturen durchlaufen Phasen des Fortschritts und der Rückschläge, lernen aus

Fehlern und versuchen, auf den positiven Aspekten früherer Entwicklungen aufzubauen. Trotz der „Verzerrungen" zeigt die Geschichte langfristig oft eine Entwicklung hin zu mehr Freiheit, Gerechtigkeit oder Wissen. Das Verständnis, dass die Geschichte trotz ihrer Irrwege und Verzerrungen immer wieder auf ihre wesentlichen Merkmale zurückkommt, vermittelt ein Gefühl von Kontinuität und Zielgerichtetheit. Es zeigt, dass menschliche Handlungen und Werte eine langfristige Bedeutung haben und dass es möglich ist, die Zukunft auf der Basis dieser Merkmale aktiv mitzugestalten. Diese Sichtweise bietet Hoffnung, dass auch in Zeiten der Unsicherheit und des Umbruchs bestimmte Grundwerte bestehen bleiben und weiterentwickelt werden können. Sie betont aber auch die Verantwortung, bewusst an der Formung der Geschichte mitzuwirken und sich für die Verwirklichung dieser Wesensmerkmale einzusetzen. Dies könnte als ein Aufruf verstanden werden, diese Merkmale zu registrieren, um die Geschichte in eine positive Richtung zu lenken. Denn letztlich ist es die Verantwortung jeder Generation, die grundlegenden Werte und Prinzipien der menschlichen Existenz zu verteidigen und weiterzuentwickeln.

Traditionell ist die Familie der erste und wichtigste Ort, an dem Werte und Normen vermittelt werden. Sie prägt die grundlegenden Überzeugungen und Verhaltensweisen eines Individuums, bevor diese durch äußere Einflüsse wie Bildung oder Gesellschaft weiterentwickelt werden. Allerdings droht sich dieser Zusammenhalt in Familien aufzulösen. Immer mehr Kinder werden außerhalb der Ehe geboren, es gibt eine zunehmende Vielfalt an Familienformen, Patchworkfamilien, gleichgeschlechtliche Partnerschaften mit Kindern und andere. Doch trotz eines veränderten Zeitverständnisses in verschiedenen Lebensbereichen bleibt Familie für viele Menschen der primäre Lebenszusammenhang, mit der nicht nachlassenden Bedeutung für Identität und Spiritualität. Wenn Familien ihren Mitgliedern die Werte von Gemeinschaft und Solidarität vermitteln, tragen sie zum sozialen Gefüge bei. Die Strukturen unterliegen zwar einem Wandel, verschwinden aber nicht einfach. Vor allem in Ländern des Globalen Südens manifestieren sich Glaubensgemeinschaften in viel intensiveren Riten. Es bilden sich gefestigte und angepasste Formen der Identitätsbildung. Die Herausforderung besteht darin, diese neuen Realitäten zu beachten und zu unterstützen. Interreligiöse Begegnung und Zusammenarbeit können Vorurteile abbauen und den gesellschaftlichen Aufbau fördern. Trotz der vielen Veränderungen und Herausforderungen, denen Familien heute gegenüberstehen, bleibt ihre Bedeutung als Ort der Wertevermittlung und der sozialen Stabilität bestehen. Sie ist nicht nur ein Rückzugsort in Zeiten des Wandels, sondern auch ein aktiver Gestalter sozialer Entwicklungen, der maßgeblich dazu beiträgt, die Zukunft positiv zu formen.

19. INTERKONNEKTIVITÄT VON DENKEN UND GLAUBEN

Die Interkonnektivität zwischen Philosophie und Theologie, die in der Auseinandersetzung mit den tiefsten Fragen der Existenz und des Sinns menschlichen Lebens liegt, zeigt, dass vernunftbezogene Erkenntnisse nicht ohne den Verweis auf ein theologisches Fundament auskommen. Dabei geht es nicht nur um abstrakte Überlegungen zu Moral oder Ethik, sondern um die Frage, wie die Endlichkeit des Menschen und seine Beziehung zu einem höheren, transzendenten Ziel verstanden werden. Diese Verflechtung zwischen Vernunft und Theologie wirft zudem die Frage auf, inwieweit menschliche Erkenntnisfähigkeit ausreicht, um transzendente Wahrheiten zu erfassen, und wie weit der Glaube ergänzend oder korrigierend eingreifen muss. Wissen und Glauben versuchen beide, Antworten auf fundamentale Fragen über das Leben, das Universum und den Platz des Menschen darin zu geben. Glaube ist wichtig weil man in die Realität hineinsieht. „Glauben, ohne zu denken" könnte auf eine Haltung hinweisen, in der der Glaube unreflektiert und blind akzeptiert wird. Diese Form des Glaubens läuft Gefahr, dogmatisch oder fanatisch zu werden, da sie nicht durch kritisches Denken überprüft oder reflektiert wird. Theologisch wird dies kritisiert, da ein solcher Glaube leicht anfällig für Missbrauch oder Manipulation ist. Viele Denker innerhalb religiöser Traditionen, wie Augustinus, betonten die Notwendigkeit, den Glauben zu hinterfragen und zu verstehen, „credo ut intelligam", „ich glaube, um zu verstehen". Der Glaube sollte nicht gegen den Verstand gerichtet sein, sondern diesen anregen und inspirieren. Ein blinder Glaube würde zu einem Konflikt mit wissenschaftlichem oder moralischem Fortschritt führen, wenn er sich dogmatisch gegenüber neuen Erkenntnissen verschließt.

In der Wissenschaft verlassen wir uns auf axiomatische Prinzipien, wie die Gültigkeit der Naturgesetze oder die Stabilität mathematischer Grundsätze. Diese Prinzipien sind nicht empirisch bewiesen, sondern werden geglaubt, um auf ihrer Grundlage Wissen zu entwickeln. Glauben kann in diesem Zusammenhang als das Vertrauen in bestimmte Annahmen oder Prinzipien verstanden werden, die den Wissensprozess ermöglichen. Bevor wir etwas wissen, müssen wir bestimmte Dinge als gegeben akzeptieren. Beispielsweise müssen wir auf die Zuverlässigkeit unserer Anschauung vertrauen, um die Außenwelt zu verstehen, oder darauf, dass die Logik gültig ist, um Schlussfolgerungen zu ziehen. Während das Wissen oft auf wissenschaftlichen Erkenntnissen beruht, zieht der Glaube seine Grundlage aus spirituellen, philosophischen und historischen Traditionen. Beide Systeme bieten Orientierung, Bedeutung und Struktur.

In der modernen Philosophie wird die Beziehung zwischen Wissen und Glauben weiter diskutiert. Philosophen wie Karl Popper und Ludwig Wittgenstein haben gezeigt, dass sowohl Wissen als auch Glaube kontextgebunden und in gewisser Weise interpretationsabhängig sind. Während Popper Wissenschaft als einen Prozess der Falsifikation sieht, wo Wissen ständig auf die Probe gestellt wird, betrachtet Wittgenstein Glauben als eine Sprache, die bestimmte Aspekte des Lebens besser ausdrücken kann. Karl Popper betonte, dass wissenschaftliche Theorien niemals endgültig bewiesen, sondern nur falsifiziert werden können. Wissenschaftler arbeiten mit Hypothesen und Theorien, an die sie zunächst glauben müssen, um sie überhaupt testen zu können. Dieser Glaube an eine Theorie ist nicht blind, sondern eher vorläufig und pragmatisch. Die wissenschaftliche Praxis zeigt, dass Forscher meist mit einem gewissen Glauben an die Gültigkeit ihrer Methoden und Hypothesen beginnen, bevor sie diese durch empirische Tests bestätigen oder widerlegen.

William James**,** ein Vertreter des Pragmatismus argumentierte, dass der Glaube eine wichtige Rolle spielt, um Entscheidungen zu treffen und Handlungen zu motivieren, bevor das Wissen vollständig gesichert ist. In Situationen, in denen Wissen unvollständig oder unsicher ist, müssen Menschen oft handeln, indem sie auf einen vorläufigen Glauben an die Richtigkeit ihrer Annahmen zurückgreifen. Dies spiegelt sich in alltäglichen Handlungen wider, bei denen Menschen oft auf begrenztem Wissen Entscheidungen treffen und auf einen gewissen Glauben oder Vertrauen angewiesen sind. Im Verhältnis von Wissen zu Glauben geht das Glauben über das Wissen hinaus. *„Ob es morgen regnen wird, weiß*

ich nicht unbedingt, aber ich glaube zu wissen, wie ich reagieren werde".
In diesem Sinne ergänzt das Glauben das Wissen, oder übersteigt es
sogar, weil es sich nicht auf konkrete Vorgaben beschränken muss.

René Descartes führte in seiner Philosophie den Zweifel als Methode ein,
um zu einem festen Fundament des Wissens zu gelangen, „Cogito, ergo
sum", „Ich denke, also bin ich". Aber selbst bei Descartes wird deutlich,
dass das Wissen auf einem grundlegenden Glauben in die Existenz des
Denkens und die Vernunft aufbaut. Immanuel Kant sprach davon, dass
das Wissen der Welt durch die Struktur unseres Denkens bedingt ist. Wir
können die Dinge an sich nicht direkt identifizieren, sondern nur, wie sie
sich unseren Sinnen und unserem Verstand präsentieren. Dieses
Vertrauen in die Erkenntniskapazitäten unseres Verstandes ist ein
Glaubensakt. Aus psychologischer Sicht könnte argumentiert werden,
dass das menschliche Gehirn darauf ausgelegt ist, auf der Grundlage von
Glauben oder Annahmen zu funktionieren. Unser Verstand formt
Modelle der Welt und handelt auf der Grundlage von Vermutungen und
Überzeugungen, bevor vollständige Beweise vorliegen. Dies gilt auch für
Kinder, die die Welt zunächst durch intuitiven Glauben an das, was ihnen
von Bezugspersonen beigebracht wird, entdecken, bevor sie anfangen,
selbstständig Wissen durch Erfahrung zu gewinnen.

In der Interkonnektivität von Vorsehung, Politik und menschlichem
Mitwirken stellt sich die Frage, wie viel Handlungsspielraum dem

Menschen bleibt, wenn bestimmte Dinge vorgesehen sind. Während die Vorsehung die Richtung kennt, agiert die Politik als ein Instrument menschlicher Einflussnahme. Das menschliche Mitwirken ist entscheidend, da es im Zentrum ethischer und moralischer Debatten steht. Der Mensch hat die Pflicht, aktiv einzugreifen und das Gemeinwohl zu fördern. Vor lauter Angst, das Wirken der Vorsehung nicht zu stören, will er oft auf seine Verantwortung verzichten, was nicht funktioniert. Ein weiteres Element der Interkonnektivität ist die Spannung und potenzielle Synergie zwischen diesen drei Kräften. Die Vorsehung könnte als eine Art großer Plan gesehen werden, die Politik als die pragmatische Umsetzung menschlicher Ziele und das menschliche Mitwirken als das individuelle oder kollektive Streben nach Einfluss und Wandel. Diese drei Elemente stehen in einer ständigen Wechselwirkung zueinander und formen die Dynamiken von Gesellschaft und Geschichte. Die katholische Soziallehre vertritt bis heute, wie Religion und politische Philosophie in einer Weise verknüpft sein können, die Vorsehung und menschliches Mitwirken in Einklang zu bringen. In der modernen Philosophie und Soziologie wird die Frage aufgeworfen, wie viel tatsächlich vorgesehen ist und wie viel durch menschliches Mitwirken beeinflusst werden kann. Die Diskussionen um Nachhaltigkeit und Klimawandel bieten ein aktuelles Beispiel, bei dem Menschen ihre kollektiven Entscheidungen überdenken und Verantwortung für die Zukunft übernehmen. Ob dies als Übereinstimmung oder Widerspruch zur Vorsehung gesehen wird, ist eine offene Frage. Hier zeigt sich, wie die Menschheit versucht, mit dem Gefühl umzugehen, dass sie die Macht hat, die Zukunft der Erde zu beeinflussen.

Entscheidungen und Handlungen, die auf rein rationaler Ebene getroffen werden, erhalten durch die eschatologische Perspektive eine zusätzliche Dimension, die das Handeln im Kontext der letzten Verantwortung betrachtet. Dies hat besonders in der politischen und ethischen Philosophie Konsequenzen, da es die Verantwortlichkeit für die Menschheit und die Schöpfung nicht nur in einem temporalen, sondern in einem zeitlosen Rahmen sieht. Darüber hinaus basiert der Prozess des Wissens selbst auf einem Glauben daran, dass es möglich und sinnvoll ist, Wissen zu erlangen. Dies ist ein existenzieller Glaube an die Möglichkeit der Erkenntnis und an die Fähigkeit des Menschen, die Welt zu verstehen.

Gesellschaftliches Wissen basiert auf dem Glauben an die Autorität von Experten, die Glaubwürdigkeit von Institutionen und die Gültigkeit von Traditionen. Wir können nicht alle wissenschaftlichen Erkenntnisse selbst überprüfen und müssen oft darauf vertrauen, dass Experten in ihren Fachgebieten verlässliches Wissen hervorbringen. So können wir nicht selbst messen, wie viel Quadratmeter Fläche Australien umfasst, aber wir vertrauen denen, die es vermessen haben. Ähnliches gilt in den Mechanismen der Evaluierung und Beratung in Wirtschaft und Politik.

Interkonnektivität betont im spezifischen Bereich der Seinsfragen die wechselseitigen Beziehungen und Abhängigkeiten zwischen Philosophie und Theologie, die sich in ihrem Streben nach Antworten auf die tiefsten Fragen des Lebens zeigen. Beide Disziplinen sind nicht isoliert voneinander zu betrachten, sondern durch vielfältige Verbindungen und Übergänge geprägt, die es ermöglichen, dass philosophische Überlegungen theologischen Inhalten Sinn und Struktur verleihen und umgekehrt. In der Geschichte der Philosophie und Theologie waren Vernunft und Glaube oft eng miteinander verbunden. Denker wie Thomas von Aquin oder Augustinus haben versucht, die menschliche Vernunft mit den Lehren der Theologie in Einklang zu bringen. Sie argumentierten, dass die Vernunft als Mittel zur Erkenntnis des Übernatürlichen und der letzten Wirklichkeit dient und dass wahre Vernunft letztlich in der Theologie ihren höchsten Ausdruck findet. Die Philosophie dient hier als Werkzeug, um den Weg zu theologischen Wahrheiten zu ebnen. In der Religion und Spiritualität wird häufig betont, dass Wissen nicht nur auf empirischen Fakten beruht, sondern auch auf einem tiefen, manchmal unausgesprochenen Glauben an die Bedeutung und den Zweck des Lebens.

Die Eschatologie erfordert die Auseinandersetzung mit Fragen nach Sinn, Tod, Unendlichkeit und Gerechtigkeit. Diese Themen sind zentrale Gegenstände philosophischer Reflexion, insbesondere in der Existenzphilosophie und der Metaphysik. Die Interkonnektivität zwischen

Philosophie und Theologie zeigt sich besonders darin, dass philosophische Reflexionen über Ethik, Gerechtigkeit und das Gute nicht isoliert stehen, sondern häufig in eine theologische Dimension übergehen. Die Vernunft führt Menschen dazu, der Grenzen ihrer eigenen Existenz bewusst zu werden und sich mit transzendenten Fragen zu beschäftigen. Diese Bewegung von der Vernunft zur Theologie ist keine Abkehr von der Vernunft, sondern ihre Erweiterung in den Bereich des Glaubens und des Spirituellen. Die Vernunft und die Erkenntnisse, die sich aus ihr ergeben, beeinflussen das Handeln des Menschen. Wenn jedoch diese Handlungen im Lichte der Eschatologie betrachtet werden, gewinnen sie eine erweiterte Bedeutung. Es geht nicht mehr nur um moralisch korrektes Verhalten in dieser Welt, sondern um das Handeln in Bezug auf das Transzendente.

Das Bewusstsein für die letzten Dinge gibt dem Handeln einen ultimativen und spirituellen Horizont. Entscheidungen und Handlungen, die auf rein rationaler Ebene getroffen werden, erhalten durch die eschatologische Perspektive eine zusätzliche Dimension, die das Handeln im Kontext der letzten Verantwortung betrachtet. Dies hat besonders in der politischen und ethischen Philosophie Konsequenzen, da es die Verantwortlichkeit für die Menschheit und die Schöpfung nicht nur in einem temporalen, sondern in einem zeitlosen Rahmen sieht. In Philosophie und Theologie wird der Kippzustand metaphorisch verwendet, um Momente im menschlichen Leben zu beschreiben, in denen ein Individuum zu einer neuen Einsicht gelangt oder eine fundamentale Entscheidung trifft, die das bisherige Leben radikal verändert. Solche Zustände könnten etwa Momente der Konversion oder existenzielle Krisen sein, die den Übergang zu einer tieferen spirituellen oder moralischen Ebene markieren.

Die Interkonnektivität von Zeit und ihrer Überwindung im Zusammenhang mit dem "Alpha und Omega" verweist auf eine tiefgreifende philosophische und metaphysische Reflexion über die Natur von Zeit, Ewigkeit und das Mysterium des Daseins. Es stellt die Gesamtheit der Existenz dar, den Zyklus von Geburt und Tod, Anfang und Vollendung. Diese Begriffe entstammen der Offenbarung des Johannes im Neuen Testament, in der Christus sagt: „Ich bin das Alpha und das Omega, der Erste und der Letzte, der Anfang und das Ende". Doch das Alpha und Omega sind nicht nur Symbole der linearen Zeit; sie deuten auf eine Überzeitlichkeit hin, in der Anfang und Ende als Aspekte eines Ganzen erscheinen, ein Mysterium, das die Zeit selbst überschreitet.

Existenz ist grundsätzlich an das lineare Zeitverständnis gebunden. Wir erleben Vergangenheit, Gegenwart und Zukunft als aufeinander folgende Momente. Doch in vielen mystischen Traditionen gibt es das Konzept der Überwindung der Zeit, ein Moment der Einsicht oder Erfahrung, in dem die lineare Abfolge von Zeitmomenten aufgelöst wird und die Ewigkeit sich zeigt, nicht als unendliche Zeit, sondern als Zustand jenseits der Zeit.

Zeit als Illusion zu durchschauen und direkt mit dem Zeitlosen in Kontakt zu treten, ist gerade in der Philosophie Platons stark instinktiv vertreten. In dieser Dimension sind Alpha und Omega nicht mehr zwei voneinander getrennte Punkte, sondern vereint in einem übergeordneten Ganzen.

Auch in der modernen Physik zeigen Theorien auf, dass die Zeit als weniger fundamental zu betrachten ist. In der Relativitätstheorie von Einstein wird Zeit als relative Dimension verstanden, die mit dem Raum verflochten ist. Je nach Bezugssystem kann Zeit sich dehnen oder stauchen, was zeigt, dass unsere Alltagswahrnehmung von Zeit nicht die ganze Wahrheit ist. Im Mysterium von Alpha und Omega spiegelt sich die Suche des Menschen nach der Bedeutung seiner Existenz wider. Es lädt dazu ein, über die linearen Begrenzungen der menschlichen Erfahrung hinauszudenken und sich der Möglichkeit einer höheren, zeitlosen Wirklichkeit zu öffnen. Dies kann durch philosophische oder religiöse Wege geschehen, doch letztlich bleibt es ein Mysterium, das sich nicht vollständig in Worte fassen lässt.

Eine sinnvolle Verlinkung zwischen Glauben und Denken liegt in der Idee, dass Glaube das Denken befruchten und erweitern kann, während das Denken den Glauben tiefer und reflektierter macht. Mit „Fides quaerens intellectum" („Glaube sucht Intelligenz"), dieser Balance, die auf Anselm von Canterbury zurückgeht, ist die Interkonnektivität von Glauben und Wissen definiert. Sie betont, dass der Glaube ein Streben nach tieferem Verständnis anregt, anstatt sich nur auf emotionalen oder kulturellen

Überzeugungen auszuruhen. Auch in den aktuellen wissenschaftlichen und philosophischen Debatten zeigt sich, dass ein rein rationales Denken ohne jede Form des Glaubens, sei es an metaphysische, moralische oder spirituelle Wahrheiten, an seine Grenzen stößt. Dies wird besonders bei Themen wie Bewusstsein, Ethik und Sinn deutlich, bei denen empirisches Wissen allein nicht ausreicht, um die volle menschliche Erfahrung zu erfassen.

Die Interkonnektivität des Seins ist ein tief religiöses Konzept, das als Ausdruck einer Einheit verstanden wird. Es fordert den Einzelnen auf, die Verbundenheit mit dem Universum, dem Göttlichen und anderen Lebewesen anzuerkennen. Diese Idee durchdringt religiöse Praktiken, ethische Überzeugungen und das tägliche Leben auf vielfältige Weise. Wenn das eigene Handeln Auswirkungen auf das gesamte Gefüge des Seins hat, entsteht ein tieferes Verantwortungsgefühl. Im Christentum ist die Idee der Interkonnektivität des Seins sowohl in der theologischen als auch in der ethischen Ebene verwurzelt. Die Vorstellung von der Schöpfung offenbart Verbindungen zwischen dem Einzelnen, der Gemeinschaft und der Übernatur. Diese Idee legt nahe, dass der Mensch mit bestimmten Gaben, Fähigkeiten und einer moralischen Verantwortung ausgestattet ist. Die Verantwortung bezieht sich sowohl auf das eigene Handeln als auch auf den Umgang mit der Schöpfung selbst, sei es durch den Schutz der Natur oder die Pflege sozialer und ethischer Werte. Die Freiheit des Einzelnen wird dabei als Gabe und

344

Herausforderung betrachtet, die mit einem Bewusstsein für die eigene Verantwortung einhergeht.

Die Interkonnektivität des Universums bezieht sich auf die tiefen, oft komplexen Beziehungen zwischen allen Dingen im Kosmos, von subatomaren Partikeln bis hin zu Galaxien. Diese Idee wird in verschiedenen wissenschaftlichen Disziplinen, wie Physik, Biologie und in der Philosophie, untersucht. Alle Materie und Energie unterliegen denselben physikalischen Gesetzen, was eine universelle Konstanz und Interaktion ermöglicht. Zum Beispiel zieht die Gravitation nicht nur Objekte auf der Erde an, sondern beeinflusst auch die Bewegungen von Planeten und Galaxien. Universalität beschreibt die Idee, dass bestimmte Konzepte, Prinzipien oder Gesetze universell gelten, unabhängig von Ort oder Zeit. In der Wissenschaft bedeutet dies, dass die zugrunde liegenden Gesetze der Physik überall im Universum gleich sind. Dies eröffnet spannende Perspektiven für die Wissenschaft.

Alle Materie und Energie unterliegen denselben physikalischen Gesetzen, was eine universelle Konstanz und Interaktion ermöglicht. Universalität beschreibt die Idee, dass bestimmte Konzepte, Prinzipien oder Gesetze universell gelten, unabhängig von Ort oder Zeit. In der Wissenschaft bedeutet dies, dass die zugrunde liegenden Gesetze der Physik überall im Universum gleich sind. Die Interkonnektivität des Universums und die Idee der Universalität stehen in engem

Zusammenhang. Sie verdeutlichen, dass alles im Universum auf eine Weise miteinander verknüpft ist und dass viele der Prinzipien, die wir beobachten, in einem größeren, zusammenhängenden Kontext existieren. In Philosophie und Religion regt die Idee der Universalität dazu an, darüber nachzudenken, wie unser Bewusstsein, unsere Erfahrungen und unser Wissen miteinander verbunden sind. Dies wirft Fragen zur Natur der Realität und zur Rolle des Menschen im Universum auf. Das Streben nach Wissen und das Erkennen von Werten sind zentrale Aspekte der menschlichen Existenz. Während viele Dinge verborgen bleiben, können wir die tiefen, wichtigen Wahrheiten, die uns umgeben und in uns selbst liegen, aktiv suchen und schätzen. Es ist ein kontinuierlicher Prozess, der das menschliche Leben bereichert.

In Philosophie und Religion regt die Idee der Universalität dazu an, darüber nachzudenken, wie unser Bewusstsein, unsere Erfahrungen und unser Wissen miteinander verbunden sind. Dies wirft Fragen zur Natur der Realität und zur Rolle des Menschen im Universum auf. Das Streben nach Wissen und das Erkennen von Werten sind zentrale Aspekte der menschlichen Existenz. Während viele Dinge verborgen bleiben, können wir die tiefen, wichtigen Wahrheiten, die uns umgeben und in uns selbst liegen, aktiv suchen und schätzen. Es ist ein kontinuierlicher Prozess, der das menschliche Leben bereichert.

Die Zahl drei spielt in der symbolischen Bedeutung eine besondere Rolle, da sie für Ausgewogenheit, Vollständigkeit und Harmonie steht. Diese Dreigliedrigkeit findet sich in vielen Konzepten, die Stabilität und Ausgleich betonen. Das dreibeinige Prinzip ist ein Symbol für Stabilität und Balance, das sich in vielen Bereichen der Philosophie, Wissenschaft, Religion und sogar im alltäglichen Leben wiederfindet. Die besondere Festigkeit des dreibeinigen Prinzips liegt in seiner strukturellen und symbolischen Bedeutung: Es bietet Stabilität durch seine **drei Stützen**, die in perfekter Balance zueinander stehen und eine feste Grundlage schaffen. Diese Dreigliedrigkeit bringt sowohl physische als auch metaphorische Standfestigkeit zum Ausdruck.

Drei Aspekte des Lebens in den drei Aspekten der Zeitdimensionen Vergangenheit, Gegenwart und Zukunft bilden zusammen das Gesamtbild der menschlichen Existenz. Sie sind untrennbar miteinander verbunden und geben dem Leben Richtung und Kontinuität. Bei Hegel, begegnet uns das dreibeinige Prinzip in der Form der Dialektik, die in drei Schritten verläuft: These, Antithese und Synthese. Diese Struktur steht ebenfalls für Festigkeit und Fortschritt, indem sie zeigt, wie Widersprüche durch eine harmonische Lösung in eine höhere Einheit überführt werden können. Durch den dritten Schritt der Synthese wird ein Gleichgewicht und eine höhere Einheit erreicht. Das zeigt, dass die Dreigliedrigkeit nicht nur statische Stabilität schafft, sondern auch dynamische Entwicklung ermöglicht.

In der realen Welt, etwa in der Architektur oder im Ingenieurwesen, ist ein Dreibein die einfachste und stabilste Struktur. Ein dreibeiniges Objekt, wie ein Hocker oder ein Stativ, bleibt auf jeder Oberfläche stabil, auch wenn diese uneben ist. Das liegt daran, dass drei Punkte ausreichen, um eine Ebene zu definieren. Es gibt immer eine perfekte Verteilung des Gewichts, wodurch das Dreibein weniger anfällig für Instabilität ist als Strukturen mit mehr oder weniger Beinen. Dies wird als das Prinzip des stabilen Dreiecks bezeichnet. Da nur drei Punkte den Kontakt zur Oberfläche herstellen müssen, wird ein dreibeiniges Objekt nicht durch das Fehlen von Gleichgewichtspunkten destabilisiert. Das Gewicht wird gleichmäßig auf die drei Beine verteilt, was zur Stabilität beiträgt, selbst wenn die Oberfläche uneben ist.

Auch in gesellschaftlichen und poltischen Konzepten findet sich das dreibeinige Prinzip als Modell für Ausgewogenheit und Stabilität. In seiner staatstheoretischen Schrift „De l'esprit des lois" „Vom Geist der Gesetze" 1748 stellte Montesquieu den Grundsatz der Gewaltenteilung zwischen Legislative, Judikative und Exekutive auf. Die magische Zahl „drei" steht daher in der Darstellung von Interkonnektivität im Mittelpunkt, da sie als Ausdruck für die Vereinigung von Gegensätzen, die Vollständigkeit und das Zusammenspiel von Kräften gesehen wird. Im Bild der Naturwissenschaften kommt dieses Prinzip wiederholt in der Quantenphysik vor. In Platons metaphysischer Überlegung gibt es eine subtile Dreigliedrigkeit in Bezug auf das Eine, das Viele und deren

Harmonie. Platon beschreibt das Eine als die Quelle aller Dinge, während die Vielheit die verschiedenen Erscheinungsformen in der Welt repräsentiert. Die Harmonie zwischen dem Einen und dem Vielen entsteht durch die Idee der Ordnung, die die Vielfalt in Einheit bringt. Diese dreifachen Konzepte, wie die Beziehung zwischen der Ideenwelt, der sinnlichen Welt und dem Demiurg, oder die drei Seelenteile und die höchsten Werte des Guten, Schönen und Wahren, spiegeln eine metaphysische Vorstellung von Einheit in der Vielheit wider.

Im religiösen Denken findet sich eine tiefgehende Interkonnektivität zwischen scheinbar getrennten Bereichen, Göttliches und Menschliches, Materielles und Spirituelles. Diese Zahl weist auf eine innere Ordnung hin, in der Unterschiede nicht nur miteinander koexistieren, sondern sich ergänzen und eine höhere Einheit bilden. Diese Zahl taucht immer wieder in Konzepten auf, die den Menschen mit dem Göttlichen, der Welt und seiner inneren Realität verbinden. Die paulinische Philosophie hat als zentrales Thema die Interkonnektivität von Glaube, Hoffnung und Liebe. Die drei Konzepte bilden eine Einheit, in der jedes Element die anderen beiden unterstützt und verstärkt. Während der Glaube das Fundament legt, gibt die Hoffnung die Richtung vor und die Liebe ermöglicht die Erfahrung in der Gegenwart. Zusammen bilden sie eine stabile Grundlage für ein sinnerfülltes Leben. Die Ergänzung als dynamische Einheit spiegelt sich in der Christologie besonders im Prinzip der Trinität des Göttlichen. Die dreifache Einheit bildet ein klares Beispiel für die Interkonnektivität von unterschiedlichen, aber miteinander verbundenen Kräften.

Die Vorstellung, dass alle Menschen aus einer gemeinsamen Schöpfung hervorgegangen sind, fördert das Gefühl einer grundlegenden Verbundenheit und Solidarität. Unabhängig von kulturellen oder ethnischen Unterschieden sehen sich viele Gemeinschaften als Teil einer größeren menschlichen Familie, was den Zusammenhalt und das Miteinander stärkt. Die Schöpfungsidee, die nachweislich in keinem Widerspruch zur Theorie der Evolution steht, stellt eine Beziehung zwischen dem Diesseits und einem übernatürlichen Prinzip her. Diese gibt dem Leben eine tiefere Dimension und vermittelt, dass das Dasein über das Materielle hinausgeht. Das umfassende Modell, um das Leben und die Welt zu verstehen, besteht in der Interkonnektivität von persönlicher Identität, sozialem Zusammenhalt und einer tiefergehenden und höher liegenden Dimension. In einer Welt, die sich ständig verändert, bestehen die Chancen, eine wertvolle Ressource zu finden, indem Orientierung und Sinn übereinander gelegt werden.

Die Vorstellung von der Schöpfung in religiösen und spirituellen Traditionen schafft eine tiefgreifende Verbindung zwischen dem Einzelnen, der Gemeinschaft und einer übernatürlichen Dimension. Diese Vorstellung vermittelt nicht nur ein Verständnis vom Ursprung der Welt und des Lebens, sondern auch eine sinnhafte Beziehung zwischen

Mensch, Natur und einer transzendenten höheren Ordnung. Diese Verknüpfungen tragen zur Bildung von Identität, Gemeinschaft und moralischen Orientierungspunkten bei. In vielen religiösen Traditionen wird der Mensch als Geschöpf betrachtet, das von einer schöpferischen Kraft geschaffen wurde. Diese Vorstellung verleiht dem Einzelnen eine besondere Würde und einen einzigartigen Platz in der Welt. Das Wissen, von einer höheren Ordnung geschaffen zu sein, gibt dem Menschen das Gefühl, Teil eines größeren Plans zu sein und ihm eine innere Zielrichtung und Sinnhaftigkeit zu vermitteln. Die Idee der Schöpfung legt nahe, dass der Mensch mit bestimmten Gaben, Fähigkeiten und einer moralischen Verantwortung ausgestattet ist. Diese Verantwortung bezieht sich sowohl auf das eigene Handeln als auch auf den Umgang mit der Schöpfung selbst, sei es durch den Schutz der Natur oder die Pflege sozialer und ethischer Werte. Die Freiheit des Einzelnen wird dabei als Gabe und Herausforderung betrachtet, die mit einem Bewusstsein für die eigene Verantwortung einhergeht.

Die Vorstellung, dass alle Menschen aus einer gemeinsamen Schöpfung hervorgegangen sind, fördert das Gefühl einer grundlegenden Verbundenheit. Unabhängig von kulturellen oder ethnischen Unterschieden sehen sich viele Gemeinschaften als Teil einer größeren menschlichen Familie, was den Zusammenhalt und das Miteinander stärkt. In vielen Kulturen gibt es die Erinnerung an gemeinsame Ursprünge und an Werte wie Dankbarkeit, Demut und Verantwortung.

Die Schöpfungsidee stellt eine Beziehung zwischen dem Diesseits und einem übernatürlichen Prinzip her. Dieses Prinzip wird in den unterschiedlichen Entwicklungen in Form eines Gottes, mehrerer Götter oder einer universellen schöpferischen Kraft verstanden. Die Beziehung zu dieser höheren Ordnung gibt dem Leben eine tiefere Dimension und vermittelt, dass das Dasein über das Materielle hinausgeht.

Religionen und spirituelle Traditionen sehen in der Schöpfung nicht nur den Ursprung der Welt, sondern auch die Grundlage für moralische und ethische Orientierung. Das Verhalten des Menschen soll sich an den Prinzipien der Schöpfungsordnung orientieren, etwa in Bezug auf das Gebot, Leben zu schützen, Gerechtigkeit zu üben oder die Umwelt zu bewahren. In einer zunehmend säkularen Welt verlieren die traditionellen Vorstellungen von der Schöpfung zeitweise an Bedeutung. Dennoch bleibt das Bedürfnis nach Sinn, Identität und Verbindung bestehen. Viele Menschen suchen daher nach bewährten Formen der Spiritualität oder engagieren sich in Bewegungen, die Umweltbewusstsein oder soziale Gerechtigkeit als moderne Ausdrucksformen eines schöpferischen Prinzips verstehen.

Die Vorstellung von der Schöpfung bietet ein umfassendes Modell, um das Leben und die Welt zu verstehen. Sie schafft Verbindungen zwischen persönlicher Identität, sozialem Zusammenhalt und einer tiefergehenden, spirituellen Dimension. In einer Welt, die sich ständig verändert, kann diese Vorstellung eine wertvolle Ressource sein, um Orientierung, Sinn und Verbundenheit zu finden. Die Interkonnektivität des Seins umfasst die tiefe Verbundenheit aller Aspekte des Lebens, des Individuums, des Sinns, des Seins und der Welt. Diese Idee zielt darauf ab, die Existenz als dynamisches Netzwerk von Beziehungen zu sehen, das sowohl innerliche als auch äußere Dimensionen enthält.

Die moderne Philosophie, Psychologie und auch spirituelle Traditionen untersuchen intensiv die Frage, wie das Ich, also das individuelle Selbst, mit dem Sein verbunden ist. Während das „Ich" oft als das individuelle Bewusstsein und die subjektive Erfahrung des Menschen verstanden wird, deutet die Interkonnektivität des Seins darauf hin, dass das „Ich" untrennbar mit der Welt, anderen Menschen und dem universellen Sein verbunden ist. Es ist nicht nur das individuelle Dasein, sondern auch das Dasein als Teil eines größeren Ganzen. Viele philosophische Strömungen, etwa der Existenzialismus oder die Phänomenologie, beschäftigen sich damit, wie das „Ich" sich seiner selbst bewusst wird und sich in Beziehung zum „Sein" setzt. Die Sinnsuche wird zu einem zentrales Element der menschlichen Erfahrung. Sinn entsteht aus der Erfahrung von Beziehungen und Verbindungen, sei es zu anderen Menschen, zur Natur, zu einem spirituellen oder transzendenten Prinzip.
Die Philosophie stellt die Frage, ob das Sein selbst einen inhärenten Sinn hat oder ob der Mensch diesen Sinn erst durch seine Existenz schaffen muss. Während einige Denker wie Sartre betonen, dass der Mensch in

einer sinnlosen Welt existiert und selbst Sinn schaffen muss, argumentieren andere, dass das Sein eine tiefe, verborgene Sinnhaftigkeit enthält, die durch Achtsamkeit, Reflexion und spirituelle Erfahrung entdeckt werden kann. In manchen spirituellen Traditionen, etwa im Buddhismus und Hinduismus, wird das „Ich" als Illusion oder vorübergehende Erscheinung betrachtet, die auf einer tieferen Ebene mit dem universellen Sein verbunden ist. In diesen Traditionen geht es darum, die Illusion der Trennung zwischen dem individuellen Selbst und dem universellen Ganzen zu überwinden, um zur Einheit oder Erleuchtung zu gelangen. Die Interkonnektivität des Seins wird hier als grundlegendes Prinzip verstanden, das alles durchdringt.

Die Auseinandersetzung mit dem „Ich" und dem „Sein" bringt auch die Frage auf, wie sich der Einzelne zur Gemeinschaft verhält. Philosophie, Psychologie und Religion betonen, dass der Mensch nicht isoliert existieren kann, sondern immer in Beziehung zu anderen steht. Soziale, kulturelle und spirituelle Netzwerke formen das Individuum und helfen ihm, seinen Platz in der Welt zu finden. In der modernen Welt wird die Interkonnektivität des Seins auch in Bezug auf die Umwelt und die Natur diskutiert. Ökologische und spirituelle Bewegungen betonen, dass der Mensch Teil eines größeren ökologischen Systems ist und eine Verantwortung trägt, diese Verbindungen zu bewahren.

Ein zentrales Problem der modernen Existenz ist das Gefühl der Entfremdung, die Erfahrung, vom Sein, der Welt oder anderen Menschen getrennt zu sein. Dieses Gefühl entsteht häufig durch gesellschaftliche, wirtschaftliche und technologische Entwicklungen, die den Einzelnen isolieren und die natürlichen Verbindungen unterbrechen. Die Entfremdung kann auf vielen Ebenen auftreten: zwischen Mensch und Natur, zwischen Mensch und Mensch oder zwischen Mensch und sich selbst. Die Herausforderung der Entfremdung besteht darin, die verlorene Interkonnektivität wiederherzustellen. Dies kann durch bewusste Reflexion, metaphysische Praxis oder die Entwicklung von Gemeinschaften geschehen, die das Gefühl der Zusammengehörigkeit und des gemeinsamen Seins mental erleben.

Digitale Netzwerke verbinden Menschen global und schaffen neue Formen des Austauschs und der Interaktion. Allerdings stellt sich die Frage, ob diese Verbindungen die tiefere Interkonnektivität des Seins tatsächlich fördern oder ob sie eher oberflächliche Bindungen erzeugen, die das Gefühl der Entfremdung erfüllen. Die Gesellschaft sucht nach neuen Formen der Sinnfindung, die über traditionelle religiöse und philosophische Systeme hinausgehen. Die Interkonnektivität des Seins bietet eine Möglichkeit, Sinn zu finden, indem sie das Verständnis fördert, dass der Einzelne Teil eines größeren Netzwerks ist, sei es im physischen, sozialen oder metaphysischen Sinne. Die Interkonnektivität des Seins eröffnet ein Verständnis für die enge Beziehung zwischen dem Ich, der Gemeinschaft und dem universellen Sein. Diese Auseinandersetzung verdeutlicht, dass das Individuum nicht isoliert existiert, sondern immer in Verbindung mit einem größeren Ganzen steht. Diese Verbindungen sind zentral für die menschliche Identität, die Sinnfindung und das Gefühl von Zugehörigkeit. In einer zunehmend komplexen und vernetzten Welt kann die Interkonnektivität des Seins als Leitbild dienen, um Entfremdung zu überwinden und weitere Formen der Selbstverwirklichung und Gemeinschaft zu fördern

Der Sinn des Lebens ist eine Frage, die die Menschheit seit Jahrtausenden beschäftigt. Sartre und Camus beispielsweise argumentieren, dass das Leben intrinsisch keinen Sinn hat und es an uns liegt, Bedeutung zu schaffen. Der Mensch ist dazu verurteilt, frei zu sein und Verantwortung für seine Entscheidungen zu übernehmen. Bestimmte Religionen geben ihren Anhängern Leitlinien und Antworten auf die Frage nach dem Sinn, oft in Verbindung mit einer höheren Macht oder in einem ultimativen Ziel. Der Humanismus legt den Fokus auf menschliche Werte und Erfahrungen. Der Sinn kann hier im Streben nach Wissen, zwischenmenschlichen Beziehungen und der Verbesserung der Gesellschaft liegen.

Das Sein ist dabei ein zentraler Begriff der Philosophie. Manche ihrer Vertreter wie Martin Heidegger sehen das Konzept des "Seins" als etwas, das kontinuierlich hinterfragt und interpretiert werden muss. Sein Ansatz betont das "In-der-Welt-Sein" des Menschen und die ständige Beziehung zu seiner Umgebung. Die Interkonnektivität des Seins beschreibt den

Aspekt, dass das individuelle Ich, der Sinn des Lebens und das Sein untrennbar miteinander verbunden sind. Wir existieren nicht isoliert. Unser Selbstverständnis und unser Streben nach Sinn sind geprägt von den Beziehungen, die wir zu anderen Menschen und zur Welt haben. Die Auseinandersetzung mit diesen Themen eröffnet einen tiefen Raum für Reflexion und Verständnis über das menschliche Dasein. Indem wir die Verbindungen zwischen Sinn, Ich und Sein untersuchen, können wir nicht nur unser eigenes Leben und unsere Werte besser verstehen, sondern auch die Dynamiken, die unsere Gesellschaft prägen.

Die Interkonnektivität des Seins ist ein tiefgründiges Thema in der Christologie. Die Verbindung des Seins ist durch den zentralen Gedanken der Inkarnation, des Gemeinschaftssinns und der Erlösung dargestellt, die Christus mit der Menschheit verbindet. Diese Thematik durchzieht wesentliche Aspekte der christlichen Lehre und bietet einen umfassenden Rahmen, um die Beziehung zwischen Gott, dem Einzelnen und der Gemeinschaft zu verstehen. In Christus wird die Interkonnektivität des Seins in einzigartiger Weise sichtbar, denn Gott nimmt in der Menschwerdung an der menschlichen Existenz teil. Diese Handlung stellt die Verbindung zwischen dem göttlichen und dem menschlichen Sein her. Christus ist das Bindeglied, das die göttliche Sphäre und die Schöpfung untrennbar miteinander verbindet. Damit ist das Christentum ist nicht einfach eine Institution, sondern eine Gemeinschaft. Jeder einzelne Gläubige ist ein Teil des auf Christus zentrierten Prinzips des Lebens. Diese spirituelle Verbindung verdeutlicht die Vorstellung, dass das Sein nicht auf das irdische Dasein beschränkt ist, sondern über die physische Existenz hinausreicht. Demnach nimmt das Sein in Christus eine universale, transzendente Dimension an.

Wenn der Zustand der Sünde als Entfremdung vom Göttlichen definiert ist, durch die die ursprüngliche Harmonie des Seins gestört wird und der Mensch die tiefe Verbindung zum göttlichen Prinzip verliert, führt diese Trennung zu einem existenziellen Bruch im Sein. In der Christologie überwindet erst die Erlösung, die durch den Tod und die Auferstehung Christi verkündet wird, diese Entfremdung und stellt die ursprüngliche Interkonnektivität des Seins wieder her. Die kosmische Christologie verweist auf die Idee, dass das gesamte Universum durch diesen Christus miteinander verbunden ist und dass seine Gegenwart alle Aspekte des Seins durchdringt. Diese Vorstellung von der Interkonnektivität geht weit über den menschlichen Bereich hinaus und umfasst die gesamte Schöpfung, die sichtbare und unsichtbare Welt. Die Hoffnung auf die Auferstehung der Toten spiegelt die Interkonnektivität des Seins in einer eschatologischen Perspektive wider. Die christliche Ethik, die auf der Liebe basiert, sowohl auf der Nächstenliebe als auch auf der Liebe zur Übernatur, betont die praktische Interkonnektivität des Seins. Durch die Inkarnation und Erlösung in Christus wird die Trennung zwischen dem göttlichen und dem menschlichen Sein aufgehoben und eine tiefe, allumfassende Verbundenheit wiederhergestellt. Diese Verbindung zeigt sich sowohl auf individueller als auch auf kosmischer Ebene und bildet die Grundlage für eine ethische und spirituelle Orientierung, die das Leben in all seinen Dimensionen durchdringt.

Die Interkonnektivität der Religionen und der Synkretismus der Glaubensbekenntnisse sind zwei unterschiedliche Konzepte, die oft verwechselt werden, aber sehr unterschiedliche Bedeutungen und Auswirkungen haben. Es ist wichtig, diese Unterscheidung zu verstehen, um die Art und Weise, wie Religionen miteinander in Beziehung stehen, richtig zu interpretieren. Die Interkonnektivität bezieht sich auf den Dialog, den Austausch und die gegenseitige Beeinflussung zwischen verschiedenen Religionen und Glaubensgemeinschaften. Sie beschreibt die Art und Weise, wie Religionen in Kontakt stehen, durch Ideen, Theologien, Praktiken oder ethische Konzepte miteinander interagieren, ohne dabei ihre grundlegenden Überzeugungen oder Identitäten aufzugeben. Ein Beispiel ist der interreligiöse Dialog zwischen Christen, Juden und Muslimen über den Monotheismus oder ethische Themen wie die soziale Gerechtigkeit. Obwohl die Religionen unterschiedliche theologische Ansätze haben, können sie durch Dialog gegenseitigen Respekt und Verständnis fördern. Diese Interkonnektivität ermöglicht es den Religionen, friedlich nebeneinander zu existieren und in Bereichen wie Menschenrechten, Umweltschutz oder sozialem Engagement zusammenzuarbeiten, ohne dass ihre Kernlehren vermischt werden. Sie erklärt sich aus dem Respekt vor den Unterschieden der religiösen

Traditionen. Es geht nicht darum, Glaubenslehren zu verschmelzen oder aufzugeben, sondern sie besser zu verstehen und ihre Unterschiede zu entschlüsseln. Mit der Globalisierung sind die religiösen Gemeinschaften allein schon gedanklich miteinander vernetzt. Diese Interkonnektivität ermöglicht den Austausch religiöser Ideen und Praktiken über geografische und kulturelle Grenzen hinweg, aber ohne den Drang, die Glaubensrichtungen zu verschmelzen.

Im Gegensatz dazu meint der Synkretismus, Elemente verschiedener Religionen kombinieren zu können, was zu einem neuen religiösen Ausdruck führen soll. Doch dieser entspricht nicht mehr den originalen Glaubenssystemen. Wenn die Vodou-Religion in Haiti traditionelle westafrikanische Religionen mit christlichen Ritualen und Praktiken vermischt, ist naturgemäß das christliche Wesenselement nicht mehr vorhanden. Wenn der Synkretismus darauf abzielt, Elemente verschiedener Religionen zu vereinen und zu einem neuen, hybriden Glaubenssystem zu verschmelzen, wird er wenig glaubwürdige bis perverse Resultate erzielen. Während die Interkonnektivität der Religionen den Dialog belebt und das gegenseitige Verständnis und die Zusammenarbeit zwischen den verschiedenen Glaubensgemeinschaften verstärkt, ohne dass diese ihre Grundüberzeugungen aufgeben müssen, schafft der Synkretismus ein Maximum an Widersprüchlichkeiten, die in unnotwendigen Spannungen enden. Grundlegende Unterschiede in theologischen Fragen, wie die Natur des Göttlichen, das Verständnis von

Heil oder die Vorschriften religiöser Praktiken sind nicht ohne ein seriöses Hinterfragen zu kombinieren. Diese Widersprüche erzeugen Konflikte, sowohl innerhalb der Glaubensgemeinschaften als auch im individuellen Glauben der Menschen. Sie beginnen damit, dass religiöse Axiome als relativ angesehen werden, was den Gläubigen das Gefühl vermittelt, dass ihre Überzeugungen beliebig oder austauschbar sind. Dies zieht unweigerlich den Verlust des Glaubens nach sich, da die klare Unterscheidung zwischen verschiedenen Wahrheiten aufgehoben wird. Der Synkretismus hat schon bei den alten Römern nicht funktioniert, als dann plötzlich das Ein-Gott-Prinzip des Judentums und später des Christentums das Korsett des römischen Prinzips angriff und das Korsett des mächtigen Reiches zerriss.

20. INTERKONNEKTIVITÄT VON „GUT" UND „BÖSE"

Seit jeher haben die Begriffe "Gut" und "Böse" das menschliche Denken geprägt. Sie stehen im Zentrum von ethischen, religiösen und philosophischen Debatten, und ihr Verhältnis zueinander war immer wieder Gegenstand intensiver Reflexion. Auf den ersten Blick erscheinen Gut und Böse als gegensätzliche Kräfte, die klar voneinander getrennt sind. Doch bei genauerer Betrachtung zeigt sich, dass diese beiden Konzepte oft in einem komplexen, wechselseitigen Zusammenhang stehen. Diese Interkonnektivität zwischen Gut und Böse wirft tiefgreifende Fragen auf: ist das eine ohne das andere überhaupt denkbar? können sie sich gegenseitig bedingen oder sogar definieren? Davon hängt sowohl die Erkrankung als auch die Gesundung des Weltgeschehens ab. So wie im individuellen Leben gehört es zur Weltpolitik dazu, sich darauf vorzubereiten, was auf das Geschehen zukommt. Was kommt als Nächstes? ist daher immer auch ein Aufruf zur Wachsamkeit, zur Reflexion und zur gezielten Vorbereitung. Es zeigt sich, dass das Verständnis und die Integration dieser Gegensätze einen Weg darstellen, den die Menschheit weiter erkunden muss. Diese Polarität fordert uns auf, sowohl Verantwortung für unser Handeln als auch für das eigene ethische und politische Bewusstsein zu übernehmen und uns auf einen ständigen Wandel vorzubereiten.

Die wechselseitige Bedingung von Gut und Böse führt zu der Einsicht, dass ein Idealzustand ohne Konflikt oder Gegensatz möglicherweise nicht nur unerreichbar, sondern auch unvorstellbar ist. Gerade die Spannung zwischen diesen Kräften führt zur Bewegung, Entwicklung und schließlich zur Reifung, sowohl von Individuen als auch von Gesellschaften. Auf politischer Ebene spiegelt sich dies in der Notwendigkeit wider, auf Herausforderungen zu reagieren und sich auf zukünftige Bedrohungen vorzubereiten. Es ist, als ob die Existenz des Bösen das Streben nach dem Guten immer neu entfachen würde, ein Kreislauf, der Mensch und Gesellschaft in eine dauerhafte Bewegung zwingt.

Die klassischen Philosophien und Religionen betrachten Gut und Böse als dualistische Kräfte, die in einem Spannungsverhältnis zueinander stehen. Beispiele dafür finden sich in der zoroastrischen Religion mit dem ewigen Kampf zwischen Licht und Dunkelheit oder in vielen Formen des Christentums, die den Kampf als grundlegendes moralisches Drama verstehen. Eine verbreitete Ansicht ist, dass das Böse nur in der Abwesenheit des Guten existieren kann. In der christlichen Theologie existiert das Böse nicht eigenständig, sondern ist eine Verfälschung oder Negation des Guten. Thomas von Aquin argumentierte, dass das Böse keine eigene Substanz hat, sondern als Mangel oder Defizienz des Guten auftritt. Dies führt zu der Vorstellung, dass das Böse ohne das Gute nicht denkbar ist und nur in Relation zu ihm existieren kann.

Gleichzeitig sehen viele Denker das Böse als etwas, das das Gute herausfordert und ihm eine Form der Existenz verleiht. Ohne das Böse wäre demnach das Gute nur ein abstrakter, inhaltsloser Begriff. In der Sichtweise des deutschen Philosophen Friedrich Nietzsche ist das Böse nicht nur eine Bedrohung, sondern auch eine notwendige Herausforderung. Viele moralische Dilemmata zeigen, dass Gut und Böse nicht immer klar voneinander zu trennen sind. In der Kriegsführung, etwa, wird das Konzept des „gerechten Krieges" oft herangezogen, um zu rechtfertigen, dass das Töten von Feinden unter bestimmten Umständen gerechtfertigt sein kann. Doch gleichzeitig bleibt die Gewalt, die in einem Krieg entfesselt wird, moralisch fragwürdig, was die Schwierigkeit verdeutlicht, eindeutige moralische Urteile zu fällen. In der Medizin kann die Entscheidung, ein Menschenleben zu retten in bestimmten Situationen erfordern, ganz deutlich in der „Triage", dass man das Leben eines anderen gefährdet. Solche Situationen verdeutlichen, dass das, was als „gut" erscheint, manchmal das „Böse" zur Voraussetzung hat.

Die Frage, was als gut oder böse gilt, ist durch den Lauf der Zeit von kulturellen und historischen Umständen geprägt. Ethnische und religiöse Gemeinschaften haben unterschiedliche Vorstellungen davon entwickelt, was moralisch akzeptabel ist. Dieser kulturelle Relativismus führt zu einer weiteren Verwischung der Grenzen zwischen Gut und Böse. Was in einer Gesellschaft als gerecht und gut angesehen wird, könnte in einer anderen als moralisch verwerflich gelten. Diese Relativität unterstreicht die Interkonnektivität der Begriffe. Gerade in einer pluralistischen Welt definieren sich Gut und Böse häufig in Relation zueinander, basierend auf spezifischen sozialen und kulturellen Normen.

In der Natur führt die Bewegung der Sonne zu einem ständigen Wechsel zwischen Tag und Nacht, zwischen Licht und Dunkelheit. Dieser zyklische Wandel spiegelt auch das Leben selbst wider, in dem Phasen des Erfolges, der Freude, der Klarheit und der Krise, des Zweifels, der Unsicherheit ineinander übergehen. Diese ständige Veränderung betont, dass Licht und Schatten nicht statische Zustände sind, sondern sich gegenseitig beeinflussen und transformieren. Vergangenheit ist nicht nur eine Abfolge von Ereignissen, sondern auch der Rahmen, in dem die Entwicklung des Menschen und seiner Kultur stattfindet. Geschichte beeinflusst die Art und Weise, wie sich Gesellschaften organisieren, wie sie auf ihre Umgebung reagieren und wie sie sich an neue Aufgaben anpassen. Menschliche Entwicklung baut auf früheren Erfahrungen auf, die in der Geschichte festgehalten sind. Der technologische Fortschritt und die kulturellen Errungenschaften einer Zivilisation stehen oft auf den Schultern der Errungenschaften vergangener Generationen. Jede Epoche übernimmt das Wissen, das in der Geschichte angesammelt wurde, und verwendet es, um weiter zu wachsen. Zeit ist ein unaufhaltsames, abstraktes Konzept, das das gesamte Universum durchdringt. Sie bietet die Dimension, in der Wachstum, Veränderung und Anpassung stattfinden.

Ob biologisch oder kulturell, Entwicklung geschieht über lange Zeiträume. Evolutionäre Prozesse, technologische Innovationen oder gesellschaftliche Veränderungen sind alle in zeitlichen Zyklen eingebettet. Geschichte und menschliche Entwicklung können nur in ihrem zeitlichen Kontext verstanden werden. Und sie steht in der Interkonnektivität von Gut und Böse. Viele dieser historischen und menschlichen Entwicklungen verlaufen zyklisch. Ökonomische Zyklen, soziale Bewegungen oder politische Regime unterliegen immer wiederkehrenden Mustern, die über Zeiträume hinweg zu beobachten sind. Geschichte beeinflusst die Zukunft, aber gleichzeitig wird die Vergangenheit durch die Art und Weise interpretiert, wie Menschen sie im Laufe der Zeit erleben und verstehen. Diese rückwirkenden Effekte formen historische Narrative, die wiederum das Selbstverständnis und die weiteren Entwicklungen von Gesellschaften prägen. Da sie in einer Interkonnektivität von Gut und Böse stehen, hebt die ethische und moralische Dimension historischer und gesellschaftlicher Entwicklungen hervor. Dies ist wesentlich, um zu begreifen, wie moralische Werturteile das Handeln von Individuen und Gemeinschaften beeinflussen und wie Geschichte als Raum für den ständigen Kampf zwischen Gut und Böse gesehen wird.

Die Dualität von Gut und Böse bedeutet, dass das eine ohne das andere nicht wirklich verstanden oder definiert werden kann. Gut und Böse bedingen sich wechselseitig, da wir das eine oft nur im Kontrast zum anderen wahrnehmen. Zum Beispiel wird Heldentum oft durch die Überwindung des Bösen definiert, und Opfer werden im Kontext von Bedrohungen und Gefahren als moralisch positiv betrachtet. Diese Beziehung führt zu einer ständigen Neudefinition beider Begriffe, je nach den Umständen, in denen sie auftreten. Licht und Schatten existieren nicht unabhängig voneinander. Schatten ist das direkte Ergebnis von Licht, das auf ein Objekt trifft und Bereiche schafft, die im Vergleich zum beleuchteten Raum dunkel bleiben. Ohne Licht gibt es keinen Schatten, und ohne Schatten ist Licht als Phänomen kaum wahrnehmbar. Dieses wechselseitige Verhältnis zeigt, dass beide nicht als absolute Gegensätze existieren, sondern voneinander abhängen. Schatten offenbart die Anwesenheit des Lichts, indem er den Raum des Unbeleuchteten sichtbar macht.

Was als „gut" oder „böse" betrachtet wird, ist eine Frage der moralischen Perspektive, die von Kultur, Religion, Philosophie und den gesellschaftlichen Normen einer bestimmten Epoche geprägt ist. Diese Kategorien sind jedoch nicht starr, sondern entwickeln sich mit der Zeit. Die Art und Weise, wie Gesellschaften „das Gute" oder „das Böse" definieren, hat direkten Einfluss auf die menschlichen Handlungen und Entwicklungen. Oder haben sie doch noch eine einheitliche unveränderliche Richtlinie? Eine der ältesten Theorien, die die Idee einer universellen Moral unterstützt, ist das Konzept des Naturrechts. Dieses Prinzip geht davon aus, dass bestimmte moralische Gesetze in der Natur des Menschen und der Welt verankert sind. Diese Gesetze gelten unabhängig von kulturellen oder historischen Bedingungen und können durch Vernunft erkannt werden. Beispiele dafür sind das Verbot von Mord, das Gebot der Gerechtigkeit oder der Schutz des Lebens. In manchen Fällen hängt die moralische Bewertung einer Handlung von den spezifischen Umständen ab, was eine Balance zwischen universalen Prinzipien und den besonderen Bedingungen einer Handlung erfordert. Ein Beispiel ist das Konzept des „gerechten Krieges", bei dem Kriege unter bestimmten Bedingungen als moralisch gerechtfertigt angesehen werden, obwohl das Töten an sich im Allgemeinen als böse betrachtet wird.

Ein modernes Beispiel für universelle moralische Prinzipien sind die Menschenrechte. Sie sind von internationalen Gremien wie der UNO anerkannt, gelten als universell und unveräußerlich und sollten unabhängig von den spezifischen politischen oder kulturellen Gegebenheiten einer Gesellschaft Gültigkeit haben. Leider haben die UN-Institutionen in ihrer gegenwärtigen Aufstellung die moralische Legitimität verloren, diese Werte zu verteidigen. Der Vorwurf entstand, als die UNO begann, Menschenrechtsverletzungen in bestimmten Regionen öffentlich zu kritisieren, während sie ähnliche Verstöße in anderen Teilen der Welt scheinbar ignorierte. Diese ungleiche

Behandlung führte zu Anschuldigungen der Selektivität und
Doppelmoral. Sie untergräbt die Grundidee der Universalität der
Menschenrechte, wie sie in der Allgemeinen Erklärung der
Menschenrechte festgelegt ist. Eine konsistente Haltung wäre
notwendig, um die Vereinten Nationen als unabhängige, moralische
Instanz in internationalen Konflikten anzuerkennen.

Die absichtliche Verursachung von Leid ist in vielen ethischen und
moralischen Systemen als falsch oder unmoralisch angesehen. Generell
argumentiert die Philosophie, dass der Zweck von Handlungen und
Entscheidungen, insbesondere in sozialen, politischen oder persönlichen
Kontexten, darauf abzielen sollte, das Wohl und das Glück zu fördern
und Leiden zu verhindern. Die Unterscheidung zwischen Handlungen, die
Leid verursachen, und solchen, die das Wohlergehen fördern, ist
entscheidend für die ethische Reflexion. Sie hilft, Verantwortung zu
übernehmen und die möglichen Konsequenzen eines gegebenen
Handelns zu erkennen. Die Institutionder Vereinten Nationen scheint
dieses Prinzip schonseit langem abgelegt zu haben.

Die provokante Frage, die sich durch die Geschichte der Philosophie
zieht, lautet daher, ob das Böse notwendig ist, damit das Gute existieren
kann. Diese Idee hat ihre Wurzeln sowohl in der antiken Philosophie als
auch in moderneren Denkschulen. Der russische Schriftsteller Fjodor
Dostojewski stellte in seinen Werken die Frage nach dem Sinn von Leid

und Bösem in einer Welt, die von einem allmächtigen Gott geschaffen wurde. Kann das Böse als notwendiger Bestandteil des freien Willens und der menschlichen Entwicklung betrachtet werden? Dostojewski erkannte in den tragischen Erfahrungen der Menschen, dass moralische Tugend, Mitgefühl und Vergebung oft aus der Konfrontation mit dem Bösen hervorgehen. Diese Sichtweise legt nahe, dass das Böse nicht nur als Gegensatz zum Guten existiert, sondern als Katalysator für moralische und spirituelle Entwicklung. In der Dialektik des deutschen Philosophen Friedrich Hegel wird das Fortschreiten der Geschichte als ein Prozess der Auseinandersetzung gegensätzlicher Kräfte verstanden. Gut und Böse könnten in einem dialektischen Verhältnis zueinander stehen, bei dem das Böse notwendig ist, um den Fortschritt des Guten zu ermöglichen. In dieser Perspektive entwickelt sich das Gute nicht in Isolation, sondern im ständigen Spannungsverhältnis mit dem Bösen. Aus dieser Auseinandersetzung heraus entstehen neue moralische Synthesen, die zu höherer Gerechtigkeit und Tugend führen.

Im religiösen Kontext wird die Beziehung zwischen Gut und Böse nicht nur als ethische oder philosophische Frage betrachtet, sondern als eine existenzielle Auseinandersetzung, die tief in der menschlichen Seele verwurzelt ist. Religionen wie das Christentum oder der Islam betonen oft den dualistischen Kampf zwischen Gut und Böse. Satan im Christentum oder Iblis im Islam verkörpern das Böse und versuchen, den Menschen von Gott und dem Guten zu trennen. Der Kampf zwischen diesen Kräften wird jedoch als notwendiger Bestandteil des menschlichen Daseins verstanden, wobei der Mensch durch seine moralischen Entscheidungen Teil dieses ewigen Dramas wird. Der Schweizer Psychoanalytiker C.G. Jung entwickelte das Konzept des „Schatten" als dunkler Seite des menschlichen Selbst, die alle verdrängten und negativen Aspekte der Persönlichkeit umfasst. Jung argumentierte, dass der Schatten integraler Bestandteil des menschlichen Geistes ist und nicht ignoriert oder unterdrückt, sondern integriert werden muss. Diese Idee steht im Gegensatz zu den traditionellen religiösen Ansätzen, die das Böse als zu bekämpfende Kraft sehen.

Ob in der Philosophie, Ethik oder Religion, Gut und Böse definieren und prägen sich gegenseitig. In vielen Fällen kann das Gute nur durch die Konfrontation mit dem Bösen deutlich werden, und umgekehrt existiert das Böse oft nur als Negation oder Herausforderung des Guten. Die Interkonnektivität dieser beiden Konzepte erfordert ein differenziertes Verständnis der menschlichen Natur, der moralischen Entscheidungen und der spirituellen Entwicklung. Letztlich zeigt sich, dass die Auseinandersetzung mit Gut und Böse ein wesentlicher Bestandteil des menschlichen Lebens ist und dass wir durch diese dynamische Beziehung nicht nur unsere moralische Identität, sondern auch unseren Platz in der Welt definieren.

Im globalen und internationalen Zusammenhang zeigt sich die Dynamik von Gut und Böse auf besonders eindringliche Weise. Internationale Beziehungen, Konflikte, politische Allianzen und die globale Verflechtung von Ideologien und Interessen verdeutlichen, dass Gut und Böse oft nicht klar voneinander zu trennen sind. Staaten, Institutionen und politische Akteure agieren in einem komplexen Geflecht aus moralischen Überzeugungen, pragmatischen Notwendigkeiten und geopolitischen Interessen, wodurch moralische Entscheidungen oft zu einem Balanceakt zwischen ethischen Prinzipien und realpolitischen Zwängen werden.

Diese wechselseitige Beziehung zwischen Gut und Böse ist in den internationalen Beziehungen allgegenwärtig. Nationale Interessen, Macht und Sicherheit beeinflussen maßgeblich die Handlungsweise von Staaten und lassen gute oder böse Handlungen aus unterschiedlichen Perspektiven subjektiv betrachten. Dieses Phänomen ist besonders in geopolitischen Allianzen zu beobachten, bei denen sich Staaten mit fragwürdigen Regimen verbünden, um ihre eigenen strategischen Interessen zu verfolgen. Ein Beispiel dafür ist die Unterstützung autoritärer Regime während des Kalten Krieges durch die USA oder die Sowjetunion, um ideologische oder wirtschaftliche Ziele zu sichern. Was in einem Kontext als „böse" angesehen wird, die Unterdrückung von Menschenrechten oder diktatorische Herrschaft, wird im anderen Kontext als notwendiges Übel betrachtet, um größere geopolitische Interessen zu schützen.selbst internationale Organisationen wie die Vereinten Nationen oder der Internationale Währungsfonds, die aufgrund ihrer nicht korrigierten Strukturen häufig irrational handeln, stehen nichtsdestotrotz vor diesem moralischen Dilemma, Entscheidungen zu treffen, die kurzfristig negative Auswirkungen haben, aber langfristig als notwendig und gerechtfertigt erscheinen. Sanktionen, militärische Interventionen oder Handelsbeschränkungen dienen einerseits dazu, repressiven Regimen entgegenzuwirken, können aber andererseits auch die Zivilbevölkerung schwer treffen.

Die internationale Politik ist immer wieder von einem Spannungsfeld zwischen moralischen Idealen und pragmatischen Entscheidungen geprägt. Obwohl internationale Akteure wie Staaten und Organisationen häufig nach moralischen Grundsätzen handeln wollen, wird ihr Verhalten von der Realität der Machtverhältnisse und Sicherheitsinteressen bestimmt. In der Praxis zeigt sich, dass selbst idealistisch geprägte Außenpolitik mit der Realität der Machtpolitik in Konflikt gerät. Beispiele hierfür sind der „Krieg gegen den Terror" nach den Anschlägen vom 11. September 2001, der von den USA als Verteidigung gegen das Böse dargestellt wurde, aber zu weitreichenden Menschenrechtsverletzungen und Destabilisierung in verschiedenen Regionen führte. Auch der bestialische Überfall der Terrororganisation Hamas im Oktober 2023 auf israelische Landsiedlungen steht mit seinen Folgen wie ein Fanal in der Weltgeschichte.

Wie sie alle heißen mögen, die Unglücksgespenster der Menscheit

Hisbollah, Hamas, IS, Taliban etc, sie können doch nicht zu einem irreversiblen Abbild der Menschheit auf diesem Planeten sein? In Afghanistan dürfen Frauen nicht auf die Straßen gehen, nicht einmal in der Öffentlichkeit lachen. Wenn sie es trotzdem tun werden sie von den Taliban sofort verhaftet, verprügelt oder vergewaltigt, Und dagegen will man nicht aufstehen, sich wehren? Was ist aus dem Homo sapiens geworden? Die Menschheit hat jedoch auch immer wieder bewiesen, dass sie in der Lage ist, gegen Ungerechtigkeit und Unterdrückung aufzustehen.

Den Nachrichten nicht mehr zuhören, ist keine der menschlichen Intelligenz adäquate Lösung. Die Augen vor dem Bösen verschliessen, wäre das Dümmste, was ein Mensch tun könnte. Selbst die physisch Blinden halten vehement ihre Sinne offen, um nicht am Geschehen vorbei zu laufen. Im Kampf zur Rettung der Weltordnung steht an erster Stelle die Ablehnung und Elimierung der Diktaturen und - so makaber es klingen mag, die Schwächung des Einflusses der USA. Die Schnecke trocknet so lange aus, bis sie gewillt ist, sich nach Flüssigkeit und Luft schnappend aus ihrem Schneckenhaus in die Internationalität zu trauen. Am beste die Diktaturen sich auspowern zu lassen. Man wird am besten weiter laufen und nebenher an den eigenen Konstruktionen weiterbauen. Zumindest wäre diese Variante überlegenswert, denn man muss auch auf das Schauen, was 2030 alles passieren könnte.

Warum sollten sich die Europäer von vornherein schon als Verlierer sehen? Auf die vielen verbalen Kampfansagen, könnten sie Taten setzen. In einem Bündnis einer neuartigen strategischen Allianz, wie im Kapitel 33 zu beschreiben sein wird, könnte sich eine neue Realität entwickeln. Zu wessen Vor- oder Nachteil? D. Trump sollte es jedoch nicht gelingen, hinter sich die Sintflut zu hinterlassen und sich feige aus dem Staube zu machen. Wenn es ihm gelänge, die Welt in einer instabileren Lage zurückzulassen und sich dabei noch aus der Verantwortung zu ziehen, würde dies global die Unsicherheit verstärken. Gerade deshalb wäre es umso wichtiger, dass Europa vorbereitet ist, seine eigene strategische Agenda zu setzen und sich nicht bloß als abhängiger Juniorpartner von egal wem zu sehen. Der Schlüssel liegt in der Fähigkeit, Realismus mit strategischem Optimismus zu verbinden. Europa muss sich darüber klar werden, dass eine stärkere Unabhängigkeit und Verantwortung auch mit Risiken und Kosten verbunden ist - doch die Alternative wäre, Spielball anderer Mächte zu bleiben.

Ist Resignation ein äußeres Rezept - und noch dazu ein schlechtes, sowohl für diejenigen, die sich davor drücken wollen, schlechte Nachrichten zu verfolgen, als auch für schwache Regierungen? Mit einiger Intelligenz sollte man schon wissen, wann das Böse das langfristig Negative zur Folge hat. In den meisten Fällen ist Resignation das Ergebnis eines Gefühls der Ohnmacht, das auftritt, wenn jemand glaubt, dass das Problem zu groß ist, um bewältigt zu werden. Dieses Gefühl wird verstärkt, wenn man gegen übermächtige Kräfte kämpft, sei es in der Politik, in sozialen Systemen oder gegen moralische Übel in der Gesellschaft.

In manchen Fällen wird Resignation auch als Ausdruck von Akzeptanz verstanden werden - nicht in dem Sinne, dass das Böse als richtig akzeptiert wird, sondern dass es als unveränderlicher Bestandteil der Realität angesehen wird. Diese Art von Resignation hat oft philosophische Wurzeln, wie in der Stoa oder dem Buddhismus, wo das Streben nach innerer Ruhe durch Akzeptanz der Dinge betont wird, die man nicht ändern kann. In der Politik ist dies inakzeptabel, denn gute Politik erfordert Handlungsfähigkeit, Verantwortung und den Willen zur Veränderung, selbst in Bezug auf die großen Herausforderungen.

Globale politische Player sollten in der Lage sein, unabhängige Entscheidungen zu treffen, ohne übermäßigen Druck von anderen Akteuren. Handelskapazitäten, wirtschaftliche Stabilität vor allem aber militärischer Background beeinflussen, wie effektiv Politik umgesetzt werden kann. Moderne Technologien, insbesondere im digitalen und militärischen Bereich, verbessern die Handlungsfähigkeit. Ein anderer Faktor ist die Fähigkeit, durch internationale Verhandlungen und Allianzen spezifischen Einfluss auszuüben. Handlungen, die als rechtmäßig und gerechtfertigt wahrgenommen werden, fördern gewöhnlich die Akzeptanz und Unterstützung auf internationaler Ebene.

In autoritativen Einflusszonen spielt aber Zwang und Geld eine beträchtliche Rolle.

Handlungsfähigkeit in der internationalen Politik ist die Grundlage, um effektiv und nachhaltig in einer globalisierten Welt mitzuwirken. Sie hängt von internen Ressourcen, strategischer Planung und der Fähigkeit zur Zusammenarbeit mit anderen ab. Ein Verlust der Handlungsfähigkeit bedeutet, dass ein Akteur nur noch auf äußere Entwicklungen reagieren kann, anstatt sie aktiv mitzugestalten. Der Umgang mit Handlungsfähigkeit im Management der internationalen Politik ist entscheidend, um die komplexen Herausforderungen der globalisierten Welt zu bewältigen. Ein unkontrolliertes Überengagement oder unkoordinierte Initiativen können Ressourcen verschwenden und die Glaubwürdigkeit mindern. Eine hohe Handlungsfähigkeit erfordert Flexibilität und Resilienz. Managementstrukturen sollten darauf ausgerichtet sein, auf unerwartete Entwicklungen schnell und effektiv zu reagieren, ohne langfristige Ziele aus den Augen zu verlieren. Krisenmanagement und präventive Maßnahmen sind ein integrales Element der Interkonnektivität der internationalen Politik. Macht allein wird letztlich nicht nicht ausreichen, um handlungsfähig zu sein. Legitimität und die Fähigkeit, andere Akteure durch Überzeugung, Werte und kulturelle Attraktivität zu gewinnen, fallen ins Gewicht. Ein Mangel an Legitimität kann hingegen zu Widerständen und Isolation führen, selbst wenn die materiellen Ressourcen vorhanden sind. Da in der internationalen Politik erhebliche Machtunterschiede zwischen Akteuren bestehen, wird es auf eine gut kalibrierte Balance zwischen Eigeninteressen und globalem Gemeinwohl ankommen.

In der politischen Landschaft gibt es eine bemerkenswerte Verschiebung, die von Populismus zu Defätismus führt. Dieser Wandel beschreibt den Übergang von einer Phase überschäumender, oft vereinfachender Versprechen und emotionaler Mobilisierung hin zu einer Stimmung der Resignation und des Pessimismus. Um diese Dynamik zu verstehen, sind mehrere Aspekte zu betrachten. In der Anfangsphase erscheint der Populismus für viele als Erfrischung, er bietet falsche Versprechen auf Veränderung und Erneuerung. Doch diese Hoffnung wird oft enttäuscht, wenn die Versprechen unrealistisch oder die Probleme zu komplex für einfache Lösungen sind.

Wenn die populistischen Versprechen scheitern oder keine substantiellen Veränderungen eintreten, entsteht ein Gefühl der Frustration: Bürger erkennen, dass die populistischen Forderungen und Maßnahmen oft ineffektiv oder kontraproduktiv sind. Die Spaltung der Gesellschaft durch populistische Rhetorik hat schon frühzeitig zu einer zunehmenden Entfremdung und einer Schwächung des gesellschaftlichen Zusammenhalts geführt. Die Enttäuschung über die Unfähigkeit, Probleme zu lösen, kommt nicht aus, in Resignation umzuschlagen. In dieser Phase wird der Populismus nicht unbedingt überwunden, sondern durch eine passive Akzeptanz von Krisen und Missständen ersetzt, eine Art Defätismus, der das politische Engagement schwächt und das Vertrauen in jegliche Form von Politik untergräbt. Es floriert die Diktatur.

Um den Übergang vom Populismus zum Defätismus rechtzeitig zu durchbrechen, bedarf es einer bewussten politischen und gesellschaftlichen Gegensteuerung. Politische Akteure müssen glaubwürdige, langfristige Strategien entwickeln und transparent kommunizieren, um das Vertrauen der Bürger zurückzugewinnen. Eine aktive Zivilgesellschaft kann als Gegengewicht zu politischer Resignation wirken und Bürger ermutigen, sich zu engagieren. Die Fähigkeit, populistische Vereinfachungen und destruktive Narrative zu hinterfragen, ist entscheidend, um Manipulationen entgegenzuwirken. In der Ukraine hat die bis dato funktioniert, allerdings unter ungemein großen Opfern. Indem der Defätismus nicht akzeptiert wird, kann die demokratische Resilienz mitbestimmen, einen nachhaltigen Weg aus der Krise zu finden, aber nur mit innerer und äußerer Stärke.

Der Fatalismus oder die Akzeptanz des Status quo, wie sie in diesen Lehren hervorgehoben wird, kollidiert mit der Notwendigkeit, in der Politik aktiv zu handeln, um Gerechtigkeit zu fördern und das Böse zu bekämpfen. In Situationen, in denen das Unrecht klar erkennbar ist, wird Resignation als Verzicht auf moralisches Handeln verstanden. Diese

Passivität erlaubt es dem Bösen, zu gedeihen, weil der Widerstand fehlt.
Mit einiger Intelligenz sollten politische Akteure in der Lage sein, die
langfristigen negativen Folgen des Bösen zu bemerken. Das bedeutet,
dass das Böse nicht nur unmittelbare Schäden verursacht, sondern auch
eine Folge von Leid, Ungerechtigkeit und weiteren Problemen auslöst.
Die moralische Verantwortung liegt in erster Linie bei denen, die die
Macht oder die Fähigkeit haben, dem entgegenzuwirken.

Resignation könnte in diesem Fall nicht nur als persönliche Niederlage,
sondern als eine Form von Komplizenschaft betrachtet werden. Die Idee,
dass Intelligenz es ermöglichen sollte, das langfristig Negative des Bösen
herauszufinden, unterstreicht die Rolle des rationalen Denkens.
Intelligente Politiker/Innen sollten in der Lage sein, die Konsequenzen
von Taten oder des Unterlassens von Taten zu verstehen und die
Auswirkungen des Bösen auf die Gesellschaft, die Zukunft und die
Menschheit insgesamt zu durchschauen. In diesem Sinne ist Intelligenz
mit Verantwortung verbunden. Das Bewusstsein darüber, dass das Böse
langfristig zerstörerisch ist, sollte intelligente Menschen motivieren,
Proaktivität zu zeigen und nicht in Resignation zu verfallen. Gleichzeitig
besteht die Gefahr, dass Intelligenz trotzdem zur Resignation führen
kann, wenn sie mit Zynismus oder Pessimismus verbunden wird.
Manchmal führt die Einsicht in die Komplexität und den Umfang des
Bösen dazu, dass Menschen glauben, es sei sinnlos, dagegen
anzukämpfen. Dieser Zynismus kann selbst intelligente Personen in den

Glauben versetzen, dass ihr Handeln keinen Unterschied macht, was zur Resignation führt. Doch dies wäre letztlich eine Fehlinterpretation der moralischen Verantwortung, da der Kampf gegen das Böse auch dann wertvoll ist, wenn der Erfolg unsicher ist.

Wenn Resignation als schlechtes Rezept betrachtet wird, stellt sich die Frage: Was ist das bessere Rezept? Eine Alternative zur Resignation ist die aktive Auseinandersetzung mit dem Bösen und das Streben nach Veränderung, selbst wenn die Situation schwierig oder die Erfolgsaussichten unsicher sind. Auch einzelne Menschen können eine positive Wirkung haben, wenn sie sich dem Bösen widersetzen. Oftmals beginnt Veränderung im Kleinen, durch individuelle Handlungen, die ein starkes Bewusstsein schaffen und größere Bewegungen inspirieren. Hier zeigt sich, dass Resignation oft auf einer Unterschätzung der eigenen Handlungskraft basiert.

Im Kontext der internationalen Politik treffen Machtinteressen, ethische Dilemmata, geopolitische Strategien und der Kampf um Werte aufeinander. In Fällen wie dem Syrienkrieg, dem Völkermord in Ruanda oder der anhaltenden Krise im Jemen wurden internationale Akteure kritisiert, weil sie trotz offenkundiger Gräueltaten untätig blieben. Es entstand der Eindruck, dass die internationale Gemeinschaft vor der Größe des Problems kapituliert hat. Resignation kann auch als eine Entscheidung gesehen werden, das Böse zu tolerieren oder gar zu ignorieren, wenn geopolitische Interessen über moralische Werte gestellt werden. Dies geschieht, wenn Staaten beschließen, nicht einzugreifen, weil sie befürchten, dass eine Intervention ihre eigenen nationalen Interessen gefährden könnte. Ein typisches Beispiel hierfür ist die Nicht-Einmischung zahlreicher Staaten in den Ukraine-Krieg vor 2022, obwohl Russland als Aggressor agierte. Manche Staaten wollten sich nicht in einen Konflikt verwickeln lassen, um wirtschaftliche oder diplomatische Beziehungen zu schützen.

Gesamtgesehen gibt es in der modernen internationalen Politik genügend Beispiele dafür, dass das Böse langfristig negative Folgen hat, wenn es nicht frühzeitig angegangen wird. Die Untätigkeit in Konflikten wie dem syrischen Bürgerkrieg oder der Verfolgung der Rohingya in Myanmar führte nicht nur zu Millionen von Toten und Vertriebenen, sondern auch zu gravierenden Flüchtlingskrisen, die Europa und die Nachbarländer vor enorme Herausforderungen stellten. Es zeigt sich, dass die internationale Resignation gegenüber Gräueltaten und Krisen nicht nur moralisch problematisch ist, sondern auch globale Probleme nach sich zieht.

Staaten, die sich gegen das Böse stellen, setzen nicht nur ein Zeichen für moralische Integrität, sie unterstreichen damit auch ihre internationale Glaubwürdigkeit. Länder wie Deutschland, die sich in der Vergangenheit durch das Eintreten für Menschenrechte und Diplomatie einen Ruf erarbeitet haben, verlieren derzeit vollständig ihre Glaubwürdigkeit, wenn sie in Momenten, in denen moralische Prinzipien verteidigt werden müssten, resignieren. Moralische Führung auf globaler Ebene bedeutet, auch in schwierigen Situationen Position zu beziehen, auch wenn sie finanziell weh tut.

Regierungen, die sich weigern, gegen das Böse vorzugehen, setzen sich selbst langfristig Risiken aus. Das Böse in Form von autoritären Regimen, staatlichem Terrorismus oder systematischen Menschenrechtsverletzungen führt unweigerlich zu Instabilität, die über nationale Grenzen hinaus Auswirkungen hat. Terrorismus, organisierte Kriminalität und Flüchtlingsströme sind nur einige der Konsequenzen, die auftreten, wenn das Böse ungehindert wächst. Ein weiteres Spannungsfeld in der internationalen Politik besteht darin, ob Staatslenker und politische Akteure tatsächlich die langfristigen negativen Konsequenzen des Bösen einfach nicht sehen oder ob sie aus politischem Kalkül handeln. Nicht selten stellt sich heraus, dass die Akteure die Gefahr zwar erahnen, aber trotzdem nicht handeln, weil sie kurzfristige Vorteile über moralische Prinzipien stellen. Ein Beispiel hierfür ist die unwillige Stellungnahme westlicher Länder zu Menschenrechtsverletzungen in China. Trotz der offenkundigen Unterdrückung der Uiguren und anderer Minderheiten haben viele Regierungen Schwierigkeiten, klar Stellung zu beziehen, weil sie die wirtschaftlichen Beziehungen mit China nicht gefährden wollen. Dies zeigt, dass es nicht immer an der Intelligenz fehlen muss, um das Böse zu entdecken, sondern dass oft wirtschaftliche und politische Interessen Vorrang haben. Oder ist gerade das der Beweis für mangelnde Intelligenz und Weitsicht? Letztlich zeigt die internationale Politik, dass Resignation, wenn sie aus moralischer Sicht falsch ist, auf lange Sicht die negativen Folgen verstärkt. "Wer das Unrecht stillschweigend duldet, lädt die Zukunft mit noch größerem Leid." Moralische Standhaftigkeit und die Bereitschaft, gegen das Böse einzutreten, auch wenn es geopolitisch unpopulär oder wirtschaftlich riskant ist, sind unerlässlich, um langfristige Stabilität, Gerechtigkeit und Frieden zu sichern.

Krieg ist zwar per se schon nichts Positives, aber manchmal unausweichlich um sich zu schützen und abzusichern. Als im Zweiten Weltkrieg Zig-Tausende Flüchtlinge aus dem Osten durch die Stadt Dresden zogen, wurde die Stadt trotzdem bombardiert und dem Erdboden gleichgemacht. Das Argument drängt sich vor, was in der Welt wohl gewesen wäre, wenn die Alliierten der Diktatur eines Wahnsinnigen nicht mit allen Mitteln Einhalt geboten hätten. Heute wird selbst in Kriegsgebieten jede minutiös kalkulierte Maßnahme zum Schutz von Zivilbevölkerungen angeprangert. Dazu kommt noch, dass internationale Organisationen Menschenrechtsverletzungen und Missstände in Ländern kritisieren, die als geopolitische Gegner gelten, während ähnliche Vergehen von verbündeten Geldgebern entschuldigt werden. Diese selektive Anwendung von Moral verstärkt die negative Interkonnektivität von Gut und Böse dort, wo ethische Urteile von politischen und strategischen Interessen überlagert werden. Hier wird deutlich, dass Handlungen, die auf den ersten Blick als gut oder böse erscheinen, oft tiefere, komplexere Motive und Auswirkungen haben.

Humanitäre Interventionen, die zum Schutz der Menschenrechte und zur Verhinderung von Genoziden oder ethnischen Säuberungen durchgeführt werden, sind oft von der Frage begleitet, inwieweit der Einsatz von Gewalt gerechtfertigt ist, um größere Übel zu verhindern. Während solche Interventionen oft aus einem moralischen Impuls heraus gerechtfertigt sind, etwa zur Rettung von Zivilisten oder zur Wiederherstellung der internationalen Ordnung, führen sie gleichzeitig zu weiteren Zerstörungen. Ein Beispiel dafür ist die NATO-Intervention in Libyen im Jahr 2011. Obwohl die Intervention als humanitäre Aktion begann, um den libyschen Diktator Muammar Gaddafi zu stürzen und das Volk zu schützen, führte sie letztlich zu einem Machtvakuum und anhaltender Instabilität im Land. Der Versuch, das „Böse" zu bekämpfen, kann seinerseits Handlungen hervorbringen, die moralisch fragwürdig sind, wie die Verletzung von Souveränitätsrechten oder zivile Opfer.

Die Globalisierung hat durch die wirtschaftliche Verflechtung der Welt auf der einen Seite zu mehr Wohlstand und Entwicklung in vielen Ländern beigetragen, auf der anderen Seite aber auch zur Ausbeutung von Arbeitskräften und zur Verschärfung globaler Ungleichheiten. Multinationale Unternehmen, die in Entwicklungsländern tätig sind, schaffen Arbeitsplätze, tragen aber auch zur Ausbeutung von Arbeitskräften bei. Was für die einen als Motor für Fortschritt und Wohlstand gilt, wird von anderen als moralisch verwerflich und ungerecht angesehen.

Der Klimawandel ist ein weiteres Beispiel für die Interkonnektivität von Gut und Böse auf globaler Ebene. Industrieländer, die für einen Großteil der weltweiten CO_2-Emissionen verantwortlich sind, haben ihren Wohlstand oft auf Kosten der Umwelt und der Lebensgrundlagen zukünftiger Generationen aufgebaut. Es sind dann häufig die ärmeren Länder, die am stärksten unter den Auswirkungen des Klimawandels leiden, obwohl sie am wenigsten zur Klimakrise beigetragen haben. Dies wirft die Frage auf, wie Verantwortung und Ursachen auf globaler Ebene verteilt werden und wie der moralische Imperativ, den Planeten zu schützen, mit wirtschaftlichen und sozialen Interessen in Einklang gebracht werden kann. Die UNO und ihre Friedensmissionen haben in vielen Konfliktregionen der Vergangenheit eine wichtige Rolle gespielt, Frieden und Stabilität wiederherzustellen. Doch während des Völkermords in Ruanda 1994, wo die UN-Truppen nicht in der Lage waren, das Morden zu verhindern, zeigt die moralischen Grenzen der internationaler Organisationen, so wie sie zurzeit aufgestellt sind. Sie sollten der zentrale Akteur sein, um globale moralische Standards zu setzen und das Gute in der internationalen Gemeinschaft zu schützen.

Im internationalen Kontext zeigt sich die Verflechtung von Gut und Böse in besonders eindringlicher Weise. Staaten, internationale Institutionen und andere Akteure bewegen sich in einem ständigen Spannungsverhältnis zwischen ethischen Idealen und realpolitischen Zwängen. Moralische Entscheidungen auf globaler Ebene sind selten eindeutig und oft von gegensätzlichen Interessen durchzogen. Die Interkonnektivität von Gut und Böse ist in der internationalen Politik und in einer globalisierten Welt eine Realität, die uns zwingt, komplexe moralische Fragen zu stellen und nach Lösungen zu suchen, die sowohl ethisch vertretbar als auch praktisch umsetzbar sind.

Steht den Zivilisationen wie dem Westen, der islamischen Welt, der chinesischen und anderen, die in ihren Werten und Weltanschauungen grundlegend unterschiedlich seien und in Konflikt geraten könnten ein Kampf bevor? Infolge der rasanten Entwicklung von Globalisierung und Technologie, insbesondere sozialer Medien, zeichnet sich ein alternativer Ansatz ab. Dieser betrachtet nicht den Konflikt zwischen Zivilisationen, sondern einen grundlegenden Wandel in den globalen Machtstrukturen, der Konfrontation zwischen einer aufkommenden globalen Zivilisation und den traditionellen, oft nationalistisch geprägten Eliten, die versuchen, ihre Macht zu erhalten. Vielleicht wird die Homogenität innerhalb von Kulturkreisen überschätzt und die internen Differenzen unterschätzt. Die globale Vernetzung macht scharfe Trennlinien zwischen Kulturen fragwürdig. Manchmal finden Konflikte eher innerhalb als zwischen Kulturkreisen statt.

21. CHARISMA UND MACHT

Charismatiker haben die Fähigkeit, andere Menschen für ihre Visionen zu gewinnen und sie zu mobilisieren. In weiterer Folge wird eine Person, die Machtpositionen erreicht, als noch charismatischer wahrgenommen, unabhängig von ihrer tatsächlichen Persönlichkeit. Daher gibt es auch die negative Seite des Charismas besonders dann, wenn Führer ihre Macht missbrauchen oder totalitäre Systeme etablieren. So wird Charisma und die Wahrnehmung von Macht stark von kulturellen Normen und sozialen Kontexten abhängig. Manchmal versuchen Politiker, charismatisch zu sein ohne die Gabe dazu zu besitzen. Ihre Versuche, vermittelnd oder anziehend zu sein, bewirken das Gegenteil und provozieren zur unfreiwilligen Komik.

Was die hohe Kunst der Politik so mit sich bringt. Wo sonst kann man so elegant zwischen Extremen hin und her tänzeln, nur um am Ende spektakulär im Graben zu landen? Politische Verantwortungsträger scheinen manchmal zu vergessen, dass sie nicht auf einer Rennstrecke, sondern auf dem schmalen Grat der Vernunft balancieren sollten. Das Gaspedal der Macht - wer kennt es nicht? Man sitzt am Steuer des politischen Luxusschlittens, der Motor der Ideologie brummt verführerisch. Ein kleiner Tritt aufs Gaspedal kann ja nicht schaden. Bevor man sich's versieht, rast man mit 200 Sachen durch die Kurven der öffentlichen Meinung. Wer braucht schon Verkehrsregeln, wenn man die

Überholspur der Übertreibung für sich hat?

Doch die Realität funkt dazwischen. Sie steht da wie eine unbarmherzige Leitplanke und wartet nur darauf, dass die politischen Rennfahrer den Bogen überspannen. Mit einem lauten "Knall!" und einem Hagel aus Wählerstimmen findet sich so mancher Überflieger plötzlich kopfüber im Straßengraben wieder. Immerhin bietet sich von dort eine ganz neue Perspektive auf die politische Landschaft, vorausgesetzt, man kann den Kopf aus dem Sand ziehen. Natürlich gibt es immer noch die Möglichkeit der politischen Vollbremsung. Ein beherzter Tritt auf die Bremse der Vernunft, ein scharfer Ruck am Lenkrad der Mäßigung, und schon... - das funktioniert ja gar nicht. Als ob es in der Politik nur Gaspedal und Hupe gäbe. Vielleicht sollten manche politischen Führungskräften einen Crashkurs in defensivem Fahren absolvieren, oder besser noch: wie wäre es mit einem gemütlichen Spaziergang durch die Mitte der Gesellschaft? Das mag zwar weniger aufregend sein, aber zumindest kommt man dabei seltener ins Schleudern. Sicher ist, solange Politiker das Überziehen und Übersteuern als Volkssport betreiben, werden die Gräben für Versagen entlang der politischen Landstraßen nie leer werden. Immerhin sorgen sie für unterhaltsame Schlagzeilen – und das ist doch für die Massen auch etwas wert?

Mit der Machtposition, die ja mit einer legitimierten Autorität verbunden ist, wird ein Charisma produziert, das oft keines ist. Nicht jeder US-

Präsident verfügte über Charisma, das ja relational, also nicht von Natur aus vorhanden ist, sondern von der Anhängerschaft zugeschrieben wird. Es kann mit der Zeit verloren gehen oder nachlassen, insbesondere wenn eine Führung die Erwartungen nicht erfüllt oder an Glaubwürdigkeit verliert. Charisma lässt sich als eine besondere Anziehungskraft oder Ausstrahlung beschreiben, die eine Person umgibt. Es wird mit Energie und Enthusiasmus in Verbindung gebracht, die ansteckend wirken. Jedenfalls sind charismatische Führungspersönlichkeiten in der Lage, eine klare Vision zu kommunizieren, die andere motiviert. So wurde das Charisma John F. Kennedys durch seine Vision und seine Fähigkeit zur emotionalen Verbindung mit der Bevölkerung gestärkt. Sein Erbe war später sowohl von Bewunderung als auch von Kritik geprägt. Auch Barack Obama wurde für sein Charisma gelobt, das auf seiner Redegewandtheit und seiner Fähigkeit, eine positive Vision zu kommunizieren. Dennoch gab es schon während seiner Amtszeit Momente, in denen sein Charisma in Frage gestellt wurde. Der Verlust von Charisma kann schnell eintreten, wenn Erwartungen nicht erfüllt werden oder die Glaubwürdigkeit in Frage gestellt wird. Für Führungspersönlichkeiten ist es daher wichtig, sowohl authentisch zu bleiben als auch die sich wandelnden Erwartungen und Werte vehement zu vertreten. Authentisches Führen bedeutet nicht, ungefiltert alles zu sagen oder zu tun, was einem in den Sinn kommt. Vielmehr geht es darum, Gedanken und Gefühle auf angemessene Weise auszudrücken. Führungskräfte müssen sich dessen bewusst sein, dass sie in einer Position befinden, in der bestimmte praktische Verantwortlichkeiten gefragt sind.

Charismatische Führer haben nicht selten eine ermutigende Rolle bei Friedensverhandlungen gespielt, wie einst Metternich und Talleyrand. In der jüngeren Geschichte ist Nelson Mandela ein Beispiel, dessen Persönlichkeit und Vision zur Beendigung der Apartheid in Südafrika beitrugen. Mandela war nicht nur ein charismatischer Anführer, sondern auch ein symbolisches Bindeglied zwischen verschiedenen Bevölkerungsgruppen. Seine Fähigkeit, empathisch zu kommunizieren und sein Engagement für Versöhnung machten ihn zu einem entscheidenden Faktor für den Frieden. Charismatische Anführer berufen sich in der Regel auf eine klare Vision für die Zukunft und zeigen deutlich ihre Leidenschaft für das, was sie tun. Diese Vision kann als Leitstern dienen, der sowohl die Anhänger als auch Partner inspiriert. Sie vermittelt Hoffnung und Motivation, was in der Welt der internationalen Beziehungen von unschätzbarem Wert ist. Nur bedarf es auch der Fähigkeit des unmittelbaren Umfeldes, die Ideen aufzunehmen und weiter zu verarbeiten, sonst sticht man ins Leere, wie ein Emmanuel Macron, der als überzeugter und cleverer Europäer mit seinen innovativen Ideen auf die dumpfe Unbeweglichkeit der deutschen Kanzlerschaften seiner Zeit stieß. Führungsschwäche zeigt sich im Mangel an eigenen Initiativen und der Bereitschaft, Verantwortung zu übernehmen.

Die entschlossene Antwort zur gegenseitigen Einbindung, die Frankreich verweigert wurde, blieb 2024 in einer Déjà-vue Haltung gleichfalls dem polnischen Nachbarn verwehrt. Wie soll da das vielgerühmte Weimarer Dreieck funktionieren? Wenn Deutschland in entscheidenden Momenten gegenüber Polen oder Frankreich eine Haltung der Zurückhaltung oder Zögerlichkeit einnimmt, untergräbt dies das Vertrauen innerhalb des Bündnisses. Eine mangelnde Solidarität kann sich insbesondere in sicherheits- oder außenpolitischen Fragen als gravierend erweisen, da gerade auf diesen Gebieten eine geschlossene Front entscheidend ist. Wenn Polen das Gefühl hat, dass Deutschland seine Sicherheitsbedenken nicht ernst nimmt, unterminiert dies das Vertrauen in das gesamte Konzept des Weimarer Dreiecks. Das Weimarer Dreieck ist nur funktionstüchtig, wenn alle drei Länder bereit sind, entschlossen gemeinsam zu handeln, wenn es notwendig ist. Wenn jedoch ein Land in Schlüsselmomenten zögert, ist das Fundament dieses Bündnisses nicht fest genug. Zaudern und unzureichend koordinierte Reaktionen können fatale Folgen haben. In Schlüsselmomenten wird das Fundament eines Bündnisses oder einer Regierung besonders sichtbar, sei es bei Krisen wie Kriegen, Naturkatastrophen oder wirtschaftlichen Zusammenbrüchen.

Wenn Entscheidungen zu spät getroffen werden, sind sie nicht nur ineffektiv, sondern entwickeln sich häufig zu irreversiblen

Fehlentscheidungen, deren Konsequenzen dauerhaft bestehen bleiben. Zudem verursacht das Zögern oft höhere Folgekosten: Spätere Interventionen sind in der Regel teurer, schwieriger und riskanter, während frühzeitiges, entschlossenes Handeln häufig die günstigere und effektivere Option darstellt. Zögerliches Handeln, insbesondere in Krisensituationen, ist nicht nur ein Zeichen von Unsicherheit, sondern hat auch konkrete negative Folgen. Hilfe, die ängstlich und stückweise verabreicht wird, wirkt nicht nur moralisch despektierlich gegenüber den Betroffenen, sondern ist in der Sache auch kontraproduktiv. Eine fragmentierte Unterstützung mindert die Wirksamkeit der Maßnahmen und verpasst oft den Moment, in dem sie entscheidenden Einfluss nehmen könnte.

Späte oder zögerliche Hilfe erlaubt es Aggressoren, ihre Ziele zu festigen, und verschärft das Leid der Betroffenen. Die Folgen sind nicht nur menschlich tragisch, sondern beeinflussen auch die geopolitische Stabilität nachhaltig. Halbe Entscheidungen oder zu späte Maßnahmen schaden nicht nur den Betroffenen, sondern auch den eigenen wirtschaftlichen Interessen. Unsicherheit und Inkonsequenz destabilisieren Märkte, untergraben Investitionen. Ein zentrales Problem verspäteter Entscheidungen ist, dass sie den Status quo zementieren. Was zunächst nur als Verzögerung erscheint, kann schnell zur dauerhaften Realität werden. Wenn etwa ein Aggressor durch mangelnde Unterstützung seiner Gegner erfolgreich bleibt, wird diese

Realität de facto akzeptiert und dies noch dazu auf Kosten der globalen Ordnung. Zuerst zögert man so lange, bis der Druck von außen unerträglich wird, dann liefert man gerade genug, um nicht völlig irrelevant zu wirken, aber niemals genug, um den Eindruck zu erwecken, dass man tatsächlich führt. Das ist keine Untätigkeit, das ist diplomatische Akrobatik auf „Weltklasse-Niveau".

In der Ukraine-Krise zeigte es sich, wer als Meister der "abgewogenen Entscheidungen" gilt, oder, wie es Kritiker nennen würden, des bedächtigen Nichtstuns mit gelegentlichem Aktionismus. Zuerst gab es große Reden über unerschütterliche Solidarität in einer Zeitenwende, die so laut waren, dass man fast die Geräusche des Drehens und Wendens im Kanzleramt der Bundesrepublik überhörte. Dann folgten Entscheidungen in homöopathischen Dosen: ein bisschen Hilfe hier, ein paar Panzer dort, natürlich nur mit Zustimmung der Nachbarn und einem halben Dutzend internen Prüfungen. Wer hätte gedacht, dass Geopolitik auch etwas von der deutschen Gründlichkeit in der Steuererklärung hat? Das berühmte Prinzip „Liefern, aber nicht zu viel, und vor allem nicht zu schnell" wurde konsequent umgesetzt. Schließlich möchte man ja niemandem zu sehr auf die Füße treten - weder der Ukraine, die verzweifelt auf Unterstützung wartet, noch Russland, das man offenbar nicht zu sehr provozieren will. Warum nicht gleich zukunftstüchtig als Europa die Gespräche und Lieferungen durchführen?

Wenn an der Schnittstelle europäischer Entscheidungen politische Akteure in einer Abwehrhaltung ins Scheitern verharren, wäre es an der Zeit, auch die politischen CEO's einem öffentlich zugänglichen und evidenz-basierten Assessment zu unterziehen. Politische Akteure müssten sich Fragen zu ihrer Kompetenz, ihrer Entscheidungsfähigkeit und ihrem strategischen Denken stellen. "Herr X, könnten Sie uns bitte erläutern, warum Sie in der geopolitischen Krisensituation Y so gehandelt haben, obwohl die Daten klar gegen Sie sprachen? Und haben Sie ein langfristiges Ziel oder machen Sie nur Firefighting?" Die Kompetenz spiegelt sich in der Bewertung, „ob man mehr kann als man darf oder ob man mehr darf als man kann".

Besonders auffällig ist dies bei der Reaktion auf globale Krisen wie dem Krieg in der Ukraine, den Spannungen mit Russland oder der geopolitischen Rivalität mit China. Zwar gibt es immer wieder starke Worte, doch bleiben die Taten oftmals hinter den Erwartungen zurück. Kanzler, die die internationalen Beziehungen Europas prägen, vermitteln in diesen Momenten den Eindruck, mehr mit der Vermeidung von Konflikten beschäftigt zu sein als mit der aktiven Gestaltung einer entschlossenen und durchdachten Außenpolitik. Es ist, als hätten sie das richtige diplomatische „Outfit" für den internationalen Auftritt, aber beim Handeln selbst fehlt es an der nötigen Fitness. In einer Welt, die zunehmend von autoritären Akteuren dominiert wird, können sich europäische Regierungschefs kein weiteres Stolpern auf dem roten

Teppich leisten, weder im wörtlichen noch im übertragenen Sinne.
Formelle Sicherheit, rhetorische Präzision und ein selbstbewusstes
Auftreten sind keine Nebensächlichkeiten, sondern essenzielle
Werkzeuge für den geopolitischen Wettstreit. Wer diese Basics nicht
beherrscht, läuft Gefahr, nicht nur als Person, sondern auch als
politischer Vertreter eines Landes an Einfluss zu verlieren. Europas
Stärke beginnt nicht nur bei klaren Inhalten, sondern bei der Fähigkeit,
diese entschlossen und ohne Unsicherheiten zu vermitteln.

Evidenzbasierung lässt sich über Diagrammen der Anzahl der
gebrochenen Ankündigungen darstellen. Tabellen über verpasste
Gelegenheiten erklären offen den berühmten "Wert des Zögerns" in
entscheidenden Situationen. Ob der Lebenslauf Lücken aufweist,
interessiert dabei weniger, aber die Spalte "Verpasste Chancen zur
Krisenbewältigung" würde gewiss rot hervorgehoben. Am Ende stünde
dann das Rating: "Ergebnis im Krisenmanagement, im langfristigen
Planen, in der Kunst des Appeasements.... „ Vielleicht würden die
wahren politischen "High Performer" schließlich mit "CEO of the Year"
gefeiert. Für die anderen gäbe es dann die klassische Lösung:
"Outplacement" und ein letzter Händedruck mit "Danke für Ihre Zeit,
Herr Minister. Wir wissen Ihren Einsatz zu schätzen, aber die Umfragen
sagen uns, es ist Zeit für Veränderung!". Das offizielle Ergebnis wird
dann endgültig an der Wahlurne präsentiert. Das Publikum der
Wählerinnen und Wähler wird an den Fakten interessiert sein, ob es

manipuliert wurde.

Statt die außenpolitische Agenda aktiv zu gestalten, neigen führungsschwache Akteure dazu, lediglich auf Ereignisse zu reagieren. Diese Haltung ist darauf ausgerichtet, das Schlimmste zu verhindern, anstatt positive Ziele zu verfolgen. In der europäischen Politik manifestiert sich Führungsschwäche in der mangelnden Fähigkeit zur Koordination und Konsensfindung zwischen den Nationalstaaten. Sie leitet direkt in die Zersplitterung der außenpolitischen Positionen und einem Verlust an globalem Einfluss. Doch wie und woran erkennt man die Akteure?

In weiterer Folge kristallisiert sich eine Interkonnektivität zwischen politischer Feigheit und Dummheit heraus. Politische Feigheit manifestiert sich häufig in der Angst vor Konsequenzen. Diese Art von Feigheit führt dazu, dass Politiker risikoscheu agieren und unangenehme Entscheidungen vermeiden, auch wenn sie notwendig sind. Stattdessen setzen sie auf populistische Maßnahmen oder verschieben Probleme in die Zukunft. Fehlende mutige Entscheidungen können zu einer stagnierenden oder sich verschlechternden Situation führen, die den Eindruck von Dummheit erweckt, obwohl der eigentliche Grund die Feigheit ist. Dummheit bei politischen Entscheidungen kann sich durch eine mangelnde Fähigkeit zur Analyse komplexer Zusammenhänge und fehlendes Urteilsvermögen äußern. Sie zeigt sich in kurzfristigem

Denken, dem Verkennen von Konsequenzen oder dem Ignorieren wissenschaftlicher Erkenntnisse und fundierter Meinungen. Politiker demonstrieren wissentlich Feigheit, wenn sie falsche Entscheidungen treffen oder wichtige Informationen ignorieren. Sie vermeiden es, schwierige, aber notwendige Maßnahmen zu ergreifen, aus Angst vor Gegenschlägen. Dies führt zu Entscheidungen, die auf vermeintlich sicherem Boden getroffen werden, aber aufgrund der Vermeidung von Risiken oft dumm wirken. Entscheider, die aus Feigheit vor einem Wählerverlust unangenehme aber notwendige Reformen aufschieben, können in Folge vor einem noch größeren Problem stehen, was dann die ursprüngliche Entscheidung dumm erscheinen lässt. Ein bekanntes Beispiel für die Interkonnektivität von Feigheit und Dummheit in der Politik ist der Populismus. Populistische Politiker scheuen vor langfristig vernünftigen, aber unpopulären Entscheidungen zurück und greifen stattdessen auf einfache, emotionale Botschaften zurück. Diese Strategie ist einerseits Ausdruck von Feigheit, da sie sich vor unpopulären Maßnahmen drücken, und andererseits Ausdruck von Dummheit, da sie die langfristigen Schäden ihrer Politik ignorieren.

Insbesondere in hierarchischen Systemen verbinden sich die beiden Wesenselemente, in denen der Entscheidungsprozess wenig Raum für Kritik lässt. In solchen Systemen haben die politischen Vertreter Angst, falsche Entscheidungen zu treffen, weil dies ihre Karriere gefährden könnte. Dies führt dazu, dass sie sich an bewährte, aber oft veraltete oder unangebrachte Konzepte klammern. Feigheit wird institutionalisiert und in "dumme" Entscheidungen hineingezogen, da innovative und mutige Ansätze fehlen.

Die Interkonnektivität von Know-how und Trial-and-Error spielt in den internationalen Beziehungen mit den Karten von Diplomatie, Verhandlungen und internationalen Kooperationen. Hierbei geht es darum, wie internationale Akteure bestehendes Wissen nutzen, um strategische Entscheidungen zu treffen und wie sie durch Versuch und Irrtum aus ihren Fehlern lernen. Diese Dynamik hat bedeutende Auswirkungen auf die Gestaltung der internationalen Ordnung und die Lösung globaler Probleme. Die Beantwortung von Krisen oder Kriegen basieren zum Teil auf historischem Wissen, aber viele Maßnahmen werden auch in Echtzeit getestet und bei Bedarf angepasst, um effektivere Lösungen zu finden. Nach jeder Krise findet eine institutionelle Anpassung statt. Beispiele sind die Reformen des Internationalen Währungsfonds nach Finanzkrisen oder die Anpassungen der Weltgesundheitsorganisation nach globalen Gesundheitskrisen.

Der Widerspruch von Empathie und Durchsetzungsfähigkeit in der internationalen Politik ist ein facettenreiches Thema. Regierungen konkurrieren um Ressourcen, Einfluss und Sicherheit. Durchsetzungsfähige Handlungen sind erforderlich, um bestimmte Interessen zu verteidigen. In Konfliktsituationen ist

Durchsetzungsfähigkeit entscheidend, um die Bevölkerung, Länder und globale Werte zu schützen. Der Widerspruch von Empathie und Durchsetzungsfähigkeit wird deutlich, wenn die internationale Politik sowohl auf Verständnis als auch auf strategische Entscheidungen angewiesen ist. Die Herausforderung besteht darin, diese beiden Elemente so zu integrieren, dass sie sich gegenseitig aninmieren, anstatt in Konflikt zu treten.

Das moderne Leistungsdenken fördert auch in der internationalen Politik eine Kultur, in der Wert über Produktivität, Erfolg und Effizienz definiert wird. Menschen stehen unter ständigem Druck, sich zu beweisen und durch Leistung Anerkennung zu erlangen. In der internationalen Politik kann die Metapher des "Dahin-Irrens zwischen den Felsen" auf die komplexe und oft unsichere Navigation zwischen Herausforderungen, Interessen und Machtstrukturen angewendet werden. Dieses Bild beschreibt treffend die Dynamik und die Spannungen, mit denen Staaten, Institutionen und Akteure auf der globalen Bühne konfrontiert sind. Anstatt in destruktive Machtkämpfe oder Missverständnisse zu geraten, können durch Vernunft gemeinsam tragfähige Lösungen erarbeitet werden. Durch das Zusammenwirken unterschiedlicher Talente und Perspektiven der verschiedenen Seiten entsteht eine Dynamik, die über die Summe der individuellen Beiträge hinausgeht.

In Perioden fundamentalen Wandels in den internationalen

Beziehungen, wie sie derzeit herrschen, könnte Charisma eine tragende Bedeutung erlangen. Solche Zeitenwenden sind oft durch die Auflösung bestehender Strukturen und die Entstehung neuer Formate gekennzeichnet. In diesen Phasen können charismatische Führungspersönlichkeiten als Katalysatoren für Veränderungen oder als Anker der Stabilität fungieren. Beispiele für effektives Charisma finden sich in führenden Figuren, die manchmal Auseinandersetzungen gewinnen oder bedeutende soziale Bewegungen anführen. Wenn jedoch die Loyalität gegenüber einer charismatischen Führung längst die rationale Analyse und kritische Überprüfung überwiegt, birgt dies eine maßlose Überschätzung der Leitfigur. Solche unreflektierten Ansichten münden leider oft genug in irrationale und destruktive Entscheidungen, die negative Auswirkungen auf die internationalen Beziehungen haben.

Das Charisma im Management bezieht sich auf die Fähigkeit, durch visionäre Führung, Inspiration und persönliche Ausstrahlung wirtschaftliche und organisatorische Veränderungen voranzutreiben. Im Kontext des Managements und der Wirtschaft wird Charisma oft als eine Art „weiche Macht" verstanden, die sich auf persönlichen Eigenschaften und Führungsqualitäten bezieht. Charismatische Führungskräfte schaffen emotionale Bindungen mit einer transformativen Wirkung auf Politik und Märkte. Ihre Visionen dienen als Leitplanken für ihre Mitarbeiter und Stakeholder, die das Vertrauen und Engagement aller Kräfte stärkt. Sie strahlen gewöhnlich Selbstvertrauen aus und werden von den

Mitarbeitern als authentisch wahrgenommen. Im idealsten Fall bleiben sie ihren Werten treu und handeln konsistent, was ihnen Glaubwürdigkeit und Respekt einbringt.

Führende Persönlichkeiten nutzen ihr Charisma, um nicht nur ihre Unternehmen, sondern auch ganze Branchen zu prägen. Damit haben sie in Verhandlungssituationen einen entscheidenden Vorteil. Ihre Fähigkeit, andere zu inspirieren und zu überzeugen, kann den Ausgang von Geschäftsabschlüssen maßgeblich beeinflussen. Sie verfügen über eine exzellente Kommunikationsfähigkeit und können ihre Botschaften eloquent und überzeugend vermitteln. Durch ihre soziale Expressivität gelingt es ihnen, andere mühelos in Gespräche zu verwickeln und eine positive Atmosphäre zu schaffen. In diesen Fällen ist Charisma nicht nur eine persönliche Eigenschaft, sondern auch ein strategisches Werkzeug, um Vertrauen aufzubauen, Veränderungen voranzutreiben und Netzwerke zu unterstützen. Andererseits kann Charisma auch von einer nüchternen Bewertung der Realität ablenken und die Ursache sein, dass Risiken übersehen werden, weil der Glaube an den charismatischen Führer zu groß ist. Wenn die Visionen nicht klar genug in operative Strategien umgesetzt werden, wird dies langfristig für das betroffene System problematisch.

Charismatische Führung ist auch ein mächtiges Instrument zur Mobilisierung und Gestaltung von Gemeinschaften und Bewegungen in der Gesellschaft. Diese Form der Führung birgt in sich eine große Verantwortung, da sie die Fähigkeit besitzt, Massen zu beeinflussen und Richtungen vorzugeben, die weitreichende gesellschaftliche Auswirkungen haben können. Charismatische Führer in der Politik verfügen über ein hohes Maß an emotionaler Intelligenz, was ihnen ermöglicht, sich auf einer tieferen Ebene mit ihren Anhängern zu verbinden. Sie verstehen es, Emotionen zu wecken und zu lenken, was oft wirkungsvoller ist als rein rationale Argumente. Charismatische Politiker haben oft eine starke Stimme im öffentlichen Diskurs und prägen die Art und Weise, wie gesellschaftliche Probleme diskutiert werden. Dabei müssen sie sich der Tatsache bewusst sein, dass ihre Worte weitreichende Konsequenzen haben können.

Der Einfluss charismatischer Politiker entsteht nicht im Vakuum, sondern durch die Interaktion mit anderen Mitstreitern und Kontrahenten. Kritiker und Gegenspieler fordern sie heraus, Anhänger verbreiten ihre Botschaften, Medien greifen ihre Äußerungen auf und senden sie im positiven oder negativen Sinn weiter. Die Fähigkeit, Emotionen zu wecken und Menschen zu inspirieren, sollte nicht dazu genutzt werden, Spaltungen zu vertiefen oder destruktive Ideologien zu fördern. Konstruktive Debatten sind in der Lage, die soziale Kohäsion zu festigen.

Diese Macht bringt die Verantwortung mit sich, Entscheidungen im Interesse der Gesellschaft zu treffen und Machtmissbrauch zu vermeiden. Charismatische Führungspersönlichkeiten können die Gesellschaft entweder in eine positive Richtung lenken oder, wenn sie ihrer Verantwortung nicht gerecht werden, großen Schaden anrichten. Eine besondere Verantwortung liegt darin, nicht nur die gegenwärtigen Bedürfnisse der Menschen zu berücksichtigen, sondern auch die langfristigen Auswirkungen der Entscheidungen auf zukünftige Generationen. Dies gilt insbesondere in Bezug auf Fragen wie Sicherheit, Umweltschutz, Bildung und soziale Gerechtigkeit.

Hochrangige politische Akteure laufen Gefahr, sich durch ihre eigene Popularität und den Glauben an ihre eigene Unfehlbarkeit leiten zu lassen. Dies kann in verantwortungslosem Handeln enden, wenn Entscheidungen getroffen werden, die nicht ausreichend hinterfragt oder auf langfristige Folgen überprüft werden. Um dem entgegenzuwirken, müssten politische Akteure regelmäßig ihre normativen Orientierungen reflektieren und sich Assessments unterziehen, einen wissensbasierten und orientierten Pragmatismus verfolgen und ihrer systemischen Verantwortung bewusst sein.

Es gibt Menschen, die ein besonderes Gespür für die übernatürliche Gegenwart und das Wirken in der Welt und in ihrem eigenen Leben haben. Das Charisma der Weisheit befähigt zu tiefem geistigem Verständnis und dieses Wissen praktisch anzuwenden. Es erlaubt, komplexe theologische Konzepte so zu erklären, dass sie leicht verständlich und zugleich tief spirituell sind. Diese Interkonnektivität bezieht sich auf die Beziehung und das Zusammenspiel zwischen der physischen sichtbaren Welt, in der wir leben und der unsichtbaren transzendenten Dimension, die über das rein Materielle hinausgeht. Das Verständnis dieser Interkonnektivität gibt dem menschlichen Leben eine besondere Zielgerichtetheit. Indem Menschen sich ihrer Beziehung zu einer anderen Dimension bewusst werden, erkennen sie, dass das irdische Leben nicht allein durch materielle Werte bestimmt wird, sondern durch die Ausrichtung auf das Transzendente. Durch den Bezug auf eine höhere Wirklichkeit wird der Gesellschaft vermittelt, menschliches Leben als sinnhaft und zielgerichtet anzusehen. DiesEs gibt auch die Chance, in schwierigen Lebensphasen, Orientierung und Halt zu finden.

22. DIE BEDEUTUNG VON ASSESSMENTS

Akademische Titel sind heutzutage fast wie Clubkarten: sie öffnen ein paar Türen. Wenn man aber wirklich im VIP-Bereich der Kompetenzen mitspielen will, reicht das allein nicht aus. Selbst wenn jemand Dr., Dipl.-Ing. oder Prof. vor dem Namen stehen hat, bedeutet das nicht automatisch, dass die Person für jede höhere Position gewappnet ist. Ein akademischer Abschluss zeigt, dass man sich Wissen aneignen und Prüfungen bestehen kann, aber ob man dieses Wissen auch effektiv anwenden und auf neue, komplexe Situationen übertragen kann – das ist eine andere Geschichte. Das ist der Punkt, an dem Assessments ins Spiel kommen: Sie sind wie ein Reality-Check für den Lebenslauf.

Entscheidungskraft oder soziale Kompetenz werden im Hörsaal nicht erlernt. Ein Titel zeigt Engagement und Intellekt, aber ein Assessment kann zeigen, ob die Person wirklich in der Lage ist, das Ruder zu übernehmen, besonders wenn es stürmisch wird. Es ist kein Abstieg für jemanden mit Titeln, sich einem Assessment zu stellen, eher im Gegenteil. Ein solcher Schritt signalisiert immerhin die Bereitschaft, sich selbst und die eigenen Fähigkeiten kritisch zu hinterfragen und weiterzuentwickeln. In der heutigen Arbeitswelt ist genau diese Offenheit oft der wahre Schlüssel zu den *höchsten* Qualifikationen.

Stellen wir uns vor, es gäbe eine verpflichtende Assessment-Runde für alle Politikerinnen und Politiker. Wie vielversprechend wäre es, wenn sie gezielt auf ihre Krisenmanagementfähigkeiten, Konfliktlösungsstrategien und auf ihre Fähigkeit zu logischem und faktenbasiertem Denken getestet würden? Stattdessen setzen wir in der Regel auf Wahlversprechen und Wahlkampfreden, die eher wie Verkaufsgespräche klingen als wie fundierte Problemlösungsansätze.

Einige skandinavische Länder wie Dänemark oder Schweden sind bekannt für ihre Transparenz und Bereitschaft zur Selbstkritik. Sie legen großen Wert auf Messbarkeit und Bürgernähe und führen regelmäßig Evaluierungen der Regierungsarbeit durch. Allerdings sind diese in der Regel nicht so intensiv wie ein Assessment im Unternehmensstil, sondern eher öffentliche über Regierungserfolge. Auch in Neuseeland wird der Regierung und ihren Ministerien immer wieder ins Aufgabenheft geschrieben, bestimmte Zielsetzungen zu erreichen, die dann überprüft werden. So nah wie möglich an einem Assessment kommen also derzeit Länder, die ihre Politiker durch detaillierte Leistungsmessungen zur Rechenschaft ziehen. Die deutsche Bundesregierung selbst wird allerdings selten so transparent bewertet, wie es in Unternehmen der Fall wäre. Stattdessen verlassen sich Wählerinnen und Wähler auf Wahlanalysen, Medienberichte und die Kritik durch die Opposition.

Das Konzept der Interkonnektivität von Personen im öffentlichen Leben zeigt die Vielzahl von Verbindungen und Netzwerken auf, die Menschen in gesellschaftlichen, politischen und wirtschaftlichen Bereichen miteinander verknüpfen. Diese Verbindungen sind teils informeller Natur, etwa durch soziale Netzwerke und persönliche Bekanntschaften oder formeller Art, wie etwa durch Institutionen, Organisationen oder politische Ämter. In diesem Kontext spielen sich Macht und Einfluss ab, da die Verbindungen zwischen Individuen und Gruppen oft hierarchisch organisiert sind und Zugang zu Ressourcen sowie Entscheidungsgewalt beeinflussen.

In vernetzten Gesellschaften wird Macht durch die Kontrolle über Information, Ressourcen oder Netzwerke verteilt. Einzelpersonen, die in Netzwerken an strategischen Knotenpunkten sitzen, haben manchmal eine überproportionale Macht. Wer mit einflussreichen Personen vernetzt ist, kann leichter Zugang zu Machtstrukturen oder Ressourcen erlangen. Das sogenannte "Social Capital" wird in den Netzwerken der Macht ausschlaggebend, wobei enge Verbindungen zu Entscheidungsträgern den Handlungsspielraum eines Einzelnen erweitern können. Sie können als Schnittstelle zwischen verschiedenen Gruppen oder Netzwerken fungieren, was ihnen einen Informationsvorteil verschafft. Entscheidungsprozesse sind häufig von den Meinungen und Empfehlungen dieser zentralen Akteure abhängig. Ihre Stellung macht sie zu wichtigen Entscheidungsträgern, deren

Zustimmung oder Ablehnung den Ausgang von Projekten und Initiativen beeinflussen kann.

In der digitalisierten und globalisierten Welt sind die politischen Akteure zunehmend voneinander abhängig. Diese Abhängigkeit verstärkt die Bedeutung der Interkonnektivität, weil Entscheidungen einer einzelnen Person oder Gruppe weitreichende Auswirkungen auf andere haben. Assessments oder Bewertungen spielen eine wichtige Rolle in der Analyse und Bewertung der Machtstrukturen und Netzwerke, indem sie verschiedene Dimensionen von Macht und Einfluss sichtbar machen. Sie bewerten die Kompetenzen, den Einfluss und die strategische Position von Individuen innerhalb eines Netzwerks. In politischen oder wirtschaftlichen Bereichen identifizieren solche Bewertungen die Schlüsselakteure, deren Entscheidungen maßgeblich das gesellschaftliche Zusammenspiel beeinflussen.

Politische und wirtschaftliche Assessments konzentrieren sich darauf, wie Macht verteilt ist, wer die dominierenden Akteure sind und welche Faktoren entscheidend sind. Dies wird in den Grauzonen der gesellschaftlichen Machtkämpfe besonders relevant. Durch systematische Analysen lassen sich informelle Machtstrukturen sichtbar machen und gezielt beeinflussen. Dies kann sowohl zur Festigung als auch zur Veränderung bestehender Machtverhältnisse genutzt werden. Die Qualifikations-Modelle aus Interessens-Clustern heraus richtig zu kommunizieren, gehört in die zahlreichen Bereiche der Personalentwicklung und im Einsatz der beruflichen Kapazität. Dabei geht es darum, Kompetenzen und Fähigkeiten, die aus bestimmten Clustern hervorgehen, effektiv zu vermitteln, um die richtigen Qualifikationen für bestimmte Positionen oder Projekte zu antizipieren.

Assessment meint auch eine systematische und strukturierte Methode zur Beurteilung von Politikern, um zufällige Einflüsse zu minimieren und gleichzeitig ein ganzheitliches Bild der persönlichen Verantwortung zu erhalten. Es geht darum, systematisch und objektiv Kompetenzen, Potenziale und Leistungen von Personen zu erfassen, anstatt auf subjektive Eindrücke oder Zufälle zu vertrauen. Gleichzeitig wird jedoch betont, dass die individuelle Persönlichkeit der handelnden Personen gewürdigt und gestärkt wird. Es geht darum, klare und nachvollziehbare Kriterien zu nutzen, anstatt sich auf Zufälle oder persönliche Präferenzen zu verlassen. Trotz der strukturierten Herangehensweise soll die Persönlichkeit der Teilnehmenden nicht unterdrückt, sondern sogar aufgewertet werden. Assessments haben die Aufgabe, Potenziale zu identifizieren und gezielt weiterzuentwickeln.

Ein zentrales Element eines kontinuierlichen, wissensbasierten Assessments ist die klare Festlegung von Verantwortlichkeiten. Es sollte nachvollziehbar sein, wer für bestimmte Maßnahmen verantwortlich ist und welche Konsequenzen sich aus den Entscheidungen ergeben.

Dadurch wird es schwieriger, Verantwortung zu umgehen oder auf andere abzuwälzen. Wenn politische Akteure wissen, dass ihre Entscheidungen regelmäßig überprüft und bewertet werden, besteht ein größerer Anreiz, sorgfältiger und nachhaltiger zu handeln, da sie sich der Konsequenzen bewusst sind und für diese haften müssen. Zudem kann die Implementierung von Mechanismen zum Assessment und Feedbackschleifen dazu beitragen, dass politische Strategien kontinuierlich angepasst und verbessert werden. Indem Erfolge und Misserfolge offen kommuniziert werden, können wichtige Erkenntnisse gewonnen werden, die nicht nur der aktuellen politischen Runde, sondern auch zukünftigen Entscheidungsträgern zugutekommen.

Die Interkonnektivität zwischen Kompetenz und Inkompetenz beschreibt das Zusammenspiel und die Wechselwirkungen zwischen diesen beiden Konzepten, insbesondere in sozialen, organisatorischen und individuellen Kontexten. Hierbei lässt sich herausfinden, dass Kompetenz und Inkompetenz oft nicht isoliert auftreten, sondern auf komplexe Weise miteinander verknüpft sind. Manchmal entsteht Kompetenz sogar als direkter Reflex auf Inkompetenz. Ein Individuum oder eine Organisation, die mit Fehlern oder Defiziten konfrontiert wird, entwickelt Mechanismen zur Problemlösung und zur Vermeidung von Fehlern.

Dieses psychologische Phänomen beschreibt, wie Personen mit geringer Kompetenz oft ihre Fähigkeiten überschätzen, während kompetente

Menschen dazu neigen, ihre Fähigkeiten zu unterschätzen. Inkompetenz führt hier zur Fehleinschätzung der eigenen Fähigkeiten, während Kompetenz wiederum zu Selbstkritik und dem Streben nach weiteren Verbesserungen führen kann. Inkompetente Menschen sind oft nicht in der Lage sind, ihre Defizite zu erkennen, während kompetente Personen ein klareres Verständnis der eigenen Grenzen entwickeln. In Organisationen kann die Interkonnektivität zwischen Kompetenz und Inkompetenz durch den Ausgleich von Schwächen und Stärken in Teams entstehen. Ein Teammitglied mag in einem Bereich kompetent, in einem anderen jedoch inkompetent sein. Das Team als Ganzes profitiert davon, wenn die Kompetenzen der Mitglieder komplementär sind, sodass eventuelle Schwächen durch die Stärken anderer ausgeglichen werden.

Andererseits behindern inkompetente Führungskräfte in Schlüsselpositionen die Entfaltung von Kompetenz auf unteren Ebenen. Kompetenz und Inkompetenz sind manchmal durch ein abenteuerliches Feedback miteinander verbunden. Fehler liefern wertvolle Informationen, die zur Verbesserung führen können. Dies gilt sowohl für individuelle Lernprozesse als auch für Organisationen. Umgekehrt kann auch mangelndes Feedback dazu führen, dass Inkompetenz sich verfestigt, da keine Anreize zur Verbesserung vorhanden sind. In einigen sozialen und kulturellen Kontexten kann Inkompetenz auf der Führungsebene durch Netzwerke, Macht und Status überdeckt werden, während tatsächlich kompetente Menschen in unteren Rängen verbleiben. Dies führt zu einer dysfunktionalen Interkonnektivität, bei der Inkompetenz dominant ist und Kompetenz nicht zum Tragen kommt. Gesellschaftliche Strukturen und Bildungssysteme spielen eine Schlüsselrolle bei der Entwicklung von Kompetenz. Fehlende oder mangelhafte Bildung fördert Inkompetenz, während gut organisierte Bildungssysteme eine kontinuierliche Verbesserung der Kompetenz fördern.

Ein kontinuierliches Assessment überprüft regelmäßig die politischen Maßnahmen von handelnden Personen, während analog dazu die Evaluierung sich mit Situationen beschäftigt ist. Dieser iterative Prozess ermöglicht es, die Politik dynamisch auf Trab zu halten, sodass sie auf veränderte Umstände reagieren kann. Er erleichtert die frühzeitige Erkennung von einschneidenden Problemen, um dann schnell und präzise die Maßnahmen anzupassen, bevor größere Schäden entstehen. Monitoring- und Feedback-Mechanismen machen die Politik flexibler und verhindern, dass sich unnötige Fehler zu oft festsetzen. Eine fortlaufende Bewertung stellt sicher, dass Programme und Notmaßnahmen angepasst werden, wenn neue Informationen zur Verfügung stehen oder sich der Kontext ändert. Das fortwährende Evaluieren rückt die langfristigen Planungen in den politischen Fokus. Die politischen Entscheidungen erscheinen in einem langfristigen Kontext und ergänzen sich durch die Effizienz eines Risikomanagements, das potenzielle negative Folgen rechtzeitig erkennen und abmildern kann.

Szenario-Analysen und Langfrist-Prognosen, die Teil eines wissensbasierten Evaluierungssystems sind, sichern die Gestaltung der politischen Programme, sodass sie nicht nur Krisen überstehen können, sondern auch in ruhigen Zeiten ihre positive Wirksamkeit behalten.

Das Thema der Interkonnektivität zwischen Leistungsdenken und psychischer Abgestumpftheit in der internationalen Politik wird aus verschiedenen Perspektiven betrachtet, da es sowohl psychologische als auch politikwissenschaftliche Dimensionen berührt. Darin wird das Streben nach maximaler Effizienz, Produktivität und Erfolg auf der einen Seite dargestellt. Seitenverkehrt erfolgt eine Desensibilisierung, sowohl auf individueller als auch auf struktureller Ebene. „Performance-Orientation" betont Effizienz und bedient sich messbarer Ergebnisse. Internationale Akteure konkurrieren auf wirtschaftlicher, militärischer und geopolitischer Ebene um Macht, Ressourcen und Einfluss, ein Umstand, der durch das Streben nach nationaler Überlegenheit angeheizt wird. Psychische Abgestumpftheit hingegen vermindert die Fähigkeit, kollektiv und individuell, auf emotionale Reize zu reagieren oder Empathie zu empfinden. Die eigenen Interessen der Öffentlichkeit werden über humanitäre oder ethische Erwägungen gestellt. Dadurch entsteht eine Art institutionalisierter Zynismus. Auch der gehört gemessen und bewertet.

Faires Assessment bedeutet, dass die Bewertung von politischen Playern

Wert auf Transparenz zu legen hat. Ihre Entscheidungen sollten öffentlich zugänglich und nachvollziehbar gemacht werden, sodass alle Bürger verstehen, wie und warum bestimmte Maßnahme getroffen worden sind. Das stärkt das Vertrauen in die Prozesse und sorgt darüber hinaus, dass Politiker zur Rechenschaft gezogen werden können, wenn ihre Entscheidungen Schaden anrichten. In der internationalen Politik wäre ein verpflichtendes Assessment für Politiker geradezu revolutionär. Hier treffen sich oftmals Persönlichkeiten, die behaupten, Weltpolitik zu beherrschen, aber oft nur ein ausgeklügeltes Spiel um Einfluss, Eitelkeit und natürlich die besten Pressebilder spielen.

Externe Bewerter haben den Vorteil, dass sie unterschiedliche Ansätze, frische Perspektiven und spezialisierte Expertise einbringen, die eine differenzierte Bewertung ermöglichen. Indem mehrere externe Akteure im öffentlichen Meinungswettbewerb gegeneinander antreten, wird der Prozess der Evaluierung dynamisch und ergebnisorientiert gestaltet. Der Wettbewerb untereinander fördert Innovation und die kontinuierliche Verbesserung von Evaluierungsmethoden, da die Agenturen ihre Ansätze optimieren müssen, um erfolgreich zu sein. In einem solchen Modell können Agenturen ihre Ergebnisse öffentlich präsentieren und um Anerkennung konkurrieren. Dies sorgt für mehr Transparenz und ermöglicht der Öffentlichkeit und politischen Entscheidungsträgern, aus einer Vielzahl von Perspektiven und Analysen die besten Empfehlungen auszuwählen. Diese Pluralität ermöglicht es, politisch komplexe

Situationen aus mehreren Blickwinkeln zu betrachten, anstatt auf eine einzige institutionelle Perspektive angewiesen zu sein.

Ein weiterer Vorteil externer Agenturen ist ihre Fähigkeit, flexibel auf neue Entwicklungen zu reagieren und ihre Evaluierungs- und Assessment-Methoden kontinuierlich zu verbessern. Da sie nicht an institutionelle Zwänge gebunden sind, besteht weniger Gefahr, dass sie in bürokratische Gewohnheiten verfallen, wie es bei internen Strukturen oft der Fall ist. Sie müssen kompetitiv bleiben, um weiterhin im öffentlichen Markt bestehen zu können. Dies erfordert ständige Innovation und die Anpassung an neue wissenschaftliche Erkenntnisse und technologische Entwicklungen.

Klingt futuristisch, aber je mehr KI in wichtige Entscheidungen involviert wird, desto wahrscheinlicher wird es, dass die Algorithmen selbst Assessment-Prozesse durchlaufen müssen. Vielleicht werden wir bald Audits und Assessments für KI-Verantwortungsbewusstsein sehen, bei denen Algorithmen auf Fairness, Ethik und Unvoreingenommenheit getestet werden. In Zukunft könnte das Assessment so etwas wie ein Qualitätssiegel werden. Die Menschen wollen wissen, wem sie vertrauen können und so könnten diese Prüfungen bald nicht nur für Politiker, sondern für viele Berufsgruppen zum Alltag gehören. Universitäten, Think-Tanks und Rating-Agenturen könnten in Zukunft ebenfalls verstärkt unter die Lupe genommen werden. Schließlich haben sie einen erheblichen Einfluss auf Wissen, Wirtschaft und Entscheidungsprozesse.

Universitäten genießen hohes Ansehen, aber das Vertrauen in ihre
Arbeit basiert oft auf ihrem Ruf, nicht unbedingt auf objektiven Beweisen
für Qualität und Innovation. Was wäre, wenn Universitäten sich
regelmäßig einer Evaluierung stellen müssten, das nicht nur ihre
Forschungsqualität, sondern auch die gesellschaftliche Relevanz und
ethische Verantwortung ihrer Arbeit überprüft? Studiengänge könnten in
praxisnahen Evaluierungen zeigen, dass sie ihre Studierenden wirklich
auf die heutige Arbeitswelt vorbereiten und nicht nur auf dem Papier
modern klingen. Think-Tanks sind die geheimen Taktgeber vieler
politischer und wirtschaftlicher Entwicklungen. Doch wer weiß schon
genau, wie objektiv ihre Empfehlungen wirklich sind und welche
Interessen dahinterstehen? Eine Evaluierung könnte für Klarheit sorgen.
Es könnte bewerten, wie unabhängig und sachlich Think-Tanks in ihrer
Arbeit sind, wie transparent ihre Finanzen und Partnerschaften gestaltet
sind und ob sie wirklich das Wohl der Allgemeinheit vertreten, oder doch
eher das ihrer Geldgeber.

In den Assessment-Centern der Unternehmen könnte man bei der
Bewertung der Ausbildung der Management-Aspiranten ja durchaus mal
hinterfragen, wie es eigentlich mit dem Rating oder einer regelmäßigen
Zertifizierung der Universitäten aussieht, bezogen auf die Business-
Kompatibilität der Absolventen. Schließlich sollte doch sichergestellt

sein, dass die Hochschulen den hohen Anforderungen der Wirtschaft auch wirklich gerecht werden. Ob eine Uni wirklich das Siegel „business-ready" verdient, könnte ja auf Basis der direkten Verwertbarkeit ihrer Absolventen erfolgen, schließlich zählt am Ende nur, was im Assessment-Center messbar ankommt. Tatsächlich orientieren sich viele Personalabteilungen bei der Auswahl der Kandidaten weniger an einem formellen Uni-Ranking als an soft skills, praktischen Erfahrungen und oft auch an spezifischen Fähigkeiten, die für die Position relevant sind. Praktika, Projekterfahrung und Zusatzqualifikationen werden daher häufig als wichtiger erachtet, weil sie mehr über die Praxistauglichkeit der Kandidaten aussagen können. Für das Staff-Assessment gtibt es auch die Möglichkeit einer Personen-Akkreitierung.

Brauchen denn die Unternehmen in der Realität ein Uni-Rating, meint man doch, dass jeder Absolvent von Natur aus „business ready" sei? Egal, ob jemand Philosophie, Volkswirtschaft oder Geschichte studiert hat, die Wirtschaft weiß schon, dass alle automatisch mit einer „soliden Business-Kompatibilität" ausgestattet sind, sobald sie ihren Abschluss in der Hand halten. Wozu auch der Aufwand, Studiengänge oder Hochschulen genauer unter die Lupe zu nehmen? Hauptsache, der Lebenslauf sieht schick aus, und die Soft Skills lassen sich mit ein paar hübschen Schlagwörtern belegen. Denn wer könnte daran zweifeln, dass jedes Studium bestens auf die Realität in den Unternehmen vorbereitet? Man kann es ja mal einfach drauf ankommen lassen, lernen im Job post-

419

Universitär mit Zusatz-Seminaren, ist schließlich genauso gut wie jede noch so aufwendige Vorbereitung.

In dem heutigen globalen Wettbewerb ist das Prestige-Management ein unverzichtbarer Bestandteil der Unternehmensstrategie geworden. Unternehmen erkennen zunehmend, dass ihr Ansehen und ihre wahrgenommene Kompetenz eine Schlüsselrolle im Wettbewerb spielen. Ohne eine gezielte Strategie zur Stärkung ihres Ansehens riskieren Unternehmen, ins Hintertreffen zu geraten und ihre Attraktivität für qualifizierte Fachkräfte und internationale Partnerschaften zu verlieren. Um wettbewerbsfähig zu bleiben, müssen Unternehmen ihre internen Kapazitäten und Qualifikationen nicht nur aufrechterhalten, sondern kontinuierlich weiterentwickeln. Hier kommen Assessments ins Spiel. Sie ermöglichen es, gezielt die Kriterien und Entwicklungsfelder der Führungskräfte zu erkennen. Dadurch können Unternehmen in die Fähigkeiten ihrer Manager und Mitarbeitenden investieren und sie so weiterqualifizieren, dass sie für künftige Herausforderungen gewappnet sind.

Ein solcher Strategie-Aufwand braucht kompetente Manager. Sie sind nicht nur für die tägliche operative Führung zuständig, sondern auch dafür, Innovationen voranzutreiben und die Unternehmen auf Kurs zu halten. Mit Assessments können Unternehmen gezielt herausfinden, welche Führungskräfte über das nötige Potenzial und die Fähigkeiten verfügen, um in einem sich schnell verändernden Umfeld erfolgreich zu agieren. Ein klarer Überblick über die vorhandenen Kompetenzen ermöglicht es dem Management, gezielte Weiterbildungsmaßnahmen einzuleiten und flexibel auf neue Herausforderungen zu reagieren.

Der Bedarf an Kompetenz- und Weiterentwicklungsstrategien ist nicht allein ein Merkmal der Wirtschaft, sondern auch von entscheidender Bedeutung in der Politik. So wie Unternehmen ihre Marktposition durch kontinuierliche Verbesserung und Anpassung sichern, müssten auch politische Institutionen und Führungskräfte ihre Kompetenzen stetig weiterentwickeln, um den komplexen Anforderungen einer globalisierten Welt gerecht zu werden. In der Wirtschaft ist klar, dass Unternehmen ohne Innovation, flexible Strukturen und eine präzise Kenntnis der eigenen Vorzüge und Nachteile schnell hinter ihren Konkurrenten zurückfallen. Das Gleiche gilt für die Politik. Politische Führungskräfte müssen in der Lage sein, sowohl auf die globalen Herausforderungen schnell zu reagieren. Um strategisch kluge Entscheidungen zu treffen, ist ein kontinuierlicher Lernprozess erforderlich, der durch stetige Assessments gestützt wird. In einer dynamischen Welt müssen politische Akteure ebenso flexibel und anpassungsfähig sein wie Unternehmen. Die Glaubwürdigkeit und das Vertrauen, das die Bevölkerung in ihre politischen Führungskräfte setzt, hängen nun davon ab, wie gut diese Akteure ihre Aufgaben meistern. Nur durch eine Kultur der kontinuierlichen Weiterentwicklung und

Selbstreflexion lässt sich diese Anpassungsfähigkeit aufrechterhalten. Mit gezielten Kompetenzentwicklungsstrategien können politische Institutionen ihre Handlungsfähigkeit verbessern und langfristig ihre Position im globalen Wettbewerb der politischen Systeme sichern.

23. SCHLÜSSELKONZEPTE DER EVALUIERUNG

Evaluierung und Assessment sind wichtige Werkzeuge, um die Wirksamkeit von Politikern und Politikerinnen, ihren Programmen und Projekten zu messen. Die Interkonnektivität von Evaluierung und Assessment ist dabei ausschlaggebend, da sie den Prozess der Entscheidungsfindung und die Implementierung effektiver Politiken erheblich beeinflusst. Die Evaluierung dokumentiert den Fortschritt, identifiziert bevorstehende Herausforderungen und erhöht damit die konkreten Verantwortlichkeiten. Dadurch können Entscheidungsträger informierte Schlussfolgerungen ziehen, die auf fundierte Erkenntnisse zurückzuführen sind. Durch systematische Evaluierungen finden Regierungen und internationale Organisationen heraus, wie ihre politischen Maßnahmen im Vergleich zu internationalen Standards und Zielen abschneiden. Dies ermöglicht es herauszubekommen, ob Anpassungen nötig sind, um der globalen Entwicklung zu entsprechen. Der ganzheitliche Ansatz der Analysen ist notwendig, der über einfache Patentrezepte hinausgeht.

Der Weckruf „Achtung, ihr seid nicht so erfolgreich, wie ihr sein solltet" macht den Sinn und Zweck einer Evaluierung ersichtlich. Für sie bleibt die Unterscheidung von bekannten und unbekannten Faktoren ein wesentliches Element. Darunter gibt es solche, die durch empirische Forschung, Theoriebildung oder historische Analysen identifiziert und dokumentiert sind. Sie sind in der Regel messbar und können in politischen Modellen und Theorien verwendet werden. Zeitlich nach hinten betrachtet wird erstens eruiert, ob die Ärmel überhaupt hochgekrempelt wurden oder ob alles ohne Aktivität im Ergebnisstagnierte. Zweitens ergibt sich, ob auch richtig hochgekrempelt wurde oder ob nur unnötig schädliche Knäuel zusammengedrückt wurden. Bekannte Daten werden analysiert. Unbekannte Faktoren hingegen beziehen sich auf zukünftige Dynamiken, neue Technologien, unerwartete politische Ereignisse oder das Verhalten von Akteuren unter spezifischen Bedingungen. Sie nicht messen zu wollen, verursacht Unsicherheit und erschwert die ungefähre Vorhersagbarkeit politischer Entwicklungen.

Je vernetzter Systeme, Menschen und Organisationen auftreten, desto höher ist der Anspruch auf Schlauheit und Scharfsinnigkeit, wird es, deren Leistung und Auswirkungen zu bewerten. Durch Interkonnektivität entstehen Feedbackschleifen, die die Evaluierung dynamischer und herausfordernder machen. Interkonnektivität erfordert daher flexible und anpassungsfähige Evaluierungsmechanismen, die den Überschneidungen in vernetzten Systemen gerecht werden. Da die Stärkung der internationalen Resilienz eminent wichtig ist, um den Herausforderungen einer zunehmend vernetzten und dynamischen Welt zu begegnen, wird auch die Wertung der Redundanz und Diversität essenziell, um die Verwundbarkeit von Systemen zu verringern. In globalen Lieferketten beispielsweise können vielfältige Quellen und Alternativen dazu beitragen, Unterbrechungen zu minimieren. Diversität fördert auch die Innovationskraft, da unterschiedliche Perspektiven und Ansätze zu kreativeren Lösungen führen. Darum werden transnationaler Partnerschaften geschaffen, um Wissen, Ressourcen und Technologien zu teilen. Solche Netzwerke ermöglichen es Ländern und Organisationen, voneinander zu lernen.

Ein übergreifender Ansatz, der beispielsweise Umwelt-, Gesundheits- und Sicherheitsaspekte berücksichtigt, erlaubt ein umfassenderes Verständnis der Risiken und entwickelt effektivere Lösungen. Frühwarnsysteme sind nicht nur in der militärischen Verteidigung, auch im strategischen Betätigungsfeld der Wirtschaft unerlässlich, um potenzielle Krisen frühzeitig zu erkennen und darauf reagieren zu können. Investitionen in Technologien und Datenanalysen, die Muster und Trends rechtzeitig ausmachen, können den Unterschied zwischen einer rechtzeitigen Intervention und einer reaktiven Notfalloperation ausmachen.

Ein Umdenken von reaktiven zu proaktiven Strategien bedeutet, dass Länder und Organisationen sich nicht nur auf Krisen vorbereiten, sondern aktiv an der Gestaltung von resilienten Strukturen arbeiten. Dies erfordert eine langfristige Vision und die Integration von Widerstandsfähigkeit in politische, wirtschaftliche und soziale Entwicklungen. Das Verständnis komplexer Korrelationen zwischen verschiedenen Ebenen und Akteuren ist entscheidend, um die tiefgreifenden Zusammenhänge der globalen Herausforderungen adressieren zu können. Eine effektive Resilienzstrategie muss daher interdisziplinär, inklusiv und anpassungsfähig sein, um den vielfältigen Risiken der Zukunft gerecht zu werden.

Ein weiterer Vorteil kontinuierlicher Evaluierungen besteht darin, dass politische Systeme lernfähig werden. Durch regelmäßige Analysen von Erfolgen und Misserfolgen werden Fehler identifiziert und neue, verbesserte Ansätze entwickelt. Adaptive Mechanismen helfen, starre Strukturen zu überwinden und sicherzustellen, dass die Politik in der Lage ist, sich an veränderte Rahmenbedingungen anzupassen. Eine lernende Politik bedeutet, dass vergangene Fehlentscheidungen analysiert und zukünftige Maßnahmen auf diesen Erkenntnissen aufgebaut werden.

Eine Institutionalisierung politischer Evaluierungen birgt aber auch das Risiko, sich im Laufe der Zeit durch Pauschalisierung und Bürokratisierung abzunutzen. Wenn Evaluierungsprozesse zu sehr in festen Strukturen verankert sind, könnten sie ihre ursprüngliche Funktion, verlieren und zu bloßen Routineverfahren werden. Wenn sie innerhalb politischer Institutionen routiniert werden, besteht die Gefahr, dass sie sich auf standardisierte Methoden stützen, ohne den spezifischen Kontext und die Dynamik einzelner Entscheidungen zu berücksichtigen. Dies drängt zu Pauschalisierungen, die keine individuellen Anpassungen ermöglichen, nämlich kritische und unabhängige Überprüfungen politischer Maßnahmen durchzuführen. Daher ist es sinnvoller, Evaluierungen externen Agenturen anzuvertrauen, die im Rahmen eines objektivierten Wettbewerbs auf dem öffentlichen Markt agieren.

Die Prüfung von Prioritäten beschreibt, wie stark die verschiedenen Bereiche und Ziele der Politik eines Landes oder einer internationalen Organisation miteinander verknüpft sind. Diese Interkonnektivität verdeutlicht die Komplexität der politischen, wirtschaftlichen und sozialen Realität. Veränderungen in einem Bereich können Auswirkungen auf andere haben. Entscheidungen in einem Bereich von Außenpolitik, Umweltpolitik, Sicherheitspolitik und Entwicklungspolitik beeinflussen maßgeblich den Erfolg oder Misserfolg in einem anderen. Zum Beispiel kann eine Klimapolitik, die erneuerbare Energien fördert, sowohl auf außenpolitische Beziehungen, etwa durch Technologietransfer, als auch auf wirtschaftliche Ziele, durch neue Arbeitsplätze, einwirken. Es wird deutlich, in welchem Ausmaß globale Krisen oder Ereignisse die Prioritäten der internationalen Politik schnell verschieben. So hat die Covid-19-Pandemie nicht nur die

Gesundheitspolitik in den Vordergrund gerückt, sondern auch Auswirkungen auf Handel, Wirtschaft und Sicherheit gehabt. Länder mussten schnell ihre politischen Prioritäten anpassen und Maßnahmen über verschiedene Portfolios hinweg koordinieren. Zielkonflikte, stehen im Mittelpunkt der Abhängigkeiten zwischen mindestens zwei Faktoren. Zum Beispiel könnte ein Land entscheiden, den Umweltschutz gegenüber kurzfristigem Wirtschaftswachstum zu priorisieren oder umgekehrt. Gleichzeitig können sich jedoch Synergien ergeben, wenn Maßnahmen in einem Bereich auch positive Effekte in anderen Bereichen haben.

Während die Kontextmessung die konstitutiven Elemente für eine Situation untersucht, zeigen Trade-off's die widerstreitenden Wirkungen innerhalb einer Entscheidungsmatrix auf. Sie spannt ein Netz über die einzelnen Felder und bestimmen die einzelnen Entscheidungsprofile. Hier werden Faktoren gegenübergestellt und Alternativpaare verglichen, die vom Entscheidungsträger als gleichwertig angesehen werden. In der Pareto-Optimierung geht es um eine Entscheidung, in der kein Aspekt verbessert werden kann, ohne einen anderen zu verschlechtern. Das Verständnis dieser Methoden macht sich in vielen Bereichen bezahlt, denn es ermöglicht fundierte Entscheidungen unter Berücksichtigung aller relevanten Faktoren. Realistische Erwartungen müssen festgesetzt werden, um möglichst rasch einen Konsens in den Ergebnissen zu ermöglichen.

In der internationalen Politik wird Innovation oft als Wagnis betrachtet, da neue Ansätze bestehende Strukturen infrage stellen. Doch wahre Innovation bedeutet nicht, Kontroversen anzuheizen, sondern kreative, konsensorientierte Lösungen zu entwickeln, die die Herausforderungen der Gegenwart adressieren und den Blick in die Zukunft lenken. Dies bedeutet nicht das blinde Vorantreiben von radikalen Ideen, sondern die kluge Verbindung von Konsens, Kreativität und Technologie. Es ist ein Prozess des Mitdenkens und Mitgestaltens, der auf Offenheit für neue Akteure und Perspektiven basiert. Das Ziel ist nicht die Zementierung von Machtstrukturen, sondern die Schaffung flexibler, anpassungsfähiger Mechanismen, die für die Herausforderungen des 21. Jahrhunderts gewappnet sind Wie sieht denn Innovation in einem Bereich aus, der oft von Tradition, Bürokratie und nationalen Interessen geprägt ist? Eine Möglichkeit wären Ad-hoc-Kooperationen. Regionen arbeiten für spezifische Themen zusammen, ohne sich langfristig zu binden. Beispiele wären Klima-Koalitionen oder multilaterale Initiativen zur Cybersicherheit. Innovation bedeutet, nicht nur Ergebnisse zu präsentieren, sondern den Prozess der Problemlösung partizipativ zu gestalten. Investitionen und wirtschaftliche Integration werden als Werkzeuge für Konfliktprävention genutzt.

Wie sehen sich die heldenhaften Politiker selbst? Vor laufenden Kameras feiern sie ihre eigenen Erfolge, wobei kein Superlativ unangetastet bleibt und keine Bilanz zu schillernd erscheint. Denn natürlich sind die eigenen

Projekte erfolgreich, die Ziele immer erreicht und die Zahlen selbstverständlich das pure Abbild des Fortschritts! Doch was fehlt, ist ein klares, objektives Bild, frei von Eigenlob und fernab von selbstgestrickten Erfolgsrechnungen. Hemdsärmelige Eigenbewertungen von politischen Akteuren oder Parteien stehen weder den Mitstreitern in den eigenen Reihen noch den Mitbewerbern auf der anderen Seite des Flusses zu. Sie gehören ausschließlich in die Hände professioneller Institute oder Agenturen. Wenn Parameter und Variablen gemessen und in Korrelation gebracht werden, geht es im Endergebnis nicht um Rankings, sondern vorrangig um ein produktives politisches Benchmarking von Situationen. Denn Ziel dieser Analysen sollte kein Prestige-Ranking sein, kein medienwirksames „Wer ist der Beste?"-Vergleich. Im Vordergrund steht das politische Benchmarking als ein Instrument, das herausfindet, was tatsächlich funktioniert und wo Verbesserungsbedarf besteht. Ein solches Benchmarking erlaubt es, die Wirksamkeit von Maßnahmen in verschiedenen Kontexten zu vergleichen, konkrete Verbesserungsvorschläge zu entwickeln und aus Fehlern zu lernen, eine Disziplin übrigens, die in der Partei-Politik gerne als lästige Formalität betrachtet wird. Das Ziel von Evaluierungen besteht darin, Veränderungen nicht nur festzustellen, sondern auch deren Tempo und Intervalle zu verstehen. So lassen sich Muster erkennen, die zeigen, wie schnell oder langsam bestimmte Maßnahmen greifen und wie stabil ihre Effekte über die Zeit hinweg sind.

Die Herausforderung besteht darin, Wege zu finden, die verschiedenen Interessen, Ressourcen oder Werte so auszubalancieren, dass ein optimales Ergebnis erzielt wird. Eine klare Bewertung der Wichtigkeit der einzelnen Ziele ist ein erster Schritt. Durch Priorisierung und Gewichtung lässt sich klären, welche Ziele von höherer Bedeutung sind und somit mehr Ressourcen oder Aufmerksamkeit erfordern. Dabei hilft eine detaillierte Analyse, die Auswirkungen der einzelnen Ziele auf das übergeordnete Gesamtziel oder auf langfristige Konsequenzen zu verstehen. Wenn mehrere Länder involviert sind, kann eine kollaborative Lösungssuche hilfreich sein. Gemeinsam an einer Lösung zu arbeiten, schafft Verständnis für die unterschiedlichen Perspektiven und ermöglicht es, Lösungen zu finden, die den Bedürfnissen aller Beteiligten möglichst gerecht werden. Die Einbindung aller relevanten Stakeholder trägt zur Akzeptanz der Lösung bei und minimiert das Risiko späterer Konflikte. Ko-Kreation ermöglicht es, gemeinsam Strategien zu entwickeln und Ressourcen zu bündeln. Wenn verschiedene Akteure in Entscheidungsprozesse einbezogen werden, erhöht dies die Legitimität der getroffenen Entscheidungen. Dies ist besonders wichtig in einer Zeit, in der das Vertrauen in internationale Institutionen oft gering ist.

Doch welche Regierungen oder welche Entscheidungsträger bedienen sich schon der Serviceleistung der Professionalisten? In der Realität ist die Nutzung solcher Methoden unterschiedlich verbreitet. Solche Modelle könnten die Zielkonflikte genau bestimmen, jedoch ist die

Anwendung solcher Instrumente oft unvollständig oder selektiv. In Ländern mit einer starken politischen Polarisierung kann es zudem vorkommen, dass Entscheidungen auf Basis von kurzsichtigen oder ideologischen Überlegungen getroffen werden, anstatt sich auf fundierte Analysen zu stützen. Das Netz aus Entscheidungs-Möglichkeiten wird enger, da nicht alle Optionen oder deren Konsequenzen durchdacht werden. Sie sind der Nährboden für zahlreiche Fehlentscheidungen. Während Länder mit gut entwickelten Systemen und einem hohen Maß an institutionalisierter Expertise, wie zum Beispiel Deutschland oder Schweden, verstärkt auf wissenschaftliche Analysen und Berichte zurückgreifen, fehlt in anderen Staaten die Kapazität oder der Wille, solche Ansätze systematisch zu nutzen. Gewöhnlich greifen Regierungen auch in den USA, wenn nicht gerade Autokraten oder eigenwillige Clans am Ruder sind, auf die Expertise von Institutionen wie der RAND-Corporation oder dem Brookings Institute zurück. In der Europäischen Union spielen Expertenkommissionen eine entscheidende Rolle bei der Ausarbeitung von Richtlinien und Verordnungen. Fachwissen wird oft durch die Dynamik des politischen Systems gefiltert. Ein Beispiel sind kurzfristige Wahlzyklen, die Politiker dazu verleiten, Entscheidungen zu treffen, die populär, aber nicht langfristig sinnvoll sind. Die Verfügbarkeit von Fachwissen bedeutet also nicht automatisch, dass es auch entsprechend genutzt wird.

Wenn die Politik die Anfänge einer Entwicklung nicht ernst nimmt, wird sie und ihre Gesellschaft früher oder später darüber stolpern. Wenn politische Entscheidungsträger frühe Anzeichen und Trends missachten, entwickelt sich häufig ein Teufelskreis: Probleme wachsen ungehindert, da Gegenmaßnahmen ausbleiben. Langfristig kann dies schwerwiegende Krisen auslösen, die deutlich mehr Ressourcen und Zeit erfordern, um sie zu bewältigen. Ein systematisches, offenes und kontinuierliches Evaluieren und Handeln notwendig ist, um nicht nur Krisen zu verhindern, sondern auch um die Resilienz einer Gesellschaft zu festigen und langfristig tragfähige Entwicklungen zu ermöglichen.

Die Kanäle, durch die bestimmte Einflüsse auf eine Gesellschaft oder ein System wirken, können gezielt geschlossen werden, wenn ihre Ursprünge und Wirkungsmechanismen klar verstanden sind. Mithilfe gründlicher Ursachen-Wirkungsforschung lässt sich analysieren, welche Faktoren Probleme oder negative Entwicklungen verursachen und wie diese sich entfalten. Durch das Verständnis dieser Zusammenhänge kann die Politik wirksame Maßnahmen ergreifen, um den Zufluss problematischer Einflüsse zu stoppen, bevor sie Schaden anrichten. Das bedeutet, dass präventives Handeln durch analytisches Wissen ermöglicht wird. Letztlich unterstreicht dieser Gedanke die Bedeutung wissenschaftlich fundierter Entscheidungen, die eine gezielte Steuerung und Kontrolle unerwünschter Entwicklungen erlauben.

Aber was, wenn die Politik nicht hinsehen will oder die Forschung einfach im Sand verläuft? Nun, dann bleibt die Ursachen-Wirkungsforschung entweder eine schöne Theorie oder eine besonders wirksame Methode, um die ewig gleichen Krisen mit neuen Begriffen zu kaschieren. Wenn nicht systematisch analysiert wird, welche Faktoren wirklich Krisen verursachen, können wir uns darauf einstellen, dass dieselben Kanäle der destruktiven Einflüsse offenbleiben und weiterhin fließen, munter verstärkt durch Nichtstun und Selbsttäuschung.

Ein simpler Forschungsbericht zeigt, dass ein bestimmter Missstand klare Ursachen hat. Doch anstatt diese Zuflüsse zu sperren, bleibt alles beim Alten. Die Wissenschaft spricht, die Politik schweigt oder stellt das Ergebnis geschickt infrage. Und so fließen die Kanäle weiter: gleiche Ursachen, gleiche Wirkungen, dieselben Krisen. Diese Art der „präventiven Unwissenheit" scheint seit einiger Zeit eine Art Managementstrategie zu sein. Man könnte fast meinen, die Fähigkeit zur Ursachenforschung sei in erster Linie dafür da, um Gründe zu finden, nichts zu tun. Vielleicht wird hier weniger die Macht wissenschaftlicher Erkenntnis gefeiert als die Kunst, gerade so viel zu wissen, dass nichts passieren muss. Am Ende bleibt die Frage: Werden wir irgendwann wirklich die Kanäle problematischer Einflüsse sperren? Oder sind wir so versiert darin, Zusammenhänge immer wieder als zu kompliziert zu verkaufen, um eben diesen Zuflüssen freien Lauf zu lassen? Vielleicht liegt der eigentliche Wert der Ursachen-Wirkungsforschung darin, das Nichtstun in einem besonders rationalen Licht erscheinen zu lassen.

Wenn das Frühstadium von Entwicklungen nur beiläufig zur Kenntnis genommen oder als „geringfügig" abgetan wird, schlittert eine Gesellschaft unweigerlich auf schwieriges Terrain zu. Beobachten und Evaluieren der ersten Anzeichen ist nicht nur ein Sicherheitsnetz, es ist eine Notwendigkeit für jede Politik, die beansprucht, vorausschauend zu handeln. Doch genau hier mangelt es oft. Anstatt rechtzeitig Fragen in den Fokus zu rücken und sorgfältig zu prüfen, bleibt vieles dem Zufall überlassen, oder dem Schicksal. Es klingt beinahe absurd, aber allzu häufig ignorieren Entscheidungsträger selbst Warn- und Hilferufe, die bereits unüberhörbar sind. Diese Stimmen verhallen oft in den Gängen der Bürokratie, als wäre das Drängen auf Veränderung ein leises Flüstern und nicht der laute, klare Ruf nach Aufmerksamkeit. Was bleibt, ist ein stagnierendes System, das die frühzeitige Analyse durch Unterschätzung oder passives Warten ersetzt. Dabei wäre das Prüfen und Evaluieren der ersten Anzeichen wie das Zünden einer Laterne in einem dunklen Tunnel, ein Leitfaden für die Weiterentwicklung und ein Schutzschild vor allzu verhängnisvollen Fehltritten. Doch zu oft wird die Chance vertan, sich pro-aktiv mit den ersten Signalen auseinanderzusetzen. Vielleicht, weil es unbequem ist. Vielleicht, weil die Hoffnung auf Selbstlösung lockt. Vielleicht auch, weil Evaluieren und Umsetzen mit kurzfristig sichtbaren Veränderungen mehr Mut und Ressourcen verlangen als bequemes Zuwarten. Und so bleibt es dabei: Wenn das System versäumt, auf die Anfänge zu reagieren, wird die spätere Krisenbewältigung umso schwieriger. Es ist wie ein Gebäude, dessen

Fundament ungeprüft blieb und das eines Tages unter der Last der versäumten Vorsicht zusammenbrechen könnte. Letztlich steht eine simple Wahrheit: Prüfen, Evaluieren und Handeln mag unbequem sein, aber es ist das einzig verlässliche Rezept für eine nachhaltige und vorausschauende Politik.

„Sicherheit geht vor" ist ein Satz, der in politischen und gesellschaftlichen Diskussionen oft an vorderster Stelle steht, aber nicht selten mehr als Worthülse denn als Leitprinzip verwendet wird. Denn echte Sicherheit setzt voraus, dass wir die Dinge tiefer betrachten, dass wir hinschauen, wo andere nur drüberfliegen, dass wir blinde Flecken aufdecken, die von bürokratischen Politikern in ihrer täglichen Praxis oft übersehen werden. Hier kommt die Evaluierung ins Spiel, ein entscheidendes Instrument, das hilft, Gefahren, Fehlentwicklungen und Risiken zu erkennen, bevor sie eskalieren. Sie hat den notwendigen Abstand und das tiefergehende Hinterfragen: was läuft im Verborgenen? was zeigt sich vielleicht erst langfristig? welche Auswirkungen haben Entscheidungen, die heute unbedeutend erscheinen, auf morgen? Diese Art der gründlichen Analyse leistet, was ad-hoc-Entscheidungen oft nicht können. Sie erfasst das Unbeabsichtigte, das Ungewollte, ja sogar das Unbekannte und bringt somit ein Plus an Sicherheit in Systeme und Entscheidungen. Sie erkennt Gefahren, die auf den ersten Blick unsichtbar sind, und gibt Hinweise auf Konsequenzen, die sich ohne diesen scharfen Blick im Schatten der Handlungsmuster verbergen. In gewisser Weise deckt sie die Brüche und Ungereimtheiten auf, die Akteure in ihrem täglichen Eifer und aufgrund kurzfristiger Ziele oft gar nicht wahrnehmen können. Der wahre Wert der Evaluierung und des Rating zeigt sich daher nicht nur im direkten Nutzen, sondern im Potenzial, Krisen zu verhindern und blinde Flecken auszuleuchten. Sicherheit beginnt nicht mit dem Eintreten einer Katastrophe, sondern mit der präzisen, geduldigen und manchmal unbequem ehrlichen Analyse des Status quo, lange bevor eine potenzielle Gefahr zur realen Bedrohung wird.

Fehlentscheidungen haben einen schlechten Ruf. Sie gelten als Stolpersteine, als Fehler, die es um jeden Preis zu vermeiden gilt. Doch was, wenn wir auf die darin schlummernden Chancen schauen? Vielmehr tragen diese auch wertvolle Lektionen und Möglichkeiten in sich, die den Weg zu positiven Veränderungen eröffnen können. Die wahren Potenziale bleiben jedoch oft ungenutzt, weil die Angst vor Fehlern den Raum für Reflexion und Lernen blockiert.

Durch eine laufende und systematische Zertifizierung der Handlungen kann ein Umfeld entstehen, das aus Fehlern lernfähig ist und nicht in starren Mustern verharrt. Eine solche Evaluation ist mehr als nur ein Prüfmechanismus. Sie verwandelt das laufende Band an Handlungen in eine Art Feedbackschleife, die sicherstellt, dass Fehler analysiert und gewinnbringend genutzt werden. So wird eine Kultur des Lernens geschaffen, in der Fehlentscheidungen als Meilensteine dienen, anstatt als Stolpersteine zu wirken. Anstatt sie nur zu vermeiden, werden sie reflektiert, bewertet und in den Dienst einer fortlaufenden Verbesserung gestellt. Ein solches System mag herausfordernd sein, aber es fördert eine Resilienz, die weit über den Tag hinausreicht und macht aus dem „laufenden Band" der Entscheidungen einen echten Motor für positive Veränderung.

So wird eine Kultur des Lernens geschaffen, in der Fehlentscheidungen als Meilensteine dienen, anstatt als Stolpersteine zu wirken. Anstatt sie nur zu vermeiden, werden sie reflektiert, bewertet und in den Dienst einer fortlaufenden Verbesserung gestellt. Ein solches System mag herausfordernd sein, aber es fördert eine Resilienz, die weit über den Tag hinausreicht – und macht aus dem „laufenden Band" der Entscheidungen einen echten Motor für positive Veränderung. Doch welche Politiker halten sich schon daran? Sie treffen Entscheidungen, lassen sie regelmäßig evaluieren, lernen aus ihren Fehlern und passen ihre Maßnahmen an. Ein endloses Band der Erkenntnis und Verbesserung, das wie ein Uhrwerk läuft. Ja, in einem Paralleluniversum vielleicht, wo Einhörner den Regenbogen abends ins Bett bringen. Doch in unserer Welt bleibt das alles Wunschdenken. Die Realität sieht doch so aus: Fehlentscheidungen werden in der Politik nicht korrigiert, sie werden sogar schöngeredet, ausgedehnt und notfalls mit noch einer Fehlentscheidung geheilt. Nach dem Motto: „Wenn's zweimal schiefgeht, wird's vielleicht stabil." Und das Evaluieren? Oh, das passiert tatsächlich. Manchmal gibt es ja Berichte, Gutachten und Kommissionen, die alles ganz genau untersuchen. Nur landen diese Analysen dann nicht auf dem Tisch, sondern unterm Tisch, oder werden als Türstopper benutzt, falls der Windzug der Realität mal zu heftig wird.

Und wer wagt es schon, diese Meisterwerke der Ignoranz kritisch infrage zu stellen? Viel zu oft werden unangenehme Fragen oder Warnungen von Expert*innen als unproduktive Störfaktoren abgetan. Es wird gemauert, getarnt, ausgesessen. Wenn sich dann die nächste Krise anbahnt, kann man ja immer noch sagen: „das konnte ja wirklich niemand ahnen!" So bleibt die Lernkultur eine feine Theorie, gut für Festreden und Wahlprogramme, aber allzu leicht verstaubar, wenn die Realität ruft. Wenn Politiker sich wirklich nach Evaluierungen richten würden, dann wären Fehlentscheidungen kein Skandal mehr, sondern ein normaler, transparenter Schritt auf dem Weg zur besseren Politik. Doch vielleicht liegt ja gerade darin das Problem: Eine Politik, die lernt und sich anpasst, wäre doch viel zu anstrengend und womöglich sogar effizient. Und wer will das schon?

Es sind die internationalen Partnerschaften, die den Zugang zu einem breiteren Spektrum an Fachwissen und Ressourcen ermöglichen. Auf diese Weise steigern Unternehmen und Organisationen ihre Wettbewerbsfähigkeit. Plattformen, die den Austausch von Best

Practices fördern, tragen dazu bei, dass innovative Lösungen schneller skaliert werden. Diversifizierte Teams bringen unterschiedlichste Sichtweisen ein, die kreativere und effektivere Lösungen produzieren. Organisationen, die unterschiedliche Perspektiven integrieren, sind oft flexibler und in der Lage, sich schnell auf Veränderungen im Markt oder in der Gesellschaft einzustellen. Diese Chancen bieten nicht nur Vorteile für Unternehmen, sondern auch für die Gesellschaft insgesamt, da sie den fruchtbaren Austausch von Ideen und Innovationen bewirken. Es ist wichtig, diese Potenziale bewusst zu nutzen und entsprechende Rahmenbedingungen zu schaffen, die den Wissens- und Ressourcentransfer sowie die Vielfalt in Teams anstacheln. Transnationale Organisationen und Gemeinschaften sollten übrigens in der Lage sein, potenzielle Krisen frühzeitig zu detektiren und entsprechende Strategien zu entwickeln.

Doch entstehen in stark vernetzten Systemen auch Wechselwirkungen, die es schwierig machen, einzelne Ursache-Wirkungs-Beziehungen zu isolieren. Veränderungen in einem Teil des Systems können unerwartete Auswirkungen in anderen Bereichen haben, was die Zuordnung von Effekten zu bestimmten Maßnahmen erschwert. Feedbackschleifen führen dazu, dass sich Systeme kontinuierlich anpassen und verändern. Dies macht statische Evaluierungsmethoden weniger effektiv, da sie die sich ständig ändernde Natur des Systems nicht adäquat erfassen können. Durch die hohe Geschwindigkeit der Entwicklungen in vernetzten

Systemen wird eine Echtzeit-Evaluierung immer wichtiger. Sie muss flexibel und kontinuierlich erfolgen, um sofortige Anpassungen und Entscheidungen zu ermöglichen.

Statt einzelne Komponenten isoliert zu betrachten, ist es wichtig, das System in einer Matrix als Ganzes zu analysieren. So werden die komplexen Kausalitäten und Feedbackschleifen besser verstanden. Flexible und adaptive Evaluierungsmethoden, die sich an die dynamische Natur des Systems anpassen, sind erforderlich. Dies kann beispielsweise durch den Einsatz von Echtzeit-Datenanalyse und kontinuierlichem Monitoring erreicht werden. Die Verwendung verschiedener Bewertungskriterien und -methoden kann ein umfassenderes Bild der Systemleistung liefern. Werden quantitative und qualitative Ansätze kombiniert, lassen sich sowohl messbare Ergebnisse als auch kontextuelle Faktoren herausschälen. Die Etablierung einer Kultur, in der Feedback als wertvolles Instrument für kontinuierliche Verbesserung angesehen wird, ist entscheidend. Dies ermöglicht es Organisationen, sich schneller an Veränderungen anzupassen und aus Erfahrungen zu lernen. Fortschrittliche Datenanalysetechniken und künstliche Intelligenz können helfen, Muster und Zusammenhänge in komplexen Datensätzen zu entschlüsseln, die für menschliche Analysten möglicherweise nicht offensichtlich sind.

Je komplexer Systeme vernetzt sind, desto größer ist auch das Risiko, dass Störungen oder Fehler in einem Bereich Kaskadeneffekte auf andere haben. Controlling und Evaluierung müssen daher eine proaktive Komponente haben, um Risiken frühzeitig auszumachen und zu managen. Dies erfordert die Definition umfassender Frühwarnindikatoren. Eine Zielsetzung der Evaluierung ist daher die Antizipation und das Management von Effekten. Geplante Optimierungen und unerwartete Bedrohungen sind gleichermaßen im Blick zu behalten, um darauf vorbereitet zu sein, flexibel zu reagieren. Es geht im Endeffekt darum, die Prozesse effizienter oder leistungsfähiger zu gestalten. Im Kontext der Interkonnektivität bedeutet dies, dass Verbesserungen an einem Punkt oft weitreichende Auswirkungen auf andere Bereiche haben. Hierbei gilt es, nicht nur die unmittelbaren Vorteile zu betrachten, sondern auch die potenziellen sekundären Effekte zu bewerten.

Systeme können jedoch unerwartete Herausforderungen mit sich bringen, etwa in Form von Kompatibilitätsproblemen mit bestehenden Systemen oder einer erhöhten Abhängigkeit von externen Einflüssen. Eine Verbesserung der personalen Effizienz hat das Ziel, die Leistungsfähigkeit zu steigern. Es besteht die Gefahr, dass Überlastung oder ein Mangel an Spezialwissen entsteht, wenn der Fokus nur auf kurzfristige Effizienzgewinne gelegt wird, ohne die langfristige Entwicklung der Erkenntnisse zu beachten. Dazu gehören Ereignisse wie Wirtschaftskrisen, Lieferkettenunterbrechungen, politische Instabilitäten oder Naturkatastrophen, die die vernetzten Prozesse plötzlich destabilisieren können. Es ist also eminent wichtig, dass das Controlling entsprechende Szenarioanalysen durchführt und Notfallpläne entwickelt. Manchmal geht es ums Überleben, immer aber ums Weiterziehen. Diesem Prinzip sollte man sich treu bleiben. Wofür entscheidet sich die Mehrheit, egal wo auf der Welt?

Regierungen wollen sich an realistischen Prinzipien und pragmatischen Lösungen orientieren, die kurzfristige Handlungsfähigkeit sichern. Die meisten setzen auf militärische Bündnisse, politische Stabilität und strategische Partnerschaften, um existenzielle Bedrohungen abzuwehren. Ebenso stehen wirtschaftlicher Wohlstand und Wettbewerbsfähigkeit im Fokus. Handelsabkommen, Rohstoffsicherung und technologische Innovationen prägen die Agenda, wobei pragmatische Vereinbarungen oft Vorrang vor idealistischen Zielen wie Klimaschutz oder Menschenrechten haben. Werden die Zeiten plötzlich unsicher, zeigt sich die Resilienz der internationalen Politik. Die Akteure passen sich an neue Realitäten an, suchen neue Allianzen und wechseln die Strategien, wenn alte Wege scheitern. Weiterziehen ist ein Prinzip, das sich durch die Geschichte zieht – von geopolitischen Machtverschiebungen bis hin zu globalen Krisenlösungen. Wie im wirtschaftlichen Controlling spielt auch hier das Abwägen von Szenarien und die Entwicklung von Strategien eine zentrale Rolle. Wenn demokratische Instabilitäten befürchtet werden, suchen manche politische Eigenbrötler die Unterstützung bei autoritären Regimen. Selbst auf globaler Ebene dominieren Machtpolitik und Eigeninteressen oft die Entscheidungsfindung. Zugleich gibt es idealistische Bewegungen, wie die Förderung von Menschenrechten oder Klimaschutz, die allerdings in den Hintergrund treten, sobald existenzielle Bedrohungen im Vordergrund stehen.

Wenn eine Strategie scheitert oder eine politische Ära endet, geht die internationale Gemeinschaft oft zur nächsten Lösung über, auch wenn diese unperfekt ist. Statt auf einer festgelegten Agenda zu beharren, entscheiden sich Staaten oft für den Weg, der kurzfristig den größten Konsens oder Nutzen bringt. Wenn die internationale Politik immer nur auf die nächste Krise reagiert, fehlt die Vision für eine nachhaltige und gerechtere Weltordnung. Wenn Staaten primär pragmatisch handeln, besteht das Risiko, dass grundlegende Werte wie Menschenrechte oder Rechtsstaatlichkeit geopfert werden.

24. INTERKONNEKTIVITÄT VON RATIONALITÄT
UND IHRE UMSETZUNG

Im Entscheidungsprozess bedeutet Rationalität, dass man versucht, die besten Lösungen zu identifizieren, die unter Berücksichtigung aller verfügbaren Informationen und unter Abwägung der Vor- und Nachteile getroffen werden. Die Analyse und Interpretation relevanter Daten greift auf wissenschaftliche Erkenntnisse und Expertenmeinungen zurück. Entscheidungen dürfen einfach nicht auf der Grundlage von Vermutungen oder Ideologien erfolgen und sie müssen klare Zielrichtungen vor Augen haben. Die Erkenntnis, dass Fortschritt aus einem komplexen Netzwerk von Beziehungen entsteht, erfordert ein systemisches Verständnis bei der Entwicklung von Strategien und Politiken. Die Interkonnektivität der Entscheidungsfindung in Bezug auf Visionen, Situationsanalysen, Priorisierung der Themen, Kontrolle und Rechtfertigung ist ein komplexer Vorgang, der verschiedene Ebenen und Aspekte miteinander verbindet.

Die Grundlage für effektive Entscheidungsfindung bildet eine klare Vision und Strategie. Die Vision beeinflusst die Situationsanalyse, indem sie den Kontext für die Bewertung von Potenzialen vorgibt. Die Situationsanalyse informiert die Priorisierung, indem sie kritische Bereiche und Möglichkeiten aufzeigt. Die Priorisierung leitet die Kontroll-

und Überprüfungsprozesse, indem sie Schwerpunkte für die Überwachung setzt. Die Rechtfertigung von Entscheidungen basiert auf allen vorherigen Schritten und stellt sicher, dass der gesamte Prozess transparent und nachvollziehbar ist.

Die Priorisierung und Hierarchisierung globaler Ziele wie Frieden, Sicherheit, wirtschaftliche Entwicklung, Menschenrechte und Umweltschutz ist eine der zentralen Herausforderungen der internationalen Politik. Diese Ziele stehen oft in einem Spannungsfeld zueinander, da sie sowohl voneinander abhängen als auch in Konflikt geraten können. Frieden wird oft als Grundvoraussetzung für andere Ziele gesehen. Ohne Stabilität sind wirtschaftliche Entwicklung, der Schutz von Menschenrechten und Umweltmaßnahmen kaum realisierbar. Gleichzeitig können Sicherheitsmaßnahmen, wie etwa militärische Eingriffe, andere Ziele beeinträchtigen, etwa durch Menschenrechtsverletzungen. Wirtschaftswachstum kann auch Umweltbelastungen vervielfältigen, etwa durch erhöhte CO_2-Emissionen oder Ressourcenausbeutung. Umgekehrt können strikte Umweltauflagen das Wirtschaftswachstum hemmen, insbesondere in Entwicklungsländern. Maßnahmen zur nationalen Sicherheit, wie Überwachung oder Grenzschutz, können oft im Widerspruch zu den Prinzipien der Menschenrechte stehen, etwa durch Einschränkungen der Freiheit. Die Priorisierung dieser Ziele ist notwendig, um kohärente Politiken zu entwickeln. Welche Ziele im Vordergrund stehen, hängt von der jeweiligen Situation ab. In Konfliktgebieten hat beispielsweise die Friedenssicherung Vorrang, während in stabilen Regionen der Fokus auf Klimaschutz oder der Förderung von Menschenrechten liegt. Manche Ziele, wie der Umwelt- oder Klimaschutz, erfordern langfristiges Denken, auch wenn kurzfristige Maßnahmen wie Wirtschaftswachstum attraktiver erscheinen. Politiken sollten darauf abzielen, Synergien zwischen den Zielen zu schaffen. Beispielsweise kann eine nachhaltige Wirtschaftspolitik sowohl den Klimaschutz als auch die wirtschaftliche Entwicklung fördern. Die Einbindung von Zivilgesellschaft, Wissenschaft und Wirtschaft kann helfen, ausgewogene Prioritäten zu setzen.

Kommentar zu den Internationalen Beziehungen.

Die Interkonnektivität des Fortschritts zeigt, dass keine Disziplin isoliert betrachtet werden kann. Fortschritt entsteht aus einem komplexen Netzwerk von Beziehungen zwischen Wissenschaft, Gesellschaft, Wirtschaft und globalen Dynamiken. Die Interkonnektivität bezieht sich auf die Art und Weise, wie verschiedene Bereiche von Wissen, Technologie und Gesellschaft miteinander verbunden sind und sich gegenseitig beeinflussen. Viele Innovationen entstehen an der Schnittstelle verschiedener Disziplinen. Diese Zusammenarbeit fördert neue Lösungen für komplexe Probleme. Ein besseres Verständnis von Wissenschaft und Politik in der Bevölkerung begründet die informierte Gesellschaft, die den Fortschritt unterstützt, aber auch kritisch hinterfragt. Die Berücksichtigung ökologischer und sozialer Aspekte ist wichtig, um sicherzustellen, dass der Fortschritt langfristig tragfähig ist. Interdisziplinäre Ansätze, die Technik, Ethik und Umweltwissenschaften verbinden, stehen heute im Vordergrund. Das Verständnis dieser Verbindungen hilft, die Herausforderungen der Zukunft besser zu bewältigen und Innovationen gezielt zu fördern. Vollständige Kooperation wird am ehesten erreicht, wenn sich Netzwerke langsam an neue Strukturen anpassen können. Sie unterstreicht die Bedeutung von Stabilität und Vertrauen für langfristige Innovationsprozesse. Die relative Geschwindigkeit von Veränderungen und Wechselwirkungen innerhalb eines Netzwerks beeinflusst die erfolgreiche Zusammenarbeit. Dies zeigt, wie wichtig es ist, die Dynamik von Innovationsnetzwerken zu verstehen und zu steuern.

Durchsetzungsfähigkeit ist das Medium, um Maßnahmen effektiv zu realisieren. Die betroffenen Personen halten ihre Befugnis an Legitimität und Autorität fest. Unterstützend sind materielle, finanzielle und personelle Ressourcen. Selbst die rationalsten Entscheidungen können nicht ohne Macht, Ressourcen und Einfluss umgesetzt werden. Am Ende wird die effektive Kommunikation den Ausschlag geben. Die größte Herausforderung in der Verknüpfung von Rationalität und Durchsetzungsfähigkeit besteht darin, ein Gleichgewicht zwischen beiden zu finden. Die Rationalität steht oft im Konflikt mit ideologischen oder parteipolitischen Interessen. Selbst rationale Entscheidungen können durch Populismus oder parteiliche Machtkämpfe verwischt werden.

Institutionen müssen so gestaltet sein, dass sie rationale Entscheidungen begünstigen und gleichzeitig über die nötigen Mittel und die Durchsetzungsfähigkeit verfügen, um diese umzusetzen. Anreize für Kooperation und gemeinsame Ziele sind geeignet, rationale Entscheidungen besser durchzusetzen. Die Herausforderungen bei der Umsetzung dieser Interkonnektivität zeigen, wie komplex das Zusammenspiel von Logik und Macht in der realen Welt ist, aber nur durch eine enge Verbindung dieser beiden Kräfte lassen sich tiefgreifende und positive Veränderungen in der Gesellschaft erreichen.

Die Interkonnektivität zwischen der Kontrolle über Informationen und den Entscheidungsprozessen ist besonders relevant: Informationen werden oft so gesteuert, dass sie den Entscheidungsprozess beeinflussen, indem sie bestimmte Optionen als attraktiver oder weniger riskant darstellen. Wer über die meisten und genauesten Informationen verfügt, hat einen großen Einfluss auf den Entscheidungsprozess. Die Erfolgsmessung sollte nicht nur auf das Endergebnis beschränkt sein, sondern auch den Prozess der Ausführung einbeziehen. Ein effektives Evaluationssystem stellt sicher, dass beide Seiten zur Verantwortung gezogen werden. Anstatt Pauschallösungen zu implementieren, ist es sinnvoll, die Verantwortung in der Interkonnektivität zwischen Initiativ-Programmen und deren Ausführung zu suchen. Strategien legen die Ziele und Rahmenbedingungen für eine zukünftige Entwicklung fest und geben Orientierung und bieten theoretische Lösungen für bestehende Probleme. Ein Problem bei der Umsetzung solcher Programme ist, dass sie oft pauschal oder undifferenziert angewandt werden, ohne die Komplexität und spezifischen Anforderungen der Praxis zu berücksichtigen. Die Vision bleibt dann in der Theorie stecken.

Politische Akteure, die den Schaden verursachen, übernehmen oft nur ungern die Verantwortung, besonders wenn sie sich auf kurzfristige Notmaßnahmen eingelassen haben. Solche Episoden sind in der Politik häufig zu beobachten, da politische Entscheidungsträger häufig in Situationen handeln, die schnellen Manöver bedürfen, ohne die langfristigen Konsequenzen vollständig abzuwägen. Kurzfristige Notmaßnahmen entstehen oft in Krisensituationen, in denen schnelle Entscheidungen notwendig sind, um unmittelbare Probleme zu lösen. Dabei wird häufig auf schnelle Lösungen zurückgegriffen, ohne die Langzeitfolgen dieser Entscheidungen sorgfältig zu durchdenken.

Politiker/Innen stehen in solchen Situationen oft unter enormem Druck, sofort zu handeln, sei es von der Öffentlichkeit, vom politischen Wettbewerb oder von den Medien. Dies verführt zu Maßnahmen, die im Moment vielleicht populär erscheinen, aber später zu langfristigen Problemen führen. Sobald die langfristigen negativen Konsequenzen sichtbar werden, versuchen viele Akteure, die Verantwortung zu vermeiden. Sie relativieren dann gerne ihre Rolle, schieben die Schuld auf externe Umstände zu oder machen gar andere Akteure für das Scheitern verantwortlich. Besonders in der Krisenpolitik wird die Verantwortung häufig diffus verteilt, sodass es schwierig ist, Einzelpersonen oder Gruppen zur Rechenschaft zu ziehen.

Häufig fehlt es auch an einer transparenten Kommunikation über die Entscheidungsprozesse. Die Notwendigkeit, in Krisen schnell zu handeln, wird oft als Vorwand genutzt, um die Tiefe der Analyse und die Einbindung verschiedener Perspektiven zu umgehen. Selbstkritik und die Bereitschaft, Fehler einzugestehen, sind selten in der politischen Arena zu finden, da dies als Zeichen von Schwäche interpretiert werden könnte. Politiker fürchten um ihren Ruf und die Wiederwahl, wenn sie Verantwortung für Fehlentscheidungen übernehmen. Diese Art von Verhalten wird durch die Erwartung der Öffentlichkeit und Medien verstärkt, die eine sofortige Reaktion auf Krisen fordern.

Paradoxerweise werden Krisen von politischen Akteuren auch als Gelegenheit gesehen, politische Agenden durchzusetzen, die unter normalen Umständen auf Widerstand stoßen würden. Notmaßnahmen, die unter dem Deckmantel der Krise ergriffen werden, können als Mittel genutzt werden, um politische Ziele durchzudrücken, ohne dass eine tiefergehende öffentliche Debatte stattfindet. Solche Situationen erhöhen das Risiko zu Fehlentscheidungen, da die Legitimität dieser

Maßnahmen oft nur in der Dringlichkeit der Situation begründet ist und nicht in ihrer langfristigen Wirkung oder ihrem nachhaltigen Nutzen.

In den meisten politischen Systemen gibt es eine unzureichende Rechenschaftspflicht, wenn es um die Frage geht, wer für Fehlentscheidungen zur Verantwortung gezogen wird. Gerade in Krisensituationen wird oft argumentiert, dass „Notlagen besondere Maßnahmen erfordern", was die Verantwortlichkeit verwässert. Ohne klare Mechanismen, um Verantwortung zu übernehmen oder politische Fehlentscheidungen zu korrigieren, bleibt der Raum für Verantwortungsvermeidung offen. Wenn mehrere Akteure an Entscheidungen beteiligt sind, kann es zu einer diffusen Rechenschaftspflicht kommen. Dies kann dazu führen, dass niemand die volle Verantwortung übernimmt, und somit für Fehlentscheidungen oder Versäumnisse kaum Konsequenzen gezogen werden. Das Phänomen des „sozialen Faulenzens" tritt auf, bei dem sich Individuen weniger verantwortlich fühlen und aktiv daran hindern, durch ihre individuelle Leistung zur Zielerreichung beizutragen. Wenn Verantwortungen nicht klar zugewiesen sind, entstehen Konflikte und Ineffizienzen. Es wird unklar, wer letztlich für den Erfolg oder Misserfolg einer Entscheidung verantwortlich ist. Führungskräfte können so weder effektiv delegieren noch kontrollieren. In politischen Kontexten verhindern gemischte Verantwortungen klare Verantwortungsübernahme. Entscheidungen werden hinausgezögert, da Akteure versuchen, die Verantwortung abzuschieben oder auf Kompromisse zu warten, die oft nicht ideal sind. Es ist wichtig, die Verantwortlichkeiten regelmäßig zu überprüfen und anzupassen, um sicherzustellen, dass sie den aktuellen Anforderungen und der Dynamik der Organisation oder des politischen Systems entsprechen.

Eine kontinuierliche, objektivierte, wissensbasierte und faire Evaluierung kann dazu beitragen, das Problem der Vermeidung von Verantwortung und der unüberlegten Kurzfristmaßnahmen zu mindern. Eine solche Evaluierung bietet die Möglichkeit, politische Entscheidungen kontinuierlich zu überprüfen und zu verbessern, anstatt sich blind in Notmaßnahmen zu stürzen, ohne die langfristigen Konsequenzen zu berücksichtigen. Eine objektive Evaluierung bedeutet, dass Entscheidungen nicht nur anhand von politischen oder ideologischen Motiven bewertet werden, sondern basierend auf faktenbasierten Analysen und eindeutigen Kriterien. Dabei sollten objektiv agierende Agenturen oder Experten eingesetzt werden, um sicherzustellen, dass die Analyse unvoreingenommen erfolgt. Dies könnte helfen, politische Maßnahmen effektiver zu gestalten, indem die langfristigen Konsequenzen auf Grundlage solider Daten und wissenschaftlicher Erkenntnisse vorausgesagt werden. Eine solche Objektivität könnte verhindern, dass Entscheidungen rein populistisch erfolgen oder dass politische Akteure Maßnahmen ergreifen, um kurzfristig im politischen Wettbewerb zu bestehen.

Der Einsatz von Wissen und wissenschaftlicher Evidenz ist entscheidend, um die Qualität der Entscheidungen zu verbessern. Politische Maßnahmen werden im best-case auf der Grundlage von empirischen Daten, wissenschaftlichen Studien und Best-Practice-Modellen getroffen werden. Eine wissensbasierte Evaluierung berücksichtigt aktuelle Forschungsergebnisse und bezieht Experten aus verschiedenen Fachgebieten mit ein. Dies reduziert die Gefahr von Fehlentscheidungen, die oft in Krisenzeiten getroffen werden, wenn Entscheidungen unter Zeitdruck und ohne umfassende Analyse anstehen. Dann würden auch populistische oder extremistische Tendenzen ins Leere laufen.

Pauschallösungen als standardisierte Antworten auf komplexe Herausforderungen berücksichtigen selten die Realität der verschiedenen Kontexte, wobei sie die wesentlichen Unterschiede und spezifische Anforderungen vernachlässigen, was häufig zu einer ineffektiven Umsetzung führt. Sie verhindern damit die Verantwortungsübernahme auf den verschiedenen Ebenen, sowohl auf Seiten der Initiatoren als auch auf Seiten derjenigen, die die Ausführung sicherstellen. Jede Seite schiebt der anderen die Schuld für Misserfolge zu, ohne dass echte Lösungsfindung stattfindet. Die Verantwortung liegt in der Verknüpfung und Koordination zwischen denjenigen, die Programme entwickeln, und denjenigen, die sie umsetzen. Agilität meint in diesem Zusammenhang, dass sowohl Initiativen als auch deren Ausführung funktionell weiterentwickelt werden. Die Verantwortung für den Erfolg liegt dabei nicht nur bei der einen oder anderen Seite, sondern in der Verbindung zwischen beiden.

Zu ihr gesellt sich die Glaubwürdigkeit, die stark von der Resonanz abhängt, dass eine Position kohärent und rational ist. Dies ist besonders in politischen und wissenschaftlichen Debatten von Bedeutung, in denen erwartet wird, dass die Argumente auf klaren und konsistenten Prinzipien beruhen. Wenn eine Argumentation logisch konsistent ist, ist es wahrscheinlicher, dass sie als glaubwürdig empfunden wird, da sie keine offensichtlichen Widersprüche aufweist, die ihre Validität infrage stellen könnten. Überzeugungskraft hängt nicht nur von der Präsentation der Fakten, sondern auch von der Art und Weise ab, wie diese Fakten miteinander in Beziehung gesetzt werden. Eine logisch konsistente Argumentation erleichtert es den Adressaten, den Gedankengang nachzuvollziehen, was die Wahrscheinlichkeit erhöht, dass sie die präsentierte Position übernehmen. Überzeugende Kommunikation erfordert daher nicht nur starke Fakten, sondern auch die Fähigkeit, diese in eine kohärente Argumentation einzubetten.

Während logische Konsistenz zur Glaubwürdigkeit und Überzeugungskraft beiträgt, werden komplexe logische Konstrukte häufig verwendet, um die wahre Natur von Machtstrukturen zu verschleiern oder zu legitimieren. In vielen Fällen dienen komplizierte und verschachtelte Argumentationsstrukturen dazu, ungleiche

Machtverhältnisse zu rechtfertigen oder die Kontrolle von Eliten über Entscheidungsprozesse zu verschleiern. Komplexe logische Konstrukte, die sich in verschachtelten Argumenten und scheinbar undurchschaubaren Prinzipien ausdrücken, können die Fähigkeit der Allgemeinheit, Machtstrukturen zu durchschauen, erheblich erschweren. Dies geschieht, indem Machtakteure ihre Entscheidungsprozesse hinter einer Fassade von rationaler oder technischer Expertise verstecken, die für Außenstehende schwer zu durchdringen ist.

Um die legitime Ausübung von Macht sicherzustellen, ist Transparenz in den Entscheidungsprozessen von entscheidender Bedeutung. Transparenz bedeutet nicht nur die Offenlegung von Informationen, sondern auch die Schaffung von Strukturen, die es ermöglichen, dass Entscheidungen und Machtverhältnisse klar und verständlich kommuniziert werden. Wenn logische Komplexität absichtlich verwendet wird, um Machtstrukturen zu verbergen, führt dies zu einer Erosion der Verantwortlichkeit und kann das Vertrauen in Institutionen und Führungspersönlichkeiten untergraben.

Die Interkonnektivität von logischer Konsistenz, Glaubwürdigkeit und Überzeugungskraft zeigt, dass eine klare, kohärente Argumentation entscheidend dafür ist, ob eine Position akzeptiert und als legitim wahrgenommen wird. Logische Konsistenz verleiht Argumenten Gewicht und fördert das Vertrauen in die Entscheidungsträger. Intransparente, verschachtelte Argumente und Entscheidungsprozesse lassen Machtverhältnisse nur schwer erkennbar machen. Die Kontrolle durch Außenstehende wird erschwert. Dies verdeutlicht die Notwendigkeit von Transparenz und klarer Kommunikation, um sicherzustellen, dass Macht auf eine Weise ausgeübt wird, die sowohl gerecht als auch nachvollziehbar ist.

25. VON DER INTERKONNEKTIVITÄT DER SACHFRAGEN

Die Vielzahl an Verbindungen zwischen verschiedenen Themen reicht sehr schnell an eine erhöhte Komplexität heran, die es erschwert, klare Lösungen zu finden. Andererseits ermöglicht die Betrachtung von Interkonnektivität auch ganzheitlichere Ansätze zur Problemlösung, die verschiedene Aspekte berücksichtigen. Durch die Verknüpfung verschiedener Bereiche entstehen neue Lösungsansätze, die bei einer isolierten Betrachtung möglicherweise übersehen worden wären. Die Berücksichtigung von Interkonnektivität in Sachfragen erfordert ein Umdenken in vielen Bereichen. Dies erfordert aber auch eine erhöhte Flexibilität und Anpassungsfähigkeit in der Herangehensweise.

Politische Entscheidungsträger müssen die Gesamtheit der ökonomischen, politischen, sozialen, kulturellen und ökologischen Probleme gleichzeitig und in Echtzeit berücksichtigen. Experten aus verschiedenen Fachgebieten sollten unverzüglich in den politischen Diskurs einbezogen werden. Wissenschaftliche Forschung orientiert sich in vermehrtem Maße an den Fragestellungen des politischen Lebens. So entstehen neue Governance-Modelle mit langfristigen Netzwerken zwischen verschiedenen Akteuren aus Politik, Wissenschaft und Zivilgesellschaft. Immer noch ist der Zugang zu vernetzter Technologie ungleich verteilt, was zu neuen Formen der Exklusion führt. Niedrigschwellige digitale Partizipationsangebote werden oft nur von bereits politisch aktiven Bürgern genutzt. Neue Verwundbarkeiten und "Schicksalsgemeinschaften" tauchen auf. Zudem kommt es in der Anonymität digitaler Debatten zu destruktiven Kommunikationsformen wie "Shitstorms" statt sachlicher Argumentation.

Ein zentrales Merkmal komplexer Systeme ist die Existenz von Rückkopplungsschleifen. In diesen Schleifen wirken bestimmte Effekte wiederum auf die Ursachen ihrer Entstehung zurück. Dies kann zu einer Verstärkung oder Abschwächung von Prozessen führen, was oft zu nicht-linearen Entwicklungen führt. Ein Beispiel ist die Klimapolitik: Eine Erhöhung der CO_2-Emissionen trägt zur Erderwärmung bei, die wiederum das Auftreten von Naturkatastrophen begünstigt, welche die wirtschaftliche Stabilität und die politische Lage in den meisten Ländern destabilisieren. Diese Destabilisierung kann wiederum politische Entscheidungen beeinflussen, die die Emissionen weiter erhöhen oder senken. Interkonnektivität kann auch zu „emergenten Phänomenen" führen, das heißt zu Verhaltensweisen oder Ergebnissen, die nicht direkt aus den Einzelteilen des Systems abgeleitet werden können. Diese Emergenz tritt dann auf, wenn viele einfache Interaktionen zwischen verschiedenen Akteuren oder Faktoren zu komplexen, unvorhersehbaren Ergebnissen führen. Ein Beispiel ist der Finanzmarkt, wo das Verhalten einzelner Investoren zu unvorhersehbaren Schwankungen führt, die im Vorhinein nicht exakt berechenbar sind, obwohl sie auf den Entscheidungen vieler Einzelner basieren.

Es ist unmöglich, die Komplexität in globalen und politischen Fragen vollständig zu reduzieren oder klare, einfache Lösungen zu finden. Stattdessen bieten sich multidimensionale und systemische Ansätze an, die die Vernetzung von Themen anerkennen und auf langfristige, ganzheitliche Lösungen abzielen. Innovation, Zusammenarbeit und das Denken in größeren Zusammenhängen bieten die besten Chancen, um Klarheit und Stabilität in einer dynamischen und vernetzten Welt zu schaffen.

Der Klimawandel hat Auswirkungen auf die Landwirtschaft, Migration und Sicherheit. Eine Gegend, die stark von klimatischen Veränderungen betroffen ist, könnte beispielsweise nicht mehr ausreichend Nahrung produzieren, was zu Hungersnöten und dadurch zu Migration und sozialen Unruhen führt. Gleichzeitig muss die internationale Gemeinschaft ihre Wirtschafts- und Energiestrategien anpassen, um die CO_2-Emissionen zu reduzieren, was wiederum Auswirkungen auf nationale Wirtschaften und soziale Gerechtigkeit hat.

Die Migrationsströme, die durch Konflikte oder den Klimawandel verursacht werden, haben nicht nur Auswirkungen auf die Herkunftsländer, sondern auch auf die Zielländer. Fragen der Integration, der wirtschaftlichen Stabilität und der sozialen Kohäsion spitzen sich auf politische Spannungen und populistischen Effekten in den Zielländern zu. In der internationalen Politik und Diplomatie wird die

Entscheidungsfindung durch die Vielzahl an Akteuren und Themen, die miteinander in Wechselwirkung stehen, zunehmend komplizierter. Entscheidungsträger müssen eine Vielzahl an Interessen berücksichtigen, die oft miteinander im Konflikt stehen, was klare Lösungen erschwert.

Industrieländer sind naturgemäß an der Fortsetzung fossiler Energiequellen interessiert, um wirtschaftliches Wachstum zu sichern, während gleichzeitig die moralische Verpflichtung besteht, den Klimawandel zu bekämpfen und den Ausstieg aus fossilen Brennstoffen zu fördern. Nationale Gesetzgeber müssen diese internationalen Vorgaben in nationale Gesetze integrieren, was wiederum auf politische Widerstände stößt und dadurch eine unüberwindliche Regelungsdichte schafft. Ein möglicher Weg, mit der wachsenden Komplexität umzugehen, besteht darin, systemisches Denken in den internationalen Beziehungen anzuwenden. Dieser Ansatz ermöglicht es, die Beziehungen zwischen den verschiedenen Bereichen zu verstehen und ganzheitliche, langfristige Lösungen zu entwickeln, die nicht nur auf ein einzelnes Problem abzielen, sondern die zugrunde liegenden Strukturen verändern.

Politische Akteure und Entscheidungsträger können durch Szenarioplanung verschiedene Zukunftsszenarien entwickeln und dadurch auf eine Vielzahl möglicher Entwicklungen vorbereitet sein. Diese Technik erlaubt es, besser auf Unsicherheiten und unvorhergesehene Entwicklungen zu reagieren und gleichzeitig robuste Entscheidungen zu treffen, die in verschiedenen Kontexten standhalten können. Ein weiteres Prinzip des systemischen Denkens ist die Fokussierung auf die Ursachen eines Problems anstatt auf die Symptome. Beispielsweise können die Ursachen von Konflikten in Armut, Ungleichheit oder Ressourcenkonflikten liegen. Statt nur die Folgen des Konflikts zu behandeln, wie etwa Flüchtlingsströme, müssen langfristige Maßnahmen ergriffen werden, die die zugrunde liegenden Ursachen bekämpfen.

In einer vernetzten Welt kann die zentrale Entscheidungsfindung oft nicht schnell genug auf lokale Gegebenheiten reagieren. Dezentralisierung und das Ermächtigen lokaler Akteure, eigenständige Lösungen zu entwickeln, würden helfen, flexibler und schneller auf lokale Herausforderungen zu reagieren. Dies gilt besonders in großen Units, in föderalen Systemen oder in internationalen Organisationen, die unterschiedliche regionale Bedürfnisse berücksichtigen müssen. Datenanalysen und Algorithmen können helfen, die Komplexität zu durchdringen, indem sie Muster und Zusammenhänge aufzeigen, die Delegierungen möglicherweise übersehen. Künstliche Intelligenz kann politische Entscheidungsträger bei der Identifizierung von Trends und bei der Simulation von Entscheidungsfolgen unterstützen, um informierte und effiziente Entscheidungen zu treffen. Technologische Plattformen, die die internationale Zusammenarbeit erleichtern, können ebenfalls eine Rolle bei der Bewältigung der Komplexität spielen. Solche Plattformen ermöglichen es, globale Herausforderungen gemeinsam zu analysieren und Lösungen zu entwickeln, die auf einem breiten Konsens basieren.

Durch internationale Kooperation können Länder einheitliche Umweltstandards schaffen, die langfristig den Planeten schützen und gleichzeitig wirtschaftliche Innovationen fördern. Die Entwicklung und Verbreitung erneuerbarer Energien und nachhaltiger Technologien profitieren von internationaler Zusammenarbeit und Investitionen. Durch internationale Abkommen und den Technologietransfer werden ressourcenschonende Produktionsmethoden angetrieben. Einer der offensichtlichsten Vorteile der Interkonnektivität ist das Wirtschaftswachstum, das durch die Vernetzung und Zusammenarbeit zwischen Ländern ermöglicht wird. Offene Märkte, Freihandelsabkommen und globale Produktionsketten ermöglichen es den Regionen, ihre komparativen Vorteile zu nutzen und Ressourcen effizienter einzusetzen.

Ungleichheiten zwischen Ländern, wie etwa zwischen Industriestaaten und Entwicklungsländern, werden als zentrale Variablen betrachtet, die das Funktionieren des Systems formen und Entscheidungen beeinflussen. Ein systemischer Ansatz würde Strategien zur Schaffung von mehr Gerechtigkeit in diesen Verhandlungen entwickeln und gleichzeitig zugeben, dass Machtasymmetrien existieren und diese berücksichtigt werden müssen. Ein systemischer Ansatz in der internationalen Energiepolitik berücksichtigt sowohl geopolitische Spannungen, wirtschaftliche Interessen als auch ökologische Anforderungen.

Systemanalysen und -bewertungen erfüllen ihre Aufgabe, nichtlineare Effekte zu antizipieren. Da globale Herausforderungen sich ständig weiterentwickeln, müssen politische Systeme anpassungsfähig und lernfähig sein. Systemische Methodik betont die Notwendigkeit, politische Maßnahmen regelmäßig zu überprüfen und anzupassen, um auf neue Entwicklungen reagieren zu können. Dies erfordert resiliente Governance-Strukturen, die flexibel und offen für Veränderungen sind.

Hier fällt die Warnung vor Korruption ins Gewicht. Sie hat tiefgreifende Auswirkungen auf die nachhaltige Entwicklung und drückt sich negativ in politischen, wirtschaftlichen und sozialen Strukturen aus. Korrumpierbarkeit hat erhebliche Auswirkungen auf den Umweltschutz, da sie umweltfreundliche Maßnahmen untergräbt und Umweltzerstörung begünstigt. In viel zu vielen Ländern führt sie zur illegalen Ausbeutung natürlicher Ressourcen wie Abholzung, illegaler Bergbau und Wilderei geschützter Tierarten. Sie stellt eine massive Bedrohung für nachhaltige Entwicklung dar und behindert Länder mit schwacher Regierungsführung erheblich bei der Erreichung internationaler Nachhaltigkeitsziele. Es wird klar ersichtlich, dass Interkonnektivität eine entscheidende Rolle bei der Transition zur Optimierung internationaler Volkswirtschaften spielt. Sie bezieht sich auf die Vernetzung von Ländern, Unternehmen und Individuen durch verschiedene Kommunikations- und Verkehrsinfrastrukturen, Technologie und Handel.

Die Interkonnektivität der Infrastrukturen macht moderne Gesellschaften effizienter, vernetzter und globalisierter, schafft jedoch auch potenziell eine größere Anfälligkeit. Der Ausfall eines Systems hat weitreichende Konsequenzen für andere und Kaskadeneffekte verschärfen gewöhnlich eine Krise. Daher ist es entscheidend, robuste und widerstandsfähige Infrastrukturen zu schaffen, die in der Lage sind, Störungen abzufedern, und zugleich die zunehmenden Herausforderungen von Nachhaltigkeit, Cybersicherheit und globaler Vernetzung zu bewältigen.

Die globalen Fragen, denen sich die Menschheit heute gegenübersieht, wie die Erderwärmung, der Verlust der Biodiversität und die Umweltverschmutzung, sind untrennbar miteinander verbunden. Kein Land oder Sektor kann diese Probleme allein lösen. Die Interkonnektivität zwischen Staaten, Industrien und Gesellschaften ist entscheidend, um kollektive Lösungen zu entwickeln und das Ziel eines nachhaltigen, sauberen Wachstums zu erreichen. Im wirtschaftlichen

Kontext bezieht sich sauberes Wachstum auf eine Wirtschaft, die kohlenstoffarm, ressourcenschonend und sozial integrativ ist. Dies erfordert innovative Technologien, saubere Energiequellen und die Förderung von grünen Investitionen, die gleichzeitig Umwelt- und Wirtschaftszielen dienen. Die Interkonnektivität ermöglicht den Zugang zu diesen Technologien und Ideen weltweit und unterstützt die Verbreitung von nachhaltigen Praktiken. Technologien, wie erneuerbare Energiequellen, energieeffiziente Produktionsmethoden und umweltfreundliche Verkehrssysteme sind entscheidend, um die globale Wirtschaft von fossilen Brennstoffen zu entkoppeln. Industrieländer, die bereits über diese Technologien verfügen, müssen ihre Kenntnisse und Innovationen mit Schwellen- und Entwicklungsländern teilen, um den globalen Übergang zu einer sauberen Wirtschaft zu beschleunigen.

Transition und gesellschaftlicher Umbruch in der geopolitischen Situation sind zentrale Aussagen, um die tiefgreifenden Veränderungen und Verschiebungen im globalen System zu verstehen. Diese Phänomene lassen sich aus verschiedenen Perspektiven betrachte, von der Neuordnung globaler Machtverhältnisse über technologische Revolutionen bis hin zu sozialen Bewegungen, die alte Strukturen herausfordern. Der Erfolg im Umgang mit diesen Veränderungen hängt davon ab, ob es gelingt, zwischen globaler Zusammenarbeit und singulärer Anpassung zu balancieren. Entscheidend ist dabei, dass die Menschheit in den Umbrüchen nicht nur Bedrohungen sieht, sondern die

Möglichkeit, eine gerechtere, nachhaltigere und stabilere Zukunft zu gestalten.

Die Interkonnektivität von Interessenslagen ist ein komplexes geopolitisches Phänomen, das die moderne globale Ordnung prägt. Die zunehmende Vernetzung von Staaten und Regionen durch Infrastruktur, Handel und Technologie schafft neue Räume für Machtprojektion und Einflussnahme. Stromnetze und technische Interkonnektoren, das heißt grenzüberschreitende Übertragungsnetzverbindungen, spielen dabei eine besondere Rolle, da sie buchstäblich Räume konstituieren und neue Einflusskanäle etablieren. Die Zugehörigkeit zu synchronen Netzverbünden wie dem europäischen Stromnetz ist attraktiv, da diese "Schicksalsgemeinschaften" darstellen, in denen Sicherheit und Wohlfahrt geteilt werden. Dies erklärt das Interesse vieler Staaten, Teil solcher Verbünde zu werden. Die Interkonnektivität von Rivalitäten und Interessenslagen schafft neue Möglichkeiten der Machtprojektion, verändert die Dynamik internationaler Beziehungen und stellt traditionelle Konzepte von Souveränität und Territorialität in Frage. Für Staaten und internationale Organisationen wird es zunehmend wichtig, diese komplexen Verflechtungen zu verstehen und strategisch zu navigieren, um ihre Interessen in einer vernetzten Welt zu wahren.

Die Herausforderung für die internationale Gemeinschaft liegt darin, Dominoeffekte in Krisensituationen zu identifizieren, zu antizipieren und zu managen. Dies erfordert schnelle, koordinierte Aktionen und die Bereitschaft, über nationale Interessen hinaus zu denken. Es wurden Systeme entwickelt, die Bedrohungen frühzeitig identifizieren, etwa die Frühwarnmechanismen der WHO für Pandemien oder das Globale Netzwerk zur Überwachung und Warnung vor Klimakatastrophen. Diese Systeme sind entscheidend, um Dominoeffekte frühzeitig wahrzunehmen und ihnen entgegenzuwirken. Trotz der Interkonnektivität der Reaktionsfähigkeiten gibt es Hindernisse bei der Bewältigung von Dominoeffekten, da globale Verantwortlichkeit oft von nationalen Interessen behindert wird. National-Staaten neigen dazu, ihre eigenen Interessen über internationale Absprachen zu stellen, was die Koordination und gemeinsame Krisenbewältigung erschwert. Dies zeigte sich bei der Verteilung von Covid-19-Impfstoffen, als viele reiche Staaten ihre eigenen Bevölkerungen bevorzugten, während ärmere Länder lange warten mussten.

Viele Staaten und internationale Organisationen haben keine ausreichenden Kapazitäten, um große Dominoeffekte zu bewältigen. Ein Beispiel ist die Europäische Migrationskrise 2015, bei der viele Länder nicht auf den massiven Zustrom von Flüchtlingen vorbereitet waren, was zu Spannungen innerhalb der EU führte und die Kooperation erschwerte. Oft sind die am stärksten von Dominoeffekten betroffenen Länder die ärmsten oder am wenigsten entwickelten Staaten, während die reicheren Länder besser mit Krisen umgehen. Diese ungleiche

Betroffenheit führt zu Spannungen in der internationalen Zusammenarbeit, da ärmere Staaten oft nicht die Ressourcen haben, um auf Krisen angemessen zu reagieren, und gleichzeitig gezwungenermaßen auf die Hilfe internationaler Akteure angewiesen sind. Die Widerstandsfähigkeit von Staaten und globalen Systemen muss durch Investitionen in Infrastruktur, Frühwarnsysteme und Krisenmanagement stark bleiben. Dies bedeutet nicht nur den Aufbau von physischen Ressourcen, sondern auch die Verbesserung der sozialen und politischen Resilienz durch den Aufbau von Vertrauen in multilaterale Institutionen.

Der Faktor Zeit bestimmt die Handlungsfähigkeit von Bündnissen. Unterschiedliche Geschwindigkeiten in den Vorgehensweisen stören die Zielerreichung. Gleichermaßen destabilisieren asynchrone wirtschaftspolitische Maßnahmen, wie etwa einseitige Sanktionen, das internationale Handelssystem. Asynchrone Vorhaben in der internationalen Politik werden in der Regel negativ bewertet, da sie Ineffizienz, Unsicherheit und Instabilität besonders im globalisierten Umfeld einleiten, in dem schnelle, koordinierte und einheitliche Antworten oft notwendig sind. Verzögerungen in der Reaktion eines Staates oder einer internationalen Organisation bedingen ineffiziente oder gar kontraproduktive Ergebnisse. In Krisensituationen wie Naturkatastrophen, Pandemien oder militärischen Konflikten kann eine schnelle, koordinierte Handlung entscheidend sein. Wenn einzelne

Akteure nicht sofort reagieren oder sich über die Vorgehensweise nicht abstimmen, führt dies zu einem höheren menschlichen Leid und höheren wirtschaftlichen Kosten. Wenn bei internationalen Sicherheitsfragen wie Terrorismus oder der Verbreitung von Massenvernichtungswaffen die Gelegenheit zur Prävention oder rechtzeitigen Bekämpfung verpasst wird, verschärfen sich automatisch die Bedrohungen.

Die Geschwindigkeit, mit der Entscheidungen getroffen werden, ist neben der Qualität ein entscheidender Wettbewerbsvorteil in der Wirtschaft als auch in der Politik geworden. Damit die Interkonnektivität in der internationalen Politik effektiv bleibt, ist es entscheidend, dass Akteure ihre Geschwindigkeiten anpassen und synchronisieren, um gemeinsam auf globale Herausforderungen reagieren zu können. Der Entscheidungsfindungsprozess wird zunehmend durch die Notwendigkeit geprägt, verschiedene Geschwindigkeiten und Dynamiken miteinander in Einklang zu bringen. Dies erfordert ein Verständnis für die unterschiedlichen Tempi und Kapazitäten der einzelnen Akteure sowie Mechanismen, um diese Unterschiede zu überwinden.

.Wenn Staaten uneinheitlich reagieren, verstärkt dies das Misstrauen im Inneren. Wenn einige Staaten schnell Sanktionen verhängen oder militärische Unterstützung anbieten, während andere zögern oder abwarten, sendet dieser Umstand verwirrende Signale an die Konfliktparteien und verschärft möglicherweise die Spannungen, wie man es im Ukraine-Konflikt verfolgen konnte. Wenn einige Units schneller oder effektiver handeln, verschaffen sie sich strategische Vorteile, die zu einem Ungleichgewicht in der internationalen Ordnung führen. Länder, die ihre Macht durch schnellere oder aggressivere Aktionen festigen, können ihren Einfluss in Regionen oder globalen Institutionen ausbauen, während zögerliche Staaten an Einfluss verlieren. Asynchrone wirtschaftspolitische Reaktionen, etwa bei der Einführung von Zöllen oder in Handelsfragen, destabilisieren die Märkte und die globale Wirtschaftsordnung.

Ein Beispiel ist die schnelle Expansion Chinas in Afrika und anderen Entwicklungsländern, während westliche Länder langsamer auf diese geopolitischen Entwicklungen reagierten. In militärischen Bündnissen wie der NATO könnte eine ungleichmäßige Verteilung der Last auf einige Staaten die Handlungsfähigkeit von Bündnissen beeinträchtigen. Unterschiedliche Geschwindigkeiten in den Vorgehensweisen stören die Zielerreichung. Gleichermaßen destabilisieren asynchrone wirtschaftspolitische Maßnahmen, wie etwa einseitige Sanktionen, das internationale Handelssystem.

Wenn Märkte durch protektionistische Maßnahmen geschützt werden sollen, behindert das immer eine Gegenseite im internationalen Handel. Solche Vorgangsweisen haben mehr einigenden Erfolg, wenn sie nicht in engen National-Rastern erfolgen, sondern zwischen weltregionalen

Clustern. Dann sind auch nicht wie sonst im nationalstaatlichen Hickhack die kleineren Units benachteiligt, die auf den Zugang zu internationalen Märkten angewiesen sind.

26. WIRKUNGEN DER INTERKONNEKTIVITÄT AUF DIE ÖKONOMIE

Die Interkonnektivität von Regulierung und Deregulierung bezieht sich auf die enge Wechselwirkung zwischen den beiden Ansätzen in politischen und wirtschaftlichen Systemen. Regulierung und Deregulierung stehen nicht als starre Gegensätze zueinander, sondern wirken oft in einem dynamischen Prozess aufeinander ein, abhängig von der politischen, wirtschaftlichen und sozialen Umgebung. Im Finanzsektor verlockt eine Deregulierung zu riskantem Verhalten. Das wurde deutlich in der Finanzkrise 2008, die teilweise auf eine unzureichende Regulierung der Finanzmärkte und -produkte zurückgeführt wird. Eine Überregulierung erhöht die Bürokratie und die Kosten für Unternehmen. Das hemmt das Wirtschaftswachstum und die Wettbewerbsfähigkeit eines Landes. Zugleich muss jedoch auch bedacht werden, dass eine zu geringe Regulierung Risiken birgt, etwa in Bezug auf Finanzkrisen oder unethischem Verhalten von Unternehmen. Daher liegt der Kern der Diskussion oft in der Suche nach einem ausgewogenen Ansatz, der genug Regulierung sicherstellt, um Stabilität und Verbraucherschutz zu gewährleisten, ohne den Markt unnötig zu belasten oder Innovation zu verhindern.

Wenn Wachstum rein ökonomisch behandelt wird, ist dies eine Fehlkalkulation. Wachstum, das nur auf wirtschaftlichen Kennzahlen basiert, ignoriert häufig die ökologischen Auswirkungen. Der Raubbau an natürlichen Ressourcen und die Zerstörung der Umwelt können zwar kurzfristig regional bezogene Gewinne maximieren, führen jedoch langfristig zu erheblichen ökologischen Schäden und Kosten. Ein Unternehmen oder eine Volkswirtschaft, die nur auf kurzfristige ökonomische Gewinne abzielt, verbraucht die natürlichen Ressourcen schneller, als sie regeneriert werden. Dies führt zu einer Situation, in der zukünftiges Wachstum nicht mehr nachhaltig ist, weil die Grundlage, die natürlichen Ressourcen, zerstört wird. Unternehmen, die heute die Umwelt ignorieren, werden vermutlich irgendwann merken, dass man Geld nicht essen kann - besonders dann nicht, wenn der Boden von den letzten Gewinnberichten kontaminiert ist. Und was CO_2-Emissionen angeht: Es ist fast bewundernswert, wie effizient manche Firmen darin sind, die Luft so schnell zu verschmutzen, dass zukünftige Generationen nur noch eine stinkende Bilanz vor sich haben.

Ein Wachstum ohne Rücksicht auf CO_2-Emissionen oder die Umweltverschmutzung löst ökologischen Krisen aus und verursacht auch Kosten für künftige Generationen. Ein Unternehmen, das keine nachhaltigen Maßnahmen ergreift, wird in Zukunft mit regulatorischen Maßnahmen oder Verlusten durch Umweltschäden konfrontiert sein. Unternehmen, die rein ökonomische Ziele verfolgen, neigen dazu, Kosten zu senken, indem sie Arbeitskräfte ausbeuten oder deren Lebensqualität ignorieren. Dies hat langfristig eine Abnahme der

Produktivität, hohe Fluktuationsraten und schlechteren Arbeitsbedingungen zur Konsequenz.

Manager, die nur an ökonomischem Wachstum interessiert sind, unterliegen oft der Versuchung, kurzfristige Gewinne durch aggressive Kostenreduzierung zu erzielen. Doch auf Umweltverschmutzung oder das Ignorieren von Mitarbeiterbedürfnissen werden im internationalen Kontext zukünftig die regulatorischen Behörden negativ reagieren. Ein Fokus auf kurzfristige ökonomische Ziele hemmt zudem die Innovationsfähigkeit eines Unternehmens. Investitionen in Forschung und Entwicklung, die oft erst langfristig Früchte tragen, werden vernachlässigt. Damit riskieren Unternehmen, von Wettbewerbern überholt zu werden, die nachhaltiger und innovativer denken. Ein typisches Beispiel hierfür ist die deutsche Automobilindustrie, die über Jahrzehnte hinweg auf kurzfristige Profitsteigerung durch den Verkauf von Verbrennungsfahrzeugen setzte und die Entwicklung von umweltfreundlicheren Technologien vernachlässigte. Erst als der Druck durch Regierungen und Verbraucher zunahm, begannen die Unternehmen, ihre Strategien anzupassen.

Warum haben die CEO's der deutschen Automobilwirtschaft gravierende Management-Fehler begangen, obwohl sie im Beobachten von Marktsituationen und in den entsprechend geforderten Reaktionen im innovativen Denken ausgebildet hätten sein müssen? Eine traditionelle

Unternehmenskultur, die nur auf Stabilität, Kontinuität und bewährten Verfahren setzt, ist dafür verantwortlich, dass Unternehmen weniger bereit sind, disruptive Veränderungen anzunehmen. Der Fokus auf kurzfristige Ergebnisse und die Furcht vor Risiken können zu einer Abwehrhaltung gegenüber innovativen Ideen führen. Die hierarchischen Strukturen innerhalb vieler deutscher Automobilunternehmen hemmen das Innovations-Management. Entscheidungsprozesse sind oft langwierig, da viele verschiedene Stakeholder eingebunden werden müssen. Dies führt dazu, dass die Unternehmen nicht schnell genug auf Marktveränderungen oder technologische Entwicklungen reagieren können.

Während andere Unternehmen, insbesondere aus China und den USA, frühzeitig in die Entwicklung von Elektrofahrzeugen investierten, blieben deutsche Hersteller zu lange auf konventionellen Antriebstechnologien fokussiert. Diese Verzögerung hat nicht nur Marktanteile gekostet, sondern auch das Image der deutschen Automobilindustrie als Innovationsführer beschädigt. Die deutschen Automobilunternehmen haben nicht rechtzeitig in die Entwicklung von Softwarekompetenzen investiert. Dies führte dazu, dass sie bei der Einführung smarter und vernetzter Fahrzeuge hinter den Erwartungen zurückblieben.

Stattdessen sollte ein ausgewogener Ansatz verfolgt werden, der auch ethische Prinzipien und intrinsische Motivation berücksichtigt. Nicht alle

Regelbrüche in Organisationen sind zwangsläufig negativ. Zu strikte Vorschriften und Kontrollen können auch vorteilhafte Regelbrüche einschränken, die für Innovationen wichtig sein können. Andererseits schwächt eine zu starke Deregulierung den Schutz von Verbrauchern schwächen. Dies schlägt sich etwa in unsicheren Produkten, schlechteren Arbeitsbedingungen oder unfairen Geschäftspraktiken nieder. Im Umwelt- oder Klimaschutz schränkt sie die Verantwortung der Unternehmen für ihre ökologischen Auswirkungen ein, was langfristig negative Folgen für den Planeten und die menschliche Gesundheit hat.

Unternehmen, die sich auf qualitatives Wachstum konzentrieren, könnten langfristig Wettbewerbsvorteile erzielen, indem sie bessere Produkte und Dienstleistungen anbieten und effizienter mit Ressourcen umgehen. Obwohl sich der Ansatz des qualitativen Wachstums möglicherweise nicht sofort und überall international durchsetzen wird, gewinnt er an Bedeutung und könnte in Zukunft eine wichtigere Rolle in der globalen Wirtschaftsentwicklung spielen. Die tatsächliche Verbreitung wird von verschiedenen Faktoren abhängen, einschließlich politischer Entscheidungen, wirtschaftlicher Notwendigkeiten und gesellschaftlicher Akzeptanz. In der globalisierten und vernetzten Welt ist die Reputation eines Unternehmens entscheidend für seinen langfristigen Erfolg. Unternehmen, die nur ökonomisches Wachstum verfolgen, verlieren das Vertrauen der Kunden, Mitarbeiter, Investoren und schließlich der breiten Öffentlichkeit.

Die Interkonnektivität von Nachhaltigkeit, Wirtschaftlichkeit und internationaler Reputation schafft eine starke Dynamik, die moderne Unternehmen und Staaten nicht ignorieren können. Nachhaltigkeit ist nicht nur ein moralischer Imperativ, sondern zunehmend ein wirtschaftlicher Erfolgsfaktor, der die internationale Anschuung prägt und langfristige Wettbewerbsfähigkeit sichert. Unternehmen und Länder, die es schaffen, alle drei Bereiche strategisch zu verbinden, sichern sich eine nachhaltige und erfolgreiche Zukunft in der globalisierten Welt. Die moderne Gesellschaft steht davor, die Wirtschaftspolitik neu zu gestalten.

Die Technologisierung, der Klimawandel, demografische Veränderungen und die Globalisierung weisen darauf hin, dass traditionelle Wirtschaftsmodelle nicht mehr ausreichen, um den aktuellen und zukünftigen Anforderungen gerecht zu werden. In diesem Kontext gewinnen neuartige Arbeitsplätze und die Interkonnektivität zwischen verschiedenen wirtschaftlichen und sozialen Sektoren zunehmend an Bedeutung. Die Neustrukturierung der Wirtschaftspolitik hin zu neuartigen Arbeitsplätzen und einer verstärkten Interkonnektivität ist nicht nur nötig, sondern auch ein unverzichtbarer Schritt in die Zukunft. Unternehmen, Regierungen und Gesellschaften müssen zusammenarbeiten, um ein nachhaltiges, gerechtes und innovatives wirtschaftliches Ökosystem zu schaffen, das die Anforderungen der heutigen Zeit erfüllt und gleichzeitig einer zunehmend interdependenten Welt Rechnung trägt.

Arbeitslosigkeit, Ungleichheit, Ressourcenknappheit und der Klimawandel, verlangen nach einer umfassenden Neustrukturierung der Wirtschaftspolitik. Regierungen und Unternehmen müssen innovative Ansätze entwickeln, um den sich verändernden Anforderungen des Marktes und der Gesellschaft gerecht zu werden. Die Schaffung neuartiger Arbeitsplätze ist ein entscheidender Bestandteil dieser Neustrukturierung. Es entstehen Arbeitsplätze in den Bereichen der erneuerbaren Energien, der digitalen Technologie, der nachhaltigen Landwirtschaft und der Kreislaufwirtschaft. Interkonnektivität bezieht sich auf die Vernetzung und Zusammenarbeit zwischen verschiedenen Akteuren, Sektoren und Regionen. Eine erfolgreiche Wirtschaftspolitik muss die Verbindungen zwischen Unternehmen, Bildungsinstitutionen, Forschungseinrichtungen und der Zivilgesellschaft fördern. Unter Bildungspolitik wird in diesem Kontext die Förderung von Kompetenzen verstanden, die für die neuen Arbeitsplätze erforderlich sind.

Die Geschichte zeigt, dass es oft eine zyklische Bewegung zwischen Regulierung und Deregulierung gibt. In wirtschaftlich stabilen Zeiten oder während Phasen der Marktliberalisierung werden häufig Regulierungen abgebaut, um das Wachstum zu fördern. In Zeiten von Krisen oder Marktverwerfungen hingegen setzen Regierungen wieder auf Kontrolle. In den 1980er Jahren kam es in vielen westlichen Ländern zu Wellen der Deregulierung, insbesondere im Finanz- und Transportsektor, um den Marktkräften mehr Raum zu geben. Nach der Finanzkrise 2008 gab es jedoch eine Rückkehr zu strengeren Regulierungen.

Prinzipiell sind Regulierungen notwendig in Bereichen mit hohen Risiken, wie im Bankenwesen oder im Gesundheitswesen, wo Marktausfälle zu systemischen Krisen führen können. In dynamischen Segmenten wie nutzenbringender Technologien oder Energie sind Deregulierungen empfehlenswert, um Innovationen und Wettbewerb anzukurbeln. Absolut schädlich ist es, wenn die politische Ideologie die Balance zwischen Regulierung und Deregulierung bestimmt. Dann kommt es zu verwirrenden Verschiebungen je nach politischer Ausrichtung einer Regierung kann es zu Verschiebungen in der Regulierungspraxis kommen.

Ähnlich wie im Verhältnis von Regulierung und Deregulierung, sind Sparmaßnahmen und Investitionen oft gegensätzliche, aber miteinander verbundene Instrumente der Wirtschaftspolitik. Regierungen müssen in verschiedenen Phasen des Wirtschaftszyklus sorgfältig abwägen, wie sie diese Instrumente einsetzen. Sparmaßnahmen sind notwendig, um Haushaltsdisziplin und finanzielle Stabilität zu gewährleisten, während Investitionen entscheidend sind, um langfristiges Wachstum und

Wohlstand zu fördern. Ein Gleichgewicht zwischen beiden Ansätzen ist entscheidend, um eine nachhaltige und ausgewogene wirtschaftliche Entwicklung zu gewährleisten. Sparmaßnahmen zielen darauf ab, Haushaltsdefizite zu verringern, Schulden abzubauen und das Vertrauen in die langfristige finanzielle Stabilität zu sichern. Dies wird häufig durch Kürzung öffentlicher Ausgaben und Erhöhung von Steuern erreicht. Auch das ist nicht das Optimum der Entscheidungsbalance.

Eine Schuldenbremse als Instrument der Finanzpolitik hat das Potenzial, eine positive Wirkung zu entfalten, wenn sie mit einem strukturierten Ansatz des Zero-Base-Budgeting kombiniert wird. Jede Ausgabe muss von Grund auf neu begründet werden, anstatt einfach die Budgets des Vorjahres zu übernehmen. Dies fördert eine kritische Auseinandersetzung mit allen Ausgaben und ermöglicht es, unnötige Kosten zu identifizieren und zu streichen. Mit dieser Methode können Organisationen und öffentliche Verwaltungen nicht nur ihre Ausgaben effizienter gestalten, sondern auch Ressourcen gezielt dort einsetzen, wo sie den größten Nutzen bringen. Die Schuldenbremse könnte somit als Anreiz dienen, die Effizienz und Transparenz der Haushaltsführung zu erhöhen und die Prioritäten im Ausgabenbereich klarer zu definieren.

Regierungen sind gehalten, rational zu entscheiden, in welche Teilgebiete sie investieren wollen. Gewöhnlich stehen Infrastruktur, Bildung oder neue Technologien ganz vorne auf der Prioritätenliste, um langfristiges Wachstum zu fördern, weil erst dann auch soziale Leistungen geboten werden können. Daraus entstehen erst die finanziellen Spielräume, um soziale Leistungen auszubauen und den gesellschaftlichen Zusammenhalt zu untermauern. Eine vorausschauende Investitionspolitik muss dabei stets die spezifischen Bedürfnisse und Potenziale des jeweiligen Landes berücksichtigen. Bürokratische Strukturen sind oft die Ursache, dass Ressourcen ineffizient verteilt werden, was die Fähigkeit eines Landes einschränkt, sowohl innenpolitische als auch außenpolitische Sicherheitsinteressen effektiv zu verfolgen.

Eine gute Infrastruktur erhöht die Produktivität und Wettbewerbsfähigkeit der Wirtschaft. Sie ist eine wichtige Grundlage für wirtschaftliche Entwicklung. Investitionen in Verkehrswege, Energieversorgung und Telekommunikation schaffen die Basis für unternehmerische Aktivitäten. Daneben erschließen Investitionen in Zukunftstechnologien wie Künstliche Intelligenz, Biotechnologie oder erneuerbare Energien neue Wachstumsfelder. Die Förderung von Forschungseinrichtungen und Technologietransfer stärkt zweifellos die Innovationskraft der Wirtschaft.

An oberster Stelle in diesem Gedanken-Wettbewerb steht jedoch die Sicherheit, denn ohne sie sind alle anderen Kriterien auf der Waagschale wie vom Winde verweht. Sie steht über alle anderen Faktoren, weil ohne

Sicherheit, alle anderen Ziele und Prioritäten keinen Bestand haben. Selbst die besten Pläne für Wachstum, Innovation, soziale Gerechtigkeit oder finanzielle Stabilität können ohne eine sichere Grundlage schnell gefährdet oder gar obsolet werden. In einem unsicheren Umfeld in Krisenzeiten oder politischen Instabilitäten haben Unternehmen weniger Anreize zu investieren und Bürger weniger Vertrauen in die Zukunft.

Ohne politische Stabilität kann kein langfristiger Fortschritt erzielt werden. Ein Land, das ständig von politischer Unsicherheit, Konflikten oder Korruption bedroht ist, kann keine verlässlichen Maßnahmen zur Verbesserung der Lebensbedingungen umsetzen. In einem Umfeld, das von Kriminalität, Terrorismus oder Krieg bedroht wird, rücken alle anderen gesellschaftlichen Fragen in den Hintergrund. In solchen Fällen werden die Ressourcen für Sicherheitsmaßnahmen, Verteidigung und Nothilfe aufgebracht.

Investitionen erfordern ein Umfeld, in dem Eigentumsrechte, Rechtsstaatlichkeit und Marktsicherheit gewährleistet sind. Ohne Sicherheit können Unternehmen nicht expandieren oder neue Märkte erschließen. Das allein ist schon Grund genug links-revolutionäre oder rechtspopulistische Anwandlungen zu unterbinden. Links-revolutionäre Gruppen fordern oft tiefgreifende gesellschaftliche und wirtschaftliche Umbrüche, die bestehende Machtstrukturen infrage stellen. Sie setzen sich für eine Überwindung des Kapitalismus und eine Umverteilung des Reichtums ein, was in extremen Fällen in der Verstaatlichung von

Unternehmen, Enteignungen und einer Ablehnung von Marktwirtschaft mündet. Dies bewirkt jedoch unverzüglich wirtschaftliche Instabilität, Kapitalflucht und eine Abkehr von marktwirtschaftlichen Grundsätzen, was erst recht Unsicherheit und Misstrauen schafft, allerdings dann, wie es die Geschichte schon oft bewiesen hat, zu spät. Die rechtsradikalen Tendenzen ihrerseits provozieren soziale Spannungen und Schwächung der demokratischen Institutionen. Die Ablehnung von Vielfalt und die Stärkung autoritärer Strukturen unter rechtspopulistischen Bewegungen sind darauf ausgerichtet, die Gesellschaft in ihren Grundmauern zu erschüttern. Solche Umwälzungen sind Garanten dafür, die Wirtschaft zu destabilisieren, Unsicherheiten auf den Finanzmärkten auszulösen und das Vertrauen der Bevölkerung in staatliche Institutionen zu unterminieren. Eine gespaltene Gesellschaft hat es schwerer, gemeinsame Lösungen für die drängendsten Probleme zu finden, und ist anfälliger für interne Unruhen.

Es ist gesellschaftspolitisch entscheidend, Probleme oder Bedrohungen rechtzeitig zu identifizieren, damit angemessene Maßnahmen ergriffen werden können, bevor sie außer Kontrolle geraten. Frühes Eingreifen kann viele Probleme lösen, bevor sie sich verschärfen. Regierungen sollten nicht nur reagieren, wenn die Lage bereits kritisch ist, sondern proaktiv handeln, um Eskalationen zu verhindern. Oftmals entstehen Abwanderungen in Extremismen durch einen Mangel an Inklusion und Dialog. Eine präventive Lösung könnte daher darin bestehen, den politischen Diskurs zu öffnen und dafür zu sorgen, dass berechtigte Anliegen gehört und in politische Entscheidungen einbezogen werden, bevor sie radikale Formen annehmen. Sowohl links-revolutionäre als auch rechts-populistische Strömungen stellen demokratische Prozesse und Institutionen infrage. Während links-revolutionäre Bewegungen lange und geduldig unter dem Deckmantel von Scheinparteien damit spekulieren, autoritäre sozialistische Regimen einzuführen, proben rechtspopulistische Strömungen den Aufstand, um die Rechtsstaatlichkeit und die Unabhängigkeit von Institutionen wie der Justiz oder den Medien auszuhebeln.

Selbst der Kampf gegen den Klimawandel und der Schutz natürlicher Ressourcen setzt ein Grundmaß an globaler und nationaler Sicherheit voraus, da Krisen und Konflikte es in sich haben, Schutzmaßnahmen zu vernachlässigen oder zu verzögern. Das zirkuläre, systemische Denken ist in diesem Zusammenhang, so schwer es auch fällt, dem linearen absolut vorzuziehen. Systemisches Denken erkennt, dass Ursachen und Wirkungen in komplizierten Fällen kreisläufig und wechselseitig sind. Es geht davon aus, dass eine Veränderung in einem Teil des Systems Auswirkungen auf andere Teile hat, die wiederum zurückwirken können. Veränderungen in einem Bereich, sei es wirtschaftlich, politisch oder sozial, erzeugen oft unerwartete Nebenwirkungen in anderen Bereichen. Zirkuläres Denken ermöglicht es, Probleme und Situationen in ihrer Gesamtheit zu erfassen, anstatt sie in isolierte Teile zu zerlegen. Es berücksichtigt die Wechselwirkungen und Abhängigkeiten zwischen verschiedenen Elementen eines Systems. Es geht darum, Komplexitäten besser zu erfassen und zu managen. Die Anwendung zirkulären Denkens kann herausfordernd sein, da es ein Umdenken und die Bereitschaft erfordert, bestehende Strukturen und Prozesse zu hinterfragen. Bei einfachen, klar definierten Problemen gibt es Situationen, in denen auch lineares Denken durchaus angemessen und effektiv sein kann.

Regierungen, die sich auf Sicherheit und Stabilität konzentrieren, werden darauf bedacht sein, radikale Veränderungen zu vermeiden, die kurzfristig das gesellschaftliche Gefüge destabilisieren könnten. Dies ist der Hauptgrund, warum extreme politische Ansätze, die zu radikalen Umwälzungen aufrufen, vehement abgelehnt werden. Veränderungen, die gut durchdacht und langfristig angelegt sind, haben eine bessere Chance, erfolgreich zu sein, ohne das Risiko einzugehen, die Gesellschaft oder die Wirtschaft zu ruinieren. Doch nicht jede Kritik an bestehenden Strukturen ist extremistisch. Es ist wichtig, zwischen legitimen politischen Forderungen nach mehr Gerechtigkeit oder wirtschaftlichen Reformen und wirklich extremistischen Bewegungen zu unterscheiden, die die Grundlagen des politischen Systems zerstören wollen. Wenn Regierungen jede Form von Opposition oder Protest als Gefahr für die Sicherheit betrachten, kann dies zu einer Repression führen, die die Demokratie untergräbt und zu größerer Unzufriedenheit in der Bevölkerung führt. Die Unterscheidung ist schwierig und verlangt viel Erfahrung und empirische Kontrolle durch ständiges Evaluieren der

Situationen. Es ist entscheidend, dass Regierungen Mechanismen zur Bewertung und zum Umgang mit Opposition entwickeln, die auf Dialog und Inklusion basieren. Empirische Forschung und ständige Evaluierung der gesellschaftlichen Situation können helfen, ein besseres Verständnis für die Bedürfnisse und Sorgen der Bevölkerung zu gewinnen. So können Regierungen auf legitime Anliegen reagieren, ohne die demokratischen Prinzipien zu gefährden. Nur ein transparenter und partizipativer Prozess kann das Vertrauen zwischen Bürgern und Staat kräftigen, um eine nachhaltige Lösung für Konflikte zu finden.

Insbesondere auf globaler Ebene steht die Sicherheit im Zentrum internationaler Beziehungen. Das übersehen nationalistisch geprägte oder in Bürokratie versunkene Länder allzuleicht. Ohne internationale Sicherheit sind multilaterale Abkommen, wie etwa Handelsverträge oder Klimaabkommen, gefährdet. Wenn Staaten sich auf ihre eigenen Sicherheitsinteressen konzentrieren, können sie andere Länder destabilisieren oder internationale Abkommen ignorieren, die auf kollektive Sicherheit abzielen. Dies kann zu einem Wettrüsten oder geopolitischen Spannungen führen. Bürokratische Strukturen sind oft die Ursache, dass Ressourcen ineffizient verteilt werden. Damit wird die Fähigkeit eines Landes eingeschränkt, sowohl innenpolitische als auch außenpolitische Sicherheitsinteressen effektiv zu verfolgen. Aus der politischen Perspektive werden von konservativen oder marktliberalen Regierungen Maßnahmen befürwortet, die einen geringeren Staatseinfluss in der Wirtschaft und solide Staatsfinanzen anstreben. Sparmaßnahmen werden häufig als Mittel gesehen, um langfristige finanzielle Stabilität zu gewährleisten. Subventionen insbesondere in öffentliche Güter, werden häufig von sozialdemokratischen Regierungen gefördert. Diese sehen den Staat als aktiven Akteur in der Wirtschaft, der durch gezielte Ausgaben Wachstum, soziale Gerechtigkeit und Wohlstand fördern soll. Internationale Institutionen wie der Internationalen Währungsfonds oder die Weltbank auferlegt, legen insbesondere in Ländern mit hoher Verschuldung oder einem Haushaltsdefizit strenge Sparprogramme als Bedingungen für Unterstützungen auf. So mussten Länder in der Eurozone, wie etwa Griechenland, die nach der Finanzkrise Hilfspakete erhielten, strikte Sparmaßnahmen ergriffen, um die Haushaltsdisziplin zu wahren.

Ein extremer Fokus, der nur auf einen der beiden Ansätze gerichtet ist, hat meist negative Konsequenzen. Daher müssen Sparmaßnahmen und Investitionen gemeinsam unter die Lupe genommen werden, um ein stabiles wirtschaftliches Gleichgewicht zu erreichen. Die Entscheidungsbalance ist ein wichtiges Konzept im transtheoretischen Modell der Verhaltensänderung. Sie bezieht sich auf die Abwägung von wahrgenommenen Vor- und Nachteilen einer staatspolitischen Verhaltensänderung. Das deutet darauf hin, dass die wahrgenommenen Nachteile die Vorteile überwiegen könnten. Es gibt also Ansätze, die darauf abzielen, eine ausgewogenere Entscheidungsbalance zu erreichen, indem sie die wahrgenommenen Vorteile maximieren und die Nachteile minimieren. Das Ziel ist es, einen Weg zur Haushaltskonsolidierung zu finden, der sowohl fiskalisch verantwortungsvoll als auch sozial und wirtschaftlich verträglich ist. Nur wer nimmt diese Bewertung idealerweise vor?

Politische Entscheidungsträger können von ökonomischen und politischen Beratern unterstützt werden, die Analysen und Einschätzungen liefern, um die Vor- und Nachteile besser abwägen zu können. Selbsternannte Politikberater, vornehmlich noch dazu aus den eigenen Parteireihen, die weder über nachgewiesene Qualifikationen noch über fundiertes Fachwissen verfügen, können in der Tat gefährlich und unglaubwürdig sein. Solche Personen untergraben die demokratischen Prozesse als auch das Vertrauen der Öffentlichkeit. Politikberatung sollte auf fundierter Forschung, Expertenwissen und nachprüfbaren Fakten beruhen. Besonders problematisch wird es, wenn solche Berater auf öffentlichkeitswirksame Weise auftreten, ohne dass ihre Empfehlungen und Ansichten kritisch hinterfragt oder überprüft sind. Es ist daher für politische Entscheidungsträger nicht unwesentlich, bei der Auswahl von Beratern streng auf Qualifikationen, Erfahrung und Unabhängigkeit achten, um sicherzustellen, dass ihre Politik evidenzbasiert und zum Wohl der Gesellschaft ausgerichtet ist.

Die Bewertung der Entscheidungsbalance in Bezug auf staatspolitische Verhaltensänderungen erfordert die Mitwirkung verschiedener Akteure, einschließlich politischer Entscheidungsträger, Wissenschaftler, Stakeholder und der Öffentlichkeit. Eine fundierte und umfassende Analyse der Vor- und Nachteile sollte objektiv Wege zur Haushaltskonsolidierung finden, die sowohl fiskalisch verantwortungsvoll als auch sozial und wirtschaftlich verträglich sind. Indem verschiedene Perspektiven in den Entscheidungsprozess einfließen wird die Wahrscheinlichkeit erhöht, dass die getroffenen Entscheidungen auf breiter Zustimmung basieren und erfolgreich umgesetzt werden.

Das Rotationsprinzip spielt eine wichtige Rolle für die Interkonnektivität des Erfolges. Es stellt sicher, dass Entscheidungsgremien auch bei wachsender Mitgliederzahl handlungsfähig bleiben. Durch den regelmäßigen Wechsel von Amtsträgern oder Funktionen wird einer Ämterhäufung und möglichem Machtmissbrauch entgegengewirkt. Dies fördert eine ausgewogenere Machtverteilung und verhindert die Entstehung von Monopolstellungen. Die Rotation ermöglicht es, dass verschiedene Akteure und Perspektiven in Entscheidungsprozesse einbezogen werden.

Dies kann zu innovativeren und ausgewogeneren Lösungen führen, da unterschiedliche Erfahrungen und Sichtweisen berücksichtigt werden. Dies stärkt die Legitimität und Akzeptanz von Entscheidungen. Durch die

Rotation von Funktionen und Verantwortlichkeiten wird der Wissenstransfer innerhalb von Organisationen gefördert. Mitarbeiter erwerben neue Kompetenzen und ein breiteres Verständnis für verschiedene Bereiche, was die Gesamtleistung der Organisation verbessert.

Auch in multilateralen Institutionen bietet die Rotation mehrere Vorteile für die Interkonnektivität und den Erfolg internationaler Zusammenarbeit. Durch den regelmäßigen Wechsel von Amtsträgern oder Vorsitzenden wird einer dauerhaften Machtkonzentration entgegengewirkt. Paradoxerweise kann das Rotationsprinzip auch zur institutionellen Kontinuität beitragen. Es verhindert, dass einzelne Akteure zu lange an der Macht bleiben und fördert stattdessen die Entwicklung stabiler institutioneller Strukturen und Prozesse.

Oftmals wird aus pragmatischen Gründen der Handel mit Ländern aufrechterhalten, selbst wenn dort Menschenrechtsverletzungen vorherrschen. Ein Beispiel ist die wirtschaftliche Zusammenarbeit westlicher Staaten mit autoritären Regimen, die zwar politisch umstritten sind, aber als wichtige Handelspartner für Rohstoffe oder günstige Produktionsmöglichkeiten, angesehen werden. Warum sich über Menschenrechtsverletzungen aufregen, wenn der Container voll mit günstig produzierten Waren pünktlich im Hafen ankommt? Ein bisschen Stabilität hier, ein bisschen Flexibilität da – am liebsten alles maßgeschneidert nach Profitlage? Dieses Dilemma zeigt sich in der Debatte über die Rolle westlicher Unternehmen in Ländern, die Menschenrechtsverletzungen begehen oder in der Forderung nach fairen Handelspraktiken. Werte wie Rechtsstaatlichkeit und Transparenz werden eine entscheidende Rolle bei der Wahl von Investitions- und Produktionsstandorten für internationale Unternehmen spielen. Unternehmen sind vermehrt auf der Suche nach stabilen, vorhersehbaren politischen und rechtlichen Rahmenbedingungen, die eine sichere Umgebung für Investitionen bieten.

Flexible Anpassung von Strategien an sich ändernde Umstände ist ein zentrales Element der internationalen Politik. In einem dynamischen globalen Umfeld müssen Staaten und internationale Akteure kontinuierlich ihre Strategien überdenken und anpassen, um auf neue Herausforderungen und Gelegenheiten zu reagieren. Veränderungen wie Konflikte, wirtschaftliche Entwicklungen oder gesellschaftliche Bewegungen sind frühzeitig erfassbar. Allianzen sollten immer wieder neu bewertet werden, um ihre strategischen Ziele zu erreichen. Solche Koalitionen können je nach den jeweiligen Interessen und Bedrohungen variieren.

Cluster von Allianzen, die über starke Innovationskapazitäten und eine fortschrittliche technologische Infrastruktur verfügen, setzen höhere wirtschaftliche Ziele und genießen strategische Vorteile in der internationalen Politik. Der strategische Fortschritt schafft neue Industrien und stärkt die internationale Wettbewerbsfähigkeit. Flexibilität ist entscheidend, um auf unerwartete Ereignisse wie wirtschaftliche Abschwünge, Naturkatastrophen oder geopolitische Veränderungen zu reagieren. Die Allokation von Ressourcen sollte so gestaltet sein, dass sie auf kurzfristige Krisen reagieren kann, ohne langfristige Ziele zu gefährden. Diese Politiken müssen jedoch oft in einem komplexen globalen Umfeld angewandt werden, in dem nationale Entscheidungen internationale Auswirkungen haben. Ein tiefgreifendes Analysieren aktueller Trends, wie der technologischen Revolution, dem Aufstieg von Schwellenländern oder der Verschiebung von Produktionsketten ist entscheidend für die strategische Planung. Die Ressourcenallokation ist immer in einem umfassenden Kontext zu betrachten. Eine integrierte Strategie, die alle wichtigen Sektoren einbezieht, soll dafür sorgen, dass alle Teile der Gesellschaft von den Investitionen profitieren.

Die ökonomischen Faktoren bestimmen, welche Ressourcen und Mittel zur Verfügung stehen und wie sie genutzt werden, um den politischen, sozialen oder wirtschaftlichen Vorgaben zu entsprechen. Haushaltsdefizite, Staatsverschuldungen und Steuereinnahmen beeinflussen direkt, welche wirtschaftspolitischen Ziele realistisch zu verfolgen sind. Ein tiefes Verständnis der ökonomischen Rahmenbedingungen hilft dabei, strategische Entscheidungen zu treffen und die begrenzten Mittel dort einzusetzen, wo sie den größten Effekt haben. Wie werden begrenzte Ressourcen optimal allokiert, um den größtmöglichen positiven Effekt in Schlüsselbereichen wie Bildung, Gesundheit, Verteidigung und Infrastruktur zu erzielen? Dieser Prozess erfordert sorgfältige Planung, Priorisierung und Berücksichtigung der langfristigen Auswirkungen. Effizienzsteigerungen werden durch den Einsatz moderner Technologien und digitaler Lösungen erreicht. In Bereichen wie Infrastruktur können politische Kooperationen mit dem privaten Sektor engagierte Projekte effizienter umsetzen. Lenkt man private Investitionen in öffentliche Projekte, werden Ressourcen freigesetzt, die anderweitig nötig gebraucht werden. Letztlich sollte die Nutzung von Ressourcen offen und transparent erfolgen. Dadurch wird sichergestellt, dass die Öffentlichkeit Vertrauen in die Setzung der Prioritäten hat.

Die Interkonnektivität von Stakeholdern bezieht sich auf die komplexen Beziehungen und Wechselwirkungen zwischen verschiedenen Akteuren, die an einem bestimmten Projekt, einer Initiative oder einem Entscheidungsprozess beteiligt sind. Diese Beziehungen sind entscheidend für das Verständnis von Einfluss, Macht und Interessen in einem bestimmten Kontext. Der Multi-Stakeholder-Ansatz hat sich als wichtiges Prinzip in der internationalen Digitalpolitik etabliert. Dabei werden verschiedene Interessengruppen wie Regierungen, Privatwirtschaft, Zivilgesellschaft und technische Community in

Entscheidungsprozesse einbezogen. Ziel ist es, einen breiten Konsens zwischen den Stakeholdern zu erreichen und die Expertise und Perspektiven aller relevanten Akteure zu berücksichtigen.

Stakeholder interagieren, um Informationen auszutauschen, was zu besseren Entscheidungen und einer verbesserten strategischen Planung führt. Die gelenkte Zusammenarbeit schafft Synergien und lässt die Umsetzung von Projekten effizienter gestalten. Ein Verständnis der interkonnektiven Beziehungen hilft, Konflikte frühzeitig zu erkennen und zu lösen, indem man die Interessen und Bedenken aller Beteiligten berücksichtigt.

27. SAUBERES WACHSTUM UND NACHHALTIGKEIT

Diese Überschrift zielt darauf ab, wirtschaftliche Entwicklung anzukurbeln, ohne dabei die natürlichen Ressourcen zu überlasten oder die Umwelt zu schädigen. Diese Ideen werden zunehmend als notwendige Schritte zur Bekämpfung des Klimawandels und zur Sicherstellung einer lebenswerten Zukunft betrachtet. Damit wird ein wirtschaftlicher Wachstumsprozess beschrieben, der ressourcenschonend und umweltfreundlich sein muss. Wissenschaft und Management beschäftigen sich mit technologischen Innovationen und Geschäftsmodellen, die die Umwelt weniger belasten und gleichzeitig wirtschaftliche Entwicklung ermöglichen.

Solar- und Windenergie, Investitionen in Elektromobilität oder eine nachhaltige Land- und Forstwirtschaft sind die Anfangsthemen dieser Ära. Nachhaltigkeit bedeutet, dass die Bedürfnisse der heutigen Generation erfüllt werden, ohne die Fähigkeit zukünftiger Generationen zu gefährden, ihre eigenen Bedürfnisse zu erfüllen. Im Kern geht es darum, ein Gleichgewicht zwischen wirtschaftlichem Wachstum, sozialer Gerechtigkeit und Umweltschutz zu erreichen. Zur ökologischen Nachhaltigkeit gehört der Schutz und Erhalt der natürlichen Umwelt, inklusive der Förderung von Bildung, Gesundheit und sozialer Gerechtigkeit und der Schaffung einer stabilen, widerstandsfähigen

Wirtschaft. Nachhaltiges Wachstum erfordert innovative Ansätze in den Bereichen Energie, Produktion und Konsum, um sicherzustellen, dass Wohlstand geschaffen wird, ohne die Umwelt zu zerstören.

Viele Länder stehen vor der Herausforderung, die bestehenden wirtschaftlichen Strukturen umzustellen. Der Übergang von fossilen Brennstoffen zu erneuerbaren Energien kann kurzfristig kostenintensiv sein. Die Umstellung auf nachhaltigen Konsum erfordert daher gleichzeitig Veränderungen im Verhalten der Verbraucher. Während einige Länder gut gerüstet sind, um in sauberes Wachstum zu investieren, fehlen anderen die finanziellen Mittel oder die Infrastruktur. Die Ressourcen werden in geschlossenen Kreisläufen gehalten, anstatt sie nach dem Gebrauch zu entsorgen. Globale Abkommen wie das Pariser Klimaabkommen sind essenziell, um den Klimawandel zu bekämpfen. Bildungssysteme und Forschung stellen sich darauf ein, neue Lösungen für nachhaltiges Wachstum zu finden. Durch die Integration von sauberem Wachstum und Nachhaltigkeit in die Wirtschaftspolitik werden langfristige ökologische und soziale Vorteile erzielt, ohne dass man auf wirtschaftlichen Wohlstand verzichtet.

Wie es nicht sein sollte, zeigen die Versuche, die Welt durch Lippenbekenntnisse zu retten. Es ist beruhigend zu wissen, dass die Weltwirtschaft sich endlich aufgerafft hat, die Probleme des Klimawandels und der Umweltzerstörung anzugehen. Hört sich doch toll an. Wir können weiterhin unbegrenzt konsumieren, Ressourcen verschwenden und unseren Planeten bequemerweise ausbeuten, solange wir es „nachhaltig" tun. Schließlich, warum sich mit wirklichen Veränderungen abmühen, wenn ein schönes, grün klingendes Label alles kaschieren kann? Die größten Konzerne der Welt pflanzen jetzt sogar Bäume. Für jede Million Tonnen CO_2, die sie durch ihre endlosen Produktionslinien ausstoßen, wird ein kleiner Baum in einem fernen Regenwald gepflanzt. Das ist die Quintessenz des „sauberen Wachstums": einfach weiter so machen wie bisher, solange man ein paar symbolische Maßnahmen ergreift, um die Öffentlichkeit zu beruhigen? Kein Grund, wirklich auf fossile Brennstoffe zu verzichten, ein Waldspaziergang mit der PR-Abteilung reicht völlig aus. Und dann ist da natürlich das Greenwashing, die Krone jeder nachhaltigen Strategie. Wer braucht echte Reformen, wenn man einfach die Verpackung eines Produkts von Plastik auf „biologisch abbaubare" Materialien umstellen kann, die allerdings nur unter Laborbedingungen wirklich abgebaut werden? Die neuen Verpackungen sind genauso schädlich wie die alten, aber jetzt fühlen sich die Verbraucher besser. Ist das nicht die wahre Essenz von Nachhaltigkeit, das Gewissen zu beruhigen, ohne wirklich etwas zu ändern?

Die Modeindustrie hat es auch herausgefunden: anstatt die Produktion zu drosseln, wird einfach eine „nachhaltige Kollektion" herausgebracht, die nur 90 % der üblichen Ressourcen verschwendet. Wir feiern das

Feigenblatt, während der Rest der Produktion fleißig weiter billige Kleidung in Massen herauswirft. „Sauberes Wachstum" in seiner schönsten Form. Natürlich ließe sich argumentieren, dass erneuerbare Energien ein Lichtblick sind. Aber wer braucht schon Wind- oder Sonnenenergie, wenn wir weiterhin auf Kohle setzen können, solange wir dabei „nachhaltige" Anreize bieten? Die Politik scheint voll dabei zu sein. Das Pariser Klimaabkommen fordert schließlich erst in ein paar Jahrzehnten echte Ergebnisse. Warum also heute handeln, wenn wir das Problem elegant auf die Zukunft verschieben können? Ein bisschen Forschung hier, ein bisschen Subvention da, aber bloß nicht zu viel Veränderung auf einmal. Schließlich wollen wir ja niemanden aus seiner Komfortzone drängen. Sauberes Wachstum bedeutet schließlich, dass man keine echten Opfer bringen muss. Nicht zu vergessen sind die wunderbaren Versprechen der Technologie. Die Zukunft wird uns mit Wundermitteln versorgen, die all unsere Probleme lösen werden, ohne dass wir selbst etwas tun müssen. Vielleicht wird es bald Maschinen geben, die das CO_2 direkt aus der Luft saugen. Bis dahin können wir ruhig weiter unsere SUVs fahren und Flugreisen wie Fastfood konsumieren. Warum aufhören, wenn wir bald eine technische Lösung haben werden?

Natürlich liegt die Verantwortung bei uns allen. Wenn wir nicht die teuren „biologisch abbaubaren" Produkte kaufen oder den Wasserverbrauch halbieren, werden wir eindeutig zum Teil des Problems. Es ist nicht die Industrie oder die Politik, die sich ändern muss, jeder und jede Einzelne sind das Hindernis für den Fortschritt. Aber keine Sorge, wenn wir nicht in der Lage sind, uns ein modernes Auto der Zukunft zu leisten, können wir immer noch den Plastikstrohhalm gegen einen Metallstrohhalm austauschen - Problem gelöst. Wir können uns also alle beruhigen. Die Welt wird gerettet, und zwar nicht durch echte Maßnahmen, sondern durch cleveres Marketing und Symbolpolitik. Sauberes Wachstum und Nachhaltigkeit sind keine echten Lösungen, sondern Begriffe, die wunderbar klingen und uns das Gefühl geben, etwas zu tun, ohne wirklich etwas zu tun. Wird die Zukunft rosig, vielleicht sogar grün aussehen, wenn wir uns ein wenig Mühe geben? Die Ironie ist, dass wir uns so lange mit diesen oberflächlichen Veränderungen zufriedengeben, bis es wirklich zu spät ist.

Technologien wie Solar- und Windenergie, Elektromobilität und eine nachhaltige Land- und Forstwirtschaft stehen im Mittelpunkt dessen, was heute erst als Beginn einer neuen Ära in Sachen Umweltbewusstsein und technologischer Fortschritt gilt. Sie werden Schlüsselthemen dieser Epoche, in der sich das Verhältnis zwischen wirtschaftlichem Wachstum und Umweltschutz grundlegend wandelt. Aber diese Anfangsthemen sind nicht nur Modeerscheinungen, sie markieren den Beginn eines tiefgreifenden Wandels, der das Potenzial hat, unsere Gesellschaften langfristig zu transformieren.

Solar- und Windkraft sind wahrscheinlich nur Vorreiter in der Bewegung hin zu erneuerbaren Energien. Was einst als teure und ineffiziente Alternative zu fossilen Brennstoffen galt, hat sich heute zu einer tragfähigen, wettbewerbsfähigen Option entwickelt. Solarzellen werden immer leistungsfähiger, und große Windparks speisen kontinuierlich Energie in die Netze der Welt ein. Hier zeigt sich die Vision einer Welt, in der Energie sauber, unbegrenzt und dezentral verfügbar ist.

Elektromobilität ist ein weiteres zentrales Thema dieser neuen Ära. Die traditionellen Verbrennungsmotoren, die unsere Städte jahrzehntelang mit Lärm und Abgasen gefüllt haben, weichen zunehmend leisen, emissionsfreien Fahrzeugen. Große Automobilhersteller investieren Milliarden in die Entwicklung von Elektrofahrzeugen und Regierungen fördern weltweit den Ausbau von Ladeinfrastrukturen und die Subventionierung von E-Autos. Denn der Verkehr ist für einen erheblichen Anteil de globalen CO_2-Emissionen verantwortlich. Der Umstieg auf Elektromobilität, in Kombination mit sauberer Energie, kann den Verkehrssektor revolutionieren und die Luftverschmutzung drastisch reduzieren.

Während die industrielle Landwirtschaft in der Vergangenheit bisweilen zur Zerstörung von Lebensräumen, Bodenerosion und Abholzung geführt hat, sehen wir heute eine Bewegung hin zu nachhaltigen landwirtschaftlichen Praktiken. Agroforstwirtschaft, Permakultur und regenerative Landwirtschaft setzen auf Techniken, die Böden wieder aufbauen, den Wasserverbrauch minimieren und Biodiversität fördern.

Auch die Forstwirtschaft wandelt sich, mit einem Fokus auf den Erhalt von Wäldern, Aufforstung und nachhaltiger Holznutzung. Eine nachhaltige Land- und Forstwirtschaft ist unerlässlich, um die wachsende Weltbevölkerung zu ernähren, ohne die natürlichen Ressourcen zu erschöpfen. Zudem spielen Wälder eine Schlüsselrolle bei der Bindung von CO_2 und dem Erhalt von Ökosystemen. Diese Themen sind keine isolierten Trends, sondern stehen im Kontext einer globalen Bewegung, die darauf abzielt, den Klimawandel zu verlangsamen, den Planeten für zukünftige Generationen zu erhalten und gleichzeitig eine wirtschaftliche Transformation zu fördern. Was heute als Anfang erscheint, könnte sich zu einem unverzichtbaren Teil unseres Alltags und unserer globalen Wirtschaft entwickeln.

In der Zukunft, die sich auf den Fundamenten von neuen Technologien, nachhaltiger Mobilität und regenerativer Landwirtschaft aufbaut, gibt es eine Reihe von weiteren Entwicklungen, Zukunftsträumen und Visionen, die die Art und Weise, wie wir mit unseren Ressourcen umgehen, revolutionieren könnten. Während die heutige Welt den ersten Schritt hin zu einer nachhaltigen Zukunft gemacht hat, zeichnen sich am Horizont bereits ambitionierte Szenarien ab, die weit über das hinausgehen, was wir uns derzeit vorstellen können. Eine der radikalsten Visionen für die Zukunft ist das Konzept der Kreislaufwirtschaft, bei dem der Begriff „Abfall" praktisch verschwindet. Statt der traditionellen linearen Wirtschaftsweise - Rohstoffgewinnung, Produktion, Verbrauch und Entsorgung - wird eine Wirtschaft aufgebaut, in der alle Materialien wiederverwertet oder regeneriert werden. Produkte werden so konzipiert, dass sie leicht zerlegt, repariert und recycelt werden können, und biologische Materialien werden vollständig in natürliche Kreisläufe zurückgeführt. Städte könnten abfallfrei werden, in denen alle konsumierten Ressourcen entweder recycelt oder in der Natur regeneriert werden. Materialien wie Plastik, das heute ein globales Umweltproblem darstellt, sind durch biologisch abbaubare Alternativen ersetzbar, die innerhalb von Wochen oder Monaten vollständig zerfallen.

In den Städten der Zukunft könnten Umwelttechnologien nahtlos in die urbane Infrastruktur integriert sein. Smart Cities lassen sich durch sensorbasierte Systeme auszeichnen, die Energie, Wasser und Verkehr intelligent verwalten. Gebäude werden zu Energieproduzenten werden, indem sie Solarzellen auf Dächern und Fassaden integrieren und überschüssige Energie in die Netze einspeisen. Parks und Gründächer dienen nicht nur als Erholungsräume dienen, sondern auch als natürliche Klimaanlagen, die die Temperaturen in Städten senken und CO_2 binden. Eine Stadt, in der jedes Gebäude ein Kraftwerk ist, jedes Fahrzeug elektrisch und autonom fährt und jede Straße über Sensoren und KI den Verkehr so effizient steuert, dass es praktisch keine Staus mehr gibt, würde extrem ressourcenschonend und klimaneutral sein, während das Leben durch intelligente Technologie komfortabler und gesünder wird.

Aufgrund des Wachstums der Weltbevölkerung und der begrenzten landwirtschaftlichen Flächen spielt die Vision von vertikalen Farmen und urbanen Nahrungssystemen in Städten eine beachtliche Rolle. In Hochhäusern und auf Wolkenkratzern ließen sich Gemüse, Obst und Kräuter auf mehreren Ebenen anbauen, beleuchtet von energiesparenden LEDs und bewässert durch hocheffiziente Hydrokultursysteme. So werden Nahrungsmittelketten verkürzt, Transportwege reduziert und die Abhängigkeit von externen Nahrungsquellen minimiert. Große Metropolen würden ihren eigenen Nahrungsmittel Bedarf decken, mit grünen Hochhäusern, die sowohl als Wohnraum als auch als vertikale Farmen fungieren. Eine solche städtische Landwirtschaft könnte die städtischen CO_2-Emissionen verringern und gleichzeitig frische, biologische Lebensmittel direkt vor Ort produzieren.

Eine weitere in der Technologie bereits diskutierte Vision würde den Verkehr der Zukunft weit über Elektroautos hinaus entwickeln. Autonome Fahrzeuge und öffentliche Verkehrsmittel könnten durch die Hyperloop-Technologie mit extrem schnellen Röhrentransportsystemen ergänzt werden. Man darf ja nicht vergessen, dass es in China bereits Agglomerationen gibt, die die Flächen- und Bevölkerungsgröße europäischer Kleinstaaten annehmen. Lufttaxis, elektrische, vertikal startende und landende Fahrzeuge würden den städtischen Verkehr in die dritte Dimension verlagern und Pendler über den Staus hinweg fliegen lassen. Flugtaxis könnten so alltäglich sein wie heute Uber-Fahrzeuge und Menschen würden dank Hyperloops in nur wenigen Minuten von einer Metropole zur nächsten reisen. Der gesamte Verkehr wäre dabei vollständig emissionsfrei und autonom.

Während Solar- und Windkraft heute an der Spitze der Energiewende stehen, träumt die Wissenschaft von der Kernfusion als ultimative Energiequelle. Wenn es gelingt, die Prozesse, die in der Sonne ablaufen, auf der Erde nachzubilden, könnten wir nahezu unbegrenzte, saubere Energie zur Verfügung haben. Die Welt würde mit unerschöpflicher Energie aus der Kernfusion betrieben werden, und ein intelligentes globales Energiesystem würde jede erdenkliche Quelle anzapfen – von Sonnenkollektoren in der Wüste über Gezeitenkraftwerke in den Ozeanen bis hin zu Windparks in der Arktis. Stromengpässe würden der Vergangenheit angehören.

Vorläufig gelten aber immer noch die regenerativen Ökosysteme als ein relativ greifbares strategisches Konzept, das darauf abzielt, ökologische Schäden umzukehren und natürliche Lebensräume wiederherzustellen, anstatt nur Schäden zu minimieren. Im Gegensatz zu traditionellen Ansätzen des Naturschutzes, die versuchen, die Natur vor menschlichen Eingriffen zu schützen, zielen regenerative Ökosysteme darauf ab, die Umwelt aktiv zu heilen und zu regenerieren. Dies bedeutet, dass Ökosysteme nicht nur erhalten, sondern in einen besseren Zustand versetzt werden, als sie zuvor waren. Die Landwirtschaft der Zukunft wird zu einem Eckpfeiler im Kampf gegen den Klimawandel. Felder könnten als CO_2-Speicher fungieren und gleichzeitig Nahrung für die wachsende Weltbevölkerung liefern. Böden wären reicher an Nährstoffen, Erosion würde verhindert, und die Landwirtschaft könnte in Harmonie mit den natürlichen Ökosystemen betrieben werden.

Die Renaturierung von geschädigten Ökosystemen, wie Wäldern, Feuchtgebieten und Flussläufen könnte bedeuten, dass ehemalige Industrieflächen in städtischen Gebieten wieder zu Wäldern umgewandelt werden oder zerstörte Korallenriffe mit neuartigen Methoden wieder aufgebaut werden. Wiederaufforstung und Wiedervernässung von Mooren könnten zudem den natürlichen Kohlenstoffkreislauf unterstützen, da Wälder und Moore als riesige Kohlenstoffspeicher dienen. In einer regenerativen nächsten Zukunft könnten Städte durch grüne Korridore und Wälder umgeben sein, die sich mit renaturierten Flussläufen durch das Land ziehen. Korallenriffe, die durch den Klimawandel zerstört wurden, würden durch regenerative Maßnahmen wieder erblühen, und Moorlandschaften wieder als natürliche „Schwämme" für CO_2 fungieren.

Eine weitere visionäre Entwicklung ist das „Rewilding", bei dem große Landflächen sich selbst überlassen werden, um die natürliche Dynamik der Wildnis wiederherzustellen. Durch die Wiederansiedlung von Schlüsselarten, sollen ganze Ökosysteme wieder ins Gleichgewicht gebracht werden. Große Gebiete könnten vollständig der Natur überlassen werden, wobei die Biodiversität explodiert und die Ökosysteme sich selbst regulieren. Auch die Ozeane können von regenerativen Ansätzen profitieren. Neben der Wiederherstellung von Korallenriffen gibt es Projekte zur Renaturierung von Mangrovenwäldern und Seegraswiesen, die Küsten vor Erosion schützen und gleichzeitig als Kohlenstoffsenken fungieren. Zudem könnte die nachhaltige Fischerei durch den Einsatz regenerativer Methoden wie Aquakultur, die die marine Biodiversität unterstützt, zur Wiederherstellung der Fischbestände beitragen.

Es ist also der Erfindergeist für neue Technologien, der eine Schlüsselrolle dabei spielt, diese Vision zu verwirklichen. Drohnen könnten beispielsweise zur Wiederaufforstung eingesetzt werden, indem sie Samen auf schwer zugänglichen Flächen verteilen. Satellitenüberwachung würde helfen, die Wiederherstellung von Ökosystemen zu überwachen und deren Gesundheitszustand in Echtzeit zu analysieren. Künstliche Intelligenz könnte dabei unterstützen, ökologische Muster zu entdecken und gezielte Interventionen zu ermöglichen. Die Interkonnektivität aus Natur und Technologie ebnet den Weg zu regenerativen Ökosystemen. Smarte Technologien sollten in der Lage sein, nicht nur den Zustand der Umwelt zu überwachen, sondern aktiv zu deren Wiederherstellung beizutragen. Durch automatisierte Prozesse würde die Natur schneller regenerieren als je zuvor, während der Mensch als ein verantwortungsbewusster Verwalter der Erde agiert. Regenerative Ökosysteme sind mehr als nur ein Zukunftstraum, sie sind eine notwendige Antwort auf die Herausforderungen, denen wir gegenüberstehen. Die aufgezählten Vision stellen sich eine Welt vor, in der Menschen nicht mehr nur ihre negativen Auswirkungen auf die Umwelt minimieren, sondern aktiv zur Heilung des Planeten beitragen. Mit der richtigen Kombination aus ökologischen Prinzipien, Technologie und bewusstem Handeln könnte diese regenerative Zukunft Realität werden.

28. INTERKONNEKTIVITÄT DER ZUKUNFTSTRÄUME UND IHRE NOTWENDIGKEIT

Die Verbindung zwischen verschiedenen Technologien, nachhaltigen Konzepten und regenerativen Ansätzen ist der Schlüssel zur Schaffung einer nachhaltigen und regenerativen Welt. Diese Träume können nicht isoliert betrachtet werden; sie sind voneinander abhängig und müssen integriert und koordiniert werden, um ihre volle Wirkung zu entfalten. Diese Vernetzung ist notwendig, um den Herausforderungen des Klimawandels, der Ressourcenknappheit und des Biodiversitätsverlusts erfolgreich zu begegnen.

Die Zukunft der Energieerzeugung, Mobilität und städtischen Infrastruktur muss nahtlos miteinander verknüpft werden. Dies setzt nicht nur den Ausbau von Wind- und Solarenergie voraus, sondern auch eine intelligente Netztechnologie, die Energie effizient speichert und verteilt. Gebäude können als Mini-Kraftwerke fungieren, die Strom erzeugen, speichern und an das Netz zurückgeben. Smart Cities erfordern zudem integrierte Systeme, die den Energiefluss, den Transport und die Ressourcennutzung intelligent steuern. Ohne diese Verbindung zwischen städtischer Landwirtschaft und Energiequellen ist es schwierig, die Nachhaltigkeit des Nahrungsmittelsystems zu gewährleisten. Die Integration von Abfallbewirtschaftung, Wasserrecycling und erneuerbarer Energie ist unerlässlich, um die städtische Nahrungsproduktion wirklich nachhaltig zu gestalten und die Abhängigkeit von externen Ressourcen zu reduzieren.

Ein globales Supernetz für erneuerbare Energien, das Wind-, Solar- und Gezeitenenergie auf der ganzen Welt verbindet, würde überschüssige Energie von Regionen mit einem Energieüberschuss in solche mit einem Defizit transportieren. Gleichzeitig würde dieses Netz den Zugang zu sauberem Strom für alle Regionen verbessern, was die Abhängigkeit von fossilen Brennstoffen verringert. Die globale Interkonnektivität der Energienetze wäre die Basis für den Austausch anderer Ressourcen bilden, wie Wasser oder Rohstoffe, die regional knapp sind. Ohne globale Energieverteilung könnte es Regionen geben, die trotz technologischen Fortschritts auf fossile Brennstoffe angewiesen bleiben. Die Energieversorgung muss global gedacht werden, um wirklich nachhaltig zu sein und allen Menschen Zugang zu sauberer Energie zu ermöglichen. Nur so lässt sich eine umfassende und gerechte Dekarbonisierung erreichen. Ohne Technologie ist es schwer, die komplexen ökologischen und wirtschaftlichen Systeme zu verstehen und miteinander zu vernetzen.

Die verschiedenen Technologien und Ansätze zur Nachhaltigkeit erfordern eine Regierungen müssen wirtschaftliche Anreize schaffen, um private Investitionen in nachhaltige Projekte zu fördern, und gleichzeitig sicherstellen, dass soziale Gerechtigkeit und Zugang zu Ressourcen für alle gewährleistet ist. Ohne globale Zusammenarbeit und die Verknüpfung politischer Maßnahmen ist es unmöglich, die verschiedenen Visionen der Zukunft effektiv zu integrieren. Regionale Klimaschutzpläne müssen in einer globalen Agenda verankert sein, die sowohl wirtschaftliche als auch soziale Aspekte berücksichtigt. Die Zukunftsträume von sauberem Wachstum und Nachhaltigkeit, wer würde sich das nicht wünschen? Ein utopisches Paradies voller Solarzellen und Elektroautos, in dem wir alle auf unserem fair gehandelten Bio-Baumwollsofa sitzen und mit einer veganen Latte in der Hand die Welt retten. Bevor wir uns zu sehr in dieser strahlenden Vision verlieren, sollten wir uns vielleicht daran erinnern, dass es ein paar kleine Hindernisse gibt. Natürlich nichts Ernstes, nur ein bisschen Lobbyarbeit, politische Kurzsichtigkeit, wirtschaftliche Interessen, technologische Hürden und das Verhalten von uns Menschen.

Die Regierungen sind doch immer so motiviert, wenn es um Klimaschutz geht. Man sieht sie förmlich mit Begeisterung auf Klimakonferenzen, wie sie feierlich die nächsten ehrgeizigen Ziele für 2050 verkünden, ganz sicher in der Hoffnung, dass sie bis dahin längst in Pension sind und jemand anderes die Rechnung zahlt. Dass sie gleichzeitig fossile Brennstoffe subventionieren und am liebsten das Wirtschaftswachstum auf Kosten des Planeten maximieren wollen, ist sicher nur ein kleines Missverständnis.

Und dann wären da noch die Konzerne. Die Erdöl- und Gasindustrie zum Beispiel - immer so flexibel und aufgeschlossen für Veränderungen. Man muss ihnen nur klarmachen, dass sie die Welt retten können, wenn sie bereit sind, ihre Gewinnmargen ein bisschen zu schmälern. Man kann sich dessen sicher sein, dass Shell und ExxonMobil schon Schlange stehen, um in Offshore-Windparks und nachhaltige Energie zu investieren, statt weiterhin Milliarden in neue Bohrlöcher zu stecken. Technologische Herausforderungen sind doch mit ein bisschen Silicon-Valley-Geist leicht zu überwinden. Die Kernfusion ist schließlich fast da, in nur 30 Jahren, wie schon seit den 1950er Jahren. Und wer braucht schon funktionierende Batteriespeicher für erneuerbare Energien, wenn wir einfach genug Sonnenkollektoren auf jedes Hausdach pflastern und hoffen, dass der Wind zur richtigen Zeit weht? Details, nichts als Details. Sicher, Umschulungen gibt's nicht umsonst, aber wir leben doch in einer Welt, in der Bildung und Chancengleichheit immer an erster Stelle stehen? Falls nicht, wer braucht schon soziale Gerechtigkeit, wenn man saubere Luft hat? Zum Schluss noch der Homo sapiens selbst, die Spezies, die Mülltrennung für eine lästige Zumutung hält und noch immer glaubt, dass der Klimawandel eine Erfindung der Chinesen ist. Aber keine Sorge, auch die Konsumgesellschaft wird sich irgendwann ändern. Wir können sicher sein, dass wir alle bald auf unsere geliebten SUVs, Einwegprodukte und Flugreisen verzichten werden, wenn wir nur noch ein paar mehr Alarmglocken hören. Ja, natürlich schaffen wir das alles. Schließlich haben wir uns ja auch bei all den anderen globalen

Krisen, wie Hunger und Armut, so wahnsinnig gut angestellt. Die Zukunft wird rosig sein, so lange uns niemand stört.

Der „exklusive Club der grünen Parteien" darf sich auf keinen Fall weiterhin als alleiniger Retter des Planeten inszenieren. Schließlich gibt es nichts Besseres, als wenn alle Parteien, egal ob konservativ, liberal, links oder rechts - sind sie denn überhaupt noch nötig? plötzlich entdecken, dass Nachhaltigkeit doch irgendwie auf ihrer Agenda auftauchen könnte. Die Zeit, in der grüne Parteien mit Themen wie Klimaschutz, Ökologie und Nachhaltigkeit hausieren gehen, muss definitiv ein Ende haben. Schließlich sollten diese Anliegen nicht mehr länger ihre private Spielwiese bleiben.

Was wäre schöner, als wenn jede noch so traditionsreiche oder innovationsscheue politische Bewegung plötzlich aufspringt und mit stolzgeschwellter Brust erklärt, dass sie die eigentlichen Vorkämpfer für saubere Energien und nachhaltige Landwirtschaft sind? Natürlich würden sie es schaffen, die Energiewende umzusetzen, ohne dabei das Wirtschaftswachstum zu bremsen, oder gar Arbeitsplätze zu gefährden. Klingt wie Magie? Genau das ist es! Kann denn die große Zauberformel lauten: grüne Ideen, aber bitte ohne echten Wandel**?**

Die Zukunftsbewegungen, die uns aus den Parteienstrukturen der Vergangenheit erlösen werden, haben den grünen Faden bereits in der

Tasche. Man wird sich fragen, wie es nur möglich war, dass grüne Parteien sich so lange mit Themen wie Klima und Nachhaltigkeit brüsten konnten, wo doch die wahre politische Weisheit darin liegt, grüne Ziele zu verkünden, ohne die Mühen eines echten Systemwechsels auf sich zu nehmen. Das Beste: Die neuen Parteien, die aus allen Ecken des politischen Spektrums sprießen, können es sich erlauben, Nachhaltigkeit zu fordern und gleichzeitig alles beim Alten zu lassen. Die Zukunft gehört der grünen Tarnfarbe, nur dass der Anstrich abblättert, sobald die tatsächliche Verantwortung ins Spiel kommt. Nachhaltigkeit für alle, Veränderungen für keinen!

Die Kritik, dass grüne Parteien als alleinige Hüter dieser Themen agieren, ist sowohl berechtigt als auch wichtig. Es ist an der Zeit, dass alle politischen Bewegungen sich dieser Herausforderung stellen und aktiv Lösungen fördern, ohne sich nur rhetorisch darauf zu stützen. Doch die Gefahr liegt im sogenannten "grünen Waschen", dem Rebranding bestehender Politiken mit einem ökologischen Anstrich, ohne echten Wandel zuzulassen. Nachhaltigkeit kann nicht nur als Lippenbekenntnis fungieren oder als strategischer Schachzug im politischen Wettbewerb. Der Aufruf zu nachhaltigen Praktiken muss mit konkreten Maßnahmen, tiefgreifenden politischen Entscheidungen und einer realistischen Umstellung einhergehen.

Der Ansatz, Nachhaltigkeit als universelles Ziel zu reklamieren, mag für den momentanen politischen Diskurs verlockend erscheinen. Aber nur weil alle Parteien ein "grünes Gesicht" haben, heißt das nicht, dass die notwendigen Änderungen in der Praxis tatsächlich stattfinden werden. Es ist leicht, von den „grünen Idealen" zu sprechen, herausfordernder wird es, wenn es um echte Transformationen der Wirtschaft, der Energieversorgung und der Agrarpolitik geht. Die Welt braucht sicherlich mehr als nur eine kosmetische Anpassung der politischen Narrative. Die Zukunft erfordert mutige Entscheidungen, die oft bedeutende wirtschaftliche und soziale Veränderungen mit sich bringen. Der Weg zu einer nachhaltigen Gesellschaft erfolgt über einen ernsten und offenen Dialog darüber, welche Opfer nötig sind und darüber, wer tatsächlich die Kosten dieser Transformation tragen wird.

Die Herausforderung an alle politischen Akteure besteht darin, sich nicht nur als Verfechter von Nachhaltigkeit zu positionieren, sondern auch die notwendigen Schritte zu unternehmen, um die tief verwurzelten Strukturen anzugehen, die den gegenwärtigen Zustand unseres Planeten weiter verschärfen. Nur wenn echte Umgestaltungen im Vordergrund stehen, können wir hoffen, das zugrunde liegende Problem des Klimawandels zu lösen und eine umweltfreundliche Zukunft für alle zu gestalten. In der Tat gehört die Zukunft nicht den exklusiven „Öko-Clubs", sondern einer kollektiven Verantwortung von allen Politikern, unabhängig von ihrer Ideologie. Nachhaltigkeit sollte ein integrativer und verpflichtender Teil jeder politischen Agenda sein, gewappnet mit dem Willen, wirkliche Veränderungen herbeizuführen.

Durch eine ausgewogene Integration von Unternehmen und Gemeinschaften in internationale politische Prozesse kann es gelingen, wirtschaftliche Innovationskraft mit sozialer Gerechtigkeit und ökologischer Nachhaltigkeit in Einklang zu bringen. Dies erfordert jedoch ein kontinuierliches Austarieren von Interessen und die Bereitschaft aller Beteiligten, gemeinsam an nachhaltigen Lösungen für globale Herausforderungen zu arbeiten. Um Ungleichgewichte zu überwinden, müssen politische Entscheidungsträger bereit sein, die bestehenden Machtstrukturen zu hinterfragen. Das könnte beinhalten, Handels- und Investitionsabkommen so zu gestalten, dass sie nicht nur den großen Akteuren Vorteile bringen, sondern auch soziale und ökologische Gerechtigkeit fördern.

Politischer Wille ist notwendig, um neue Wege der internationalen Zusammenarbeit zu entwickeln. Dies würde bedeuten, von hierarchischen oder nationalistischen Modellen wegzukommen und auf transnationale Netzwerke und Allianzen zu setzen, die flexible, aber integrative Lösungen ermöglichen. Internationale Kooperationen sollten nicht als Nullsummenspiel betrachtet werden, sondern als Chance, globale Probleme durch kollektive Anstrengungen zu lösen. Ein weiterer wichtiger Aspekt dieser Transformation ist der

Schutz vor Extremismen, die sowohl auf der linken als auch auf der rechten Seite des politischen Spektrums auftreten. Indem die Politik inklusiver und transparenter gestaltet wird, werden die Ursachen für Radikalisierung und Extremismus besser adressiert. Insgesamt stehen wir an einem Wendepunkt, an dem die Art und Weise, wie wir Politik verstehen und praktizieren, grundlegend verändert. Die Chancen, die sich aus dieser Transformation ergeben, sind ebenso bedeutend. Es liegt an uns, diese neuen Möglichkeiten zu nutzen und eine Politik zu g estalten, die den Bedürfnissen und Wünschen der Bürger gerecht wird. N ur so können wir eine demokratische Kultur fördern, die nicht nur auf de n Erhalt von Macht abzielt, sondern auf die aktive Mitgestaltung einer ge rechten und nachhaltigen Zukunft.

Zukunftskonferenzen und die Entwicklung wissenschaftsbasierter Evaluierungen werden dabei federführend sein. Sie helfen, fundierte Entscheidungen zu treffen und sicherzustellen, dass Politiken Evidenz-basiert und an den Bedürfnissen der Bevölkerung orientiert sind. Dies könnte nicht nur zu einer besseren Verankerung der politischen Maßnahmen führen, sondern auch die Bürgerbeteiligung anregen, da sich Menschen besser mit politischem Handeln identifizieren, wenn sie den Eindruck haben, dass ihre Meinungen gehört und berücksichtigt werden. Die Transformation des Parteiensystems bietet die Möglichkeit, über nationale Grenzen und partikularistische Interessen hinauszudenken. Politische Bewegungen könnten flexibler auf vernetzte

Herausforderungen reagieren. Partizipatorische Ansätze und die Berücksichtigung vielfältiger Perspektiven könnten dazu beitragen, ein inklusiveres politisches Umfeld zu schaffen, das Extremismen, sowohl von links als auch von rechts, abwehren kann. Insgesamt ist die Neugestaltung der politischen Landschaft nicht nur eine Herausforderung, sondern auch eine Chance für eine demokratischere, inklusivere und verständnisvolle Gesellschaft. Dabei ist es von zentraler Bedeutung, dass alle Akteure in diesem Prozess zusammenarbeiten, von politischen Institutionen über Zivilgesellschaften bis hin zu den Bürgerinnen und Bürgern selbst. Nur so kann eine resiliente Demokratie entstehen, die auf die Bedürfnisse einer sich ständig verändernden Welt reagiert.

Die modernen Gesellschaften stehen vor einer Vielzahl von Herausforderungen, die sowohl natürlicher als auch menschengemachter Natur sind. Diese Drohszenarien, sei es durch Pandemien, Klimawandel, sozialen Unruhen oder geopolitische Spannungen, offenbaren die Fragilität unseres sozialen Gefüges. Gesellschaften, die über starke soziale Netzwerke und Gemeinschaftsbindungen verfügen, sind besser in der Lage, Krisen zu bewältigen und aus ihnen gestärkt hervorzugehen.

Soziale Netzwerke sind das Rückgrat des sozialen Zusammenhalts. Sie bieten emotionale und materielle Unterstützung und ermöglichen die schnelle Verbreitung von Informationen. In kritischen Situationen sind diese Netzwerke oft entscheidend für das Überleben. Gemeinsame Werte und eine starke Identität innerhalb einer Gruppe fördern Resilienz und die Fähigkeit, Herausforderungen zu meistern. Im Austausch von Informationen und Erfahrungen erhalten die Involvierten Mitglieder wertvolle Ratschläge oder Unterstützung in Bezug auf persönliche Probleme. Soziale Netzwerke motivieren die Menschen oft, sich ehrenamtlich zu engagieren oder an Gemeinschaftsprojekten teilzunehmen, was den sozialen Zusammenhalt weiter stärkt.

Das Konzept des sozialen Kapitals ist zentral für das Verständnis, wie Gemeinschaften auf Krisen reagieren. Legt man den Fokus auf die Verbindungen zwischen Individuen und den Ressourcen, die aus diesen Beziehungen hervorgehen, zeigt sich, dass Gesellschaften mit hohem sozialem Kapital oft weniger anfällig für Krisen sind. Sie verfügen über Netzwerke, die den Austausch von Informationen und Hilfe erleichtern und fördern. Sozialkapital ist nicht nur ein theoretisches Konzept, sondern in Krisenzeiten auch ein praktisch wirksamer Faktor für die Resilienz und Anpassungsfähigkeit von Gemeinschaften. Es bildet die Grundlage für effektives kollektives Handeln und ist damit ein Schlüsselelement für die erfolgreiche Bewältigung von Krisen.

Klimawandel und Naturkatastrophen zwingen Gemeinschaften dazu, zusammenzuarbeiten, um sich anzupassen und Resilienzen aufzubauen.

In vielen betroffenen Regionen zeigt sich, dass soziale Netzwerke oft die ersten Reaktionskräfte sind, die Hilfe leisten, bevor staatliche Institutionen intervenieren. Hier wird deutlich, wie wichtig lokales Engagement und gemeinschaftliche Aktionen sind, um langfristige Lösungen zu entwickeln. Die fortschrittliche Technologie hat die Art und Weise, wie wir miteinander interagieren, revolutioniert. Soziale Medien und Kommunikationsplattformen ermöglichen eine schnelle und effektive Vernetzung, auch in Krisensituationen. Ein gutes Beispiel ist die Rolle von sozialen Medien bei der Organisation von Hilfsaktionen nach Naturkatastrophen, wie der Koordination von Spenden und Freiwilligenarbeit. Allerdings gibt es auch Schattenseiten: Fehlinformationen und virtuelle Konflikte sind geeignet, Reibungen innerhalb von Gemeinschaften zu verschärfen. Plattformen wie Twitter/X oder Facebook ermöglichen die schnelle Verbreitung falscher Informationen, oft schneller als Korrekturen durch Faktenchecks. Unterschiedliche Narrative führen zu Parallelgesellschaften mit konträren Weltanschauungen. Die Herausforderung besteht darin, diese Technologien so zu nutzen, dass sie den sozialen Zusammenhalt fördern, anstatt ihn zu untergraben. Die digitale Vernetzung hat das Potenzial, soziale Bindungen zu stärken, Gemeinschaften zu mobilisieren und den sozialen Zusammenhalt zu fördern. Gleichzeitig können Fehlinformationen und virtuelle Konflikte dieselben Technologien in Werkzeuge der Spaltung und Polarisierung verwandeln. Die zentrale Herausforderung besteht darin, die Nutzung digitaler Technologien so zu gestalten, dass sie Zusammenhalt fördern, anstatt ihn zu gefährden.

Eine der effektivsten Methoden zur Stärkung des sozialen Zusammenhalts ist Bildung. Bildungseinrichtungen sollten Programme entwickeln, die den interkulturellen Dialog und die Zusammenarbeit fördern. Bildung spielt eine Schlüsselrolle dabei, individuelle Vorurteile abzubauen und das Bewusstsein für die Bedeutung von Gemeinschaften zu schärfen. Öffentliche Projekte und lokale Initiativen können als Katalysatoren für sozialen Zusammenhalt wirken. Solche Maßnahmen stärken die Identifikation der Menschen mit ihrer Nachbarschaft und bauen Vertrauen auf. Hierbei ist es wichtig, dass alle gesellschaftlichen Gruppen einbezogen werden.

Die Interkonnektivität des sozialen Zusammenhalts ermöglicht die Bewältigung akuter Herausforderungen und stärkt auch langfristige Resilienz. Gesellschaften, die ihren sozialen Zusammenhalt bekräftigen, können nicht nur Krisen widerstehen, sondern auch restrukturiert aus ihnen hervorgehen. Daher ist es unerlässlich, Strategien und Programme zu entwickeln, die den sozialen Zusammenhalt fördern und gleichzeitig die Auswirkungen moderner Technologien berücksichtigen. In einer sich rasch verändernden Welt ist die Fähigkeit, als Gemeinschaft zusammenzustehen, eine der entscheidendsten Ressourcen, die eine Gesellschaft besitzt. Es braucht eine Kombination aus technologischen Anpassungen, Bildung und gesellschaftlichem Engagement, um die

Schattenseiten der Digitalisierung zu minimieren. Ein funktionierendes soziales Gefüge ist das Fundament jeder Gesellschaft. Es umfasst die Beziehungen, Normen und Werte, die das Verhalten der Individuen in ihrem sozialen Umfeld regeln. Wenn die sozialen, wirtschaftlichen und ökologischen Herausforderungen so intensiv miteinander verwoben sind, ist das Verständnis der Interkonnektivität sozialer Verantwortungen nicht links liegen zu lassen.

Die Weichenstellung für eine gerechtere Welt erfordert ein Bewusstsein für soziale, wirtschaftliche und ökologische Zusammenhänge. Bildungsinitiativen, die Menschen über ihre Rechte und Pflichten aufklären, sind entscheidend. Ebenso braucht es Programme zur Förderung von Integration und Chancengleichheit, um soziale Spannungen abzubauen und Vielfalt als Stärke zu begreifen. Verantwortungsvolle Unternehmensführung bedeutet, über bloße Gewinnmaximierung hinauszudenken. Firmen sollten aktiv in die Gesellschaft investieren, ethische Geschäftspraktiken anwenden und nachhaltige Produkte und Dienstleistungen fördern. Indem sie sich für soziale Belange einsetzen, tragen sie zur Schaffung eines gerechteren wirtschaftlichen Umfelds bei.

Das Bewusstsein für die Zusammenhänge zwischen sozialen, wirtschaftlichen und ökologischen Aspekten ist eine Grundvoraussetzung für eine nachhaltige Entwicklung und die Gestaltung einer gerechten

Gesellschaft. Diese Bereiche sind untrennbar miteinander verbunden und erfordern ein holistisches Verständnis, um Krisen zu bewältigen und langfristige Resilienz zu schaffen. Herausforderungen wie Ungleichheit, Armut und soziale Exklusion verdeutlichen, wie eng diese Themen mit wirtschaftlichen und ökologischen Faktoren verwoben sind.

Die Wirtschaft ist sowohl Verursacher als auch potenzieller Lösungsansatz für ökologische und soziale Probleme. Wohlstandskonzentration führt häufig zu übermäßigem Konsum durch wenige und zur Ressourcenausbeutung. Die Umstellung auf eine Kreislaufwirtschaft, in der Ressourcen wiederverwendet und Abfälle minimiert werden, wird ökologische Schäden verringern und neue Arbeitsplätze schaffen. Ökosysteme sind die Basis allen wirtschaftlichen und sozialen Lebens. Ihre Degradierung führt zu Krisen in anderen Bereichen. Umweltzerstörung und Klimakrisen treiben Migration und Konflikte voran, da Menschen gezwungen sind, lebensfeindliche Regionen zu verlassen. Der Verlust der Biodiversität gefährdet landwirtschaftliche Produktionssysteme und damit die globale Ernährungssicherheit. Nachhaltigkeitsstrategien wie die Förderung regenerativer Landwirtschaft können den ökologischen Schaden minimieren und gleichzeitig soziale und wirtschaftliche Vorteile schaffen. Nur durch ein integratives Handeln kann ein Gleichgewicht zwischen diesen Dimensionen erreicht werden.

29. INTERKONNEKTIVITÄT DER
VERDUMMUNG EINER GESELLSCHAFT

Die „Verdummung" einer Gesellschaft verweist auf die komplexen Wechselwirkungen zwischen den verschiedenen Faktoren, die den intellektuellen und kulturellen Abbau einer Gesellschaft beeinflussen. In einer hoch vernetzten Welt gibt es mehrere Aspekte, durch die sich dieser Prozess beschleunigen lässt. Dabei spielt die Vernetzung in der Verbreitung und Intensivierung von irrigen Meinungen, die zur Verdummung beitragen, eine nicht zu vernachlässigende Rolle.

Kommunikationsplattformen à la TikTok bevorzugen Inhalte, die hohe Interaktionen hervorrufen, was dazu führt, dass Sensationsmeldungen und einfache, emotional aufgeladene Informationen leicht verbreitet werden. Dies verstärkt die Verbreitung von Fehlinformationen, Verschwörungstheorien und pseudowissenschaftlichen Inhalten. Durch die Personalisierung von Inhalten wird es wahrscheinlicher, dass Menschen sich nur mit Informationen auseinandersetzen, die ihre eigenen Ansichten bestätigen. Dies erhöht kognitive Verzerrungen, da gegenteilige Meinungen oder wissenschaftlich fundierte Fakten oft nicht ins Sichtfeld geraten. Solche Echokammern fördern intellektuelle Isolation und verhindern die Auseinandersetzung mit komplexen, nuancierten Themen.

Die Form von Medienstandardisierung und -verflachung wird durch Interkonnektivität weiter ausgebaut, da dieselben Inhalte weltweit verbreitet werden. Die tieferen kulturellen und intellektuellen Diskurse laufen Gefahr, verdrängt zu werden. Einfache, kommerzielle Unterhaltung verdrängt oft lokale Kulturformen oder intellektuelle Auseinandersetzungen. Durch die Vernetzung werden diese Inhalte weltweit konsumiert, was die Diversität kultureller und intellektueller Ausdrucksformen reduziert.

Staaten, die eng in engmaschige Finanzsysteme integriert sind, stehen oft unter Druck, öffentliche Ausgaben zu kürzen, was sich negativ auf Bildungseinrichtungen auswirkt. Sparmaßnahmen im Bildungssektor besonders in Krisenzeiten, mangelnde Finanzierung von Schulen und Universitäten leitet langfristig in ein niedrigeres intellektuelles Niveau über, das sich über Generationen hinweg auswirkt. Gerade in autoritären Systemen wird auf strenge Fähigkeiten der Ideologisierung gesetzt, während Geisteswissenschaften oder kritisches Denken weniger gefördert werden. Diese Einengung zieht eine Vereinfachung von Bildungsinhalten nach sich und verdrängt geistige Tiefe in die ausgetrocknete Dürre.

Politische Ideologien verbreiten sich rasch über Ländergrenzen hinweg wie der Rechtsradikalismus in Europa und in den USA zeigt. Populistische Führer und Parteien nutzen dann die ähnlichen Taktiken in verschiedenen Ländern. Sie vereinfachen komplexe Probleme, bieten einfache, illusorische Lösungen und ignorieren wissenschaftliche Erkenntnisse. Autoritäre Regierungen und politische Akteure nutzen die Interkonnektivität des Internets, um gezielt Desinformation zu verbreiten und die öffentliche Meinung zu manipulieren. Dies kann das Vertrauen in traditionelle Wissensquellen und Institutionen der Wissenschaft und Bildung untergraben. Die adressierten Zielgruppen halten sich dann mehr an emotional ansprechende, aber inhaltlich falsche Narrative.

Durch die zunehmende Abhängigkeit von Algorithmen zur Filterung und Empfehlung von Inhalten geraten Menschen immer häufiger in „Filterblasen". Diese bewirken, dass sie nur noch Informationen sehen, die auf ihre bisherigen Vorlieben und Meinungen abgestimmt sind. Dies verstärkt die Isolation von gegenteiligen Standpunkten und fördert Oberflächlichkeit im Denken. Die automatisierte Abhängigkeit von Technologie zur Informationsbeschaffung und Entscheidungsfindung verführt Menschen dazu, weniger selbstständig nachzudenken oder zu recherchieren. Ein übertriebenes Vertrauen in Technologien verringert das kritische Denken und übernimmt wahllos und ungeprüft alle möglichen Informationen. Traditionelle Wissensformen verlieren dadurch an Bedeutung verlieren. Einseitige Problemlösungsansätze oder Wissenspraktiken werden durch standardisierte Modelle ersetzt, die weniger auf die lokalen Bedürfnisse oder Realitäten abgestimmt sind. Es hängt also stark davon ab, wie Gesellschaften diese Verbindungen nutzen und gestalten.

Um diese negativen Entwicklungen zu bekämpfen, sind Bildung und Medienkompetenz entscheidend. Individuen sollten in die Lage versetzt werden, Informationen kritisch zu hinterfragen, verschiedene Quellen zu konsultieren und zwischen verlässlichen und unzuverlässigen Inhalten zu unterscheiden. Auch Plattformen und Unternehmen tragen Verantwortung, um ein gesundes Informationsumfeld zu fördern und Maßnahmen gegen Desinformation zu ergreifen. Eine Gesellschaft wird gerade durch die Kombination verschiedener Maßnahmen ihrer kognitiven und sozialen Fähigkeiten einer möglichen "Verdummung" aktiv entgegentreten. Wichtig dabei ist ein reflektierter und bewusster Umgang mit technologischen Entwicklungen, anstatt sie pauschal abzulehnen.

Der Auftrag an Bildungssysteme, in den Schulen ebenso wie im lebenslangen Lernen, sollte sich darauf fokussieren, kritisches Denken, Problemlösungsfähigkeiten und Medienkompetenz in den Vordergrund zu stellen. Das Verständnis komplexer Themen und die Fähigkeit, Informationen kritisch zu hinterfragen, müssen gefördert werden, anstatt nur theoretisches Wissen abzufragen. Um der Verflachung und Sensationsgier in den Medien entgegenzuwirken, sollten seriöse Nachrichtenquellen beworben und verbreitet werden. Ein offener

Zugang zu fundierten und gut recherchierten Informationen stärkt das Wissen und die Meinungsvielfalt einer Gesellschaft. Offene Diskussionsforen, sowohl online als auch offline, bieten die Möglichkeit, differenzierte Meinungen auszutauschen. Solche Plattformen fördern nicht nur den sozialen Zusammenhalt, sondern auch die Fähigkeit, komplexe und kontroverse Themen zu verstehen und zu verarbeiten. Theater, Kunst oder Sport zementieren zwischendurch die ganzheitliche Entwicklung und tragen dazu bei, dass Menschen in den verschiedensten Positionen empathischer und reflektierter agieren.

Wir wurden wahrlich in ein goldenes Zeitalter katapultiert. Wer braucht schon mühsames kritisches Denken, wenn ein Algorithmus uns blitzschnell sagen kann, was wir denken sollen? Oder haben wir das gesamte Wissen der Menschheitsgeschichte in der Hosentasche und wollen es nur nicht nutzen? Kritisches Denken? Das haben wir längst an die Algorithmen delegiert, die genau wissen, was wir wollen, bevor wir es selbst tun. Unsere Smartphones sind wahre Wunderwerke der Wissensakkumulation, das gesamte Wissen der Menschheit, komprimiert auf wenige Quadratzentimeter Displayfläche. Doch warum sollten wir uns die Mühe machen, diesen Schatz zu heben? Es ist doch viel bequemer, stattdessen endlos durch soziale Medien zu scrollen und uns von KI-kuratierten Inhalten berieseln zu lassen. Eigenständiges Denken sei ohnehin hoffnungslos überholt. Wozu sich die grauen Zellen zermartern, wenn kluge Algorithmen längst wissen, was wir wollen -

bevor wir selbst auch nur einen Gedanken daran verschwendet haben? Lasst uns dankbar sein für diese digitalen Propheten, die uns die Last der Entscheidungsfindung abnehmen. Wer braucht schon eine differenzierte Ausdrucksweise, wenn ein gut platziertes Emoji Bände spricht? Dank KI-gestützter Emoji-Vorschläge können wir unsere tiefsten Gefühle mit einem simplen Piktogramm zum Ausdruck bringen. Shakespeare wäre neidisch auf solch eloquente Kommunikation.

Solange wir dafür sorgen, dass unsere KI-Assistenten uns bei der Wahl der richtigen Emojis helfen, sind wir auf dem besten Weg, die "Verdummung" erfolgreich zu steuern. Schließlich braucht es ja keinen gesunden Menschenverstand, wenn man einen schnellen Internetzugang hat. Die "Verdummung" erfolgreich zu verbreiten war noch nie so einfach - man muss nur aufhören zu denken und sich ganz der digitalen Weisheit hingeben. Willkommen in der schönen neuen Welt, in der Unwissenheit Trumpf ist und Oberflächlichkeit obsiegt. Die Zukunft war noch nie so glorreich dumm, obwohl die Menschheit in den letzten Jahrhunderten enorme technologische Fortschritte gemacht hat. Künstliche Intelligenz, Digitalisierung, Raumfahrt, genetische Forschung und andere Innovationen sind zurzeit Höhepunkte einer glänzenden, fortschrittlichen Zukunft. Doch trotz oder vielleicht wegen dieses immensen technologischen Wachstums gibt es auch tiefer greifende Herkulesaufgaben. Der Fortschritt selbst hat in vielerlei Hinsicht problematische Nebenwirkungen. Wir sind vernetzter als je zuvor, aber gleichzeitig isolierter. Wir haben Zugang zu unendlichem Wissen, aber trotzdem verbreiten sich Fehlinformationen und Oberflächlichkeit rasant. Die „glorreiche Dummheit" könnte darauf verweisen, dass unsere technologischen Errungenschaften zwar spektakulär sind, sie aber nicht immer mit Weisheit, Reflexion oder nachhaltigen Lösungen für die fundamentalen Probleme der Menschheit einhergehen.

Schließt man sich der Welle an, kann es schwierig werden, wieder heraus zu kommen, denn das Herdenverhalten wird zur Überlebensstrategie. Eine Gruppe von Menschen beginnt, Ideen zu reproduzieren ohne ihren Wahrheitsgehalt, Inhalt oder die Folgen hinterfragt zu haben. Dann ist es eine Folge im Kontext einer Anzahl von Handlungen. Jede der Handlungen in diesem Kontext ist eine individuelle Handlung, aber die daraus folgende „Dummheit" ist eine kollektive; haben wir diesen Fall, so kommt es, zu verschiedenen weiteren, damit zusammenhängenden Folgen.Es entsteht eine Dynamik und eine Struktur, die von den ursprünglichen Handlungen und Überzeugungen der Einzelnen losgelöst ist. Das führt zu einer Kette von Handlungen, deren Folgen die Gruppe oft nicht mehr bewusst reflektiert.

Diese Dynamik kann sich in vielen Bereichen des Lebens zeigen, wie etwa in der Politik, den sozialen Medien, oder sogar in wirtschaftlichen Entscheidungen. Ein klassisches Beispiel wäre eine Finanzblase, bei der viele Menschen einem Trend folgen, ohne den tatsächlichen Wert einer

Anlage zu hinterfragen, oder in der Geschichte, wo Propaganda dazu führt, dass große Teile der Bevölkerung Überzeugungen übernehmen, die nicht auf Fakten beruhen. Die „kollektive Dummheit" wird zu einem selbstverstärkenden Prozess, der oft schwer zu durchbrechen ist, weil es immer schwieriger wird, gegen die etablierte Meinung anzutreten. In politischen Kontexten weist die Interkonnektivität der Dummheit auf die Verbindungen zwischen extremen Ideologien oder Populismus hin, bei denen vereinfachte oder irrationale Ideen durch Vernetzung und Wiederholung immer mehr Einfluss gewinnen. Das geschieht durch Desinformation, manipulative Rhetorik oder die aggressive Polarisierung der Gesellschaft. So führt die Verbreitung von Fehlinformationen dazu, dass Menschen an falsche oder unvernünftige Theorien glauben und diese in ihren Netzwerken weitergeben.

Es ist auffallend, dass Studien darauf hinweisen, dass Wähler extremistischer Parteien häufig über geringere formale Bildung verfügen. Allerdings bedeutet das nicht, dass alle Menschen mit weniger Bildung als rückständig angesehen werden können. Primitivität existiert nicht ausschließlich in einer bestimmten sozialen oder bildungspolitischen Schicht, sondern tritt in verschiedenen Formen und Kontexten auf. Auch bei angeblich gebildeten Menschen können sich Stereotypen der extremistischen Ansichten formieren. Dies wird in der Wahlforschung durch wirtschaftliche Unsicherheit, Angst vor sozialem Abstieg und den Wunsch nach einfachen Antworten auf komplexe gesellschaftliche

Probleme erklärt.

Populistische Parteien bieten schnelle Lösungen und sprechen gezielt die Sorgen und Ängste ihrer Wählergruppen an. Doch nicht alle mit geringerer Bildung sind anfällig für diese Rhetorik und es wäre ein grober Fehlschluss, dies zu behaupten. Wähler sind keine homogene Gruppe, und es gibt viele, die trotz geringerer formaler Bildung differenzierte politische Entscheidungen treffen. Diese Personen haben oft eine starke ethische Grundhaltung oder lebenspraktische Erfahrungen, die ihren politischen Kompass anders ausrichten. In einigen Fällen führt ein hoher Bildungsgrad nicht zu mehr Offenheit oder Toleranz, sondern zu einer elitären und arroganten Einstellung. Auch bei Akademikern gibt es Phänomene wie Vereinfachungen der Meinungsbildung oder Verschwörungstheorien, vor allem wenn diese ihrer eigenen Ideologie dienen. Ein formaler Bildungsabschluss schützt nicht unbedingt vor irrationalem Denken oder dem Glauben an extremistische Ansichten. Selbst Philosophen wie Martin Heidegger und andere hatten nachweislich Sympathien für den Nationalsozialismus. Dies zeigt, dass auch Menschen mit intellektuellem Hintergrund anfällig für extreme Ideologien sein können.

Was in den Vordergrund rückt, sind oft oberflächliche, polarisierende oder sensationsorientierte Darstellungen, wie wir als Gesellschaft das Triviale und das Leichte über das Komplexe und Tiefergehende stellen.

Statt nachhaltiger Lösungen für die Klimakrise, soziale Ungerechtigkeit oder politische Instabilität zu finden, neigen wir dazu, uns in trivialen Trends zu verlieren. Das „glorreich Dumm-Sein" könnte hier also eine Art kollektives Verdrängen oder das naive Festhalten an utopischen Fortschrittsideen bedeuten, ohne sich mit den tatsächlichen Konsequenzen auseinanderzusetzen. Die Interkonnektivität der Dummheit kann auch auf Phänomene wie Groupthink verweisen, bei dem Gruppen von Menschen, die miteinander vernetzt sind, Entscheidungen treffen, die irrational oder ineffektiv sind, weil sie nicht kritisch hinterfragt werden. In diesem Zusammenhang entstehen Fehlentscheidungen oft dadurch, dass Menschen der Meinung der Gruppe folgen, anstatt eine unabhängige oder informierte Entscheidung zu treffen. „Kontrolliere den Verstand der Schafe und du kontrollierst die Herde".

In manchen Kulturen wird Bildung nicht ausreichend geschätzt, was die Motivation, sich Wissen anzueignen, nicht gerade stärkt. Auch eine gesellschaftliche Haltung, die Intellektuelle und Experten ablehnt oder misstrauisch gegenübersteht, verringert die Wertschätzung für Bildung und kritisches Denken. Menschen, die in prekären Beschäftigungsverhältnissen leben, haben oft weniger Zeit und Ressourcen, um sich weiterzubilden oder kritisch über gesellschaftliche Themen nachzudenken. Eine weniger informierte Bevölkerung wird durch populistische Rhetorik und demagogische Führer leichter manipuliert, was die extremen politischen Entscheidungen fördert. Solange Menschen nicht in der Lage sind, informierte Entscheidungen zu treffen und sich in ihren Echokammern einkapseln, werden sie weniger bereit sein, sich mit anderen Perspektiven auseinanderzusetzen. Das wiederum heizt die gesellschaftliche Spaltung an. Nächster Schritt ist dann die Radikalisierung, da sich Individuen immer mehr der extremistischen Ideologien erfreuen. Sie sind auch nicht mehr in der Lage, kritische Fragen zu stellen.

Die Verdummung eines Teils der Gesellschaft ist ein ernst zu nehmendes Problem, das viele Ursachen und weitreichende Folgen hat. Es erfordert ein umfassendes Verständnis der zugrunde liegenden Faktoren und das Engagement, gezielte Maßnahmen zu ergreifen, um dem entgegenzuwirken. Nur durch eine Kombination aus gesellschaftlichem Engagement, Bildung, Medienkompetenz und politischen Initiativen kann zu einer intellektuellen Belebung animieren. Dies ist entscheidend für das Wohl und die Stabilität der Gesellschaft als Ganzes.

Aus dem Dilemma einer unmöglichen Verknüpfung hilft der Prozess der Kreativität heraus. Er ist fundamental für alle Disziplinen, einschließlich der Wissenschaften. Kreativität erlaubt, über etablierte Denkweisen hinauszugehen und innovative Lösungen für komplexe Probleme zu entwickeln. Achtsamkeit hilft dabei, die eigenen Gedanken und Gefühle zu beobachten und zu reflektieren. Geduld ist essenziell, da kreative

Ideen oft Zeit brauchen, um zu reifen und sich zu entwickeln. Die Bereitschaft, auf innere Signale zu hören, bedeutet, dass wir bereit sind, Intuition und Inspiration ernst zu nehmen. Freies Schreiben beispielsweise ermöglicht es, Gedanken zu externalisieren und neue Verbindungen zu schaffen, während bildliche Vorstellungskraft uns hilft, Konzepte zu visualisieren und Szenarien zu erkunden, die wir vielleicht vorher nicht in Betracht gezogen haben. Durch das bewusste Spielen mit Ideen und Szenarien können beste Entwicklungen in der Wissenschaft stattfinden. Hierbei können alternative Ansätze und unausgereifte Ideen den Weg zu bahnbrechenden Entdeckungen ebnen. Letztlich ist die Vorstellungskraft nicht nur ein Werkzeug der Künstler, sondern auch ein grundlegendes Element in der praktischen Umsetzung wissenschaftlicher Erkenntnisse.

Sich an Handlungen beteiligen, die jeglicher Logik oder dem gesunden Menschenverstand widersprechen, spiegelt ein Stück Dummheit. Daneben gibt es die unendlich vielen einfachen Fehler, wenn ein Begriff oder eine Situation missverstanden werden. Irren ist eine menschliche Eigenschaft, jeder Menschmacht Fehler und oft sind es die Irrtümer, aus denen wir lernen und wachsen. Dazwischen liegt noch der soziale Fauxpas, der einen Mangel an sozialem Bewusstsein vor Augen führt. Etwas schwerer wiegen die Fehler, die im impulsiven Handeln, ohne nachzudenken oder ohne die Konsequenzen ernsthaft zu bedenken. In dieselbe Kategorie der belangvollen Fehler fallen Wiederholungen, wenn

Immer wieder dieselben Fehler gemacht werden, ohne daraus zu lernen. Im Gegensatz zur Weisheit könnte Dummheit als das Fehlen tieferen Verständnisses und tieferer Einsicht angesehen werden. Die schweren Fehler in der Politik fallen auf, wenn aufgrund mangelnder angemessener Analyse gehandelt wird. Sie haben schwerwiegende Auswirkungen auf die Gesellschaft oder die Wirtschaft und schwächen das Vertrauen in die Aktualität der Politik. Solche Fehler verschärfen Krisen oder verursachen Neue. Politische Entscheidungen erfordern nun einmal eine langfristige Perspektive, um mögliche zukünftige Entwicklungen und deren Auswirkungen zu berücksichtigen. Ein Mangel an Voraussicht kann dazu führen, dass kurzfristige Lösungen bevorzugt werden, die langfristig problematisch oder ineffektiv sind.

Wenn in einer gesellschaftlichen Entität die Personaldecke der sogenannten Intelligenzija dünn wird, liegt es in der Verantwortung der Zivilgesellschaft, diesen Zustand zu ändern. Schwindet die Intelligenzija, also die Gruppe von gebildeten, intellektuell und kreativ arbeitenden Menschen, die oft als kulturelle und ideelle Führungskräfte fungieren, sind langfristige negative Auswirkungen auf die gesellschaftliche Entwicklung, Innovationskraft und Demokratie unweigerlich die Folge. Indem Wissenschaft und intellektuelle Arbeit besser in der breiten Bevölkerung verankert werden, wird die breite Öffentlichkeit dazu motiviert, rationale Entscheidungen zu akzeptieren. Die Schaffung von politologischen Angeboten und Initiativen wird helfen, die Kluft zwischen Experten und Bevölkerung zu verringern.

Eine lebendige Intelligenzija lebt von Debatte, Meinungsvielfalt und kritischem Denken. In zahlreichen Fällen wird die Intelligenzija durch staatliche Repression, Zensur oder Einschränkungen der Meinungsfreiheit bedroht. Die Zivilgesellschaft muss diese Freiheiten aktiv verteidigen, um sicherzustellen, dass kritisches Denken und intellektuelle Arbeit weiterhin möglich sind. Think Tanks, die Experten aus verschiedenen Bereichen zusammenbringen, können helfen, neue Ideen zu entwickeln und komplexe gesellschaftliche Probleme anzugehen. Die Zusammenarbeit zwischen Wissenschaftlern, Künstlern und der Zivilgesellschaft schafft diese Perspektiven, die intellektuelle Impulse in die Praxis umsetzen.

Die Interkonnektivität in der Bildung wird durch verschiedene Faktoren geprägt, die miteinander verknüpft sind und sich gegenseitig beeinflussen. Digitale Technologien verändern die Art und Weise, wie Bildung vermittelt wird. E-Learning-Plattformen und digitale Materialien bieten neue Möglichkeiten für individuelles Lernen. Öffentlich und privat Studierende können in ihrem eigenen Tempo und gemäß ihren Interessen arbeiten, wobei der Zugang zu Wissensressourcen global erweitert wird. Neben Fachwissen sind auch Schlüsselkompetenzen wie kritisches Denken, Problemlösungsfähigkeiten, Teamarbeit und digitale Kompetenzen von zentraler Bedeutung. Bestimmt durch den rasanten

Wandel in der Arbeitswelt ist lebenslanges Lernen unabdingbar. Bildung muss nicht mehr auf formale Ausbildungswege beschränkt sein. Informelles und non-formales Lernen gewinnen an Bedeutung, um kontinuierliche Wissensaktualisierung und Kompetenzentwicklung zu ermöglichen.

30. IRRUNGEN DER NEUTRALITÄT

Neutralität hat noch niemals dauernden und sicheren Frieden gebracht. Im Gegenteil hat sie durch die Verdeckung heuchlerischer Versprechungen Krieg und Unheil verursacht. Neutralität wird als ein Weg angesehen, sich aus Konflikten herauszuhalten und dadurch Frieden und Sicherheit zu wahren. Doch kann Neutralität in bestimmten Kontexten als Passivität oder gar Komplizenschaft gedeutet werden, besonders wenn moralische oder ethische Fragen im Spiel sind, wie bei Menschenrechtsverletzungen oder Aggressionen. So wurden die wirtschaftlichen Beziehungen neutraler Staaten zu Nazi-Deutschland im Handel mit strategischen Rohstoffen, finanziellen Transaktionen über neutrale Banken und die Nutzung von Transitrouten für den Warenverkehr besonders problematisch. Diese wirtschaftlichen Verflechtungen wurden später oft als moralisch fragwürdig betrachtet, da sie indirekt das NS-Regime unterstützten.

Neutralität wird auch als Vermeidung von Verantwortung verstanden. Staaten, die sich aktiv für Frieden, Dialog und die Durchsetzung von Völkerrecht einsetzen, tragen möglicherweise mehr zum langfristigen Frieden bei, als solche, die sich neutral verhalten und darauf hoffen, nicht involviert zu werden. In der heutigen Welt, in der Menschenrechte, Sicherheit und globale Gerechtigkeit zunehmend an Bedeutung gewinnen, lenkt die Nicht-Positionierung gegenüber offensichtlichem Unrecht zu einer Verschärfung der Probleme. In aktuellen geopolitischen Konflikten agieren vermeintlich neutrale Akteure dennoch auf eine Weise, die ihren Eigeninteressen dient, ohne aktiv Position zu beziehen. Dies bringt heftige Spannungen mit sich, insbesondere wenn humanitäre Katastrophen oder massive Menschenrechtsverletzungen stattfinden und von neutralen Staaten oder Akteuren nicht effektiv reagiert wird.

„Neutral heißt „diffus" in den Ansichten und Stellungnahmen und legt nahe, dass Neutralität als fehlende Klarheit oder Festlegung wahrgenommen wird. Wenn eine Person oder Institution sich neutral verhält oder äußert, wird dies zumeist als Mangel an Standpunkt oder Entschlossenheit zu interpretiert. Der Vorwurf der diffusen Neutralität entsteht dann, wenn Klarheit oder ein eindeutiger Standpunkt gefordert wird, sei es in politischen, moralischen oder sozialen Diskussionen. Neutralität wird in diesen Fällen als vermeidendes Verhalten gesehen, das schwierige Entscheidungen oder Konflikte umgeht, statt klare Positionen zu beziehen. Sie ist gegenläufig zur Ausgewogenheit. Bestätigt wird die Einstellung von Wankelmütigkeit in politischen Stellungnahmen, wie es in den arabischen Emiraten zu sehen ist. Dort oder ähnlichen politischen Kontexten wird Neutralität als Strategie verwendet, um Vorteile von verschiedenen mächtigen Akteuren zu erhaschen. Eine solche Politik wirkt inkonsistent, da sie es vermeidet, klare Positionen in Konflikten oder internationalen Krisen zu beziehen.

Wenn Staaten oder politische Akteure Bedrohungen ignorieren oder bewusst ausblenden, gefährden sie nicht nur sich selbst, sondern auch ihre Partner und die internationale Gemeinschaft. Ein Beispiel ist das Versagen, auf das Erstarken terroristischer Organisationen oder die Bedrohung durch autoritäre Regime zu reagieren. Solche Bedrohungen eskalieren häufig, wenn sie nicht frühzeitig wahrgenommen und angemessen bekämpft werden. Ein solcher Mangel an Wachsamkeit gefährdet nicht nur den eigenen Staat, sondern auch die globale Stabilität. Die Untätigkeit einer blinden Regierung trägt massiv zur Eskalation von Konflikten bei, indem sie aggressiven Akteuren Raum gibt, ungehindert zu agieren.

Neutralität, die auf einer Weigerung basiert, Bedrohungen realistisch zu sehen oder zu bekämpfen, richtet mehr Schaden als Nutzen an. In der internationalen Politik bedeutet dies, dass Neutralität nicht als Mittel zur Konfliktvermeidung oder Friedensförderung angesehen werden kann, wenn die Bedrohungen zu groß sind oder wenn moralische und sicherheitspolitische Verpflichtungen bestehen, die nicht ignoriert werden dürfen. Das hat in jüngster Zeit auch bewirkt, dass Finnland und Schweden dem Bündnis der NATO beigetreten sind. Die Entscheidung zeigt, dass die klassische Neutralität in Zeiten akuter Bedrohungen nicht mehr als ausreichendes Mittel angesehen wird, um den Frieden zu sichern. Die Sicherheitslage in Europa machte es für diese Länder notwendig, eine kollektive Verteidigungsstrategie zu verfolgen.

Entscheidungen zu treffen erfordert oft Mut, klare Positionen zu beziehen und das Risiko einzugehen, Widerstand oder Kritik zu erfahren. Menschen neigen jedoch häufig dazu, diese Verantwortung zu scheuen, weil Entscheidungen mit Unsicherheiten und potenziellen negativen Folgen verbunden sein können. Neutralität bietet in solchen Momenten einen vermeintlichen Schutz. Man steht nicht auf einer Seite und kann sich so dem direkten Konflikt oder der Verantwortung entziehen. Da Neutralität, ähnlich wie Anonymität, als ein Akt der Vermeidung und des Rückzugs betrachtet wird, anstatt als ein Zeichen von Mut oder Entschlossenheit, stellt sie absolut eine Art von Feigheit dar. Sie vermeidet es, Verantwortung zu übernehmen oder eine klare Haltung zu schwierigen Themen zu beziehen. Wenn sie als die Möglichkeit angesehen wird, sich aus Konflikten herauszuhalten und eine passive Position einzunehmen, riskieren Staaten in der Wahrnehmung ihrer Partner, als opportunistisch zu gelten. Dies untergräbt auf lange Sicht das Vertrauen in bestehende Beziehungen und vor allem auch die Fähigkeit, mitzureden und eventuell Einfluss auszuüben. In der Interkonnektivität internationaler Beziehungen wird es immer drängender, Verantwortung zu übernehmen und sich klar zu Werten und Prinzipien zu bekennen. In der Rolle der Neutralität tragen Regierungen in Konflikten, in denen sie zwar nicht direkt beteiligt sind, aber dennoch von den Entscheidungen anderer betroffen sind, zur Destabilisierung der Lage bei. In Situationen, die klare ethische Urteile erfordern, kann Neutralität als moralisches

Versagen interpretiert werden. Wenn Menschenrechte verletzt oder völkerrechtliche Normen gebrochen werden, ist Schweigen keine angemessene Antwort.

Neutralität beweist sich als ein aktives Unentschieden, das oft mit emotionaler Abgestumpftheit oder flüchtigem Desinteresse gleichgesetzt wird. In einer Welt, in der jede Entscheidung, jede Haltung und jedes Wort Bedeutung hat, kann sich niemand wirklich von der moralischen Verantwortung freimachen, die rationale, empathische und kritische Auseinandersetzung mit der Realität erfordert. Während Neutralität eine kurzfristige Lösung zu sein scheint, führt sie letztlich nur zu einem Zustand der Passivität und Ignoranz. Der Wert liegt nicht im Schweigen oder im Nicht-Handeln, sondern im mutigen Eintreten für universelle Werte. Insofern ist die Frage, die alle für sich selbst beantworten müssen: in welcher Welt möchten sie leben und welches Engagement sind sie bereit, dafür zu zeigen?

Auch im intellektuellen Bereich ist der Kampf des Individuums und seiner Gemeinschaft notwendig. Man muss sich entscheiden, aber das wollen viele Menschen nicht, sie wollen neutral sein, sich drücken. Wenn dies das Establishment, dem die Masse folgt, genauso sieht, wird die Ausweglosigkeit in die Zukunft verdeutlicht. Die Annahme, dass Irrtümer "nichts kosten", ist problematisch. In der Wissenschaft und Philosophie kann der falsche Hang zur Neutralität durchaus Konsequenzen haben.

Sie können Forschungsressourcen fehlleiten, gesellschaftliche Entscheidungen negativ beeinflussen und den Erkenntnisfortschritt hemmen. In der philosophischen Auseinandersetzung von Politik im globalen Umfeld, ist eine eindeutige Stellungnahme unvermeidlich geworden. Sie geht über die reine Machtpolitik hinaus und umfasst fundamentale Unterschiede in Bezug auf Menschenrechte, Universalismus und Systeme der Weltordnung. Der philosophische Kampf in der internationalen Politik erfordert mutige Entscheidungen und aktives Engagement. Die Weigerung, sich zu positionieren, kann zu einer gefährlichen Stagnation führen, während eine bewusste Auseinandersetzung mit den zugrundeliegenden Weltanschauungen den Weg für konstruktive Lösungen globaler Probleme ebnet. Der Akt des Überzeugens der Verunsicherten in den internationalen Beziehungen erfordert ein gut durchdachtes, multidimensionales Handeln.

Auch in den Gremien der Weltorganisation der Vereinten Nationen kommt es nicht auf neutrale Einstellungen an, sondern eher auf Objektivität. Zur Wahrung des Weltfriedens und der internationalen Sicherheit, zur Unterstützung der Menschenrechte, zur Entwicklung freundschaftlicher Beziehungen zwischen den Nationen und zu einer gediegenen Pflege der internationalen Zusammenarbeit ist die Scheinheiligkeit einer neutralen Einstellung eher hinderlich. Diese Ziele erfordern eine objektive Herangehensweise, nicht unbedingt Neutralität gegenüber Verstößen gegen diese Prinzipien.

Die Evaluierungen zur Entscheidungsfindung müssen wissenschaftlicher und transparenter erfolgen, um mehr Objektivität zu gewährleisten. Das Vetorecht der ständigen Mitglieder im Sicherheitsrat anlässlich der willkürlichen Blockade-Episoden bei Abstimmungen ist kaum untersucht oder evaluiert worden. Viel zu viel haben sich die geopolitischen Interessen in die Entscheidungsstrukturen vermengt. So kann der Sicherheitsrat nach empirischen Erkenntnissen kaum seinem Auftrag entsprechend als repräsentativ erkannt werden. Neutralität, als Passivität oder Gleichgültigkeit gewertet, ist in den komplexen und oft konfliktgeladenen Verhandlungen in den UNO-Gremien nicht förderlich. Daher ist mehr Augenmerk auf objektive statt auf neutrale Haltungen notwendig, um faire als auch effektive Entscheidungen zu treffen.

Auf diese Weise ist in den letzten Jahren die Organisation der Vereinten Nationen abgestumpft und konnte aus ihren Irrwegen nicht mehr heraus kommen. Aufgrund von bürokratischen Hürden, politischen Blockaden und Interessenskonflikten zwischen den Mitgliedsstaaten hat die Organisation an Handlungskraft und Glaubwürdigkeit verloren. Besonders im Sicherheitsrat, wo die Vetomächte oft uneinig sind, kommt es immer wieder zu Blockaden, die eine wirksame Operation auf globaler Ebene verhindern. In Krisengebieten wie Syrien, Jemen, Myanmar oder im Umgang mit globalen Problemen wie dem Klimawandel oder den Flüchtlingskrisen wird die UNO dafür kritisiert, dass ihre Maßnahmen entweder zu spät kommen oder nicht ausreichend sind, um wirkliche Veränderungen herbeizuführen.

Es spiegelt die Schwierigkeit wider, universelle Menschenrechte durchzusetzen, wenn geopolitische Interessen im Spiel sind. Besonders in Situationen, in denen mächtige Mitgliedstaaten eigene Interessen verfolgen, sei es durch politische oder wirtschaftliche Einflussnahme, entstand viel zu häufig der Eindruck, dass die UNO nicht objektiv handelt. Dies erzeugt Frustration bei den betroffenen Bevölkerungen, die jeweils auf eine starke internationale Einflussnahme hoffen. Die Bürokratie und die Notwendigkeit, Entscheidungen im Konsens zu treffen, erschweren schnelle Antworten bei den Gremien der Vereinten Nationen. Dieser Mangel an zeitnahen Maßnahmen hat in der Vergangenheit dazu geführt, dass Menschenrechtsverletzungen fortgesetzt wurden, während die UNO nur schleppend agierte. Die Debatte über die Effektivität im Bereich der Menschenrechte bleibt also ein wichtiges und stark umstrittenes Thema in der internationalen Politik. Es erfordert eine genaue und differenzierte Analyse der konkreten Umstände.

Wenn es in den letzten Jahrzehnten zunehmend deutlich wurde, dass die UNO in ihrer Mission an strukturelle Grenzen stieß, scheint eine tiefgreifende Umstrukturierung dieses globalen Organs der einzige Weg zu sein, um die Handlungsfähigkeit wiederherzustellen und die Erwartungen der internationalen Gemeinschaft zu erfüllen. Länder wie

Deutschland, Indien, Brasilien oder Japan fordern seit Jahren eine ständige Mitgliedschaft im Sicherheitsrat, um die heutige geopolitische Realität besser abzubilden. Eine breitere Repräsentation mit der Aufhebung des absoluten Einstimmigkeitsrechts bei Beschlüssen könnte die Legitimität und die Effizienz des Rates erhöhen. Die Generalversammlung, in der alle 193 Mitgliedsstaaten der UNO vertreten sind, hat hauptsächlich beratende Funktion. Ihre Beschlüsse sind rechtlich nicht bindend, was ihre politische Durchsetzungskraft erheblich einschränkt. Eine Umstrukturierung in geographisch großregionale Vertretungen könnte die Rolle der Generalversammlung verwandeln, indem ihr gleichzeitig mehr Befugnisse in globalen Fragen zugeteilt werden, quasi als zusätzliche Bestätigung der Resolutionen des Sicherheitsrates. Es könnten Mechanismen eingeführt werden, die verhindern, dass Entscheidungen des Rats durch geopolitische Interessen verzerrt werden.

Zudem könnten alternative Finanzierungsquellen erschlossen werden, etwa durch internationale Steuern auf Finanztransaktionen über fossile Brennstoffe. Dies könnte die finanzielle Abhängigkeit von einzelnen Staaten reduzieren. Die Verwaltung der UNO-Finanzen könnte durch externe Audits und transparente Berichtsmechanismen verbessert werden, um sicherzustellen, dass die Mittel effizient und zweckgebunden eingesetzt werden. Wenn die UNO eine zentrale Säule der internationalen Ordnung bleiben soll, müssen die Machtverteilungen im Sicherheitsrat angepasst, die Entscheidungsprozesse demokratisiert und die finanzielle Unabhängigkeit gesichert werden. Damit könnte sich die Organisation auf die Bewältigung neuer globaler Herausforderungen gut vorbereiten. Es wäre eine mögliche Herangehensweise, die Rolle als Hüter des Weltfriedens und der internationalen Zusammenarbeit im 21. Jahrhundert erfolgreich auszufüllen.

Wenn eine Weltorganisation in ihren Aussagen manipulativ agiert und ihre Abstimmungen auf kriminelle Weise beeinflusst werden, ist das ein ernst zu nehmendes Problem. Solches Verhalten untergräbt das Vertrauen in die Institution und ihre Fähigkeit, ihre Ziele zu erreichen sowie internationale Zusammenarbeit zu fördern. Reformen sind unbedingt notwendig sein, um Transparenz, Verantwortlichkeit und ethisches Verhalten zu gewährleisten. Dies könnte Maßnahmen wie strengere Regulierungen, unabhängige Kontrollen, die Schaffung klarer Verhaltensrichtlinien und die Einführung von Mechanismen zur Überprüfung und Nachverfolgung von Entscheidungen und Abstimmungen umfassen. Die Einbeziehung der Zivilgesellschaft und weiterer Stakeholder in den Reformprozess könnte die Legitimität und Integrität der Organisation anheben.

Es ist besorgniserregend, wenn eine wankelmütige Führungsperson an der UN-Spitze mit unqualifizerten Äußerungen zur globalen Situation, bei gleichzeitiger Legitimierung von Terror-Organisationen mit der

Verharmlosung des Hamas-Überfalls in Gaza oder der Unterwürfigkeit vor dem Diktator Putin ihre moralische Autorität in Frage stellen. Die tiefe Verbeugung des UN-Generalsekretärs gleichsam als Hofknicks vor dem Diktator Putin wurde zu einer Lachnummer, mit der weniger diplomatisches Geschick bewiesen als viel mehr der Reputation der UNO geschadet wurde. In der globalen Diplomatie sind klare und konsistente Positionierungen essenziell, um Glaubwürdigkeit zu bewahren. Es ist wichtig, dass die Führungskräfte in internationalen Organisationen in der Lage sind, die Komplexität globaler Konflikte zu verstehen und verantwortungsbewusst damit umzugehen. In Zeiten, in denen die internationale Stabilität und Sicherheit fragil sind, kommt den Äußerungen und Handlungen von Spitzenvertretern viel Gewicht zu.

Um die Transparenz zu erhöhen, sind offene Kommunikationskanäle und öffentliche Berichterstattung über Entscheidungsprozesse und Abstimmungen eine der grundsätzlichen Voraussetzungen. Dies könnte durch regelmäßige Veröffentlichungen von Protokollen und Abstimmungsergebnissen geschehen. Die Einrichtung unabhängiger externer Überwachungs-Institute und Think-Tanks könnte sicherstellen, dass Entscheidungen objektiv und ohne Einflussnahme getroffen werden. Diese Agenturen sollten die Befugnis haben, Missstände zu untersuchen und zu berichten. Dazu gilt es, effektivere Verfahren zur Überprüfung von Entscheidungen und Abstimmungen einzuführen. Die Organisation sollte regelmäßige Evaluierungen ihrer Prozesse und

Strukturen durchführen lassen und so eine effektive und transparente Arbeit sicherstellen.

31. FEHLER IN DER AUSSENPOLITISCHEN ENTSCHEIDUNGSFINDUNG

Fehlentscheidungen in der Außenpolitik entstehen oft durch falsche Einschätzungen der geopolitischen Lage, der Interessen anderer Staaten oder der internen Dynamik eines anderen Landes. Diese Missverständnisse ziehen sofort weitere Fehlentscheidungen nach sich. Die globale Verflechtung von Staaten, Institutionen und Allianzen bedeutet, dass ein außenpolitischer Irrtum in einem Land zu unvorhergesehenen Folgen in vielen anderen Regionen führt. So war die westliche Reaktion auf Russlands Annexion der Krim mit einer Fehleinschätzung von Russlands langfristigen geopolitischen Zielen verbunden. Die Sanktionen gegen Russland führten zwar zu wirtschaftlichem Druck, konnten aber die aggressive Außenpolitik Moskaus nicht stoppen, was weitere Eskalationen und Konflikte zur Folge hatte. Gleichzeitig verschärfte sich die Kluft zwischen Russland und dem Westen.

Wenn politische Akteure eine Bedrohung nicht klar sehen oder falsch interpretieren, weil sie sich auf oberflächliche Informationen verlassen oder durch andere, sichtbare Bedrohungen abgelenkt sind oder gar ängstlich und unentschlossen sind, folgen die unangenehmsten Konsequenzen auf den Fuß. Terrornetzwerke, Cyberangriffe oder hybride Kriegsführung sind Beispiele für Bedrohungen, die manchmal schwer auszumachen sind und deshalb unterschätzt werden. Leider erfolgen die Aktionen zu spät, weil der wahre Umfang einer Bedrohung erst dann erkannt wird, wenn sie bereits erheblichen Schaden angerichtet hat. Politische Systeme, die auf träge Bürokratie oder vorsichtige Entscheidungsprozesse setzen, sind besonders anfällig für solche Fehler. Eine weitere Gefahr besteht darin, dass die langfristigen Auswirkungen einer Bedrohung nicht ausreichend bewertet werden. Schleichende Bedrohungen wie Klimawandel, Massenmigration oder demografische Verschiebungen sind außerordentlich gefährlich, da ihre Folgen sich erst nach Jahren oder Jahrzehnten bemerkbar machen. Staaten, die auf kurzfristige Bedrohungen fixiert sind, neigen dazu, solche langfristigen Risiken zu vernachlässigen. Viele Akteure neigen dazu, Bedrohungen zu sehen, die in ihr bestehendes Weltbild passen, während andere Gefahren ausgeblendet oder unterschätzt werden. Dies führt dazu, dass verdeckte oder schwer greifbare Bedrohungen oft zu spät erkannt werden.

Die Unfähigkeit von Staaten und politischen Akteuren, latente oder versteckte Bedrohungen rechtzeitig zu bemerken und angemessen darauf zu reagieren, ist ein ernsthaftes Problem in der modernen Sicherheitspolitik. Dieses Phänomen lässt sich durch mehrere Faktoren erklären. Die Komplexität moderner politischer Entscheidungsprozesse kann zu Verzögerungen bei der Erkennung und Reaktion auf Bedrohungen führen. Manchmal werden wichtige Informationen unsachgemäß gefiltert oder falsch interpretiert, bevor sie die höchsten Entscheidungsebenen erreichen. Dazu neigen politische Akteure dazu, sich auf unmittelbare und sichtbare Bedrohungen zu konzentrieren, da diese oft mediale Aufmerksamkeit erregen. Sie nehmen damit in Kauf, dass latente oder schwer erkennbare Bedrohungen wie Terrornetzwerke, Cyberangriffe oder hybride Kriegsführung unterschätzt oder übersehen werden. Die Fülle an verfügbaren Informationen in der heutigen Zeit ist paradoxerweise anfällig für oberflächliche Analysen. Entscheidungsträger sind von der Menge der Daten dermaßen überwältigt, dass sie auf tiefer gehende Analysen verzichten. Politische Systeme, die auf vorsichtige Entscheidungsprozesse und konsensorientierte Politik setzen, sind besonders anfällig für einen verzögerten Resposnns. Die Notwendigkeit, breite Zustimmung zu erlangen, verlangsamt oft einen längerenEntscheidungsprozess und beeinträchtigt die Fähigkeit zur schnellen Anpassung an neue Bedrohungen.

Die Implementierung von effizienten Analysemethoden und KI-gestützten Systemen kann dabei helfen, potenzielle Bedrohungen besser aufzudecken. Allerdings braucht es mehr als nur den Einsatz dieser Technologien. Der Umgang mit solchen Tools erfordert ein umfassendes Fachwissen und ein tiefes Verständnis, um sicherzustellen, dass die gewonnenen Erkenntnisse korrekt interpretiert und die richtigen Maßnahmen ergriffen werden. Die reine Übernahme von KI-Antworten ohne Prüfung ist risikobehaftet, dass wichtige Aspekte übersehen werden. KI kann zwar große Datenmengen oberflächlich analysieren, aber nicht immer alle Nuancen oder komplexen Zusammenhänge begreifen. Die menschliche Expertise bleibt also entscheidend, um die Ergebnisse zu validieren und im richtigen Kontext zu nutzen. Der Einsatz von KI sollte als Ergänzung gesehen werden, nicht als vollständiger Ersatz. Die Mechanismen der Entscheidungsfindung müssen auf Flexibilität eingestellt sein. Regelmäßige Schulungen für Entscheidungsträger sind notwendig, um sie für die Erkennung und Bewertung latenter Bedrohungen zu sensibilisieren. Durch die Umsetzung solcher Maßnahmen können politische Akteure ihre Fähigkeit verbessern, auch schwer erkennbare Bedrohungen frühzeitig zu identifizieren und angemessen darauf zu reagieren.

Die Überschätzung der eigenen Macht und Einflussmöglichkeiten ist eine der häufigsten Fehleinschätzungen. Staaten oder auch aggressive Gruppierungen neigen nicht selten dazu, ihre eigene Macht und ihren Einfluss in der internationalen Arena zu überschätzen. Dies hat gravierende Fehleinschätzungen der eigenen Handlungsmöglichkeiten zur Folge. Ein häufiger Irrtum ist die einseitige Fokussierung auf eines der beiden Faktoren, innen- oder außenpolitisches Umfeld. Außenpolitische Entscheidungsträger konzentrieren sich dann zu stark auf kurzfristige nationale Interessen und vernachlässigen dabei langfristige Auswirkungen und globale Herausforderungen. Ein weiterer Irrtum ist die Annahme, dass unilaterales Handeln und die Verfolgung eng definierter nationaler Interessen immer zielführend sind. Dabei wird übersehen, dass in einer zunehmend vernetzten Welt viele Herausforderungen nur durch internationale Zusammenarbeit bewältigt werden können. Um diese Irrtümer zu vermeiden, ist ein multilateraler Ansatz in der außenpolitischen Entscheidungsfindung nötig, der sowohl internationale als auch innenpolitische Faktoren berücksichtigt, langfristige Konsequenzen einbezieht und offen für Kooperation ist. Zudem ist die sorgfältige Analyse der Motivationen und Handlungsmöglichkeiten anderer Akteure nützlich.

Die Kanzlerschaft beispielsweise eines zentralen europäischen Landes wird in der Europapolitik daran gemessen, wie gut sie gemeinsame Visionen vorantreibt, Krisen bewältigt und Allianzen schmiedet. In diesem Kontext ergeben sich im Augenblick zu viele Kritikpunkte. Fast könnte man meinen, es handle sich um eine politische Zen-Strategie: maximales Abwarten, minimales Riskieren. Denn wer nichts macht, kann ja auch nichts falsch machen. Eine europäische Politik Deutschlands, die sich auf nationale Bedürfnisse fokussiert, schwächt automatisch die europäische Solidarität. In Deutschland scheint es zuweilen so, als würde „Deutschland zuerst" Vorrang haben, sei es bei wirtschaftlichen Fragen, der Energiepolitik, der gemeinsamen Sicherheit oder der Migrationsfrage. Die Bereitschaft, nur zu homöopathischen Dosen europäische Verteidigung anzubieten, wird die aktuelle Bundesregierung wohl kaum in die Meisterklasse der entschiedenen Handlungen hieven.

Deutschland wird in der EU traditionell als Führungskraft angesehen, die Brücken baut und Kompromisse ermöglicht. Schwache Kanzlerschaften lassen jedoch diese Führungsrolle unbesetzt, was den Zusammenhalt der EU gefährdet. Europa ist kein Selbstläufer; es braucht mutige und visionäre Politik, um die Herausforderungen der Gegenwart zu bewältigen. Fehlt diese mangels fähiger Charismatiker, bleibt die EU anfällig für interne Spaltungen, nationale Egoismen und externe Bedrohungen, ein Preis, den sich weder ein europäisches Mitgliedsland noch die Weltgemeinschaft leisten können.

Ein häufiger Fehler in der großregionalen Außenpolitik ist das Fehlen einer langfristigen Perspektive. Entscheidungen, die nur kurzfristige Ziele verfolgen, ohne die langfristigen Auswirkungen zu bedenken, können zu unvorhergesehenen und oft negativen Konsequenzen führen. Stets gehören die Interessen und Perspektiven anderer Länder zu berücksichtigen. Wenn ein Land ausschließlich seine eigenen Interessen verfolgt und die Bedenken anderer Nationen ignoriert, erhöht dies die Spannungen und diplomatischen Konflikte. Die einseitige Entscheidung der USA, das Pariser Klimaschutzabkommen zu verlassen, wurde von vielen Ländern als Missachtung der globalen Zusammenarbeit wahrgenommen und führte zu einem diplomatischen Konflikt, insbesondere mit europäischen Partnern.

Konsensbildung bedeutet, dass verschiedene Akteure, trotz ihrer unterschiedlichen Interessen und Perspektiven, eine gemeinsame Grundlage finden, um zu einer Einigung zu kommen. Dies erfordert Geduld, Empathie und die Fähigkeit, verschiedene Ansichten zu integrieren. Erfolgreiche Konsensbildung geht über den bloßen Kompromiss hinaus und setzt die Bereitschaft voraus, kreative Lösungen zu finden, die für alle Beteiligten vorteilhaft sind. Eine erfolgreiche Konsensbildung hängt oft von der Offenheit ab, neue, unkonventionelle Lösungen zu finden. Dabei geht es nicht nur darum, Kompromisse zu machen, sondern auch um die Bereitschaft, innovative Ideen zu entwickeln, die für beide Seiten Vorteile bieten. Die Form der „Track-2"-Diplomatie, also informelle Gespräche und Workshops zwischen Experten und zivilgesellschaftlichen Akteuren, kann den formellen Verhandlungsprozess vorantreiben.

Krisen betreffen immer mehrere Sektoren, etwa das Gesundheitswesen, die Wirtschaft, Infrastruktur, öffentliche Sicherheit und Technologie. In einem Krisenfall müssen unterschiedliche Akteure zusammenarbeiten, um eine schnelle und koordinierte Reaktion zu gewährleisten. Ein sektorübergreifendes Krisenmanagement erfordert die Entwicklung flexibler, interdisziplinärer Lösungen und den Aufbau eines robusten Netzwerks von Institutionen, die sich gegenseitig unterstützen können. Zusätzlich ist es entscheidend, dass Falschinformationen schnell identifiziert und durch verlässliche Quellen korrigiert werden. Dazu sind spezialisierte Teams auf sämtlichen Diskussions- und Kreativitätseinheiten einzusetzen, die auch die digitale Landschaft überwachen.

Ein ständig sich wiederholender Fehler ist, die Lehren aus vergangenen Zuständen nicht zu berücksichtigen. Viele Organisationen und Regierungen neigen dazu, die Planung und Vorbereitungen für Krisen nach einer Krise zu vernachlässigen, wodurch sie anfällig für ähnliche Fehler in zukünftigen Krisen werden. ment sein, aber sie darf nicht als Allheilmittel betrachtet Technologie kann ein unverzichtbares Hilfsmittel im Krisenmanageerden. Ein häufiger Fehler ist, sich zu stark auf Kommunikationsplattformen, automatisierte Warnsysteme oder Drohnen zu verlassen, ohne sicherzustellen, dass diese auch in einem Notfall funktionieren und auf menschliche Entscheidungen und Interventionen abgestimmt sind. Auch diese Vorgänge Umgang gehören evaluiert. Immer mehr Wetterkatastrophen könnten besser vorhergesagt werden. Während der Hurricane-Katastrophe in den USA gab es viele technische Systeme, die nicht wie erwartet funktionierten oder nicht rechtzeitig verfügbar waren, was die Reaktionsgeschwindigkeit der Hilfskräfte beeinträchtigte. Fast noch schwerwiegender sind Mängel In der Aufklärung militärischer Gefahren oder aggressiver Weltraumtechnologien.

Die größten Fehler im Krisenmanagement entstehen oft aus mangelnder Vorbereitung, unzureichender Kommunikation und der Unterschätzung von Risiken, insbesondere im Bereich der digitalen Bedrohungen und der Desinformation. Sämtliche Sektoren, Länder und die betroffene Bevölkerung sollten ständig einbezogen werden, um die Effizienz und Effektivität von Krisenmanagementsystemen zu erhöhen. Eine kontinuierliche Anpassung und Verbesserung der Strategien sind entscheidend, um in zukünftigen kniffligen Situationen besser gewappnet zu sein. Das Fehlen einer langfristigen Resilienzstrategie, die sowohl auf physische als auch auf digitale Bedrohungen eingeht, kann enorme Fehlentwicklungen ins Schlepptauziehen. Viele Krisenpläne konzentrieren sich nur auf die unmittelbare Reaktion auf eine aktuelle Krise, anstatt langfristige Maßnahmen zu entwickeln, um die Gesellschaft, Infrastruktur und Institutionen widerstandsfähiger gegenüber zukünftigen Bedrohungen zu machen.

Nur durch einen proaktiven, integrativen Ansatz können wir sicherstellen, dass wir nicht nur in der Lage sind, auf Krisen zu reagieren, sondern auch, um zukünftigen Gefahren mit einem robusten, flexiblen System zu begegnen. Friedenssicherung, politische Initiativen und der Aufbau internationaler Sicherheitsmechanismen sind entscheidend, um Konflikte zu verhindern und die Resilienz gegenüber geostrategischen Risiken zu erhöhen. Eine resiliente Gesellschaft wird von stabilen und transparenten Institutionen getragen, die in der Lage sind, schnell und effektiv auf Krisen zu reagieren. Diese Institutionen umfassen Regierungen, Gesundheitsdienste, Bildungseinrichtungen und Notfallmanagementsysteme.

Eine gute Governance ist entscheidend, um das Vertrauen der Bevölkerung zu gewinnen und den sozialen Zusammenhalt aufrechtzuerhalten. Sie zeichnet sich durch ihre Fähigkeit aus, Veränderungen zu antizipieren und innovative Lösungen zu entwickeln. Dies kann sowohl technologische Innovation als auch die Fähigkeit umfassen, neue soziale oder wirtschaftliche Modelle zu entwickeln, wenn alte Strukturen versagen. Eine resiliente Gesellschaft investiert nicht nur in die Reaktion auf Krisen, sondern auch in präventive Maßnahmen. Dies bedeutet, frühzeitig auf potenzielle Risiken zu achten, Krisenpläne zu entwickeln und diese regelmäßig zu üben. Sie muss auch damit umgehen können, Störmanöver von Extremismen, sei es von Diktaturen, Terrororganisationen oder zersetzenden Parteien zu erkennen und abzufedern. Indem sie sich auf diese Schlüsselbereiche konzentrieren, können Organisationen und Gemeinschaften widerstandsfähige Systeme aufbauen, die nicht nur die mit Extremismus verbundenen Risiken erkennen und mindern, sondern auch ein integrativeres Umfeld und einen stärkeren Zusammenhalt fördern.

Um den Herausforderungen, die der Extremismus in seinen vielen Formen darstellt, sei es durch autoritäre Regime, terroristische

Organisationen oder zersetzende politische Ideologien, wirksam zu begegnen, müssen Organisationen und Gemeinschaften einen vielseitigen und proaktiven Ansatz verfolgen. Dazu gehört es, die Wurzeln und Erscheinungsformen des Extremismus zu erkennen und gleichzeitig Maßnahmen zu ergreifen, um seine Auswirkungen abzuschwächen. Letztlich geht es darum, die Widerstandsfähigkeit, die Inklusivität und den Zusammenhalt innerhalb der Gesellschaft zu fördern.

Extremistische Akteure nutzen häufig Schwachstellen in politischen, sozialen und wirtschaftlichen Systemen aus, um ihre Ziele zu erreichen. Sie verbreiten häufig Propaganda, um Fakten zu verdrehen, Ängste zu schüren und Gesellschaften zu polarisieren. Digitale Plattformen werden genutzt, um spaltende Rhetorik zu verstärken und Anhänger zu rekrutieren. Autoritäre Regime oder extremistische Parteien können politische oder rechtliche Systeme unterwandern, um ihre Ziele zu legitimieren. Direkte physische Drohungen gegen Einzelpersonen oder Gemeinschaften zielen darauf ab, sie zu destabilisieren und ihnen Angst einzuflößen. Diktaturen und extremistische Bewegungen bringen Andersdenkende oft durch Inhaftierung, Zensur oder Gewalt zum Schweigen.

Daher müssen die Institutionen der Rechenschaftspflicht und Transparenz Vorrang einräumen, um Vertrauen und Legitimität zu schaffen. Klare Gesetze gegen Hassreden, Aufwiegelung und politische Korruption können extremistische Manöver verhindern. Die Förderung von kritischem Denken und Medienkompetenz kann die Bürger gegen Desinformation impfen. Globale Koordination hilft dabei, transnationale extremistische Netzwerke aufzuspüren und zu zerschlagen. Länder und Organisationen können von erfolgreichen Strategien zur Bekämpfung des Extremismus in unterschiedlichen Kontexten lernen. Die Bekämpfung des Extremismus geht über defensive Maßnahmen hinaus; sie erfordert die Schaffung eines Umfelds, in dem Extremismus nicht gedeihen kann.

Die Beseitigung wirtschaftlicher und sozialer Ungleichheiten verringert die Missstände, die Extremisten ausnutzen; integrative Plattformen sorgen dafür, dass sich alle Gruppen vertreten und wertgeschätzt fühlen; Initiativen zur Lösung von Spannungen zwischen polarisierten Gruppen verhindern eine Eskalation zum Extremismus. Die Vermittlung von Werten wie Demokratie, Menschenrechten und gegenseitigem Respekt bereitet künftige Generationen darauf vor, extremistischen Ideologien zu widerstehen. Durch die Kombination von Wachsamkeit gegenüber den störenden Taktiken des Extremismus mit einer proaktiven Betonung von Inklusivität und Widerstandsfähigkeit können Gesellschaften die von extremistischen Akteuren ausgehenden Bedrohungen wirksam bekämpfen. Transparente Institutionen, gestärkte Gemeinschaften und globale Zusammenarbeit bilden das Rückgrat dieser Bemühungen. Das

Ergebnis ist ein kohärentes Umfeld, in dem nicht nur Risiken identifiziert und gemindert werden, sondern auch eine Kultur des Respekts, der Gleichberechtigung und des gemeinsamen Fortschritts gefördert wird. Durch solche ganzheitlichen Strategien wird die Anziehungskraft des Extremismus geschwächt und seine Fähigkeit, Störungen zu verursachen, systematisch eingeschränkt. All diese Bemühungen können sich der professionellen Instrumentarien der Audits, Evaluierungen und Ratings bedienen.

32. EINSCHÄTZUNG DER MEDIENLANDSCHAFT

Die Bedeutung von Evaluierungen der Medien greift in die Meinungsdifferenzen der Öffentlichkeit massiv ein, und zwar nicht nur hinsichtlich der Bewertung von Inhalten, sondern auch bezogen auf die Mediations-Leistung der Moderatoren im täglichen Leben der politischen Diskussionen und Talk-Shows. Da Medien nicht nur die Aufgabe haben, Informationen bereitzustellen, sondern sie zu formen, sind sie an der Beeinflussung der öffentlichen Meinung massiv beteiligt. Mediale Debattenplattformen dienen als wichtige Arenen, in denen Meinungen geäußert, politische Positionen diskutiert und gesellschaftliche Themen beleuchtet werden.

Medien fungieren als Hauptquelle für aktuelle Ereignisse und Nachrichten. Die Qualität und Genauigkeit der berichteten Informationen beeinflussen, wie die Öffentlichkeit diese Themen versteht und darauf reagiert. Es ist entscheidend, dass diese Informationen faktenbasiert, ausgewogen und frei von Verzerrungen sind. So haben die Medien allein schon über das Agenda-Setting die Macht zu bestimmen, welche Themen im öffentlichen Diskurs Priorität haben. Durch die Auswahl von Themen und die Art und Weise, wie sie präsentiert werden, formen sie das Weltbild in der Bevölkerung und lenken deren Aufmerksamkeit auf bestimmte Fragestellungen. Über

Medieninhalte und Kommentare wird oft der Ton für gesellschaftliche und politische Diskussionen gesetzt. Kommentatoren, Journalisten und Fachleute bieten Interpretationen, die die Sicht der Zuschauer auf Themen prägen. Daher ist eine sorgfältige Bewertung der Qualität und Unparteilichkeit dieser Kommentare von großer Bedeutung. Sie informieren nicht nur über das, was in der Welt geschieht, sondern sie gestalten diese Wirklichkeit auch aktiv mit. Indem sie bestimmte Themen in den Vordergrund stellen und andere ignorieren, beeinflussen sie, was vom Auditorium als relevant oder unwichtig empfunden wird. Mediale Debattenplattformen sind die Arenen, in denen diese Meinungsbildung stattfindet, oft laut und kontrovers, aber unvermeidlich prägend. In dieser Interkonnektivität zwischen Medien und Gesellschaft werden politische Positionen diskutiert und gesellschaftliche Themen beleuchtet , doch das Licht, das darauf geworfen wird, ist oft einfärbig, nicht neutral.

Medien sind nicht nur Informationskanäle; sie sind auch kraftvolle Akteure in der politischen und gesellschaftlichen Meinungsbildung. In politischen Diskussionen, die oft in Echtzeit ausgestrahlt werden, wird die Art und Weise, wie Informationen präsentiert und diskutiert werden, für das Publikum greifbar. Die Medien beeinflussen nicht nur, was gedacht, sondern auch, wie mit Gefühlen agiert wird. Vor diesem Hintergrund wird die Evaluation von Medieninhalten und Kommentatoren zur sensiblen Notwendigkeit.

Schaffen es die Kommentatoren in politischen Debatten, komplexe Themen verständlich und tiefgründig darzulegen? Ihre Leistung hängt davon ab, wie gut sie recherchieren, argumentieren und differenzieren können. Häufig wird jedoch bemängelt, dass die Sendungen zu oberflächlich bleiben und eher der Selbstdarstellung der Gäste dienen als einer tiefgehenden Diskussion. Begrenzte Sendezeiten und der Unterhaltungsanspruch bremsen sehr oft eine differenzierte Betrachtung der Themen. Verzerrte oder parteiische Kommentare beeinflussen das Meinungsbild und fördern möglicherweise einseitige Narrative. Fachkompetenz und Glaubwürdigkeit ist nicht von vornherein gegeben. Eine kontinuierliche Einschätzung ist notwendig, um die Rolle auf den Meinungsbühnen kritisch zu hinterfragen.

Talk-Shows werden zu wahren Tempeln oberflächlicher, dafür umso mehr elektirisierender Diskussionen. Wo sonst könnte man derartig fundierte Expertisen hören wie die von Schauspielern, die zu Epidemiologen werden, oder Politikern, die mit ihren tiefschürfenden Kenntnissen über Klimawandel glänzen? Natürlich wird nur bestes selbstgestricktes Wissen, nicht ganz frei von übertriebener Selbstdarstellung geboten. Wer braucht schon Tiefe, wenn man in der gleichen Zeit locker einen Shitstorm provozieren kann? Oft wird eher auf polarisierende Inszenierungen gesetzt, die weniger auf sachlichen Austausch als auf Dramatik und Zuspitzung aus sind. Diese Inszenierungen mit provokativen Themen und hitzigen Diskussionen können natürlich Aufmerksamkeit generieren und die Einschaltquoten steigern, lassen aber häufig die Tiefe und Ernsthaftigkeit vermissen, die für eine echte Auseinandersetzung notwendig wäre.

Meinungen werden vereinfacht oder verfälscht dargestellt und echte Nuancen gehen verloren. In einer Zeit, in der Meinungsvielfalt und differenzierte Diskussionen wichtiger sind denn je, kann es irritierend wirken, wenn Talkshows nur darauf abzielen, Emotionen anzuheizen, anstatt einen Raum für fundierte Auseinandersetzungen zu schaffen. Das dahinter stehende Rezept lautet: man nehme ein möglichst polarisierendes Thema, gern irgendwas mit „Skandal", „Angst" oder „Ende der Freiheit" und garniere es mit einem Hauch Empörung. Dann setzt man fünf Gäste an einen Tisch, idealerweise aus völlig entgegengesetzten Lagern, die sich nicht nur nicht leiden können, sondern bestenfalls schon vor der Show kräftig angeheizt wurden.

Derzeit sind Moderatoren mit ganz wenigen Ausnahmen eine Mischung aus Schiedsrichtern und Brandbeschleunigern, stets bereit, den einen oder anderen Funken zu legen. Das Ergebnis ist dann meist eine Debatte, die wenig mit Meinungs-Austausch und viel mehr mit Schlagabtausch zu tun hat. Statt Argumente sachlich zu erörtern, wird jeder Standpunkt in einprägsame, knackige Soundbites gepresst, einfach genug, damit sie noch auf Twitter oder Instagram zünden. Dann liefern die Teilnehmer Nuancen höchstens in der Lautstärke, mit der sie einander ins Wort fallen. Wer da als Zuschauer noch auf der Suche nach echten, differenzierten Meinungen ist, wird enttäuscht. Das Spektakel greift, schließlich soll die Einschaltquote ja stimmen.

Eine diverse, qualitativ hochwertige und ausgewogene Medienlandschaft ist für das Funktionieren einer Demokratie unerlässlich. Medien und Kommentatoren sollten Raum für pluralistische Diskussionen bieten. Fehlende oder unzureichende Bewertungen bringen es mit sich, dass Desinformationen, Polarisierung und Manipulation verstärkt werden. Evaluierungen müssen helfen, Transparenz zu schaffen, Qualitätsstandards zu setzen und die Glaubwürdigkeit der Medien zu vervielfältigen. In Zeiten von Fake News und zunehmender politischer Polarisierung ist dies wichtiger denn je.

Unter anderem geht es darum, wie genau Informationen präsentiert werden. Immer ist es von Bedeutung, ob es eine Evidenzbasis für die Aussagen der Kommentatoren gibt. Dann gilt die Beobachtung dem Ablauf, welche Perspektiven hervorgehoben und welche vernachlässigt werden? Das Verständnis von politischen Voreingenommenheiten ist entscheidend für die kritische Auseinandersetzung mit Medieninhalten. Kompetenz, Unparteilichkeit, Kommunikationsfähigkeit und Einfühlungsvermöge sind entscheidend für die Qualität und Wirkung von ernst zu nehmenden Kommentaren. Beim Zuhören gewinnt man manchmal den Eindruck, die Expertise wurde direkt aus dem neuesten

Trend-Artikel auf Social Media gezogen. Wer braucht schon jahrelanges Studium oder tiefgründige Recherchen, wenn man mit ein paar knackigen Phrasen und einer Prise Polemik das Publikum genauso gut unterhalten kann?

Auf der einen Seite gibt es spezifische Experten, die über ihre beruflichen Positionen und Assessments als solche ausgewiesen sind. Andererseits blüht die Irreführung über eingeladene Schein-Experten. Es liegt möglicherweise auch daran, dass manche TV-Player sich auf der Basis einer selbstgestrickten Kompetenz und mit Hilfe der Protektion des Zufalls sich auf den Moderatoren-Sesseln breit gemacht haben. Der öffentliche Eindruck von Medien ist oft das Resultat von langanhaltenden Trends und der Art und Weise, wie Informationen vermittelt werden. Die Realitätserfassung mancher TV-Anstalten besteht nicht selten in der Flucht in die „korrekte" Informationsverweigerung. Andererseits kann die schiere Menge an verfügbaren Informationen so überwältigend sein, dass sie zu einer die Aufmerksamkeitsspanne reduziert. Immerhin sind die Medien dazu da, eine Plattform für den Austausch unterschiedlicher Standpunkte und Argumente zu aktuellen Themen zu bieten. Damit fördern sie den öffentlichen Diskurs und die Abstimmung verschiedener Meinungen in der Gesellschaft. Als sogenannte "Vierte Gewalt" kommt ihnen eine wichtige Kontrollfunktion zu. Durch investigativen Journalismus und kritische Berichterstattung sollen sie Missstände aufdecken und die Machthabenden in Politik und

Wirtschaft kontrollieren. Diese Funktion ist essentiell für das Funktionieren einer Demokratie. Im politischen System haben Medien die Aufgabe, einen Beitrag zur politischen Bildung und Partizipation der Bürger zu leisten. Insgesamt beteiligen sie sich sowohl an der notwendigen Stabilität als auch am stetigen Wandel der Gesellschaft. Gleichzeitig besteht die Interkonnektivität zwischen Medien und Politik, von der beide Seiten voneinander profitieren, sich aber auch gegenseitig beeinflussen.

In den 2000er Jahren, besonders nach den Ereignissen des 11. September 2001 und der politischen Polarisierung, wurden die US-Medien zunehmend kritisiert. Die US-amerikanischen Nachrichtensender setzten oft auf einen stark emotionsgeladenen Journalismus, um Zuschauer zu binden. Die einzelnen Sender wurden berüchtigt für ihre klaren ideologischen Positionen, die oft mehr Spaltung als Verständigung förderten. Zudem konzentrierten sich viele Programme eher auf Entertainment und Meinungsshows als auf objektive Berichterstattung. Das Phänomen des "TV-Bashings" entstand als Reaktion auf diese Praktiken: die Medien wurden beschuldigt, Polarisierung zu betreiben, anstatt zu einer ausgewogenen, faktenbasierten Berichterstattung beizutragen. Wohin das geführt, hat die soziale und politische Entwicklung der USA gezeigt.

In den letzten Jahren haben US-amerikanische Fernsehsender jedoch

Schritte unternommen, um ihr Image zu verbessern und zu einer ausgewogeneren und professionelleren Berichterstattung zurückzukehren. Dazu gehört unter anderem die Professionalisierung der Kommentatoren. Viele von ihnen haben nicht nur journalistische Expertise, sondern auch fundiertes Wissen in Bereichen wie Politik, Wirtschaft und internationale Beziehungen, was den Sendern eine größere Glaubwürdigkeit verschafft hat. US-Medienhäuser haben zunehmend auf eine größere Vielfalt an Kommentatoren und Experten gesetzt. Diese Diversifizierung der Stimmen, nicht nur in politischer Hinsicht, sondern auch in Bezug auf kulturelle, ethnische und geschlechtsspezifische Perspektiven, hat zu einer pluralistischeren Diskussion beigetragen. Dies hat vielen Sendern geholfen, ein breiteres Publikum zu erreichen und als weniger parteiisch wahrgenommen zu werden. Die Bemühungen zeigen mittlerweile Früchte. Die Kritik an der oberflächlichen, parteiischen Berichterstattung ist in vielen Fällen zurückgegangen, und etliche Sender haben durch fundierte Berichterstattung und gut ausgebildete Kommentatoren wieder an Glaubwürdigkeit gewonnen. Dies hat auch dazu geführt, dass internationale Medien und Zuschauer die amerikanische Medienlandschaft differenzierter wahrnehmen.

Gleichzeitig bleibt die Versuchung bestehen, ein hochgradig polarisiertes Publikum zu bedienen. Trotz der Verbesserungen gibt es nach wie vor Sender, die stark auf parteiische Meinungen setzen, um bestimmte

Zielgruppen anzusprechen. Die Medienlandschaft in den USA bleibt immer noch stark fragmentiert und viele Zuschauer beziehen ihre Informationen weiterhin aus Quellen, die ihre politischen Überzeugungen bestätigen, anstatt sich auf neutrale Berichterstattung zu verlassen.

Im deutschsprachigen Raum zeigt sich in der Medienlandschaft ein deutlicher Gegensatz zwischen qualitativ hochwertigen Experten und sogenannten „Schein-Experten". Dieser Dualismus ist besonders in der Art und Weise erkennbar, wie Experten in verschiedenen Medienformaten und zu unterschiedlichen Sendezeiten eingesetzt werden. Auf der einen Seite gibt es viele qualifizierte Fachleute, die in bestimmten Themenbereichen eine ausgewiesene Expertise besitzen. Sie zeichnen sich durch eine tiefgreifende Kenntnis ihres Fachgebietes, akademische Qualifikationen oder umfangreiche Berufserfahrung aus. Auf der anderen Seite gibt es jedoch in vielen Sendungen eine wachsende Zahl von „Schein-Experten". Sie treten häufig in populistischen Formaten auf, in denen sie einfache und reißerische Aussagen machen, die den Zuschauern in einer klaren, aber oft unreflektierten und tendenziösen Weise vermittelt werden. Diese „Experten" bedienen sich polemischer oder emotional aufgeladener Argumentationsmuster, um Aufmerksamkeit zu erregen, statt durch sachliche Tiefe zu überzeugen. Ein Grund für den vermehrten Einsatz von Schein-Experten könnte in der fehlenden journalistischen Sorgfalt einiger

Formate liegen. Statt sorgfältig recherchierte und qualifizierte Fachleute einzuladen, greifen bestimmte TV-Anstalten auf Personen zurück, die möglicherweise weniger Expertise haben, aber gut in das Narrativ der Sendung passen oder eine provokante Meinung vertreten, die die Zuschauerzahlen steigern kann. Hierbei handelt es sich um eine Art „Schlagzeilenjournalismus", der eher auf kurzfristige Aufmerksamkeit als auf tiefgehende Analyse abzielt. In dieser Art von Setting wird wahre Expertise untergraben, und das Publikum erhält letztlich keine echte Aufklärung oder fundierte Einsichten, sondern eine Oberflächendiskussion, die eher zur Unterhaltung oder Bestätigung der eigenen Vorurteile dient. So wird das Potenzial für eine differenzierte Auseinandersetzung mit den komplexen politischen und gesellschaftlichen Themen systematisch geschwächt.

Ist dieser Umstand deswgen entschuldbar, weil viele Talkshows und Debattenformate sich einem enormen Druck ausgesetzt sehen, hohe Zuschauerzahlen zu erreichen? Schein-Experten, die extreme Meinungen vertreten, werden in diesem Zusammenhang als nützlich angesehen, um eine lebhafte und kontroverse Diskussion zu erzeugen, auch wenn dabei die Qualität der Argumente leidet. Dies trägt zu einer Verzerrung der Realität bei, da oberflächliche oder falsche Informationen den Vorrang bekommen. Die Zuseher werden nicht ausreichend informiert sind und potenziell manipuliert. Gleichzeitig untergräbt es das Vertrauen in die Medien und fördert die Verbreitung Desinformationen. Die Diskrepanz zwischen qualifizierten Experten und Schein-Experten zeigt, wie wichtig es ist, die Auswahl von Gästen in Talkshows kritisch zu hinterfragen. Es liegt in der Verantwortung der Medien, auf eine fundierte und ausgewogene Berichterstattung zu achten. Andernfalls besteht die Gefahr, dass mediale Irreführung zur Norm wird und der öffentliche Diskurs Schaden nimmt.

Ereignisse wie die Spaltung der US-Wählerschaft, die zunehmende Polarisierung zwischen Republikanern und Demokraten sowie extreme Ereignisse wie der Sturm auf das Kapitol am 6. Januar 2021 sind teilweise auf diese Entwicklung zurückzuführen. Die Glaubwürdigkeit der Medien wurde zunehmend infrage gestellt. Eine wachsende Zahl von Menschen sah die Presse nicht mehr als neutrale Instanz, sondern als Akteur in einem ideologischen Konflikt. Die mediale Polarisierung in den USA kann als Warnung für andere Regionen gesehen werden. Es zeigt, wie wichtig eine ausgewogene und verantwortungsvolle Berichterstattung ist, um demokratische Prozesse zu stärken und soziale Spaltungen zu verhindern. Gleichzeitig stellt die Entwicklung die Medien vor die Herausforderung, sich gegen Vorwürfe von Einseitigkeit zu wappnen, ohne ihren Auftrag zur kritischen Berichterstattung zu verlieren.

Die Verunglimpfung des Auftrags in öffentlichen Fernsehanstalten beruht auch darauf, dass nicht nur absichtliche Verschwörungstheorien und Lügen die Übertragung beeinträchtigen, sondern ebensodie subtile

Unterlassung von Meldungen. Was in Deutschland und gerade in Österreich am laufenden Band passiert, erfuhr seinen Höhepunkt des medialen Missbrauchs in der Berichterstattung in den Zeiten der Covid-Pandemie. Damit hat das Management der öffentlichen Sender viel zur Verunsicherung und sozialen Unruhe beigetragen. In Österreich blieb lediglich ein einziger privater Sender der objektiven Berichterstattung treu. Die soziologischen Spät-Folgen waren deutlich zu verspüren. Ein häufiger Vorwurf war, dass öffentliche Sender überproportional die Positionen von Regierungsstellen und etablierten Institutionen wiedergaben, während kritische Meinungen von Wissenschaftlern oder betroffenen Gruppen unterrepräsentiert blieben. Die Offenlegung redaktioneller Entscheidungen und ihre Bewertung könnten helfen, Vorwürfen der Einseitigkeit entgegenzuwirken. Es wäre sinnvoll, unterschiedliche Perspektiven, auch abweichende, stärker zu berücksichtigen, um das Vertrauen in die Medienlandschaft zu stärken. Ebenso wäre eine noch größere Distanz zu politischen und wirtschaftlichen Einflüssen wichtig, um die Glaubwürdigkeit der Medien zu sichern.

Zudem hat sich mit der wachsenden Digitalisierung die europäische Medienlandschaft dramatisch verändert. Immer mehr Menschen konsumieren Nachrichten und Inhalte über soziale Netzwerke und digitale Plattformen. Diese Entwicklung hat dazu geführt, dass traditionelle Medienunternehmen ihre Geschäftsmodelle und Inhalte an die Anforderungen des digitalen Zeitalters anpassen müssen. Außerdem treten internationale Plattformen als neue Akteure auf und konkurrieren mit europäischen Sendern um Zuschauer. Die Verbreitung von Desinformation und „Fake News" über soziale Netzwerke und alternative Nachrichtenplattformen stellt eine große Gefahr in der veröffentlichten Meinung dar. Sie ist eine gravierende Herausforderung für die Medienlandschaft. Besonders im Zusammenhang mit politischen Ereignissen wie den Wahlen zum Europäischen Parlament oder der Brexit-Debatte hat sich gezeigt, wie stark manipulative Inhalte die öffentliche Meinung beeinflussen können.

Die Art und Weise, wie Menschen Medien konsumieren, verändert sich rasant. In der jüngeren Generation spielen soziale Medien und Streaming-Dienste eine dominierende Rolle, während traditionelle Print- und Fernsehformate an Bedeutung verlieren. Diese Veränderung fordern zu neuen Antworten heraus, wie auf die Frage nach der Finanzierung von qualitativ hochwertigem Journalismus und der Gewährleistung eines ausgewogenen Informationsangebots über professionelle Evaluierungen und Assessments. Auf europäischer Ebene gibt es verschiedene Maßnahmen und Initiativen, die darauf abzielen, die Medienfreiheit und -vielfalt zu schützen und zu fördern. Vielleicht sollte anstelle obrigkeitlicher Kontrolle ein privatwirtschaftliches Monitoring die Rolle der Qualitätsüberprüfung übernehmen. Die Zukunft der europäischen Medienlandschaft wird maßgeblich davon abhängen, wie erfolgreich die

Akteure es schaffen, die Unabhängigkeit und Vielfalt der Medien zu bewahren und gleichzeitig auf die tiefgreifenden Veränderungen durch Digitalisierung und neue Medienplattformen zu reagieren. Der Zugang zu verlässlichen Informationen muss bei gleichzeitiger Absicherung der Meinungsfreiheit gewährleistet sein, um die demokratischen Strukturen in Europa zu garantieren.

Trotz allem schneidet Europa insgesamt mit der Ausnahme Ungarns oder Bulgariens im Vergleich zu anderen Weltregionen gut ab. Nordamerika hat ebenfalls eine starke Tradition der Pressefreiheit, jedoch gibt es zunehmende Angriffe auf Journalisten und Medienunternehmen durch politische Akteure. In Lateinamerika und Teilen Asiens ist die Pressefreiheit hingegen durch staatliche Repression, Zensur oder Gewalt gegen Journalisten stark eingeschränkt. China, Russland und Saudi-Arabien sind Beispiele für Länder, in denen die Presse massiv unter staatlicher Kontrolle steht und unabhängige Medien fast nicht existieren.

Ohne freie und unabhängige Medien fehlt eine kritische Kontrollinstanz gegenüber Regierungen und Machthabern. Dies beschlenigt den schleichenden Abbau demokratischer Strukturen und Rechtsstaatlichkeit. Wenn unabhängige Medien unter Druck geraten, entsteht ein Informationsvakuum, das oft nur durch Propaganda und Falschinformationen gefüllt wird. Dies befeuert die gesellschaftliche Polarisierung und untergräbt den faktenbasierten öffentlichen Diskurs, der für eine funktionierende Demokratie unerlässlich ist. Die zunehmenden Angriffe auf Journalisten führen zu einem Klima der Angst und Einschüchterung. Medienschaffende könnten aus Sorge um ihre Sicherheit auf kritische Berichterstattung verzichten, was die Meinungsvielfalt noch mehr einschränkt und autoritären Tendenzen Vorschub leistet.

Sollte so ein Trend anhalten, droht eine schleichende Erosion demokratischer Werte und Institutionen. In einigen Ländern könnte dies zu einem Abgleiten in autoritäre oder hybride Regierungsformen führen. Selbst in gefestigten Demokratien besteht die Gefahr einer zunehmenden Polarisierung und eines Vertrauensverlusts in demokratische Prozesse. Um dieser Entwicklung entgegenzuwirken, sind Maßnahmen zum Schutz der Pressefreiheit auf nationaler und internationaler Ebene ratsam. Es wurde also festgestellt, dass die Medienlandschaft in vielen Bereichen von Schwächen geprägt ist, die miteinander vernetzt und interdependent sind. Zum einen führt die Monopolisierung sehr oft zu wirtschaftlichen Zwängen, was wiederum den qualitativen Journalismus untergräbt. Die Verquickung von wirtschaftlichen Interessen und Journalismus erschwert eine hochwertige Berichterstattung. Der wirtschaftliche Druck zwingt Medienunternehmen, Inhalte zu produzieren, die auf Kosten von Qualität und Tiefe maximale Aufmerksamkeit erregen. Die Sensationsgier wie sie mit Clickbait und in der Boulevardisierung illustriert wird, korreliert mit der sinkenden Qualität von Inhalten. Zudem verschärfen diese Mechanismen den Verlust des Vertrauens des Publikums in die Medien, was die Einnahmen aus Werbung und Abonnements reduziert.

Der Vertrauensverlust hängt eng mit der Konzentration von Eigentum und der Kommerzialisierung zusammen. Das Misstrauen befeuert zudem das Wachstum alternativer Plattformen, auf denen noch viel mehr Desinformation und Verschwörungstheorien verbreitet werden. Derartige Abhängigkeiten treiben zur Monopolisierung, indem die großen Plattformen durch Algorithmen entscheiden, welche Inhalte sichtbar sind. Kommerzialisierung wird immer mehr gefördert, weil Inhalte so optimiert werden müssen, dass sie in den sozialen Medien viral gut laufen. Eine solche Praxis kann nur zu Lasten der journalistischen Qualität gehen.

Die Verbreitung von Desinformation ist ein Symptom der Schwäche in der Abhängigkeit von digitalen Plattformen, die durch ihre Algorithmen oft kontroverse Inhalte liefern. Die Desinformation profitiert nebenher von der sinkenden Glaubwürdigkeit der traditionellen Medien und ihrer Kommerzialisierung. Der Qualitätsverlust ist zudem mit der sinkenden Qualifikation von Journalisten, Kommentatoren und TV-Moderatoren verbunden. Dazu kommt, dass wenig erfahrene oder schlecht ausgebildete Journalisten nicht über das nötige Handwerkszeug verfügen, um komplexe Themen fundiert zu behandeln. Sie stürzen sich auf reißerische Themen, die mit weniger Risiko verbunden sind oder gar kein Fachwissen erfordern. Gleichzeitig sind Medienhäuser aufgrund finanziellen Drucks geneigt, auf billigere und leichter zugängliche Inhalte zu setzen, die von weniger qualifizierten Kräften erstellt werden können.

Da journalistische Standards und Ethik weniger an den Universitäten und immer öfter im Rahmen praktischer Ausbildung vermittelt werden, fehlt es an diesem notwendigen Fundament. TV-Anstalten setzen liebend gern auf Moderatoren mit Entertainment-Qualitäten als auf Fachkompetenz. Wenn andere gut ausgebildete Journalisten den schlecht bezahlten Beruf verlassen, um in lukrativere Bereiche wie PR oder Unternehmenskommunikation zu wechseln, wird das Niveau der öffentlichen Berichterstattung noch weiter heruntergezogen. Die Verbesserung der Ausbildung und Förderung qualifizierter Journalisten ist ein entscheidender Schritt, um den Qualitätsverlust in der Medienlandschaft aufzuhalten. Doch um langfristige Ergebnisse zu erzielen, müssen diese Bildungsinitiativen von strukturellen Reformen begleitet werden, die sich auf die Finanzierung und die Arbeitsorganisation der Medien konzentrieren. Journalistenschulen und Universitäten sollten gewissenhaft Qualitätskontrollen und einheitliche Standards einführen. Der Verlust an Fachjournalisten lässt sich vorläufig damit kompensieren, dass spezialisierte Fortbildungskurse in Bereichen wie Wissenschaft, Wirtschaft, Politik und Kultur gefördert werden. Eine begleitende Praxisorientierung während der Ausbildung hilft, diese Fähigkeiten direkt im Redaktionsalltag anzuwenden. Fachliches Know-How, journalistische Ethik, einschließlich der Prinzipien der Objektivität und der Verantwortung gegenüber der Öffentlichkeit sind vorrangig in der Ausbildung zu vermitteln und später in Programmen der Evaluierung und der Assessments am Laufenden zu halten.

Nicht-profitorientierte Stiftungen könnten ebenfalls eine wichtige Rolle spielen. Sie wären geeignet, Redaktionen zu finanzieren, die sich auf investigative und tiefgründige Berichterstattung konzentrieren. Medienhäuser könnten auf Mitgliedschaftsmodelle, Abonnements und Crowdfunding setzen, um ihre Abhängigkeit von Werbeeinnahmen zu verringern. Diese Modelle fördern eine engere Beziehung zwischen Medien und ihrer Leserschaft, was die Unabhängigkeit stärkt und den finanziellen Druck mildert. Eine Reform der Werbeverteilung durch eine fairere Besteuerung von Tech-Giganten wie Google und Facebook, die einen Großteil der digitalen Werbeeinnahmen abschöpfen, würde den traditionellen Medien mehr finanzielle Spielräume schaffen.

Eine weitere Voraussetzung für besseren Journalismus sind stabile und faire Arbeitsbedingungen. Prekäre Arbeitsverhältnisse schwächen das Vertrauen in den Beruf und führen zu einem Verlust von qualifiziertem Personal. Medienhäuser sollten in faire Arbeitsverträge investieren, um journalistische Talente zu halten. Anstatt Geld zu sparen und selbst an der Ausbildung herumzufummeln, sollten sie die Kooperation mit professionellen Ausbildungsstätten und Universitäten fördern. Eine florierende Weiterbildung im Umgang mit neuen Technologien, Datenjournalismus und Social Media sollte die Qualifikationen der inhaltlichen Ausbildung dabei nicht unter den Tisch fallen lassen.

33. EUROPÄISCHE POLITIK IM GLOBALEN KONTEXT *)

Die Europäische Union hat sich in den vergangenen Jahrzehnten zu einem der zentralen Akteure der internationalen Politik weiter entwickelt. Vom ursprünglich wirtschaftlichen Zusammenschluss europäischer Länder nach dem Zweiten Weltkrieg hat sich die EU zu einem geopolitischen Player gewandelt, der weit über die Grenzen Europas hinaus Einfluss nimmt. Diese Transformation war notwendig, da die globalen Herausforderungen im 21. Jahrhundert immer komplexer und vernetzter geworden sind. Europa steht heute inmitten bedeutender internationaler Spannungen, dem Aufstieg neuer Mächte, einem sich verändernden Sicherheitsumfeld und der Notwendigkeit, sich in einer multipolaren Welt zu behaupten.

Europäische Politik hat sich in den letzten Jahren zunehmend globalisiert. Sie wurde durchdie Umstände dazu gezwungen und das ist gut so für die weitere Zukunft Europas. Während Europa lange Zeit vor allem in internen Themen wie der Vertiefung der Integration und der Stabilisierung des Euro- und Schengen-Raums gefangen war, ist die Außenpolitik mittlerweile zu einem entscheidenden Betätigungs-Feld

*) „DER EUROPA CODE" Globale Politik und die Positionierung Europas
   ISBN 978-3-7597-0818-2

geworden. Der Einfluss europäischer Länder und der EU als Institution erstreckt sich heute auf zahlreiche Thematiken, darunter Diplomatie, Sicherheit, Menschenrechte, Klimawandel und wirtschaftliche Partnerschaften. Der Grund dafür liegt nicht nur in der direkten Betroffenheit durch globale Entwicklungen, sondern auch in der Erkenntnis, dass Europa in einer vernetzten Welt nicht isoliert agieren kann. Probleme wie der Klimawandel, Terrorismus, Migration und internationale Handelskonflikte haben globale Dimensionen und verlangen daher globale Lösungen. Europa hat daher begonnen, sich in internationalen Projekten aktiver zu engagieren und eigene außenpolitische Strategien zu entwickeln.

Die europäische Außenpolitik wird immer mehr von den geopolitischen Realitäten und strategischen Interessen bestimmt. Seit der Jahrtausendwende hat sich die Weltordnung stark verändert. Der Aufstieg Chinas zur zweitgrößten Volkswirtschaft der Welt und die wachsende militärische und wirtschaftliche Macht im Indo-Pazifischen-Raum haben die globalen Kräfteverhältnisse verschoben. Gleichzeitig hat sich Russland, besonders seit der Annexion der Krim im Jahr 2014 und dem Einmarsch in die Ukraine 2022, als eine destabilisierende Kraft an den Grenzen Europas erwiesen.

Europa, das sich häufig als moralischer und diplomatischer Leader positioniert, muss zunehmend erkennen, dass es in der heutigen geopolitischen Arena nicht nur um höfliche Worte und glänzende Reden geht. Diese Metapher beschreibt treffend die momentane geopolitische Lage Europas und stellt die Frage, ob der Kontinent tatsächlich gewappnet ist für den immer härteren globalen Wettbewerb. Es ist daher höchste Zeit, dass die europäischen Leader die Realität ihres Platzes in der Weltordnung anerkennen und sich ernsthaft auf den Wettkampf vorbereiten. Das bedeutet, nicht nur die äußeren Erscheinungen zu pflegen, sei es durch diplomatische Rhetorik oder eine aufwendige Politik des "Wünsch dir was", sondern vielmehr durch die Entwicklung einer robusten, durchdachten Strategie, die in der Lage ist, auch in schwierigen Zeiten standzuhalten. Dazu gehört nicht nur die Verbesserung der militärischen und wirtschaftlichen Resilienz, sondern auch eine klarere Haltung in internationalen Konflikten.

Für die EU sind diese Entwicklungen sowohl eine Herausforderung als auch eine Gelegenheit mehrere Schritte nach vorne zu setzen. Einerseits sieht sich Europa gezwungen, vermehrt in Verteidigungsfragen zu investieren und engere Sicherheitskooperationen aufzubauen, andererseits bietet die sich verändernde Weltordnung auch Chancen, neue Allianzen zu knüpfen und die eigene Position als Vermittler und Verfechter von Multilateralismus zu beweisen. Die Beziehungen zu den USA, die traditionell als der wichtigste Partner Europas angesehen werden, haben sich in den letzten Jahren ebenfalls verändert. Obwohl die NATO eine tragende Rolle für die europäische Sicherheit spielt, hat die Politik der „America First"-Doktrin während der Trump-Administration die EU veranlasst, ihre Abhängigkeit von den USA zu überdenken. Europa strebt nun nach strategischer Autonomie, wobei insbesondere Frankreich und Deutschland Vorreiter in der Entwicklung einer gemeinsamen europäischen Verteidigungspolitik sind.

Neben sicherheitspolitischen Fragen ist der internationale Handel ein zentrales Feld europäischer Außenpolitik. Die EU ist der größte Binnenmarkt der Welt und einer der größten Exporteure von Waren und Dienstleistungen. Freihandelsabkommen mit Drittländern sind ein wichtiges Instrument, um europäische Produkte auf globalen Märkten zu platzieren und gleichzeitig Standards für fairen Handel, Arbeitnehmerrechte und Umweltschutz zu setzen. Mit Blick auf den indo-pazifischen Raum, der zunehmend als das wirtschaftliche Zentrum der Welt betrachtet wird, hat die EU ihre wirtschaftlichen Beziehungen ausgeweitet. Freihandelsabkommen mit Japan, Südkorea und Vietnam sowie Verhandlungen mit Ländern wie Australien und Indien zeigen, dass Europa entschlossen ist, seine Präsenz in Asien zu demonstrieren. Die EU sieht die Region nicht nur als Wachstumsmarkt, sondern auch als strategischen Partner, um das wachsende chinesische Gewicht auszugleichen. Es könnte ein Aufruf zur Selbstbesinnung und Erneuerung sein. Europa könnte eingeladen sein, seine Stärken nutzen, historische Lehren anzuwenden und mit Zuversicht und Entschlossenheit daran zu arbeiten, um in einer komplexen und multipolaren Weltordnung eine gestaltende Kraft zu bleiben. Gleichzeitig wird ein neuer Ansatz der globalen Zusammenarbeit skizziert, der über traditionelle Machtstrukturen hinausgeht und auf Werte und Innovation setzt.

In Anbetracht der zunehmenden Instabilität an den Grenzen Europas, etwa durch die Konflikte in Syrien, Libyen und in der Sahelzone sowie durch das aggressive Verhalten Russlands, hat sich die EU entschlossen, ihre Verteidigungskapazitäten zu optimieren. Während die NATO nach wie vor das Rückgrat der europäischen Sicherheit bildet, hat die EU begonnen, eigenständige militärische Initiativen zu ergreifen. Die Schaffung der „Ständigen Strukturierten Zusammenarbeit" und des Europäischen Verteidigungsfonds zeigt, dass Europa in der Lage ist, gemeinsame Verteidigungsprojekte durchzuführen und sich in sicherheitspolitischen Fragen eigenständiger aufzustellen. Die Sicherheitspolitik umfasst jedoch nicht nur militärische Maßnahmen. Die EU spielt auch eine Schlüsselrolle in der Förderung von Demokratie, Menschenrechten und Rechtsstaatlichkeit weltweit. Die Europäische Nachbarschaftspolitik und die Erweiterungspolitik sind wichtige Instrumente, um Stabilität und Wohlstand in benachbarten Regionen zu fördern.

Migration bleibt eine der größten Herausforderungen der europäischen Politik, sowohl intern als auch in der Außenpolitik. Der Migrationsdruck aus dem Nahen Osten, Afrika und Asien stellt die EU vor komplexe

Aufgaben. Die Bekämpfung der Ursachen von Flucht, etwa durch Entwicklungszusammenarbeit und diplomatische Initiativen, ist ein zentraler Bestandteil der europäischen Außenpolitik. Gleichzeitig muss Europa Lösungen für die gerechte Verteilung von Flüchtlingen innerhalb der EU finden, um inneren Spannungen entgegenzuwirken.

Dabei hätte Deutschland allein auf der organisatorischen und wirtschaftlichen Bühne genügend anderen Stoff, den es bearbeiten müsste. Da ist die mangelnde Innovationsbreitschaft in der Industrie der letzten Jahrzehnte, die überbordende Bürokratie, schwach bewertete CEO's mit individuellen Defiziten im manageriellen und gesellschaftspolitischen Spektrum und viele weitere Auslöser für die missliche Situation in der Wirtschaft. Die politischen und wirtschaftlichen Potenziale eines Landes hängen von den Fähigkeiten der Bevölkerung und ihrer Führung ab, mit den verfügbaren Ressourcen und Herausforderungen umzugehen. Technologie, Innovation und Humankapital spielen die zentrale Rolle. Die Qualifikation der Bevölkerung, insbesondere das Bildungssystem und die Investitionen in Humankapital, sind maßgeblich für die langfristige Entwicklung eines Landes. Eine gut ausgebildete Bevölkerung kann die Potenziale eines Landes besser ausschöpfen. Schwach agierende Institutionen oder interne Konflikte können das Entwicklungspotenzial eines Landes stark beeinträchtigen. Wie gut mit den zur Verfügung stehenden Potenzialen und Herausforderungen umgegangen wird, entscheidet über den Erfolg im globalen Geschehen. Länder müssen in der Lage sein, ihre natürlichen und menschlichen Ressourcen effizient zu nutzen, um langfristige Entwicklung zu gewährleisten. Kein Land kann isoliert bestehen. Nicht die bloße Existenz von Institutionen oder geographischen Grenzen ist entscheidend, sondern wie eine Gesellschaft ihre Ressourcen, Fähigkeiten und Herausforderungen bewältigt.

Die Kosten-Nutzen-Rechnung zwischen den USA und Europa scheint sich mit der Wahl D. Trumps und dem autoritären Ruck zum Protektionismus zu verschieben. Wenn eine ehemalige Bastion der Demokratie in den Wogen der Unberechenbarkeit verschwindet und die Brücken der transatlantischen Kooperation eingebrochen sind, ist Europa gezwungen, unabhängigere Strategien zu entwickeln, um seine eigenen Interessen zu schützen und seine Rolle in der Welt voranzutreiben. Europa ist zunehmend darauf bedacht, weniger abhängig von den USA zu sein, sei es in sicherheitspolitischen Fragen, Energieversorgung oder Technologie. Nur eine derartige Unabhängigkeit stärkt Europas Verhandlungsposition und gibt ihm die Freiheit, eigenständige Entscheidungen zu treffen, die den Interessen der europäischen Bevölkerung dienen.

Wenn eine Demokratie keinen Raum mehr für Widerspruch, Kritik und freie Meinungsäußerung lässt, bewegt sie sich gefährlich nah an die Grenzen des Autoritarismus oder gar der Alleinherrschaft. Eine

Demokratie lebt von der Vielfalt an Meinungen, der Offenheit für Kritik und der Möglichkeit zur Partizipation und Kontrolle. Wird diese Grundlage erstickt, indem Widerspruch unterdrückt wird und Macht in die Hände einer einzigen Person oder einer kleinen, abgeschotteten Gruppe gelangt, verliert das System seinen demokratischen Charakter. Mit der Veränderung der Tonalität der US-Politik als separatistische Macht kommen imHintergrund neue Ansprüche der Weltgemeinschaft ans Tageslicht. Das interaktive Nervensystem der internationalen Politik zeigt sich sensibilisiert.

Ein machthungriger Anführer ohne tiefere Bildung oder ethische Verantwortung kann besonders gefährlich sein, da er möglicherweise autoritäre Tendenzen entwickelt und sich weniger um die Werte und Mechanismen der Demokratie schert. Solche Personen neigen oft dazu, Macht zentralisieren und sich gegen jegliche Art von Checks-and-Balances zur Wehr zu setzen, die ihre Macht begrenzen könnten. Geschichte und Gegenwart zeigen, wie oft mangelnde Bildung und eine Fixierung auf Machtmissbrauch zur Auflösung demokratischer Normen und zum Aufstieg von Alleinherrschaft führen können. Wenn demokratische Institutionen wie Gerichte, Parlamente und freie Medien an Einfluss verlieren oder kontrolliert werden, entsteht eine Nomenklatur der Alleinherrschaft. In diesem Szenario wird das politische System faktisch zur Diktatur, auch wenn es möglicherweise äußerlich noch demokratische Züge trägt. Die Nomenklatur autoritärer Herrschaft, also die Sprache und Struktur, die solch ein Machtsystem auszeichnet, führt zur Umgestaltung des öffentlichen Lebens und des Denkens in der Gesellschaft. Wenn Opposition und kritische Stimmen gezielt ausgeschaltet oder diffamiert werden, verliert die Gesellschaft allmählich ihre Fähigkeit, die Macht des Herrschenden infrage zu stellen. Solche Entwicklungen können auch in modernen Demokratien vorkommen, wenn die Öffentlichkeit nicht wachsam und nicht bereit ist, ihre Rechte und Freiheiten zu verteidigen.

Die ständig wechselnden Ungewissheiten haben in Europa bereits eine starke Bewegung hin zur strategischen Autonomie ausgelöst. Europa kann sich nicht darauf verlassen, dass die transatlantische Beziehung immer stabil bleibt und muss daher mehr Verantwortung in Sicherheitsfragen und wirtschaftlicher Selbstständigkeit übernehmen. Ein selbstbewusstes Europa wird sich so positionieren, dass es auch ohne bedingte Loyalität gegenüber den USA agieren kann, und nur dann die strapazierte Brücke nutzt, wenn es wirklich sinnvoll ist. Die NATO, die eine wesentliche Komponente der transatlantischen Sicherheitsstruktur ist, bietet Europa Schutz und ein Gegengewicht in einer instabilen Welt. Diese Zusammenarbeit abzubrechen, wäre riskant und könnte Europa verwundbarer machen, insbesondere solange es noch keine starke, unabhängige europäische Verteidigungsstruktur gibt. Europa muss möglicherweise auch lernen, selektiv zu agieren und die Beziehungen zu den USA differenzierter zu gestalten, anstatt in Kategorien wie „enge

Partner" oder „ferne Feinde" zu denken. Jedenfalls sollte die EU sich im strategischen Denken und Handeln einig sein.

Die strategische Neudefinition Europas erfordert eine überlegte Neuausrichtung der strategischen Allianzen. Europa befindet sich in einer Phase, in der es seine Position in einer sich verändernden globalen Landschaft klären muss. Ein diplomatisch äußeres Lächeln, also der bewahrende, respektvolle Umgangston zwischen den Partnern bleibt wichtig, um bestehende Elemente noch aufrechtzuerhalten. Die Idee der strategischen Autonomie, die innerhalb der EU immer lauter diskutiert wird, zeigt, dass Europa mehr Souveränität anstrebt, um eigenständige Entscheidungen in den Bereichen Verteidigung, Technologie und Handel treffen zu können. Europa muss verstärkt in regionale Partnerschaften investieren, etwa in Beziehungen zu afrikanischen und asiatischen Staaten, um seine globale Position zu behaupten. In dieser Neudefinition liegt auch die Chance, dass Europa und die USA als Partner auf Augenhöhe agieren, mit einer klareren Rollenverteilung und einem eigenen europäischen Beitrag zur globalen Stabilität und Sicherheit. Die neuen Allianzen sind gegenüber bisherigen Partnern nicht aus oder mit Bosheit, vielleicht mit leisen geheimen Hintergedanken, auf jeden Fall mit der Hoffnung auf einen stabilen Rückhalt zu konstruieren.

Die NATO, die eine wesentliche Komponente der transatlantischen Sicherheitsstruktur ist, bietet Europa Schutz und ein Gegengewicht in einer instabilen Welt. Europa muss auch lernen, selektiv zu agieren und die Beziehungen zu den USA differenzierter zu gestalten, anstatt in Kategorien wie „enge Partner" oder „ferne Feinde" zu denken. Jedenfalls sollte die EU sich im strategischen Denken und Handeln einig sein. Die EU ist keine lustige WG mit Differenzierungsdrang, bereit, bei jedem Streit ein bisschen zu schimpfen und dann doch gemeinsam Kaffee trinken zu gehen. Sie ist kein kurzfristiges Abenteuer auf Zeit, darauf beschränkt, niemals ganz zu wissen, ob der Partner zur Linken oder zur Rechten einem gerade applaudiert oder nur den nächsten Plot Twist plant. Dann endet der Tag ständig mit der Einigung über die Notwendigkeit einer Einigung. Man bricht auf in die Kantine und lässt den Abend gemeinsam ausklingen, in der Hoffnung, dass die strategische Einigkeit beim nächsten Treffen vielleicht doch noch ein bisschen näher rückt, ganz nach europäischer Tradition.

Um langfristig stark und glaubwürdig zu bleiben, muss die EU eine Kultur des verbindlichen Handelns entwickeln, die über die Symbolik hinausgeht. Das bedeutet, dass Meinungs-Differenzen zwar anerkannt und produktiv genutzt werden, aber das Ziel der strategischen Autonomie und Handlungsfähigkeit in endlosen Konsensgesprächen nie verwässert werden darf. Eine pragmatische und handlungsorientierte Struktur ist entscheidend, um nicht nur internen Zusammenhalt zu schaffen, sondern auch externe Herausforderungen kraftvoll anzugehen. Es wäre wichtig, dass die EU-Mitglieder sich darüber bewusst werden, dass strategische Einigkeit und nicht endlose Verhandlungen der Weg nach vorn ist. Die EU sollte sich weniger in einer Tradition des guten Willens üben und sich stattdessen den realen geopolitischen Erfordernissen mit klaren Entscheidungen stellen, ohne dabei bei jedem Streit immer wieder „zur Kantine aufzubrechen".

Die geopolitischen Spannungen, von Russland bis zum Nahen Osten, stellen eine wachsende Bedrohung dar. Europa muss seine Verteidigungsfähigkeiten erhöhen, um eine eigene Sicherheitsarchitektur aufzubauen. Die NATO bleibt ein wichtiger Bestandteil, aber Europa prüft Möglichkeiten, seine militärischen Kapazitäten durch Initiativen wie die Europäische Verteidigungsunion zu erweitern. Europas Wirtschaft muss widerstandsfähiger gegenüber globalen Krisen und Abhängigkeiten werden. Der Ukraine-Krieg hat gezeigt, wie abhängig Europa von russischem Gas war. Eine Diversifizierung der Energiequellen und Lieferketten, insbesondere bei kritischen Rohstoffen und Technologien, ist entscheidend für die wirtschaftliche Stabilität und Unabhängigkeit. Die technologische Abhängigkeit von den USA beispielsweise im Bereich der Big-Tech-Konzerne und von China im Bereich der Produktionskapazitäten stellt ein Risiko dar. Europa investiert vermehrt in eigene Technologien, wie Halbleiterproduktion, KI und Cybersecurity, um die Abhängigkeit von externen Akteuren zu verringern und seine digitale Infrastruktur zu sichern. Die Energiewende ist ein zentrales Ziel Europas, das sich von fossilen Brennstoffen unabhängig machen und klimaneutral werden möchte. Diese Unabhängigkeit von externer Energieversorgung würde nicht nur die Umwelt schützen, sondern auch Europas geopolitische Position auf Hochglanz bringen.

Hinsichtlich der wachsenden Spannungen zwischen den Großmächten muss die EU ihre Handelsbeziehungen diversifizieren, um neue Märkte und Partnerschaften zu erschließen. Die Zusammenarbeit mit Regionen wie Südostasien, Afrika und Lateinamerika wird wichtiger, um nicht ausschließlich von traditionellen Partnern abhängig zu sein. In einer Welt, in der autoritäre Staaten ihren Einfluss ausbauen, wird die Förderung demokratischer Werte zu einer wichtigen strategischen Aufgabe Europas. Dies sollte eine stabilere und berechenbare internationale Ordnung kräftigen. Die Beziehungen zu den USA bleiben wichtig, aber Europa muss zunehmend bereit sein, selbstbewusst und unabhängig zu agieren. Der Modus Operandi muss sich den veränderten globalen Gegebenheiten anpassen, um eine nachhaltige Stabilität und Sicherheit zu gewährleisten.

Europa muss vom reinen Partner der USA zu einem eigenständigen Akteur werden, der seine eigenen Interessen definiert und vertritt. Hierzu gehört auch die Bereitschaft, strategische Entscheidungen selbstständig zu treffen und, wenn nötig, von den Positionen anderer Großmächte abzuweichen. Europa war in den letzten Jahrzehnten oft darauf fokussiert, auf Krisen zu reagieren, anstatt sie präventiv zu adressieren. Ein proaktiver Ansatz erfordert eine langfristige Vision, die sicherheits- und wirtschaftspolitische Ziele umfasst und auf die Bewältigung von Risiken vorbereitet ist. Resilienz wird zum Schlüsselfaktor in einer neuen Strategie. Dies umfasst die Widerstandsfähigkeit gegenüber wirtschaftlichen Schocks, geopolitischen Spannungen, Cyberbedrohungen und Umweltkrisen. Ein resilienteres Europa wäre weniger abhängig von externen Einflüssen und könnte eigene Krisenstrategien entwickeln.

Die NATO bleibt ein wichtiger Faktor der Kooperation, aber Europa braucht eine eigene Sicherheitsarchitektur, die auf flexible und anpassbare Verteidigungsmöglichkeiten setzt. Die europäische Verteidigungsunion könnte durch gemeinsame Rüstungsprojekte und eine verbesserte grenzüberschreitende Zusammenarbeit an Schlagkraft gewinnen. Der Aufbau und Schutz strategischer Infrastrukturen, von Energie bis zur Digitaltechnologie, muss zur Priorität werden. Europas technologische Unabhängigkeit kann durch Investitionen in eigene Technologien und die Förderung europäischer Innovationszentren gestärkt werden. Der Zugang zu kritischen Rohstoffen und die Sicherung von Lieferketten sind hierbei zentrale Elemente. Die Welt multipolarer zu betrachten bedeutet, nicht mehr nur auf traditionelle Partner zu setzen. Europa muss mutiger in Beziehungen zu Schwellenländern und Regionen wie Asien, Afrika und Lateinamerika investieren. Dadurch wird es weniger abhängig von den wenigen mächtigen Handelspartnern und erhält Zugang zu neuen Märkten und Ressourcen. Dies bedeutet jedoch auch, auf Sanktionen und Druckmittel zu setzen, wenn die eigenen Werte untergraben werden, selbst wenn dies kurzfristig ökonomische Einbußen bedeuten könnte.

Der schnelle Ausbau erneuerbarer Energien und der Übergang zu einer grünen Wirtschaft sind nicht nur aus Klimaschutzgründen, sondern auch aus geopolitischen Erwägungen unabdingbar. Unabhängigkeit von fossilen Energieträgern und Autarkie in der Energieerzeugung werden dazu beitragen, Europa als sicheren und souveränen Wirtschaftsraum zu betrachten. Durch diesen Strategiewechsel würde Europa an Einfluss gewinnen und seine Interessen unabhängig und nachhaltig verteidigen. Die Veränderungen könnten zwar kostspielig sein, aber sie sind unvermeidbar, um die gewünschte Rolle in der globalen Ordnung zu festigen.

Dennoch zeigt sich, dass Europa sich als ein Akteur versteht, der nicht nur reagiert, sondern auch die Weltordnung aktiv mitgestalten will. Die kommenden Jahrzehnte werden entscheidend dafür sein, ob es der EU gelingt, sich als führender globaler Akteur zu etablieren. Die zunehmende Bedeutung europäischer Anreize in geopolitischen und wirtschaftlichen Kontexten spiegelt sich in der aktiven Rolle wider, die Europa in verschiedenen Regionen der Welt, einschließlich des indo-pazifischen Raumes, spielt. Ein Beispiel hierfür ist die EU-Indo-Pazifik-

Strategie, die darauf abzielt, die Beziehungen zu Ländern in dieser Region zu vertiefen, um nicht nur Sicherheit und Stabilität zu gewährleisten, sondern auch den Zugang zu wichtigen Handelswegen und Rohstoffen zu sichern. Indem Europa aktiv an Gesprächen und Initiativen in der Region teilnimmt, signalisiert es, dass es bereit ist, Verantwortung für globale Herausforderungen zu übernehmen und gleichzeitig seine eigenen Interessen zu wahren.

In Anbetracht der aktuellen politischen und wirtschaftlichen Spannungen, die in dieser Region vorherrschen, erlangt der europäische Einfluss immer mehr Relevanz. Europa hat erkannt, dass es nicht nur um den eigenen Kontinent geht, sondern auch um die Stabilität und Sicherheit globaler Märkte und internationaler Beziehungen. Die europäische Politik umfasst in diesem Kontext verschiedene Strategien, um diplomatische, wirtschaftliche und sicherheitspolitische Interessen zu fördern. Dazu gehören Handelsabkommen, humanitäre Hilfe, Entwicklungszusammenarbeit sowie der Austausch von Technologie und Know-how. Diese Ansätze sind nicht nur für die Stabilität der betroffenen Regionen von Bedeutung, sondern auch für die europäische Wirtschaft und geopolitische Sicherheit.

Ein weltumfassendes Bündnis zwischen Kanada, Europa, Australien, den konservativen asiatischen Mittelmächten und einigen Partizipanten aus dem Globalen Süden oder der BRICS-Staaten kann ja nicht so schwach sein, um den großen Mächten wie China, Russland und im Extremfall den auf politische Unkultiviertheit hin zu strebenden USA, wirtschaftlich und militärisch die Stirn bieten zu können. Wir haben einen globalen Handel und ein globales Sicherheitsstreben, die von globalen Bündnissen gesteuert werden können. Warum wagt man es nicht, sich zu effektiven Bündnissen zusammen zu schließen? Man sollte es nicht zulassen, dass neue Perspektiven als bloßes Wunschdenken abgeschwächt werden. Die Dynaminsierung der Wirtschaft und mit ihr der Politik zeichnet immer wieder neue Linien und Netzwerke, die genutzt werden sollten. Die Absatzmärkte müssten sich rasch mit wegweisenden Strategien zusammenschließen, denn die andere Seite wird sich daran üben, solche Allianzen gar nicht erst aufkommen zu lassen. Die Angebote besonders von europäischer Seite sollten so attraktiv sein, dass sie die potenziellen Partner ohne großen Widerspruch vom Mehrwert des Bündnisses überzeugen.

Die Betrachtung einer potenziellen militärischen Kooperation zwischen europäischen Staaten und ausgewählten BRICS-Ländern eröffnet interessante Perspektiven. Hier einige der wichtigsten Aspekte, die eine solche Kooperation pragmatisch und attraktiv machen könnten, ohne dabei auf eine vollständige militärische Integration abzuzielen: Die BRICS-Staaten haben sehr unterschiedliche geopolitische Ziele und Sicherheitsprioritäten. Indien beispielsweise steht in einem latenten Spannungsverhältnis zu China und sucht daher nach strategischen Partnerschaften, die seine Sicherheitsinteressen mittragen. Eine

Kooperation mit westlichen Staaten könnte Indien in dieser Hinsicht einen Vorteil verschaffen, indem sie eine Art sicherheitspolitisches Gegengewicht zu China darstellt.

Besonders Brasilien, Indien und Südafrika, profitieren wirtschaftlich vom Handel mit westlichen Ländern und könnten wirtschaftliche Rückschläge erleiden, falls ihre Partnerschaften mit dem Westen durch militärische Kooperationen mit rivalisierenden Großmächten gefährdet würden. Diese Länder könnten daher eine strategische Balance anstreben, die wirtschaftliche und sicherheitspolitische Interessen vereint. Eine militärische Zusammenarbeit muss nicht zwangsläufig auf eine umfassende Integration hinauslaufen. Die Durchführung gemeinsamer Militärübungen oder die Implementierung kompatibler Kommunikationssysteme könnte Ländern wie Indien und Südafrika wertvolle operative Erfahrungen und logistische Anreize bieten, ohne dass sie sich zur vollen militärischen Integration verpflichten müssten. Diese Formen der Zusammenarbeit könnten beispielsweise gezielte Cybersecurity-Programme oder gemeinsame Anti-Terror-Maßnahmen umfassen, die besonders für Länder mit internen Sicherheitsbedenken von Vorteil wären. Vietnam, Indonesien, Malaysia und Nigeria entwickeln sich zunehmend zu wichtigen Handels- und Technologieknoten. Sie könnten an einer westlichen Allianz interessiert sein und in bestimmten Bereichen wie Industrieproduktion, Digitalisierung und Cybersecurity in die strategische Partnerschaft einsteigen, die ihnen wiederum einen wirtschaftlichen und technologischen Vorteil bieten. Eine solche Kooperation könnte dazu beitragen, eine multipolare Weltordnung zu formatieren, die von keiner der diktatorischen Großmächte dominiert wird.

Die Einbindung von Wissenschaft und Wirtschaft in die politischen Entscheidungen befeuert solche innovativen Lösungen. Mit einem Vorstoß zur Implementierung neuer Industrien im Klimaschutz und mit einem globalen Sicherheitschild gegen aggressive Mächte wäre es die perfekte Anwort auf die sino-amerikanische Rivalität und gleichzeitig eine Abwehr übermächtiger Autokratien. Überladene Vorgaben der Die Europäische Union muss mit überladenen Vorgaben vorsichtig sein, die immer hinderlich sind, wenn auf geopolitische Veränderungen zeitgerecht reagiert werden muss. Wenn sich der globale Süden dynamisch bewegt, darf es den europäischen Institutionen an Agilität nicht fehlen.

Eine überraschende Kombination aus militärischen Gemeinsamkeiten, einem integrierten Markt und einer klaren politischen Bündnis-Agenda würde das Bild drastisch verändern. Ein egelmäßiger militärischer Austausch würde die Interoperabilität zwischen entfernteste Regionen bereichern. Gemeinsame Geheimdienstoperationen und regelmäßige Briefings würden dazu beitragen, Bedrohungen frühzeitig zu identifizieren und entsprechende Maßnahmen zu ergreifen.

Mechanismen für Krisenmanagement und Konfliktprävention könnten helfen, Spannungen zu entschärfen und diplomatische Lösungen zu finden, bevor Konflikte eskalieren. Parallel zu den militärischen Anstrengungen sollte das Bündnis einen starken interagierenden Markt schaffen, der den freien Fluss von Waren, Dienstleistungen und Kapital ermöglicht. Die Harmonisierung von Standards und Vorschriften würden die Handelshemmnisse abbauen. Es würde zudem die Innovationskraft steigern und neue Technologien hervorbringen. Länder, die wirtschaftlich miteinander verbunden sind, haben oft ein höheres Interesse an Frieden und Zusammenarbeit. Das klingt so viel besser als „Wir haben keine Ahnung, was wir tun".

Ein solches Bündnis würde eine außergewöhnliche geopolitische Konstellation schaffen, die in vielerlei Hinsicht den Charakter einer „Champions League" der internationalen Politik hätte. Es könnte als ein Netzwerk gleichgesinnter Staaten fungieren, die nicht nur ökonomisch und politisch bedeutend sind, sondern auch gemeinsame Interessen in globalen Angelegenheiten wie Sicherheit, Handel, Klimawandel und Menschenrechten teilen. Diese strategische Allianz könnte eine gemeinsame Sicherung einer regelbasierten Ordnung zum Schutz vor Cyber-Bedrohungen und strategische Aufrüstung zur Sicherung gemeinsamer Interessen aufbauen, die Handelsabkommen ausweiten und an gemeinsamen Technologien zusammenarbeiten. Sie hätte das Potenzial, die geopolitische Landschaft erheblich zu beeinflussen und könnte sich als Gegenpol zu anderen großen Blöcken oder zur Hegemonie einzelner Supermächte etablieren.

Ein durch den globalen Süden aufgestocktes Bündnis wäre bemerkenswert, weil es Akteure mit unterschiedlichen kulturellen Hintergründen und politischen Systemen umfasst, die jedoch in strategischen Fragen Konsens zeigen. Aus den sich ergebenden Optimum-Minimum-Konstellationen könnte ein globales Bündnis hervorgehen, das auf der Bündelung der jeweiligen Vorzüge und Interessen seiner Mitglieder basiert. Die Bildung von solch ungewohnten Seilschaften lässt sich etwa durch den Sicherheits-Rückhalt aus Kanada, Japan, Europa oder Australien absichern. Wechselseitige Investitionen setzen die Akzente zu zukunftsorientierten Projekten. Ein erstes leises Lüftchen könnte unverzüglich zu einem gewaltigen Sturm anschwellen.

Diese Konstellationen würden Staaten zusammenführen, die sich in ihren Werten, geopolitischen Zielen und ökonomischen Kapazitäten ergänzen. Durch eine solche gezielte Auswahl und Abstimmung entstehen Synergien, die weit über die individuellen Möglichkeiten der einzelnen Mitglieder hinausgehen. Die Strategische Allianz könnte somit eine besonders stabile und einflussreiche Plattform schaffen, die in der Lage ist, globale Herausforderungen kohärent und koordiniert anzugehen. Das käme dem europäischen Raum ebenso zu Nutze, wie dem pazifischen oder südamerikanischen. Die strategische Ausrichtung könnte dem

Bündnis eine außergewöhnliche Durchsetzungsfähigkeit verleihen und ihm ermöglichen, sich als verlässlicher und unabhängiger Akteur in der internationalen Arena zu etablieren. Damit würden die Optimum-Konstellationen nicht nur einen starken Gegenpol zu etablierten Machtblöcken darstellen, sondern auch innovative Lösungen für komplexe globale Probleme bieten und die geopolitische Dynamik auf neue Weise gestalten.

Europa hat im Laufe der Geschichte sowohl immense Fortschritte als auch leidvolle Erfahrungen gemacht, die zu einer Form von geschmiedeter Klugheit geführt haben. Europa sollte in der Lage sein, aus Fehlern der Vergangenheit zu lernen und sich bei der Lösung globaler Probleme mit einzubringen. Mit einem reichen Wissenspotenzial in Wissenschaft, Technologie, Diplomatie und Governance hat Europa die Fähigkeit, bestehende Defizite schnell zu überwinden, sofern die Entschlossenheit und der Wille dazu vorhanden sind. Der Aufruf, die Zuversicht zu stärken und die Mentalität nicht nachlassen zu lassen, ist ein Plädoyer dafür, dass Europa sich nicht von globalen Herausforderungen oder internen Krisen entmutigen lässt. Ein starker gemeinschaftlicher Geist und langfristige Perspektiven sind entscheidend, um auch unter Druck handlungsfähig zu bleiben.

Die westliche Welt verliert zunehmend ihre einstige Dominanz, da andere Akteure, insbesondere die beiden Großmächte, ihren Einfluss aggressiv ausweiten und festigen. Europa steht somit vor der Herausforderung, in einer multipolaren Welt neu zu navigieren und seinen Platz zu finden. Der Vorschlag, eine weltweite Allianz zu schaffen, die nicht von alten Machtstrukturen oder Hegemonialinteressen geprägt ist, hebt eine innovative und kooperative Vision hervor. Diese Allianz könnte auf gemeinsamen Werten wie Nachhaltigkeit, Gerechtigkeit und Respekt vor der Vielfalt basieren. Solch eine Allianz könnte den Fokus auf transnationale Herausforderungen legen wie Klimawandel, globale Gesundheit, soziale Ungleichheit, technologische Standards und Friedenssicherung. Sie müsste sich jenseits bloßer Machtpolitik definieren und globale Akteure zusammenbringen, die bereit sind, auf Augenhöhe zusammenzuarbeiten. Mit seiner Tradition der Diplomatie, seiner Vielfalt und seinem Engagement für multilaterale Lösungen könnte Europa zum Katalysator eines neuen globalen Modells werden.

Kanada, Europa und Australien teilen demokratische Werte, einen hohen Lebensstandard und ähnliches Verständnis für Menschenrechte und die Rechtsstaatlichkeit. Sie arbeiten oft gemeinsam in Sicherheitsfragen und stehen wirtschaftlich in Konkurrenz zu und gleichzeitig in Kooperation mit großen Wirtschaftsmächten wie den USA und China. Länder wie Japan, Südkorea und einige ASEAN-Staaten wie Singapur könnten in der Allianz wirtschaftlichen und sicherheitspolitischen Schutz suchen und gleichzeitig ihre strategischen Abhängigkeiten von den USA oder China mindern. Wenn das Bündnis Länder des Globalen Südens und das eine oder andere Land der BRICS integrieren könnte, wäre es nicht nur symbolisch bedeutungsvoll, sondern würde auch zur geopolitischen Balance politischer und wirtschaftlicher Bedeutung beitragen.

Die Mitglieder würden eine wirtschaftliche Integration verfolgen, die den globalen Handel stabilisiert und verlässliche Partnerschaften schafft. Dies könnte sich besonders in gemeinsamen Abkommen, die auf Standards wie nachhaltige Entwicklung und Klimaziele setzen, zeigen. Ein Bündnis, das alle genannten Regionen umspannt, kann eine zentrale Rolle im Kampf gegen den Klimawandel einnehmen. Es könnte sich gemeinsam auf grüne Technologien, saubere Energie und klimafreundliche Entwicklungsmodelle einigen, die auch wirtschaftliche Vorteile bringen. Solche Bündnisse bieten beiden Seiten Vorteile; Europa kann neue Technologien und Know-how exportieren, während die Partnerländer ihre Energieinfrastruktur modernisieren und unabhängiger gestalten können.

Der Rückhalt etablierter Wirtschaftsnationen könnte so als Katalysator wirken und dem globalen Süden die Möglichkeit bieten, seine eigene Entwicklung zu gestalten und gleichzeitig von den Erfahrungen und Ressourcen der stabileren Länder zu profitieren. Wenn diese Allianzen mit Weitsicht und echtem Engagement für gemeinsame Werte und Interessen gestaltet würden, könnten sie weltweit prägende Veränderungen bewirken. Dies könnte sogar die gegenwärtige geopolitische Machtverteilung ins Wanken bringen und neue, multipolare Strukturen schaffen, die die Weltwirtschaft und die internationale Politik fundamental beeinflussen.

Charismatische Führung auf allen Seiten könnte eine klare und inspirierende Vision für ein Bündnis formulieren, die die Länder motiviert, sich für die Gemeinsamkeiten zu engagieren. Die Einbindung von Wissenschaft, Wirtschaft und Zivilgesellschaft in den politischen Entscheidungsprozess würde innovative Lösungen befeuern. Es wäre die Antwort auf die sino-amerikanische Rivalität, eine Abwehr gegenüber Autokratien, ein positiver Vorstoß zu neuen Industrien im Klimaschutz und ein globaler Sicherheitsschildes gegen aggressive Mächte. Überladene bürokratische Vorgaben der Europäischen Union hindern sie daran, auf die geopolitischen Veränderungen zeitgerecht zu reagieren. Der globale Süden bewegt sich dynamischer und flexibel. Diese Agilität fehlt häufig in europäischen Institutionen.

Die Idee der Interkonnektivität der Resilienz bedeutet, dass starke Netzwerke und engmaschige Verbindungen zwischen Staaten und Regionen dabei helfen, Krisen abzufedern und auf Veränderungen flexibel zu reagieren. Wenn Europa neue Allianzen eingeht, entstehen wechselseitige Partnerschaften, die sich nicht nur wirtschaftlich, sondern auch ökologisch und politisch nachhaltig gestalten lassen. Diese Verflechtungen ermöglichen ein besseres Ressourcenmanagement, eine diversifizierte Rohstoff- und Energieversorgung sowie einen gegenseitigen Wissensaustausch, der Innovation und Anpassungsfähigkeit stärkt.

Bedingt durch die wachsenden Bedrohungen durch Cyberangriffe, Desinformation und globale Instabilität könnten sich die Mitglieder auf eine engere Zusammenarbeit auch in Sicherheitsfragen und im Technologiebereich bei Standards für Künstliche Intelligenz und Cybersicherheit verständigen. Ein solches Bündnis könnte helfen, eine ausgewogenere multipolare Weltordnung zu schaffen, indem es sich als alternative Machtposition zu anderen großen Allianzen und Einzelmächten wie den USA und China etabliert. Eine strategische Allianz mit diversen Mitgliedern würde es ihnen ermöglichen, Handels- und Sicherheitsabhängigkeiten zu reduzieren und somit geopolitische Zwänge zu minimieren, die bisher von Großmächten dominiert werden. Um diese Herausforderungen zu meistern, müsste das Bündnis Mechanismen für den Interessenausgleich und zur Vertrauensbildung schaffen. Flexibilität und eine klare Orientierung an gemeinsamen Werten und Zielen wären entscheidend.

Eine neuartige strategische Allianz könnte ein Meilenstein für eine nachhaltige und gerechtere Weltordnung sein. Dieses Bündnis hätte das Potenzial, nicht nur einzelne Belastungen zu reduzieren, sondern durch geschlossene politische Kreisläufe Synergien zu schaffen, die Kosten und

Ressourcen schonen und technologische Fortschritte beschleunigen. Die Schaffung gemeinsamer Sicherheitsstrukturen, der Aufbau einer technologischen Souveränität und die globale Zusammenarbeit in der Weltraumforschung bieten einzigartige Möglichkeiten, die Herausforderungen des 21. Jahrhunderts zu bewältigen. Durch solche Kooperationen kann eine nachhaltige, sichere und innovative Welt entstehen, in der geopolitische Spannungen abgebaut, Ressourcen geschont und der Fortschritt für alle zugänglich gemacht wird.

Durch geschlossene politische Kreisläufe, zirkuläre Systeme und internationale Projektkopplung kann ein nachhaltiges und gerechtes Modell geschaffen werden. Dies ist nicht nur eine technische oder wirtschaftliche Notwendigkeit, sondern eine moralische Verpflichtung, um künftigen Generationen eine lebenswerte Welt zu hinterlassen. In einer solchen Allianz liegt die Chance, die Kluft zwischen Idealen und pragmatischem Handeln zu schließen und eine neue Realität zu formen, die für alle Beteiligten von Vorteil ist. Ein geschlossener politischer Kreislauf in einem globalen Bündnis bedeutet, dass nationale und regionale Strategien eng miteinander verknüpft werden, um Überschneidungen zu minimieren und eine maximale Effizienz zu erreichen. Anstatt dass Länder individuell auf Herausforderungen wie die Energiewende oder die technologische Transformation reagieren, würde das Bündnis gemeinsame Projekte und Standards definieren, um Lasten zu teilen und Risiken zu verteilen. Durch abgestimmte Strategien und eine vereinheitlichte Technologiepolitik können redundante Investitionen und Ineffizienzen vermieden werden.

Angesichts zunehmender geopolitischer Spannungen, technologischer Abhängigkeiten und wachsender Herausforderungen im All müssen internationale Akteure eng zusammenarbeiten, um langfristige Sicherheit und Fortschritt zu gewährleisten. Eine strategische Allianz, die auf gemeinsamen Sicherheitsstrukturen, Technologieaufbau und Weltraumforschung basiert, könnte die Basis für eine stabile und innovative Weltordnung schaffen. Klimawandel, Cyberangriffe, Terrorismus und geopolitische Konflikte erfordern abgestimmte Verteidigungsstrategien. Nationale Sicherheitsansätze reichen nicht aus. Gemeinsame Strukturen verhindern durch Kooperation in der Prävention Eskalationen und bieten schnelle Reaktionsmechanismen bei Krisen, etwa Naturkatastrophen, Pandemien oder militärischen KonfliktenEin neues Sicherheitsbündnis kann weltweit Partnerstaaten einbeziehen. Verteidigungs- und Sicherheitsprojekte könnten durch multilaterale Fonds getragen werden, um die Lasten gerechter zu verteilen.

Angesichts der noch vorhandenen Abhängigkeit von Technologien aus China oder den USA ist es entscheidend, eine unabhängige technologische Basis aufzubauen. Halbleiterproduktion, künstliche Intelligenz, grüne Energie und Quantentechnologie sollten im Fokus gemeinsamer Entwicklung stehen. Der Weltraum bietet Potenzial für wissenschaftliche Entdeckungen, wirtschaftliche Expansion und die Sicherheit der Erde. Um Militarisierung und Ressourcenverschwendung im Weltraum zu vermeiden, ist eine bündnisstarke Koordination essenziell. Investitionen in globale Energiesysteme, etwa Wasserstoffwirtschaft oder grenzüberschreitende Stromleitungen, könnten von mehreren Ländern getragen und genutzt werden. Länder mit technologischen Stärken können Wissen und Innovationen teilen und dafür andere Ressourcen nutzen. Forschungskooperationen zwischen Hochschulen und Unternehmen des Bündnisses beschleunigen Entwicklungen in Schlüsselbereichen wie grünem Wasserstoff, Speichertechnologien oder CO_2-Abscheidung. Gemeinsame Forschungszentren könnten in strategischen Bereichen forschen, etwa in der Batterietechnologie oder der Nutzung von Wasserstoff. Wissens- und Technologietransfer zu Partnern des Globalen Südens kann globale Entwicklung beschleunigen und Abhängigkeiten verringern. Viele dieser Länder verfügen über immense Rohstoffvorkommen und könnten als Lieferanten kritischer Materialien fungieren, während sie nachhaltige Abbaustrategien entwickeln. Globale Bildungsinitiativen, die den Zusammenhang zwischen individuellem Handeln und globalen Auswirkungen aufzeigen, sind zukunftsträchtig.

Der Rückzug einer Weltmacht hinterlässt ein Machtvakuum, das andere Akteure zu füllen versuchen. Dies führt oft zu geopolitischen Konkurrenzkämpfen und kann in Regionen, die vorher stabil oder unter starkem Einfluss der Weltmacht standen, zu Konflikten und Unsicherheiten führen. Beispiele sind das Aufstreben neuer Regionalmächte, die versuchen, Einfluss in Gebieten zu gewinnen, die einst stark von der abgetretenen Weltmacht dominiert wurden. Als Nachhall auf den Abgang einer dominanten Macht entstehen folgerichtig neue Bündnisse oder wirtschaftliche Partnerschaften. Länder, die sich einst auf die Unterstützung der Weltmacht verlassen haben, suchen nach neuen Partnern und sichern sich politisch und wirtschaftlich ab. Gleichzeitig entstehen möglicherweise auch neue Gegengewichte durch den Zusammenschluss anderer Staaten, die die Gelegenheit nutzen, eine multipolare Weltordnung zu schaffen.

Wenn eine Weltmacht, die bisher als Hüterin bestimmter Normen galt, ihre internationale Rolle zurückfährt, drohen globalen Institutionen ideologische und politische Verschiebungen. Dies kann dazu führen, dass Grundwerte wie Demokratie, Menschenrechte und Freihandel weniger konsequent vertreten und verteidigt werden. Die Abschottung auf eigene Interessen hat notwendigerweise wirtschaftliche Konsequenzen. Insbesondere, wenn diese Macht eine dominante Position in Finanzmärkten oder Technologien innehat, verursacht ihr Rückzug wirtschaftliche Unsicherheit. Wechselkursschwankungen, Investitionsunsicherheiten und Handelsverschiebungen könnten zu weltweiten Rezessionen oder Umstrukturierungen führen. Wer sollte es den zitierten Ländern verwehren, eine ähnliche Power-

Rolle auf der Weltbühne zu verkörpern wie etwa China, Russland oder auch die USA? Wem fehlt die Phantasie oder der Mut dazu, es zumindest anzudenken? Es gibt einen wachsenden Widerstand gegen autokratische Regierungen, der sich in verschiedenen Formen zeigt, darunter Wahlen und öffentlicher Druck. Dieser Widerstand kann den Preis für Menschenrechtsverletzungen erhöhen und autokratische Regime dazu zwingen, ihre Strategien zu überdenken. Trotz Rückschlägen gibt es Anzeichen dafür, dass der Kampf für Demokratie an einem Wendepunkt steht. Autokraten sind nicht unfehlbar, und ihre Fehler bieten demokratischen Kräften Chancen. Dies erfordert jedoch das Überwinden traditioneller Denkweisen und das Eingehen neuer Risiken. Die anderen sind nichts Nebensächliches, kein bloßes Anhängsel in den Dramen internationaler Politik, wie es Putin, Trump oder Xi gerne hätten. Alle brauchen die aktive Partizipation am gesellschaftlichen, ökonomischen und wissenschaftlichen Angebot. Für die Länder mit den größten politischen Verbrecher-Kartellen wäre ein intelligenter demokratischer Prozess vielleicht die einzige Rettung. Im Wettkampf um die vorderen Plätze in der Weltbedeutung ist im Sinne der Interkonnektivität der Politik, Ökonomie und selbst der Wissenschaft alles offen. Denn die gegenwärtig um die Gunst der Entwicklung streitenden Großmächte weisen alle dieselben Defizite auf.

Das verzweifelte Kriegs-Poltern eines Wladimir Putin ebenso wie das trügerische Lächeln eines Xi-Jingping sind kaum Garantien für berechenbare Zukunftsentwicklungen. Es kann ja nicht verheimlicht werden, dass die militärische Unterstützung Putins in der Ukraine durch Nord-Korea mit chinesischem Material erfolgt.Wieviel Augen braucht eigentlich die freie Welt, um nicht auf allen blind zu sein? Sie war ja schon damals unsensibel, als W. Putin nicht nur die alte Hymne Stalins wieder eingeführt hatte, sondern auch dessen Methoden der Repression und des Mordens sogar im Inneren des eigenen Landes. Er verkörpert nicht nur das Bild eines Möchtegern-Zaren, sondern auch das eines überzeugten Marxisten, der davon ausgeht, dass die Wahrheit nur durch den Menschen geschaffen wird. Und wie lange führt schon der chinesische Führer die internationalen Politik und Wirtschaft an der Nase herum? Xi hat es geschafft, China als globalen Akteur zu positionieren, der nicht nur wirtschaftliche Interessen verfolgt, sondern auch ideologische Einflüsse ausübt. Die chinesische Regierung hat sich als Gegengewicht zur westlichen Dominanz etabliert und propagiert ein Modell der staatlichen Kontrolle über die Wirtschaft und Gesellschaft,

Ein effektiver Schutz Europas bezieht sich in erster Linie auf die Sicherstellung der Sicherheit und Stabilität des Kontinents gegenüber unterschiedlichen Bedrohungen. Das Verteidigungsbündnis der NATO ist ein zentraler Pfeiler des militärischen Schutzes in Europa. Die Europäische Union hat ihre Verteldigungszusammenarbeit durch die Gemeinsame Sicherheits- und Verteidigungspolitik, verstärkt. Initiativen wie die Ständige Strukturierte Zusammenarbeit PESCO fördern die militärische Zusammenarbeit zwischen den Mitgliedstaaten. Mit der Zunahme von Cyberangriffen auf staatliche Institutionen, Infrastruktur und Unternehmen investiert Europa verstärkt in Cybersicherheits-Maßnahmen.

Da Russland ein autoritäres, nationalistisch geprägtes Regierungsmodell vertritt, das im Widerspruch zu den liberalen und demokratischen Werten der EU steht, würde eine plötzliche russische Hegemonie in eine ideologische Konfrontation münden. Der Einfluss der autoritären Ideologien würde sich in Ländern, die anfällig für populistische und autoritäre Tendenzen sind, rasch verbreiten. Um sich dagegen zu schützen, muss Europa eine mehrdimensionale Strategie verfolgen, die von der Stärkung der eigenen demokratischen Institutionen über die Bekämpfung von Desinformation und populistischen Narrativen bis hin zur Verstärkung der internationalen Zusammenarbeit reicht. Es geht nicht nur darum, Russland militärisch oder wirtschaftlich entgegenzutreten, sondern auch darum, die Resilienz der europäischen Gesellschaften und politischen Systeme zu erhöhen. Nur durch eine enge Kooperation innerhalb Europas und mit internationalen Partnern können die liberalen und demokratischen Werte Europas in einer zunehmend autoritären Weltordnung verteidigt werden.

Ein sicherer und humanitär verantwortungsvoller Umgang mit Migration ist ebenfalls eine zentrale Säule des europäischen Sicherheitsprozesses.

Durch verbesserte Überwachung und Zusammenarbeit mit Drittstaaten soll irreguläre Migration kontrolliert und legale Migrationswege gestärkt werden. Der Binnenmarkt der EU schützt durch die Wirtschaftsstabilität den Kontinent und fördert den eigenen Wohlstand und den seiner Partner. Handelsabkommen mit Drittstaaten verleihen der Resilienz Europas in globalen wirtschaftlichen Krisen gebündelte Kräfte. Der Klimawandel stellt eine der größten Bedrohungen für den Globalen Süden und auch für Europas langfristige Sicherheit dar, da er wirtschaftliche und soziale Instabilitäten vermehrt.

Neben der direkten Terrorismusbekämpfung ist auch die Prävention von Radikalisierung innerhalb Europas ein wichtiger Schutzfaktor. Dazu gehören Bildungsinitiativen und Maßnahmen gegen soziale Ausgrenzung. Durch gemeinsame Informationsplattformen und den Austausch von Daten über Straftäter und Terrorzellen erhöht Europa die innere Sicherheit. Im Worst-Case-Szenario eines internationalen Infernos müsste Europa eine vielschichtige und koordinierte Strategie auf mehreren Ebenen entwickeln. Die NATO müsste ihre Präsenz und Zusammenarbeit weiter ausbauen, um Abschreckung und Verteidigungsbereitschaft zu garantieren. Ob sie dazu auch in der Lage ist? Gleichzeitig sind wirtschaftliche, soziale und ökologische Herausforderungen zu bewältigen. Innenpolitisch könnten eine starke Zivilgesellschaft, die Verteidigung demokratischer Institutionen und die Förderung gemeinsamer Werte populistische oder autoritäre Tendenzen aufhalten. Europa würde in solch einem Szenario vor einer Zerreißprobe stehen, bei der Solidarität und Kooperation die zentralen Antworten auf globale Bedrohungen sein müssten.

Ein neues weltumfassendes Bündnis könnte als Katalysator für die Entwicklung neuer Industrien im Bereich des Klimaschutzes dienen. Durch gemeinsame Anstrengungen könnten Technologien entwickelt werden, die sowohl wirtschaftliche als auch ökologische Vorteile bieten. Ordopolitische Strukturen könnten in dieser Dynamik als Stabilitätsfaktor auftreten und versuchen, die geopolitischen Spannungen zu mildern. Das Potenzial europäischer Anreize darf nicht unterschätzt werden. Sie können als wichtige Instrumente fungieren, um Einfluss zu nehmen, Spannungen abzubauen und Kooperationen zu fördern. Europa hat die Möglichkeit, als Vermittler aufzutreten und konstruktive Lösungen in Krisensituationen zu unterstützen. Diese Rolle ist auch im Hinblick auf den Klimawandel, die Bekämpfung der Armut und die Förderung von Menschenrechten entscheidend, alles Themen, die weltweit an Bedeutung gewinnen.

Die Europäische Union bemüht sich um die Verbindung und Integration der verschiedenen digitalen, physischen und wirtschaftlichen Infrastrukturen der europäischen Länder. Eine gut entwickelte Interkonnektivität ist entscheidend für die wirtschaftliche und politische Zusammenarbeit innerhalb Europas sowie für die globale

Wettbewerbsfähigkeit des Kontinents. Dazu zählen die physische Interkonnektivität von integrierten Verkehrssystemen, eine ausgeklügelte Energieinfrastruktur. Seit langem schon arbeitet die die EU an der wirtschaftlichen und politischen Interkonnektivität. Es begann mit der Idee gemeinsamen Binnenmarkt mittels einer Harmonisierung der Regelwerke und einer europäischen investitionspolitik. Der Ausbau der Interkonnektivität im Bereich von Quantencomputing, Künstlicher Intelligenz Cloud-Computing trägt nun zur digitalen und ökonomischen Autonomie Europas bei und stärkt die Innovationsfähigkeit des Kontinents.

Die Interkonnektivität Europas ist essenziell für die wirtschaftliche, digitale und gesellschaftliche Integration des Kontinents. Sie stärkt die Wettbewerbsfähigkeit, baut auf Innovationskraft und sichert den freien Austausch von Daten, Gütern und Dienstleistungen. Durch den Aufbau eines eigenen Satellitensystems verringert die EU gerade ihre Abhängigkeit von Drittländern im Bereich der Satellitenkommunikation. Dies festigt die digitale Souveränität Europas und macht es weniger anfällig für externe Einflüsse oder Störungen Das System soll auch eine verbesserte Überwachung von Grenzen und kritischen Bereichen sowie eine schnellere und effektivere Antwortbereitschaft auf Krisen ermöglichen.

Die wirtschaftliche Leistungsfähigkeit Gesamt-Europas muss schnellstens auf Vordermann gebracht und gleichzeitig die militärische Kapazität zum Selbsterhalt ausgebaut werden. Die Effizienz nach allen Seiten ist am ehesten in der konkreten Realisierung innovativer Bündnisse zu erreichen. Diese Kernaussage in einer neu beginnenden Ära ist voll auf die Errichtung neuer Strategischer Allianzen zu setzen, ohne Angst zu haben, sich unverrichteter Dinge von einer gutwilligen, aber paternalistischen Schutzherrschaft zu lösen. Europa steht am besten auf eigenen Beinen in selbst gewählten Allianzen mit der Freien Welt. Die Sterne der großen Chancen blinken über die Kontinente hinweg in allen teilnehmenden Regionen.

Rationale europäische Politik strebt somit danach, die gemeinsamen Ziele und Werte der EU durch evidenzbasierte, strategisch ausgerichtete und konsensorientierte Entscheidungsprozesse unter Nutzung verschiedener Steuerungsinstrumente zu verwirklichen. Dabei muss sie stets die Komplexität des europäischen Mehrebenen-Systems und die Vielfalt nationaler Interessen berücksichtigen. Eine rationale Politik wird immer versuchen, das Gemeinwohl, Stabilität und Fortschritt in den Vordergrund zu stellen und dabei eine Balance zwischen Sicherheit, Freiheit und Wohlstand zu bewahren. Wenn es in Europa keinen gemeinsamen Binnenmaarkt mehr geben sollte, wie es von den Rechts-Populisten angestrebt ist, würde es auch keinen internationalen Warenverkehr mehr geben. Bei den vielen Isolationismen wird es mit dem Wohlstand überall bald vorbei sein.

Die europäische Idee, die auf den Prinzipien von Frieden, Freiheit und Demokratie basiert, steht aktuell vor erheblichen Herausforderungen. Der Krieg in der Ukraine, der Umgang mit Flüchtlingen, die Unterwanderung demokratischer Prinzipien in einigen EU-Staaten sowie eine unterschwellige Identitätskrise setzen die Grundlagen der Europäischen Union stark unter Druck. Dies ist gleichzeitig die große Chance für einen effektiven Re-set des europäischen Konstrukts. Der Krieg in der Ukraine hat deutlich gemacht, wie wichtig eine gemeinsame Außenpolitik ist, um auf Bedrohungen von außen zu reagieren. Gleichzeitig haben die wirtschaftlichen Folgen des Konflikts, wie steigende Energiepreise und Inflation, in vielen EU-Ländern Besorgnis ausgelöst. Diese Umstände tragen zu einer gewissen Verunsicherung bei, die von umstürzlerischen Absichten an den extremistischen Rändern gerne aufgebauscht werden.

Die Frage, ob Europa an der Diffamierung seiner eigenen Kultur zugrunde geht, berührt tiefe Themen der Selbstwahrnehmung der kulturellen Veränderungen in Europa. Diese Debatte wird von unterschiedlichen politischen Lagern und intellektuellen Strömungen geführt, die sich entweder an der Verteidigung traditioneller europäischer Werte oder an strukturellen Problemen abarbeiten. Europa befindet sich in einer Phase der Selbstreflexion, die durch die globalen politischen und kulturellen Entwicklungen der letzten

Jahrzehnte angetrieben wird. Diese Selbstkritik wird manchmal als Selbstverleugnung oder Diffamierung der e wahrgenommen. Die historische Last belegt, dass Europa eine bewegte Geschichte hinter sich hat, die sowohl von großen Errungenschaften in Wissenschaft, Kunst und Philosophie als auch von dunklen Kapiteln im Kolonialismus, Imperialismus, in Kriegen und Völkermorden geprägt ist. In den letzten Jahrzehnten hat eine intensivere Auseinandersetzung mit diesen dunklen Kapiteln stattgefunden, was zu einer kritischen Hinterfragung des eigenen kulturellen Erbes geführt hat. Während diese Kritik notwendig ist, um vergangene Ungerechtigkeiten anzuerkennen, gibt es Stimmen, die argumentieren, dass sie sich in einer zu starken Ablehnung der eigenen Kultur nicht ertränken lassen darf.

Ein wichtiger Aspekt dieser Debatte ist der Kulturwandel, der durch die Globalisierung und Migration verstärkt wird. Der steigende kulturelle Pluralismus in Europa wird oft als Bedrohung für die traditionelle europäische Identität empfunden. Kritiker befürchten, dass dieser Pluralismus zur Verwässerung europäischer Werte führen könnte. Die Integration von Migranten und der Umgang mit kultureller Vielfalt sind zu zentralen Themen der europäischen Politik geworden. Befürworter argumentieren jedoch, dass Europa stets ein Kontinent des Wandels und der kulturellen Vielfalt war und dass der Multikulturalismus eine Bereicherung darstellt, die die Gesellschaft widerstandsfähiger und dynamischer macht. Ein Großteil der intellektuellen Elite Europas scheint die Ansicht zu vertreten, dass die Selbstkritik ein Zeichen von kultureller Reife ist. Die resultierenden Werte sind Teil des neuen europäischen Erbes, das auf den Lehren aus der eigenen Geschichte basiert. Selbstkritik bedeutet in dieser Lesart nicht, die eigene Kultur zu diffamieren, sondern aus Fehlern zu lernen und sich kontinuierlich zu verbessern. Ein starkes Europa ist eines, das sich den Herausforderungen der Vergangenheit stellt und offen für Veränderung ist, ohne die Errungenschaften und positiven Aspekte seiner Kultur zu leugnen.

Europa befindet sich weniger in der Gefahr, sich nationalistisch zu gebärden, solange es kein geistiges Hegemonialdenken des alten Kontinents in Umlauf bringen möchte. Es ist dies eine der wichtigsten kulturellen Veränderungen im europäischen Selbstverständnis. Diese Vision beruht auf dem Bestreben, die Fehler und das Gedankengut der Vergangenheit zu überwinden, insbesondere die hegemonialen Bestrebungen, die Europa in der Geschichte oft geprägt haben. Die Idee, dass Europa „an der Diffamierung seiner eigenen Kultur zugrunde geht", speist sich aus der Vorstellung eines bevorstehenden Untergangs der westlichen Zivilisation, wie er in vielen politischen und intellektuellen Diskursen zu finden ist. Der Mythos des Niedergangs hat eine lange Tradition in Europa, die bis zu den antiken Zivilisationen zurückreicht. Immer wieder wird die Angst vor dem kulturellen und politischen Niedergang heraufbeschworen, sei es durch äußere Invasionen, innere moralische Verwerfungen oder kulturellen Verfall. In der modernen Zeit wurde dies durch Globalisierungsprozesse und die Schwächung traditioneller Institutionen noch verstärkt.

Die Intransparenz, die mit einer Freimaurer-Metapher assoziiert wird, könnte auf die EU-Bürokratie und Entscheidungsprozesse anspielen, die oft als undurchsichtig und schwer zugänglich für die allgemeine Bevölkerung wahrgenommen werden. In vielen EU-Mitgliedstaaten wird Brüssel oft als eine Art „ferne Macht" dargestellt, die Entscheidungen trifft, die das Leben der Menschen beeinflussen, ohne dass diese das Gefühl haben, daran beteiligt oder informiert zu sein. In die europäische Masse ist viel gemeinsame Kapazität zu investieren. Visionäre politische Kapazität bedeutet, neue Allianzen zu schmieden, sowohl innerhalb der EU als auch global. Um die großen Herausforderungen unserer Zeit zu bewältigen, braucht Europa starke Partnerschaften mit anderen Ländern und Regionen. Politische Führungspersönlichkeiten, die es verstehen, internationale Beziehungen auszubauen und strategische Allianzen zu bilden, schaffen die Grundlage für ein resilienteres Europa.Visionäre politische Kapazität zeigt sich darin, auch dann an wegweisenden Zielen festzuhalten, wenn es politisch unbequem wird. Die europäische Einigung muss über kurzfristige politische Zyklen hinausgehen und sich auf die langfristige Entwicklung und Stabilität Europas konzentrieren.

Entscheidungsprozesse müssen nachvollziehbar sein, wollen sie auch einen hohen Akzeptanzgrad erhalten. Verschwörungstheorien bestehen darauf, dass hinter den Kulissen Entscheidungen getroffen werden, die womöglich den Interessen der Gesamtheit zuwiderlaufen. Wenn Ziele und Aktivitäten im Verborgenen bleiben und sich der öffentlichen Kontrolle entziehen, besteht der Verdacht, dass die Machtausübungen ethisch nicht gerechtfertigt sind. Europa ist der Verzerrung ethischer Vorgaben, die den singulären Prinzipien den Vorrang vor den Interessen der europäischen Union geben, ausgesetzt.

In einigen EU-Staaten ist eine Unterwanderung demokratischer Prinzipien zu beobachten. Populistische Bewegungen und autoritäre Tendenzen stellen die Rechtsstaatlichkeit und die Unabhängigkeit der Justiz infrage. Diese Entwicklung gefährdet nicht nur die Stabilität der betreffenden Länder, sondern hat auch Auswirkungen auf die gesamte EU, da sie das Vertrauen in gemeinsame Werte und die Integrität der Union untergräbt. Trotz dieser Gegenströme ist das europäische Konstrukt nicht zwangsläufig einer Zerreißprobe ausgesetzt. Es gibt die Möglichkeiten, die Grundlagen der Europischen Union zu festigen. Dennoch steht die europäische Idee vor einer entscheidenden Weggabelung.

Der Erfolg der EU hängt davon ab, wie ihre Institutionen auf die aktuellen Krisen reagieren. Ein starkes, geeintes Europa ist unerlässlich, um den Herausforderungen des 21. Jahrhunderts gerecht zu werden. Die Rückbesinnung auf die gemeinsamen Werte und die Grundprinzipien, auf denen die EU basiert, könnte der Schlüssel sein, um die europäische Öffentlichkeit zu überzeugen und eine neue Ära der Zusammenarbeit einzuleiten. In dieser Zeit der Unsicherheit ist es fundamental bedeutsam die europäische Idee nicht nur als Konzept, sondern als lebendige Realität zu verstehen und zu fördern. Die europäische Identität ist kein statisches Konzept, sondern unterliegt einem ständigen Wandel und Diskurs. Sie entwickelt sich durch die Interaktion und den Austausch zwischen den europäischen Völkern und Kulturen weiter. Sie ist das Ergebnis historischer Erfahrungen, kultureller Vielfalt und gemeinsamer Werte. In Bezug auf die aktuellen Turbulenzen bleibt es wichtig, den Dialog über die europäische Identität fortzusetzen und neue Wege der Einheit zu finden.

Die symbolische und politische Hauptachse der europäischen Interkonnektivität stellt das Weimarer Dreieck dar, um die sich die weiteren Großregionen drehen. Diese Achse hat das Potenzial, als Katalysator für die Handlungsfähigkeit in Politik, Wirtschaft, Sicherheit und Kultur. Deutschland fungiert oft als Knotenpunkt zwischen den Achsen Nord-Süd und Ost-West. Frankreich teilt mit Deutschland eine Vision für ein stark integriertes Europa und sichert durch Kooperations-Projekte die europäische Außenpolitik, Verteidigung und Wirtschaft ab. Polen spielt eine wichtige Rolle bei der Förderung osteuropäischer Interessen und versteht sich als Brücke zwischen West- und Osteuropa, insbesondere zu den Ländern Mittel- und Osteuropas wie den baltischen

Staaten, der Tschechischen Republik, der Slowakei und Ungarn. Die Benelux-Staaten Irland und die skandinavischen Staaten sind historisch das Herzstück der europäischen Integration und bringen sich organisatorisch in die Vernetzung Europas ein. Belgien als Sitz der wichtigsten europäischen Institutionen, Europäische-Kommission, Europäisches Parlament und NATO bildet das symbolische Zentrum Europas. Die südeuropäischen Länder Italien, Spanien, Portugal, Griechenland und in weiterer Zukunft die Balkanstaaten sind in die andere Himmelsrichtung hin strategisch und historisch wichtige Partner innerhalb Europas, sowohl politisch als auch wirtschaftlich. Die Interkonnektivität zwischen dem Weimarer Dreieck und Süd-Südosteuropa ist entscheidend für die Stabilität und den Zusammenhalt der EU. Die Interkonnektivität der Großregionen Europas um die Achse des Weimarer Dreiecks mit den Großregionen West-, Süd- und Nordeuropas ist der Motor der Vernetzung Europas. Diese Interkonnektivität erstreckt sich über mehrere Dimensionen und ist ausschlaggebend für die Kohärenz des europäischen Projekts.

In Anbetracht ihrer Fähigkeiten, hat die Europäische Union einiges zu tun. Man kann sich nicht einfach zurücklehnen und sich von den Wellen überspülen lassen. Diese Verantwortung kann der EU nicht abgenommen werden. Noch handelt es sich um eine Vorsorgepolitik zur eigenen Sicherheit, kann aber sehr schnell zu einer bitteren und teureren Reaktionspolitik über Sicherheit werden. Inzwischen bedienen sich feindliche Staaten bereits terroristischer Banden, die sich in den einzelnen Entitäten Europas, aber auch weltweit austoben.

Spätere Reaktionen auf Sicherheitskrisen sind oft deutlich teurer, da sie unter Zeitdruck und in einem instabilen Umfeld erfolgen. Das Prinzip des konzertierten Vorgehens und die Ausrichtung gemeinsamer Aktionen an gemeinsamen Ansichten sind entscheidend für die Stärkung der EU als globaler Akteur. Sie ermöglichen es der Union, kohärenter und effektiver auf internationale Herausforderungen zu reagieren und ihre Interessen auf der Weltbühne zu vertreten. Alle beteiligten Akteure müssen sich über die zentralen Probleme, Herausforderungen und Ziele einig sein. Dies erfordert einen intensiven Austausch und eine offene Kommunikation. Die Aktionen und Entscheidungen der Beteiligten werden abgestimmt, sodass sie sich ergänzen und Synergien entstehen, anstatt dass sie sich widersprechen oder im Wettbewerb zueinander stehen.

Europa muss aufhören, sich hinter moralischen Appellen und symbolischen Gesten zu verstecken und beginnen, seine wirtschaftliche und politische Macht gezielt einzusetzen. Sanktionen müssen härter und schneller kommen, wirtschaftliche Abhängigkeiten systematisch abgebaut und eigene Stärken offensiv zur Geltung gebracht werden. Zudem braucht es ein neues Verständnis für geopolitische Realitäten. Die Annahme, dass autoritäre Machthaber sich durch gute Argumente und Appelle an die Vernunft überzeugen lassen, ist eine gefährliche Illusion.

Sie respektieren Macht, nicht Moral. Europa muss lernen, seine Interessen klar und ohne Zögern zu vertreten, auch wenn das bedeutet, kurzfristig Risiken einzugehen oder unbequeme Entscheidungen zu treffen. Ein Beispiel dafür könnte die militärische Präsenz in geopolitisch sensiblen Regionen oder der Ausbau strategischer Partnerschaften mit Ländern sein, die bereit sind, sich den autoritären Kräften entgegenzustellen.

Schließlich muss sich auch das Auftreten der europäischen Führungspersönlichkeiten ändern. Es braucht nicht nur kluge Teams, sondern auch starke Persönlichkeiten, die auf Augenhöhe mit den Machtspielern der Welt agieren können. Ein Kanzler, der auf internationalen Gipfeln stolpert, sei es metaphorisch oder buchstäblich, sendet ein Signal der Unsicherheit aus, Die Allüren der deutschen Regierungschefs auf der internationalen Bühne haben oft den Eindruck erweckt, als wolle man sich hinter der Fassade eines gemäßigten, fast schon unschuldigen Akteurs verstecken. Die politische Reaktion auf internationale Herausforderungen wie die Energiekrise, die Flüchtlingsproblematik oder die geopolitischen Spannungen mit China zeigte immer wieder eine Tendenz zu einer vermeintlichen Krisenbewältigung statt zur proaktiven Steuerung der Ereignisse. Dabei schien die deutsche Führung oft mehr mit der Wahrung des eigenen politischen Ansehens beschäftigt zu sein, als mit der aktiven Lösung der Probleme.

Politische Führung bedeutet Verantwortung und zwar nicht nur für Entscheidungen, die getroffen werden, sondern auch für jene, die durch Zögern oder Nichtstun ausbleiben. Besonders in Krisensituationen wie dem Ukraine-Krieg zeigt sich, dass Zurückhaltung oder bewusste Verzögerung oft tödliche Konsequenzen haben. Es geht um Entscheidungen, die unmittelbare Folgen haben, im Extremfall in Form von Menschenleben, die hätten gerettet werden können oder Konflikten, die durch mutiges Handeln hätten entschärft werden können. Während die Angriffe Russlands fortgesetzt werden, diskutieren bestimmte politische Akteure oft langwierig über die Bereitstellung von Waffen, Hilfen oder Sanktionen. Jede Verzögerung bedeutet nicht nur einen weiteren Tag des Leids, sondern auch die Möglichkeit, dass sich die Aggressionen ausweiten und verfestigen. Die Beschränktheit, die dabei an den Tag gelegt wird, ist nicht nur ein politisches Versagen, sondern ein moralisches Vergehen. Zögern ist dabei kein Ausdruck von Abwägung oder Vorsicht, sondern eine bewusste Manipulation. Die Akteure vermeiden klare Positionen, um sich selbst abzusichern oder Verantwortung von sich zu schieben.

Die Frage lautet also: Wie will Europa, und speziell Deutschland, in diesem Umfeld bestehen? Die Antwort liegt nicht in der Diplomatie, sondern in ihrer Ergänzung durch entschlossenes Handeln und eine klare Strategie. Mit Diplomatie kann sicherlich kein Weichspülen und

-reden gemeint sein, an dessen Ende von einer Identität nichts mehr übrigbleibt. Aber vielleicht wird gerade die hohe Kunst der strategischen Geduld perfektioniert - so lange abzuwarten, bis sich die Probleme von selbst erledigen, am besten ohne die Störung der Cocktailpartys auf Gipfelkonferenzen. Als was wird dort das Ausrotten eines Volkes mit den Mitteln des Mordens, der gezielten Bombardierung von Kindergärten, Schulen, Krankenhäusern und der elementaren Infrastruktur gewertet? Diese Haltung ist nicht nur kurzsichtig, sondern zutiefst unmoralisch, denn sie setzt das Leben Unschuldiger aufs Spiel. Jeder Tag einer weltweiten Hängepartie in der internationalen Politik schadet dem gesamtgesellschaftlichen Gefüge.

Die elementaren Realitäten müssen angesprochen werden. Man darf sich mit Parolen vermeintlicher Besonnenheit nicht drum herumreden, aus Angst vor der veröffentlichten Meinung in den Lagern der Putin-Anhänger AfD, BSW oder den Linken. Die freie Gesellschaft muss sich im Klaren sein, was verteidigungswert ist. Letzlich geht es mehr als nur um Scheinfrieden, es geht definitiv um das Leben in Freiheit. Die Freiheit, die wir schätzen, scheint von vielen Seiten angegriffen zu werden. Sie wird nicht nur von äußeren Akteuren wie autoritären Regierungen, sondern auch von inneren Kräften ausgehebelt, die mit Hass gegen alles vorgehen, was dem offenen und pluralistischen Diskurs entgegensteht. In diesem Kontext sind derartige Ideologien nicht nur Meinungen an den Rändern des politischen Spektrums; sie sind potenziell gefährliche

Bedrohungen für die Prinzipien der Demokratie und der Menschenrechte.

Die Gesellschaft muss sich mit den extremen Ideologien auseinandersetzen, da diese zu Intoleranz, Diskriminierung und Gewalt führen können. Der Schutz der Demokratie und der Menschenrechte erfordert ein aktives Engagement gegen solche Strömungen. Es ist Aufgabe der Zivilgesellschaft, Bildung, Aufklärung und Dialog zu fördern, um die Werte von Toleranz, Respekt und Vielfalt zu verteidigen. Außerdem müssen Institutionen und politische Akteure sicherstellen, dass Gesetze und Regelungen existieren, um extremistischen Ansichten entgegenzuwirken und eine inklusive, demokratische Gemeinschaft zu fördern. Demokratie funktioniert nicht automatisch; sie ist ein ständig fortwährender Prozess, der Engagement, Wachsamkeit und Weitsicht erfordert. Die Gefahren, die von extremen politischen Bewegungen ausgehen, sind nicht nur theoretischer Natur. Es gibt genug Beispiele aus der Geschichte, die uns lehren sollten, was passiert, wenn die Übergriffe und der Einfluss radikaler Ideologien ignoriert werden.

34. INTERKONNEKTIVITÄT DES MANAGEMENTS VON POLITIK

Das Axiom „Das Management der Politik muss sich lohnen" impliziert, dass politisches Handeln und Regierungsführung so gestaltet sein sollten, dass die Ergebnisse nicht nur für Politiker, sondern vor allem für die Bürger und die Gesellschaft im Ganzen von Nutzen sind. Damit das politische Management lohnenswert ist, müssen bestimmte Prinzipien und Ziele verfolgt werden, die sowohl kurzfristige Erfolge als auch langfristigen Nutzen bringen. Die Ideen der internationalen Politik gewinnen dann, wenn der Wille und die nötige kollektive Intellligenz vorhanden sind, um effizient ausgewertet zu werden. Die Emotionen sind an den Rahmen des rationalen politischen Managements anzupassen.

Emotionen wie Angst, Hoffnung oder Empörung können politische Prozesse antreiben, mobilisieren und Öffentlichkeit schaffen. Sie sind oft Motoren für Veränderung, müssen jedoch kanalisiert werden, um destruktive Impulse wie Populismus oder Überreaktionen zu vermeiden. Politisches Management erfordert Abwägungen, die auf Fakten, strategischer Analyse und klaren Zielen basieren. Emotionen dürfen diese Prozesse nicht dominieren, sondern müssen in ein System eingebunden werden, das rationales Handeln sicherstellt. Die Politik kann emotionale Anliegen aufgreifen, muss sie aber so formulieren, dass sie konstruktive Lösungsansätze ankurbeln.

Ein effektives politisches Management erfordert eine effiziente und transparente Organisation. Ressourcen müssen optimal genutzt werden, um bestmögliche Ergebnisse zu erzielen. Dies betrifft sowohl den Einsatz finanzieller Mittel als auch personeller Ressourcen. Politische Entscheidungen müssen sich an klar definierten Zielen orientieren und ihren Erfolg an messbaren Ergebnissen festmachen. Es wird so viel Nachdruck auf „evidenzbasiert" gelegt. Evidenzbasierte Politikgestaltung bedeutet, dass Entscheidungen auf wissenschaftlichen Daten und Analysen beruhen, um fundierte und zukunftsorientierte Strategien zu entwickeln. Weitblick bedeutet, nicht nur auf gegenwärtige Krisen zu reagieren, sondern künftige Szenarien vorauszuplanen und entsprechend darauf vorbereitet zu sein.

Politische Entscheidungen sollten nicht nur kurzfristige Erfolge anstreben, sondern langfristige positive Auswirkungen auf Gesellschaft und Wirtschaft haben. Politische Programme müssen konsistent sein und sich gegenseitig unterstützen, um Synergien zu schaffen. Leistungsorientierung verlangt die Kontrolle der Wirksamkeit der Entscheidungen anhand konkreter Ergebnisse. Dazu müssten vorab messbare Ziele aufgestellt werden, damit die Konzentration auf die tatsächlichen Wirkungen und nicht auf die reine Mittelverwendung gerichtet werden kann. Um politisches Management effektiv zu gestalten und die Unterstützung der Bürger zu gewinnen, ist es entscheidend, Transparenz und Verständnis für politische Entscheidungsprozesse zu schaffen. Eine offene Informationspolitik bedeutet, dass politische Entscheidungsträger fähig sein sollten, pro-aktiv und verständlich über anstehende Entscheidungen und deren Grundlagen und Auswirkungen zu informieren. Permanent schwache Kommunikatoren argumentieren mit derselben Aussage wie extremistische Realitätsverweigerer, nämlich ob man Transparenz überhaupt brauche, wenn man stattdessen für permanente Verwirrung sorgen kann. Vertrauen sei ohnehin überbewertet, und am Ende zählt doch nur eins, dass alle am nächsten Wahltag ihre Kreuzchen machen und Missverständnisse versprechen doch viel mehr Spannung.

Ein lohnendes politisches Management verlangt, dass die Akteure für ihre Entscheidungen und deren Auswirkungen die Verantwortung übernehmen. Dies bedeutet, auch Fehler einzugestehen und bereit zu sein, aus ihnen zu lernen. Missmanagement verbunden mit Korruption schadet dem Ansehen der Politik und untergräbt das Vertrauen in die Institutionen, ist aber leider global weit verbreitet. Ein ethisch respektables Handeln und die Einhaltung von Integritätsstandards sind wesentliche Voraussetzungen, damit politisches Management als lohnend empfunden wird.

Und wiederum befinden wir uns mitten in der Thematik des Evaluierens.

Politische Programme und Projekte brauchen ein fortlaufendes Monitoring, um Abweichungen frühzeitig zu lokalisieren und Gegenmaßnahmen einzuleiten. Dies sorgt für eine kontinuierliche Anpassung und Optimierung der Maßnahmen. Durch regelmäßige Berichte und Überprüfungen können Fortschritte transparent gemacht und bewertet werden. Dies hilft, unnötige Ausgaben zu vermeiden und sicherzustellen, dass die Politik ihren Kurs beibehält oder rechtzeitig Anpassungen vornimmt. Entscheidungen, die durch Evaluierungen aufgedeckt werden, stellen einen wichtigen Mechanismus dar, um Fehler zu identifizieren, Verantwortlichkeit herzustellen und Verbesserungen einzuleiten. Sie bieten die Möglichkeit, aus vergangenen Entscheidungen zu lernen und den Entscheidungsprozess insgesamt zu optimieren. Da Evaluierungen oft Kritik und unangenehme Wahrheiten ans Licht bringen, sind sie ein wesentliches Instrument zur Förderung von Transparenz, Effizienz und nachhaltigem Erfolg.

Die globale Transformation ist in vollem Gange, gesellschaftlich, politisch und wirtschaftlich. Klimawandel, technologische Umbrüche und geopolitische Verschiebungen sind nur einige der Herausforderungen, die tiefgreifende Veränderungen notwendig machen. Doch Transformation gelingt nur durch Akzeptanz der zugrundeliegenden Wahrheiten und diese erfordert Transparenz sowie eine korrekte Evaluierung. Transparenz ist dabei der Grundstein, um Vertrauen in transformative Prozesse zu schaffen. Ohne klare Informationen über die

Notwendigkeit und die Ziele der Veränderungen entsteht Skepsis oder sogar Ablehnung. Offenheit ermöglicht es, die Hintergründe von Maßnahmen nachzuvollziehen und die Entscheidungen daran auszurichten. Nur mit vollständigen und unverzerrten Informationen lassen sich Entwicklungen präzise bewerten. Politische oder ideologische Verzerrungen führen zu Fehlsteuerungen. Wissenschaft und Evidenz müssen Vorrang haben. Die Ergebnisse der Evaluierung müssen verständlich und für alle zugänglich sein, um Akzeptanz und Vertrauen zu fördern. Viele Wahrheiten sind unbequem, sei es der notwendige Abschied von fossilen Brennstoffen oder soziale Umbrüche durch Automatisierung. Die Bereitschaft, solche Wahrheiten anzuerkennen, ist oft gering, da sie Unsicherheit und Verlustängste auslösen. Transparenz allein reicht nicht. Kommunikation muss den Mehrwert der Veränderungen betonen und gleichzeitig Lösungswege aufzeigen können.

Fakten sind unbeweglich und objektiv, zumindest in ihrer idealen Form. Doch die Art und Weise, wie Menschen sie wahrnehmen, interpretieren und kommunizieren, ist selten frei von Verzerrungen. Vorurteile, bewusste oder unbewusste Manipulationen sowie das Verdrängen unbequemer Wahrheiten führen dazu, dass selbst eine scheinbar ehrliche Annäherung an die Tatsachen verfälscht sein kann. Es ist daher essenziell, Vorurteile als Störfaktor für eine faktenbasierte Entscheidungsfindung zu identifizieren und gezielt zu untersuchen.

Statistiken können durch „Cherry-Picking" also selektive Präsentation missbraucht werden Fakten können bewusst in Geschichten eingebettet werden, die ihre Bedeutung verändern. Auch die Forschung ist nicht immer frei von Bias, etwa durch ideologische Einflüsse oder wirtschaftliche Interessen. Selbst ohne böswillige Absicht führt die menschliche Wahrnehmung dazu, dass Fakten gefiltert, interpretiert oder verdrängt werden. Vorurteile sind hierbei einer der zentralen Treiber. Häufig verdrängen Vorurteile unbequeme Wahrheiten und schieben alternative Erklärungen in den Vordergrund. Menschen neigen dazu, Informationen zu ignorieren oder zu verdrehen, die ihrem Weltbild widersprechen. Fakten können selektiv wahrgenommen werden, um bestehende Überzeugungen zu stützen. Auch der Gruppendruck kann Fakten verzerren, um Konformität zu sichern. Diese Mechanismen sind nicht nur individuell, sondern auch systemisch. Sie beeinflussen politische Entscheidungsprozesse, öffentliche Meinungen und mediale Berichterstattung.

Die Gefahr der bloßen Annäherung an die Wahrheit entsteht dort, wo unbequeme Aspekte ausgeblendet werden. Dann werden Themen wie Klimawandel oder soziale Ungleichheit oft beschönigt. Eine unkritische Haltung verstärkt Fehlwahrnehmungen. Gesellschaften müssen bereit sein, eigene blinde Flecken und ideologische Verzerrungen anzuerkennen. Offene Debatten, die verschiedene Perspektiven einbeziehen, verhindern eine einseitige Auslegung. Der Weg zur Wahrheit ist unbequem, doch er beginnt mit dem Mut, die eigenen Vorurteile zu erkennen und zu überwinden.

Fakten sind per Definition unbestechlich, sie beschreiben, was ist. Doch ihre Darstellung und Auslegung hängen stark vom Kontext, von Perspektiven und oft von Interessen, aber auch von der Technik ab. KI spielt dabei eine tragende Rolle. KI hat das Potenzial, diese Dynamik tiefgreifend zu verändern, indem sie sowohl die Qualität der Informationsverarbeitung verbessert als auch neue Risiken schafft. KI-Systeme lernen aus Daten, die von Menschen bereitgestellt werden. Diese Daten spiegeln oft bestehende Vorurteile, Ungleichheiten oder Lücken wider. Entscheidungen über Datengewichtung und -priorisierung können bewusst oder unbewusst Fakten verfälschen. KI kann Fakten in einen spezifischen Kontext einbetten, der das Verständnis beeinflusst. So lassen sich Narrative gezielt formen.

Ein Beispiel ist die Gefahr des „Confirmation Bias": wenn KI-Modelle dazu programmiert sind, spezifischen Interessen oder Ideologien zu dienen, verstärken sie bestehende Meinungsblasen. Ein besonderes Risiko ist, dass KI oft als neutral wahrgenommen wird – als objektiver Vermittler von Fakten. In Wahrheit hängt ihre Neutralität stark davon ab, wie sie programmiert und trainiert wird. Diese Illusion der Objektivität kann dazu führen, dass verzerrte Informationen ungeprüft als Wahrheit akzeptiert werden. KI-Technologien ermöglichen es, täuschend echte, aber falsche Inhalte zu erstellen. Dies untergräbt das Vertrauen in authentische Informationen. KI-basierte Algorithmen analysieren Nutzerverhalten und verbreiten gezielt irreführende Inhalte, die auf individuelle Vorurteile abgestimmt sind. Sprachmodelle können durch subtil formulierte Texte den Eindruck einer bestimmten Realität erzeugen, selbst wenn sie unvollständig oder manipulativ ist.

Wenn sich die internationale Gemeinschaft und einzelne Staaten nicht ausreichend mit den aktuellen geopolitischen Bedrohungen auseinandersetzen, können die Konsequenzen gravierend sein. Die Dynamiken der globalen Machtverhältnisse, wirtschaftlichen Abhängigkeiten und technologischen Fortschritte lassen keine Passivität zu, da Bedrohungen zunehmend komplexer und vernetzter werden. Die Folgen eines mangelnden Engagements auf diese Bedrohungen wären vielfältig. Ohne die Auseinandersetzung mit Konfliktlösung und Prävention würden sich regionale Konflikte schnell ausweiten und zu größeren militärischen Auseinandersetzungen zwischen Staaten führen. Wenn keine Mechanismen zur Bearbeitung vorhanden sind, ist man den Großmachtkonflikten wehrlos ausgesetzt. Eine solche Eskalation führen weiter zu globalen Sicherheitskrisen, mit weitreichenden humanitären, wirtschaftlichen und politischen Folgen. Ohne gezielte Maßnahmen zur Abrüstung und zur Schaffung von Vertrauensmechanismen ist ein neues Wettrüsten zwischen Großmächten, insbesondere in den Bereichen

Nuklearwaffen, Cyberwaffen und anderen modernen militärischen Technologien nicht mehr abwendbar. Dies würde nicht nur die internationale Sicherheit gefährden, sondern auch immense wirtschaftliche Ressourcen verschlingen, die in anderen wichtigen Bereichen wie Gesundheit, Bildung und Umwelt benötigt werden. Wenn Regierungen keine wirksamen Maßnahmen zur Verbesserung der Cybersicherheit und zur Verteidigung ergreifen, sind kritische Infrastrukturen, von Energie- und Wasserversorgung bis hin zu Finanzsystemen, über die Maßen gefährdet. Hackergruppen und staatliche Kriminelle könnten Cyberangriffe nutzen, um Staaten zu destabilisieren, Wirtschaftssysteme lahmzulegen oder politische Unruhen zu schüren. Diese Bedrohung wird mit der Digitalisierung der Weltwirtschaft immer gravierender. Ein Nichthandeln im Kampf gegen den Klimawandel würde die Umweltkatastrophen weiter verschärfen. Häufigere und intensivere Naturkatastrophen wie Dürren, Überschwemmungen, Stürme und der Anstieg des Meeresspiegels würden Millionen von Menschen zur Flucht zwingen und globale Migrationskrisen auslösen. Ressourcenknappheit, insbesondere in Bezug auf Wasser und Nahrungsmittel, verschärfen die Konflikte in der globalen Gesellschaft. Ohne konsequente Maßnahmen gegen den weltweiten Terrorismus und gegen extremistische Netzwerke würden Kräfte überhand nehmen. Besonders in instabilen oder gescheiterten Systemen finden destruktive Mächte Freiräume, um ihre Aktivitäten auszuweiten.

Ohne aktive internationale Kooperation zur Bewältigung globaler Bedrohungen würden internationale Institutionen wie die Welthandelsorganisation oder die NATO hoffnungslos zerlegt werden. Der Rückzug von Assoziationen aus multilateralen Prozessen und Institutionen würde die Fähigkeit der internationalen Gemeinschaft untergraben, effektiv auf Bedrohungen zu reagieren. Dies mündet unweigerlich in einen "Jeder-für-sich"-Ansatz, bei dem nationale Interessen über internationale Zusammenarbeit gestellt werden. Die Auswirkungen von ungelösten globalen Krisen, ob durch Klimawandel, wirtschaftliche Instabilität oder politische Spannungen ausgelöst, würden sich ins Unermessliche ausweiten.

Arbeitslosigkeit, wirtschaftliche Ungleichheit und fehlende Perspektiven schaffen den Nährboden für Populismus, Extremismus und autoritäre Bewegungen. Dies könnte die Demokratien weltweit destabilisieren und zu einem Anstieg von autoritären Regimen und innenpolitischen Repressionen führen. Geopolitische Instabilität und ungelöste Konflikte beeinträchtigen den freien Handel und das Funktionieren der globalen Lieferketten. Ein Mangel an internationaler Zusammenarbeit zur Lösung von Konflikten und Krisen könnte Handelskriege, Sanktionen und wirtschaftliche Blockaden fördern, was wiederum das globale Wachstum hemmen würde. Besonders anfällig wären Schwellen- und Entwicklungsländer, die stark von internationalen Investitionen und Handel abhängen. Regionale Konflikte, extreme Wetterereignisse und der Kollaps von Staaten können dazu führen, dass Millionen von Menschen zur Flucht gezwungen werden. Dies würde die globalen Migrationsströme weiter ansteigen lassen und sowohl die Herkunfts- als auch die Aufnahmeländer vor immense Herausforderungen stellen. Ohne eine internationale Koordination und humanitäre Unterstützung könnten Flüchtlingskrisen humanitäre Katastrophen hervorrufen und die politische Instabilität in Aufnahmeländern vergrößern.

Das Verstehen der politischen und ökonomischen Rahmenbedingungen, die das Erreichen der Ziele beeinflussen ist ebenso wichtig wie das Kommunizieren ihrer Botschaften. Die Spannungen zwischen globalisierenden Kräften und nationalistischer Politik in verschiedenen Teilen der Welt stellen die politischen Akteure vor die Herausforderung, ihre internationalen Engagements flexibel zu steuern. Die Globalisierung hat die Rahmenbedingungen für politisches Handeln verändert, ohne die einzelnen Units per se zu schwächen. Vielmehr haben sich die Anreize für bestimmte wirtschaftspolitische Optionen verschoben. Der verstärkte globale Wettbewerb um mobile Ressourcen erhöht die Anreize marktliberaler Reformen. Gleichzeitig steigen die Kosten für interventionistische Politik. Dies schränkt zwar die Autonomie von Regierungen an der Basis der kleinsten Unit ein, bedeutet aber nicht zwangsläufig eine Schwächung der Gewährleistung von Wachstum und Wohlstand.

Der interne Widerstand gegen die Globalisierung kommt aus verschiedenen Bereichen des politischen Spektrums, ist aber besonders stark in der politischen Rechten programmiert. Bestimmt durch diese gegenläufigen Tendenzen stehen Staaten vor der Aufgabe, ihre Politik flexibel anzupassen. Politische Akteure wie Donald Trump, Marine Le Pen, Viktor Orban, die Partei der „Alternativen für Deutschland" oder der „Islamische Staat" kritisieren die Globalisierung und finden damit Anklang in Teilen der Bevölkerung. Es gilt, die Chancen der Globalisierung für Innovation und Wachstum durch gezielte Liberalisierung zu nutzen, gleichzeitig müssen etwaige negative Zwischen-Folgen des Strukturwandels abgefedert werden.

Es entstehen neue Formen der internationalen Governance. Die Politik steht vor der Herausforderung, die internationalen Engagements flexibel zu steuern und dabei sowohl die Chancen der Globalisierung zu nutzen als auch auf nationalistische Gegenbewegungen zu reagieren. Dies erfordert ein komplexes Zusammenspiel verschiedener Akteure und Governance-Formen auf kommunalen, lokalen und internationalen Ebenen. Ihre Interkonnektivität ist zu beachten. Pragmatismus und Risikobereitschaft in der Umsetzung außenpolitischer Ziele sind zwei zentrale Prinzipien, die sich auf das Handeln in der internationalen Politik auswirken. Beide Konzepte spiegeln die Art und Weise wider, wie Länder ihre außenpolitischen Ziele verfolgen und in der internationalen Arena agieren. Ihre Interkonnektivität steht im spezifischen geopolitischen

Kontext der diversen Interessen und der zugrunde liegenden Ideologien. Pragmatismus und Risikobereitschaft stehen nicht zwangsläufig im Widerspruch zueinander. In vielen Fällen handeln Regierungen sowohl pragmatisch als auch risikobereit. Ein pragmatischer Entscheidungsträger kann etwa kalkulierte Risiken eingehen, wenn diese als notwendig erachtet werden, um langfristige außenpolitische Ziele zu erreichen. Umgekehrt kann auch ein risikofreudiger Akteur, wenn sich die Gegebenheiten ändern, pragmatisch agieren und seine Strategie anpassen.

Auch wenn Gefahren einmal vorbei sein sollten - im Grunde genommen sind sie es nie - darf man die Möglichkeiten nicht aus den Augen verlieren. Nie sind es Themen ausschliesslich der Vergangenheit. Sie hinterlassen Spuren, die oft erst Jahre später sichtbar werden. Ein Beispiel ist der Kalte Krieg, dessen Konfliktlinien heute, Jahrzehnte nach seinem offiziellen Ende, erneut an Bedeutung gewinnen. Ähnlich verhält es sich mit wirtschaftlichen Krisen, die zwar vorübergehen, deren strukturelle Ursachen jedoch oft bestehen bleiben und neue Risiken schaffen. In Wahrheit endet der Kreislauf der Herausforderungen nie. Die Geschichte zeigt immer wieder, dass Bedrohungen, die als Vergangenheit abgehakt wurden, plötzlich in neuen Gewändern auftauchen. Dies gilt für geopolitische Spannungen, wirtschaftliche Krisen oder technologische Umwälzungen ebenso wie für gesellschaftliche und ökologische Probleme. Ein Rückzug in die Passivität führt unweigerlich zu einem Zustand der Lähmung, der in einer globalisierten, dynamischen Welt fatal wäre.

Das ist Grund genug, die besten Köpfe in den diversen Beobachtungs- und Schaltpositionen einzusetzen. Diejenigen, die an den Schalthebeln sitzen, müssen in der Lage sein, über den Tellerrand hinauszublicken. Es geht darum, Risiken zu erkennen, bevor sie akut werden, und Möglichkeiten zu nutzen, bevor sie verstreichen. Das setzt voraus, dass nicht Mittelmaß oder bloße Loyalität, sondern exzellente Kompetenz die oberste Priorität bei der Besetzung entscheidender Positionen ist. Eine Kultur, die die besten Köpfe fördert und ihnen die nötigen Freiheiten einräumt, ist essenziell, um auf Dauer handlungsfähig zu bleiben. Nicht die Zeiten sind von sich aus zerstörerisch, sondern die Outputs menschlicher und politischer Vorgangsweisen.

In der internationalen Politik ist das Hineinhorchen, das Abwägen von Meinungen, das Verstehen von Kontexten und das Berücksichtigen von vielfältigen Perspektiven zweifellos ein unverzichtbarer Bestandteil. Es ermöglicht Entscheidern, komplexe Zusammenhänge zu erfassen, kulturelle Sensibilitäten zu berücksichtigen und potenzielle Risiken zu minimieren. Doch dieser Prozess bringt eine Verantwortung mit sich, die oft unterschätzt wird: die Pflicht, Erkenntnisse in entschlossene, konzertierte Entscheidungen umzuwandeln. Ein übermäßiges Verweilen im Evaluationsmodus kann leicht zum Stillstand führen. Zwar ist es wichtig, gründlich zu prüfen, bevor man handelt, doch wenn die Auswertung der Daten und Meinungen zum Selbstzweck wird, bleibt der notwendige Schritt der Entscheidung aus. Analysen allein retten keine Leben, sichern keine Grenzen und lösen keine Konflikte. Die clevere Management-Akrobatik erfordert ein feinfühliges Verständnis für die Dynamiken, die am Werk sind, sowie die Fähigkeit, flexibel und kreativ auf unterschiedliche Situationen zu reagieren. Dazu gehört auch, verschiedene Techniken des Managements und der Kommunikation zu nutzen, um das beste Ergebnis zu erzielen. Dies wird zwangsläufig den Einsatz von Konsensbildung, Mediationsverfahren oder interkulturellen Kommunikationsstrategien umfassen.

Man jongliert mit verschiedenen Interessen, Akteuren und Perspektiven. Ein cleverer Player kennt die Prioritäten aller Beteiligten und plant voraus. Nicht jede Meinung wiegt gleich. Die Kunst besteht darin, zuzuhören, ohne sich zu verzetteln, und diejenigen Perspektiven zu fördern, die zur strategischen Lösung beitragen. Zu frühes oder zu spätes Handeln kann fatale Folgen haben. Ein geschultes Ohr für Signale und Entwicklungen wird auf proaktives Handeln setzen, um genau dann richtig zu agieren, wenn der richtige Moment gekommen ist. In seltenen Fällen ist Abwarten ein Teil der Strategie, allerdings nur dann, wenn es gut begründet und kontrolliert ist. Stillstand, getarnt als „Prüfprozess", ist am Ende die gefährlichste aller Optionen.

35. INTERKONNEKTIVITÄT DER DEMOKRATIE

Traditionelle Volksparteien verlieren in vielen Ländern an Bedeutung, während neue politische Bewegungen entstehen. Veränderte Kommunikationsformen, eine wachsende Komplexität politischer Herausforderungen, die Globalisierung und transnationale Verflechtungen sowie die Überwindung nationalistischer Tendenzen sind die bestimmenden Faktoren der Zukunft. Normative Eckpunkte für zukünftige parlamentarische Bewegungen an Stelle der Parteien sind Menschenrechte, Subsidiarität, Bündnisbekenntnisse, Demokratie, Freiheit und Sicherheit. Wenn man solche Prinzipien als Basis für neue parlamentarische Bewegungen etabliert, könnte dies als Versuch verstanden werden, die derzeitigen politischen Strukturen neu zu gestalten und zu modernisieren. Während nationalistische Strömungen in der Vergangenheit oft dominierten, zeigt sich heute die Orientierung an globalen Herausforderungen. Klimawandel und Umweltschutz, die ohne internationale Kooperation nicht auskommen. Wirtschaftliche Verflechtungen überschreiten nationale Grenzen.

Migrationsbewegungen verdeutlichen die Notwendigkeit transnationaler Lösungen. Diese Ideen verdeutlichen, dass Subsidiarität allein nicht ausreicht, um ein gut funktionierendes politisches und soziales System zu schaffen. Sie muss durch einen strukturierten Rahmen ergänzt werden,

647

der die Verbindungen zwischen den verschiedenen Ebenen - lokal, regional, national und international - regelt und koordiniert.Eine zukünftige parlamentarische Bewegung müsste eine tiefere und inklusivere Demokratie anstreben, die möglicherweise direkter und partizipativer ist als heutige Modelle. Digitale Partizipationsplattformen werden sich den Herausforderungen für die Zukunft stellen müssen. Zukunftskonferenzen, Transparenz der Entscheidungsfindung über neue Berufsfelder wissenschaftsbasierter Evaluierungen und Assessments sollen absichern, dass sich politische Interessens-Bewegungen an die Verhältnisse anpassen, um relevant zu bleiben. Eine Transformation des Parteiensystems böte Chancen für eine Neuausrichtung der Politik jenseits eng gefasster nationaler Interessen. Gleichzeitig stellt sie etablierte demokratische Strukturen vor die Aufgabe, sich weiterzuentwickeln und neue Formen der Repräsentation zu finden. Es ist auch die einzig reelle Möglichkeit, sich vor Extremismen an den linken und rechten Rändern zu schützen.

Diese neuen parlamentarischen Bewegungen sollten durch Bündnisbekenntnisse ihre internationale Verantwortung wahrnehmen. Dabei geht es um die Verpflichtung zu multilateralen Institutionen wie den zu reformierenden Vereinten Nationen oder der NATO, die auf gemeinschaftlicher Verteidigung, Zusammenarbeit und globalem Frieden basieren. Diese Bündnisse sind entscheidend, um globale Herausforderungen wie den Klimawandel, die internationale Sicherheit oder humanitäre Krisen zu bewältigen. Hierbei geht es nicht nur um individuelle Freiheitsrechte, sondern auch um die wirtschaftliche Freiheit und die Selbstbestimmung der Bürger.

Es ist die primäre Pflicht in der Interkonnektivität des zivilisatorischen Gedankens der Menschheit, die Würde des Individuums in den Mittelpunkt des Geschehens zu stellen. Demokratie ist in diesem Auftrag keine Ideologie, eher ein Instrument der Problemlösungen in den globalen Auseinandersetzungen. Wenn sie sich an die Regeln der Rationalität hält, agiert sie inmitten des Machtgerangels in der Zielsetzung jedenfalls viel einsichtiger als Autokratien.

Im Spannungsfeld zwischen kollektiven Interessen und der Verantwortung gegenüber dem Einzelnen die Würde des Individuums zu schützen, ist in diesem Sinne nicht nur ein moralisches Gebot, sondern eine essenzielle Grundlage für sozialen Frieden und Stabilität. Die Demokratie ermöglicht durch offene Debatten und Pluralismus eine nachhaltigere Konfliktbewältigung, da sie Raum für diverse Perspektiven und Interessen schafft. Die Regeln der Rationalität in demokratischen Prozessen fördert Einsicht und Verständigung, indem sie Entscheidungen auf Fakten, Logik und Debatte gründet. Die demokratische Struktur zielt darauf ab, Lösungen zu entwickeln, die für die Mehrheit vorteilhaft sind und gleichzeitig Minderheitenrechte schützen, ein unverzichtbarer Faktor in einem globalen Kontext, in dem sich unterschiedliche Kulturen und Interessen zunehmend vermischen. In autokratischen Systemen weichen der Wert des Individuums und die Rationalität eher der Strategie der Machterhaltung und -ausweitung. Der zivilisatorische Fortschritt der Menschheit wird daher maßgeblich davon abhängen, wie konsequent Demokratien weltweit die Prinzipien der Rationalität und der Menschenwürde in den Mittelpunkt ihrer Interaktionen stellen.

Der Mut zur Veränderung spielt eine entscheidende Rolle, um die Demokratie im ursprünglichen Sinn zu bewahren und zugleich zu erneuern. Viele der gegenwärtigen Herausforderungen, vor denen Demokratien stehen, haben sich durch globale Entwicklungen, technologische Umwälzungen und soziale Spaltungen verstärkt. Um diesen Herausforderungen zu begegnen, bedarf es nicht nur des politischen Willens, sondern auch der Bereitschaft, bestehende Subsysteme und Sub-Strukturen der Demokratie zu überdenken und anzupassen. Eine Erneuerung muss daher die Funktionsfähigkeit und Anpassungsfähigkeit von Institutionen, Verwaltungen, Medien und zivilgesellschaftlichen Organisationen berücksichtigen.

So manche politische Institutionen verharren noch in starren Strukturen, die den Dialog zwischen Bürgern und Entscheidern erschweren. Eine Modernisierung dieser Institutionen könnte sie zugänglicher, transparenter und reaktionsfähiger machen. Eine erneuerte Demokratie muss diese Spannungen berücksichtigen und Mechanismen entwickeln, um globale Lösungen zu finden, die auf lokaler Ebene umgesetzt werden können. Die Demokratie sieht sich neuerdings mit einer Reihe von Krisen konfrontiert, die zu einem Dauerphänomen geworden sind. Diese anhaltenden Schwierigkeiten stellen die Widerstandsfähigkeit und Anpassungsfähigkeit demokratischer Systeme auf die Probe. Um resilient zu bleiben, müssen Demokratien ihre Fähigkeit zur Erneuerung unter Beweis stellen.

In einer qualitativ hoch stehenden Demokratie wird nicht der Kompromiss hochgehalten, sondern der Konsens. In manchen pluralistischen Demokratien ist der Kompromiss eine bevorzugte Methode, um divergierende Interessen, Meinungen und Bedürfnisse miteinander zu vereinbaren. Jede Partei macht Zugeständnisse, um eine Einigung zu erreichen. Allerdings ist der Kompromiss eine Art Mittelweg, bei dem keine der beteiligten Parteien ihre vollständigen Ziele erreicht. Es entsteht häufig das Gefühl, dass Kompromisse lediglich temporäre Lösungen sind, die bestehende Konflikte nicht vollständig auflösen, sondern nur abschwächen. In einer demokratischen Realität, in der die Interessenvielfalt groß ist, führen Kompromisse zu einer Fragmentierung oder gar zu Unzufriedenheit, weil niemand vollständig zufrieden ist.

Im Gegensatz dazu setzt der Konsens auf eine tiefere und umfassendere Form der Einigung. Er bedeutet, dass eine Lösung oder Entscheidung gefunden wird, die von allen Beteiligten als fair, gerecht und im besten

Interesse der gesamten Gesellschaft akzeptiert wird. Dabei geht es nicht nur darum, dass jede Partei Zugeständnisse macht, sondern dass eine gemeinsame, von allen getragene Grundlage gefunden wird, die über den bloßen Ausgleich von Interessen hinausgeht. Konsens wird überwiegend als Ideal angestrebt, weil er eine tiefere Form der politischen Einigung darstellt. Er geht davon aus, dass es nicht nur darum geht, Konflikte zu managen, sondern eine gemeinsame Vision zu entwickeln, die die Einheit und das Wohl der Gesellschaft betont. Konsensprozesse setzen einen intensiven und konstruktiven Dialog voraus, bei dem nicht nur Interessen, sondern auch Werte und Normen zur Sprache kommen. Auf diese Weise wird eine Lösung geschaffen, die alle relevanten Akteure wirklich überzeugt und nicht bloß akzeptiert wird. Ein Konsens ist langfristig stabiler als ein Kompromiss, da er auf einem breiteren gesellschaftlichen Einverständnis beruht und nicht von der Notwendigkeit kurzfristiger politischer Deals geprägt ist.

Konsensbildung in einem organisatorischen Kontext wird allgemein als positiv und produktiv angesehen ist, während Kompromisse in der Politik oft als schwächend oder als Verzicht auf klare Prinzipien interpretiert werden. Im Management ist Konsens eine wertvolle Strategie, da sie darauf abzielt, die Interessen aller Beteiligten zu berücksichtigen. Konsens ist ein Weg, um Konflikte zu minimieren und kollektives Engagement für ein gemeinsames Ziel zu fördern. In Unternehmen wird Konsens als erstrebenswert angesehen, da er sicherstellt, dass alle

Entscheidungsträger und Beteiligten an einem Strang ziehen. Dies stärkt das Team und führt in der Regel zu nachhaltigeren und stabileren Ergebnissen, Lösungen zu finden, die von einem breiten Spektrum von Akteuren getragen werden. Wenn ein Managementteam Entscheidungen auf Basis von Konsens trifft, bedeutet dies, dass die Wahrscheinlichkeit für Widerstände und Blockaden sinkt, da die Beteiligten den Entscheidungsprozess gemeinsam getragen haben. Dies ist insbesondere in komplexen Organisationen wichtig, in denen viele unterschiedliche Interessen von technischen Entwicklern, Marketingleuten, dem Vertrieb und Export-Fachleuten zusammengebracht werden müssen. Diese Fähigkeit, durch Konsens tragfähige Entscheidungen zu treffen, gilt in verschiedenen organisatorischen Kontexten als zentraler Führungsansatz, sei es im Geschäft, im Projektmanagement oder gar in der Diplomatie.

In der Politik verfolgt der Kompromiss eine negative Konnotation, da er als ein Zeichen von Schwäche oder Prinzipienlosigkeit interpretiert wird. Besonders in polarisierten Gesellschaften wird von politischen Führern erwartet, dass sie klare und feste Positionen vertreten. Ein Kompromiss wird daher als Aufgeben von Überzeugungen angesehen, um kurzfristige Erfolge zu erzielen. Politiker, die oft Kompromisse eingehen, laufen Gefahr, ihre Glaubwürdigkeit oder den Rückhalt ihrer Wählerschaft zu verlieren. Kompromisse in der Politik werden manchmal als „fauler Kompromiss" bezeichnet, wenn sie als Lösungen wahrgenommen werden, die niemanden wirklich zufriedenstellen und die tiefsten Probleme nicht lösen. Sie werden als Halbherzigkeit oder als Abkehr von starken Überzeugungen kritisiert. Dies löst das Gefühl aus, dass die Politik ineffektiv sei, da Entscheidungen durch zu viele Kompromisse verwässert werden.

Ein auf Konsens beruhender Managementstil fördert eine positive Arbeitsumgebung, in der alle Beteiligten sich gehört fühlen. Dies kann die Produktivität und das Engagement der Mitarbeiter steigern. In diesem Fall wird Konsens als ein Mittel betrachtet, um alle Beteiligten zufriedenzustellen, was das Gesamtziel fördert. In der Politik hingegen wird Kompromiss als Notwendigkeit angesehen, um Regierungsprozesse am Laufen zu halten. Jedoch wird er meistens als unerwünscht angesehen, weil er selten die ideale Lösung bietet. Er symbolisiert ein Zurückweichen von klaren Idealen und festen Überzeugungen, was insbesondere in Zeiten politischer Polarisierung kritisch zu bewerten ist.

In der internationalen Politik gibt es eine alternative Herangehensweise. Mehrere Staaten oder Regionen können pragmatische Allianzen eingehen und flexiblere Kooperationsformen nutzen, die auf spezifische Themen zugeschnitten sind. „Koalitionen der Willigen" umgehen das Dilemma, dass alle Staaten in einem Kompromiss mittragen müssen. Sie ermöglichen es, Fortschritte in bestimmten Bereichen zu erzielen. Die G20 als wirtschaftliche Großmachtgruppe arbeitet beispielsweise in vielen Bereichen wie der Finanzregulierung und der Bekämpfung der globalen Wirtschaftsinstabilität zusammen. Obwohl sie keinen Konsens aller Nationen darstellt, können sie bedeutende Fortschritte erzielen, indem sie sich auf spezifische, geteilte Interessen konzentrieren. Flexible Mechanismen, wie das Prinzip der „differenzierten Verantwortungen", das im Klimawandel-Abkommen Anwendung findet, ermöglichen es Staaten, je nach ihren Möglichkeiten und nationalen Umständen verschiedene Verpflichtungen einzugehen. Dies verhindert, dass starre Kompromisse zu Unzufriedenheit führen und lässt Raum für differenzierte Lösungen. Durch Maßnahmen wie Transparenz-Initiativen, Rüstungskontrollabkommen oder Vertrauensvereinbarungen können Staaten langfristig auf eine Konsens-Situation hinarbeiten. Wenn das Vertrauen in die Ernsthaftigkeit und Berechenbarkeit der Verhandlungspartner steigt, wächst auch die Bereitschaft innovative Lösungen zu finden.

Gezielte Maßnahmen gegen spezifische Unternehmen, die durch schädigendes Verhalten die Interessen von NATO- oder EU-Staaten beeinträchtigen, wären eine effektivere und ausgewogenere Strategie sein als allgemeine Strafzölle. Der Vorteil einer solchen präzisen Wettbewerbspolitik liegt darin, dass sie direkter auf das Problem abzielt und gleichzeitig den breiteren Wirtschaftsbeziehungen weniger Schaden zufügt. Diese Sanktionen könnten Zugangsverbote zu Märkten oder Handelsbeschränkungen für bestimmte Produkte umfassen. Die Bündnis-

Staaten könnten bestimmte Unternehmen von öffentlichen Ausschreibungen und Regierungsaufträgen ausschließen, weil sie gegen Sicherheitsinteressen verstoßen. Die Bündnis-Staaten könnten genauer prüfen, wenn Unternehmen aus Drittstaaten Beteiligungen in strategisch wichtigen Bereichen wie Infrastruktur, Technologie und Energie anstreben. Ein präziser Mechanismus für Investitionsprüfungen könnte verhindern, dass Unternehmen mit Verbindungen zu Strafzoll-verhängenden Drittstaaten kritische Marktpositionen erwerben. Diese Kontrolle ließe sich auch auf Fusionen ausweiten, bei denen sensible Technologien betroffen sind. Statt allgemeiner Strafzölle könnten spezifische Importbeschränkungen oder regulatorische Anforderungen für bestimmte Branchen eingeführt werden, etwa für Hochtechnologie, Telekommunikation oder Energie. Dadurch würde man gezielt Unternehmen ansprechen, die gegen die Wettbewerbsregeln oder Sicherheitsstandards des Bündnisses verstoßen, ohne den gesamten Handel einzuschränken.

Das Bündnis könnte gezielt in Forschung und Entwicklung investieren, um unabhängige technologische Kapazitäten in Bereichen zu schaffen, die von problematischen Drittstaat-Unternehmen dominiert werden. Diese strategischen Investitionen könnten dazu beitragen, die Bündnis-Partner weniger abhängig von Unternehmen zu machen, die ein potenzielles Sicherheitsrisiko darstellen, etwa in der Telekommunikation oder in kritischen Infrastrukturen. Diese abgestimmte Vorgehensweise würde den Druck auf die betroffenen Unternehmen erhöhen und gleichzeitig die Einhaltung internationaler Normen fördern. Diese zielgerichteten Maßnahmen gegen spezifische Unternehmen wären weniger wirtschaftlich schädlich für die Gesamtwirtschaft und politisch leichter durchzusetzen.

Die Interkonnektivität der Demokratie bezieht sich auf die wechselseitige Beziehung zwischen demokratischen Systemen sowie auf die Verflechtungen und gegenseitigen Einflüsse zwischen Demokratien weltweit. In einer globalisierten Welt sind Demokratien nicht isoliert, sondern in einem Netzwerk politischer, wirtschaftlicher und sozialer Beziehungen eingebunden, das ihre Funktionsweise und Entwicklung maßgeblich beeinflusst. Demokratische Systeme beeinflussen sich gegenseitig durch den Austausch von Ideen, Institutionen und Praktiken.

Konzepte wie Gewaltenteilung, Menschenrechte und Rechtsstaatlichkeit, die in einer Demokratie entwickelt wurden, inspirieren andere Demokratien. Der sogenannte „demokratische Diffusionseffekt" beschreibt, wie sich demokratische Reformen von einem Land auf ein anderes ausbreiten können, oft ausgelöst durch revolutionäre Umbrüche, politische Reformbewegungen oder technische Innovationen. Nun stehen Demokratien vor globalen Herausforderungen, die keine rein nationalen Lösungen zulassen, wie der Klimawandel, internationale Sicherheitsbedrohungen oder die

Migration. Diese Probleme erfordern eine enge Kooperation zwischen demokratischen Staaten, bei der gemeinsame Werte wie Transparenz, Rechenschaftspflicht und Inklusion eine zentrale Rolle spielen. Das bedeutet, dass die Demokratien nicht nur nach innen stabil und funktionsfähig sein müssen, sondern auch international Verantwortung übernehmen, um globale Probleme zu lösen.

Ein Staat ist keine Nation und eine Nation noch kein Staat, ein Staat noch kein Land. Die politische Bedeutung liegt in den Ländern und ihren Bevölkerungen. Es kommt auf ihre Fähigkeiten an, wie sie mit den Potenzialen und Inhalten fertig werden. Die Fähigkeit der politischen Führung, langfristige Strategien zu entwickeln, die Wohlstand, Gerechtigkeit und Stabilität herstellen, ist überall ausschlaggebend. Auf Kurzfristigkeit ausgerichtete oder gar destruktive Politiken werden die Potenziale eines Landes auf Dauer schädigen. Ausschlaggebend ist die Fähigkeit der demokratischen Führungen, langfristige Strategien zu entwickeln. Die Fähigkeit, internationale Beziehungen aufzubauen und an globalen Prozessen teilzunehmen, ist heute wichtiger denn je, um die eigenen Interessen zu sichern und sich in einem zunehmend vernetzten System durchzusetzen.

In der schnelllebigen und konfliktbeladenen internationalen Politik sind Pflichtbewusstsein, Aufrichtigkeit, Anstand und Verantwortung nicht nur idealistische Konzepte, sondern notwendige Grundpfeiler für den

Frieden und die Zusammenarbeit. Letztlich sind sie entscheidend für die Bewältigung der globalen Herausforderungen von Klimawandel und globaler Ungerechtigkeit bis hin zu Konflikten und Sicherheitsbedrohungen. Pflichtbewusstsein im internationalen Kontext erfordert Transparenz und Aufrichtigkeit in der Kommunikation mit anderen Staaten. Dazu gehören das offene Bekennen zu internationalen Verpflichtungen und die Vermeidung von Täuschungen, die das Vertrauen in multilaterale Beziehungen untergraben könnten. Aufrichtigkeit ermöglicht es Regierungen, ihre Verantwortung klar zu definieren und ihre Positionen und Handlungen zu rechtfertigen. Es fördert die Bereitschaft, für Fehlverhalten oder Missverständnisse Verantwortung zu übernehmen und Lösungen im Dialog zu finden. Verantwortung erfordert, dass Staaten ehrlich über ihre Fähigkeiten, Absichten und Handlungen sind. Verantwortungslosigkeit zeigt sich oft in Täuschungen, wie beispielsweise in der Nichtoffenlegung von Nuklearprogrammen oder der Falschdarstellung von militärischen Aktionen.

Die Stärkung von Verlässlichkeit und Glaubwürdigkeit ist für Regierungen entscheidend, um in der internationalen Politik effektiv agieren zu können. Durch die konsequente Umsetzung von Strategien, die auf Transparenz, Konsistenz und multilaterale Zusammenarbeit abzielen, können Staaten neue Positionen in einem zunehmend komplexen globalen Umfeld einnehmen. Ein Staat, der für seine Glaubwürdigkeit bekannt ist, kann seine politischen und wirtschaftlichen Interessen leichter durchsetzen. Länder, die für die unbedingt umweltfreundlichen Praktiken bekannt sind, werden auf internationaler Ebene effektiver für Klimaschutzmaßnahmen plädieren. Länder, die als verlässlich gelten, können oft bessere Bedingungen in internationalen Handelsverhandlungen aushandeln, weil sie als berechenbare Partner angesehen werden.

Die Interkonnektivität von Pflichtbewusstsein, Aufrichtigkeit, Anstand und Verantwortung in der internationalen Politik bildet das ethische Fundament für die globale Politik. Pflichtbewusste und aufrichtige Akteure fördern Stabilität und das globale Gemeinwohl, während anständiges und verantwortliches Handeln dazu beiträgt, Konflikte zu vermeiden und das Vertrauen in internationale Institutionen zu mobilisieren. Fehlt einer dieser Werte, entstehen Misstrauen, Instabilität und Konflikte, wie etwa durch geheime Absprachen, das Nichteinhalten von Verträgen oder die Missachtung internationaler Normen.

36. INTERKONNEKTIVITÄT DES POSITIVEN UND NEGATIVEN

Die Interkonnektivität von positiven und negativen Kräften in Politik und Gesellschaft hat über die Geschichte hinweg tiefe Spuren hinterlassen. Diese zwei Kräfte sind nicht nur Gegensätze, sondern stehen in einem dynamischen Gleichgewicht: Wenn eine überhandnimmt, gerät die Balance ins Wanken, und Gesellschaften können in extreme Zustände abdriften. Während positive Entwicklungen Hoffnung, Aufschwung und konstruktiven Wandel erzeugen, bringt die Dominanz des Negativen oft Schrecken, Unterdrückung und tiefgreifende gesellschaftliche Depression. Die historische Bilanz zeigt, dass eine anhaltende Negativität nicht nur in Krisen führt, sondern auch die kollektive Psyche und den sozialen Zusammenhalt eines Landes nachhaltig belastet.

An Hand des Beispiels der Französischen Revolution entstand aus der anfänglichen Begeisterung für Gleichheit und Freiheit die Schreckensherrschaft unter Robespierre. Doch als die Angst vor Verrat und Machtmissbrauch wuchs, entwickelte sich eine Politik der Säuberung und Verfolgung. Die Guillotine wurde zum Symbol des Terrors, und die Gesellschaft erlebte eine tiefgreifende Zermürbung, da Freundschaften und Nachbarschaften unter Verdacht standen, was das Vertrauen innerhalb der Gemeinschaft zersetzte. Dieses Trauma war ein Schatten über Europa, das erst Jahre später zur Stabilität fand.

In den 1930er Jahren, zur Zeit der stalinistischen „Großen Säuberung",
erreichte die Verfolgung vermeintlicher Feinde des Staates ihren
Höhepunkt. Millionen Menschen wurden inhaftiert, exekutiert oder in
Gulags verbannt. Die permanente Unsicherheit und das Klima der Angst
führten zu einer lähmenden kollektiven Traurigkeit, die sich in einer
verschlossenen, misstrauischen Gesellschaft niederschlug. Das Resultat
war ein Volk, das in seinem Überleben geschwächt und moralisch
erschöpft war, selbst Jahrzehnte nach dem Ende des Terrors. Leidet das
Volk etwa heute noch unter diesem Trauma?

In der heutigen politischen Landschaft Russlands, die von einer erneuten
Welle autoritärer Herrschaft geprägt ist, sind die Nachwirkungen des
Gulag-Systems weiterhin spürbar. Die Angst vor Verfolgung und
Repression ist wieder an die Oberfläche gekommen, was das Vertrauen
in soziale und politische Institutionen weiter untergräbt. Die Schrecken
des Gulag-Systems, das Millionen von Familien betraf und tiefe Narben
im kollektiven Gedächtnis hinterlassen hat, bleiben in Russland bis heute
spürbar. Generationen von Großeltern und Eltern gaben die stummen
Lehren weiter: Sprich nicht zu laut, vertraue nicht zu schnell, und bleibe
im Zweifel lieber unsichtbar. Doch in den letzten Jahren, insbesondere
mit dem Aufkommen einer neuen Generation, scheint diese Stille sich zu
brechen. Junge Menschen, die die Vergangenheit ihres Landes
aufarbeiten, schöpfen aus dem Wissen und dem Leid ihrer Vorfahren

eine neue Art von Kraft und Bestimmung. Es sind zivilgesellschaftliche Initiativen und Kulturprojekte, die es wagen, Fragen zu stellen, das Schweigen zu brechen und damit die Grundlage für eine mögliche Veränderung legen. Doch die frischen Pflanzen sind wieder niedergetreten worden. Alte Wunden, die nie vollständig geheilt sind, wurden erneut aufgerissen. Während politische Institutionen den Raum für öffentliche Diskussionen einengen und das Vertrauen schwinden lassen, wächst vielleicht ein geheimes, leises Aufbegehren. Inmitten der Einschränkungen und der Kontrolle wollen sich möglicherweise kleine Bewegungen formieren, die der Resignation entgegentreten. Sie könnten das Gesicht einer neuen, jungen Generation sein, die sich nicht länger vor der eigenen Geschichte verstecken will.

Die Auswirkungen der Gulag-Erfahrung sind bis heute in der russischen Gesellschaft präsent. Das Erlebnis des kollektiven Traumas, das von Generation zu Generation weitergegeben wird, beeinflusst weiterhin die sozialen Dynamiken und das individuelle Verhalten. Dennoch entwickelt die Gesellschaft auch Strategien der Resilienz und das Potenzial zur Heilung. Die Auseinandersetzung mit der eigenen Geschichte wird entscheidend sein für die Fähigkeit der Gesellschaft, aus diesen dunklen Kapiteln der Vergangenheit zu lernen und eine hoffnungsvollere Zukunft zu gestalten. Es bleibt abzuwarten, wie sich die gesellschaftlichen und politischen Rahmenbedingungen einmal entwickeln werden und ob Russland in der Lage sein wird, sich von der dystopischen Erbschaft des

Gulags zu befreien.

Die jungen Russen wissen um die Gefahren, die das Erinnern an die Vergangenheit bis heute birgt. Sie sehen die Parallelen zwischen der Vergangenheit und der Gegenwart, die ihnen zuweilen das Herz schwer machen. Doch in diesem Wissen könnte auch eine Entschlossenheit verborgen sein, wenn sie die Geschichte nicht nur durchleben, sondern verstehen und die Lehren daraus weitertragen wollen. Es möge ihnen vergönnt sein, die innere Befreiung genauso hinauszutragen wie es die ukrainische Gesellschaft, allerdings unter viel Leiderfahrung, getan hat. Das Interesse an der Aufarbeitung muss dabei ein mutiger und emotional aufgeladener Akt sein. Sie werden die Ruinen der Gulags sehen, aber auch des geschundenen Nachbarvolkes der Ukraine und Gedenktafeln aufstellen und an jene denken, die keine Tränen mehr vergießen können. Dies ist ein Prozess, der Kraft erfordert, doch auch Hoffnung birgt. Es ist ein Ruf nach Gerechtigkeit und Wahrheit, eine Botschaft, dass sie nicht in der Dunkelheit der Vergessenheit versinken werden.

Wenn zwar noch nicht wirklich spürbar, besteht darin die große Chance für ein anderes Projekt einer europäischen Kooperation, die auf Solidarität, Gerechtigkeit und gemeinsames Verständnis basiert. Durch kulturelle Initiativen, kann der Dialog zwischen den zukünftigen Generationen gefördert werden. Diese Plattformen bieten Raum für kritische Auseinandersetzungen mit der Vergangenheit und werden es hoffentlich den Beteiligten ermöglichen, aus den Fehlern der Geschichte zu lernen. Die junge Generation hat durch soziale Medien zudem neue Möglichkeiten, sich zu vernetzen und ihre Stimmen global hörbar zu machen. Diese digitale Vernetzung kann als Katalysator für Veränderungen dienen und dazu beitragen, dass lokale Anliegen eine breitere europäische Resonanz finden.

Während die politischen Spannungen zwischen Russland und Europa derzeit hoch sind, besteht dennoch die Möglichkeit auf eine andere Zukunft, an die noch niemand zu denken wagt, die von der Aufarbeitung des Vergangenen. Eine wiederaufgebaute und erstarkte Ukraine könnte eine zentrale Rolle der Vermittlung spielen. Es wäre nicht zuletzt eine der großen Chancen, den europäischen Kontinent noch mehr zusammen zu kitten. Sie könnten der Brückenschlag von neuen Identitäten auf beiden Seiten sein, die ihre Vergangenheit nicht leugnen zu einer Zukunft in europäischer Kooperation, die diese Erfahrungen ernst nimmt und in das kollektive Gedächtnis integriert.

Wir wissen alle um die Herausforderungen und die Risiken. Die Betroffenen selbst wissen, dass sie gegen mächtige Strukturen ankämpfen müssen und dass anfangs viele ihrer Stimmen gar nicht gehört werden. Das Streben nach Wahrheit, nach Aufarbeitung und Gerechtigkeit muss stärker sein als die Ketten der Angst. In einer neuen Generation liegt die Möglichkeit einer Transformation, die das Leiden der Vergangenheit nutzt, um eine Zukunft zu gestalten, in der diese Schrecken nicht wiederholt werden. Noch ist diese leise Revolution der Herzen nicht laut genug, um verkrustete Regime zu erschüttern. Aber sie ist laut genug, um die Seelen der Menschen zu berühren und sie an die gemeinsame Menschlichkeit zu erinnern. Und wenn wir sie hören und in unsere eigene Vorstellung von Europa einbauen, dann könnte diese leise Stimme am Ende doch eine Veränderung herbeiführen, die die tiefsten Wunden zu heilen beginnt.

Visionen eines Europas, das auf menschlichen Werten und gegenseitigem Austausch aufbaut, sind immer inspirierend und zeigen unerhoffte Perspektiven für die Zukunft des Kontinents auf. Die Europäische Union basiert bereits auf einem starken Wertefundament, das über rein politische Aspekte hinausgeht. Mut und Hoffnung sind Bausteine einer jeden politischen Gesellschaft, überall auf der Welt. Mut ermöglicht es Gesellschaften, Herausforderungen anzugehen und Veränderungen zu wagen. Hoffnung gibt die notwendige Zuversicht und Motivation, um an einer besseren Zukunft zu arbeiten. Die Ukraine könnte aufgrund ihrer geopolitischen Lage und Geschichte eine Brückenfunktion zwischen Ost und West einnehmen. Die Erfahrungen des Landes im Kampf für Demokratie und Freiheit könnten wertvolle Impulse für die Gesamtheit Europas liefern. Ein erfolgreicher Wiederaufbau der Ukraine könnte als inspirierendes Beispiel für Resilienz und europäische Solidarität dienen.

Während diese Vision zweifellos optimistisch ist, zeigt sie doch einen möglichen Weg zu einem wertebasierten Europa auf. Die Herausforderung wird darin bestehen, diese Ideale in konkrete Politik und Handlungen umzusetzen. Dies erfordert nicht nur politischen Willen, sondern auch das aktive Engagement der Bürgerinnen und Bürger Europas. Die Grundwerte der EU, wie Freiheit, Demokratie und Rechtsstaatlichkeit bieten bereits eine solide Basis für diese Vision. Die Weiterentwicklung und Vertiefung dieser Werte, gepaart mit Mut und Hoffnung, könnten in der Tat den Weg zu einem unvermeidlich geeinten und resilienteren Europa ebnen.

Die Überwindung kollektiver Traumata erfordert oft einen tiefgreifenden gesellschaftlichen Wandel, der über individuelle Heilungsprozesse hinausgeht. In vielen Fällen sind die Wurzeln solcher Traumata in historischen Ereignissen und kollektiven Erfahrungen verankert, die ein Land über Generationen hinweg prägen. Es ist zu befürchten, dass der Ukraine-Krieg real noch lange unter Decke der Gesellschaften psychologische Nachwehen haben wird. Historische Traumata wirken oft über Generationen hinweg, da sie durch Erinnerungen, Erzählungen und kulturelle Codes weitergegeben werden. Der Ukraine-Krieg hinterlässt Narben in den betroffenen Gemeinschaften, die durch Verlusterfahrungen, Gewalt und Entwurzelung entstanden sind. Die durch den Krieg verursachte psychische Belastung kann sich auch auf die soziale Stabilität der betroffenen Länder auswirken. Wenn ein erheblicher Teil der Bevölkerung mit unbehandeltem Trauma lebt, kann dies die gesellschaftliche Funktionsfähigkeit, das Vertrauen in Institutionen und die allgemeine Lebensqualität erheblich beeinträchtigen. An dieser Stelle steht der Europäischen Union eine gewaltige Aufgabenreihe des physischen und interkulturellen Wiederaufbaus bevor. Durch ein breites Spektrum an Maßnahmen hat es die EU in der Hand, dass die Gesellschaften in Europa nicht nur physisch, sondern auch emotional und sozial heilen und eine Grundlage für ein gemeinsames, friedliches und stabiles Miteinander schaffen. Der Wiederaufbau sollte nicht nur die alte Infrastruktur ersetzen, sondern auch moderne, umweltfreundliche Technologien integrieren. Die EU muss dabei einen Ansatz verfolgen, der die Bedürfnisse und Erfahrungen des betroffenen Landes in den Mittelpunkt stellt und gleichzeitig langfristige Perspektiven für eine stabile und prosperierende Zukunft eröffnet. Durch eine erfolgreiche Bewältigung dieser Herausforderungen kann die EU nicht nur zum Wiederaufbau der Ukraine beitragen, sondern auch ihre eigenen Rollen effizienter aufteilen. Der Fokus auf spezifische Industriezweige oder nachhaltige Energiequellen und umweltfreundliche Bauweisen kann den gesamteuropäischen Wirtschafts- und Sicherheitsaufschwung dienlich sein. helfen, die Abhängigkeit von fossilen Brennstoffen zu reduzieren und die Umwelt zu schützen. Die politische Führung wird eine entscheidende Rolle spielen, um Versöhnung und die Heilung der Gesellschaft zu fördern. Ohne gezielte, langfristige Unterstützung riskieren Länder, dass die Traumata in Form von politischer Radikalisierung, Misstrauen oder sozialen Konflikten weiter bestehen.

Jedoch kann eine offene Debatte über diese Themen nicht nur dabei helfen, alte Wunden anzusprechen, sondern auch das Bewusstsein für die Notwendigkeit von Veränderungen zu schärfen. Die Stärkung demokratischer Institutionen spielt eine entscheidende Rolle, da sie die Möglichkeit bieten, verschiedene Perspektiven in den gesellschaftlichen Diskurs einzubringen und partizipative Prozesse zu fördern. Bildung und Aufklärung sind hierbei ebenfalls von zentraler Bedeutung, um Muster des Schweigens und der Verdrängung zu durchbrechen.

Allerdings ist es ebenso wichtig, die Gefahren autoritärer Tendenzen oder von Korruption im Verdrängungswettbewerb zu erkennen, die in Wiederaufbau-Zeiten auftreten können. Oftmals entstehen aus einem Gefühl der Unsicherheit oder Bedrohung heraus repressive Maßnahmen und eine Rückkehr zu alten, oft traumatischen Verhaltensmustern. Die Herausforderung besteht darin, eine Balance zu finden zwischen dem notwendigen Schutz der Gesellschaft und der Wahrung individueller Freiheiten.

Für die russische Gesellschaft wiederum bedeutet dies, dass der Weg zu einer offenen und resilienten Zukunft mit einer ehrlichen und kritischen

Auseinandersetzung über die eigene Geschichte zu gehen ist. Nur so kann ein inklusives und gerechtes gesellschaftliches Klima geschaffen werden, das in der Lage ist, die Herausforderungen der Gegenwart und Zukunft zu bewältigen. Der Blick in die Vergangenheit kann nicht nur zur Heilung beitragen, sondern auch als Fundament für ein neues Verständnis von Identität und Gemeinschaft dienen. Der Konflikt könnte aber ebenso bestehende Spannungen zwischen verschiedenen Bevölkerungsgruppen anheizen oder neue schaffen.

Trotz vorhandener düsterer Prognosen steht die Unvorhersehbarkeit der historischen Entwicklung vor uns. Die Geschichte hat oft gezeigt, dass unerwartete Wendungen möglich sind. Nach dem Zweiten Weltkrieg gelang es ehemaligen Feinden wie Deutschland und Frankreich, enge Partner zu werden. Ein ähnlicher Prozess könnte langfristig auch zwischen der Ukraine und Russland möglich sein. Krisenzeiten können auch zu einem verstärkten Zusammenhalt und einer Erneuerung der Gesellschaft führen. Die Ukraine könnte gestärkt und geeinter aus dem Konflikt hervorgehen. Die breite internationale Unterstützung aus einer europäischen Solidarität für die Ukraine könnte zu einer verstärkten Integration in europäische und globale Strukturen führen, was wiederum den Wiederaufbau und die Heilung beschleunigen würde. Als Kontrast auf das Durchgemachte könnte es zu einer Blüte der ukrainischen Kultur, Identität und Wirtschaft kommen, die weit über die Grenzen des Landes hinaus Wirkung entfaltet.

Während die psychologischen Nachwirkungen des Krieges zweifellos eine große Herausforderung darstellen werden, wird die Art und Weise, wie die Ukraine und die internationale Gemeinschaft mit den Folgen des Konflikts umgehen, entscheidend dafür sein, welche langfristigen Auswirkungen er haben wird. Es wird wichtig sein, neben der physischen Rekonstruktion auch der sozialen Heilung Aufmerksamkeit zu schenken. Die Förderung des gesellschaftlichen Zusammenhalts und internationale Unterstützung können dabei helfen, die negativen Folgen zu mildern und möglicherweise sogar positive Entwicklungen anzustoßen. Letztendlich zeigt die Geschichte, dass Gesellschaften eine bemerkenswerte Fähigkeit zur Regeneration und Erneuerung besitzen. Mit der richtigen Unterstützung könnte die Ukraine aus dieser Krise als resiliente und möglicherweise sogar innovativere Gesellschaft hervorgehen.

Für Millionen von Ukrainern ist der Krieg zu einer Erfahrung geworden, die ihr Leben unwiderruflich verändert hat. Es sind diese individuellen Schicksale, die langfristig entscheidend sein werden für die zukünftige Resilienz und den sozialen Zusammenhalt der ukrainischen Gesellschaft. Ein kollektives Trauma kann auch zu Misstrauen führen und sogar Gesellschaften spalten, wenn bestimmte Bevölkerungsgruppen unterschiedliche Perspektiven auf die Ursachen und Folgen des Krieges haben. Gleichzeitig birgt ein kollektives Trauma jedoch auch die Möglichkeit eines neuen Zusammenhalts, einer erneuerten Solidarität und Verbundenheit, die die Ukrainer als Volk oft schon bewiesen haben. Ein langfristiger Wiederaufbauprozess muss daher auch auf die Überwindung dieser gesellschaftlichen Spaltungen abzielen und den sozialen Zusammenhalt fördern. Die Ukraine steht vor einem umfassenden Wiederaufbau, der nicht nur die Infrastruktur, sondern auch das gesellschaftliche Gefüge neu aufstellen muss. Solche Herausforderungen können Innovationskraft und Fortschritt fördern, wie beispielsweise neue Konzepte für nachhaltige Stadtentwicklung und Digitalisierung. Krisenzeiten haben in der Geschichte immer wieder als Katalysatoren für Innovationen gewirkt, sei es technologisch, sozial oder kulturell.

Neben der physischen Zerstörung hat der Krieg die ukrainische Kultur und Identität auf eine neue Weise beleuchtet. In Resistenz der Krise könnten Kunst, Musik, Literatur und das kollektive Gedächtnis eine Renaissance erleben, die weit über die Landesgrenzen hinaus wirkt. Künstler und Intellektuelle gestalten neue Symbole des ukrainischen Widerstands und tragen dazu bei, eine gemeinsame Identität zu formen, die der ukrainischen Gesellschaft eine wichtige Basis für den Wiederaufbau gibt.

Die positiven Potenziale, die der Wiederaufbau und die Resilienz der Ukraine in einem erstarkten Europa mit sich bringen könnten, bieten die Chance, lang gehegte, aber teils in den Hintergrund gerückte Visionen im

Westen Europas wiederzubeleben. Die Herausforderungen, die durch den Ukraine-Krieg entstanden sind, könnten die EU dazu anregen, ihre grundlegenden Werte und Visionen neu zu definieren. Der Krieg kann als Weckruf dienen, um sich auf gemeinsame Herausforderungen wie Sicherheit, Klimawandel und soziale Gerechtigkeit zu konzentrieren.

Die Prozesse, die durch die Unterstützung der Ukraine und den Kampf für gemeinsame Grundwerte angestoßen wurden, könnten im Westen die Visionen einer Integration vertiefen und den europäischen Zusammenhalts wiederbeleben. Viele dieser Visionen, wie eine gemeinsame Außen- und Verteidigungspolitik, engere wirtschaftliche Kooperation und ein vertieftes Verständnis für Diversität, sind in den letzten Jahrzehnten oft aus dem Blickfeld geraten. Doch bedingt durch die aktuelle geopolitische Lage gewinnen sie wieder an Bedeutung. Ein widerstandsfähiges Europa, das in Krisenzeiten vereint handelt, könnte nicht nur die Ukraine nachhaltig unterstützen, sondern auch andere Dynamiken freisetzen. Diese Chancen sollten nicht vertan werden. Die Notwendigkeit des Wiederaufbaus der Ukraine könnte in Europa den Anstoß geben, neue, zukunftsorientierte Konzepte zu entwickeln und zu teilen, die allen Ländern zugutekommen und sie widerstandsfähiger gegen kommende Krisen machen.

Die Renaissance eines vereinten und progressiven Europas würde nicht nur die wirtschaftlichen Verbindungen, sondern auch die kulturellen, und sozialen Vernetzungen mit Resilienz und Zusammenhalt beleben. Der Widerstand der Ukraine gegen einen aggressiven Nachbarn und die Bemühungen zur Verteidigung europäischer Werte könnte das Gefühl einer gemeinsamen Identität bereichern. Dabei geht es um ein Europa, das aus der Erfahrung des Widerstands heraus solidarischer und geeinter wird und seinen Platz in der Welt selbstbewusst einnimmt.

Die Dauerhaftigkeit des Negativen bringt eine Gesellschaft in die Depression. Lang andauernde Herausforderungen wie politische Instabilität, wirtschaftliche Krisen oder soziale Konflikte wirken wie ein chronischer Stressor auf eine Gesellschaft. Solange keine positiven Wendepunkte in Sicht sind, entwickelt sich ein Gefühl der Endlosschleife, das die Menschen in Hoffnungslosigkeit verfallen lässt. Ähnlich wie bei individuellem Burnout führt eine dauerhaft belastende Situation zu einer gesellschaftlichen Erschöpfung. Die Menschen verlieren das Vertrauen in Verbesserungen und ziehen sich emotional zurück, was zu einer Lähmung im öffentlichen Leben führt.

Studien belegen, dass Menschen in repressiven Staaten überdurchschnittlich an psychischen Leiden wie Angststörungen erkranken. Historisch haben solche Staaten oft ein System der Überwachung und Propaganda entwickelt, das durch die Förderung permanenter Misstrauensmomente das psychische Wohlbefinden der Bevölkerung untergräbt. Wenn sich politische Diskurse nur um

Bedrohungen und Feindbilder drehen, nimmt die negative Rhetorik überhand. Ein solches Klima der Angst und Anfeindung ist die Basis, dass sich politische Lager unversöhnlich gegenüberstehen und die Möglichkeit eines rationalen, konstruktiven Austauschs verloren geht.

Dies zeigt sich besonders in politischen Systemen, die stark polarisieren, etwa in den USA. Hier hat die Feindseligkeit zwischen politischen Lagern zu einer Situation geführt, in der Zusammenarbeit fast unmöglich scheint, und die Bevölkerung zunehmend in ein Gefühl der Hoffnungslosigkeit und Resignation versinkt. Die Kluft zwischen den Lagern führt dazu, dass Menschen sich zunehmend als Gegner statt als Mitbürger sehen. Dieses Misstrauen vertieft die sozialen Spannungen und erschwert konstruktive, sachliche Diskussionen über politische und gesellschaftliche Themen. Stattdessen greifen die Anhänger oft zu emotionaler und aggressiver Rhetorik, was die Konflikte weiter anheizt und extreme Positionen normalisiert.

Davor muss sich Europa als besondere Entität hüten. Auch für Europa besteht das Risiko, dass sich politische Lager voneinander entfernen und die Fähigkeit zur Zusammenarbeit schwindet. Mit gezielten Präventionsmaßnahmen, einer respektvollen Diskussionskultur und mit der Stärkung des Vertrauens in neue demokratische Strukturen wäre Europa in der Lage, gesellschaftliche Resignation und Spaltung abzuwehren und ein Modell der politischen und sozialen Resilienz zu entwickeln. Die Europäische Union muss auch intern wachsam gegenüber den Gefahren der politischen Polarisierung sein und proaktive Maßnahmen ergreifen, um eine gesunde, inklusive und kooperative politische Kultur zu pflegen. Die Fähigkeit zur Zusammenarbeit, das Streben nach Konsens und das Bewusstsein für gemeinsame Werte sind entscheidend, um das europäische Projekt weiter voranzubringen. Indem Europa aus den Erfahrungen anderer Regionen lernt, kann es eine Kultur des Dialogs und der Zusammenarbeit aufbauen, die auch in schwierigen Zeiten Bestand hat. Auch Medien, die sich auf Krisen und Konflikte fokussieren, tragen dazu bei, dass das Gefühl des Negativen dominiert. Wenn in der öffentlichen Debatte hauptsächlich über Probleme und Herausforderungen gesprochen wird, verstärkt das die Hypothese, dass alles schlecht ist und bleibt.

Wenn der Fokus der politischen Führung auf Bedrohung und Krisen liegt, verlieren konstruktive Initiativen schnell an Priorität. Die Covid-19-Pandemie führte weltweit zu einer erhöhten Negativität in der politischen Kommunikation, in der sich Regierungen auf Krisenmanagement konzentrierten und positive Zukunftsentwürfe in den Hintergrund traten. Darauf folgt meistens eine Art allgemeiner Krisenmüdigkeit, die die Bevölkerung emotional erschöpft und die Bereitschaft zur Beteiligung an politischen Prozessen schwächt. In einer kollektiv depressiven Gesellschaft ziehen sich Menschen oft in ihre privaten Räume zurück und meiden das öffentliche Leben. Diese

Isolation reduziert Interaktionen und Beziehungen, die eigentlich dazu beitragen sollten, Optimismus und Zusammenhalt zu fördern. Ein Mangel an Zusammenhalt und ein Anstieg von Misstrauen führen meist zu sozialen Spannungen und Konflikten. Derartige Fragmentierungen schwächen die Gesellschaft, da sie die Solidarität untergraben.

Die Überhandnahme des Negativen resultiert nicht selten darin, dass autoritäre Kräfte leichter an Macht gewinnen. Wenn die Bevölkerung sich zermürbt und orientierungslos fühlt, bietet ein autoritäres Regime vermeintlich Stabilität und Sicherheit. Historisch gesehen konnten sich Diktaturen nach Krisen und anhaltender gesellschaftlicher Unsicherheit etablieren, indem sie eine autoritäre Lösung für soziale Probleme anboten. Beispiele dafür sind die Machtübernahmen von Franco in Spanien oder von Mussolini in Italien.

Aus den posttotalitären Phasen entstehen dann langfristige psychosoziale Probleme in der Bevölkerung. Die politische Psychologie bestätigt, dass Gesellschaften, die lange unter repressiven Bedingungen lebten, auch nach einem Regimewechsel an einem Mangel an gesellschaftlichem Zusammenhalt leiden. Dies zeigte sich zum Beispiel im postkommunistischen Russland und in anderen ehemaligen Ostblockstaaten, wo die über Jahre angehäufte kollektive Traurigkeit und Desillusionierung zu einer passiven und oft apathischen Haltung gegenüber politischen Prozessen führte. In repressiven Systemen lernen

Menschen oft, Misstrauen gegenüber anderen zu entwickeln, einschließlich ihrer Nachbarn und Mitbürger. Dieses Misstrauen bleibt häufig bestehen, auch wenn das autoritäre Regime fällt. Das Fehlen von Vertrauen unter den Mitgliedern einer Gesellschaft erschwert den Aufbau stabiler Gemeinschaften und sozialen Zusammenhalts. Nach einem Regimewechsel kann die Bevölkerung enttäuscht sein, wenn sie feststellt, dass die erhofften Veränderungen in Bezug auf Freiheit, Gerechtigkeit und soziale Bedingungen nicht sofort eintreten. Diese Enttäuschung mündet dann in eine Art politischer Apathie, bei der Menschen das Vertrauen in politische Institutionen und den demokratischen Prozess verlieren.

Um die zerstörerischen Auswirkungen einer Dominanz des Negativen zu vermeiden, braucht eine Gesellschaft positive Visionen, die die Bevölkerung einen und motivieren. Gesellschaften, die auf Innovation und positive Ziele fokussiert sind, sind gewöhnlich resilienter gegenüber Krisen und autoritären Bestrebungen. Positive Entwicklungen schaffen nicht nur Wohlstand, sondern auch sozialen Zusammenhalt und Vertrauen. Die Nachkriegszeit in Deutschland zeigt, wie der Fokus auf Aufbau und Wiedergutmachung eine Gesellschaft neu belebt. Das Gleichgewicht von positivem und negativem Diskurs führt eine Gesellschaft in die Resilienz, die die Herausforderungen der Zeit mit einer gewissen Stabilität bewältigten.

Wenn Mechanismen zur Aufarbeitung der Vergangenheit geschaffen werden, etwa durch Wahrheitskommissionen oder Gedenkprojekte, wird auch das öffentliche Vertrauen wiederhergestellt, das die Grundlagen für einen Zusammenhalt bildet. Indem Bürger aktiv in den politischen Prozess eingebunden werden, etwa durch lokale Initiativen und partizipative Entscheidungsfindung, kann langfristig das Gefühl der Ohnmacht überwunden werden. Gemeinschaftliche Projekte und Initiativen können Menschen aus verschiedenen Gesellschaftsschichten zusammenbringen und das Vertrauen in das soziale Gefüge allmählich wiederherstellen.

Die Geschichte zeigt, dass das Übergreifen des Negativen, sei es durch Schreckensherrschaft, Repression oder polarisierenden Diskurs, nicht nur kurzfristig Schrecken bringt, sondern auch langfristig die kollektive Psyche einer Gesellschaft zermürbt. Chronische Negativität zerstört Vertrauen und erzeugt Traurigkeit und Resignation, die eine Gesellschaft dauerhaft schwächt. Wichtig ist die Balance zwischen positiven und negativen Kräften auszutarieren. Nur durch eine Mischung aus realistischer Bedrohungsanalyse und konstruktiven Zukunftsvisionen bleibt eine Gesellschaft stabil und gesund.

37. INTERKONNEKTIVITÄT VON SPANNUNG UND ENTSPANNUNG

Sie wirkt sich auf verschiedene Aspekte der zwischenstaatlichen Beziehungen, Konflikte und Diplomatie aus. Im Lauf der Geschichte entstand Spannung ursprünglich durch territoriale Streitigkeiten, später durch wirtschaftliche Konkurrenz und heute durch ideologische Differenzen. Diese Spannungen schaffen Konflikte, die in militärischen Auseinandersetzungen ausgetragen wurden. Erst die Sehnsucht nach Ruhe oder Stabilität bringt die diplomatischen Anstrengungen auf den Plan, die die Spannungen wieder abbauen sollen. Verhandlungen, Mediation und internationale Abkommen werden eingesetzt, um die gegenseitigen konfliktären Spitzen zu entschärfen und stabile Beziehungen aufzubauen. Erfolgreiche Diplomatie kann als eine Art von Ruhe in der internationalen Politik betrachtet werden, während gescheiterte Verhandlungen die Spannungen noch mehr erhöhen.

Das Sicherheitsdilemma beschreibt den Zustand, wie Maßnahmen zur Erhöhung der Sicherheit wahrgenommen und bewertet werden. Es verdeutlicht, wie schwierig es ist, ein Gleichgewicht zwischen Sicherheit, also Spannung, und internationaler Stabilität, also Ruhe, zu finden. In aufgeheizten Konfliktregionen sind spezielle Maßnahmen manchmal notwendig, um einen Zustand der Ruhe herzustellen und Spannungen abzubauen. Solche Missionen umfassen die militärische Sicherheit genauso wie soziale und wirtschaftliche Programmatik, um ein dauerhaftes Friedensklima zu schaffen. Das Sicherheitsdilemma entsteht in einem anarchischen internationalen System sehr leicht, in dem Staaten in einem Selbsthilfe-Konglomerat agieren müssen, da es keine übergeordnete Ordnungsmacht gibt. Sie versuchen, ihre eigene Sicherheit zu erhöhen, was jedoch von anderen als potenzielle Bedrohung wahrgenommen wird. Es braucht also Foren für Kommunikation und Dialog, die das Koexistieren erst ermöglichen. In einem globalisierten Umfeld sind die einzelnen Entitäten wirtschaftlich und politisch derart miteinander verflochten, dass ihre Interdependenz sowohl Spannungen verringern als auch durch Wettbewerb um Ressourcen oder Einfluss aufbauen kann. Das Verständnis dieser Beziehung ist die Grundlage für die Gestaltung von Außenpolitik.

Das Sicherheitsdilemma verdeutlicht die Komplexität internationaler Beziehungen und die Schwierigkeit, ein Gleichgewicht zwischen nationaler Sicherheit und internationaler Stabilität zu finden. Einseitige Maßnahmen zur Erhöhung der eigenen Sicherheit können kontraproduktiv sein. Dies unterstreicht die Bedeutung von geschickter Diplomatie, Vertrauensbildung und internationaler Zusammenarbeit für die Aufrechterhaltung des Friedens. Die offenen Kommunikationskanäle sind entscheidend, um Missverständnisse auszuräumen und auftauchende Bedenken zu adressieren. Diplomatische Verhandlungen können helfen, Konflikte zu lösen, bevor sie eskalieren.

Die Interkonnektivität moderner Kollaboration bezieht sich auf die wachsende Vernetzung und Zusammenarbeit von Individuen, Teams und Organisationen. In einer Zeit, in der Technologien wie das Internet, Cloud-Computing, künstliche Intelligenz und soziale Netzwerke allgegenwärtig sind, wird die Art und Weise, wie Menschen kooperieren und kommunizieren, tiefgreifend verändert. Dank der technischen Interkonnektivität können Menschen aus verschiedenen Ländern und Zeitzonen zusammenarbeiten, was eine vielfältigere Perspektive in Projekten ermöglicht und das kreative Potenzial steigert. Tools mit künstlicher Intelligenz optimieren die Arbeitsprozesse, automatisieren repetitive Aufgaben und erhöhen damit die Effizienz der Zusammenarbeit. Die Digitalisierung hat den Informationsfluss zwischen den außenpolitischen Akteuren enorm beschleunigt. Dies ermöglicht eine flexiblere und schnellere kurzfristige Reaktion auf globale Ereignisse wie Naturkatastrophen oder internationale Konflikte.

Moderne Kollaborateure der Interkonnektivität können unabhängig von Ort und Zeit arbeiten, was ihnen mehr Freiheit und Flexibilität gibt. Sie müssen allerdings sicherstellen, dass sie auf sichere und datenschutzkonforme Weise kommunizieren und zusammenarbeiten und den Schutz sensibler Informationen gewährleisten. Je mehr Akteure in der globalen Außenpolitik involviert sind, desto schwieriger wird es auch, einen Konsens zu finden und Entscheidungen zu treffen.

Unterschiedliche Interessen und Prioritäten können die Zusammenarbeit behindern und zu Blockaden führen. Denn in globalen Teams kommt es leicht zu Missverständnissen und Kommunikationsbarrieren. Die zunehmende Vernetzung erhöht das Risiko von Cyberangriffen und Datendiebstahl.

Damit wird klar, dass der intensive Dialog in strategischen Fragen am besten auf personalisierter Ebene stattfindet, um einen brauchbaren und intelligenten Output zu erzielen. Er muss auf internationalen Konferenzen gefunden werden. Dort spielt sich nicht nur eine tiefere Verständigung ab, dort werden auch die vertrauensvollen Beziehungen aufgebaut, die entscheidend für die Zusammenarbeit in komplexen globalen Themen sind. Ein solcher Ansatz fördert die Kreativität und Innovationskraft, wenn unterschiedliche Länder um ihre Ansichten und Erfahrungen ringen. Dieser Gedanke betont die Wichtigkeit eines individualisierten und direkten Dialogs, besonders in strategischen und komplexen Themenbereichen. Internationale Konferenzen bieten die Plattform, auf der solche maßgeschneiderten Diskussionen und Entscheidungen stattfinden, wo den Entscheidungsträgern ermöglicht wird, sich unter Einbeziehung von Experten unmittelbar und direkt auszutauschen. Erst durch den persönlichen Kontakt werden die Nuancen und Detailanforderungen strategischer Fragen wirklich erfasst und wirksam behandelt. Konferenzen bieten den atmosphärischen Raum, in dem globale Perspektiven zusammengeführt und vernünftig aufeinander abgestimmt werden können.

Diejenigen, die in Schein-Argumenten nur mit Schein-Aspekten operieren, werden auch nur Schein-Resultate generieren. Dieses Statement lässt sich gut auf die Dynamiken der internationalen Politik anwenden, wo die Qualität von Argumenten, die Tiefe der Analysen und die Ehrlichkeit in den Absichten eine zentrale Rolle spielen. Wenn Akteure in der internationalen Politik lediglich mit oberflächlichen oder manipulierten Argumenten agieren, etwa durch Propaganda, einseitige Narrative oder unvollständige Daten, dann führen ihre Entscheidungen oft zu trügerischen Ergebnissen - den "Schein-Resultaten". Diese Resultate können kurzfristige Erfolge suggerieren, die langfristig jedoch nicht tragfähig sind oder gar destruktive Folgen haben.

So werden Unities, die ihre Umweltpolitik auf kosmetische Maßnahmen und scheinbare Erfolge, etwa Greenwashing stützen, riskieren, die eigentlichen ökologischen Herausforderungen zu verschärfen. Die Resultate mögen auf dem Papier gut aussehen, lösen jedoch keine nachhaltigen Probleme. In Kriegsverhandlungen, bei denen symbolische Kompromisse statt echter Konfliktbewältigung gesucht werden, entstehen instabile Vereinbarungen. Diese mögen als Erfolg präsentiert werden, brechen aber schnell zusammen, weil die zugrunde liegenden Probleme ungelöst bleiben. Regierungen, die sich mit Schein-Argumenten als Friedensstifter oder Menschenrechtswächter inszenieren, obwohl ihre eigentlichen Handlungen Gegenteiliges belegen, bringen ihren internationalen Status in Verruf. Ein Beispiel ist die Diskrepanz zwischen außenpolitischer Rhetorik und tatsächlichen wirtschaftlichen oder militärischen Interessen.

Militärische Allianzen wie die NATO zeigen, wie kollektive Sicherheitsstrategien mit Hilfe interkonnektiver Schübe modelliert werden. unterstützt. Länder arbeiten zusammen, teilen militärische Ressourcen, Geheimdienstinformationen und koordinieren so die strategische Entscheidungen. Durch Freihandelsabkommen, Investitionspartnerschaften und globale Lieferketten werden die einzelnen Entitäten erfolgreicher, aber auch zunehmend voneinander abhängig. Daher gehört es zum zusätzlichen Aufgabenprofil der außenpolitischen Akteure, Handelsstreitigkeiten zu vermeiden und die globalen Märkte zu regulieren.

Die direkte Gesprächskultur trägt dazu bei, Vertrauen aufzubauen, gemeinsame Interessen zu identifizieren und einen intelligenten Konsens zu finden. Neue Ansätze werden diskutiert und mittels projektbezogener Koalitionen neu geformt. Der personalisierte Dialog auf höchster Ebene internationaler Konferenzen wird weiterhin das zentrale Element der internationalen Kooperationen bleiben. Gleichzeitig ist es notwendig, diese Formate den geänderten Umständen ständig anzupassen, um den komplexen globalen Herausforderungen gerecht zu werden. Persönliche

Gespräche zwischen internationalen Playern führen oft schneller zu Lösungen als formelle Verhandlungen, da sie die Möglichkeit bieten, Emotionen und Nuancen zu vermitteln, die in schriftlichen Dokumenten verloren gehen.

In Krisensituationen, wie sie beispielsweise während geopolitischer Spannungen oder militärischer Konflikte auftreten, trägt der direkte Dialog dazu bei, Eskalation zu verhindern. Es werden schnelle Entscheidungen getroffen, die das gegenseitige Vertrauen und Verständnis herausfordern. Langfristige Beziehungen zwischen Staatschefs erhöhen die Wahrscheinlichkeit, dass sie in schwierigen Zeiten zusammenarbeiten, da die persönliche Bindung oft über politische Differenzen hinausgeht.

Konferenzen bieten nicht nur eine Plattform für den Austausch von Ideen, sondern auch für den Ausbau der Netzwerke und Allianzen, die für zukünftige Verhandlungen und Kooperationen entscheidend sind. Durch die Beteiligung vieler Staaten an Entscheidungsprozessen wird die Legitimität von Beschlüssen erhöht, besonders wenn einige nationale Interessen anfangs im Widerspruch zu den globalen Herausforderungen stehen. Konferenzen bieten sich als Katalysatoren für neue Ideenfindungen an, indem sie nicht nur Experten, sondern auch wichtige Entscheidungsträger aus verschiedenen Bereichen zusammenbringen. Gerade die ausartenden Schwierigkeiten im UN-Sicherheitsrat und anderen internationalen Gremien verdeutlichen die Notwendigkeit, die Entscheidungsprozesse zu reformieren, um effektiver und flexibler auf globale Herausforderungen reagieren zu können. Die zunehmende Skepsis gegenüber multilateralen Institutionen erfordert eine kritische Neubewertung ihrer Funktionen und einen Dialog über mögliche Reformen. Die Bildung projektbezogener Koalitionen ermöglicht es, gezielt auf spezifische Herausforderungen zu reagieren, ohne auf die Zustimmung aller Beteiligten angewiesen zu sein. In diesem Zusammenhang ist die Diskussion über die strategische Autonomie der EU besonders relevant. Sie soll sicherzustellen, dass Europa in der Lage ist, frei auf globale Herausforderungen zu reagieren. Bei all den sicherheitspolitischen Querschüssen, insbesondere durch den Konflikt in der Ukraine, ist es entscheidend, dass die EU ihre Sicherheits- und Verteidigungspolitik konsolidiert und weiterentwickelt.

38. GEFAHREN FÜR DIE INTERKONNEKTIVE AUSSENPOLITIK

Aus der Sicht der Philosophie und Physik kann man sich fragen: Ist Realität überhaupt abhängig von Funktionalität, wie etwa die der Außenpolitik oder der internationalen Beziehungen? Man könnte sagen, Realität existiert als Potenzial für Funktionalität, ähnlich wie eine Struktur ohne Bewegung oder ein System, das in einer Art Ruhemodus verharrt. Nach Aristoteles kann etwas existieren, ohne dass es aktiv funktioniert oder in Erscheinung tritt. Das Potenzial ist also bereits eine Form der Realität, auch ohne aktives Handeln oder Nutzen. In der Quantenmechanik könnte man Realität als eine Wolke von Wahrscheinlichkeiten verstehen, die sich nur dann „funktional" manifestiert, wenn sie beobachtet oder gemessen wird. In der internationalen Politik gibt es Parallelen zu den Konzepten von Potenzialität und Wahrscheinlichkeiten. Sie zeigen sich in den Konturen von Staaten, Allianzen und deren Konflikten. Die Dynamik ist andauernd von Unsicherheit geprägt, dennoch wird die Realität von den Interaktionen der Akteure und deren Anschauung mit gestaltet.

Die Alarmpunkte der Interkonnektivität sind gerade die kritischen Momente, die aufzeigen, wie eng Länder und Systeme miteinander verknüpft sind. Wenn diese Verbindungen an Spannungen stoßen oder instabil werden, zeigt sich die Fragilität der internationalen Ordnung und oft auch die Grenzen ihrer Funktionalität. An diesen Punkten besteht die Herausforderung, Krisen zu bewältigen und Stabilität aufrechtzuerhalten, obwohl die Realität oft komplexer ist als die funktionalen Regeln und Institutionen, die sie zu ordnen versuchen. Alarmpunkte entstehen, wenn diese Verbindungen eine bestimmte Schwelle erreichen und zu Konflikten oder Umbrüchen führen.

Wasser, Energie und andere Ressourcen sind oft begrenzt und konzentrieren sich auf bestimmte geografische Regionen. Länder, die auf diese Ressourcen angewiesen sind, geraten zunehmend in Konflikt mit den Ländern, die diese Ressourcen besitzen oder kontrollieren. Das Streben nach technologischer Dominanz, etwa im Bereich der Halbleiter oder Künstlichen Intelligenz, ist ebenso ein Alarmpunkt für globale Spannungen, wie man an den Konflikten zwischen den USA und China sieht. Internationale Institutionen hätten eigentlich die Funktion, auf globale Herausforderungen zu reagieren. Die Realität zeigt jedoch, dass in Zeiten von Krisen nationale Interessen oft Vorrang haben und die Funktionalität internationaler Kooperation eingeschränkt ist. An diesen Stellen zeigt sich die Fragilität der internationalen Zusammenarbeit. Sanktionen, Wirtschaftskriege und militärische Konflikte setzen das System unter Druck und gefährden die Fähigkeit, stabil zu bleiben.

Mit der Täuschungspsychologie des berühmten trojanischen Pferdes und der Intrusion über Meinungsmanipulation, digitalen Fake-News,

Bestechungs-Versuchen ganzer Bevölkerungsgruppen - womit in ähnlichem Ausmaß der Trumpismus im Wahlkampf der USA herumwerkte - formt die russische Diktatur ein Gesamtwerk an Droh- und Gewaltszenarien noch nie da gewesenen Ausmaßes. Ihr zu Hilfe kommen intern die direkten und indirekten Kollaborateure aus den links- und rechtsextremistischen Reihen, die mit effizienten modernen Technologien die Öffentlichkeit blenden wollen. Der Triumpf der diktatorischen Gewalten würde unübersehbare Kollateralschäden an der Weltgesellschaft nach sich ziehen. Ahnt diese nicht, welche Lawine da heran rollt oder wird sie sich zu wehren wissen? Warum versagt das kollektive Gedächtnis der Geschichte vollends? Eine folgerichtige Erkenntnis aus der Geschichte sollte doch sein, dass es in Zuständen, von denen wir vielleicht noch keine Ahnung haben, es durchaus passieren könnte, dass die Welt ungewollt in Zeiten der globalen Sklaverei schlittert. Gewollte Entwicklungen auf der einen Seite, verrücken sehr leicht in die andere Seite und rutschen dort aus. Nehmen wir als Gefahrenzeichen die doppelten Standards in der internationalen Politik. Ins Visier gelangen die massiv verfälschten Meinungen, deren Standpunkte nicht klargestellt werden. Worin besteht denn der politische Fortschritt des Globalen Südens oder der arabischen Welt? Werden sie sich aus den globalen Dilemmata heraushalten können?

Würde die Welt den Einfluss diktatorischer Staaten oder autoritärer Führungen akzeptieren oder ihnen gar nachgeben, könnte dies tiefgreifende und weitreichende Konsequenzen für die globale Ordnung und die Lebensrealität in vielen Ländern haben. Ein solcher Wandel würde die bestehenden Werte und Prinzipien in zahlreichen Bereichen unterminieren. Wenn die Welt autoritären Führungen nachgibt, droht ein starker Rückgang demokratischer Prinzipien, wie etwa freie Wahlen, unabhängige Justiz und Pressefreiheit. Menschenrechte könnten systematisch verletzt werden, da autoritäre Regierungen oft wenig Toleranz gegenüber Andersdenkenden zeigen und Meinungsfreiheit beschränken. Dies könnte zu einer Welle der Unterdrückung führen, bei der Dissidenten und Aktivisten verfolgt, inhaftiert oder gar eliminiert werden.

Der Erfolg autoritärer Staaten könnte dazu führen, dass autoritäre Regierungsformen weltweit an Ansehen gewinnen und als vermeintlich effektive Alternative zur Demokratie propagiert werden. Staaten könnten dazu übergehen, Grundrechte zunehmend zu beschneiden und Gesellschaften zu überwachen, um die Kontrolle über ihre Bürger zu maximieren. In einem solchen Szenario könnten auch Demokratien beginnen, autoritäre Praktiken zu übernehmen, um international wettbewerbsfähig zu bleiben und den inneren Frieden zu wahren. Autoritäre Staaten haben meist ein ambivalentes Verhältnis zu internationalen Organisationen, da diese auf Prinzipien wie Menschenrechte und Frieden gegründet sind. Eine Welt, in der autoritäre Staaten dominieren, könnte zu einem Zerfall dieser

Institutionen führen oder deren Einfluss stark einschränken. Das Völkerrecht könnte unterminiert werden, was Länder daran hindert, Sanktionen gegen Menschenrechtsverletzungen oder unrechtmäßige Kriegsführung zu verhängen.

Wenn autoritäre Praktiken ungehindert greifen und Technologien zur Überwachung und Kontrolle wie Gesichtserkennung, Online-Tracking und Big-Data-Analysen global ausgebaut werden, würden diese Instrumente Regierungen eine flächendeckende Kontrolle über die Bevölkerung ermöglichen und persönliche Freiheiten massiv einschränken. Staaten könnten Bürger überwachen, Bewegungen kontrollieren und potenziellen Widerstand im Keim ersticken, was eine freie Entfaltung und den offenen Austausch von Ideen erheblich erschwert. Eine Welt, die autoritären Einflüssen nachgibt, wäre wahrscheinlich geprägt von einem neuen globalen Wettrüsten und geopolitischen Spannungen. Autoritäre Staaten tendieren dazu, Machtansprüche aggressiv zu vertreten und Konflikte durch Drohungen oder gar Gewalt zu lösen. Die Gefahr internationaler Konflikte, militärischer Interventionen und sogenannter Stellvertreterkriege würde unverhältnismäßig zunehmen, was die regionale und globale Stabilität gefährden würde. In einer autoritär geprägten Weltordnung könnten wirtschaftliche Abschottungen zunehmen und der freie Handel könnte eingeschränkt werden. Dies würde langfristig Innovationen und wirtschaftliches Wachstum hemmen und zu einer globalen

Wirtschaftskrise führen. Eine Welt unter diktatorischem Einfluss würde Bildung und Wissenschaft stark kontrollieren, um bestimmte Ideologien durchzusetzen und kritisches Denken zu unterdrücken. Das Resultat wäre eine Generation von Bürgern, die weniger Zugang zu unabhängigen Informationen hat und dadurch weniger in der Lage ist, eigenständige und kritische Entscheidungen zu treffen. Eine diktatorisch geprägte Welt könnte den Klimaschutz gefährden, da Kooperation und Transparenz im Kampf gegen die Erderwärmung unterdrückt oder ignoriert werden könnten. Die globalen Klimaziele wären schwer erreichbar, was massive Umweltschäden und soziale Verwerfungen zur Folge hätte. Autoritäre Regime weisen häufig hohe Korruptionsniveaus und soziale Ungleichheit auf, da Ressourcen und politische Macht in den Händen weniger konzentriert sind. Wenn autoritäre Systeme weltweit an Einfluss gewinnen, würde dies eine globale Verfestigung sozialer Ungleichheiten bedeuten. Der Zugang zu Bildung, Gesundheitsversorgung und Chancen könnte in diesen Systemen stark eingeschränkt sein, was die soziale und wirtschaftliche Mobilität reduziert.

In diesem Kontext steht Europa unter einem gravierenden Glaubwürdigkeitsproblem, wenn es weiterhin nicht mit einer einheitlichen Stimme spricht und handelt. Man betrachte nur den Irrsinn der gegenwärtigen deutschen Politik, die sich von ihrer deutschen Präsidentin der Europäischen Kommission enttäuscht zeigt, weil sie nicht national, sondern europäisch denkt. Um die Glaubwürdigkeit Europas zu wahren, ist es wichtig, eine europäische Identität zu fördern, die über nationale Grenzen hinausgeht. Bildung und gemeinsame Projekte sollten dazu beitragen, ein Gefühl der Zusammengehörigkeit zu schaffen. Die EU muss ihre Entscheidungsprozesse transparenter und effektiver gestalten, um im Inneren das Vertrauen der Bürger und nach außen die Glaubwürdigkeit der eigenen Kapazitäten zu gewinnen. Nur durch eine gemeinsame Herangehensweise können die kontraproduktiven nationalen Interessen in den Hintergrund treten und eine einheitliche Stimme erlangt werden.

Man sieht, wie die Interkonnektivität der Außenpolitik von künstlichen Widersprüchen, von gewaltigen geopolitischen Dynamiken und gleichzeitig von technologischen Fortschritten begleitet wird. Immer ist sie in ihrer Wirksamkeit von zahlreichen Gefahren bedroht. Die geopolitischen Rivalitäten zwischen großen Nationen haben in den letzten Jahren an Intensität gewonnen und stellen ein ernsthaftes Risiko für die internationale Zusammenarbeit dar. Sie führten zu einem Rückgang des multilateralen Engagements und fördern nationalistische und isolationistische Strömungen in verschiedenen Ländern. Im Südchinesischen Meer konkurrieren China und andere Staaten um strategische Ressourcen und maritime Vorrechte. Parallel dazu zeigt die Situation in der Ukraine, wie geopolitische Ambitionen zu aggressiven Handlungen führen, die die Stabilität in Europa und in der Welt gefährden. Diese Beispiele illustrieren, dass geopolitische Rivalitäten in ein Denken lenken, das nationale Interessen über globale Herausforderungen stellt. Die Folgen sind Kriege, Handelskonflikte und mit dem Rückgang der internationalen Abkommen eine zunehmende Unfähigkeit, gemeinsame Lösungen für globale Probleme zu finden. Der Anstieg populistischer und nationalistischer Bewegungen in vielen Ländern hat die Bereitschaft zur internationalen Kooperation verringert. Wenn Staaten nicht transparent in ihren Handlungen sind oder sich nicht an internationale Vereinbarungen halten, wird es schwierig, einer interkonnektiven Außenpolitik zu folgen. Vertrauen ist eine grundlegende Voraussetzung für die Zusammenarbeit, und sein Fehlen verursacht die Erosion der multilateralen Institutionen.

Die Metaphern „Wilder Westen der Cowboy-Mentalität" und „blindwütiger Ost-Imperialismus" stellen zwei Extreme dar, die als Gefahren für eine auf Werten basierende, freie Welt angesehen werden. Der „Wilde Westen" symbolisiert eine Form der isolationistischen Politik, in der nationale Eigeninteressen über internationale Zusammenarbeit gestellt werden, eine Mentalität, die häufig mit rücksichtslosen, gewinnorientierten Aktionen und mangelnder Rücksicht auf globale Konsequenzen assoziiert wird. Der „Ost-Imperialismus" hingegen weist auf expansives Machtstreben und auf die Bereitschaft hin, geopolitische Ziele ohne Rücksicht auf Souveränität und Menschenrechte anderer Staaten durchzusetzen. Beide Extreme können die Werte und die

Stabilität Europas bedrohen, da sie im Gegensatz zu Prinzipien wie friedlicher Zusammenarbeit, Respekt für Souveränität und Förderung universeller Menschenrechte stehen.

Der Gedanke, dass das präsidiale US-Cowboytum, eine Art politische Wildwest-Show, nur ein vorübergehendes Spektakel bleibt, lässt hoffen. Zum Glück sind nicht alle bereit, dem Ruf des einsamen Cowboys zu folgen. Und so hofft man in der Mitte der Welt auf Vernunft, auf Augenmaß und weniger auf das Rasseln der Sporen. Andererseits will die östliche Zügellosigkeit mit Gewaltausbrüchen die Macht an sich reißen. Dies verhindern zu wollen, wird allerdings ein entsprechender Preis zu bezahlen sein, damit die Balken des Weltsystems nicht einstürzen. Für Europa bedeutet dies, sich nicht in Sicherheit zu wiegen, sondern Verantwortung zu übernehmen und diesen Entwicklungen aktiv entgegenzuwirken. Die Herausforderung liegt darin, eine Balance zwischen wirtschaftlicher und militärischer Eigenständigkeit und globaler Verantwortung zu finden.

Eine selbstbewusste, geeinte europäische Außenpolitik ist in der heutigen Welt von entscheidender Bedeutung, um Europas Werte und Interessen gegenüber autokratischen Tendenzen und geopolitischen Rivalen zu behaupten. Diese Außenpolitik muss sich nicht nur durch Entschlossenheit und Diplomatie auszeichnen, sondern auch die Fähigkeit besitzen, schnell und kohärent zu reagieren, ein schwieriges

Unterfangen in einer Union aus 27 Ländern mit eigenen Prioritäten und Traditionen. Besonders herausfordernd sind die separatistischen Querköpfe, jene, die mit nationalen oder regionalen Eigeninteressen das kollektive europäische Handeln untergraben möchten. Ihre Agenden, die oft nationale Identität und Souveränität über eine europäische Einheit stellen, erschweren die dringend benötigte Geschlossenheit. Diese Kräfte neigen dazu, im entscheidenden Moment gegen gemeinsame europäische Entscheidungen zu agieren und dabei mitunter nationale Partikularinteressen über das gemeinsame Wohl zu stellen. Daher muss Europa hier besonders wachsam sein. Es gilt, diesen separatistischen Strömungen durch einen breiten inneren Zusammenhalt und klare Kommunikation über die Vorteile und den Schutz, den ein vereintes Europa bietet, entgegenzuwirken. Denn nur wenn Europa intern gefestigt ist und die Bereitschaft zur Einigkeit stärkt, wird es die Autorität und Stabilität besitzen, um außenpolitisch als gewichtiger und ernstzunehmender Akteur auftreten zu können.

Die propagandistische Defensive Europas steht vor großen Herausforderungen, da Desinformationskampagnen und gezielte Propaganda zunehmend die Stabilität und das Vertrauen in demokratische Institutionen angreifen. Staaten wie Russland und China, aber auch verschiedene innerstaatliche Akteure, nutzen die modernen Medien, um gezielt Zweifel zu säen, das Vertrauen in die EU zu untergraben und nationale Differenzen auszureizen. Diese Akteure bedienen sich oft einer Taktik, die gezielt an Ängsten und sozialen Spannungen ansetzt, um Konflikte zu schüren und ein vereintes Auftreten der Union zu erschweren.

Um eine wirksame propagandistische Defensive aufzubauen, benötigt Europa vor allem eine fundierte Medienkompetenz, die in der Bevölkerung anerkannt ist. Parallel dazu müssen europäische Institutionen auf digitale Aufklärung setzen und gezielt ihre Erfolge, Werte und politischen Maßnahmen sichtbar machen. Dazu gehören auch transparente Kommunikationsstrategien und eine bessere Vernetzung der EU-Länder, um auf Falschinformationen rasch und geschlossen reagieren zu können. Eine europäische Plattform, die sowohl aufklärt als auch Echtzeitinformationen zu aktuellen Themen liefert, könnte hier eine zentrale Rolle spielen. Zudem ist der Schutz digitaler Infrastrukturen und sozialer Medien unerlässlich. Dabei könnten EU-weit einheitliche Standards und engere Kooperationen mit großen Technologieunternehmen helfen, Desinformationskampagnen frühzeitig zu erkennen und einzudämmen. Auch die Zusammenarbeit mit internationalen Partnern, die ähnliche Herausforderungen erleben, ist von großer Bedeutung, um auf eine effektive und widerstandsfähige propagandistische Defensive hinzuarbeiten.

Während sich die Welt im 20. Jahrhundert vor einem Nazi-Deutschland fürchtete, fühlt sie sich nun gleichzeitig von drei Mächten bedroht, wo ein Putin, Xi und Trump herrschen. Doch ein Weglaufen aus Angst ist nicht die korrekte Antwort. Es wäre ein Rückzug, der nicht nur die Freiheiten gefährdet, sondern auch jene globalen Errungenschaften schwächt, die über Jahrzehnte aufgebaut wurden. Wegen dieser Bedrohungen erfordert die Antwort viel mehr Mut, Prinzipientreue und eine entschlossene Verteidigung der Demokratie und des Völkerrechts.

Die internationale Gemeinschaft muss sich in einer Welt im Umbruch gemeinsam dafür einsetzen, Werte wie Freiheit, Rechtsstaatlichkeit und Menschenrechte nicht nur zu bewahren, sondern auch aktiv zu schützen. Die Geschichte hat oftmals gezeigt, dass Appeasement und Zögern mehr Schaden anrichten, als rigide, aber klare und geeinte Positionen. Jetzt, da die Welt vor mehreren einflussreichen Mächten steht, die demokratische Ideale herausfordern, wird es umso wichtiger, dass die Demokratien der unabhängigen Welt sich zusammenschließen und nicht in Resignation verfallen. Der Mut zur Entschlossenheit könnte die stärkste Antwort auf die Unsicherheiten unserer Zeit sein.

Die Vorstellung, dass Xi Jinping, Wladimir Putin und Donald Trump die Weltherrschaft aufteilen, bleibt ein düsteres Gedankenspiel. Eine solche Konstellation könnte die globale politische und soziale Landschaft radikal verändern. Die Welt würde in Einflusszonen zerfallen, wobei jede Region nach den Interessen des jeweiligen Herrschers regiert würde. Xi Jinping will fürs erste mit Hilfe strategischer Investitionen die Kontrolle über Asien, den Pazifik und Afrika ausbauen. Russlands militärisches

Durchsetzungsvermögen und geopolitische Interessen sollen den Einfluss Putins auf Europa, Zentralasien und den Nahen Osten unterstreichen. Die Entwicklung in den USA, insbesondere eine potenzielle Aushöhlung des Rechtsstaates und der Aufstieg von Personen mit zweifelhaftem rechtlichen Hintergrund in höchste Ämter, stellt nicht nur für die USA selbst eine Krise dar, sondern hat auch tiefgreifende Auswirkungen auf die globale Ordnung und das Vertrauen internationaler Partner. In einer solchen Situation wird die Positionierung Europas und anderer demokratischer Akteure entscheidend sein, um sowohl Stabilität als auch Prinzipien zu wahren, ohne den Fehler zu machen, auf politische Naivität hereinzufallen. Wenn die USA als moralische Führungsmacht und als Verteidiger der Demokratie ins Wanken geraten, wird dies ihre internationale Glaubwürdigkeit unterminieren. Europa müsste prüfen, ob eine uneingeschränkte transatlantische Bindung in einem solchen Kontext noch sinnvoll ist. Eine geschwächte oder unberechenbare USA könnte geopolitische Gegner wie Russland und China ermutigen, aggressiver aufzutreten. Europa müsste sich darauf einstellen, ohne dabei in ein gefährliches Machtvakuum zu geraten.

Eine mögliche Entwertung des Rechtsstaates in den USA bringt Europa in eine schwierige Lage, in der es zwischen Loyalität und Prinzipien balancieren muss. Der Schlüssel liegt in einer unabhängigen, strategischen Positionierung, die pragmatische Zusammenarbeit mit den USA ermöglicht, ohne demokratische Werte aufzugeben. Europa kann in dieser Situation seine eigene Rolle als globaler Stabilitätsfaktor vertreten und andere Partner gewinnen, um den potenziellen intensiven Partnerschaftsverlust der USA zu kompensieren.

Wie aus dem Inferno der diktatorischen Mächte herauskommen?

Der Ausstieg ist ein Prozess, der entschlossene Schritte von Individuen, Gemeinschaften und internationalen Akteuren erfordert. Resilienz, Bildung, internationale Unterstützung und der Glaube an die Kraft der Freiheit und Gerechtigkeit sind zentrale Bausteine, um das Machtgefüge solcher Systeme zu überwinden. Diktaturen beruhen oft auf Kontrolle, Propaganda und Unterdrückung. Der erste Schritt zur Befreiung besteht darin, diese Mechanismen zu erkennen und Alternativen aufzuzeigen. Der nächste Schritt wird sein, Technologien nutzen, um Desinformation zu entlarven und den Zugang zu vertrauenswürdigen Informationen zu gewährleisten.

Die Zivilgesellschaft ist das Rückgrat jeder Bewegung gegen diktatorische Regime. Demokratische Bewegungen und Institutionen brauchen sowohl finanzielle als auch technische Hilfe, um den Wandel zu unterstützen. Die wirtschaftliche Abhängigkeit und soziale Unzufriedenheit sind innerhalb von Diktaturen Schwachstellen, die genutzt werden können. Der Ausstieg aus der Zwangsherrschaft ist ein kollektiver Vorgang, der Einheit, Geduld und internationale Unterstützung erfordert. Historische Beispiele wie Südafrika nach der Apartheid oder der Fall der Berliner

Mauer zeigen, dass Veränderungen möglich sind, wenn Menschen vereint für Freiheit und Gerechtigkeit kämpfen. Wie Nelson Mandela sagte: "Es scheint immer unmöglich, bis es getan ist."

Dieses komplexe Gedankenspiel hat weitreichende Konsequenzen für die internationalen Beziehungen, die globale Ordnung und die individuelle Freiheit. Selbst in der Aufteilung der Macht könnten Spannungen zwischen den Akteuren entstehen. Im Gegenzug zum globalen Verlust an Freiheit und einer anderen Art von kaltem Krieg könnten Bewegungen für Demokratie und Freiheit weltweit an Zulauf gewinnen. Das wäre der große Wurf an positiven Ergebnissen.

Europa ist immerhin noch die zweitgrößte Volkswirtschaft auf der Welt Die EU ist auch der größte Exporteur von Waren und Dienstleistungen weltweit und trägt erheblich zum internationalen Handel bei. Europa ist bekannt für seine Innovationskraft in Bereichen wie erneuerbare Energien, Maschinenbau und Pharmazie. Viele EU-Länder investieren stark in Forschung und Entwicklung. Europa nimmt eine Vorreiterrolle bei der Entwicklung nachhaltiger Wirtschaftskonzepte ein. Der europäische "Green Deal" ist ein Beispiel dafür, wie die EU versucht, Wirtschaftswachstum mit Umweltzielen zu verbinden.

Die Wissenschafts- und Handelsressourcen Europas könnten in der Tat genutzt werden, um eine neue internationale Allianz zu formen, die eine starke globale Position einnimmt. Die europäische Geschichte, das wissenschaftliche Know-how und die wirtschaftliche Verflechtung bieten dafür eine solide Grundlage. Europa verfügt über hochkarätige Institutionen wie die Europäische Organisation für Kernforschung oder die Europäische Weltraumorganisation die als Plattformen für internationale Zusammenarbeit dienen könnten. Die gemeinsame Entwicklung von Technologien in Bereichen wie erneuerbare Energien, künstliche Intelligenz und Biotechnologie könnte starke Partnerschaften mit Ländern Afrikas, Asiens und Südamerikas fördern.

Die neue Allianz sollte imstande sein, global Talente anzuziehen und sie in die wissenschaftlichen Netzwerke einzubinden. Strategische Handelsbündnisse mit aufstrebenden Märkten wie Afrika oder Südostasien wären zu schließen. Dabei könnte man in alternative Handels-Routen diversifizieren. Die Kombination aus wissenschaftlicher Expertise und wirtschaftlicher Bedeutung sollte ein überzeugendes Fundament sein, um eine zukunftsorientierte und einflussreiche internationale Koalition zu schaffen. Wenn Europa seine Wissenschafts- und Handelsressourcen strategisch einsetzt, könnte es eine Allianz schaffen, die nicht nur wirtschaftlich und technologisch stark ist, sondern auch eine entscheidende Rolle in der Gestaltung globaler Machtverhältnisse spielt. Das wäre ein wichtiger Schritt hin zu einer multipolaren Weltordnung.

Beachtet man wie China schon seit langem sich bemüht, den US-Dollar als Leitwährungzuschwächen. Bislang ist es nur am mangelnden Feedback der weltwirtschaftlich starken Staaten gescheitert. Noch will die Finanzwelt an der Vormachtstellung des Dollar rütteln, um in den chinesischen Yuen zu wechseln. Diese verunsicherte Situation ließe sich auffangen, gelänge es dem Euro als zumindest zweitstärkste Währung global mitzumischen. Ein dominierender EURO könnte die neuen Markt-Kooperationen erfolgreich unterfüttern.

Die Idee, den Euro als dominierende Währung auf globaler Ebene zu etablieren, ist sowohl ökonomisch als auch geopolitisch äußerst interessant. Der Euro, der bereits als zweitwichtigste Reservewährung hinter dem US-Dollar gilt, könnte eine größere Rolle spielen, insbesondere in einem Umfeld, in dem die Stabilität des Dollars und das Vertrauen in den Yuan infrage stehen. Der Euro repräsentiert eine starke, stabile Wirtschaftsregion, die auf klaren Regeln, Rechtsstaatlichkeit und makroökonomischer Stabilität basiert. Diese Eigenschaften könnten den Euro für Länder attraktiv machen, die nach Alternativen zum Dollar suchen, aber dem Yuan nicht trauen. Mit einem Anteil von etwa 20 % an den globalen Devisenreserven hat der Euro bereits eine bedeutende Rolle, könnte aber durch gezielte Maßnahmen und Allianzen weiter gestärkt werden. Der Euro wird bereits in vielen Regionen, insbesondere in Europa, Afrika und Teilen des Nahen Ostens, als Handelswährung verwendet. Eine Ausweitung dieser Praxis durch strategische Partnerschaften würde den Einfluss des Euros erheblich steigern.

Europa könnte darauf drängen, Energierohstoffe in Euro statt in Dollar zu handeln. Dies würde die Nachfrage nach Euro ankurbeln und die Abhängigkeit vom Dollar verringern. In neuen Kooperationen mit Afrika, Südamerika oder dem globalen Süden könnte der Euro als Standardwährung etabliert werden, insbesondere durch Abkommen, die den Handel erleichtern. Europa kann mit Zentralbanken weltweit arbeiten, um den Euro als Reservewährung attraktiver zu machen, etwa durch langfristige Investitionsabkommen oder Währungs-Swap-Programme. Ein gefestigter Euro als Leitwährung würde Europa wirtschaftliche und geopolitische Autonomie verleihen, insbesondere bei Sanktionen oder Konflikten, bei denen die USA ihre finanzielle Macht nutzen, um den Dollar zu instrumentalisieren.

Länder, die sich vom Dollar lösen möchten, könnten den Euro als Zwischenlösung nutzen, bevor sie langfristig eine eigene Stabilität entwickeln. Der Euro wäre ein Gegengewicht zu den dominierenden Währungen Dollar und Yuan, was zu einer multipolaren Finanzwelt beitragen würde. China würde natürlich noch aggressiver auftreten und Schwellenländer verstärkt finanziell unterstützen, um den Yuan zu fördern. Ein weiterer Stolperstein für den Euro bleibt die zu intensive Verflechtung Europas mit den USA. Doch hat der Euro das Potenzial, als globale Währung wohltuend aufzutreten. Dies würde den Weg für neue, nachhaltige Marktkooperationen ebnen. Damit dies gelingt, braucht es jedoch eine klare Vision, strategische Partnerschaften und eine weitere Stärkung der wirtschaftlichen und politischen Integration innerhalb der EU.

Der Erfolg wird von den konzertierten Aktionen eines globalen Managements abhängen. Wird es eine geographisch weit auseinander geformte Allianz schaffen? Der Weg führt über verstärkte Zusammenarbeit, politisches Engagement und wirtschaftliche Reformen auf internationaler Ebene. Die Herausforderung liegt darin, eine nachhaltige Balance zwischen regionalen Interessen und einem global ausgerichteten, gemeinsamen Ziel zu finden. Nur durch eine konzertierte Anstrengung kann der Euro die Grundlage für eine breitere Allianz und neue Marktkooperationen schaffen. Es wäre die Möglichkeit, der aufflammenden Unerechenbarkeit der auf sich zurückbezogenen USA als auch der klaren Diktaturallüren Russlands und Chinas mit einer vierten Kraft einer multipolaren Weltordnung zu begegnen. In einer Zeit, in der die internationalen Märkte durch geopolitische Spannungen und Protektionismus belastet werden, könnte die neue Strategische Allianz durch ihre Handelsmacht und den Euro Stabilität bieten und neue Kooperationsmodelle fördern. Die Bündelung von Wirtschaftsmächten wie der EU, Kanada, Japan, Südkorea und Australien, ergänzt durch Schwellenländer aus Asien, Afrika und Südamerika könnte eine Handels- und Innovationsplattform schaffen, die den Dollar- und Yuandominierten Systemen die Stirn bietet.

Die Allianz würde gemeinsame Investitionen in Schlüsselbereiche wie grüne Energie, Künstliche Intelligenz, digitale Infrastruktur und Gesundheitsforschung einbringen. Dies stärkt die technologische Souveränität und nachhaltige Entwicklung. Die thematischen Schwerpunkte liegen in der Förderung eines globalen Freihandelssystems basierend auf fairen und nachhaltigen Prinzipien sowie auf gemeinsame Projekte im Bereich erneuerbarer Energien und dezentraler Innovationszentren für Wissenschaft und Technologie. Eine koordinierte Sicherheitsstrategie, die auf Partnerschaften aufbaut und gleichzeitig regionale Sicherheitsbedenken adressiert, fördert Stabilität fördern und schafft eine strategische Balance.

Der Knoten der weltpolitischen Lage lässt sich also lösen, wenn sowohl der Globale Süden als auch die demokratischen Länder der freien Welt bereit sind, über nationale Interessen hinauszudenken und neue Wege der Zusammenarbeit zu finden. Politischer Fortschritt erfordert innovative Ansätze und ein Umdenken in den bestehenden Strukturen. Der Schlüssel liegt in der Stärkung der Zusammenarbeit, dem Dialog und der Suche nach gemeinsamen Lösungen. Die geopolitischen Dynamiken der Welt sind manchmal von Faktoren geprägt, die im Widerspruch zueinander stehen. Der Globale Süden und die arabische Welt stehen in diesem Kontext vor der Herausforderung, ihre Stimmen und Interessen in einem internationalen System zu artikulieren, das häufig von den etablierten Mächten des Globalen Nordens dominiert wird. Der Fortschritt in diesen Regionen ist nicht nur eine Frage der wirtschaftlichen Entwicklung, sondern auch der politischen Selbstbestimmung und der Fähigkeit, sich in globalen Dilemmata zu positionieren. Trotz der unterschiedlichen politischen, sozialen und wirtschaftlichen Kontexte gibt es im Globalen Süden einige gemeinsame Trends, die den politischen Fortschritt in diesen Regionen kennzeichnen. In vielen Ländern gibt es Bestrebungen, die politische Teilhabe der Bürger zu erhöhen. Diese Bewegungen tragen dazu bei, das Bewusstsein für politische Verantwortung und Mitbestimmung zu schärfen. Etliche Staaten im Globalen Süden bemühen sich um eine Diversifizierung ihrer Wirtschaft, um weniger abhängig von den großen Mächten der Welt zu sein. Initiativen zur Förderung von Technologie, Bildung und nachhaltiger Entwicklung sind entscheidend für diesen Prozess. Länder wie Indien, Brasilien und Südafrika müssen zeigen, dass wirtschaftliches Wachstum mit sozialen Fortschritten einhergehen kann.

Organisationen wie die Afrikanische Union oder die Arabische Liga wollen eine weite umfassende Zusammenarbeit. Diese regionalen Bündnisse ermöglichen es den Ländern, gemeinsame Herausforderungen anzugehen und ihre Interessen auf internationaler Ebene besser zu vertreten. Die junge Bevölkerung in arabischen Ländern ist zunehmend politisiert und fordert Veränderungen. Diese Generation nutzt soziale

Medien, um ihre Stimmen zu erheben und Veränderungen herbeizuführen. Die Notwendigkeit, die Wirtschaft zu diversifizieren und Arbeitsplätze zu schaffen, führt zu innovativen Ansätzen in der Bildung und der Förderung von Start-ups. Die Schaffung von wirtschaftlichen Möglichkeiten fördert die soziale Stabilität und minimiert die Gefahr politischer Spannungen. Die Herausforderungen, vor denen die Welt steht wie Klimawandel, soziale Ungleichheit, geopolitische Spannungen, erfordern eine gemeinsame Antwort. Der Globale Süden kann und sollte eine aktive Rolle in der Lösung dieser Probleme spielen. Er hat viel zu gewinnen, wenn er nachhaltige Entwicklungsansätze verfolgt. Dies erfordert jedoch Unterstützung und den fairen Zugang zu Technologien und Ressourcen aus dem Globalen Norden. Der Austausch von Ideen, Werten und Kulturen kann dazu beitragen, Vorurteile abzubauen und das Verständnis zwischen den Regionen zu fördern.

Die Interkonnektivität neuer Intelligenz- und Forschungszentren als eine Weiterentwicklung im wissenschaftlichen und technischen Bereich setzt auf Fortschritt und Diversifikation. Die Interkonnektivität neuer Intelligenz- und Forschungszentren ist ein zentraler Faktor für die Weiterentwicklung in wissenschaftlichen und technischen Bereichen. Diese Vernetzung ermöglicht den Austausch von Wissen, Ressourcen und Technologien, wodurch Synergien entstehen, die die Innovationskraft steigern. Ein Gegenmodell zu Silicon Valley oder Shenzehen bestünde darin, dass in einer gestreuten Allianz der Fokus auf Fortschritt und

Diversifikation in mehreren Dimensionen gesetzt wird. Forschungszentren können durch gemeinsame Datenpools und Open-Science-Initiativen voneinander profitieren, was die Entstehung neuer Erkenntnisse beschleunigt. Die Verbindung von georgraphischen Zentren unterschiedlicher Disziplinen fördert die Entwicklung ganzheitlicher Lösungen, besispielsweise durch die Kombination von KI-Forschung mit Biotechnologie oder Umweltwissenschaften. Die internationale Vernetzung sorgt für kulturelle und methodische Vielfalt, die bei der Lösung komplexer Probleme von Vorteil ist. Bildungsinstitute können als Bindeglied zwischen Forschungszentren und Gesellschaft fungieren, um den Fortschritt einer breiten Öffentlichkeit zugänglich zu machen. Die Interkonnektivität neuer Zentren bildet einen Katalysator für transformative Innovationen, die über einzelne Bereiche hinausgehen und globale Herausforderungen adressieren können

Der Euro bildet dabei eine stabile Alternative, insbesondere für Länder, die wirtschaftlich oder geopolitisch Diversifikation suchen. Mit der potenziellen Einführung eines digitalen Euro könnte die Europäische Union eine eventuelle Führungsrolle in der Gestaltung der Zukunft des Geldes untermauern. Dies würde den Euro technologisch wettbewerbsfähig machen und die Effizienz grenzüberschreitender Zahlungen steigern. Durch den Einsatz von KI in der Verwaltung, Überwachung und Optimierung von Finanzsystemen könnte die EU die Resilienz und Wettbewerbsfähigkeit unter Beweis stellen. Insbesondere in der Bekämpfung von Finanzkriminalität und der Optimierung von Geldpolitik könnte KI entscheidend sein. Die Stabilität des Euro kann die Grundlage für die Finanzierung komplexer Forschungsprogramme unter anderem in der Verteidigungstechnologie oder der Entwicklung autonomer Systeme bieten.

Der Euro könnte in diesem Kontext als Leitwährung eine aufmunternde Rolle spielen, insbesondere im Hinblick auf die potenzielle Transformation globaler Finanzsysteme durch digitale Technologien, Künstliche Intelligenz und geopolitische Entwicklungen. Verantwortungsvoll eingesetzt, kann er dazu beitragen, eine größere weltweite Gleichberechtigung zu fördern. Dies setzt jedoch eine präzise Einschätzung ihres Nutzens voraus, die weder optimistisch unrealistisch noch pessimistisch begrenzt sein sollte. Der Ausgleich zwischen Chancen und Risiken ist entscheidend, um ihre transformative Kraft nachhaltig und gerecht zu gestalten.

Für Europa wird auch viel darauf ankommen, wie die Partnerschaften mit dem Globalen Süden sich entwickeln. Der Begriff "Globaler Süden" beschreibt eine sozioökonomische und politische Kategorie. Er bezeichnet Länder und Regionen, die historisch durch Kolonialismus, wirtschaftliche Abhängigkeiten und ungleiche Machtstrukturen geprägt wurden. Dazu zählen viele Staaten in Afrika, Lateinamerika, Asien und Ozeanien, die oft mit Entwicklungs- oder Schwellenländern gleichgesetzt werden. Allerdings ist die Abgrenzung fließend und nicht immer eindeutig.Der Globale Süden umfasst viele Länder, die unter kolonialer Herrschaft standen. Diese Vergangenheit hat wirtschaftliche und politische Strukturen geschaffen, die auch nach der formellen Unabhängigkeit Ungleichheiten aufrechterhalten. Die wirtschaftlichen Beziehungen mit dem Globalen Norden waren häufig von Rohstoffexporten und der Abhängigkeit von globalen Märkten geprägt Es gibt Länder des Globalen Südens, die durch hohe Armutsraten, geringe Einkommen und eine schwache industrielle Basis gekennzeichnet sind. Gleichzeitig gibt es eine wachsende Mittelschicht und dynamische Wirtschaftszentren in einigen Regionen, etwa in Indien, Brasilien oder Südafrika. Der Globale Süden erlebt ein starkes Bevölkerungswachstum, das Chancen, aber auch Herausforderungen wie Arbeitslosigkeit und Infrastrukturbedarf mit sich bringt. Diese Länder sind oft stärker von den Auswirkungen des Klimawandels betroffen, obwohl sie historisch nur minimal zu den globalen Emissionen beigetragen haben.

Europa steht vor der Aufgabe, seine Beziehungen zum Globalen Süden partnerschaftlicher und nachhaltiger zu gestalten. Dies erfordert ein umfassendes Verständnis von globalen Machtverhältnissen und eine Abkehr von paternalistischen oder rein interessenbasierten Ansätzen. Europa sollte Subventionen abbauen, die Produkte aus dem Globalen Süden benachteiligen. Investitionen in nachhaltige Lieferketten können dazu beitragen, Arbeits- und Umweltstandards zu verbessern. Der Zugang zu innovativen Technologien, etwa im Agrar- oder Energiesektor, könnte die wirtschaftliche Eigenständigkeit vieler Länder stärken.

Die Entwicklungszusammenarbeit sollte nicht auf vorgefertigte Modelle setzen, sondern die Bedürfnisse und Prioritäten vor Ort respektieren. Transparente und gut kontrollierte Finanzhilfen können Infrastruktur, Bildung und Gesundheitssysteme stärken. Europa sollte finanzielle und technologische Mittel bereitstellen, um den Globalen Süden bei der Anpassung an den Klimawandel und beim Übergang zu erneuerbaren Energien zu unterstützen. Ambitionierte Klimapolitik in Europa ist essentiell, um die Auswirkungen des Klimawandels auf den Süden zu minimieren.

Durch die Unterstützung von wirtschaftlicher Entwicklung und Stabilität können die Fluchtursachen gemindert werden. Legale und geregelte Migrationswege können sowohl dem Globalen Süden als auch Europa Vorteile bringen. Welche Kooperationen und strategischen Allianzen ergeben sich daraus? Die Neuausrichtung europäischer Politik gegenüber dem Globalen Süden eröffnet zahlreiche Möglichkeiten für Kooperationen und strategische Allianzen. Diese Partnerschaften können in Bereichen wie Handel, Klimapolitik, Sicherheit und Entwicklung gestaltet werden. Dabei geht es um eine gleichberechtigte Zusammenarbeit, die die Interessen und Prioritäten beider Seiten respektiert. Handelsabkommen mit Ländern des Globalen Südens, wie der Wirtschaftspartnerschaftsabkommen (EPAs) zwischen der EU und afrikanischen Staaten, könnten überarbeitet werden, um asymmetrische Vorteile abzubauen. Europa kann regionale Zusammenschlüsse wie die Afrikanische Kontinentale Freihandelszone (AfCFTA) unterstützen, um den Handel innerhalb des Globalen Südens zu stärken und damit langfristig stärkere regionale Märkte zu schaffen. Die EU kann in Zusammenarbeit mit der Afrikanischen Union (AU) Infrastrukturprojekte wie Straßen, Stromnetze oder digitale Netzwerke fördern. Gemeinsame Initiativen im Bereich erneuerbarer Energien schaffen nachhaltige Arbeitsplätze und verringern die Abhängigkeit von fossilen Brennstoffen. Strategien zur Förderung lokaler Industrien im Globalen Süden können dazu beitragen, dass Länder ihre Rohstoffe vor Ort verarbeiten und von höherem Mehrwert profitieren. Kooperationen mit Ländern wie Indien, Brasilien oder Indonesien stärken die wirtschaftliche Resilienz Europas und fördern den Süd-Süd-Handel.

Europa könnte einen verstärkten Beitrag zu bestehenden Fonds wie dem Grünen Klimafonds (GCF) leisten und zusätzlich eigene regionale Fonds auflegen, um die Anpassung an den Klimawandel zu fördern. Kooperationen zur Bereitstellung von Technologien wie Wind- und Solaranlagen oder klimafreundlicher Landwirtschaft schaffen Win-win-Situationen. Länder mit Regenwaldgebieten wie Brasilien, Indonesien oder die Demokratische Republik Kongo könnten gemeinsam mit der EU

Schutzstrategien für diese Ökosysteme entwickeln. Europäische Staaten könnten über transparente Kohlenstoffmärkte Anreize schaffen, um Projekte im Globalen Süden zur Kohlenstoffbindung zu finanzieren. Forschungsinitiativen in Bereichen wie Medizin, Agrarwissenschaft oder nachhaltiger Energie können den Technologietransfer stärken. Gemeinsame Projekte zur Frühwarnung und Bekämpfung von Pandemien können globale Gesundheitskrisen mildern.

Was kann zur Stabilisierung fragiler Staaten geleistet werden?

Europäische und südliche Staaten können bei der Bekämpfung von Menschenhandel, Drogenhandel und Terrorismus intensiv kooperieren. Etwaige neue Strategische Allianzen können legale Migration fördern, die sowohl Arbeitskräftemangel in Europa als auch Entwicklungsziele im Süden adressiert. Rückkehrprogramme für Migranten können mit Entwicklungsprojekten in Herkunftsländern verbunden werden, um Perspektiven vor Ort zu schaffen. In Fragen wie der Klimapolitik, der Digitalisierung oder der Finanzmarktregulierung könnten sich Europa und der Globale Süden zusammenschließen, um gegen den Einfluss einzelner Großmächte auszugleichen.Durch eine engere Zusammenarbeit mit blockfreien oder südlich orientierten Staaten könnte Europa neue strategische Bündnisse bilden, die globalen Frieden fördern. Partnerschaften mit erdöl- und erdgasproduzierenden Ländern des Globalen Südens könnten den Übergang zu erneuerbaren Energien fördern und Abhängigkeiten reduzieren.

Europäische Teamarbeit würde Mittel bündeln, um gemeinsame Entwicklungsziele mit Partnerländern zu erreichen. Sie könnten verstärkt auf Projekte im Globalen Süden ausgerichtet sein. Die Zusammenarbeit mit der Afrikanischen Union könnte durch Investitionen in Bildung, Digitalisierung und Gesundheitssysteme intensiviert werden. Eine europäische Alternative zur chinesischen „Belt and Road"-Initiative könnte Infrastrukturprojekte im Globalen Süden fördern, die stärker auf Nachhaltigkeit und lokale Bedürfnisse abgestimmt sind.

Ein Nutzen der neuen Allianzen besteht in der Stärkung des Einflusses aller Partizipierenden in einer multipolaren Welt. Neuartige Kapazitäten und Strukturen entstehen, indem Projekte unterstützt werden, die ökologisch und sozial verträglich sind. Dies bringt eine stärkere Einbindung in globale Entscheidungsprozesse mit sich. Der innere Kern derzeit starker Länder innerhalb des Bündnisses könnte vermehrt Technologien und Infrastruktur zur Überbrückung der digitalen Kluft bereitstellen, aber immer unter der Devise, keinerlei Schuldenfallen zu erzeugen. Dazu ist eine klare Kommunikation der Ziele und Methoden erforderlich, um etwaiger Skepsis zu begegnen. Interessenskonflikte lassen sich vermeiden, indem klare Prioritäten in gemeinsamen Strategien deklariert werden. Das Bündnisverhalten baut unbedingt auf kohärentes Handeln auf. Durch eine wertebasierte Politik, die den Globalen Süden als gleichberechtigten Partner einbezieht, könnten globale Herausforderungen effektiver adressiert werden. Dieses Bündnis hätte nicht nur die Chance, seine eigene Position in einer multipolaren Welt zu stärken, sondern auch einen entscheidenden Beitrag zu globaler Nachhaltigkeit, Sicherheit und Gerechtigkeit zu leisten.

39. SCHLUSSFOLGERUNGEN AUS DER INTERKONNEKTIVITÄT

Strategien wie "Nudging" - ein unmittelbares Anstupsen zu Neuem - könnten die Politik weltweit dazu bewegen, ressourcenschonende und faire Vorgangsweisen zu bevorzugen. Die Philosophie des Utilitarismus könnte Unternehmen dazu inspirieren, Maßnahmen zu ergreifen, die den größten Nutzen für die meisten Menschen schaffen. konkurrente Politiken oder Unternehmen sollten stärker als Netzwerke agieren, bei denen Wissen, Ressourcen und Verantwortung geteilt werden. Philosophische Ansätze zur Ethik und Gerechtigkeit argumentieren, dass Wissen als globales Gemeingut angesehen werden muss. Dies könnte die Einführung von "Open Science"-Initiativen auf globaler Ebene unterstützen. Die Forschung zur sozialen Identität zeigt, dass Menschen sich stärker engagieren, wenn sie sich als Teil einer Gemeinschaft fühlen. Kampagnen sollten darauf abzielen, ein globales Wir-Gefühl zu fördern. Die Politik könnte gezielt Geschichten und Narrative fördern, die ein Gefühl globaler Zusammengehörigkeit erzeugen.

Marode Gedankennetze in der globalen Politik beziehen sich auf veraltete oder ineffektive Denkweisen und Strukturen, die sich im Gefüge der internationalen Beziehungen und politischen Strategien festgefahren haben. Diese Konzepte behindern den Fortschritt und sind der Grund, warum wichtige Herausforderungen nicht angemessen angegangen werden. Traditionelle Machtverhältnisse, die oft nicht mehr den aktuellen globalen Dynamiken entsprechen, Vorurteile und Missverständnisse zwischen verschiedenen Kulturen, die den Dialog und die Zusammenarbeit erschweren, militärische Ansätze, die nicht auf die heutigen Herausforderungen oder globale Gesundheitskrisen eingehen, verlangen eine Überwindung durch innovative Ansätze und eine Bereitschaft, bestehende Paradigmen zu hinterfragen.

Alles nur negativ? Nicht unbedingt. Es gibt genügend Initiativen, die sich für eine ganzheitliche Sicht auf globale Herausforderungen einsetzen und zu interdisziplinären Lösungen ermutigen. Cluster-Formationen und großregionale Strukturen tragen zur Schaffung eines stabileren internationalen Rahmens bei. Aussichtsreiche politische Formate bringen frische Perspektiven und innovative Lösungen in die Politik ein. Fortschritte in Technologie und Kommunikation fördern die Zusammenarbeit und eröffnen neue Wege für den Austausch von Ideen.

Ein häufig kritisierter Aspekt ist die Tendenz zu kurzfristigem Denken in der Politik. Wahltaktische Überlegungen und der Druck, schnelle Ergebnisse zu liefern behindern langfristig wichtige Entscheidungen. Eine Möglichkeit, die maroden Gedankennetze zu erneuern, bestünde darin, auf evidenzbasierte Entscheidungsfindungen zu setzen. Dies bedeutet, politische Entscheidungen auf der Basis wissenschaftlicher Erkenntnisse und empirischer Daten zu treffen. Die Einbeziehung reflektierender und abwägender Elemente in den politischen Prozess könnte zu einer Verbesserung der Entscheidungsqualität führen. Im strukturierten Ideenaustausch und durch rationale Argumentation werden komplexe Themen gründlicher durchdacht. Mehr Transparenz in politischen Entscheidungsprozessen und eine seriöse Rechenschaftspflicht der Entscheidungsträger würde die Qualität der Entscheidungen zu verbessern.

Die Umsetzung solcher Verbesserungen wird oft durch Interessenkonflikte und etablierte Machtstrukturen erschwert. Verschieden motivierte Akteure in der globalen Politik verfolgen unterschiedliche Ziele, was die Entwicklung kohärenter Strategien behindert. Die Erneuerung der Gedankennetze in der globalen Politik erfordert einen mehrdimensionalen Ansatz. Es geht darum, die Entscheidungsfindung mit deliberativen Prozessen zu kombinieren und dabei die Komplexität globaler Herausforderungen zu berücksichtigen. Die Interkonnektivität streicht heraus, dass durch Berücksichtigung der Wechselwirkung der verschiedenen Bereiche die besten Lösungen gefunden werden.

Es wäre ein Angelpunkt, Politik und Forschung in der holistischen Perspektive zu einem gegenseitigen Verständnis hervorzuheben. Bildungseinrichtungen, Forschungseinrichtungen und politische Entscheidungsträger müssen über ihre traditionellen Grenzen hinaus arbeiten. Interdisziplinäre Teams bringen verschiedene Perspektiven zusammen. Dazu gehören die gesellschaftspolitischen und naturwissenschaftlichen wie auch philosophischen und kulturellen Faktoren mit einbezogen.

Ausbildung und Bildung brauchen generell neue Maßstäbe. Mit Hilfe der technologischen Möglichkeiten kann das systemische Denken die Verflechtungen und gegenseitigen Abhängigkeiten verschiedener Elemente berücksichtigen. Sie regen gedankliche Rückkoppelungsschleifen und Kaskadeneffekte an und erzeugen damit ein Verständnis für emergente Eigenschaften, die aus dem Zusammenspiel der Teile entstehen. Isolierte, eindimensionale Lösungen sind zu vernachlässigen. Die Bildungssysteme müssen so gestaltet sein, dass sie nicht nur Wissen vermitteln, sondern auch kritisches Denken, Problemlösungsfähigkeiten und die Fähigkeit zur Zusammenarbeit fördern. Die Neugestaltung von Ausbildung und Bildung im Bereich der internationalen Beziehungen erfordert eine ganzheitliche Herangehensweise, die Theorie, Praxis und ethische Überlegungen miteinander verbindet. Durch die Berücksichtigung dieser Punkte wächst eine zukünftige Generation von Fachleuten und Führungspersönlichkeiten heran, die in der Lage sein sollten, die Herausforderungen einer zunehmend komplexen und vernetzten Welt zu bewältigen.

Der interkonnektive Denkansatz hilft genau dann, wenn die Schlüsselfaktoren und Hebelpunkte im System präzise identifiziert sind, aber auch unbeabsichtigte Konsequenzen falscher Interventionen antizipiert werden. Insgesamt könnte die Menschheit besser auf die Herausforderungen der Zukunft vorbereitet werden. Eine Gesellschaft, die auf systemisches Denken eingestellt ist, wird besser in der Lage sein, auf Veränderungen und Krisen zu reagieren. Resiliente Gemeinschaften können sich schneller anpassen und erholen, weil sie die Dynamiken innerhalb ihrer Systeme verstehen.

Die Interkonnektivität umfasst ein breites Spektrum von Faktoren, die weit über rein technische Aspekte hinausgehen. Sie verbindet gesellschaftspolitische, naturwissenschaftliche, philosophische und kulturelle Dimensionen zu einem komplexen Gesamtbild. Die Forderung nach einer ganzheitlichen Weltsicht, die verschiedene Aspekte der Realität integriert, stößt im Endeffekt auf die Fähigkeit des Individuums, eine Verbindung zur Transzendenz zu finden, wie es schon die großen Philosophen der Antike gefordert hatten. Transzendenz wird als eine Art umfassendere Wirklichkeit verstanden, die über die physische Welt hinausgeht und zweifellos metaphysische Dimensionen beinhaltet. Diese Forderung führt letztendlich zu der Frage nach der Fähigkeit des Einzelnen, sich mit dem, was über das unmittelbar Erfahrbare hinausgeht, in Verbindung zu setzen.

Dieser Idee liegt zugrunde, dass der Mensch eine Verbindung zu der tieferen Ebene der Realität herstellen kann, um eine umfassendere, ganzheitliche Sichtweise zu entwickeln. Die Aussage impliziert also die Möglichkeit, eine ganzheitliche Weltsicht zu erlangen, nicht nur aus materiellen Fähigkeiten, sondern auch aus einer intuitiven Offenheit. Dies weist darauf hin, dass eine tiefere, ganzheitliche Einsicht nur dann erreicht wird, wenn man in der Lage ist, sich mit dem zu verbinden, was über das rein Materielle oder Empirische hinausgeht. Es wäre auch eine Einladung, das Individuum in Bezug auf Verstand und Gefühle in seiner Ganzheit zu betrachten.

Die Entkoppelung von Interkonnektivität, sei es zwischen Menschen, Kulturen oder zwischen Mensch und Natur, birgt das Risiko, dass wir den Boden unter den Füßen verlieren. Das Fundament des Selbstverständnisses geht verloren, wenn wir isoliert in unseren eigenen Denkkreisen verbleiben und den Austausch mit anderen Perspektiven und Realitäten vermeiden wollen. Interkonnektivität ist die Basis für das Denken und Verstehen unserer Welt, denn unser Bewusstsein, unsere Identität und unser Wissen sind untrennbar mit dem Zusammenspiel von politischen, kulturellen, wirtschaftlichen und vor allem philosophischen Netzwerken verbunden. Wenn diese Verbindungen geschwächt werden, geraten wir in Gefahr, uns in ein eindimensionales Denken zurückzuziehen, das nicht nur die Komplexität der Realität verkennt, sondern auch eine Art Selbstentfremdung mit sich bringt. Menschen verlieren so den Bezug zur Wirklichkeit und begeben sich in eine Scheinwelt. Ein übersteigertes Selbstbild führt zu Arroganz und mangelnder Empathie. Grundlegende menschliche Werte und ethische Prinzipien geraten aus dem Blick. Menschen fühlen sich zunehmend fremd in der Welt und voneinander. Der Verlust von Zusammenhängen und Bodenhaftung führt zu einem Gefühl der Sinnlosigkeit. Ein mangelnder Realitätsbezug erhöht die Gefahr von Fehleinschätzungen und -entscheidungen.

Die Bodenhaftung des Menschen bedeutet, dass wir ein Verständnis für unsere Position im Gefüge des Lebens behalten, eine Art Verankerung im Natürlichen und im Übernatürlichen, die durch Interkonnektivität gestärkt wird. Ohne diese Verankerung könnten wir in eine Krise des Denkens geraten, die uns orientierungslos und anfällig für extreme Positionen und Vereinfachungen macht. Oberflächliche, isolierte Betrachtungsweisen werden der Komplexität der Realität nicht gerecht. Wir sollten immer auf dem Weg zu dem sein, was bestimmend ist. Die Entwicklung einer vielseitig integrierten Perspektive hängt davon ab, dass wir in den Austausch mit anderen eintreten und so unser eigenes Denken stets erweitern und hinterfragen. Was „bestimmend" ist, könnte als das Grundlegende, Wesentliche oder auch das Eigentliche unseres Seins verstanden werden. Es ist eine Art grundlegende Wahrheit oder ein sinnstiftendes Ziel, das Orientierung gibt. Dieser Weg fordert Wachsamkeit, Reflexion und die Bereitschaft, eingefahrene Bahnen zu verlassen, um das Denken und Handeln am Bestimmenden auszurichten. Damit wird der Weg selbst zum Sinnbild eines Lebens, das offen für Transformation ist und sich einer tiefen Verankerung im Wesentlichen widmet.

Das Tempo der interkonnektiven Rochaden wird den Ausschlag sowohlfür die Umbrüche als auch für gewünschte Stabilitäten geben. Es wird zum ständigen Hin- und Her im Spannungsvrehältnis zwischen Best-Case-und Worst-Case Szenario. Was ist das Gefährliche an der Interkonnektivtät, was sind ihre Chancen? Interkonnektivität ist ein zweischneidiges Schwert: einerseits bietet sie Chancen für rasante Fortschritte, globale Zusammenarbeit und kollektive Resilienz. Andererseits kann sie Dynamiken auslösen, die unerwartete Risiken und Instabilitäten hervorrufen. Die wachsende Verbundenheit und Abhängigkeit zwischen Systemen, Akteuren und Regionen birgt sowohl große Potenziale als auch ernsthafte Gefahren, insbesondere weil die Geschwindigkeit und Reichweite interkonnektiver Veränderungen oft schwer zu kontrollieren und vorherzusehen sind.

Internationale Herausforderungen sind komplex und erfordern ein vernetztes Denken, wie es im Management durch systemische Ansätze gefördert wird. Führungskräfte sollten trainiert werden, Wechselwirkungen zwischen Politik, Wirtschaft und Wissenschaft zu erkennen und zu steuern. Die Prinzipien des agilen Managements wie

Flexibilität, iterative Planung, schnelles Feedback, können auf internationale Institutionen angewendet werden, um schnell auf dynamische Probleme zu reagieren. Unternehmen sollten durch Steueranreize und Standards dazu ermutigt werden, Maßnahmen umzusetzen, die den größten Nutzen für die Gesellschaft generieren: Unternehmen legen offen, wie ihre Maßnahmen die Gesellschaft positiv beeinflussen. Utilitarismus fordert, dass der Fokus nicht nur auf Shareholder Value, sondern auf Stakeholder Value liegt, das umfasst die Gesellschaft, die Umwelt und künftige Generationen.Unternehmen könnten sich an Prinzipien wie Gemeinwohlökonomie orientieren, die Nachhaltigkeit und sozialen Nutzen messen. Politiken könnten stärker kooperative Mechanismen wie Gemeinschaftsfonds einführen, bei denen Länder ihre Ressourcen für globale Krisen bündeln.

Interkonnektivität ermöglicht den globalen Austausch von Wissen, Technologien und Best Practices in Echtzeit. Dies kann beispielsweise die Entwicklung neuer Technologien beschleunigen, medizinische Erkenntnisse weltweit verfügbar machen und gemeinsame Lösungsansätze für Krisen wie den Klimawandel fördern. Diese Transparenz und der rasche Austausch tragen dazu bei, kollektive Antworten auf globale Herausforderungen zu finden und Fortschritt zu fördern. Dies erhöht die Fähigkeit, komplexe, multidimensionale Probleme anzugehen, wie etwa Pandemien, Migration und Umweltzerstörung. Im Idealfall fördert die Vernetzung kollektive

Resilienz, indem Wissen, Ressourcen und Unterstützung innerhalb kürzester Zeit verfügbar gemacht werden. Gerade in Krisenfällen, wie etwa Naturkatastrophen, kann das Zusammenspiel globaler Akteure schneller Hilfe und Lösungsmöglichkeiten bieten.

Die hohe Geschwindigkeit und Tiefe der Interkonnektivität bedeutet aber auch, dass eine Krise in einem Bereich rasch auf andere Systeme überspringen kann, oft in unvorhersehbarem Ausmaß. Dies gilt etwa für Finanzmärkte, bei denen eine Krise innerhalb weniger Stunden weltweit Wellen schlagen kann, oder für pandemische Krankheiten, die sich durch vernetzte Reiserouten schneller ausbreiten. Lieferketten werden länger und komplexer, sodass ein einzelner Engpass oder eine Unterbrechung das gesamte System gefährden kann. Diese Abhängigkeit erhöht die Verwundbarkeit gegenüber äußeren Schocks und Schwankungen, sei es durch politische Instabilität, Naturkatastrophen oder wirtschaftliche Einbrüche.

Je komplexer die interkonnektiven Systeme sind, desto schwieriger ist es, sie zu überblicken und zu steuern. Viele globale Netzwerke funktionieren über eine Vielzahl dezentraler Akteure, die unabhängig voneinander agieren, was die Steuerung und Vorhersagbarkeit solcher Systeme erschwert. Dies schafft Unsicherheit, da selbst kleine Fehlentscheidungen große Auswirkungen haben können, wenn sie sich unkontrolliert in der globalen Vernetzung verbreiten. Im besten Fall ermöglicht die Interkonnektivität eine zukunftsorientierte, vereinte und kooperative Weltgemeinschaft, die durch Wissen und Austausch kollektive Resilienz und Wohlstand fördert. Ob sich die positiven oder negativen Auswirkungen der Interkonnektivität durchsetzen, hängt stark von der Gestaltung der Netzwerke und Systeme ab. Die Fähigkeit zur Krisenbewältigung, zur Anpassung und zur Fairness ist entscheidend, um die Balance zwischen Fortschritt und Stabilität zu halten. Ein kontinuierliches Abwägen und Anpassen ist daher unabdingbar, um die Chancen der Interkonnektivität zu nutzen und gleichzeitig die Risiken zu minimieren.

Ein Paradigmenwechsel im Denken und Handeln ist erforderlich, um diese Systeme besser zu verstehen und zu steuern. Dabei müssen wir akzeptieren, dass vollständige Kontrolle eine Illusion ist. Stattdessen geht es darum, Systeme so zu gestalten und zu beeinflussen, dass sie robust und anpassungsfähig sind. Was die Chefs der Steuerung im Umdenken lernen müssen, sind Emergenz und Dynamik. Das Erstere bedeutet dne richtigen Umgang mit den Einzelteilen, aus dem neue Eigenschaften auf der Systemebene entstehen. Das Zweite versinnbildlicht die Tatsache, dass sich komplexe Systeme ständig verändern können, was zu einer hohen Variabilität im Systemverhalten führt.

Was ist da los, wenn plötzlich Bewunderer der Diktatoren überall aufkreuzen, um höchste Ämter buhlen und alles durcheinander bringen?

Es ist seltsam genug. Ratlosigkeit kommt in der Welt der Demokratien auf, angesichts der Protagonisten und Radaubrüdern der verwegenen Dummheit. Diese verbreitet sich nämlich rasant im Meer des Öffentlichen und alle sind erstaunt, sie dort zu verorten. Was kann die Veränderung anbieten? Wenn es so schwierig ist, Mehrheiten zufinden, muss man besonders klug im Planen, Strukturieren und Mitteilen vorgehen. Fahrlässige Unterschätzung und mangelndes Wissen sind Gift in der Interkonnektivität. Was bedeutet in diesem Zusammenhang politische Erkenntnis? Der Einsatz ist nicht gering. Auf dem Spiel steht die Existenz der Zivilisationen.

Die zunehmende Präsenz von Bewunderern autoritärer Systeme und von politischen Akteuren, die bereit sind, fundamentale demokratische Prinzipien infrage zu stellen, ist in der Tat alarmierend. Ihre Fähigkeit, Aufmerksamkeit zu erregen und Chaos zu stiften, stellt Demokratien vor erhebliche Herausforderungen. Diese Entwicklungen können nicht einfach als vorübergehende Abweichungen abgetan werden. Vielmehr werfen sie grundlegende Fragen darüber auf, wie demokratische Gesellschaften Resilienz zeigen und ihren Kurs inmitten von Turbulenzen halten können. Die Attraktivität von autokratischen Ideen und charismatischen, aber spalterischen Figuren speist sich oft aus Unsicherheit, Frustration und dem Wunsch nach einfachen Lösungen für komplexe Probleme. Diese Tendenzen werden durch die Beschleunigung der digitalen Kommunikation verstärkt, die Polarisierung und

Desinformation befeuern. In einem Meer aus Schlagzeilen und Meinungen scheint die Verwegenheit der Dummheit oft einfacher und zugänglicher als die Komplexität der Vernunft.

Die Einbeziehung der vielen Perspektiven, richtig verstanden, wird helfen die Situationen besser zu managen. Es fällt unter das Schlagwort des adaptiven Mangements der kollektiven Intelligenz, die über sich hinausgeht, will sie die Qualität und Effektivität widerspiegeln. Der Schlüssel liegt darin, die richtige Balance zwischen Vielfalt und Handlungsfähigkeit zu finden sowie geeignete Methoden und Strukturen zu implementieren. Wenn dies gelingt, kann die internationale Politik tatsächlich über sich hinauswachsen und komplexe Herausforderungen besser bewältigen. Handlungsspielräume des Positiven zu schaffen, ist Sache der politischen Intelligenz. Politische Erkenntnis bedeutet, über das bloße Reagieren hinauszugehen und die Strukturen, die unsere Gesellschaften formen, zu verstehen. Ein fundiertes Wissen über Geschichte, politische Prozesse und die Mechanismen von Macht ist essenziell, um autoritäre Versuchungen zu widerstehen. Bildung, die kritisches Denken fördert, ist ein Schlüsselinstrument, um der Ausbreitung von Fehlinformationen entgegenzuwirken.

Es wurde nun mehrfach beleuchtet, wie man es zuweilen anders machen könnte. Als Nächstes wird im Kollektiv, in der Gesellschaft, vor allem im Persönlichen die Kraft der Entscheidung gebraucht. Ihre Summierung bringt den Durchbruch. Stimmt jedoch die Gewichtung nihct, funktioniert auch die Balance nicht mehr. Die Waage fällt hinunter. Jede Entscheidung, wie auch jeder Konflikt, hat ihren Ausgangspunkt und strebt von Anfang an einem Ziel zu und sucht bei einer Fehllenkung auch dem Ausgang aus dem Schlammassel zu. Wer oder was ist aktuell, ist gleichzeitig die Frage nach dem richtigen Zeitpunkt, die nicht ausgelassen werden darf.wir werden daran teilhaben, ob im laufenden Spektrum der Geschichte die Vernunft, die Freiheit oder der Gegenpart, der solches vermeiden will, Oberhand gewinnt. Wird es akzeptabel oder gruselig bis grausam?

Ratlosigkeit und Staunen angesichts des aktuellen Chaos sind verständlich, dürfen aber nicht in Resignation münden. Vielmehr müssen demokratische Gesellschaften den Mut finden, ihre Werte mit Überzeugung zu verteidigen und sich neu zu erfinden. Dies erfordert nicht nur Widerstand gegen destruktive Kräfte, sondern auch die Schaffung neuer Ansätze, die inklusiv, transparent und nachhaltig sind. Die Zukunft der Demokratie hängt von unserer Fähigkeit ab, aus der Ratlosigkeit in den Modus der aktiven Gestaltung zu wechseln.

ÜBER DEN AUTOR

J-G Matuszek

Universitäten: Innsbruck, Perugia, Salzburg. Sprachwissenschaften. Diplom-Dolmetscherin, Magisterabschluss. Politikwissenschaften, Empirische Systemwissenschaften, Internationale Beziehungen, Kommunikationswissenschaften, Philosophie, Doktorat. Postgraduierte Studien an verschiedenen Instituten: Marketing, Werbung-PR-CI, Management-Controlling, Innovations- und Entwicklungsmanagement. Lizenzierter Unternehmensberater.

Beruflicher Werdegang: Gymnasial-Professor, Übersetzer und Dolmetscher, Journalist. Manager in multinationalen Konzernen. Management Contracting in mittelständischen Unternehmen. Beratung und Coaching in den Bereichen Marketing, internationales Management und HR. Vorstandsmitglied und Geschäftsführer in mehreren Unternehmen in Deutschland und der Schweiz. Management auf dem Gebiet der Zertifizierung von Unternehmen und Organisationen. Vorstandsmitglied der Stiftung Globility-Circle, Schweiz.

Gastdozent an verschiedenen Universitäten und Business Schools. Autorin. Parallel-Karriere als Sportler, Präsident des österreichischen Taekwondo-Verbandes, High-Tech-Kooperationen zur Leistungsdiagnostik-optimierung in Wirtschaft und Sport.

Bücher des Autors

NEW VALUE ECONOMY - Manager quo vadis?	ISBN 9783981263206
MANAGEMENT DER NACHHALTIGKEIT	ISBN 9783658022891
SPORT FÜR MANAGER	ISBN 9783658036379
MANAGEMENT DER POLITIK - EUROPA	ISBN 9783990108529
EUROPÄISCH DENKEN	ISBN 9783738625592
EUROPÄISCH HANDELN	ISBN 9783750414501
MANAGEMENT VERSUS SPIRITUALITÄT?	ISBN 9783854314501
RUF NACH DEM SINN	ISBN 9783748144199
MUT ZUM SINN	ISBN 9783750418943
KICKOFF ZUM SINN	ISBN 9783752690200
MANAGEMENT SET-UP	ISBN 9783751941884
DER MANAGER Roman	ISBN 9783752648911
REFLEXIONEN Lyrik	ISBN 9783752603866
DIE TAEKWONDO MATRIX	ISBN 9783754352571
THE TAEKWONDO MATRIX	ISBN 9783754395394
TAEKWONDO MATRIX - SPORT EFFIZIENZ	ISBN 9783758307423
EVALUIEREN	ISBN 9783756228805
PSYCHE DER WELTGESCHICHTE	ISBN 9783757810108
POLITIK @ GLOBALE WELT . INTL	ISBN 9783758307942
POLITICS @ GLOBAL – WORLD . INTL	ISBN 9783759706041
THE EUROPE CODE	ISBN 9783759787170
DER EUROPA CODE	ISBN 9783759708182

© 2024 J-G Matuszek

Verlag: BoD · Books on Demand GmbH, In de Tarpen 42,
22848 Norderstedt
Druck: Libri Plureos GmbH, Friedensallee 273,
22763 Hamburg
ISBN: 978-3-7597-7968-7